한국목간학회총서 19

木簡과 文字 연구

19

| 한국목간학회 엮음 |

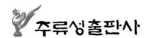 주류성출판사

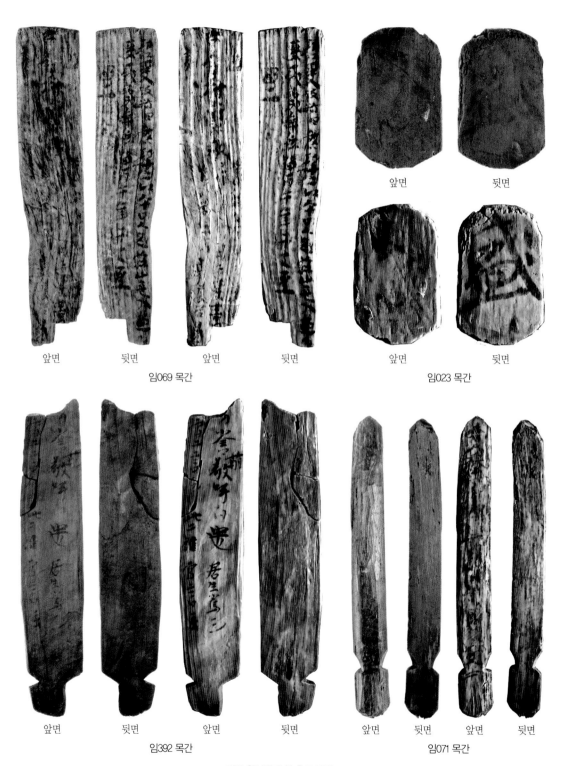

앞면　　　　뒷면　　　　앞면　　　　뒷면
임069 목간

앞면　　　　뒷면
임023 목간

앞면　　　　뒷면　　　　앞면　　　　뒷면
임392 목간

앞면　뒷면　앞면　뒷면
임071 목간

경주 월성해자 신 출토 목간

2

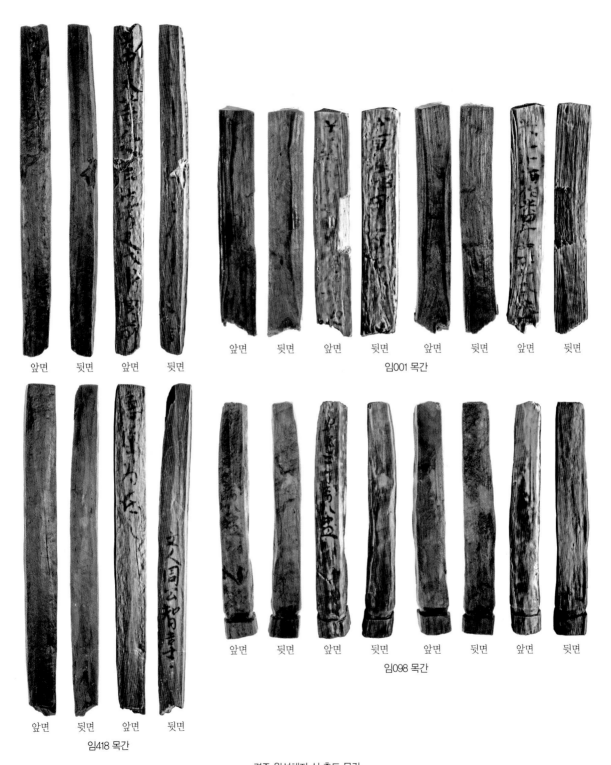

앞면	뒷면	앞면	뒷면

앞면	뒷면	앞면	뒷면	앞면	뒷면	앞면	뒷면

임001 목간

앞면	뒷면	앞면	뒷면

앞면	뒷면	앞면	뒷면	앞면	뒷면	앞면	뒷면

임098 목간

임418 목간

경주 월성해자 신 출토 목간

3

앞면   뒷면

부산 배산성지 2호 집수지 출토 목간

4

견주도봉산영국사 혜거국사비 拓本

석각비편 2

석각비편 18

석각비편 206

석각비편 121

석각비편 320

서울 도봉서원하층 영국사지 출토 석각비편

6

적외선 사진

払田柵跡 漆紙文書
(三上喜孝 촬영)

무술(戊戌)년 신년휘호
(마하 선주선 교수, 2018. 1. 12. 제27회 정기발표장에서)

木簡과 文字

第20號

| 차 례 |

특/집

月城과 垓字 출토 木簡의 의미[*]

주보돈[**]

> I. 머리말
> II. 金城과 月城
> III. 月城의 位相과 構造의 변화
> IV. 垓字 출토 목간과 월성
> V. 맺음말

〈국문초록〉

4세기 신라 국가가 출현한 이후부터 멸망에 이를 때까지 월성은 줄곧 신라 왕궁으로서 기능하였다. 신라는 단 한 차례도 천도를 단행한 적이 없었으므로 왕궁도 언제나 같은 곳에 위치하였다. 그런 왕궁의 변천상을 품고 있는 것 가운데 하나가 해자이다.

지금까지 발굴을 통해 월성의 해자는 모양과 구조가 여러 차례 변모하였음이 확인된다. 해자의 변모는 왕궁 자체의 규모나 성격까지 변천하였음을 반영하고 있다. 문헌상에서도 보이지만 해자 출토의 수십 점의 목간이 그를 입증해준다.

출토 목간을 사료로서 활용하는 데에는 무엇보다도 먼저 작성의 연대가 확실히 드러나야 한다. 그동안 월성 해자 출토 수십 점의 목간에는 연대를 확정지을 단서가 없었다. 그런데 2016년 발굴된 목간에는 절대 연대를 6세기 말로 볼 근거가 보인다.

목간이 작성된 6세기 말 진평왕대에는 여러모로 개혁적 시책이 단행되었다. 591년의 남산산성의 축조도 그와 밀접히 관련된다. 월성 해자 출토 목간은 수량도 적고 또 비록 단편적이기는 하나 그런 실상을

---

* 본고는 2017년 10월 19일~20일 열린 한국목간학회 창립 10주년 기념 국제학술대회의 자료집인 『동아시아 고대 도성의 축조 의례와 월성해자 목간』에 실린 글을 수정, 보완한 것이다.

** 경북대학교 명예교수

추적하는 데에 적지 않은 시사점을 던지는 내용이 보이므로 이를 매개로 하면 장차 이 방면 연구가 크게 진척되리라 기대된다.

▶ 핵심어: 월성해자, 목간, 남산산성

I. 머리말

전근대 사회에서 王京이 치지하는 비중이 어떠하였을지는 새삼스레 강조할 필요가 없을 터이다. 왕경은 언제나 바깥 세계로부터 온갖 物産과 人力이 몰려드는 정치적·경제적·문화적인 핵심 공간이었다. 따라서 왕경을 따로 떼어놓고서는 당대 사회의 실상과 성격을 제대로 규명하기란 무척 힘든 일이겠다. 왕경 가운데도 중앙의 핵심부에 자리한 것이 王宮이었다. 왕궁은 국가의 모든 정책의 결정권을 가진 국왕과 주변 인물들이 거주하는 권위적 공간으로서 국가 자체를 상징하기도 하였으므로 내부는 물론 바깥의 모습도 언제나 그에 적절하게 어울리도록 치장되었다. 왕경의 도시 계획 전반도 자연히 왕궁을 주축으로 해서 설계되었으며 규모나 외형도 저절로 당대의 선진적 건축 양식을 대표하는 성격을 띨 수밖에 없었다. 왕궁은 국가 사회를 움직이는 심장부였으며, 이곳에서 벌어진 일은 언제나 국가 전체 운영과도 連動되었음은 물론이다.[1]

왕궁을 중심에 둔 왕경은 처음부터 끝까지 특정한 한 곳에서만 뿌리박힌 것은 아니었다. 정치 사회적 형편, 혹은 온갖 대외적 상황의 변동으로 말미암아 종종 다른 곳으로 옮겨지기도 하였다. 왕경의 이동, 즉 遷都란 곧 국왕이 거주하는 왕궁이 옮겨짐을 뜻하는 것이기도 하다. 그에 따라 왕경 및 왕궁의 편성과 구조 및 운영 체계도 달라지게 마련이었다. 특히 그 속에는 끊임없이 변화해가는 정치 사회적 형편과 사정이 깊숙이 스며들게 마련이므로 언제나 새로운 모습으로 단장되고, 그와 어우러져 내부 구조도 자연스레 바뀌어져갔다. 그런 의미에서 천도 사실 자체나 왕경 및 왕궁과 관련한 제반 실상을 매개로 정치 사회적 양상이나 변화의 흐름 등을 추적해 볼 여지가 생겨나는 것이다. 왕경과 왕궁에 적지 않은 무게를 두고 접근해볼 명분은 바로 이런 데서 찾아진다.

모태인 사로국을 기반으로 신라가 처음 출범한 뒤 온갖 곡절을 거치면서 성장, 발전해가다가 마침내 10세기 전반에 이르러서 소멸하였다. 존속한 전체 기간을 대충 통산해서 흔히 千年王國이라 일컫고 있다. 그런데 천년 왕국 신라사의 전개 과정에서 가장 주요한 특징적 현상으로 손꼽을 수 있는 대목은 그처럼 긴 기간 동안 단 한 차례도 왕경을 다른 곳으로 옮긴 경험이 없었다는 사실이다. 물론 천도를 시도한

---

1) 왕경은 국왕이 거주하는 왕궁을 주축으로, 그 바깥의 중심적 범위를 왕성, 다시 바로 외곽이 촌락으로서 하나의 체계가 갖추어진 일정한 공간을 지칭한다. 왕경을 제외한 그밖의 모든 영역은 저절로 지방이 되는 셈이다. 왕경 구조에 대한 필자의 입장에 대해서는 朱甫暾, 2017, 「신라 왕경론」, 『문헌으로 보는 신라의 왕경과 월성』, 국립경주문화재연구소 참조.

적이 한 차례 있기는 하였지만[2] 끝내 실현시키지를 못하고 말았다. 천도를 시도한 자체는 왕경이 한곳에 오래 자리한 데서 어떤 심각한 모순 문제를 안게 되었고 이를 해소하려는 의도에서였을 것임은 두말할 나위가 없는 일이다. 끝내 천도를 실시하지 못한 채 좌절한 것은[3] 그런 문제점들이 어떤 행태로건 자체 내부에서 해결되었거나 최소화해간 쪽으로 방향을 잡아나갔음을 의미한다. 그렇지 않았더라면 왕경을 옮기지 못한 신라가 천년 동안을 버티기는 쉽지 않았을 터이다.

신라사의 전개 과정에서 겪은 경험의 일단이 왕경에는 물론 그 핵심인 왕궁의 구조와 운영까지 그대로 반영되었으리라는 점은 당연히 상정해 볼 수 있겠다. 그런 측면에서 왕경의 실태 및 그 변화의 양상에 대해서는 그동안 적지 않은 접근이 이루어짐으로써 어느 정도의 대략적 윤곽이 잡혀진 것 같다. 그렇지만 왕궁에 대해서는 이제 연구의 걸음마를 막 뗀 단계로 여겨진다. 이는 기본적 자료의 부족 때문이라 생각되거니와 현재 진행 중인 발굴 작업을 통해 장차 확보할 수많은 자료를 근거로 해서 앞으로도 꾸준한 관심을 기울인다면 한층 커다란 진전이 있으리라 기대된다.

천도를 경험하지 않았다고 해서 신라 왕궁이 시종 如一한 모습으로 이어간 것은 아니었다. 정치 사회적인 변화와 연동해 외형은 물론 내부 구조와 운영 조직 등도 끊임없이 바뀌어져 나갔을 터이다. 그런 실상을 추적해볼 만한 단서는 여럿이겠으나, 왕궁을 둘러싼 垓字도 매개 고리의 하나로 삼을 수가 있겠다. 왕궁의 보호를 위해 둘러쳐진 해자는 그 변화의 양상을 충실히 담보할 만한 주요 대상이다. 근자에 진행된 月城 해자의 발굴로 새로이 출토된 몇몇 木簡은 그런 실상을 보여주는 중요한 내용을 담고 있어 각별히 주목해볼 만하다. 이들 목간에 내재된 의미의 大綱을 월성의 변천과 연결시켜 음미해보려는 이유는 바로 여기에 있다.

II. 金城과 月城

月城이 특정한 어느 시점에서부터 멸망에 이를 때까지 오래도록 신라의 왕궁으로 기능하여 왔음은 익히 아는 바와 같다. 하지만 언제부터 월성이 왕궁으로서 자리 잡은 것인지는 썩 명확하지가 않다. 지금껏 알려진 기록 그대로를 받아들인다면 처음 왕궁으로 기능한 것은 金城이었음이 분명하다. 『삼국사기』 신라본기에 의하면 금성은 시조 赫居世 21년(서기전 37) '京城(왕성)'을 처음 축조하면서 붙여진 이름이다.[4] 바로 얼마 뒤인 26년(서기전 32)에는 경성(금성)의 내부에다가 따로 궁실을 조영했다고[5] 한다. 이 두 기

---

2) 『三國史記』 8 新羅本紀 神文王 8年條.
3) 천도 실패 요인에 대해서는 朱甫暾, 1999, 「新羅의 達句伐遷都 企圖와 金氏集團의 由來」, 『白山學報』 52. 다만, 신문왕 등 遷都 추진의 주도 세력이 반대를 쉽게 받아들인 것은 왕경 金城이 달구벌보다 동해안과 가까운 곳에 있다는 장점이 고려되었을 가능성이 크다. 통일 이후 내륙 방면보다는 해양 방면이 중시되는 시대가 도래한 것이었다.
4) 『三國史記』 1 新羅本紀 始祖赫居世 21年條, '築京城 號曰金城'.
5) 동상 26년조, '春正月 營宮室於金城'.

록을 합쳐서 이해하면 금성이라 불린 왕성의 내부에 따로 왕궁이 두어진 사실이 확인된다.

　이후 금성 관련 기록은 5세기 후반에 이르기까지 단편적 형태로나마 이십여 차례에 걸쳐서 줄곧 나타나거니와 그럴 때마다 왕성이면서 이따금씩 왕궁의 의미로도 혼용되고 있다. 하지만 금성의 공식 실태는 어디까지나 경성(왕성)이었으며, 그 자체는 왕궁이 아니었다. 6세기 이후 멸망할 때까지 금성이란 용어는 계속해서 사용되었지만, 이때는 신라의 왕경(首都) 자체를 가리키는 정식의 명칭이었을 뿐, 왕궁의 의미로서 결코 사용된 적이 없음은 그런 실상과 맥락을 같이한다. 이와 같은 측면에서 6세기 이전의 금성도 역시 왕성을 지칭함이 본질이었다고 봄이[6] 순조롭겠다. 이때의 금성은 원래 徐羅伐, 斯盧 등 신라의 固有語에서 유래한 뒷날의 漢文式 표기라고 추정된다.[7]

　금성의 명칭 유래가 어떠하든 이를 줄곧 사용한 사실은 곧 왕성이 확립되어 있었음을 의미한다. 금성 안의 핵심부인 왕궁은 처음 별도의 이름을 갖지 않은 탓에 저절로 금성으로도 통칭되었다. 말하자면 금성은 왕성이면서 동시에 그 속의 왕궁도 좁은 의미로는 그렇게 불렸다. 이와 같은 성격의 금성에 견주어 주목해볼 대상은 月城이다. 월성과 관련해서는 다음과 같은 기록이 처음으로 등장한다.

　A) 二十二年 春二月 築城名月城 秋七月 王移居月城(『三國史記』1 新羅本紀 婆娑尼師今條)

　파사이사금 22년(101) 축성한 뒤 이를 월성이라 명명하였으며, 몇 달 뒤에는 국왕이 거기로 옮겨가 살게 되었다는 것이다. 위의 기사를 앞서 언급한 사실과 아울러서 살피면 왕궁이 좁은 의미의 '금성'으로부터 월성으로 옮겨진 셈이 된다. 말하자면 이때부터 월성이 본격적으로 왕궁의 기능을 시작한 것이었다. 이후 월성 관련 기록이 이따금씩 보이지만 이들은 모두 왕궁이었을 뿐, 왕성의 의미로서 사용된 사례가 전혀 없음이 특징적이다. 말하자면 월성이란 용어는 금성과는 다르게 시종일관 왕궁으로서만 사용된 것이었다. 이후 월성과 함께 금성이 기록상 계속 나타나더라도 양자 사이에는 아무런 모순성을 보이지 않는 것도 바로 그 때문이었다. 월성은 鷄林과 마찬가지로 '닭'을 訓借 표기한 데서 유래한 명칭으로 여겨진다.[8]

　이상과 같이 京城(왕성)인 금성 내의 왕궁은 어느 시점부터 월성으로 옮겨졌음을 확인할 수 있다. 다만, 신라본기 초기 기록의 紀年을 액면 그대로 받아들일 수 없는 실정을 감안하면 따로 월성이 왕궁으로 기능한 始點을 특정하기가 곤란하다. 이를 놓고서 논란이 적지 않게 벌어지고 있는 것도[9] 바로 그 때문이다.

　엄밀히 말하면 신라의 모태로서 邑落國家인 斯盧國 단계부터 따로 왕경의 존재를 설정함은 너무도 무모한 접근이다. 사로국은 여러 邑落으로 구성되었으며, 그 가운데 정치적 중심지로 기능한 곳이 國邑이

---

6) 朴方龍, 2013, 『新羅 都城』, 학연문화사, p.184

7) 文暻鉉, 1970, 「新羅 國號의 硏究」, 『大丘史學』 2; 2009, 『增補 新羅史硏究』, 도서출판 춤, pp.8-10에서는 徐羅伐를 그렇게 표기한 것으로 이해하였다.

8) 文暻鉉, 위의 논문, pp.11-12.

9) 金洛中, 1998, 「新羅 月城의 性格과 變遷」, 『韓國上古史學報』 27, pp.189-190.

라 불리었다. 이외에 바깥의 영역은 달리 존재하지 않았다. 그러므로 왕경에 대응되는 地方이란 개념도 당시로서는 상정하기가 곤란하다. 왕성으로서의 금성이 성립한 시점을 무작정 올려보아서 안 되는 이유는 여기에 있다. 신라가 사로국 단계를 벗어나 영역 국가(왕조 국가)로서의 모습을 갖춘 이후로 설정함이 적절하기 때문이다. 가령 신라 성립 이전의 사로국 단계에서 왕성과 왕궁이 기록상 보인다면 이는 어디까지나 당시 최고의 首長인 尼師今의 居所를 가리키는 것으로 풀이함이 올바르겠다. 사로국 시기 이사금의 지위가 朴·昔·金 3성의 각 族團에 의해 교체되었듯이 그의 거소 또한 특정한 한곳에다 고정되지 않았으며, 따라서 같은 사로국 영역 범위 내에서 이리저리 옮겨지는 성질의 것이었다. 초기 기록을 통해서 왕궁으로서의 '금성' 위치를 아무리 노력해보아도 끝내 特定하기 곤란한 점도 바로 그런 사정 때문이었다.

그런데 사로국을 근간으로 해서 상당한 영역과 규모를 갖춘 새로운 국가가 탄생함으로써 근본 사정이 확연히 달라져 갔다. 신라라는 새로운 국호가 내세워졌을 뿐만 아니라 왕호도 이사금 대신 麻立干이라고 칭하였다. 마립간의 지위는 이사금과 다르게 오로지 김씨 족단에 의해서만 단독으로 이어졌다. 사로국 단계와는 전혀 다른 면모였다. 이제 사로국 자체는 주도층 스스로 의식하든지의 여하를 떠나 신라의 왕경으로서의 근본적 위상이 바뀐 것이었다.

새로이 출범한 왕조국가 신라의 최고 지배자인 마립간은 지위와 함께 권위를 안팎으로 드러내어 공고화해가기 위해 먼저 거기에 적절히 어울리는 특정한 곳에다 따로 고정된 왕궁 설정을 필요로 하였다. 한편 그와 함께 신라 지배층 자신들의 정통성과 정당성을 상징적으로 보증해줄 조상들의 무덤을 새로운 규모로 한층 크게 조성할 필요성을 느꼈다. 그와 같은 배경 아래 積石木槨墳을 내부 구조로 삼은 외형이 매우 큰 高塚을 창안해낸 것이었다. 그래서 왕궁의 대상지로서 자신들의 지위를 지켜주고 권위를 보장해주는 조상이 묻힌 高塚群과 매우 가까이에서 서로를 바라다볼 수 있는 곳이 선정되었다. 거기에 안성맞춤인 곳으로는 자연지형상 위치가 약간 높은 臺地를 이루며, 경주분지 거의 중앙부에 해당하는 월성만한 데가 달리 없었다. 그런 의미에서 고총의 조영과 월성을 왕궁으로 삼은 시점은 거의 동시적이라 하여도 무방할 듯 싶다. 국왕의 현실적 거소인 왕궁과 조상들이 한곳에 묻혀 일종의 神殿으로 기능한 高塚이 가까운 거리에 자리함으로써 다 함께 신라 지배층의 기반을 유지해가는 지주로서 기능하게 된 것이었다.

이상과 같은 의미에서 월성이 신라의 왕궁으로 선정된 시점은 사로국으로부터 신라로 전환해간 4세기 중후반 무렵의 일로 봄이 적절하다고 판단한다. 바로 이 무렵부터 고총이 조영되기 시작한 사실도 그를 방증해 준다.

기록에 따르면 월성의 주인공은 여러 차례 바뀌었다. 맨 처음에는 倭系인 瓠公이 차지하였다가 얼마 뒤에는 바깥으로부터 경주분지로 진입한 昔脫解가 술수로서 점유하였다. 특이하게도 외부 세계로부터 사로 지역으로 진입한 새 이주민이 교대로 월성을 장악하였다는 것은 이곳이 갖는 중요성을 시사해준다. 여러 정치세력이 서로 점거하기 위해 다툴 만한 대상지였다. 그 뒤 박씨인 파사이사금이 월성을 축성한 사실은 곧 패권 장악과 함께 석씨 족단으로부터 넘겨받았음을 뜻하는 것이다. 마침내 정치적 주도자로 새롭게 부상한 김씨 마립간이 신라 왕조의 건설에 성공하자 그 表象으로서 자신들의 원래 거소 대신 월성을 왕궁으로 삼게 된 것이라 하겠다.[10] 월성은 이제 마지막으로 사로국 및 신라의 패권을 장악한 집단의 몫으로 돌려졌다.

III. 월성의 위상과 구조의 변화

월성이 왕궁으로 기능하기 시작한 직후의 모습과 구조가 이후 온전히 그대로 이어져간 것은 아니었다. 여러 차례에 걸쳐 외형은 물론 내부 구조도 상당히 변모되는 과정을 거쳤을 것으로 여겨진다. 특히 정치적·사회적 변동과 함께 바깥 세계로부터 가해지는 온갖 위협과 위기 상황은 왕궁의 위상과 모습을 바꾸는 데 결정적 요인으로 작용하였다.

왕궁의 변모와 관련해 무엇보다도 먼저 주목해볼 대상은 廣開土王碑에 보이는 '新羅城'이다. 신라는 399년 백제의 사주를 받은 가야와 왜 연합 병력의 공격으로 왕경이 함락 당하는 일대 위기 상황을 맞았다. 북쪽 국경지대로 피난한 奈勿王은 긴급히 고구려에 도움의 손길을 내밀었다. 신라는 400년 출정한 고구려 병력의 지원을 받아 당면의 위기 상황을 일단 벗어날 수 있었거니와 이때 攻守의 주요 대상이 '新羅城'이라 표현되어 있다. 막연하게 '신라성'이라고만 하였으나 전후 사정으로 미루어 왕성인 金城을 가리킴이 확실하다. 왕성으로서의 '신라성' 속에는 당연히 왕궁인 월성까지도 포함되었을 터였다. 당시 전란의 와중에 왕궁과 함께 왕성 전반은 극심한 피해를 입었을 것임이 분명하다. 이후 한동안 왕성과 왕궁의 대대적인 복구 작업이 진행되었을 터이다. 이때부터 왕성 및 왕궁의 내부 구조뿐만 아니라 대외적 방어라는 측면도 함께 고려된 근본적 변화가 뒤따랐을 가능성을 상정해볼 여지가 있다. 이를테면 왕궁인 월성을 土城에서 土石의 混築으로 한층 높여서 쌓는다거나 동시에 안팎의 공간을 뚜렷이 구별하고 간단한 보호를 위해 垓字를 처음 둘러쳤을 경우도 상정된다. 한편 왕경 내의 왕궁 가까운 곳에다가 만약의 사태에 대비한 피난처로서 활용하기 위해 따로 요새지를 마련하였을지도 모른다. 뒷날 진행된 사정으로 미루어 이때 피난처로 선정된 대상이 明活山城이었을 법하다. 이른바 왕궁과 임시 피난처를 함께 운용하는 이원 체제 운영 방식의 도입이다. 이런 방식은 당시 신라 왕경을 비롯한 군사 요충지에다 병력을 주둔시킨 고구려의 도움을 받아 이루어진 일로 여겨진다.

이처럼 5세기 초의 전란으로 극심한 파괴를 겪은 뒤 왕궁인 월성은 한 차례 일신하여 새로운 모습으로 단장되고 동시에 방어를 위한 기본 구도까지 갖추어졌다. 이후 기록상으로 왕성과 왕궁을 재정비하였을 만한 구체적 계기로서 다시금 기록상 확인되는 것은 5세기 후반에 이르러서의 일이다. 다음에 소개하는 일련의 기사는 그런 사정의 일단을 짐작케 한다.

---

10) 신라의 수도를 일단 왕경이라 표현하였지만 그 구조를 약간 설명하면 다음과 같다. 신라의 근간 세력인 사로국이 곧바로 왕경으로 전환되었다. 사로국 구성 세력이 6부였으므로 그 영역을 가장 넓은 범위의 왕경이라 할 수 있다. 6부 가운데 중심부는 王城이었고 그 속에 王宮이 존재하였다. 그런 의미에서 왕궁을 중심으로 왕성, 그 외곽에 전원이 존재하는 구조였다. 뒷날 里制는 6부 전역을 대상으로 구획한 것이었으나 坊制는 그 가운데 오직 중앙부만 한정해서 실시하였다. 이를 왕성이라 불렀는데 범위가 고정불변한 것이 아니라 그 외연은 방제의 확대 실시와 함께 점점 늘어갔다.

B) ① 十二年 春正月 定京都坊里名(『三國史記』3 新羅本紀 慈悲麻立干條)

　② 十八年 春正月 王移居明活城(동상)

　③ 九年 春二月 置神宮於奈乙 奈乙始祖初生之處也 三月 始置四方郵驛 命所司修理官
　　道 秋 七月 葺月城(동상 炤知麻立干條)

　④ 十年 春正月 王移居月城(동상)

　⑤ 十二年 二月 初 開京師市肆 以通四方之貨(동상)

　위의 기사 B)는 5세기 후반 신라 왕경이 전반적으로 새로이 정비되는 일련의 진행 과정을 부분적으로나마 내비친다. 자비왕 12년(469) 坊里名을 정하는 사실로부터 먼저 왕경 정비의 기치를 올리기 시작하였다. 이 기사가 갖는 구체적 의미에 대해서는 현재 다양한 해석이 시도되고 있지만, 여하튼 이때 왕경 6부의 하위 단위를 따로 마련한 것은 정비 작업이 진행된 사실을 뚜렷이 반영해준다. 이로부터 꼭 6년 뒤인 475년 봄에 이르러 자비왕은 명활산성으로 옮겨서 거주하기 시작하였다. 이후 소지왕 9년(487)에는 시조왕의 誕降處인 奈乙에다 神宮을 세웠다. 바로 이때 왕경으로부터 사방으로 나아가는 요지에다가 驛站을 처음 설치하고 동시에 官道를 수리하였다고 한다. 그와 함께 같은 해 7월에는 월성을 修葺하였다. 역참의 설치는 곧 지방의 물산이 왕경으로 계속 집산되도록 함으로써 12년(490) 市場을 처음으로 개설하게 한 배경으로 작용하였다. 바로 직전인 소지왕 10년(488)에는 소지왕이 명활산성을 떠나서 꼭 13년 만에 수즙을 마친 뒤의 월성으로 되돌아왔다고 한다. 월성이 다시 새롭게 왕궁으로 기능하기 시작한 셈이었다.

　이와 같은 일련의 왕경 정비 작업은 당시 지방을 대상으로 해서 대대적으로 진행된 축성 사업과 연동해서 벌어진 일이었다. 『삼국사기』 신라본기에 따르면 대략 464년 무렵을 기준으로 해서 그 직전까지 倭의 공세가 진행되다가 이후 467년 戰艦을 수리한 뒤부터 고구려의 공세가 차츰 본격화되어간 양상을 보인다. 468년 고구려와 말갈의 연합 병력으로부터 북변의 悉直城이 공격 받은 뒤 泥河에 축성한 사실을 신호탄으로서 해서 이후 470년 3년이나 걸려 완공을 보았다는 三年山城을 비롯해 전국에 걸치는 축성 사업이 대대적으로 이루어졌다. 대체로 北境 일대와 왕경을 잇는 간선도로(관도) 선상에서 진행된 축성으로서 주로 고구려의 공격에 대비한 대책의 일환이었다. 사실 명활산성을 임시의 왕궁으로 삼은 475년 바로 이 해에는 고구려의 파상적 공세로 인해 백제의 왕도 漢城이 함락되었다. 이런 제반 사정을 고려하면 소지왕이 명활산성의 移居도 백제의 한성 함락 사건과도 전혀 무관한 일이라 말하기는 어렵겠다. 아래에 소개하는 사실을 고려하면 밀접히 연관된 일이었음이 분명하다.

　475년 고구려가 백제에 대해 대대적인 공세를 가해 한성을 함락시키는 사건을 유발한 밑바탕에는 464년 신라가 고구려와의 완전한 단절을 공식 선언한 사실이 작용하고 있었다. 400년 이후 고구려는 신라 왕경을 비롯한 요충지에 병력을 주둔시키면서 왕위 계승 등을 비롯해 정치적으로 극심한 간섭을 시도하였다. 신라는 이를 견제하기 위해 백제와의 관계를 점차 강화해가는 쪽으로 기울어졌고 마침내 433년 동맹 관계까지 체결하는 등 고구려의 일방적 압박과 간섭을 벗어나려고 혼신의 노력을 도모하였다. 그러다가 464년에 이르러서는 왕경에 주둔하던 고구려의 잔여 병력 100여 명을 일시에 몰살시키는 일대 사건을 일으켰다.[11] 이는 오래도록 면면히 이어져온 고구려와의 관계를 완전히 끝장낸다는 대내외적 표명이었다. 신라는 이후 고구려의 전면적 공세가 뒤따르리라 예상하고 전국의 군사적 요충지 곳곳에다가 축성하는 등 만반의 준비 태세를 갖추어갔다. 이를 위해서 지방민을 전국적 차원에서 대대적으로 동원해 축성 작업을 실시하고 조직화해 나갔다, 이런 과정을 통해 지방 지배를 한층 강화하였음은 물론이다. 신라는 위기 상황을 기회로서 적극 활용함으로써 새로운 발전의 轉機를 마련해가고 있었다.

고구려는 신라의 이탈 배후에 백제가 작용한 것이라고 추단하였다. 그렇지 않아도 사전에 착실히 全面戰을 준비해가면서 백제 공격의 기회를 엿보던 고구려의 長壽王은 백제의 蓋鹵王이 적극적인 공세로 나오자 이를 명분삼아 475년에는 거꾸로 총공격에 나섰다. 그 결과 백제는 한성이 함락 당하고 개로왕까지 전사함으로써 심각한 위기 국면을 맞았다. 마침내 신라의 지원 병력을 배경으로 해서 즉위한 文周王은 초토화된 한강 유역을 뒤로하면서 부랴부랴 熊津 천도를 단행하였다. 이처럼 북방에서 한창 戰雲이 감돌던 즈음 백제의 왕성이 함락되기 직전 신라는 미리 명활산성으로 왕궁을 옮겨 만약의 사태에 대비해나갔다. 이후 13년 동안이나 명활산성을 왕궁으로 활용한 것은 이미 그럴 정도로 사전에 착실한 준비를 해두었기에 가능한 일이었다. 신라는 명활산성을 임시 피난처로 적절히 운용해가면서 고구려의 공세에 대비하고, 이 기회를 활용해 왕경 및 왕궁의 재정비까지도[12] 본격적으로 추진하였다. 이때 왕경과 왕궁은 전면적 수리를 거침으로써 마침내 완전하게 새로운 모습으로 단장되기에 이르렀다.

이 시기 변모된 월성의 구체적 실상을 문헌상으로는 더 이상 추적하기 곤란한 실정이다. 다만, 기왕에 진행된 고고발굴을 통해서 확인된 것처럼 垓字를 한층 더 깊숙이 파고 성벽을 높여 쌓아 공고하게 하였으리라는 추정은 일단 가능하다. 이로써 왕궁 방어를 위한 기본적 채비는 갖출 수가 있었다.

이런 전반적 추세 속에서 결국 신라는 근본 지배체제를 바꾸어나가지 않으면 안 되는 상황을 점차 맞아가고 있었다. 漸增해가는 대외적 위기 상황에 적절하게 대처하고 극복해가는 데에 기존 체제로서는 매우 불합리하고 불편한 요소가 적지 않았기 때문이었다. 마립간 시기의 내부 운영 체계를 흔히 部體制라 일컫고 있거니와 당시 국왕의 지배권은 매우 미약한 형편이었다. 배타적인 독자성을 일정 정도 보유한 6部가 공동으로 참여한 회의체를 통해 신라국가의 중대한 일이 결정되는 구조였다. 국왕인 마립간은 최고지배자로서 회의체의 주재자이기는 하였지만 기본적으로는 어디까지나 6부 가운데 가장 유력한 탁부(喙部, 梁部)의 部長에 지나지 않았을 따름이다. 국가의 중대한 일은 6부 유력자의 합의로서 결정, 집행되었다.

그런데 고구려의 강한 압박으로 대외적 긴장감이 크게 감돌자 이에 대비하기 위해 지방 지배를 강화해가는 과정에서 왕경의 겉모습도 차츰 바뀌어져갔다. 이런 분위기 속에서 내부의 정치 환경도 크게 달라지고 있었다. 위기의 국면에 직면하여 지배 집단 내부의 결속력을 한층 강화시켜야 할 필요성이 제기되자 6부 가운데 먼저 두 유력 핵심부인 탁부의 寐錦王과 사탁부(沙喙部, 沙梁部)의 葛文王 중심 2부 체제로 재편되는 길을 걸어갔다. 이에 따른 다른 4부의 약화는 필연의 수순이었다. 사실 이 무렵부터 신라는

---

11) 『日本書紀』 14 雄略紀 8年條.

12) 崔秉鉉, 2016, 「경주 월성과 신라 왕성체제의 변천」, 『한국고고학보』 98, p.54.

새롭게 발돋움해 크게 변신하는 길로 나아가고 있었다. 그 결과로서 마침내 6세기 전반 부체제는 해체되고 대신 국왕을 정점으로 한 중앙집권적 귀족국가가 출현하기에 이르렀다.

서서히 진행되던 부체제상의 변화가 본격화된 것은 智證王과 法興王이 실시한 몇몇 혁신적 시책이 성공을 거두면서였다. 律令의 반포, 佛敎의 공인, 上大等의 설치 등속의 두드러진 정책의 시행으로 부체제는 급격히 약화, 해체의 길을 걸어가 마침내 귀족 국가로 전환하였다. 530년대 법흥왕이 太王이란 왕호와 함께 建元이란 첫 연호 사용을 선포한 사건은 최후의 정점을 찍는 선언이었다.[13] 이로써 신라의 지배질서는 전혀 새로운 모습을 띠게 되었다. 이제 왕경과 왕궁도 그런 변화된 사정에 어울리도록 재정비될 필요성이 떠올랐다. 지배 이데올로기가 전통 신앙으로부터 고등 종교인 불교로 옮겨감으로써 寺院이 이제 점차 무덤을 대신하는 신전의 기능을 하고 왕경 중심부에 자리 잡았다. 이에 따라 왕경 전반을 한층 세련된 계획적 도시로 바꿀 기반이 마련되었다. 도시를 구획하는 정연한 坊制가 일부 가능한 지역으로부터 실시되기 시작하였다. 왕경이 재정비되는 쪽으로 가닥이 잡히자 왕궁은 저절로 기획의 핵심적 기준으로 부상할 수밖에 없었다. 기존의 상황과는 매우 다르게 왕궁을 왕경의 지리적 중앙부에 자리 잡도록 기획한 新宮의 건설이 추진되었다. 기존 월성의 동쪽을 신궁 조영의 대상지로 선정해 왕궁을 그곳으로 이전할 계획을 세워서 추진하였다. 그러나 어떤 내밀한 사유로 말미암아 도중에 신궁 건설은 취소되고 그 자리에 장차 신라 국가의 제일급 사원으로 기능하게 되는 皇龍寺의 창건으로 대체되었다.[14]

이처럼 지배체제의 변화로 말미암아 왕경과 함께 왕궁까지 바뀔 만한 분위기가 무르익었다. 新宮 건설의 포기는 곧 기존 왕궁을 현재의 위치에서 재정비함을 의미하였다. 왕궁은 이때 거창한 황룡사와 비슷하거나 그보다도 한층 치장된 모습을 갖추도록 기획되었음이 틀림없다. 아직 월성의 발굴이 진행 중이어서 구체적 모습은 확연히 드러나지 않은 상태이지만 바로 이때 내부 건물의 외형이나 구조가 정연하고 규모 있게 갖추어졌을 공산이 크다. 이에 따라 垓字의 용도나 기능도 기왕과는 현저히 다르게 변모되었을 터이다. 당시 왕궁 월성의 변화와 연결해서 이해해야 할 대상은 명활산성의 修葺이다.

540년 7세의 어린 나이로 법흥왕의 뒤를 이은 眞興王은 10년 동안 어머니 只召太后의 섭정을 받았다. 진흥왕은 551년 성년이 되자마자 곧바로 親政을 시작하면서 開國이란 새로운 연호의 사용을 표방하였다. '나라를 연다'라는 뜻의 새 연호 속에는 젊은 진흥왕의 굳세고 강인한 의지가 담겨져 있었다. 진흥왕은 이때 漢江 유역에 신라의 장래 命運이 달렸다고 여겨 어떠한 수단과 방법을 동원해서라도 이를 차지하려는 계획을 치밀하게 세워서 강력히 추진해나갔다. 그렇게 되면 고구려와 함께 백제까지도 적으로 돌리는 셈이 되므로 매우 큰 위험성을 안게 되는 일종의 승부수였다. 진흥왕은 친정을 시작한 바로 그해에 백제 및 가야와 합작해 한강 유역으로 진출하는 데 성공한 2년 뒤인 553년 마침내 그 전부를 독차지해 새로운 영토란 뜻의 '新州'를 설치함으로써 이제 백제와 돌이킬 수 없는 한판의 대결이 불가피해진 상황을 맞았다. 그리하여 554년 백제의 聖王은 신라를 대상으로 한강 유역 상실에 대한 보복전으로서 전면전을 펼쳤으나

---

13) 朱甫暾, 1992, 「三國時代의 貴族과 身分制」, 『韓國社會發展史論』, 일조각.
14) 朱甫暾, 2014, 「거칠부의 出家와 出仕」, 『韓國古代史研究』 76; 2017, 「皇龍寺의 創建과 그 의도」, 『韓國史研究』 176.

오히려 管山城 싸움에서 대패해, 전사하고 말았다.

사실 진흥왕은 그런 사정에 豫備하면서 일을 적극 추진해나갔다. 이미 551년부터 전국적 차원의 역역을 동원해 명활산성의 수즙 작업을 시작하였음은[15] 그를 뚜렷하게 입증해주는 사실이다. 물론 처음에는 백제와 연합해 한강 유역으로 진출할 경우 그 成敗를 떠나 고구려의 보복 공격에 대비함이 주된 용도였을 가능성이 컸다. 그런데 553년 한강 유역을 독차지한 반대급부로 이제 대비할 대상을 백제까지 포함하게 되었다. 말하자면 554년 명활산성의 수즙을 완료할 즈음에는 이제 고구려와 백제를 함께 대비해야 할 용도였다. 수즙 기간이 비교적 길었던 것도 그런 사정 때문이었겠다. 그처럼 전운이 크게 감돌면서 피난처는 새 왕궁의 조성 계획과도 하나의 짝을 이루어서 마련될 수밖에 없었다. 명활산성은 지난 475년 임시 왕궁으로서 본격 활용된 적이 있었지만, 전국에 걸친 대규모 역역동원이라는 엄청난 공력을 들여서 전면적 수즙을 단행한 것은 곧 평소 왕궁과 피난성의 관계처럼 하나의 세트로서 운용하려는 강한 의도가 깃든 것으로 보인다. 앞서 언급한 것처럼 고구려가 평지에 위치한 왕성인 國內城과 함께 丸都山城을 이원 체제로 운용한 사실로부터 배워왔음이 분명하다.

이로 말미암아 기존의 왕성이나 왕궁의 실질적 기능도 상당 부분 바뀌어졌을 가능성을 상정해볼 여지가 생겨난다. 왕경 주변의 산성을 본격적인 피난처로 활용하려는 계획이 세워졌을 때 마침 추진 중이던 왕궁의 재정비와도 전혀 무관하게 진행되지는 않았을 것이다. 아마도 새 왕궁의 운영을 피난성과 연동해서 생각하였을 터였다. 구체적 실상을 살피기는 어렵지만 이때 왕궁을 둘러싼 해자까지 일정한 변화를 겪었다고 해도 지나친 추정은 아니겠다. 특히 왕궁이 피난성과 함께 하나의 세트를 본격적으로 이룬 사실은 이후 왕경의 수비 체계 전반과도 연결되어졌으리라 여겨진다. 이를 계기로 해서 왕경의 방어망 전체 체계도 군사조직의 정비와 어우러져 실시되었을 것이기 때문이다. 왕경과 왕궁의 경영은 그 자체만으로 그치는 것이 아니라 방어망 체계 및 군사조직의 편성과 운용까지 함께 고려한 접근을 시도해야 실상이 제대로 드러날 수 있음을 뜻하는 사실이다.

지금껏 언급해온 것처럼 왕경과 함께 왕궁의 구조나 위상 등이 크게 바뀌어 간 계기는 대부분 새로운 지배 체제의 定立이나 대외적인 요인 등에서 비롯한 일이었다. 이에 따라 해자 등 왕궁의 보호 장치 기능이나 성격도 저절로 달라질 수밖에 없었다. 처음 해자가 조성될 때에는 주로 왕궁 안팎의 隔絕 및 간단한 수비의 용도 정도가 중심이었겠지만, 지배 체제상 큰 변화가 일어나면서 그에 걸맞게 방어 체계가 바뀌고 왕궁의 범위도 커져가서 그에 적절히 어울리도록 운용되었다. 지금까지 진행된 발굴의 결과를 통해 해자의 규모나 조성 방식 등에서 변화해간 모습이 일부 포착된 것은 그런 실상을 잘 반영해주고 있다.[16]

왕궁의 면모는 官府의 신설에 따른 官衙의 설치, 그리고 王室에 대한 인식의 변화와도 밀접히 연동되었다. 신라에서 중앙 관부가 정식으로 두어지기 시작한 시점은 517년 兵部의 설치를 손꼽을 수 있다. 이

---

15) 朱甫暾, 2002, 『금석문과 신라사』, 지식산업사.

16) 국립문화재연구소, 2006., 『月城垓子 -발굴조사보고서 Ⅱ』

후 군사적 필요성이 한층 높아져가면서 그에 걸맞은 부대 편성이 먼저 이루어졌지만, 중앙 행정 체계와 직결된 관부가 본격적으로 설치된 것은 眞平王대에 이르러서의 일이다. 이 무렵에는 뒷날 6典體系의 기본적 骨幹이 대략 갖추어졌다. 전체 부서별로 장관과 실무자라는 두 등급으로 편성된 2등관제, 혹은 3등관제로 출발하였다.[17] 아마도 당시 신설된 관부들은 월성과 바로 북편 고분군들 사이의 공간 여기저기에 배치됨으로써 왕궁과 직결되었음이 틀림없다. 이와 같이 관아로 추정되는 여러 建物址가 월성 북편의 발굴을 통해 확인된 사실은 그를 입증해 준다. 아마 왕궁과 관아는 連接하거나 서로 자연스레 연결되어야만 기능이 순조롭게 발현될 터였으므로 월성의 곳곳에는 바깥과 연결되는 門과 새로운 통로가 동시에 갖추어졌을 것 같다. 이로써 왕궁의 겉모습은 물론 해자의 기능도 완전히 달라져갔다. 이 시기 그와 같은 왕경 변모에 결정적 박차를 가한 것으로는 王室 관련 조직의 정비를 들 수가 있다.

신라에서 왕실의 개념과 범위가 새로운 문제로 부상한 것은 부체제가 해체되고 완전히 귀족 국가로 전환한 법흥왕대 이후의 일로 보인다. 기존 부체제 단계에서는 국왕인 마립간도 소속 부의 部長으로서 그 일원이었으므로, 왕실의 범위는 대단히 넓게 인식되었을 공산이 크다. 그러나 귀족 국가의 성립으로 국왕의 위상이 새로 편성된 신분제인 골품제의 테두리를 벗어나 초월자로 부상한 사정과 연동되면서 왕실의 폭과 범위는 매우 좁혀져갔다. 眞平王대에 이르러서는 특히 국왕 중심의 특정 근친왕족만을 (眞)骨族으로부터 한 단계 격상, 신성화시켜서 聖骨이라고 부름으로써[18] 왕실은 각별한 위치로 부상하였다. 이제 왕실 관련 일체 사무를 국가의 중앙 행정 조직이나 財政과는 따로 떼어낼 필요성이 절실해지게 된 것이다. 오로지 왕실의 업무만을 전담하는 관부를 따로 두지 않을 수 없는 상황이 도래하였다.

진평왕 7년(585) 大宮, 梁宮, 沙梁宮의 3궁에다가 각각 私臣을 두어서 궁을 관리하도록 한 사실은 왕실을 체계적·조직적으로 관장하려 한 첫 신호탄이었다. 그 뒤 진평왕 44년(622)에 이르러서는 사신 1인만을 두고 3궁을 하나로 묶어 일원화시킴으로써 대대적인 개편의 걸음을 내디뎠다. 바로 이때에 이찬 龍樹(龍春)가 內省私臣으로 임명된 사실로 미루어 보면 이는 곧 왕실 사무 일체를 맡은 독립된 종합 관부로서 內省이 두어졌음을 의미한다. 국가의 행정 업무와는 별도로 내성을 설치할 필요성은 왕족의 지위가 진골 귀족의 그것에 견주어 그만큼 한 단계 도드라지게 높아진 결과였다. 이 무렵 진평왕은 왕위 계승의 父子承繼를 확립시키려는 의도에서 자신들의 혈통이 釋迦族의 그것을 이었다는 의식 아래 왕족을 따로 성골로 인식하는 관념을 창안해낸 것이었다. 그러나 진평왕은 결국 아들을 얻는 데 실패함으로써 자신의 직계 男兒로서 후계를 이어가려는 뜻을 끝내 성사시키지는 못하였다.

왕실 사무를 총괄하는 내성 건물이 어느 곳에 두어진 것인지는 분명하지 않으나 그 성격상 왕궁의 내부였을 공산이 크다. 이로 말미암아 왕궁의 구조상에서 일정한 변화가 뒤따랐을 것임은 상상하기 어렵지 않다. 아마도 내성이 월성 자체라 할 大궁, 즉 本宮을 중심으로 왕실에 소속하는 양궁, 사량궁 등을 함께 관장한 것은 왕궁의 근본 구조도 달라졌음을 뜻하기 때문이다. 왕경은 물론 왕궁을 다른 곳으로 옮기지 않

---

17) 朱甫暾, 1977, 「중앙통치조직」, 『한국사』 7(삼국의 정치와 사회Ⅲ −신라·가야), 국사편찬위원회.

18) 李基東, 1972, 「新羅 奈勿王系의 血緣意識」, 『歷史學報』 53·54; 1984, 『新羅 骨品制社會와 花郎徒』, 일조각.

고 기존 체제의 테두리 내에서 경영함으로써 달리 유례를 찾기 어려운 독특한 구조를 갖도록 하였다. 좁은 범위의 왕궁은 시종일관 월성이었지만 넓은 범위의 왕궁은 그를 뛰어넘어 멀리 떨어진 別宮까지도 아우르기에 이르렀다. 왕궁의 공간과 개념에 근본적 변화가 일어난 것이었다. 왕경을 한 차례도 다른 곳으로 옮겨가지 못한 데서 비롯한 특이한 운용은 왕궁의 구조 체계와 운영 방식에까지 직접 영향을 미쳤다.

사실 왕족 의식의 고양에 따라 왕실 업무를 따로 전담하도록 관부를 두기 시작한 진평왕대 초반 바로 그 무렵인 591년 南山新城을 쌓은 사실은 각별히 주목해볼 대상이다. 남산신성의 축조는 왕경을 포함해 전국에 걸치는 주민을 체계적으로 동원해서 일구어낸 대규모의 토목 공사였다. 그와 같은 실상은 현재 10기 알려진 南山新城碑의 발견으로 뚜렷하게 확인되는 사실이다. 기존에 존재하던 남산토성 대신 석성을 쌓으면서 굳이 '新城'이란 이름을 붙인 데서 유추되듯이 진평왕은 직전과는 확연히 대비되는 무엇인가 새로운 면모를 보이려는 의도를 갖고서 이를 추진한 것 같다. 특히 남산신성이 왕궁과 매우 가깝고 그 내부가 훤히 내려다보이는 높은 곳에 위치하므로 일차적인 피난성으로 활용하려고 의도한 것 같다. 아마도 왕궁에 대응하는 피난성으로 오래도록 이용해온 명활산성을 이제 남산신성으로 바꾸려는 생각이 바닥에 깔린 것으로 보인다. 그 점에서 2년이 지난 뒤인 593년 명활산성과 함께 西兄山城을 改築한 사실 또한 주목을 끈다. 이 두 성은 왕궁으로부터 약간 멀리 떨어져 있으면서 왕성을 내려다볼 수 있는 곳에 자리한 점은 공통적이었다. 크게는 왕성을 수비하기 위한 용도에서였음을 짐작하게 하는 사실이다. 왕궁과 이원적 체계로서 하나의 세트를 이루고 있던 대상이 이제껏 명활산성으로부터 남산신성으로 바뀌면서 왕경의 방어 체계 전반까지 새로이 바꾸려는 의도 아래 진행된 전면적인 재편의 조치이지 않았을까 싶다.

앞서 언급한 것처럼 왕실 사무를 전담하는 내성을 따로 두려는 의도와 함께 왕궁과 남산신성을 이원적 체계로 구축하려는 노력이 전혀 별개로 추진된 것으로는 여겨지지 않는다. 이에 따라 왕궁의 구조상에도 일정한 변화가 뒤따랐으리라 생각된다. 그 점은 뒤에서 월성 해자 출토의 목간을 다루면서 구체적으로 언급하기로 하겠다.

왕경과 함께 왕궁의 전면적 재편 작업이 진행된 것은 7세기 후반 통일기에 이르러서의 일이다. 오랜 기간에 걸친 통일 전쟁으로 백제와 고구려가 차례로 멸망되고 마침내 唐과의 싸움이 한창이던 674년 문무왕은 돌연 宮內에다 못을 파고 산을 만들어서 花草를 심고 진귀한 새와 기이한 짐승을 기르는 조치를 취하였다. 이는 곧 왕궁의 전면적인 변화를 상징적으로 보여주는 일이거니와 679년에는 한결 더 대대적인 손질을 가하는 작업이 실시되었다. 이때 궁궐을 자못 壯麗하게 重修하였으며, 잇달아 東宮을 새로 짓고 왕궁의 내부 및 안팎을 드나드는 문의 이름을 각기 지어서 현판(額號)을 내달았다.[19] 마치 그동안 추구해온 '一統三韓'이란 소기의 목적이 완료되었음을 기념하기라도 하듯 전례 드문 큰 규모의 왕궁 재편 작업이 단행된 것이었다.

월성 내부를 비롯해 왕경 곳곳의 대형 건물지에서 발견되는 '儀鳳四年皆土'銘 기와는 그런 실상을 여실

---

19) 『三國史記』 7 新羅本紀 文武王 19年條.

히 보여준다.[20] 이때는 왕궁뿐만 아니라 왕경 전체가 혁신되었다고 표현해도 무방할 정도로 엄청난 토목 공사가 이어졌다. '重修宮闕'이라 한 데서 저절로 드러나듯이 해자를 비롯한 왕궁 자체의 기능이 또 한 차례 크게 바뀌어졌다. 삼국을 통합한 상황에 어울리도록 왕궁을 전면적으로 새롭게 단장하면서 오랜 舊態를 말끔히 씻어내려는 듯하였다.

IV. 垓字 출토 목간과 월성

이상에서 오래도록 신라의 왕궁으로 기능한 월성 내부의 구조와 이를 둘러싼 바깥의 해자 기능까지 바꾸는 계기가 되었음직한 사건·사실들의 흐름을 간단히 짚어보았다. 아마도 이런 과정을 계기로 해서 왕궁의 안팎은 때로는 작게, 때로는 매우 크게 변모하는 과정을 겪었을 터이다. 그와 같은 양상은 지금껏 발굴을 통해 드러난 해자 자체는 물론 그곳에서 출토된 목간의 내용 속에도 일정 정도 반영되었으리라 예상된다. 이들 고고자료의 분석을 통해서 전반의 실태를 구체적으로 밝히는 작업은 고고학 분야의 몫이므로[21] 그쪽으로 넘기고 여기서는 해자 출토의 목간을 근거로 해서 대략의 실상을 더듬어보기로 하겠다.

1980년대 중반부터 지금까지 몇 차례에 걸쳐 진행된 월성 해자 발굴로 확보된 목간은 모두 수십 점에 달한다. 1985년에서 1986년 주로 '다' 지구의 발굴에서 출토된 목간(이를 편의상 1차 목간이라 부르기로 함) 가운데 墨痕이 뚜렷하게 확인되는 것은 이십여 점이다. 2016년에는 모두 7점의 목간이 출토되었는데 (이를 편의상 2차 목간이라 부르기로 함), 墨書가 대체로 선명한 편이다.[22] 전반적 양상으로 미루어 월성 해자 목간은 1면보다 2면 이상의 多面 목간이 비중을 크게 차지하는 특징을 보인다. 긴 단책형, 봉형의 모양이 대부분이며, 흔히 荷札로서 사용되곤 하는 홈이 파인 목간도 없지는 않으나 이조차 다른 용도로서 사용되었음이 분명하다. 일부 習書 목간도 확인되나 대체로 文書 목간이 주류를 이룬다. 왕궁을 둘러싼 해자에서 출토된 목간다운 면모를 보여주는 것이라 하겠다. 얼핏 목간의 내용을 통해 대충 유추하면 어떤 특정 사안에만 집중된 내용의 문서가 아님이 드러난다. 다종다양한 내용이 담겨져 있음을 특징적 현상으로 지적할 수 있다.

이미 알려진 목간에 대해서는 최근까지 여러 시각과 입장에서 상당한 수준의 검토 작업이 대체로 끝난 상태이다.[23] 그들 가운데 어떤 형태로건 문서 형식을 완전히 구비한 목간들이 특별히 주목을 받았다. 이들은 종이 구입과 관련한 것, 藥材 관리나 處方과 관련한 것, 왕경의 행정 구획인 部와 그 하위 단위인 里의 운영에 관한 것 등이 중심적 내용을 이루고 있었다. 다만, 무척 아쉽게도 1차 목간의 어디에도 작성의

---

20) 이동주, 2013, 「新羅 '儀鳳四年皆土'명 기와와 納音五行」, 『歷史學報』 220.

21) 李相俊, 1997, 「慶州 月城의 變遷過程에 대한 小考」, 『嶺南考古學』 21; 金洛中, 앞의 논문 ; 崔秉鉉, 앞의 논문.

22) 국립경주문화재연구소, 2017, 「신라 천년의 궁성, 월성」(소개자료).

23) 국립문화재연구소, 2006, 『月城垓子 -발굴조사보고서 Ⅱ』.

절대 연대를 구체적으로 확정지을 만한 어떠한 결정적 근거가 보이지 않았다. 문헌상으로 보아 해자의 기능이 완전히 정지되었으리라 추정되어온 가장 하한인 679년 이전의 것이라는 사실만이 잠정적으로 적시되었을 따름이다. 사실 발굴을 통해 드러난 遺構나 출토 유물 등 고고자료상으로도 해자의 성격이나 기능 등이 변모되어간 양상을 추적할 만한 결정적 증거는 보이지 않았다. 그래서 주로 문헌을 원용해서 이와 연결시켜 접근하려는 경향이 바닥에 짙게 깔려 있었다.

이처럼 1차 목간에서는 너무나 아쉽게도 작성 연대를 확정할 만한 명확한 단서가 발견되지 않았음은 자료 활용상에서 안고 있는 근본적 한계였다. 목간을 역사 복원의 사료로서 활용하는 데에는 연대 판별이 가장 기본적, 일차적 사안임은 두말할 나위가 없다. 그나마 목간의 내용만으로도 작성의 상한선과 하한선은 추정할 만한 실마리가 조금이라도 확보되었음은 매우 다행스런 일이었다.

어렴풋하게나마 1차 목간에서 연대를 추정할 만한 단초는 12호와 26호에[24] 각각 보이는 典大等과 道使란 직명이다. 전자는 목간 작성 시점의 상한선을, 후자는 그 하한선을 설정해보는 데에 유력한 실마리가 된다. 眞德女王 5년(651) 왕명의 出納을 담당한 執事部란 官府가 처음 설치되고 그 장관으로서 中侍가 두어지거니와 그 모태는 稟主, 혹은 祖主였다. 품주나 조주는 분명하지 않으나 당시의 사정 전반으로 미루어볼 때 따로 관부가 설치되지 않은 상태의 직명으로[25] 추정된다. 眞興王 26년(565)에는 거기에다 典大等이 두어진 것이다. 집사부가 설치되고 장관으로서 시중이 두어지면서 전대등은 하위의 차관직으로 편제되었다. 이후 景德王 6년(747) 侍郎으로 개칭될 때까지 전대등은 존속하였다. 그렇다면 1차 목간의 12호는 일단 크게 565년부터 747년 사이에 작성된 것이라고 범위를 한정지을 수 있겠다.

한편 26호에 보이는 직명인 도사는 行政城村을 단위로 해서 파견된 지방관이다. 501년의 浦項中城里碑나 503년의 迎日冷水里新羅碑에 지방관 도사의 직명이 보이므로 그 설치 시점을 아무리 늦추어 잡더라도 5세기 후반까지는 소급 가능하겠다. 이후 7세기에 들어와 도사가 파견된 행정성촌이 縣으로 개편되면서 거기에 파견된 지방장관의 명칭도 縣令으로 바뀌었다. 다만, 아직 바뀐 명확한 시점을 특정하기는 곤란한 형편이지만 여러모로 7세기 전반이나 중반까지 내려가지 않음이 거의 확실시된다.[26] 그러므로 앞서 1차 목간의 하한을 통일기 무렵이라고 본 추정과도 대체로 부합한다. 그래서 흔히 1차 목간을 6세기 후반부터 7세기 전반 사이로 범위를 잠정 상정해 둘 수 있었던 것이다.[27]

그런데 1차 목간과는 다르게 2차 목간에서는 작성의 절대 연대를 한결 더 구체적으로 추적해볼 단서가 보이므로 주목된다. 먼저 '報告木簡'으로 명명된 목간에 보이는 典中大等과 及伐漸(慚)典, '文人周公智吉

---

24) 이 목간 번호는 국립경주문화재연구소, 앞의 보고서를 근거로 한 것이다.

25) 이를 관부로 보아 집사부의 전신으로 단정하는 것은 약간 문제가 있다. 軍主, 幢主, 花(化)主처럼 비슷한 시기에 主를 語尾로 삼은 관직은 있지만 관부는 전혀 사례가 없기 때문이다. 그 자체 특정 관부에 소속되지 않은 관직으로 해석하여도 전혀 무리하지가 않다.

26) 朱甫暾, 1990, 「二城山城 출토의 목간과 道使」, 『慶北史學』 9; 2002, 『금석문과 신라사』, 지식산업사.

27) 尹善泰, 2005, 「월성해자 출토 신라 문서목간」, 『역사와 현실』 56; 국립문화재연구소, 앞의 보고서.

士' 등을 손꼽을 수 있다.

전중대등은 명칭상 전대등과 같은 것으로 여겨진다. 이는 전대등의 본래 명칭, 혹은 정식의 명칭이 전중대등이었음을 시사해 주는 대목이다. 大等은 (王)臣의 의미로서 특정한 職任을 맡은 관직이 아니라 귀족회의체의 구성원 일반을 지칭함은 널리 알려진 사실이다.[28] 전중대등의 '典中'은 그와 같은 대등의 職任을 한정시키는 기능을 하므로 맡은 구체적 역할을 보여주는 것이라 하겠다. 그 가운데 '중'은 당시 '에'나 '의' 등의 處格助詞로 사용되었으므로 전중대등은 '典에 소속한 대등', '典 소속 대등'이란 의미로 풀이된다. 이때 '典'의 직무가 뚜렷하지 않으나 여하튼 관부를 뜻함은 분명하다. 따라서 전중대등은 엄밀히 말하면 전대등과 동일하더라도 그 원형에 해당하는 것으로 유추된다. 따라서 정식 관부인 집사부가 설치되기 이전 단순히 '典'이라 통칭한 관부가 존재하였으며, 이에 직속한 관직의 하나가 전중대등이었다고 할 수 있다. 전중대등이 전대등이라면 당해 목간의 작성 범위를 한층 좁혀주는 셈이다. 대충 진흥왕 26년(565) 이후 집사부가 설치된 651년 이전으로 추정할 수 있다. 그런 점은 급벌참전을 통해서도 유추되는 사실이다.

급벌참전은 마운령비에 보이는 及伐斬典 바로 그것과 동일한 관부로 보인다. 명칭만으로는 그 기능이나 성격은 제대로 가늠하기 힘드나 진흥왕을 隨駕한 사실 자체나 '典'이란 관부의 위상으로 미루어 국왕을 지근거리에서 보좌하는 近侍機構의 하나라 여겨진다. 왕궁인 월성의 해자 목간에서 보이는 사실은 그런 점을 한층 보증해준다. 이후 『삼국사기』 職官志를 비롯한 어디에도 그와 유사한 명칭의 관부는 확인되지 않으므로 왕실 사무를 총괄하는 內省의 조직화가 진전되어 그 속으로 완전히 용해되어버림으로써 이후 문헌상에서는 별다른 흔적을 남기지 않게 된 것으로 여겨진다. 이 점 또한 목간의 작성 시점이 일단 7세기 중엽 이후로 결코 내려가지 않을 것임을 시사해주는 대목이다.

'보고 목간'의 작성 시점을 좀 더 한정시켜주는 것이 '文人周公智吉士'이다. 이 인물은 당해 문서를 작성한 바로 그 사람이다. 문인이란 문장을 지은 사람이겠는데, 지방민으로서는 書尺, 文尺, 書寫人 등의 직명이 보이며, 창녕비에서는 왕경인으로서 비문의 작성자를 書人이라 불렀다. 서인과의 차이는 잘 드러나지 않지만 문인이 지닌 이름과 연결지어보면 예사롭지 않게 느껴진다. 그의 이름을 周公智라고 한 사실은 각별히 주목해볼 대상이다. 智는 夫智 등과 함께 '宗(으뜸)'의 뜻으로서 중고기 당시 인명의 말미에 붙여 널리 사용된 존칭 어미이다. 주공은 周나라 文王의 둘째 아들로, 맏형 武王의 자식으로서 조카인 成王을 적극 도와 禮樂 등의 지배 질서 체계를 수립함으로써 왕조의 기틀을 닦아 뒷날 현인으로서 널리 숭앙받아온 인물이다. 주공지가 바로 그와 같은 인물의 이름을 빌어다 지은 사실은 그의 지향(사실상은 부모의 지향)이 어떠하였던가를 짐작케 하는 대목이다. 단순히 문장을 작성하는 데에 머물지 않고 강한 유학적 실천 의식과 의지를 지님으로써 시대를 앞서가려한 인물이라 풀이된다. 즉위 이후 한때 正道를 벗어난 정치를 행하던 진평왕을 대상으로 죽음을 맞으면서까지 간언한 金后稷의 이름을[29] 선뜻 떠올리게

---

28) 李基白, 1962, 「大等考」, 『歷史學報』 17·18; 1974, 『新羅政治社會史研究』, 일조각. 다만, 품주가 곧 전대등이라는 견해는 따르지 않는다. 품주가 관부로는 보이지 않기 때문이다.

29) 『三國史記』 45 列傳 金后稷傳.

한다. 후직은 주나라의 전설적 시조로서 농업을 관장한 신이기도 하였다.[30] '주공지'는 적어도 이름으로 볼 때 김후직과 지향을 함께 하였으며 밀접한 관련성을 지니고서 비슷한 시기에 활동한 인물이라 하여도 그리 어긋나지는 않을 듯하다.

그와 같은 목간의 작성 연대 상한을 추정 가능하게 해주는 것이 吉士란 관등이다. 길사는 17등급으로 이루어진 京位 가운데 제 14등으로서 稽知, 吉次라고도 불렸다. 깃발이나 부대를 나타내는 幢을 稽知라 한 것으로 보아[31] 이 또한 길사의 異稱이었던 것 같다. 그런데 처음부터 표기가 길사로 일관한 것은 아니었다. 길사란 관등이 처음 등장하는 524년의 蔚珍鳳坪新羅碑에서는 吉之智라고 표기하였다. 그러다가 551년의 明活山城作城碑와 568년의 黃草嶺碑와 磨雲嶺碑에서는 智가 탈락함으로써 吉支라고 불렀다. 그런데 591년의 南山新城碑 3비에 이르러서야 처음으로 吉士라 하였으며 이후에는 계속 그렇게 불렀다. 이로 보아 길사는 吉支智→吉支→吉士와 같이 표기상의 변화를 겪은 셈이다. 다만, 길사가 사용되기 시작한 시점을 일단 568년과 591년 사이로 특정할 수 있으므로 '보고 목간'의 작성 시점도 일단 그 사이 이후라고 추정해도 무방하겠다.

이상과 같이 보면 일단 '보고 목간'의 작성 시점은 6세기 후반 이후 통일 이전까지로 한결 더 좁혀진다. 그런데 2차 목간에서는 구체적 연대를 특정할 수 있는 단서가 보이므로 각별한 주목을 끈다. 특히 목간의 작성 연대뿐만 아니라 해자의 기능 변동과도 상관성이 엿보이는 귀중한 내용이 담겨져 있다. 이를 잠시 소개하면 다음과 같다.

C) ① 功以受汳荷四煞功廿二以八十四人越蒜山走入蔥(파손)
　　② 受一伐〖代成〗年往留丙午年干支受
　　③ □二

이 목간은 '功'과 같은 용어나 '22'와 '84'와 같은 인원수 등의 존재가 역역동원과 연관되므로 '力役文書' 목간이라고 잠정 명명되었다. 내용상 앞과 뒤의 양면이 하나의 문서로서 이루어졌으며, 위의 C)는 그중 뒷면이었을 공산이 크다. 앞면도 역시 3行으로 이루어져 있으나 거기에 古拏村이란 촌명을 비롯해 겨우 몇 글자만 확인될 뿐 판독이 거의 불가능한 상태이므로 문서의 전모를 제대로 파악하기가 힘들다.

일단 이 목간에서 절대 연대를 판별할 수 있는 주요한 근거로서 丙午란 간지가 확인되는 사실이 눈길을 끈다. 월성 해자에서 출토된 수십 점의 목간을 통틀어서 확인되는 유일하게 명백한 年干支의 사례이다. 병오가 가리키는 절대 연대는 앞서 제시한 몇몇 기준의 범위를 고려한다면 일단 586년과 644년의 둘 가운데 어느 하나로 특정할 수 있겠다. 양자 가운데 어느 쪽을 선택하게 하는 결정적 단서는 ②행의 끝부

---

30) 황초령비와 마운령비에 『書經』이 인용된 사실을 고려하면 당시 주나라의 人名이 원용된 사실도 그와 무관하지 않을 듯 싶다. 『서경』이 진흥왕대 이후 통치상 널리 애용된 사서임을 짐작케 한다.

31) 『三國史記』 38 職官志 上.

분에 보이는 干支란 관등의 표기 방식을 들 수 있다. 干支는 같은 행의 가장 앞부분에 보이는 一伐이나 앞면(추정)에 보이는 古拿村을 염두에 두면 外位임은 거의 의심의 여지가 없다.

그런데 지금까지 경위이건 외위이건 干群 관등의 末尾에 따라붙는 '支'가 561년의 창녕비를 기준 시점 으로 해서 탈락하고 단지 某某'干'으로 표기가 확정된다고 봄이 일반적이었다.[32] 이와 같은 논리의 연장선 상에 서면 위의 목간 C)는 당연히 560년 이전으로 설정함이 온당하겠다. 사실 창녕비에만 국한해서 본다 면 충분히 설득력을 갖춘 논리라고 할 수가 있다. 그래서 591년에 작성된 남산신성비에서 보이는 干群外 位는 어떠한 예외도 없이 모두 '支'가 탈락하였으므로 그런 가설은 기왕에 널리 입증된 사실로 받아들여져 왔다. 그를 비판할 여지가 있는 약간의 근거로서 578년 작성된 大邱戊戌塢作碑에 '貴干支'가 있었으나[33] 그런 일반론에 파묻혀버림으로써 별반 주목을 끌지 못하고 말았다.

사실 애초에 무조건 干群의 경위와 외위를 동일한 선상에 놓고 접근한 것은 문제를 안고 있는 일이었 다. 양자는 왕경인과 지방민 가운데 누가 작성한 것인지에 따라 차이가 났을 가능성이 크다. 기왕에 그런 점을 전적으로 간과해버린 데에 약간의 문제점을 안고 있었던 것이다. 창녕비는 물론 왕경인인 書人이 쓴 것이므로 어떤 예외도 보이지 않는다. 지방민인 文作人이 작성한 대구무술오작비에는 간군외위의 말 미에 붙는 '支'를 일률적으로 탈락시키지 않고 기존 관행을 한동안 그대로 이어갔을 가능성을 갖도록 하 는 유력한 근거이다. 그런 측면에서 지방민 대상의 간군외위에 '지'가 따라붙는 기존의 관행이 간군경위 보다 약간 뒤에까지 탈락하지 않고 이어졌을 수 있다. 그러다가 남산신성비 단계에 이르러서 외위의 '지' 탈락은 전혀 예외 없이 일괄 이루어진 것이었다. 이로 미루어 남산신성비 이전 어느 시점에 간군외위까 지 '지'가 모두 탈락하게 되었다고 할 수 있겠다.

이렇게 본다면 경위와는 다르게 외위의 경우 '지'가 완전히 탈락한 시점을 창녕비의 561년보다는 약간 하향 조정할 여지가 생겨난다. 그렇지 않더라도 외위 '干'을 '干支'라 한 표기가 7세기까지 내려간 사례는 아직껏 알려진 바가 없으므로 '역역목간'의 작성 시점을 구체적으로 알려주는 병오년을 586년이라 단정해 도 전혀 무리한 추정은 아니라 하겠다.

이상과 같이 '역역 문서' 목간의 작성 시점을 586년으로 확정지어 무방하다면 이는 월성 해자 출토의 목간 전체는 물론 해자의 기능 변화를 생각하는 데 대단히 중요한 의미를 담고 있다고 여겨진다. 다만, 해자 출토 목간 전부를 같은 시기의 일괄인지 아닌지는 판별하기 쉽지 않은 문제점이 뒤따른다. 그럼에 도 통일 이후까지 늦추어볼 어떠한 근거도 목간 전체의 내용에서 찾아지지 않는다는 측면에서 일단 모두 약간의 시차만을 둔 비슷한 시기에 작성된 것이라 단정하여도 그리 크게 어긋나지는 않을 듯 싶다. 목간 의 폐기 시점이 월성의 해자의 기능 변경과도 연결된 현상으로 보이기 때문이다. 그런 의미에서 바로 이 시점에 월성 해자에도 사실상 왕궁의 보호라는 본래의 기능상에 어떤 근본적 변화가 야기되었을 가능성

---

32) 武田幸男, 1977,「金石文資料からみた新羅官位制」,『江上波夫敎授古稀記念論文集 歷史篇』참조.

33) 朱甫暾, 1998,『新羅 地方統治體制의 整備過程과 村落』, 신서원, p.227; 하일식, 2006,『신라 집권 관료제 연구』, 혜안, p.240.

이 상정된다. 그 점을 시사해주는 것이 바로 목간의 내용이다.

C)의 내용을 구체적으로 드러내는 데에 가장 핵심이 되는 대상은 ②행의 '受一伐『代成』年往留丙午年干支受'이다. 이를 어떻게 판독하느냐에 따라 문서 목간의 내용에 대한 이해는 크게 달라진다. 일단 『代成』의 경우 筆劃이나 그 위치로 볼 때 『戊戌』로도 읽혀질 가능성이 없지가 않다.[34] 그렇다면 ②행뿐만 아니라 C)는 물론이고 나아가 '역역문서' 목간 전체에 대한 이해까지 기본적으로 달라질 여지가 생겨난다. 여기서는 그에 대한 상세한 검토는 뒷날로 할애하고 일단 그럴 가능성만 지적해두는 선에서 그친다.

위의 목간 자료 전반을 통해 드러나는 주요한 내용은 古拿村, 功, 一伐, 干支 등등의 용례로 미루어 병오년을 하나의 유력한 기준 시점으로 해서 전국적 규모의 역역동원이 이루어진 사실이다. '역역 문서' 목간은 片鱗이기는 하나 그와 같은 실상 전반을 여실히 보여준다. 이로부터 5년 뒤인 591년 남산신성이 축조된 사실도 그런 추정을 보증해주거니와 전국적으로 역역을 동원한 토목 건축 과업이 이미 왕궁을 중심으로 해서 먼저 이루어졌음이 분명하다.

월성의 토목 건축 공사가 전국적 역역 동원으로 진행되었다면 곧 왕궁 내부가 일차적 대상으로 되었을 것임이 분명하다. 그러한 왕궁 대상의 대규모 토목 건축이라면 앞서 언급하였듯이 이 시기에 신설된 관부와 함께 왕실 업무를 전담하기 위해 진행된 전면적 체제 개편과도 무관하지가 않았을 것 같다. 아마도 이런 과정에서 월성 해자도 예외 없이 근본적 변화를 겪었을 터였다. 어쩌면 월성의 보호와 안팎의 구획이란 해자의 본래적 기능이 완전히 해소된 것도 바로 이 시점이었을 공산이 크다. 이때 관아 건물과 함께 왕궁도 전면적인 변모를 거쳤을 듯하다. 만약 『代成』을 戊戌로 판독할 수 있다면 578년으로 볼 수밖에 없게 되며, 따라서 이는 진평왕대가 아닌 직전의 眞智王대에 해당한다. 그렇다면 왕궁과 그 주변, 나아가 왕경 전반에 대한 공사의 기획은 진지왕대부터 이미 이루어진 셈이 되므로 새로이 이해해볼 여지가 생겨난다. 그럴 때 당대 사정 전반은 깊이 재음미되어야 할 대상이다.

하여튼 왕궁을 비롯한 주변의 경관이 대체로 6세기 말 무렵 바뀌었다면 591년 남산신성의 축조도 이와 연동해서 이해함이 적절하다. 왕궁의 변화는 곧 왕경의 방어체계 전반의 변동을 유발하였고 그런 연장선 상에서 남산신성의 축조가 이루어진 것이었다. 그러므로 남산신성은 왕경의 전면적 재편이라는 기획 아래 진행된 일이었다고 볼 수 있다. 남산신성을 군이 '新城'이라 명명한 것 자체가 예사로워 보이지가 않는다.[35] 아마도 그런 맥락에서 왕성도 역시 '新城'(남산신성과 연결해서), 왕궁을 '新宮'이라고 불렀을 가능성도 엿보인다. 이후 왕실의 석가족 신앙이나 이에 토대한 聖骨 관념의 출현, 內省의 설치 등은 그와 같

---

34) 사실 필자는 처음 이 목간 사진을 처음 접하였을 때 '戊戌'로 읽었다. 그러다가 공동으로 판독하면서 내용상으로는 그럴 수도 있어 그렇게 해석하더라도 일단 보이는 그대로의 모습으로 읽는 것이 저절하다고 판단하여 '代成'으로 잠정 판독하였다. 사실 금석문이나 목간의 경우 흔히 아무런 실수가 없이 완벽하다고 상정하고 접근하는 경향이 강하지만 종종 오자나 탈자가 확인된다. 따라서 그럴 만한 여지를 남겨두기 위해서도 그처럼 판독해 두었다.

35) 朱甫暾, 앞의 책, p.268.

은 혁신적 시책을 배경으로 해서 진행된 일이었다.

V. 맺음말

4세기 신라국가가 출현한 이후부터 멸망에 이를 때까지 월성은 줄곧 신라 왕궁으로서 기능하였다. 국가의 중대사가 결정, 집행되는 정치적 공간으로서의 왕궁은 언제나 왕경의 상징으로 중심부에 위치하며 자연히 이와 연동해서 운영될 수밖에 없었다.

신라는 단 한 차례도 천도를 단행한 적이 없는 사실을 국가 운영상의 주요 특징으로 하였다. 그러므로 왕궁도 언제나 같은 지역 내에서 운영의 妙를 찾아야만 하였다. 그런 측면에서 왕경과 마찬가지로 왕궁도 독특한 면모를 지닐 수밖에 없었다. 대외적으로 위기 상황이 고조되었을 때 왕경의 방비체계를 갖추면서 동시에 왕궁 수비 대책을 마련하기도 하고 때로는 주변의 산성을 피난처로 삼아 옮기기도 하였다. 그러나 지배 체제가 새로워지면서 왕궁의 공간이 상대적으로 너무 좁아져 활용상 명백한 한계를 드러내기 시작하였다. 그 까닭으로 왕궁이 늘 월성에만 두는 것은 여러모로 문제가 뒤따를 수밖에 없었다. 7세기 말 왕경을 한 차례 옮기려는 시도를 기획한 데에는 왕궁의 협소함도 작용하였을 터였다. 이미 6세기 중엽 같은 왕경의 내에서라도 新宮을 지어 옮겨감으로써 문제점을 최소화해보려 하였으나 이마저도 실행으로 옮기지 못하였다. 따라서 동일한 왕경 안에서 왕궁 운용의 방안을 여러 방식으로 모색함으로써 신라 왕궁은 독특한 모습을 갖추게 된 것이라 하겠다.

그와 같은 왕궁의 변천상을 품고 있는 것 가운데 하나로서 이를 둘러싼 해자를 손꼽을 수 있다. 지금까지 발굴을 통해 확연히 드러난 바와 같이 해자는 동일한 모습으로 始終한 것이 아니라 자연 해자, 연못형 해자, 석축 해자와 같은 형식으로 모양과 구조가 몇 번에 걸쳐 변모하였다. 이런 양상은 곧 해자의 성격이나 기능 또한 바뀌었음을 뜻한다. 해자의 변모는 동시에 왕궁 자체의 규모나 성격까지 변천하였음을 반영하고 있다. 그런 측면은 문헌상으로도 확인되지만 해자에서 출토된 수십 점의 목간 자료가 여실히 입증해준다.

출토 목간을 사료로서 활용하는 데에는 무엇보다도 먼저 작성의 연대가 확실히 드러나야 한다. 그렇지만 1980년대 중반 월성 해자에서 출토된 수십 점의 목간에는 그를 직접 확정지을 만한 단서가 없어 명백한 한계를 보였다. 그런데 2016년 발굴된 목간에는 작성의 절대 연대를 구명할 수 있는 단서인 年干支가 보여 주목을 끈다. 출토 목간 모두를 같은 시기의 것으로 단정할 만한 결정적 근거는 없지만 대체로 7세기 중엽 이전이라는 점에서 작성 시기가 거의 비슷하다 하여도 무리하지는 않을 듯하다. 이른바 역역 목간과 마찬가지로 6세기 말엽의 것으로 보인다. 그렇다면 해자가 용도 폐기된 시점도 바로 이때라 하여도 무방할 듯 싶다.

목간이 작성된 시점인 6세기 말 진평왕대에는 관부 확충기 전반적으로 추진되고 그와 함께 여러모로 개혁적 시책이 단행되었다. 591년의 남산산성의 축도 등이 그와 밀접히 관련된다고 여겨진다. 월성 해자 출토 목간은 수량도 적고 또 비록 단편적이기는 하나 그런 실상을 추적하는 데에 적지 않은 시사점을 던지는 내용이 보인다. 장차 출토 목간 전체를 대상으로 삼은 전면적인 검토를 통한 연구의 전척이 기대된다.

투고일: 2018. 3. 17.　　　심사개시일: 2018. 3. 20.　　　심사완료일: 2018. 4. 29.

참/고/문/헌

『三國史記』『日本書紀』

국립문화재연구소, 2006, 『月城垓子 −발굴조사보고서 Ⅱ』.

文暻鉉, 2009, 『增補 新羅史研究』, 도서출판 춤.

朴方龍, 2013, 『新羅 都城』, 학연문화사.

李基東, 1984, 『新羅 骨品制社會와 花郎徒』, 일조각.

李基白, 1974, 『新羅政治社會史研究』, 일조각.

朱甫暾, 1998, 『新羅 地方統治體制의 整備過程과 村落』, 신서원.

朱甫暾, 2002, 『금석문과 신라사』, 지식산업사.

하일식, 2006, 『신라 집권 관료제 연구』, 혜안.

金洛中, 1998, 「新羅 月城의 性格과 變遷」, 『韓國上古史學報』 27.

文暻鉉, 1970, 「新羅 國號의 研究」, 『大丘史學』 2.

尹善泰, 2005, 「월성해자 출토 신라 문서목간」, 『역사와 현실』 56.

李基東, 1972, 「新羅 奈勿王系의 血緣意識」, 『歷史學報』 53·54.

李基白, 1962, 「大等考」, 『歷史學報』 17·18.

이동주, 2013, 「新羅 '儀鳳四年皆土'명 기와와 納音五行」, 『歷史學報』 220.

李相俊, 1997, 「慶州 月城의 變遷過程에 대한 小考」, 『嶺南考古學』 21.

朱甫暾, 1977, 「중앙통치조직」, 『한국사』 7(삼국의 정치와 사회 Ⅲ −신라·가야), 국사편찬위원회.

朱甫暾, 1990, 「二城山城 출토의 목간과 道使」, 『慶北史學』 9.

朱甫暾, 1992, 「三國時代의 貴族고 身分制」, 『韓國社會發展史論』, 일조각.

朱甫暾, 1999, 「新羅의 達句伐遷都 企圖와 金氏集團의 由來」, 『白山學報』 52.

朱甫暾, 2014, 「거칠부의 出家와 出仕」, 『韓國古代史研究』 76.

朱甫暾, 2017, 「신라 왕경론」, 『문헌으로 보는 신라의 왕경과 월성』, 국립경주문화재연구소.

朱甫暾, 2017, 「皇龍寺 의 創建과 그 의도」, 『韓國史研究』 176.

崔秉鉉, 2016, 「경주 월성과 신라 왕성체제의 변천」, 『한국고고학보』 98.

武田幸男, 1977, 「金石文資料からみた新羅官位制」, 『江上波夫教授古稀記念論文集 歷史篇』.

〈Abstract〉

Meaning of wooden tablets excavated from Wolseong and moat

Ju, Bo-don

Since the emergence of the Silla kingdom in the 4th century, Wolseong had served as a palace of Silla until its collapse. Silla never carried out the relocation of the capital city, so the palace was always situated in the same place. One of the things holding on to the royal palace is the moat.

The excavation confirms that the shape and structure of Wolseong's moat have been changed several times. The transformation of a moat reflects the transition to the size and character of the palace itself. As can be seen from Munhonsang, dozens of wooden tablets excavated from the moat proved it.

First of all, the date of preparation must be clearly revealed when the excavated wooden tablet is used as a feed. Up until now, there had been no clue that dozens of wooden tablets excavated from Wolseong moat would establish solidarity. However, there is evidence that an absolute regiment will be considered at the end of the 6th century.

In the late 6th century, when wooden tablets were written, reforms were implemented in many ways. The construction of Namsan Mountain Fortress in 591 is closely related to this. The wooden liver excavated from the Wolseong moat is highly likely to be studied in this direction, as it shows a significant number of implications for tracing such a fact, though it is fragmentary.

▶ Key words: Wolseong's moat, wooden tablets, Namsan Mountain Fortress

경주 월성 해자 조사 성과와 목간[*]

박정재[**]

〈국문초록〉

본고에서는 1980년대부터 진행된 월성 해자 발굴조사 성과를 검토하여 해자 변천과정을 파악하고 해자에서 출토된 목간의 출토상황을 분석하여 월성 해자 출토 목간이 가지는 가치를 살펴보고자 하였다.

월성 해자는 월성 동문지 발굴조사를 통해 월성 북편에 위치한 해자의 존재를 확인하였고 현재까지 꾸준한 발굴조사를 통해 해자의 규모, 축조 기법, 변화양상, 해자 내부 층위 및 층위별 출토 유물을 파악하였다. 발굴조사 성과를 분석·연구하여 월성 해자는 삼국시대에 수혈해자를 축조하여 사용하다 신라가 삼국을 통일하기 전후한 시점에 석축해자로 변화하여 9세기 이후까지 사용된 것으로 파악하였다. 더불어 해자라는 유구의 특성상 다량(多量)의 토기·토제품·기와류와 더불어 다종(多種)의 목제품, 동·식물유체, 유기물이 출토되어 당시의 사회·문화·토목건축·식생환경을 복원할 수 있는 기초자료를 확인하였다. 특히 목간은 당시의 사회상을 짐작할 수 있는 가장 직접적인 문자자료로서 신라 문화상 복원의 핵심 유물이다. 현재까지 월성 해자에서 출토된 목간 및 목간형 목제품은 180여점이며 이 가운데 묵흔이 확인된 30여 점에 대한 판독을 통해 당시의 문화상을 파악하기 위한 연구가 활발히 진행 중이다.

---

* 본고는 2017년 10월 19일~20일 열린 한국목간학회 창립 10주년 기념 국제학술대회의 자료집인 『동아시아 고대 도성의 축조 의례와 월성 해자 목간』에 실린 글을 수정, 보완한 것이다.

** 국립경주문화재연구소

본고에서는 2015년부터 진행한 월성 '다'구역 수혈해자에서 확인된 신(新)출토 목간과 목간형 목제품의 현황과 출토 층위와 출토 위치를 파악하고 목간의 형태적 특징을 살펴보았다.

월성 해자 출토 목간은 삼국시대에 조성되어 사용하다 폐기된 수혈해자 내부퇴적토에서만 출토되고 유수에 의해 해자 전반에 걸쳐 정형성을 띄지 않게 출토되는 양상을 보인다.

다만, 현재까지 수혈해자 일부에 대한 조사만 진행되어 월성 해자 출토 목간의 전체적인 양상을 파악하기에는 무리가 있다. 향후 월성 해자 신(新)출토 목간에 대한 심층적인 연구가 진행되어 신라 문화상 복원의 기초자료로 활용되기를 기대한다.

▶ 핵심어: 월성, 월성 해자, 목간, 석축해자, 수혈해자

I. 머리말

월성(月城)은 신라의 궁성유적으로 문헌에 "금성의 동남쪽에 성을 쌓고 월성 또는 재성(在城)이라고 하였다."[1]라는 기록이 확인되며 실재로 궁성을 칭하는 '在城'명 기와가 수습되기도 한다.

월성에 대한 조사는 1980~2000년대 이전까지 동문지 발굴조사를 시작으로 성벽 외곽에 대한 시굴조사와 월성 일대에 대한 발굴조사를 통해 월성 북성벽 기저부를 따라 축조된 해자와 월성 북편, 계림, 첨성대 일대에 삼국시대 수혈주거지, 굴립주건물지와 통일신라시대 적심건물지군을 확인하였으나 월성 내부에 대한 전면적인 조사는 진행되지 않아 신라 궁성의 변천과정을 파악하지는 못하였다.

월성 내부에 대한 조사는 2000년대 이후 성벽 및 내부 평탄면에 대해 정밀지표조사와 지하레이다(GPR) 탐사를 통해 유구의 존재 및 분포양상 파악하여 기초자료를 마련하여 발굴조사의 참고자료로 활용되고 있다. 현재 월성 조사는 성벽, 내부 건물지, 월성 해자에 대한 발굴조사를 진행하여 성벽과 해자의 축조시기 및 변화양상, 내부 건물지의 배치상태 및 성격 규명을 통해 시기별 월성의 변천과정과 제반 성격을 파악하여 신라 최고지배계층의 문화상을 복원하기 위한 기초자료를 확보하고 있다.

월성 해자는 월성 성벽 외곽에 위치한 방어시설로서 북쪽은 성벽 기저부를 따라 땅을 파서 인공으로 도랑을 만들고 내부에는 물을 담수하며 남쪽은 자연하천인 남천(또는 문천(蚊川)을 활용하여 외부 침입을 차단하였다.

월성 해자 발굴조사는 동문지 발굴조사를 통해 석축해자의 존재를 확인하고 시굴조사를 통해 해자의 대략적인 규모를 확인하였다. 이후 월성 북편을 4개 구역으로 구획하고 '나', '다'구역 발굴조사를 통해 석축해자와 1~5호 해자의 현황 및 양상을 파악하였다.

월성 해자는 발굴조사를 통해 해자의 규모, 축조 기법, 변화양상, 해자 내부 층위 및 층위별 출토 유물

---

1) 『三國史記』 卷第34 雜誌 第3 地理1

을 파악하였고, 발굴조사 성과를 분석·연구하여 삼국시대에 월성 북편에 인공시설인 수혈해자를 축조하여 사용하다 신라가 삼국을 통일하기 전후한 시점에 석축해자로 변화하여 9세기 이후까지 사용된 것으로 파악하였다. 해자의 내부퇴적토는 일관된 퇴적양상을 보여 유기적으로 공존하면서 기능을 수행한 것으로 보이고, 석축해자는 유수의 흐름을 고려하여 계획적으로 축조한 것으로 파악된다.

더불어 해자라는 유구의 특성상 다량(多量)의 토기·토제품·기와류와 더불어 다종(多種)의 목제품, 동·식물유체, 유기물이 출토되어 당시의 사회·문화·토목건축·식생환경을 복원할 수 있는 기초자료를 확인하였다. 특히 목간은 비문(碑文)과 더불어 당시의 사회상을 짐작할 수 있는 가장 직접적인 문자자료로서 신라 문화상 복원의 핵심유물이다. 현재까지 월성 해자에서 출토된 목간 및 목간형 목제품은 180여 점이며 이 가운데 묵흔이 확인된 30여점에 대한 판독을 통해 당시의 문화상을 파악하기 위한 연구가 활발히 진행 중이다.

본고에서는 1980년대부터 진행된 월성 해자 발굴조사 성과를 검토하여 해자 변천과정을 파악하고 2015년부터 진행한 월성 '다'구역 수혈해자에서 확인된 신(新)출토 목간과 목간형 목제품의 현황과 출토 층위와 출토 위치를 파악하고 목간의 형태적 특징을 검토하여 월성 해자 출토 목간이 가지는 가치를 살펴보고자 한다.

II. 경주 월성 및 월성 해자 발굴조사 개요

1. 월성 발굴조사 개요

월성에 대한 조사는 경주고적발굴조사단과 국립경주문화재연구소에 의해 진행되었다. 월성에 대한 최초의 고고학적 조사는 1979~1980년 동문지 발굴조사를 진행하였고 동문지와 석축해자의 존재를 확인하였다. 이후 1980~1990년대 "경주월성대공원조성기본계획"이 수립되어 경주고적발굴조사단에 의해 성벽 외곽에 대한 시굴조사와 월성 북편에 대한 발굴조사를 실시하였다. 조사 결과 월성 북서벽 기저부를 따라 축조된 해자와 월성 북편, 계림, 첨성대 일대에 삼국시대 수혈주거지, 굴립주건물지와 통일신라시대 적심건물지군을 확인하였다. 2000년대 이전까지 월성에 대한 연구는 월성과 관련된 문헌자료의 분석 및 월성 주변에 대한 발굴조사 성과를 토대로 진행되었으나 월성 내부에 대한 전면적인 발굴조사는 이루어지지 않아 사로국 시기부터 신라 멸망시기까지 궁성 내부의 변화과정을 파악하지는 못하였다.

2000년대 국립경주문화재연구소에 의해 월성 외곽에 대한 지속적인 발굴조사를 통해 당시 월성 주변의 사회·문화상을 파악할 수 있는 기초자료를 확보하고 발굴조사가 완료된 유구의 복원·정비 자료를 제공하였다. 2003년 월성 내부에 대한 정밀지표조사를 실시하고, 2006년 월성에 대한 기초학술자료를 마련하고자 정밀측량, 지하레이다(GPR) 탐사를 실시하여 유구의 존재 및 분포양상을 파악하고 월성 일대 지형 형성 및 발달상 파악, 식생환경 자료를 수집하여 발굴조사의 참고자료로 활용되고 있다. 월성 내부에 대한 조사는 지하레이다탐사 자료를 토대로 A·B·C·D 지구로 구분하고 2014년부터 현재까지 A지구 서

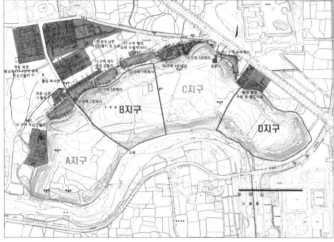

그림 1. 경주 월성 및 주변 유적 발굴조사 현황(위: 박정재·최문정 2017 그림 1 인용)

성벽·서문지, C지구 중앙건물지, 해자지구 1~3호 석축해자에 대한 발굴조사를 진행하고 있다.

월성 발굴조사의 목적은 월성 성벽과 해자의 축조 시기와 변화 양상 및 내부 건물지의 배치 상태와 성벽 규명을 통해 시기별 월성의 변천 과정을 파악하고 제반 성격을 규명하여 신라 최고 지배계층의 문화상을 복원하는 기초자료를 확보하고 당시 사회상 고증 자료를 제공하는데 있다.

현재까지 진행된 월성 및 주변의 발굴조사 자료와 연구현황을 살펴보면 월성은 4세기대 지리적 이점을 활용하여 월성과 주변에 수혈, 굴립주건물 등으로 구성된 취락을 형성하였다. 5세기대 월성 내부에 성토를 통한 대지 조성이 이루어지고 월성 북편에 기반층을 굴착하여 해자를 조성하고 구릉지 가장자리를 따라 성벽을 축조하여 신라의 궁성으로 사용되었다. 6세기 중반 월성 북동편에 대규모 대지조성을 통해 황룡사를 창건하고 방리제에 의한 신도시가 조성되었고 7세기 후반 신라가 삼국을 통일하여 월성 및 주변으로 궁성의 영역이 확장하는 것으로 판단된다.

2. 월성 해자 조사개요

월성 해자는 월성 성벽 외곽에 위치한 방어시설로서 북쪽은 성벽 기저부를 따라 땅을 파서 인공으로 도랑을 만들고 내부에는 물을 담수하며 남쪽은 자연하천인 남천(또는 문천(蚊川)을 활용하여 외부 침입을 차단하였다.

월성 해자 조사는 1979~1980년 동문지 발굴조사를 통해 월성 북편에 위치한 석축해자의 존재를 확인하고, 1984년 월성 성벽 방향에 따라 '가, 나, 다, 라' 4개 구역으로 구획하고 시굴조사 트렌치를 설정하여 조사를 진행한 결과 해자의 대략적인 규모를 확인하였다.

표 1. 월성 해자 발굴조사 현황

조사기관	조사기간	주요조사지역	조사내용
경주고적 발굴조사단	1979~1980	동문지 발굴조사	'나'구역 석축해자 일부 구간 확인
	1984~1985	외곽지역 시굴조사	'다'구역 해자의 대략적인 규모 및 성격 파악
	1985~1988	외곽지역 발굴조사	'나'구역 석축해자, '다'구역 1~3호 해자
국립경주 문화재연구소	1999~2006	해자 발굴조사	'다'구역 4호 해자
	2007~2009	해자 발굴조사	'다'구역 5호 해자
	2015~2017	해자 발굴조사	해자지구 '다'구역 1~3호 석축해자

이후 꾸준한 발굴조사를 통해 '나'구역 석축해자와 '다'구역 1~5호 해자에 대한 규모 및 성격을 확인하였다. 다만 '다'구역 1~3호 해자는 호안석축을 따라 해자의 대략적인 범위만 확인하였고 해자 내부에 대한 조사는 진행되지 않았다.

1) 월성 '나'구역 석축해자(문화재연구소·경주고적발굴조사단 1990)

월성 '나'구역 석축해자는 「ㄱ」자형으로 남·동·북면 외곽은 직선으로 석축을 쌓고 성벽 쪽은 성벽 기저부를 따라가면서 곡선으로 처리한 독립된 형태이다. 면적은 1,151㎡ 최대폭은 25m이며 석축은 최대 12단에 2m 높이로 잔존하였다. 석축 기초부는 석축해자 조성 이전에 형성된 뻘층 위에 석축을 쌓았다. 석축호안은 대체로 50×20㎝ 크기의 직사각형의 다듬은 할석을 이용하여 면이 바르게 쌓아 축조하였고, 층고름쌓기로 일정 높이로 조성하고 뒷채움하여 마무리 하였다.

석축호안은 초축 이후 2~3차례에 걸쳐 축소하여 개축하였다. 1차 개축 호안석축은 초축 호안에서 5m 가량 폭을 축소하여 직선적으로 축조하였다. 석축은 3단 정도 잔존하고 초축 해자 내부에 퇴적된 뻘층 위에 축조하였다. 2차 개축 호안석축은 1차 개축 호안석축에서 3m 가량 폭을 축소하여 곡선형으로 축조하였다.

석축해자 동쪽에는 해자 내부로 물을 유입시키기 위한 입수구 시설과 입수구 물받이 시설이 확인되고, 서쪽에는 해자 내부에서 외부로 물이 흘러나가는 출수구 시설이 확인된다. 출수구 시설의 폭은 60㎝이고 길이는 약 20m 정도 확인된다. 바닥에는 돌을 깔고 양쪽 벽은 석축석과 동일한 돌을 이용하여 벽을 쌓았다. 출수구 시설 바닥면은 해자 바닥보다 높게 위치하고 있어 해자 안에 일정한 높이로 물을 유지하고 그 이상의 물은 출수구를 통해서 흘러 내려가게 되어 일정한 깊이를 유지하도록 조영하였다.

'나'구역 석축해자는 호안석축에 사용된 석재와 석재를 쌓는 축조 기법이 인접하여 조성된 월지와 유사

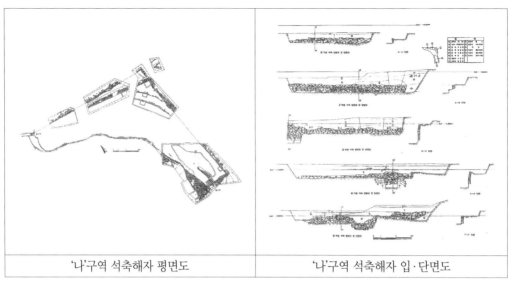

| '나'구역 석축해자 평면도 | '나'구역 석축해자 입·단면도 |

그림 2. 경주 월성 '나'구역 석축해자(문화재연구소·경주고적발굴조사단 1990 도면 3·4 인용)

하여 관련성이 높을 것으로 보인다.

2) 월성 '다'구역 1~3호 해자
(문화재연구소·경주고적발굴조사단 1990, 국립경주문화재연구소 2004a)

월성 '다'구역 해자는 자연석을 부정형한 형태로 쌓아 호안을 축조한 독립된 형태의 해자가 확인되고 각각의 해자는 입·출수구 시설로 연결되어 있다. '다'구역에는 5개의 독립된 해자가 확인되며 서쪽으로 동쪽으로 1~5호 해자로 구분하였다. '다'구역 1~3호 해자에 대한 조사는 10×10m 크기의 트렌치를 기준으로 호안을 따라 트렌치를 설정하여 해자의 대략적인 규모를 확인하였다.

1호 해자는 길이 약 155m 폭 25~50m 면적 3,587㎡의 규모이다. 평면 형태는 부정형으로 남측 호안은 성벽 기저부를 따라 곡선으로 조성하고 북측 호안은 거의 직선으로 조성하였다. 호안은 20~30㎝ 크기의 자연석을 이용하여 2~3단으로 쌓아 축조하였다. 1호 해자 내부에는 직경 15~30㎝ 크기의 말뚝을 박아 고정시키고 폭 20㎝ 길이 1~2m 크기의 판자를 말뚝 사이에 끼워서 벽을 만들고 그 위에 냇돌로 석열을 만들어 해자 외부에서 흘러 들어오는 흙을 막았던 흔적이 확인된다.

2호 해자는 길이 약 76m 최대폭 28m 면적 1,672㎡의 규모이다. 평면 형태와 축조 방법은 1호 해자와 대체로 동일하다. 2호 해자는 초축보다 5~8m 폭이 축소되어 개축되었고 남측 호안과 북측 호안은 모두 완만한 경사를 이루고 있다. 남측 호안은 성벽 기저부를 따라 15~20㎝ 크기의 자연석 사용하여 5~6m 폭으로 경사면 위에 석열을 조성하였고, 북측 호안은 1m 정도의 폭으로 석열을 마감하였다.

3호 해자는 길이 약 110m 폭 24~28m의 규모이다. 석축은 10~50㎝ 내외의 자연석을 이용하여 축조하였다. 남측 호안은 성벽 기저부를 따라 굴곡지게 축조하였고 북측 호안은 남측 호안과 평행하면서 직선

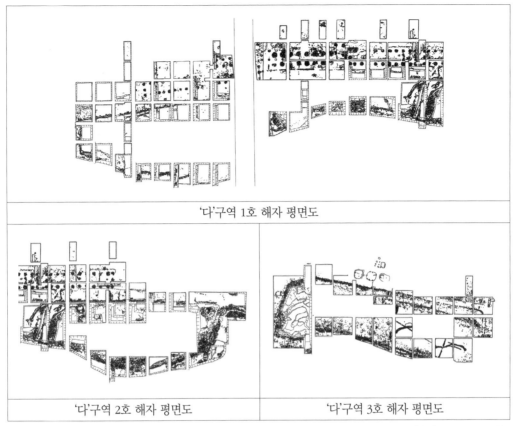

	'다'구역 1호 해자 평면도	
'다'구역 2호 해자 평면도		'다'구역 3호 해자 평면도

그림 3. 경주 월성 '다'구역 1~3호 해자(문화재연구소·경주고적발굴조사단 1990 도면 5·6 국립경주문화재연구소 2004a 도면 3 인용)

으로 축조하였다. 동쪽이 높고 서쪽이 낮아 물이 동에서 서로 흘렀음을 확인할 수 있다. 동편 호안 가운데 부근에서 입수구 시설이 확인된다. 폭은 2~3m 정도이고 석축과 같은 시설은 확인되지 않는다.

3) 월성 '다'구역 4호 해자(국립경주문화재연구소 2011)

월성 '다'구역 4호 해자는 사방을 석재를 사용하여 호안을 쌓은 석축해자로서 최대 길이 80m 최대 폭 40m 면적 2,710㎡의 규모이고 물이 유입되는 입수부, 물이 고이는 담수부, 물이 배출되는 출수부로 구성되어 있다.

담수부의 평면 형태는 장방형이며 북벽은 3개의 석렬이 일정한 간격을 두고 평행하게 조성되어 있다. 이는 해자의 규모가 축소되면서 개축된 흔적으로 초축 이후 2차례의 개축이 있었음을 보여주고 해자의 폭이 11m 축소된다. 초축 호안은 자연석, 1차 개축 호안은 가공석, 2차 개축 호안은 자연석과 가공석을 혼용하여 호안석축을 축조하였다.

북·남·동측 호안의 바닥면 해발고도는 46.5m 내외로 비교적 동일하고 남측 호안의 잔존 높이가

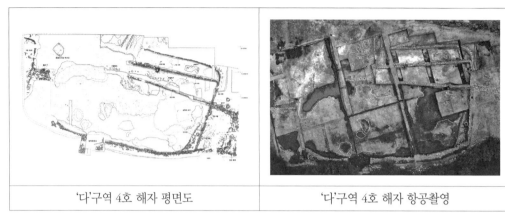

'다'구역 4호 해자 평면도	'다'구역 4호 해자 항공촬영

그림 4. 경주 월성 '다'구역 4호 해자(국립경주문화재연구소 2011 도면 1, 원색사진 3 인용)

47.4m인 것으로 보아 담수되는 물의 깊이는 약 0.9m 정도로 추정된다.

입수구 시설은 길이 약 19m 폭 0.9m 정도이고 바닥에 냇돌을 깔고 양쪽 측면에 할석으로 서로 마주보게끔 마무리 했다. 출수구 시설은 잔존길이 약 10m 폭은 1m 정도이고 약 30㎝ 정도의 고저차가 확인되며 형태는 동쪽이 넓고 서쪽으로 갈수록 좁아지는 나팔형상을 하고 있다.

한편, '다'구역 4호 해자 유구 아래에서 해자 조성 이전에 존재하였던 청동기시대 주거지, 수혈유구, 제철유구, 수혈해자 등이 확인되어 청동기시대부터 꾸준하게 사용된 것으로 보인다.

수혈해자는 자연적 또는 인공적인 바닥에 물을 가두어 해자로 동서로 길게 조성된 유구이고 수혈해자 외곽으로는 주혈이 동-서 일렬로 12개가 나란히 배치되어 있다.

4) 월성 '다'구역 5호 해자(국립경주문화재연구소 2012)

월성 '다'구역 5호 해자는 석재를 사용하여 호안을 쌓은 석축해자로서 평면 형태는 삼각형이다. 최대 규모는 장축(동서길이) 62m 단축(남북너비) 9~28m 정도이고 물이 고이는 담수부, 물이 유입되는 입수구, 물이 배출되는 출수구로 구분된다. 담수부는 4회에 걸쳐 축조된 것으로 확인되고 서→동, 북→남 방향으로 규모가 축소되고 최초 석축해자의 규모는 동서길이 62m 최종 석축해자의 규모는 동서길이 54m이다. 사용된 석재는 1·2차는 냇돌, 3차는 할석, 4차는 냇돌+할석이다. 출수구는 5호 해자가 축조되면서 길이가 점점 길어지는 것을 확인하였다. 구축방법은 바닥에 냇돌을 깔고 좌우의 양 측벽에 할석을 마주보게끔 막음시설을 했다.

5호 해자가 축조되기 이전에 수혈해자, 주혈 등이 조성된 것을 확인하였다. 수혈해자는 자연 지면을 경사지도록 비스듬히 파서 도랑과 같은 형태이다. 수혈해자 바닥은 하상퇴적층을 그대로 이용하였으며 주혈이 확인된다. 주혈은 동서방향으로 1열 배치되어 있고 기둥 간 간격은 1.2m 정도 이격되어 있다.

수혈해자 내 출토 유물로 보아 5~7세기가 중심을 이루는 것으로 파악하였다. 5호 해자는 수혈해자 뻘층 상면을 이용하여 4차례에 걸쳐 축조되었고 서에서 동으로, 북에서 남으로 규모가 줄어드는 것을 확인

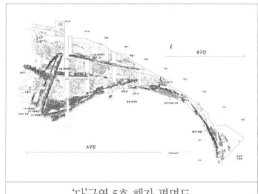	
'다'구역 5호 해자 평면도	'다'구역 5호 해자 토층 모식도

그림 5. 경주 월성 '다'구역 5호 해자(국립경주문화재연구소 2011 도면 4, 사진 8 인용)

하였다. 5호 해자 내에서는 7~8세기대 유물이 중심을 이루는 것으로 파악하였다.

III. 월성 해자 발굴조사 성과

월성 해자에 대한 조사는 월성 북편에 위치한 해자의 존재를 확인한 이후 꾸준한 발굴조사가 진행되고 있으며 발굴조사가 완료된 구간에 대하여는 보고서가 발간되고 월성 해자의 성격과 변천 등에 관한 연구가 진행되고 있다(이상준 1997; 김낙중 1998; 정자영 2012; 최문정·박정재 2016; 박정재·최문정 2017).

월성 해자는 시기별로 해자의 세부 명칭이 다양하게 불렸다. 1980년대에는 평면 형태와 호안 축조 기법에 따라 가공한 석재를 이용하여 면을 바르게 쌓은 형태의 석축해자('나'구역 석축해자)와 자연석을 이용하여 호안을 축조하고 입-출수구 시설로 연결되는 독립적인 형태의 연못식해자('다'구역 1~5호 해자)로 구분하였다. 2000년대에는 연못식해자 아래에 수혈해자의 존재를 인지하여 기존의 석축해자, 연못식해자, 수혈해자로 구분하였다. 하지만 석축해자와 연못식해자는 평면 형태와 호안 축조 기법에 따른 구분일 뿐 석재를 이용하여 축조하는 동일한 호안 축조 기법을 보인다. 이에 따라 호안 축조시 사용 부재인 석재의 사용 유무를 기준으로 석재를 사용하지 않고 기반층을 굴착하여 조성한 수혈해자와 석재를 이용하여 호안을 조성한 석축해자로 구분하였다.

수혈해자는 월성 외곽에 조성된 인공적인 시설로 월성 북편에 구(溝) 형태로 굴착하여 조성한 것으로 추정된다. 수혈해자는 석축해자 하부에 잔존하여 부분적인 조사만 이루어진 상태여서 전체적인 양상을 파악하기는 어려운 실정이다. 수혈해자의 범위 및 축조 기법은 1호 해자의 층위 양상 파악을 위한 트렌치 조사를 통해 파악되었다. 수혈해자의 단축(남북너비) 폭은 월성 북편 성벽에 접하여 약 50m 내외로 확인되며 1호 해자 석축호안보다 넓은 폭으로 확인된다. 축조 기법은 기반층인 명갈색역석층을 완만한 'U'자상으로 약 1~1.5m 깊이로 굴착하여 조성하였다. 바닥면은 대체로 평편하나 일부 구간에 의도적으로 볼

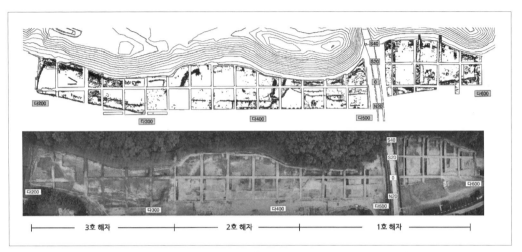

그림 6. 경주 월성 '다'구역 1~3호 해자 2016~2017년 조사 현황(국립경주문화재연구소 2017 도면 인용)

록하게 조성한 흔적이 확인되며 이는 유수의 흐름과 관련이 있을 것으로 판단된다. 수혈해자의 북편 경계에서 남으로 약 8m 이격한 지점에서 목주와 판자를 사용하여 설치한 판자벽 시설이 확인된다. 목주는 수혈해자를 축조하기 위해 굴착한 기반층 위에 일정 간격으로 직경 15㎝ 내외의 나무기둥을 설치하고 목주 북쪽에 접하여 폭 약 20㎝ 길이 100~200㎝ 크기의 장방형 가공목를 2~3단 쌓고 양쪽에 잡석을 고정한 형태이다. 현재 확인된 판자벽 시설은 동-서방향으로 80m 길이이지만 수혈해자 이후 시기에 조성된 유구와 조사구역의 한계로 인해 전체를 확인하지는 못하였지만 동쪽과 서쪽 방향으로 연장될 것으로 추정된다. 한편, '다'구역 4·5호 해자 기반층에서 확인된 주혈은 수혈해자에 조성된 판자벽 시설의 목주의 흔적일 가능성이 높을 것으로 판단된다.

석축해자는 수혈해자의 내부퇴적토인 뻘층 상부에 석재를 이용하여 조성하였으며 물이 고이는 담수부, 물이 유입되는 입수구, 물이 배출되는 출수구로 구성되어 있고 개별의 독립적인 형태이며 각각의 석축해자는 입·출수구 시설로 연결되어 있다. 담수부의 북측 호안은 대체로 직선적으로 축조하고 남측 호

| '다'구역 수혈해자 단면 | '다'구역 수혈해자 내 판자벽 시설 |

그림 7. 월성 '다'구역 수혈해자 단면 및 판자벽시설 전경

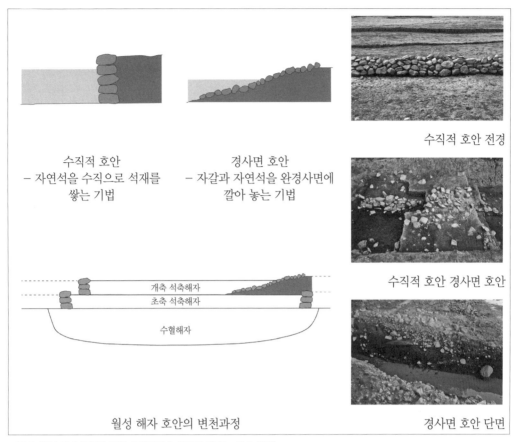

수직적 호안
– 자연석을 수직으로 석재를
쌓는 기법

경사면 호안
– 자갈과 자연석을 완경사면에
깔아 놓는 기법

수직적 호안 전경

개축 석축해자
초축 석축해자
수혈해자

수직적 호안 경사면 호안

월성 해자 호안의 변천과정

경사면 호안 단면

그림 8. 월성 해자 호안의 변천과정(박정재·최문정 2017 그림 6 인용)

안은 성벽 기저부를 따라 곡선적으로 축조하였으며 담수부는 초축 이후에 여러 차례에 개축을 거치며 규모가 축소된다. 호안석축의 축조 방법은 초축에는 주로 자연석을 이용하며 개축시 가공석 또는 자연석과 가공석을 혼용하여 축조하였다. 북측 석축호안은 대체로 2~5단 정도 잔존하며 잔존 높이는 80㎝ 내외이다. 석축 기저석은 30㎝ 크기의 석재를 놓고 15~20㎝ 크기 석재를 가로 방향으로 평편하여 쌓았다.

월성 '다'구역 해자의 내부퇴적토 층위 양상은 표토층-자연퇴적층-석축해자 조성층-수혈해자 조성층-기반층(Ⅵ층) 순으로 확인되며 대체로 일관된 퇴적 순서를 보인다. 수혈해자 내부퇴적토는 '다'구역 석축해자 조성층 아래에서 전체적으로 확인되며 일시에 구(溝) 형태로 축조하여 사용한 것으로 추정된다. 석축해자는 수혈해자 내부퇴적토 위에 석재를 사용하여 축조하였고 각 해자는 입-출수구 시설로 연결되는 독립적인 형태이지만 서로 유기적으로 공존하면서 해자로서의 기능을 수행한 것으로 보인다.

층위별 출토 유물을 분석한 결과 수혈해자 내부퇴적층에서는 이단투창고배, 단각고배, 단판연화문수막새 등 삼국시대로 편년되는 유물이 출토되고, 석축해자 내부퇴적층에서는 지그재그문 대부완, 중판연화문수막새 등 통일신라시대 유물이 출토되는 양상을 보인다. 이를 통해 월성 해자는 삼국시대에 수혈해

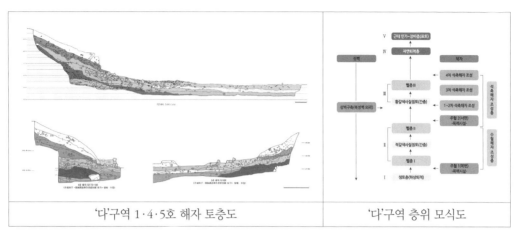

| '다'구역 1·4·5호 해자 토층도 | '다'구역 층위 모식도 |

그림 9. 월성 '다'구역 층위 토층도 및 층위 모식도(국립경주문화재연구소 2011; 2012; 2017 도면 인용·수정)

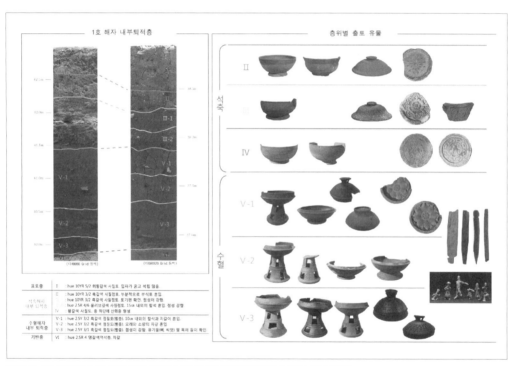

그림 10. 월성 '다'구역 1호 층위 양상 및 출토 유물(국립경주문화재연구소 2017 도면 인용)

자를 축조하여 사용하다 신라가 삼국을 통일하기 전후한 시점에 석축해자로 변화하여 9세기 이후까지 사용한 것으로 보인다(박정재·최문정 2017, p.16~17).

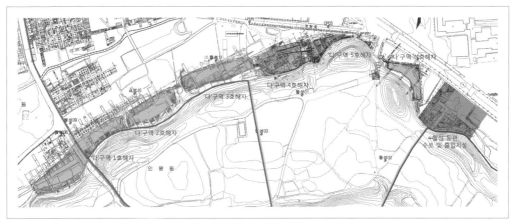

그림 11. 석축해자 및 월성 동편 수로 및 출입시설 배치도(박정재·최문정 2017 그림 17 인용)

'다'구역 수혈해자 출토 토기류	'다'구역 수혈해자 출토 막새류
'다'구역 석축해자 출토 토기류	'다'구역 석축해자 출토 막새류

그림 12. 월성 '다'구역 해자 출토 유물(국립경주문화재연구소 2017 도면 인용)

IV. 월성 해자 출토 목간

1. 월성 해자 출토 목간 현황

월성 해자는 유구의 특성상 해자 내부 담수에 의해 퇴적된 뻘층에서 다량(多量)의 토기·토제품·기와류와 더불어 다종(多種)의 목제품, 동·식물유체, 유기물 등이 양호한 상태로 출토되어 당시의 사회·문화·토목건축·식생환경을 복원할 수 있는 기초자료를 확보하였다. 특히 목간은 종이가 보편화되기 이전 시기에 다듬은 나무에 글을 써 기록을 남긴 유물로 당시의 사회상을 파악할 수 있는 직접적인 문자자료로써 월성 해자 출토 목간은 신라문화상 복원의 핵심유물이다.

현재까지 월성 해자에서 출토된 목간 및 목간형 목제품은 180여 점이며 이 가운데 묵흔이 확인된 30여 점에 대한 판독을 통해 당시의 문화상을 파악하기 위한 연구가 활발히 진행되고 있다.

1980년대 월성 해자 발굴조사를 통해 130여 점의 목간 및 목간류가 출토되었다(국립경주문화재연구소 2016, p.137. 본래 목간은 묵흔이 있는 것을 일컫는데 묵흔이 확실하지 않은 것도 목간류에 포함시켰다. 육안이나 적외선 촬영에는 묵흔이 확인되지 않으나 출토 당시 묵흔이 확인된 사례도 있어 목간이라는 확증이 없더라도 목간류의 범주에 넣어 두었다. 이에 최근 발굴조사를 통해 새롭게 출토된 목간 및 목간형

그림 13. 월성 해자 신(新)출토 목간

목제품도 동일하게 적용하여 분석의 대상으로 삼고자 한다.). 이 가운데 묵흔이 확인되는 목간은 25점이고 판독이 가능한 목간은 23점이다. 이외에 묵흔이 확인되지 않으나 목간의 형태를 지닌 목간류는 79점이다. 출토된 목간의 판독 및 연구를 통해 '典大等 敎事' 목간, '왕경 里' 이름이 나열된 목간, 종이 구입 목간, '大宮' 목간 등 당시 신라의 사회·문화상을 파악하는 자료로 활용되고 있다.

2015년부터 2017년까지 진행된 월성 '다'구역 1~3호 해자 정밀발굴조사를 통해 목간 7점과 목간형 목제품 50점이 출토되었다. 최근 발굴조사를 통해 출토된 목간은 1980년대 발굴조사에서 출토된 목간과 구별하기 위해 신(新)출토 목간으로 칭하고자 한다.

표 2. 신(新)출토 목간 및 목간형 목제품 현황

구분	연번	유물번호	제원(㎝)	출토 위치	출토 층위
목간	10	WS-M1-2016-05-임069	24.7×5.1×1.2	다560S20(1830+1260) L:37.81	흑갈색점토층(Ⅴ)
	33	WS-M1-2016-09-임023	4.3×2.6×0.6	다500.0	흑갈색점토층(물체질)
	43	WS-M1-2016-12-임392	19.2×3.9×0.8	다560S40(280+850) L:39.55	흑갈색점토층(Ⅴ-2)
	44	WS-M1-2016-12-임418	25.9×2.5×2.2	다540S20(1580+880) L:40.26	흑갈색점토층(Ⅴ-1)
	48	WS-M1-2017-02-임001	15.0×2.1×2.2	다540S40(1090+980) L:39.77	흑갈색점토층(Ⅴ-2)
	53	WS-M1-2017-03-임071	22.9×2.5×0.5	다480.0(450+660) L:40.46	흑갈색점토층(Ⅴ-1)
	55	WS-M1-2017-03-임098	12.7×1.7×1.7	다460.0(1825+1070) L:41.21	흑갈색점토층(Ⅴ-1)
목간형 목제품	1	WS-M1-2016-04-임035	21.3×2.3×0.6	다560S20(1645+1203) L:37.80	흑갈색점토층(Ⅴ)
	2	WS-M1-2016-04-임042	16.5×2.1×1.1	다580S40(1750+1530) L:37.55	흑갈색점토층(Ⅴ)
	3	WS-M1-2016-04-임043	15.6×2.5×1.3	다580S40(1710+1530) L:37.54	흑갈색점토층(Ⅴ)
	4	WS-M1-2016-04-임046	7.6×2.1×0.35	다560S20(1630+550) L:37.79	흑갈색점토층(Ⅴ)
	5	WS-M1-2016-04-임094	11.5×2.4×0.6	다560S20(1770+500) L:37.61	흑갈색점토층(Ⅴ)
	6	WS-M1-2016-04-임097	11.5×2.4×0.65	다560S20(1830+430) L:38.36	흑갈색점토층(Ⅴ)
	7	WS-M1-2016-04-임104	15.1×4.6×1.2	다560S20(1590+680) L:38.20	흑갈색점토층(Ⅴ)
	8	WS-M1-2016-05-임014	-	다560S20(1660+1070) L:37.51	흑갈색점토층(Ⅴ)
	9	WS-M1-2016-05-임051	27.2×2.9×1.1	다560S20(1600+700) L:37.46	흑갈색점토층(Ⅴ)
	11	WS-M1-2016-05-임086	34.5×2.7×0.4	다540S20(1860+970) L:38.06	흑갈색점토층(Ⅴ)
	12	WS-M1-2016-05-임088	34.2×2.9×0.5	다540S20(1880+1100) L:37.83	흑갈색점토층(Ⅴ)
	13	WS-M1-2016-05-임115	-	다540S20(1870+770) L:37.68	흑갈색점토층(Ⅴ)
	14	WS-M1-2016-05-임163	-	다560S40(1620+1350) L:37.71	흑갈색점토층(Ⅴ)
	15	WS-M1-2016-05-임190	-	다540S20(1920+1160) L:37.99	흑갈색점토층(Ⅴ)
	16	WS-M1-2016-05-임217	-	다560S40(1700+1840) L:37.50	흑갈색점토층(Ⅴ)
	17	WS-M1-2016-05-임222	-	다540S20(1820+1510) L:37.50	흑갈색점토층(Ⅴ)
	18	WS-M1-2016-05-임225	-	다540S20(1800+1670) L:37.18	흑갈색점토층(Ⅴ)
	19	WS-M1-2016-06-임005	-	다540S20(1870+940) L:37.08	흑갈색점토층(Ⅴ)
	20	WS-M1-2016-06-임009	-	다540S20(1850+1410) L:37.13	흑갈색점토층(Ⅴ)
	21	WS-M1-2016-06-임015	16.1×2.1×0.9	다500.0(1780+540) L:39.70	흑갈색점토층(Ⅴ)
	22	WS-M1-2016-06-임064		다500.0	흑갈색점토층(Ⅴ)
	23	WS-M1-2016-06-임065	-	다500.0(1840+650) L:38.33	흑갈색점토층(Ⅴ)

구분	연번	유물번호	제원(cm)	출토 위치	출토 층위
목간형목제품	24	WS-M1-2016-06-임081	10.7×3.5×1.5	다480.0(1790+220) L:38.32	흑갈색점토층下모래층(Ⅴ)
	25	WS-M1-2016-06-임107	30.1×3.2×0.8	다500.0(1730+340) L:37.96	흑갈색점토층下모래층(Ⅴ)
	26	WS-M1-2016-08-임040	–	다600S20(1120+1160) L:37.30	흑갈색점토층(Ⅴ)
	27	WS-M1-2016-08-임043	28.9×3.2×0.7	다600S20(890+590) L:37.39	흑갈색점토층(Ⅴ)
	28	WS-M1-2016-08-임050	–	다540S20(1360+1470) L:39.92	흑갈색점토층(Ⅴ)
	29	WS-M1-2016-08-임051	24.4×2.4×0.5	다540S20(1170+1460) L:39.95	흑갈색점토층(Ⅴ)
	30	WS-M1-2016-08-임057	13.6×3.8×0.8	다540S20(890+1450) L:39.93	흑갈색점토층(Ⅴ)
	31	WS-M1-2016-08-임059	16.1×3.0×0.6	다540S20(990+1070) L:39.88	흑갈색점토층(Ⅴ)
	32	WS-M1-2016-09-임002	35.5×3.6×0.6	다540S20(1710+720) L:40.01	흑갈색점토층(Ⅴ)
	34	WS-M1-2016-10-임107	15.7×1.6×0.8	다580S20(265+1880) L:39.66	흑갈색점토층下모래층(Ⅴ)
	35	WS-M1-2016-10-임108	12.4×3.2×0.9	다580S20(240+1870) L:39.62	흑갈색점토층下모래층(Ⅴ)
	36	WS-M1-2016-11-임080	15.3×1.6×1.2	다600S20(1370+960) L:39.46	흑갈색점토층(Ⅴ-1)
	37	WS-M1-2016-11-임116	21.5×4.2×1.2	다600S40(1310+1830) L:39.12	흑갈색점토층(Ⅴ-3)
	38	WS-M1-2016-12-임001	11.5×3.1×1.1	다580S20(90+270) L:39.47	흑갈색점토층(Ⅴ-1)
	39	WS-M1-2016-12-임047	28.3×3.0×1.2	다600S20(1520+630) L:39.25	흑갈색점토층(Ⅴ-2)
	40	WS-M1-2016-12-임158	26.0×2.2×0.4	다600S20(1640+910) L:38.94	흑갈색점토층(Ⅴ-3)
	41	WS-M1-2016-12-임329	8.9×4.6×0.7	다560S40(780+710) L:39.65	흑갈색점토층(Ⅴ-1)
	42	WS-M1-2016-12-임391	19.3×2.6×0.9	다560S40(160+710) L:39.53	흑갈색점토층(Ⅴ-2)
	45	WS-M1-2017-01-임027	29.5×2.5×1.9	다540S20(1100+1480) L:39.89	흑갈색점토층(Ⅴ-1)
	46	WS-M1-2017-01-임082	9.1×3.0×1.11	다540S20(950+1180) L:39.48	흑갈색점토층(Ⅴ-2)
	47	WS-M1-2017-01-임086	23.4×3.8×0.9	다560S20(850+1470) L:39.68	흑갈색점토층(Ⅴ-1)
	49	WS-M1-2017-02-임002	11.8×3.0×1.6	다540S40(780+980) L:39.85	흑갈색점토층(Ⅴ-2)
	50	WS-M1-2017-02-임053	26.2×5.5×0.7	다540S20(355+565) L:39.49	흑갈색점토층(Ⅴ-2)
	51	WS-M1-2017-02-임157	15.7×2.8×1.3	다540.S20(520+725) L:38.84	흑갈색점토층(Ⅴ-3)
	52	WS-M1-2017-02-임203	8.3×3.05×0.4	다520S40	흑갈색점토층(Ⅴ-3)
	54	WS-M1-2017-03-임097	28.1×1.7×1.5	다460.0(1720+955) L:41.13	흑갈색점토층(Ⅴ-1)
	56	WS-M1-2017-03-임103	9.9×3.8×1.0	다460.0(1250+1850) L: 41.09	흑갈색점토층(Ⅴ-1)
	57	WS-M1-2017-03-임104	9.7×2.1×2.15	다460.0(1100+1850) L:41.09	흑갈색점토층(Ⅴ-1)

2. 목간 및 목간형 목제품의 출토 위치 및 출토 층위

월성 해자 목간의 출토 위치를 이전 조사(1980년대)와 현재 조사(2010년대)를 구분하여 살펴보면 다음과 같다.

이전 조사(1980년대)는 10×10m 크기의 트렌치를 설정하여 발굴 조사를 진행하였다. 석축해자의 규모를 파악하기 위해 석축해자 호안을 따라 트렌치를 설정하여 조사를 진행하였고 해자 내부에 대한 전면적인 발굴조사는 이루어지지 않았다. 목간의 출토 위치는 다420N10 트렌치 1점, 다430N20 트렌치 1점, 다480N20 트렌치 19점이다. 다420~480 트렌치는 현재 발굴조사를 통해 확인된 1②호 해자에 위치하고, 다

표 3. 신(新)출토 목간 및 목간형 목제품 그리드별 출토 수량

그리드	460	480	500	520	540	560	580	600	합계
수량(점)	4	2	5	1	20	14	5	6	57점
비율(%)	7.1	3.5	8.7	1.8	35.0	24.6	8.7	10.6	100%

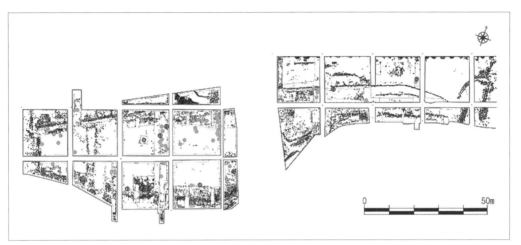

그림 14. 신(新)출토 목간 및 목간형 목제품 그리드별 출토 위치(※●: 목간, ●: 목간형 목제품)

480N20 트렌치에서 밀집되어 출토되는 양상을 보인다.

현재조사(2010년대) 역시 석축해자에 대한 조사는 이루어졌지만 석축해자 하층(下層)에 위치하는 수혈해자에 대한 발굴조사는 일부(1호 석축해자)만 진행되어 월성 해자 출토 목간 및 목간형 목제품의 위치에 따른 분석 및 연구는 제한적인 측면이 있다. 그리드별 출토 수량은 다540그리드와 다560그리드에서 밀집된다. 묵흔이 확인되는 목간은 다460그리드 1점, 다480그리드 1점, 다500그리드 1점, 다540그리드 2점, 다560그리드 2점이 출토되어 정형성을 보이지는 않는다.

목간의 출토 양상으로 보아 특정 지점에 밀집되기도 하나 대체로 수혈해자 전반에 분포하는 것으로 보인다. 이는 목간을 폐기하던 시점에는 일정 지점에서 투기하여 폐기하였을 수도 있으나 유수에 의해 해자 전반에 걸쳐 정형성을 띠지 않고 출토되는 양상을 보이는 것으로 판단된다.

이전 조사(1980년대)에서 출토된 목간의 층위는 보고서상에 갯벌, 뻘층, 모래뻘층, 갯벌층, 흑색뻘 등으로 기술되어 있으나 대체로 정선된 뻘층을 통용하는 것으로 보인다.

현재조사(2010년대)에서 출토된 목간은 삼국시대로 편년되는 수혈해자 내부퇴적토 Ⅴ층에서만 출토되는 특징을 보인다. 각 층위별 출토 수량은 Ⅴ-1층 11점, Ⅴ-2층 7점, Ⅴ-3층 4점이고, 묵서목간은 Ⅴ-1층에서 3점, Ⅴ-2층에서 2점이 출토된다. 현재 수혈해자 내부퇴적토는 제거가 된 상황이지만 각 층위별로 구분하여 물체질을 실시하고 있어 앞으로 물체질을 통해서 목간이 출토될 가능성도 있다.

표 4. 신(新)출토 목간 및 목간형 목제품 출토 층위

층위	V-1층	V-2층	V-3층	합계
수량(점)	11	7	4	22점
비율(%)	20	32	18	100%

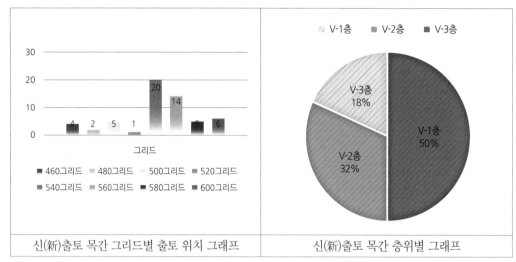

신(新)출토 목간 그리드별 출토 위치 그래프	신(新)출토 목간 층위별 그래프

그림 15. 월성 해자 신(新)출토 목간 및 목간형 목제품 그리드별 출토 위치와 출토 층위 그래프

3. 신(新)출토 목간의 특징

신(新)출토 목간은 묵흔이 확인되는 평면의 수에 따라 1면 묵서, 2면 묵서, 4면 묵서로 세분하였다. 1면 묵서는 4점, 2면 묵서는 1점, 4면 묵서는 2점이 출토된다.

표 4. 신(新)출토 목간의 형태적 특징

구분		유물번호	형태	상단	하단	측면	묶기홈	현공
목간	1면 묵서	WS-M1-2016-09-임023	일부 파손	일자형	파손	-	無	無
		WS-M1-2016-12-임392	3편. 상단 일부 파손	일자형	일자형	정면	無	無
		WS-M1-2017-03-임071	일부 파손	파손	파손	-	有	無
		WS-M1-2017-03-임098	상단 일부 파손	일자형	파손	정면	無	無
	2면 묵서	WS-M1-2016-05-임069	하단 일부 파손	일자형	파손	정면	無	無
	4면 묵서	WS-M1-2016-12-임418	하단 파손	삼각형	삼각형	정면	有	無
		WS-M1-2017-02-임001	하단 파손	파손	일자형	정면	有	無

구분		유물번호	디지털 사진	적외선 사진
목간	1면 묵서	WS-M1-2016-09-임023		
		WS-M1-2016-12-임392		
		WS-M1-2017-03-임071		
		WS-M1-2017-03-임098		
	2면 묵서	WS-M1-2016-05-임069		
	4면 묵서	WS-M1-2016-12-임418		
		WS-M1-2017-02-임001		

그림 16. 월성 해자 신(新)출토 목간

목간 및 목간형 목제품의 형태적 특징은 상단과 하단의 형태에 따라 일자형·삼각형·곡선형·비정형으로 구분하였고 묶기흔이나 현공의 유무를 파악하였다. 목간은 대체로 상단 또는 하단 일부가 파손되어 전체적인 형태를 파악할 수는 없다. WS-M1-2017-03-임071 목간을 제외한 묵서목간은 상단 또는 하단이 일자형으로 제작되어 있다. WS-M1-2016-12-임392, WS-M1-2017-03-임071, WS-M1-2017-03-임098 목간에서는 묶기홈이 확인되며 모든 목간에서 현공은 확인되지 않는 특징을 보인다.

V. 맺음말

경주 월성 유적은 사로국이 주변의 소국을 병합하여 '신라'라는 국가를 세우고 주변국을 통합하여 전성기를 누리다 멸망하기까지 신라의 최고지배계층이 사용한 궁성이다.

월성 및 주변의 발굴조사 성과에 대한 연구를 통해 월성은 4세기대 지리적 이점을 활용하여 월성과 주변에 수혈, 굴립주건물 등으로 구성된 취락을 형성하고, 5세기대 월성 내부에 성토를 통한 대지조성이 이루어지고 월성 북편에 기반층을 굴착하여 해자를 조성하고 구릉지 가장자리를 따라 성벽을 축조하여 신라의 궁성으로 사용되었고, 7세기 후반 신라가 삼국을 통일하여 월성 및 주변으로 궁성의 영역이 확장하는 것으로 보인다.

월성 해자는 월성 성벽 외곽에 위치한 방어시설로서 북쪽은 성벽 기저부를 따라 땅을 파서 인공으로 도랑을 만들고 내부에는 물을 담수하며 남쪽은 자연하천인 남천(또는 문천(蚊川)을 활용하여 외부 침입을 차단하였다. 월성 동문지 발굴조사를 통해 월성 북편에 위치한 해자의 존재를 확인하였고 현재까지 꾸준한 발굴조사를 통해 해자의 규모, 축조 기법, 변화양상, 해자 내부 층위 및 층위별 출토 유물을 파악하였다. 수혈해자는 월성 외곽에 조성된 인공적인 시설로 월성 북편에 구(溝) 형태로 굴착하여 조성한 것으로 추정된다. 석축해자는 수혈해자의 내부퇴적토인 뻘층 상부에 석재를 이용하여 조성하였으며 물이 고이는 담수부, 물이 유입되는 입수구, 물이 배출되는 출수구로 구성되어 있고 개별의 독립적인 형태이며 각각의 석축해자는 입·출수구 시설로 연결되어 있다. 담수부의 북측 호안은 대체로 직선적으로 축조하고 남측 호안은 성벽 기저부를 따라 곡선적으로 축조하였으며 담수부는 초축 이후에 여러 차례에 개축을 거치며 규모가 축소된다.

발굴조사 성과를 분석·연구하여 월성 해자는 삼국시대에 수혈해자를 축조하여 사용하다 신라가 삼국을 통일하기 전후한 시점에 석축해자로 변화하여 9세기 이후까지 사용된 것으로 파악하였다.

수혈해자 내부퇴적토에서는 양호한 상태로 보존된 목간, 목제품, 동·식물유체, 유기물 등 당시 신라의 생활상을 파악할 수 있는 다종다양한 유물들이 출토된다. 이 가운데 목간은 당시의 사회·문화상을 파악할 수 있는 직접적인 자료로서 문화상 복원의 핵심유물이다. 1980년대 이전조사에서 약 130여 점의 목간 및 목간류가 출토되었고 판독 가능한 23점에 대한 연구를 통해 신라의 문화상 일부를 파악하였다. 1980년대 조사를 토대로 2015년부터 실시한 '다'구역 1~3호 해자의 정밀발굴조사를 통해 57점의 목간 및 목간형 목제품이 추가로 출토되었다. 신(新)출토 목간은 수혈해자 내부퇴적층에서 출토되며 수혈해자 전반에 고르게 분포하는 것으로 판단된다. 월성 해자 출토 목간은 삼국시대에 조성되어 사용하다 폐기된 수혈해자 내부퇴적토에서만 출토되고 유수에 의해 해자 전반에 걸쳐 정형성을 띄지 않게 출토되는 양상을 보인다. 다만, 현재까지 수혈해자 일부에 대한 조사만 진행되어 월성 해자 출토 목간의 전체적인 양상을 파악하기에는 무리가 있다. 향후 월성 해자 신(新)출토 목간에 대한 심층적인 연구가 진행되어 신라 문화상 복원의 기초자료로 활용되기를 기대한다.

투고일: 2018. 2. 1.   심사개시일: 2018. 3. 2.   심사완료일: 2018. 4. 6.

1. 사료

『삼국사기』『삼국유사』

2. 보고서·도록

국립경주문화재연구소, 2004a, 『월성해자 발굴조사보고서Ⅱ』.

국립경주문화재연구소, 2004b, 『월성지표조사보고서』.

국립경주문화재연구소, 2006, 『월성해자 발굴조사보고서Ⅱ 고찰』.

국립경주문화재연구소, 2008, 『천년궁성 신라월성』.

국립경주문화재연구소, 2010a, 『경주 월성 기초학술조사 보고서Ⅰ 연구보고서』.

국립경주문화재연구소, 2010b, 『경주 월성 기초학술조사 보고서Ⅱ 정밀측량조사』.

국립경주문화재연구소, 2010c, 『경주 월성 기초학술조사 보고서Ⅲ 지하레이다 탐사』.

국립경주문화재연구소, 2010d, 『경주 월성 기초학술조사 보고서Ⅳ 지형·식생 및 석빙고 조사』.

국립경주문화재연구소, 2010e, 『경주 월성 기초학술조사 보고서Ⅴ 성벽 안전성 조사』.

국립경주문화재연구소, 2010f, 『경주 월성 기초학술조사 보고서Ⅵ 관계자료집』.

국립경주문화재연구소, 2010g, 『경주 월성 기초학술조사 보고서Ⅶ 요약보고서』.

국립경주문화재연구소, 2011, 『월성해자 발굴조사보고서Ⅲ(4호 해자)』.

국립경주문화재연구소, 2012, 『월성해자 발굴조사보고서Ⅳ(5호 해자)』.

국립경주문화재연구소, 2015, 『월성해자 발굴조사보고서Ⅴ』.

국립경주문화재연구소, 2016, 『신라 천년의 궁성, 월성』, 리플렛.

국립경주문화재연구소, 2017, 『신라 천년의 궁성, 월성』, 리플렛.

국립창원문화재연구소, 2004, 『한국의 고대목간』.

국립창원문화재연구소, 2006, 『(개정)한국의 고대목간』.

문화재연구소·경주고적발굴조사단, 1985, 『월성해자 시굴조사보고서』.

문화재연구소·경주고적발굴조사단, 1990, 『월성해자 발굴조사보고서Ⅰ』.

3. 논저

김낙중, 1998a, 「신라 월성의 성격과 변천에 관한 연구」, 서울대학교 석사학위논문.

김낙중, 1998b, 「신라 월성의 성격과 변천」, 『한국상고사학보』 제27호.

박정재·최문정, 2017, 「경주 월성과 주변 건물지의 시기별 변천과정 −월성해자 조사 성과를 중심으로−」, 『고고학』, 제16 제3호.

이상준, 1997a, 「경주 월성의 변천과정 연구」, 영남대학교 석사학위논문.

이상준, 1997b, 「경주 월성의 변천과정에 대한 소고」, 『영남고고학』 21호.

이용현, 2002, 「경주 월성해자」, 『한구고대목간연구』, 고려대학교 박사학위논문.

윤선태, 2005, 「월성해자 출토 신라 문서목간」, 『역사와 현실』 56, 한국역사연구회.

정자영, 2012, 「신라 궁성을 지키는 월성해자」, 신라문화원 강연.

최문정·박정재, 2016, 「월성해자(月城垓子)의 구조 및 변화양상에 대한 검토」, 『한국고고학의 기원론과
    계통론』, 제40회 한국고고학전국대회.

홍기승, 2013, 「경주 월성해자 안압지 출토 신라목간의 연구」, 『목간과 문자』 10.

⟨Abstract⟩

The Investigation Results of Wolseong moat in Gyeongju and Mujian

Park, Jung-jae

This study review the excavation performance of the Wolseong moat since the 1980s, learned about the change of the moat, and analyzed the conditions of excavation between moats that had been excavated, and looked for the value of excavation mujian.

The Wolseong moat are confirmed the presence of moats on the northern side of Wolseong eastengate by investigating the excavation site and determined the size, construction techniques, patterns, and interior layer of moats by the excavation research.

After analyzing and studying the results of an excavation research, the Wolseong moat was able to pit moat was constructed during the Three Kingdoms Period, when the stone-built moat was constructed Silla unified the three kingdoms in changed the postwar era, Finally the moat was fell into disuse after the 9th century.

In addition, due to the nature of the moat, various wooden objects, earthen ware, and tiles were excavated and various wooden structures, plant fluids, and organisms were found in the society.

In particular, mujian are the most direct graphic materials that can be inferred about the society of the time, and are the key artifacts of restoring Silla culture. Up to now, around 180 mujian and mujian parts wooden have been excavated from the Wolseong moat, and among them, 30 mujian and mujian parts wooden with read on them are actively used to identify culture at the time.

This study we have examined the status of new-through mujian and mujian parts wooden found in the moat transfusion from 2015 and have examined the characteristics of mujian and mujian parts wooden excavations and their locations.

The mujian excavated during the Three Kingdoms Period is only excavated from the pit moat of the blood transfusion after being disposed of, and is not shaped by the moat in its general appearance.

However, it is unreasonable to investigate some of the transfusion so far and identify the entire aspect of mujian excavated from the Wolseong moat. In the future, in-depth research has been conducted on mujian excavated from the year's original site, and it is expected to be used as a base for restoration of the Silla culture

▶ Key words: The Wolseong Palace site, The moat of the Wolseong Palace site, Mujian, Stone-built moat, Pit moat

신 출토 경주 월성 해자 묵서 목간 소개[*]

전경효[**]

I. 머리말
II. 신 출토 월성 해자 묵서 목간의 형태
III. 신 출토 월성 해자 묵서 목간의 특징
IV. 맺음말

〈국문초록〉

2015년 12월부터 시작된 경주 월성 해자(垓子) 발굴 조사를 통해 57점의 목간이 출토되었다. 그 가운데 글자가 있는 목간은 7점이었다. 이들 목간에는 제작 시점을 추정할 수 있는 단서를 비롯하여 관직 이름이나 문서 작성자 등 새로운 표현이 많이 등장했다. 또한 기존에 발견된 금석문에서 사용되었던 표현이 많이 나타났다. 특히 관직 등급을 나타내는 표현은 그 변화가 마무리된 시점과 목간의 제작 시점이 가까웠음을 의미하는데, 그 시점을 6세기 중반 이후로 보는 통설이 옳다는 점을 증명한다. 이러한 점들은 목간이 문헌에서 설명하지 못하는 새로운 사실을 알려 줄 수 있음을 의미한다. 한편 새롭게 출토된 목간은 과제도 함께 남겼다. 이번에 등장한 관직 이름과 기존에 알려진 관직 이름은 비슷한데, 두 명칭 사이의 관계를 밝혀야 할 것이다. 또한 목간은 고고학적인 조사를 통해 발견된 유물이면서 다른 한편으로는 문자 자료라는 성격을 가지고 있다. 따라서 목간 연구는 고고학과 역사학 연구 방법론의 조화가 필요하다.

▶ 핵심어: 6세기, 신라, 월성 해자, 목간, 금석문

---

* 본고는 2017년 10월 19일~20일 열린 한국목간학회 창립 10주년 기념 국제학술대회의 자료집인 『동아시아 고대 도성의 축조 의례와 월성해자 목간』에 실린 글을 수정, 보완한 것이다.

** 국립경주문화재연구소

I. 머리말

경주 월성은 신라의 왕궁이 자리 잡았던 곳이다. 신라는 한 번도 천도하지 않았지만, 왕경 내에서 왕의 거주지는 금성에서 월성으로, 다시 명활성을 거쳐 월성으로 이동했다. 그 가운데 가장 오랜 기간 동안 왕이 머물렀던 곳은 바로 월성이었다. 그 결과 월성 주위에 왕궁을 보호하기 위한 성벽과 해자 등이 설치되었고, 이에 그 시설물들은 여러 번 보수될 수 밖에 없었다. 이러한 흔적의 양상과 시기는 토층뿐만 아니라 고고학 유물인 기와, 토기 등으로 밝혀낼 수 있다. 특히 해자는 기와와 토기 등은 물론 목간이라는 문자 자료가 출토된다는 점에서 중요한 유구이다.

목간은 1985년부터 경주 월성 해자에서 출토되기 시작했다. 출토 수량은 목간 및 목간 종류로 추정되는 것까지 합쳐서 130점이며[1] 그 가운데 먹의 흔적이 있는 목간은 25점이다.[2] 당시 출토된 월성 해자 목간은 신라의 문서 행정을 규명하고, 이를 통해 신라의 문자 문화를 살펴볼 수 있는 자료였다.[3] 2016년과 2017년에 걸쳐 새롭게 출토된 글자가 있는 목간 7점도 마찬가지이다. 다만 기존의 자료에 보이지 않았던 표현이나 향후 심화 연구가 필요한 부분도 있다. 이 글에서는 새롭게 출토된 목간의 기초 정보를 제공할 예정이다.

II. 신 출토 월성 해자 묵서 목간의 형태

2015년 말부터 진행된 경주 월성 해자 조사를 통해 전체 목간 및 목간으로 추정되는 유물 57점이 출토되었다. 목간은 다 구역 1호 해자 중에 삼국시대로 편년되는 수혈해자 내부 Ⅴ층(펄층)에서만 나왔다. Ⅴ층에서는 짧은 굽다리 접시(短脚高杯)와 단판연화문수막새(單瓣蓮花紋圓瓦當)등의 유물이 같이 나오는데, 이들 유물의 편년은 대략 6세기 중반을 전후한 시기로 추정된다. 따라서 목간도 이와 비슷한 시기에 제작 및 폐기되었다고 할 수 있다.[4] 이들 목간 가운데 묵서가 있는 것은 7점인데, 그 제원을 살펴보면 다음과 같다.

임069(2016) 목간은 전체적으로 길쭉한 직사각형의 모양이다. 전체적으로 A면의 표면은 세로로 나뭇결이 있는데 글자는 나뭇결에 걸쳐서 존재한다. A면[5]의 왼쪽 아랫 부분이 휘어졌고, 오른쪽 아랫 부분은

---

1) 國立慶州文化財研究, 2006,『月城垓子 發掘調查 報告書Ⅱ -고찰-』, 國立慶州文化財研究所, p.137. 이 보고서에서 목간 번호는 105호까지 매겨졌는데, 50호 목간은 빠져 있으므로 실제 보고된 목간은 104점이다.
2) 國立慶州文化財研究, 2006, 앞의 보고서, pp.138~152.
3) 홍기승, 2013,「경주 월성해자·안압지 출토 신라목간의 연구 동향」,『목간과 문자』10.
4) 목간의 출토 상황에 대한 자세한 내용은 박정재, 2017,「경주 월성 해자 조사 성과와 목간」,『동아시아 고대 도성의 축조의례와 월성해자 목간』, 한국목간학회 창립 10주년 기념 국제학술회의 자료집, pp.39-44 참조.
5) 앞으로 서술할 A, B, C, D면 등은 임시적인 구분 방법이다.

표 2. 신 출토 묵서 목간 목록

연번	유물번호[6]	제원 (길이×너비×두께, 단위 : ㎝)	형태	파손 위치	수종	비고
1	임069(2016)	24.7×5.1×1.2	양면 목간	下	소나무	
2	임023(2016)	4.3×2.6×0.6	목간 조각	上·下 左·右	소나무	
3	임392(2016)	19.2×3.9×0.8	양면 목간	上 下(일부)	소나무	꼬리표 목간
4	임418(2016)	25.9×2.5×2.2	사면 목간	上, 下	소나무	
5	임001(2017)	15×2.1×2.2	사면 목간	下	소나무	
6	임071(2017)	22.9×2.5×0.5	양면 목간	없음	소나무	꼬리표 목간
7	임098(2017)	12.7×1.7×1.7	사면목간	없음	소나무	꼬리표 목간

파손되었다. 그러므로 완전한 형태는 아니며 원래의 형태는 아래쪽으로 더 길었
을 것이다. 휘어진 부분은 원래 나무 모양이 그런 것인지 흙의 압력(土壓)에 의해
변형된 것인지 여부는 알 수 없지만 B면의 글자가 면의 굴곡을 따라 휘어져 있으
므로 원래 형태가 그러했을 가능성이 크다. 파손된 부분은 잘려진 면이 깨끗한
데, 파손 시점은 글자를 쓴 이후일 것이다. 그 부분에 글자의 획 일부가 보이기
때문이다. 이 밖에 파손 부위 위쪽에 표면이 갈라진 흔적이 보인다. B면은 A면보
다 뚜렷한 나뭇결이 보이며 오른쪽 아래 끝부분에 글자의 일부 획이 보인다. 그러
므로 임069(2016) 목간은 좌우가 완전한 형태이며 위아래 중에서 아래쪽이 파손
된 불완전한 형태의 목간이다.

그림 1. 임069(2016)
목간 A면

임023(2016) 목간은 조각 목간이다. 이 자체가 하나
의 목간일 수 있지만 위쪽과 아래쪽에 고르지 않은 면
이 보여 파손된 것으로 보이며, B면 적외선 사진 아래
쪽에 일부 글자의 획이 있다. 좌우로도 완전한 형태로
보기 어려운데, 오른쪽에 끝부분에 글자의 일부 획이
이어지고 있기 때문이다. 따라서 임023(2016) 목간은
좌우가 파손된 불완전한 형태의 목간 조각이다.

그림 2. 임023(2016) 목간
B면

---

6) 유물 번호는 임시로 부여된 번호이며, 향후 정식 보고서가 간행될 경우 새롭게 부여될 예정이다. 서술의 편의를 위해 간략하
게 표기하고, 괄호 안의 숫자를 통해 출토 연도를 나타냈다.

임392(2016) 목간은 꼬리표 형태의 목간이며, 표면을 보면 중간 부분이 튀어 나와 약간 불룩한 모습이다. A면 윗부분에 둥근 형태로 파손된 흔적이 있으며, 현재 남아 있는 것도 왼쪽 윗부분은 분리되어 있다. 또한 오른쪽 아래 꼬리 부분도 떨어져 나갔다. 한편 A면 표면, 특히 1열의 글자가 있는 부분을 편평하게 가공한 흔적이 보인다. 그래서 중간 아래쪽에 좌우로 파인 형태를 띤다. 후술하겠지만 이러한 형태적 특징은 이 부분에 쓰인 글이 가지는 중요성을 보여준다고 생각한다. B면은 나뭇결이 보이기는 하지만 전체적으로 A면보다 매끈한 편이다. 결국 임392(2016) 목간은 위아래가 파손된 불완전한 형태의 꼬리표 목간이다.

그림 3. 임392(2016) 목간 A면

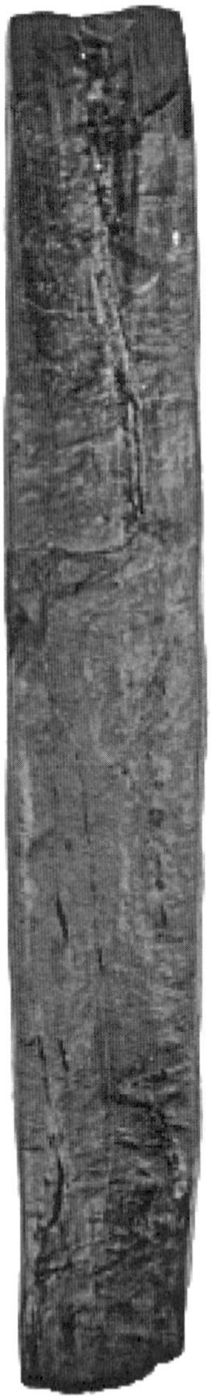

임418(2016) 목간은 길쭉한 사면 목간이다. A면의 윗부분과 아랫부분에 파손된 흔적이 있다. 또한 표면은 가운데 부분이 갈라졌는데, 그것이 중간 부분까지 이어지고 왼쪽으로 휘어진다. 그러면서 목간 표면의 일부가 떨어져 나가 갈라진 부분이 넓어졌다. A면의 갈라진 흔적은 글자가 기록된 이후에 나타난 것으로 여겨진다. 적외선 사진으로 보면 글자의 획이 갈라진 부분을 중심으로 나뉘어져 있기 때문이다.

이 목간은 상급자에게 보고하는 문서 목간으로 추정되는데, 그렇다면 상태가 좋은 나무를 골랐을 가능성이 크다. 원래 표면이 매끈한 나무에 글자를 썼지만 시간이 지나면서 그것이 갈라졌을 것이다. 여기서 알 수 있는 사실은 목간이 버려진 시점과 그것이 물이나 진흙층으로 들어가기까지의 시점 사이에 나뭇결이 갈라질 정도로 시간이 걸렸다는 점이다. 즉 수분이 많은 곳에서 나무가 쉽게 갈라지지 않았을 것이기 때문이다. 어쩌면 목간이 용도를 다하고 곧바로 재활용되거나 폐기되지 않고 일정 기간 모아두었거나, 곧바로 버려졌다고 하더라도 그곳이 건조한 장소였을 가능성도 있다.

B면에는 중간 부분에 A면의 파손된 부분이 이어져 있다. 나뭇결이 보이기는 하지만 A면에 비해서 매끈한 편이다. C면도 역시 나뭇결이 있으며 위에서 갈라진 부분이 아래로 이어지고 있다. D면은 B면과 마찬가지로 나뭇결이 보이지만 표면이 매끈하다. 이러한 점을 토대로 하면 임418(2016) 목간은 위아래가 파손된 형태의 사면 목간이다.

임001(2017) 목간은 막대형 목간으로 윗부분은 완전한 형태이고 아랫 부분은 파손되었다. A면은 오른쪽 가운데 부분이 떨어져 나갔으며 왼쪽은 나뭇결과 함

그림 4. 임418(2016) 목간 A면

께 벌레에 의해 표면이 훼손된 흔적이 있다. B면은 세로로 다듬은 흔적이 있는데, 아마도 글자를 쓰기 전에 가공한 흔적일 것이다. 이 밖에 왼쪽에는 갈라진 흔적이 있으며, 아래쪽에는 나뭇결이 복잡하다. C면은 오른쪽에 치우쳐서 굵은 나뭇결이 있다. 여기는 표면을 다듬은 흔적으로 볼 수 있지만 휘어져 있고, 적외선 사진에 나타난 글자가 이 부분을 넘고 있어 자연적으로 생긴 굴곡으로 볼 수 있다. 이 밖에 C면 왼쪽 아래에 갈라진 흔적과 구멍이 있고, 그 아래에는 나무의 옹이가 있다. 구멍은 나무가 갈라지면서 자연스럽게 나타난 것으로 생각되며, 옹이는 목간이 잘린 부분의 경계에 위치하기 때문에 그 부근이 힘에 취약한 부분이었음을 알 수 있다. D면은 나뭇결이 두드러지게 보이며 A면 가운데 파손 부위가 D면에도 이어져 있다. 그러므로 임001(2017) 목간은 아랫 부분이 파손된 형태의 막대형 목간이다.

임071(2017) 목간은 꼬리표 목간이며, 파손이 거의 없는 완전한 형태로 여겨진다. 다만 목간 옆면을 보면 A면이 휘어져 불룩하고 B면은 들어간 형태이다. 이러한 형태는 흙 압력에 의해 비롯된 것으로 추정된

그림 5. 임001(2017)
목간 A면

그림 6. 임071(2017)
목간 A면

그림 7. 임098(2017)
목간 A면

다. A면은 윗부분에 나뭇결이 보이며 중간 부분에서 아래쪽까지는 표면을 다듬은 흔적이 있다. 아마도 가운데는 그대로 두고 바깥쪽을 비스듬히 깎아 그 단면이 사다리꼴 형태(△)가 되었다. 적외선 사진으로 보면 글자가 가운데 매끈한 면에 있다. B면은 A면과 달리 평평하며, 왼쪽이 약간 휘어진 형태이고, 위쪽에 얼룩이 있으며, 왼쪽에 나무가 갈려져 떨어져 나간 흔적이 있다. 그러므로 임071(2017) 목간은 완전한 형태이기는 하지만 한쪽으로 휘어진 꼬리표 목간이다.

임098(2017) 목간은 사면 목간이면서 동시에 꼬리표 목간의 형태를 가지고 있으며 완전한 형태이다. A면은 전체적으로 표면에 얼룩이 있으며 아랫부분이 오른쪽으로 약간 휘면서 뒤틀렸기 때문에 D면이 조금 보인다. 또한 매듭을 묶는 부분 위쪽에 나무가 갈라진 곳이 있다. B면은 중간부터 아래까지 얼룩과 함께 나뭇결이 보인다. C면은 윗부분 일부를 제외하고 전체적으로 얼룩이 있는데 특히 왼쪽에 튀어나온 나뭇결이 있다. D면도 가운데 일부를 제외하고 얼룩이 있고, 오른쪽 아래에 선명한 나뭇결이 보인다. 따라서 임098(2017) 목간은 약간의 변형이 있기는 하지만 꼬리표의 역할을 하던 사면 목간이다.

지금까지 2016년~2017년에 걸쳐 출토된 목간의 형태를 살펴보았다. 7점의 목간은 공통적으로 구멍이 없었으며, 그 형태는 양면 목간, 조각 목간, 꼬리표 목간, 사면 목간 등 다양하게 출토되었다. 하지만 기존에 출토되었던 목간 및 목간류 유물 130점 가운데 약 36점 정도 차지하던 단면이 원형인 목간은 이번에 한 점도 출토되지 않았다. 이번 목간이 예전 조사 당시의 지점보다 南川 쪽으로 더 내려간 지점에서 출토되었다는 점을 감안한다면 목간의 출토 지점 차이에 따른 특징이라고 볼 여지도 있다. 또한 무게나 형태와 같은 목간 자체의 특성이나 목간이 폐기될 당시의 환경, 즉 목간 폐기 장소나 폐기 주변 건물의 성격, 폐기 주체 등의 여러 요인이 작용했을 가능성이 있다.

III. 신 출토 월성 해자 묵서 목간의 특징

최근 출토된 월성 해자 목간은 기존의 문헌이나 금석문에 나타난 표현과 함께 알려지지 않았던 새로운 사실을 담고 있다. 이 글에서는 목간의 글자 가운데 판독이 거의 확실하면서 내용을 이해하는데 중요하다고 생각되는 표현을 중심으로 그 의미를 살펴보고, 문헌이나 금석문에 나타난 사례와 비교할 예정이다. 그 과정에서 목간의 특징은 자연스럽게 드러날 것이다.

1. 임069(2016) 목간

임069(2016) 목간은 양면에 글자가 있는데, 판독안을 제시하면 다음과 같다.[7]

    (A) □□□·······································

---

7) 지금부터 제시되는 판독안은 국립경주문화재연구소에서 개최한 목간 전문가 자문 및 검토 회의 결과를 반영한 것이다.

古拿村行今冢 ……………… 書□[8](파손)

□只□ ………………………… 谷□

(B) 功以受泲荷四煞功廿二以八十四人越蒜山走入葱(파손)

受一伐代成年往留丙午年干支受

□二

그림 8. 임069(2016) 목간의 '功'

그림 9. 임069(2016) 목간의 '煞'

A면에서는 村이라는 글자가 드러난다. B면에서는 상대적으로 많은 글자가 등장하는데 功, 煞, 蒜山, 一伐, 丙午年 등이 있다. 이들 가운데 병오년을 제외한 나머지는 금석문이나 문헌에 등장하며, 병오년은 월성 해자 목간에서 처음으로 등장한 완전한 형태의 干支이다.

功은 6세기 금석문 가운데 525년(법흥왕 12년)에 세워진 울주천전리각석의 食多煞作功人, 578년(진지왕 3년)에 세워진 대구무술명오작비의 功夫, 798년(원성왕 14년)에 새겨진 영천청제비 貞元銘의 法功夫 등의 사례가 있다. 금석문에 나타나는 功의 의미로 보아 목간의 功은 특정한 업무나 노동을 의미하는 표현일 가능성이 크다.

煞은 殺의 異體字인데, 503년(지증왕 4년)에 세워진 영일냉수리신라비의 煞牛(소를 잡다), 煞斑牛(얼룩소를 잡다), 앞에서 언급한 울주천전리각석의 食多煞作功人 등의 사례가 보인다. 이러한 사례로 추정한다면 목간의 煞은 사람이나 동물을 죽인다는 의미일 것이다.

그림 10. 임069(2016) 목간의 '蒜山'

蒜山은『三國史記』新羅本紀와 地理志, 列傳 등에 등장한다. 신라본기에는 蒜山城[9], 지리지에는 蒜山縣[10], 열전에는 蒜山[11]이라 나오는데 그중에 산산현과 산산은 함경남도 원산으로 추정되며[12] 산산성은 신라와 백제의 국경에 있었던 성으로 추정된다. 이 밖에 조선시대 자료인『新增東國輿地勝覽』,『大東地志』등의 지리서에 의하면 함경도 덕원, 평안도 상원, 전라도 화순, 경상도 김해, 황해도 황주와 봉산 등 여러 곳에서 蒜山이 확인된다. 그런데『三國史記』地理志의 산산현은 경덕왕대에 바뀐 지명이었으므로,

---

8) 입 구(□) 윗부분 존재.

9) 봄 2월에 백제가 웅현성과 송술성을 쌓아 산산성, 마지현성, 내리서성의 길을 막았다(『三國史記』卷4 新羅本紀4 眞智王 4年).

10) 산산현은 본래 고구려의 매시달현이었는데, 경덕왕이 이름을 고쳤다. 지금은 어디인지 알 수 없다(『三國史記』卷35 地理2 朔州).

11) 풀 뿌리를 캐서 씹어 먹으며 함께 배를 타고 고구려의 산산에 이르니, 고구려 사람들이 불쌍히 여겼다(『三國史記』卷48 列傳8 都彌).

12) 정구복 외, 2012,『개정증보 역주 삼국사기 4』, 한국학중앙연구원출판부, p.291 및 p.832.

그림 11. 임069(2016) 목간
의 '一伐'

조선시대 자료와 마찬가지로 후대의 상황이 반영된 것이다.[13] 그러므로 대략 목간의 산산과 신라본기의 산산성 ≠ 지리지의 산산현 ≒ 조선시대의 산산이라는 관계가 성립한다. 다만 목간의 산산과 산산성의 정확한 관계는 알 수 없으므로 그 실체는 불분명하다.

一伐은 신라가 지방 유력자에게 부여한 外位이다. 전체 11개의 관등 가운데 8번째에 위치한다. 674년에 외위를 폐지할 때 17등급의 京位 가운데 14번째인 吉次(또는 吉士)에 견주고 있다.[14] 일벌은 삼국유사에 의하면 217년의 기록에 등장한다.[15] 다만 여기서 일벌은 사람 이름인지 관등인지 논란이 있다.[16] 한편 501년에 건립된 것으로 추정되는 포항중성리신라비에는 壹伐로 표기되었다. 이 밖에 남산신성비 제9비에는 一伐로 표기되었으며, 목간과 같이 一과 伐이 붙어 있는 형태를 띠고 있다.

丙午年은 목간의 제작 연대를 알려주는 간지이다. 정확한 시점은 알 수 없지만 해자 목간의 연대 연구 성과를 감안한다면 526년(법흥왕 13년) 또는 586년(진평왕 8년)일 가능성이 크다고 판단된다. 병오년이라는 표현 자체는 월성 해자 목간에서 출토된 목간 가운데 완전한 형태의 간지라는 점에서 의의가 있다. 즉 기존에 출토된 20호 목간에서 '(파손)子年'이라는 표현이 나왔지만 앞 글자가 파손되었으므로 구체적인 시점을 알 수 없었다. 이번에 출토된 목간은 완전한 형태의 간지를 가지고 있다. 비록 이 목간의 정확한 제작 시점은 알 수 없지만 6세기 중반~7세기 중반 무렵에 제작되었을 것이라고 추정하는 월성 해자 목간 제작 연대 연구 성과를 뒷받침할 수 있는 자료라는 점은 확실하다.

그림 12. 임069(2016) 목간
의 '丙午年'

그림 13. 해자 20호 목간
의 간지

2. 임023(2016) 목간

임023(2016) 목간은 목간 조각인데, 판독안을 제시하면 다음과 같다.

---

13) 박대재, 2007, 「『三國史記』 都彌傳의 世界 −2세기 백제사회의 계층분화와 관련하여−」, 『先史와 古代』 27, pp.239~240.

14) 『三國史記』 卷40 雜志9 職官 下 外官.

15) 제10대 나해왕이 즉위한지 17년인 임진(217년)에 보라국, 고자국, 사물국 등 8나라가 힘을 합쳐 변경을 침범했다. 왕이 태자 나음과 장군 일벌 등에 명하여 군사를 거느리고 이를 막게 했다(『三國遺事』 卷5 避隱 第8 勿稽子).

16) 정구복 외, 2012, 앞의 책, p.598.

(A)

글자 없음

(B)

盛□[17](파손)

그림 14. 임023(2016) 목간
의 '盛'

A면에는 글자가 없으며, B면에는 성(盛)과 오른쪽과 아래쪽에 일부 글자의 획이 드러난다. 그러므로 이 목간은 적어도 오른쪽과 아래쪽이 파손된 목간 조각이라 할 수 있다. 이 밖에 글자의 정확한 의미에 대해서는 알 수 없다.

3. 임392(2016) 목간

임392(2016) 목간은 꼬리표 목간으로 A면에만 글자가 있는데, 판독안을 제시하면 다음과 같다.

(A)

　　　前[18]
(파손)□[19] 小舍[20] 敬呼白[21] 遣 居生小烏[22] 送□□
宿(官(?))二言之 此二□[23] 官言在

(B)

글자 없음

그 가운데 小舍, 前, 白遣, 居生 小烏 등이 등장한다. 이들은 각각 관등, 내용 중에 추가한 표현, 이두, 인명과 관등이다. 특히 관등의 표기법을 통해서 목간의 대략적인 제작 시점을 추정할 수 있다는 점에서 임392(2016) 목간은 중요한 목간이라 할 수 있다.

小舍는 신라 17관등 가운데 13등에 위치하며, 舍知의 다른 이름이 소사였다고 한다.[24] 소사의 표기법

---

17) 일부 글자 보임.
18) 小舍와 敬 사이에 추가(즉, 빠진 글자를 이후에 넣기 위함)한다는 의미에서 열을 달리했을 가능성이 있음.
19) 칼 도(刀) 일부분 보임.
20) 小舍는 서로 붙어 있는 형태(合字).
21) 기존의 꼬리표 목간에 쓰여진 글자로 추정됨.
22) 小烏는 서로 붙어 있는 형태(合字)
23) 確일 가능성 있음.
24) 『三國史記』卷38 雜志7 職官 上.

그림 15. 임392(2016) 목간의
'小舍'

은 6세기 금석문에 따라 다르게 나타나는데, 524년(법흥왕 11년)에 건립된 울진봉평신라비에는 小舍帝智, 536년(법흥왕 23년)에 새겨진 영천청제비 병진명에는 小舍第, 568년(진흥왕 29년)에 건립된 마운령진흥왕순수비와 황초령진흥왕순수비와 591년에 세워진 경주남산신성비 제2비에는 小舍로 나온다. 즉 536년~568년 사이 소사의 표기법에 변화가 생긴 것이다. 그렇다면 목간의 소사 표기법으로 보아 임392(2016) 목간은 536년 이후에 제작된[25] 것으로 추정할 수 있다.

前은 다른 글자와 열을 달리하고 있으며, 표면을 다듬은 부분과 다듬지 않은 경계 부분에 걸쳐 있다. 이 글자는 왼쪽 열의 글자를 쓴 후 추가한 것으로 여겨지는데, 목간의 내용을 쓴 사람은 다듬어진 곳에 글을 썼지만, 수정이 필요했기 때문에 열을 달리했을 것이다. 즉 小舍라는 관등 뒤에 前을 추가하여 목간의 수신자를 명확히 하고자 한 것이다. 이러한 내용이 타당하다면 前은 목간 내용의 수정을 보여주는 하나의 사례가 될 수 있다. 이

그림 16. 임329 목간의 '前'

밖에 목간의 용도는 그 형태로 보아 처음에는 물품의 꼬리표였지만 그 용도가 끝난 이후에는 글자를 연습하기 위한(習書) 용도로 변경되었을 가능성도 있다.

白遣은 이두로 추정된다. 즉 遣과 居 사이에 띄어쓰기가 되어 있는데, 이두의 숣고(사뢰고, 아뢰고)로 볼 수 있다.[26] 사실 白은 획이 흐리지만 遣은 敬과 비슷하거나 커 보인다. 목간의 정확한 내용은 알 수 없지만 특정인에게 어떤 사항을 말하는 내용으로 추정된다. 그 가운데 白遣은 특정인을 높인다는 의미를 가졌기 때문에 유달리 크게 썼을 것이다. 목간 형태상으로 볼 때 白遣이라는 표현을 전후하여 그 표면이

그림 17. 임392(2016) 목간의 '白遣'   그림 18. 임392(2016) 목간의 '小鳥'

매끈하게 다듬어졌는데, 목간의 핵심 내용을 이 부분에 쓰려 했던 의도가 반영되었다고 여겨진다. 또한 白遣이 이두가 맞다면 월성 해자에서 출토된 목간에서 출현한 이두의 사례를[27] 더할 수 있게 되었다는 점에서 의미가 있다.

小鳥는 신라 17관등 가운데 16등에 위치한 관등이며, 다른 이름은 小鳥知였다고 한다.[28] 小舍와 마찬가지로 울진봉평신라비에서는 小鳥帝智, 영천청제비 병진명에는 小鳥第라고 나타나는데,

---

25) 540년~550년 사이에 건립된 것으로 추정되는 단양신라적성비에는 大舍가 등장한다. 大舍의 표기 변화도 소사와 비슷한 과정을 거치기 때문에 소사 표기법 변화 시점의 하한은 540년이나 550년으로 조정할 수 있다.

26) 윤선태 선생님의 가르침을 따른 것이다.

27) 월성 해자 2호 목간 내용 가운데 使內, 在, 之, 中, 白 등을 이두로 보는 견해가 있다.

28) 『三國史記』卷38 雜志7 職官 上.

동일한 병진명에서는 小鳥一支로도[29] 나타난다. 또한 591년에 건립된 경주남산신성비 제3비에는 小鳥로 나타난다. 이와 같이 小鳥의 표기 방식의 변화도 小舍와 비슷하다는 것을 알 수 있으며, 이것은 목간의 제작 시점을 추정할 수 있는 단서가 된다.

4. 임418(2016) 목간

임418(2016) 목간은 사면 목간으로, 모든 면에 글자가 있다. 그 판독안을 제시하면 다음과 같다.

    (A) 典中大等赴告沙喙及伐漸典前

    (B) 阿尺山□舟□至□愼白□□

    (C) 急陧爲在之

    (D) 文人周公智吉士 · [30]

이 목간에도 직명, 사람 이름, 관등 등이 나오는데, A면에 典中大等, 及伐漸典, D면에 文人, 周公智, 吉士 그리고 가운데 점 (·) 등이 있다. 이들 중에는 새로운 것도 있고 기존 자료에서 볼 수 있는 것도 있다.

典中大等은 『三國史記』職官志나 다른 자료에서 볼 수 없었던 새로운 직명이다.[31] 다만 기존에 출토된 월성 해자 12호 목간에 나오는 典太等과[32] 관계가 있을 가능성도 있다. 다만 이것은 추정일 뿐이며 향후 진전된 연구 성과를 기다려야 할 것이다.

及伐漸典도 표기 방식 자체로만 보면 새로운 직명이다. 하지만 568년(진흥왕 29년)에 건립된 마운령 진흥왕 순수비에서 행차 수행자 명단에 나오는 及伐斬典과 동일한 직책으로 여겨지는데, 이 직명의 구체적인 임무는 알 수 없으나 近侍職으로 생각된다.[33] 신라시대의 정확한 한자 발음을 알 수 없지만 漸과 斬이 비슷한 발음이었기 때문에 직명에 동일한 한자를 섞어서 쓴 것

그림 19. 임418(2016) 목간의 '典中大等'

그림 20. 월성 해자 12호 목간의 '典太等'

---

29) 판독이 정확하다면 일지(一支)는 제(第), 제(帝)와 비슷한 의미로 통용되는 단어로 추정할 수 있다(韓國古代社會硏究所 編, 1992, 『譯註 韓國古代金石文』 2 신라1·가야편, 財團法人 駕洛國史蹟開發硏究院, p.28).

30) 가운데 점.

31) 이것은 典中大等으로 붙여서 읽을 수도 있지만 띄어 읽기에 따라서 典中/大等, 典/中大等 등으로 읽을 수도 있을 것이다.

32) 典太等은 원래 국가의 재정을 맡았던 稟主의 우두머리였으며, 565년(진흥왕 26년)에 설치되었다. 이후 품주가 집사부로 바뀔 때 中侍 아래의 차관직으로 밀려났다.

33) 韓國古代社會硏究所 編, 1992, 앞의 책, p.95.

그림 21. 임418(2016) 목간
의 '及伐漸典'

그림 22. 마운령 진흥왕
순수비의 '及伐斬典'

그림 23. 임418(2016) 목간의
'文人'

으로 추정된다. 이와 더불어 及伐漸典 뒤에 나오는 前은 임392(2016) 목간의 前과 마찬가지로 목간 내용의 수신자를 분명히 하고자 한 표현이다.

文人은 글을 짓거나 글씨를 쓰는 사람, 학문에 종사하는 사람, 문관의 직에 있는 사람이라는 의미를 가진다. 『삼국사기』 신라본기 진흥왕조에 文士라는 집단이 나오는데[34] 역사책을 편찬하는데 참여하는 것으로 보아 이들은 학문적인 능력을 갖춘 사람들일 것이다. 물론 文士라는 표현 자체가 뒷날의 사실이 소급된 표현일 수 있지만 이보다 앞서 법흥왕대에 건립된 울진봉평 신라비에는 書人, 즉 글을 지은 사람으로 추정되는[35] 사람들을 가리키는 명칭이 이미 등장한다. 그리고 목간에 등장하는 文人이라는 표현으로 미루어 본다면 6세기 중반 무렵 文士로 불리는 집단이 실제로 존재했을 가능성이 있다. 따라서 6세기 중반 신라에서는 문인이나 문사로 불리면서 학문적인 능력을 갖춘 집단이 있었고 이들은 역사서를 편찬하거나 문서를 작성하는데 동원되었다는 점을 알 수 있다.

周公智는 周公이라는 이름과 智라는 존칭으로 나눌 수 있다. 주공은 중국 고대 국가인 주나라 무왕의 동생이었으며, 조카인 成王을 대신하여 섭정하면서 문물제도를 정비하여 유학자들이 聖人으로 받드는 인물이다. 물론 주공이라는 표현 자체는 사람 이름이 아니지만, 목간에서는 이름으로 사용되었다. 6세기 무렵 신라인들의 이름 가운데 중국의 유명인이나 유학과 관계있는 이름을 본뜬 사례가 많이 나타난다. 즉 金后稷, 金庾信, 金春秋 등의 사례가 있다. 김후직은 진평왕대의 사람으로, 그의 이름은 중국 주나라의 시조가 邰라는 땅에 봉해지고 불린 이름인 后稷과[36] 같다. 김춘추는 공자가 엮었다고 전해지는 春秋라는 역사서에서 따온 이름으로 추정된다. 또한 『삼국사기』 열전에 따르면 김유

그림 24. 임418(2016) 목간의 '周公智'

---

34) 7월에 이찬 이사부가 말하기를 "國史라는 것은 君臣의 선악을 기록하여 (중략)", 왕이 깊이 느끼고 대아찬 거칠부 등에 명하여 널리 文士를 모아 國史를 편찬하게 했다(『三國史記』 卷4 新羅本紀4 眞興王 6年).

35) 韓國古代社會研究所 編, 1992, 앞의 책, p.20. 비의 내용 중에 『論語』 八佾篇의 획죄어천(獲罪於天: 하늘에 죄를 짓다)이라는 구절이 나오는데, 이는 글을 지은 書人이 논어에 대한 지식을 가지고 있었음을 의미한다.

36) 『史記』 卷4 周本紀.

신의 이름은 북주(北周, 557년~581년) 사람이면서 詩文으로 유명했던 庾信의 이름을 참고해서 지었다고[37] 전한다. 이러한 상황은 지배층 안에서 유학이 확산되는 시대적 경향을 반영한 것이다.[38] 이와 더불어 智는 이름 뒤에 붙는 존칭으로, 6세기 금석문에 많이 등장한다. 이 밖에『일본서기』에서는 이사부를 伊叱夫禮智라고 했으며,[39] 김춘추를 春秋智라고 했다.[40] 따라서 周公이라는 이름과 智라는 존칭은 6세기 무렵 신라의 시대적 상황을 반영한 표현이다.

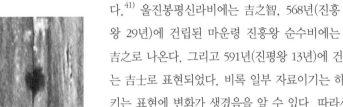

吉士는 신라 17관등 가운데 14등에 위치하며 稽知 또는 吉次라고도 했다.[41] 울진봉평신라비에는 吉之智, 568년(진흥왕 29년)에 건립된 마운령 진흥왕 순수비에는

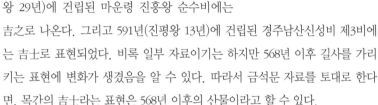

그림 25. 임418(2016) 목간의 '吉士'

吉之로 나온다. 그리고 591년(진평왕 13년)에 건립된 경주남산신성비 제3비에는 吉士로 표현되었다. 비록 일부 자료이기는 하지만 568년 이후 길사를 가리키는 표현에 변화가 생겼음을 알 수 있다. 따라서 금석문 자료를 토대로 한다면, 목간의 吉士라는 표현은 568년 이후의 산물이라고 할 수 있다.

이 밖에 吉士 다음에 가운데 점(·)이 있다. 목간 전체 내용이 끝난다는 점을 의미하는지 아니면 D면의 내용이 끝난다는 것을 의미하는지 여부는 불분명하다. 만일 전자라면 목간 면의 순서를 정하는데 중요한 단서가 될 것이다.

그림 26. 임418(2016) 목간의 '점(·)'

5. 임001(2017) 목간

임001(2017) 목간은 사면 목간으로 A, B, C, 3개의 면에 글자가 있다. 그 판독안을 제시하면 다음과 같다.

(A) 兮刪宋(宗(?))公前別白作(?)□□(파손)

(B) 米卅斗酒作米四斗并卅四斗瓮□(此)□(파손)

(C) 公取□開在之

(D) 글자 없음

37) "옛날 어진 사람으로 庾信이라 한 이가 있으니 어찌 그렇게 이름하지 아니하랴?" 하고 드디어 이름을 庾信이라 하였다(『三國史記』卷41 列傳1 金庾信 上).

38) 주보돈, 2009,「김춘추의 정치지향과 유학」,『국왕, 의례, 정치』, 이태진교수정년기념논총간행위원회, pp.33~43.

39)『日本書紀』卷17 繼體天皇 23年 4月.

40)『日本書紀』卷26 齊明天皇 6年 7月.

41)『三國史記』卷38 雜志7 職官 上.

그 가운데 C면은 다른 면에 비해 글자가 분명하다. 이 부분에는 米, 酒作米[42] 등의 쌀과 관련된 내용, 숫자와 부피를 나타내는 斗, 그리고 이것을 보관하는 용기(瓮)로 추정되는 글자가 등장한다. 아랫부분이 파손되어 목간의 완전한 형태는 알 수 없지만, 쌀과 관련된 문서 목간 또는 꼬리표 목간으로 추정된다.

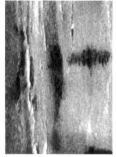
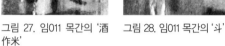

그림 27. 임011 목간의 '酒作米' 그림 28. 임011 목간의 '斗'

6. 임071(2017) 목간

임071(2017) 목간은 양면 꼬리표 목간으로 A면에만 글자가 있다. 그 판독안을 제시하면 다음과 같다.

그림 29. 임071(2017) 목간의 기호   그림 30. 안압지 29번 목간의 기호

(A) 舍尸麻□[43]令一鷄得鴟□受 丰
(B) 글자 없음

목간에는 지명으로 여겨지는 글자와 동물로 추정되는 글자 그리고 수량 등이 적혀 있는 것으로 보인다. 그런데 A면 아래에 '丰' 형태의 글자가 있다. 이와 비슷한 것은 안압지 출토 29번 목간에도 나오는데 그것이 특정 물품을 가리킨다면,[44] '丰'도 비슷한 종류의 물품일 가능성이 크다.

7. 임098(2017) 목간

임098(2017) 목간은 사면 꼬리표 목간으로, 임071 목간과 마찬가지로 A면에만 글자가 있다. 그 판독안을 제시하면 다음과 같다.

(A) 安豆三斗大刀八中刀一

이 목간에는 安豆라는 표현이 나오는데, 『한국민족문화대백과사전』에는 綠豆의 다른 이름을 安豆라고

---

42) 끊어 읽기에 따라서 酒作과 米를 나눌 수 있다.

43) 村일 가능성 있음.

44) 어떤 종류의 毛皮를 가리키는 신라시대 俗字로 보는 견해가 있다(尹善泰, 1997, 「正倉院 所藏 「佐波理加盤付屬文書」의 新考察」, 『國史館論叢』 74, pp.318~325; 2000, 「新羅 統一期 王室의 村落支配 -新羅 古文書와 木簡의 分析을 중심으로-」, 서울대학교 박사학위청구논문, p.88).

했다. 한편 『大漢和辭典』에는 녹두를 豌豆의 俗稱이라하여[45] 대조를 이룬다. 이 밖에 大刀와 中刀라는 표현도 등장하는데, 刀의 의미 그대로 칼이라고 볼 수 있을지 아니면 이두에서 부피를 의미하는 '되'의 의미로 볼 수 있을지 여부는 추가 검토가 필요하다. 다만 어느 쪽이더라도 이 목간이 물품의 꼬리표 역할을 했다는 점은 확실하다.

그림 31. 임098(2017) 목간의 '安豆'

그림 32. 임098(2017) 목간의 '대도(大刀)'

그림 33. 임098(2017) 목간의 '중도(中刀)'

IV. 맺음말

지금까지 새롭게 출토된 경주 월성 해자 목간을 간단히 살펴보았다. 그 성과와 과제를 살펴보면 다음과 같다.

첫째, 기존 자료에서 보기 힘들었던 새로운 표현이 등장했다. 임069(2016) 목간의 丙午年, 임418(2016) 목간의 典中大等의 경우, 전자는 완전한 형태의 干支라는 점, 후자는 문헌이나 금석문 등에서 볼 수 없었던 새로운 職名이라는 점에서 의의가 있다. 무엇보다도 干支는 월성 해자 목간의 제작 시점을 밝히는 실마리가 되고, 새로운 직명은 2차 사료인 문헌의 한계를 보완하는 자료라는 점에서 이번 월성 해자 조사의 중요한 성과라고 할 수 있다.

둘째, 금석문에서 사용되었던 표현이 다수 나타났다. 즉 임069(2016) 목간의 功, 煞, 一伐, 임392(2016) 목간의 小舍, 小烏, 임418(2016) 목간의 吉士 등이 있다. 이 표현들은 6세기에 세워진 신라 금석문에 보이며, 특히 관등은 그 표기법의 변화가 마무리된 시점을 보여 주는데, 이러한 표현이 나오는 목간은 6세기대에 제작된 것임을 알 수 있다.

셋째, 금석문이나 문헌에서 등장하는 자료에서 당시 시대적인 분위기를 살필 수 있었던 단서가 목간에서도 발견되었다. 임392(2016) 목간의 文人과 周公이라는 표현이 그것이다. 금석문, 목간, 문헌 자료가 1차나 2차 사료 등으로 구분되고 그 성격도 다르지만, 6세기 무렵 신라에서 유학이 점차 확산되어 가던 경향이 이들 자료에 공통적으로 담겨져 있다는 점을 알 수 있었다.

아울러 새롭게 출토된 목간은 과제도 남겼다. 임418(2016) 목간의 典中大等과 임098(2017) 목간의 安豆, 刀는 그 의미가 불확실하다. 다만 典中大等은 12호 목간에 나오는 典太等과 연결지어 생각할 수 있다. 나머지는 다른 자료나 향후 출토될 자료에서 단서를 찾아야 할 것이다. 무엇보다도 목간은 고고학적

45) 諸橋轍次, 1986, 『大漢和辭典』 3 修訂版, p.921.

조사 결과 발견된 유물이면서, 문헌 사료라는 성격을 동시에 가지고 있다. 따라서 월성 해자의 고고학적 조사 성과와 목간 연구의 조화를 통해 월성 및 신라 왕경의 실체 및 변화 과정을 규명하는 것이 앞으로의 과제가 될 것이다.

투고일: 2018. 1. 31.   심사개시일: 2018. 3. 2.   심사완료일: 2018. 4. 2.

참/고/문/헌

1. 사료

『삼국사기』, 『삼국유사』, 『사기』, 『일본서기』

2. 단행본 및 논문

國立慶州文化財研究, 2006, 『月城垓子 發掘調査 報告書Ⅱ -고찰-』, 國立慶州文化財研究所.

韓國古代社會研究所 編, 1992, 『譯註 韓國古代金石文』2 신라1·가야편, 財團法人 駕洛國史蹟開發研究院.

정구복 외, 2012, 『개정증보 역주 삼국사기 4』, 한국학중앙연구원출판부.

諸橋轍次, 1986, 『大漢和辭典』3 修訂版.

박대재, 2007, 「『三國史記』都彌傳의 世界 -2세기 백제사회의 계층분화와 관련하여-」, 『先史와 古代』27.

尹善泰, 1997, 「正倉院 所藏 「佐波理加 盤付屬文書」의 新考察」, 『國史館論叢』74.

尹善泰, 2000, 『新羅 統一期 王室의 村落支配 -新羅 古文書와 木簡의 分析을 중심으로-』, 서울대학교 박사학위청구논문.

주보돈, 2009, 「김춘추의 정치지향과 유학」, 『국왕, 의례, 정치』, 이태진 교수 정년기념논총 간행위원회.

홍기승, 2013, 「경주 월성해자·안압지 출토 신라목간의 연구 동향」, 『목간과 문자』10.

〈Abstract〉

The Introduction of New wooden tablets in Wolseong Moat

Jeon, Kyung-hyo

Fifty-seven wooden tablets were excavated through the excavation of the Wolseong moat in Gyeongju, which began in December 2015. Among them, there were seven items with letters. In these, many new expressions such as the name of the office or the author of the document appeared, including clues to estimate the time of production. In addition, many expressions were used in the existing epigraphy. Especially, the expression of office grade means that the time of the change is close to the time of production of these wooden tablets, which proves that it is right to view it from the middle of the 6th century. These points mean that the article can tell a new fact that the literature resource can not explain. On the other hand, the newly excavated pieces left the task together. The name of the official name that appeared this time is similar to the name of the former official name, and it is necessary to clarify the relationship between the two names. In addition, it is a relic discovered through archaeological investigations and character data on the other hand. Therefore, interdisciplinary research requires a combination of archaeological and historical research methodologies.

▶ Key words: 6th century, Silla(新羅), Wolseong moat(月城 垓子), Wooden tablets(木簡), Epigraphy(金石文)

월성 해자 목간의 연구 성과와 신 출토 목간의 판독[*]

윤선태[**]

〈국문초록〉

월성 해자 목간은 대체로 작성 시기가 6세기 후반에서 7세기 전반에 걸쳐 있으며, 내용적으로는 왕경 6부를 비롯한 각 지방에 대한 세금 수납과 관련하여 제작한 장부나 문서 행정의 정연함을 보여주는 문서 목간들이 많았다. 문서 수발의 주체와 객체로 寺典, 典太等(=典大等), 典中大等, 沙喙(=沙梁宮), 及伐漸 典(=及伐斬典) 등이 기록되어 이들 관청과 관인의 기능을 이해하는 데 큰 도움을 준다. 또 지방의 외위 소지자를 왕경에 머무르게 하여 지방 지배에 활용하였던 上守吏 제도가 통일 전에 이미 시행되고 있었음 을 새롭게 인지할 수 있었다. 한편 6세기 후반에서 7세기 전반 시기에 이미 조사, 선어말어미 등 이두 표 기에 큰 진전이 있었음을 확인할 수 있었다. 목간의 내용에 대한 필자의 새로운 해석을 소개하면 다음과 같다.

7세기 신라의 6부는 정치적 측면을 강하게 내포한 구조로 구성되어, 일차적으로 王都로 분류되는 '里 로 편제된 지역', 또 중고기 6부 지역이었던 대성군·상성군 내에 주로 위치했던 '리로 편제되지 않은 지 역', 그리고 고려의 향·소·부곡처럼 월경지적인 성격으로 퇴화나 절화 등 왕경 주변의 군 내에 위치하면

---

* 본고는 2017년 10월 19일~20일 열린 한국목간학회 창립 10주년 기념 국제학술대회의 자료집인 『동아시아 고대 도성의 축 조 의례와 월성해자 목간』에 실린 글을 수정, 보완한 것이다.

** 동국대학교 역사교육과

서 왕실이나 각 부에 예속되어 있던 촌락 지역 등 상당히 누층적으로 편제되었을 가능성이 예상된다. 다만 퇴화나 절화 등에 위치했던 각 부에 예속된 촌락민은 왕경인으로 편제되지는 않았다고 생각된다. 한편 세금 수납 장부나 부찰에 受, 수受, 不, 不有 등의 약어를 사용하여 기입하였다. 그 정확한 해석은 추후의 자료적 증가가 필요하지만, 장부를 만들어 일차 세금 수납을 확인하고(受), 재차 수납 사실 등을 조사하며 추기하는 작업(수受)을 했던 것으로 생각된다. 또 '不'는 '不受'의 약칭으로 '수납하지 못했다'는 뜻이고, '不有'는 애초에 해당 지역에는 국가적 책무가 '있지 않다'는 뜻이 아닌가 생각된다.

▶ 핵심어: 월성 해자, 목간, 이두, 세금, 6部, 문서 목간

I. 머리말

한국의 古代史料는 當代의 1차 자료가 거의 남아 있지 않고 후대에 정리된 문헌 자료도 1145년에 간행된 『三國史記』가 가장 빠르다. 고대사의 복원을 위해서는 추가적인 고고자료의 발굴이 매우 절실한 상황이다. 이러한 점에서 최근 그 출토 사례가 증가하고 있는 '木簡' 자료의 위상은 남다른 면이 있다. 특히 월성 해자 출토 목간(이하 '월성 해자 목간'으로 약칭)은 목간이 출토된 유구가 7세기 후반에 건설된 안압지(현재의 월지) 유적과 시기적 선후 관계가 명확해서 안압지 목간과의 비교를 통해 신라 문서 행정 및 서사 문화의 계기적 변화과정을 유추할 수 있는 指標的 性格을 지니고 있다.

월성 해자 목간은 소위 '연못형 해자'(최근에는 이를 '수혈식 해자'로 표현하고 있음)에서 출토되었는데, 발굴을 통해 이 연못형 해자를 폐쇄하고 다시 '석축 해자'와 안압지가 만들어졌음을 확인하게 되었다. 연못형 해자의 폐쇄 및 석축 해자의 축조 과정, 그리고 각각의 공반 유물 등을 통해 볼 때, 월성 해자 목간의 제작연대는 7세기 후반을 내려가지 않는다고 할 수 있다.[1] 따라서 월성 해자 목간은 7세기 후반 이전, 안압지 목간은 7세기 후반 이후를 각각 제작 연대의 하한과 상한으로 설정할 수 있으며, 월성 해자 목간과 안압지 목간 사이에 나타나는 목간의 형태, 제작 방법, 서체, 운필법, 기록상의 차이점을 통해 신라 문자 생활의 성숙 과정을 연구할 수 있게 되었다.[2] 이를 통해 월성 해자 시기에는 안압지 시기보다 원주형과 다면목간의 활용도가 매우 높다는 사실이 확인되었다. 이에 한국 고대 목간문화를 중국의 '죽간', 고대일본의 '단책형목간'과 대비하여 '다면목간문화'로 정의할 수 있다는 견해가 제기되었다.[3]

최근 월성 해자에 대한 추가 발굴과정에서 새롭게 목간 7점이 더 출토되었다. 이 목간들은 기존 출토

---

1) 이상준, 1997, 「경주 월성의 변천과정에 대한 소고」, 『영남고고학』 21.
2) 윤선태, 2005, 「월성 해자 출토 신라 문서 목간」, 『역사와 현실』 56.
3) 윤선태, 2007, 『목간이 들려주는 백제이야기』, 주류성, p.73.
　이경섭, 2013, 『신라 목간의 세계』, 경인문화사, pp.42-46.

목간들과 형태가 유사하고 묵서 내용 및 용도상으로도 연결점을 갖고 있어 월성 해자 목간을 이해할 수 있는 자료적 폭이 더욱 확대되었다. 그러나 월성 해자 목간에 대한 연구 환경이 좋아진 것만은 아니다. 발굴 측에서 신 출토 목간에 대한 적외선 촬영 때 기존 출토 월성 해자 목간에 대한 적외선 촬영을 재시도하였는데, 그 사진들을 보면 2004년 국립창원문화재연구소(현재의 가야문화재연구소)가 『한국의 고대 목간』을 발간하기 위해 촬영했던 적외선 사진보다 묵흔의 상태가 좋지 않다. 사진 촬영 과정에서의 실수 일수도 있지만, 후일의 연구자들을 위해 수습한 목간의 보존 처리 방식에 대해 좀 더 진지하게 고민할 필요가 있다고 생각된다.

이 글에서는 우선 2장에서 월성 해자 목간에 대한 기존의 연구 성과를 이 자료와 필자의 남다른 인연을 중심으로 개관하여 보았다. 이어 3장에서는 기존에 출토된 월성 해자 목간의 묵서를 다시 재판독하여 보았다. 끝으로 4장에서는 발굴 측에서 제공한 신 출토 목간 적외선 사진과 묵서 판독문을 기초로 하여 그에 대한 필자의 異見을 제시하고, 기존 목간들과 신 출토 목간을 상호 연결하여 목간의 용도 등을 새롭게 추정하여 보았다. 이러한 검토 결과 월성 해자 목간은 6세기 후반~7세기 전반 신라 중앙의 관직 체계나 문서 행정, 중앙 6부의 구조와 지방지배 방식 등을 탐구하는 일급의 자료라는 사실을 다시 한번 확신하게 되었다. 先學의 叱正을 바란다.

II. 월성 해자 목간의 연구 성과

국립문화재연구소 경주고적발굴조사단(현재의 경주문화재연구소)이 1980년에 월성의 동문지를 발굴하면서 그 외곽에 해자 유구 일부를 확인하였고, 이후 1984~85년에 걸쳐 월성대공원 조성계획으로 인해 해자를 포함한 성벽 바깥쪽에 대한 대대적인 발굴조사가 이루어졌다. 1차 발굴보고서에서는 30여 점의 목간이 월성 해자에서 출토되었다는 사실만 소개되었을 뿐 목간의 형태나 묵서 내용에 대해 자세히 보고하지 않았다.[4]

이후 『월성 해자 시굴조사 보고서』(1985)에 소개된 〈목간 17호〉 부찰목간을 비롯해 연구자들이 직접 관찰한 월성 해자 목간의 묵서가 속속 공개되었지만,[5] 월성 해자 목간의 자료적 중요성이 부각된 것은 이상준의 연구(1997년)가 큰 계기가 되었다. 이상준은 이 연구에서 목간이 출토된 연못형 해자의 축조와 폐

---

4) 발굴시 월성 주변을 지역구분하여, 그 동편을 '가'지역, 북편의 안압지 쪽을 '나'지역, 첨성대 쪽을 '다'지역, 월성 서편을 '라'지역으로 하였다. 목간은 이 중 '다'지역에서 발굴된 해자 뻘층에서 출토되었다(조유전·남시진, 1990, 『월성 해자 조사보고서 I』, 문화재연구소 경주고적발굴조사단, pp.99-100).

5) 이 시기에 〈목간 17호〉를 비롯해(이기백, 1987, 「월성 해자 목간」, 『한국상대고문서자료집성』 일지사; 李成市, 1997, 「韓國出土の木簡について」, 『木簡研究』 19, p.234), 〈목간 12호〉, 〈목간 22호〉 등이 소개되었다(김창호, 1995, 「신라왕경연구」, 『신라문화제학술발표회논문집』 16). 본고에서 사용한 월성 해자 목간의 일련번호는 후술하는 『월성 해자 발굴조사보고서 II』에 의거한 것이다.

기 과정을 통해 목간의 작성 연대에 관한 고고학적 근거를 마련하였고, 육안으로 묵서가 확인되는 목간들을 추려 그 상세한 실측 도면을 제시하였다.[6] 이 연구를 통해 월성 해자 목간 연구의 토대와 방향이 잡혔다고 감히 평가하고 싶다.

필자도 이상준의 이 논문을 읽게 되면서 비로소 월성 해자 목간의 가치를 인식할 수 있게 되었다. 이후 뜻하지 않게 월성 해자 목간과 더욱 좋은 인연을 맺게 되었다. 2001년 10월 경주에서 奉聖寺의 위치 비정과 관련된 학술 발표를 계기로 故 이근직 선생님을 알게 되었는데, 그의 소개로 이상준 선생님을 직접 만나 보존 처리를 끝낸 월성 해자 목간을 직접 실견하게 되었다. 필자가 운이 좋았던 것은 당시 경주문화재연구소에 적외선 촬영 장비가 막 들어와 있었다는 점이었다. 함안 성산산성 목간에 대한 적외선 촬영 성과로 인해, 기왕에 출토된 다른 목간들에 대해서도 적외선 촬영이 당시 한창 확산되고 있었다. 요즘에는 고물상에서나 볼 수 있을 것 같은 10인치 정도 되는 조그마한 브라운관을 통해서 묵서를 읽어내려 갔지만, 당시에는 마냥 현대과학의 성과에 신기해하며 육안으로는 묵흔조차 확인할 수 없었던 목간들까지도 또렷이 그 묵서 내용을 읽을 수 있는 영광을 누렸다.

그때 故 이근직 선생님의 부인이 보존처리실에 근무하고 있어서 그 분의 도움을 받으며 이상준의 연구에 소개되지 않았던 〈목간 9호〉를 브라운관으로 보고 있었다. 당시 필자는 묵서의 내용이 믿기지 않아 비명을 지를 뻔하였다. "牟喙 仲里 新里 上里 下里" 묵서를 보면서도 진짜 믿을 수가 없었다. 신라 왕경 6부 중 하나인 '牟喙(部)' 소속의 里名들이 고스란히 눈앞에 펼쳐지고 있었다. 필자는 이 소중한 정보를 글로 발표하고 싶었지만, 적외선 사진이 없어 자료로 소개할 수가 없었다. 경주문화재연구소에서는 2차 발굴 보고서에 적외선 사진 등 출토 목간에 대해 상세히 소개하겠다고 했지만, 아무리 기다려도 보고서는 발간되지 않았다.

그런데 우연히 필자에게 좋은 기회가 다시 찾아왔다. 1999년 11월 국립창원문화재연구소가 한국고대사학회와 함께 '함안 성산산성 출토 목간의 내용과 성격'을 주제로 개최한 국제학술회의에 필자는 당시 토론자로 참여하였었는데, 이를 계기로 2003년 창원문화재연구소가 기획한 함안 목간의 화보집 발간 사업에 관여하게 되었다. 당시 발간을 책임지고 진두지휘했던 정계옥 실장님께 필자는 함안 목간만이 아니라 한국의 고대 목간 전체에 대한 화보집을 만들자는 건의를 하였다. 정계옥 선생님의 강력한 추진력이 빛을 발하면서 2004년 7월에 당시까지 출토된 한국 고대 목간 자료를 총 집대성하여, 각 목간의 칼라 사진과 적외선 사진을 정리한 『한국의 고대 목간』이 간행되었다. 필자가 2001년 브라운관으로 본 이후 꿈에도 잊히지 않았던 월성 해자 목간의 전모가 마침내 이 기념비적인 저작물을 통해 세상에 드러나게 되었다.

『한국의 고대 목간』이 발간될 무렵 '호서사학회'에서 필자에게 2004년 11월 11~13일 충북대에서 〈간독학 국제학술대회〉를 개최하는데, 한국 고대 목간에 대해 발표를 해달라는 의뢰가 들어왔다. 필자는 이미 준비해두다시피 한 『월성 해자 출토 신라 문서 목간』을 발표하였다. 이때 발표를 통해 〈목간 23호〉를 의

---

6) 이 연구에서는 10점의 목간과 그 묵서 상태를 실측도면으로 제시하였다(이상준, 1997, 앞의 논문, p.154).

약처방전으로, 〈목간 9호〉를 신라 국가와 部·里 사이에 존재하였던 受取關係를 기록한 문서 장부로, 〈목간 2호〉를 신라의 치밀한 문서 행정과 그 受發關係를 엿볼 수 있는 문서 목간으로 소개하였다.[7] 특히 〈목간 2호〉에 이미 先語末語尾의 차자표기가 구현되어 있다는 점을 지적하였고, 고대일본의 '某前白' 목간의 연원으로 주목할 필요가 있다는 점을 부언하였다.[8] 이후 이 목간에 대해서는 국어학계[9], 그리고 일본 역사학계에서도 많은 연구가 이루어져 월성 해자 목간 중에서도 가장 널리 알려진 자료가 되었다.[10]

이후 2차 월성 해자 발굴 보고서가 발간되었다(이하 『보고서2』로 약칭함). 목간의 고찰 부분은 이용현이 집필하였는데, 목간 판독에 큰 진전이 있었다.[11] 후술하지만 특히 〈목간 9호〉에서 필자가 읽어내지 못한 부분들까지 상세하게 판독하여 신라 6부의 내부 구조를 연구하는 데 큰 도움이 되고 있다.[12] 한편 국립가야문화재연구소에서 2011년 『한국목간자전』을 간행하였는데(이하 『자전』으로 약칭함), 이를 통해 다시 한번 월성 해자 목간에 대한 판독이 다듬어졌다. 이 『자전』은 연구자들 사이에 판독 이견이 있는 글자들에 대한 배려가 부족하지만, 목간의 묵서를 일일이 낱글자화하여 특정 글자에 대한 용례들을 일괄 모아 제시하였다는 점에서 새롭게 출토되는 목간들의 묵서를 판독하는 데 큰 도움을 주고 있다.

III. 기존 출토 월성 해자 목간의 재판독

기존 출토 월성 해자 목간의 묵서에 대한 판독은 『보고서2』와 『자전』을 거치면서 점차 정확해졌지만, 여전히 판독상 문제가 있는 글자도 확인된다. 이하 이에 대한 필자의 판독 異見을 밝히고, 해당 목간의 용도를 추정하여 보았다. 이는 기존 출토 목간과 신 출토 월성 해자 목간과의 연관성을 탐구하여, 신 출

---

7) 이 국제학술대회 발표는 또 다른 인연을 낳았다. 그 다음날 필자는 충북대에 내려간 김에 부여박물관에도 들렸는데, 운좋게도 능산리사지 출토 '支藥兒食米記' 목간을 장시간 실견할 수 있는 기회를 갖게 되었다. 또 이듬해에는 李成市 교수의 주선으로 1월 22일 일본 와세다대학에서 개최된 『한국출토목간의 세계 II』 학술대회에서 「月城垓字出土文書木簡について」를 발표하여 일본 학계에 월성 해자 목간을 소개하는 자리를 갖게 되었다. 이때의 발표문들을 추후 보완하여 2005년 『역사와 현실』 56에 「월성 해자 출토 신라 문서 목간」이라는 논문으로 게재하였다.

8) 윤선태, 2005, 앞의 논문, pp.133-138.

9) 김영욱, 2007, 「古代 韓國木簡에 보이는 釋讀表記」, 『구결연구』 19.
   박성종, 2007, 「이두자 '內'의 讀法」, 『구결연구』 19.
   정재영, 2008, 「월성 해자 149호 목간에 나타나는 이두에 대하여」, 『목간과 문자』 창간호.

10) 李成市, 2000, 「韓國木簡研究의 現況과 咸安城山山城 出土의 木簡」, 『韓國古代史研究』 19.
    李成市, 2005, 「朝鮮の文書行政 六世紀の新羅」, 『文字と古代日本』 2, 吉川弘文館.
    三上喜孝, 2006, 「文書様式'牒'の受容をめぐる一考察」, 『山形大學歷史·地理·人類學論集』 7.
    市大樹, 2010, 「慶州月城垓字出土の四面墨書木簡」, 『飛鳥藤原木簡の研究』, 塙書房.

11) 이용현, 2006, 「목간류」, 『월성 해자 발굴조사보고서 II -고찰-』, 국립경주문화재연구소, pp.130-371.

12) 윤선태, 2013, 「신라 중고기 6부의 구조와 그 기원」, 『신라문화』 44, pp.305-310.
    박성현, 2016, 「신라 왕경 관련 문헌을 어떻게 연구할 것인가」, 『문헌으로 보는 신라의 왕경과 월성』, 국립경주문화재연구소, pp.43-44.

토 목간의 판독과 용도 추정을 위한 기초 작업이기도 하다. 이하 본고에서 사용한 월성 해자 목간의 일련 번호와 기호들은 『보고서2』에 의거하였다.

〈목간 1호〉 4면목간. 상부 파손. (20.5)×1.7×1.8㎝.
(1면) × □流石奈生城上此本宜城今受不受郡云　　　」
(2면) × □受□□□主□□□□□□　　　　　　　」
(3면) × □□□□□□□□□□□□□□□　　　」
(4면) × □□□□□氵□亻道豆□□□与道□　」

편의상 묵흔이 잘 남아 있는 위 (1면)을 제1면으로 정하고, 『보고서2』와 같이 그 좌, 후, 우면으로 돌아 가며 차례로 판독한 것이다. (1면) 첫글자를 食(『보고서2』에 손환일의 견해로 소개)으로 추독하였으나, 하 부의 획들이 豆에 가까워 오히려 미판독 글자로 처리하였다. 1면 마지막 글자는 『보고서2』에 土로 판독하 였으나, 최초 획이 다음 획과 떨어져 있어 云일 가능성이 있다. 『보고서2』에서는 (2면)의 두 번째 글자를 受로 추독하였는데 가능성이 있다고 생각된다. 한편 (4면)은 가운데 부분의 묵흔이 지워지고, 좌변만 잘 보이는데, 다섯 번째 글자 이후 氵변, 亻변, 辶변, 豆변 등이 차례로 보인다. 필자는 辶변의 글자는 남은 획이 맨 아래 道와 매우 흡사하여 道로 추독하였다. 한편 그 아래 글자들을 『보고서2』에서 豆十城으로 읽 었으나, 그중 첫 글자는 豆변의 글자로 볼 수도 있지만 나머지 글자는 그렇게 보기 어렵다. 与道는 『보고 서2』나 『자전』의 판독처럼 충분히 그렇게 읽을 수 있다고 생각된다.

이 목간의 묵서 '今受不受'는 후술하는 〈목간 9호〉나, 새롭게 출토된 〈목간 新1호〉나 〈목간 신5호〉, 그 리고 쇼소인에 소장된 「사하리가반부속문서」 등과 연관지어 검토할 필요가 있다.[13] 뒤에서 해당 용례들을 설명하지만 일단 결론적으로 문맥상 '受'는 당시 중앙(部里)이나 각 지방(군현촌)의 지역단위나 개인에게 부과된 세금에 대한 '受納'과 관련된 어휘로 '今受'는 '지금 수납했음'을, '不受'는 '수납하지 못했음'을 뜻한 다고 생각된다. 한편 「남산신성비」의 '受作'거리나 「신라촌락문서」의 '烟受有畓'의 '受'도 각 村과 烟에 할당 된 국가적 책무나 세금과 관련하여 붙여진 어휘로 새삼 주목할 필요가 있다고 생각된다. 결국 '受'는 국가 가 부가하고 할당한 책무나 세금을 납부하는 자의 입장에서는 '국가의 책무를 받았다'는 의미로도 사용되 었으며, 동시에 국가가 지역이나 개인에게 할당했던 책무나 세금을 수납할 때에도 사용했던 어휘였다고 생각된다. 受는 월성 해자 목간에서 가장 빈도수가 높은 어휘라는 점에서 앞으로의 연구에서도 그 해석 과 관련하여 각별한 주의가 필요하다.

---

13) 「사하리가반부속문서」에 기록된 '受'나 기타 묵서 내용에 대해서는 부산 배산성지에서 출토된 신라 목간과 연결지어 추후 상
　　세히 재검토할 계획이다.

〈목간 2호〉 4면목간. 완형. 19×1.2×1.2㎝.

(1면)「 大鳥知郎足下万拜白之 」

(2면)「 經中入用思買白不雖紙一二个 」

(3면)「 牒垂賜教在之後事者命盡」

(4면)「 使內 」

공들여 다듬은 목간이며 상단부에서 4㎝ 정도 내려와서 묵서를 정서한 점에서 단순한 메모 이상의 실질적인 정식 문서로 기능했을 가능성이 높다. 이성시의 연구(2000년)에 의해 묵서의 '牒'이 주목되어 신라의 문서 행정과 관련된 자료로 부각되었다. 이 사면목간의 읽는 순서와 판독에 대해서는 그동안 논란이 있었고 市大樹의 연구(pp.505-517)에 그간의 사정이 잘 정리되어 있다. 위 판독문과 달리 4-3-2-1면이나(이성시 2000), 3-2-1-4면의 순으로 거꾸로 읽는 연구자도 있지만(이성시 2005; 三上喜孝), 신라의 논어 4면목간이나 5면목간, 이성산성 무진년 목간 등 서사방향을 명확히 알 수 있는 다면목간 자료들에 기초하여 다면목간의 서사방향을 충분히 짐작할 수 있다. 신라에서는 목간의 어떤 면을 제1면으로 정하면, 일반적인 한문 서사방향대로 우에서 좌로, 즉 정면 이어 그 좌, 후, 우면의 순으로 서사가 이루어졌다(윤선태 2005). 이러한 읽는 순서는 이후 『보고서2』를 비롯해 최근 여러 연구들에서 일반적으로 받아들여지고 있다(市大樹).

(1면)의 鳥는 烏로 읽고 신라의 관등 大烏로 새기는 견해도 있지만(이성시, 三上喜孝, 이경섭), 口의 내에 획이 꺾여 日의 형태를 하고 있다는 점에서 鳥라고 생각된다. 이를 '大鳥知'로 읽고 이를 신라 「단양적성비(550)」의 '大烏之'와 같은 관등 大烏의 초기 이표기로 보고 이를 통해 이 목간의 작성연대를 6세기 전반으로 보는 견해도 있다(이경섭). 그러나 신라의 기존 1차 자료에서 관등+郞의 형식으로 인명이 호칭된 사례가 확인되고 있지 않으며, 더욱이 「단양적성비」의 '大烏之'는 대오의 이표기가 아니다. 같은 비문에는 '之'를 종결어미로 문장 끝에 늘 사용하여 '合五人之(합해 5인이다)'라는 표현까지 등장하고 있어, '大烏之'는 '大烏이다'라는 뜻으로 새길 수도 있다고 생각된다. 또 이 목간에는 이두에 '선어말어미'까지 확인되고 있어서, 현재까지의 이두 사례로 볼 때 진지왕대의 「무술오작비」 이후, 즉 6세기 후반이 작성의 상한일 가능성이 높다고 생각된다.

拜에 대해서도 引(『보고서2』), 行(『자전』) 등으로 읽기도 하지만, 拜의 초서체일 가능성이 있다(윤선태, 市大樹). 白 아래 ㅣ에 대해서는 了(『보고서2』), 白의 반복을 뜻하는 부호(市大樹)로 보는 견해도 있지만, 후일 종결어미 구결자의 기원이 된 之의 초서체라고 생각된다(김영욱, 정재영). 필자는 애초 白의 마지막 획을 내려 그은 파책으로 보았지만, 이후 之로 보는 견해를 따르고 있다.

(2면)은 판독이견이 있는 글자가 적다. 雖를 필자는 과거 雕로 읽었지만, 雖로 읽는 것이 옳다고 생각된다. 마지막 글자 个는 亇(자전), 斤으로 읽는 견해가 있지만(이성시, 『보고서2』, 市大樹), 斤으로 판독하기에는 획이 부족하고, 문리상 수량사가 와야 하는데, 종이를 斤처럼 무게로 수량을 표시한 사례가 없기 때문에, 个로 추독하였다.

(3면)은 판독이견이 없다. 다만 마지막 (4면)에 서사할 공간이 많은데도 불구하고 다른 면들보다 목간 서사면의 끝부분까지 글씨를 꽉 채워 썼다. 그리고 마지막 면에는 使內 두 글자만 썼다. 이는 그 앞면들의 묵서 내용들이 각각 그 자체 면 내에서 문장이 하나로 단락되었음을 의미하는 것이며, 이에 반해 (3면)과 (4면)은 그렇지 않고 연속으로 이어지는 문장일 가능성을 말해주는 것이 아닌가 생각된다. 이러한 점은 새롭게 출토된 〈목간 신3호〉와 〈목간 신4호〉처럼 월성 해자의 다른 문서 목간에서도 유사한 관행이 확인되어 주목된다. 4면의 마지막 글자는 『자전』에서는 內, 『보고서2』에는 □로 처리하고 (官?)으로 추독하였다. 필자는 內라는 글자에 무언가 가획들이 추기된 것이 아닌가 생각된다.

> 〈목간 3호〉 기본형(일본의 단책형). 상하 파손. (19.8)×2.3×0.85㎝
> × □行還去□而監□□□□ ×
> × ⎿_____⏌叱 ×

양면 모두에 묵흔이 있는 것으로 보고 있다(『자전』). 뒷면의 묵흔은 판독이 어렵지만 뒷면 마지막 글자를 『보고서2』에서 此로 읽었으나, 叱로 판독된다(『자전』). 1면의 첫 글자를 『보고서2』는 使로 읽었으나 파손되어 판독하기 어렵다.

> 〈목간 4호〉 기본형. 상하 파손. (16.9)×2.35×0.8㎝
> × □□□伐□伐□使內生耶死耶 ×
> × ⎿_____⏌ ×

生耶死耶(『보고서2』)를 生卽死耶(『자전』)으로 판독한 견해도 있지만, 둘은 같은 글자이며 '耶'가 분명하다고 생각된다. 이는 「단양적성비(550)」의 '大人耶小人耶'와 동일한 용법으로 助詞를 표기하기 위한 借字로, 후대 8세기대의 자료에는 '邪(-나)'에 해당되는 나열 또는 조건·양보 등에 사용된 조사 표기가 아닌가 생각된다. 좀 더 추리해본다면 통일기 이후 설총의 이두 정리 과정에서 耶는 邪로 통일되었던 것이 아닌가 생각된다. 결국 6세기 후반에 등장했던 초기 이두 표기들 중에는 서로 경쟁하다가 통일기 이후 점차 소멸되거나 특별히 선택된 것, 또는 다른 것으로 대체되었던 사례들도 있을 수 있다고 하겠다.

> 〈목간 5호〉 부찰형. 완형. 14.4×3.0×2.2㎝
> 「 閒干板卅五 ∨ 」

일반적인 꼬리표 목간과 달리 단면 타원형의 짧은 원주형 목간의 하단에 홈을 파서 꼬리표로 사용하였는데, 새롭게 출토된 부찰목간인 〈목간 신6호〉도 유사하다. 한편 묵서 중 '閒'을 보내다는 뜻의 동사로 해석하여 "干板 35개를 보내다"로 해석하는 견해도 있지만(이성시). 오히려 이 글자는 '보고한다(알린다)'의 뜻이 아닐까 생각된다. 干板은 防牌로 생각되며, 방패를 만들어 중앙 행정처에 납부하면서 매달아놓은 꼬리표 목간이라고 추정된다.

〈목간 6호〉 3면목간. 하단 파손. (15.5)×1.4×1.5㎝.
(1면)「 ^{朔朔朔}朔朔朔朔 ×
(2면)「 朔朔朔□□□ ×
(3면)「 朔一朔一日朔□□ ×

다면목간을 활용한 전형적인 습서목간이다. '朔'은 문서에서 날짜를 표기할 때 자주 사용되는 글자이다. 최근 부산 배산성지에서 출토된 신라의 문서 목간에도 '朔一日' 등의 문구가 확인된 바 있어 이 목간은 문서의 상용 투식을 염두에 두고 습서한 것이라고 생각된다.

한편 〈목간 7호〉는 기본형으로 상하 파손되어 현존 크기는 (12.4)×(1.2)×0.6㎝이다. 『보고서2』에서는 습서로 추정하였으나, 문서 목간으로 추정된다. 한 면에서는 큰 글자로 1행의 묵흔이, 그 이면에는 2행의 묵흔이 확인되기 때문이다. 판독은 어렵다. 또 〈목간 8호〉는 부찰형으로 완형이나 묵흔이 없다. 따라서 목간으로 분류하지 않을 수도 있지만, 부찰로 사용하기 위해 미리 제작해둔 목간형 목기로 볼 수도 있다.

〈목간 9호〉 4면목간. 완형. 25×1.4×1.3㎝
(1면) ■[習比部]上里^今   [山]南[罡]上里^今   阿今里^不   岸上里^不
(2면) □□   □上 尤祝   除[井][□]   開[池]   赤里^受 □□^受 □□^{不有} □里^{不有}   □□道^受
(3면) □下南川^受   □□禺   [   ]北   多比刀^{不有}   [□]^{受 不有}
(4면) [   ]里^受   伐[品里]^受   赤居伐^受   麻支   ■|牟喙   仲里^受   新里^受   上里^受   下里^受

이 목간은 제1면 冒頭의 '習比部' 추독과 里名 사이에 있는 어휘들도 지명이라는 점이 『보고서2』에서 밝혀지면서 신라 왕경 6부의 구조에 대한 보다 명확한 이해가 가능하게 되었다. 이 목간을 통해 얻게 된 사실들은 다음과 같다. 첫째, 중고기 습비부의 예하에는 里로 편제된 지역과 里로 편제되지 않은 지역이 존재했다. 둘째, 이들이 서로 동일한 수취 단위였다는 점에서 리로 편제되지 않은 지역도 일정한 공간적 크기나 인구 등을 갖고 있는 생산 경제적 능력이 있는 지역 단위였다고 생각된다. 셋째, 里도 習比의 '上里', 牟喙(部) 부분의 冒頭에 나열되어 있는 '仲·新·上·下里' 등의 漢式 리명으로 알 수 있듯이, 각 부의 핵심 지역들은 리제로 편성될 때 애초 토착적 리명이 한화되는 형식으로 2차적인 개명과정이 있었을 가능성이 있다.

각 지역들 사이에는 夾註의 형식으로 '受'나 '今受', 아니면 '不'나 '不有' 등의 略語들이 註記되어 있다. 그 의미는 월성 해자 목간이나 관련 자료들과 연관지어 볼 때, 억측일수도 있지만 애초 목간 작성시에 지명들만 기록해두었다가, 국가적 책무를 완수한 지역에는 '受(수납했음)'라고 주기하고, 이후 다시 국가적 책무의 완수를 재조사할 때 완수한 지역에는 '今受(지금 수납했음)'를 추기하였던 것이 아닌가 생각된다. 이러한 추론이 허락된다면, 또 다른 주기인 '不'는 '不受'의 약칭으로 국가적 책무를 받았지만 아직 완수하지 않아 '수납하지 못했다'는 의미이고, '不有'는 애초에 이 지역에는 국가적 책무가 '있지 않다'는 뜻이 아닌가 생각된다.

한편 9호 목간에 리로 편제되지 않은 지역들이 장차 리로 편제되어갔을 것으로 생각되지 않는다. 9호 목간의 습비부를 보면 리가 붙은 지명만도 최하 8개나 된다. 통일 이후 자료에 보이는 6부의 전체 리수는 35리 내지 55리여서,[14] 통일 이후 습비부에 이 이상의 리수를 가정할 수 없다. 또 喙부, 沙喙부, 本彼부 예하의 리수가 習比부나 牟喙부보다 많으면 많았지 적을 수는 없다고 생각된다. 그렇다면 위 9호 목간에 리가 붙지 않은 지역들은 장차 리로 편제되었을 지역이 아니라는 것을 알 수 있다.

6부 예하의 지역으로 편제되어 있으면서 장차 리로도 편제되지 않을 이 지역들은 도대체 무엇이란 말인가? 기존에는 신라 통일기의 왕경=6부는 중고기의 왕경이나 고려의 경주에 비해 좁았던 것으로 이해하였다. 중대의 6부를 '왕도'로 표현되는 현재의 경주 시내의 지역에 국한시키고 나머지 지역은 대성군, 상성군의 영역으로 간주하였다.[15] 그러나 위 9호 목간의 기록으로 볼 때 6부의 범위는 중대에 들어와서도 왕도를 비롯한 대성군 및 상성군 지역을 포괄하였을 가능성도 이제 적극적으로 검토할 필요가 있게 되었다.[16] 습비부에 리명과 리명이 아닌 지역이 혼재되어 있기 때문이다.[17]

이와 관련하여 왕경 주변의 군현 영속 관계들이 다른 군현 지역들과 크게 다르다는 점에 주목할 필요가 있다. 대성군과 상성군은 예하에 현이 하나도 없다. 또 군 예하의 현수는 2~3개가 일반적인데, 왕경을 둘러싼 추화군, 절화군, 퇴화군은 예하에 5~6개의 현을 영속 관계로 거느리고 있었다. 「영천청제비」로 알 수 있듯이 이들 왕경 주변의 군현에는 왕실 소속이 분명한 토지들이나 촌락들이 곳곳에 존재하고 있었다고 생각된다. 이들 촌락이나 토지가 왕실의 수취로 빠져나갔다면, 이로 인해 일반 군현과 달리 2~3개로는 군급을 유지하기 어려워 생산 경제적 규모를 키우기 위해 5~6개가 영속 관계로 묶여 있었을 가능성이 있을 수 있다.

따라서 7세기 신라의 6부는 정치적 측면을 강하게 내포한 구조로 구성되어, 일차적으로 王都로 분류되는 '里로 편제된 지역', 또 중고기 6부 지역이었던 대성군·상성군 내에 주로 위치했던 '리로 편제되지 않은 지역', 그리고 고려의 향·소·부곡처럼 월경지적인 성격으로 퇴화나 절화 등 왕경 주변의 군들 내에 위치하면서 왕실이나 각 부에 예속되어 있던 촌락 지역 등 상당히 누층적으로 편제되었을 가능성이 예상된다. 다만 퇴화나 절화 등에 위치했던 각 부에 예속된 촌락민은 왕경인으로 편제되지는 않았다고 생각된다. 추후 왕경 6부에 관한 새로운 자료의 발굴을 기대해본다.

---

14) 이 리수의 차이에 대해 중대 35리가 하대에 들어 왕경의 범위가 확대되면서 55리로 증가하였다고 보는 견해가 있다(전덕재, 2009, 『신라 왕경의 역사』, 새문사, pp.229-254).

15) 전덕재, 2009, 위의 책, pp.74-95.

16) 박성현, 2016, 앞의 논문, pp.43-44.

17) 윤선태, 2014 앞의 논문, pp.305-317.

〈목간 10호〉 원주형목간. 완형. 20.8×3.35cm

(1면)「 寺典大宮士等敬白 [苑]典前先□ 」

(2면)「 ＿＿＿＿＿＿＿＿＿＿場叱 」

(3면)「 素＿＿＿＿＿＿＿＿＿時四 」

(4면)「 田＿＿＿＿＿＿＿ 」

(5면)「 □還不在兮 」

(6면)「 走□□□ 」

　이 목간은 원주형 목간인데, 돌려가며 6행에 걸쳐 서사하였다. 『보고서2』나 『자전』과 달리 필자는 (1면)에서 典과 前을 새롭게 판독하여, "寺典의 大宮士 등(等)이 삼가 아룁니다(敬白) [苑]典 앞(前)"이라는 해석을 시도하였다.[18] 최근 새롭게 출토된 월성 해자 목간 중 〈목간 신3호〉도 이러한 서식의 문서 목간이지만, 안압지에서 출토된 안압지 보고서 1호 목간도 〈목간 10호〉 및 〈목간 신3호〉의 서식을 이해하는 데 도움이 된다.

안압지보고서 1호 목간 판독문

(1면)　洗宅白之　二典前 四□子頭身沐浴□□木松茵

(2면)　　□迎□入日□□

(3면)　　　　　十一月廿七日典□　思林

　위 목간은 문화재관리국의 『안압지발굴보고서』(1978)에 '1호 목간'으로 이미 소개된 것이지만, 기존에는 이 목간의 적외선 사진이 공개되지 않아 묵서 판독에 어려움이 있었다. 그러나 국립경주박물관에서 발행한 『신라문물연구』 창간호에 적외선 사진이 소개되어,[19] 이제 본격적인 연구가 가능하게 되었다. 이 자료는 신라 문서 행정의 발전과정이나 신라 문자문화의 특징을 엿볼 수 있는 중요한 목간이다.

　이 목간은 사면체의 다면목간(318×28×15mm)으로 3면에 묵서가 있으며, 각 면의 묵서는 내용상 위와 같은 순으로 읽어야 한다.[20] 이 목간은 앞서 검토했던 월성해자 〈목간 2호〉와 마찬가지로 단락을 구분 짓는 '空格'이나 '空白' 처리로 인해 용도 파악이 쉽다. 우선 1면에는 '洗宅白之'와 '二典前' 다음에 각각 空格을 두었고, 2면은 1면의 묵서보다 시작 부분을 내려썼다. 3면은 2면보다도 더 내려썼고, 월일과 인명으로 끝맺고 있다. 이러한 서식은 새롭게 발굴된 월성 해자 〈목간 신3호〉와 완전히 일치한다. 후술하지만, 〈목간 신3호〉의 冒頭 역시 발신처(典中大等)와 수신처(及伐漸典)를 첫 행에 밝히고, 마지막 행에 문서를 작

---

18) 苑은 葬으로 읽을 수도 있다.

19) 함순섭, 2007, 「국립경주박물관 소장 안압지 목간의 새로운 판독」, 『新羅文物研究』 創刊號, 慶州國立博物館, p.143.

20) 橋本繁, 2007, 「雁鴨池木簡 判讀文의 再檢討」, 위의 책, p.106.

성한 書者인 周公智를 적기하였다. 周公智라는 작명법은 중국식 이름인 '春秋智'와 유사하여 〈목간 신3호〉는 진평왕대 후반인 6세기 말~7세기 초의 자료로 이해된다. 이러한 점에서 〈목간 10호〉역시 발신과 수신처를 명기한 서식을 갖춘 수발문서로 그 작성연대 역시 寺典이 성립되는 진평왕 46년(624) 직후로 생각된다.

　　　〈목간 11호〉원주형목간. 완형. 20.4×4.4cm.
　　　(1면)「酉　」
　　　(2면)「卜芍　」
　　　(3면)「葛席二　」
　　　(4면)「판독불가　」

　　　〈목간 12호〉원주형목간. 완형. 24.4×5.1cm.
　　　(1면)「四月一日典太等 敎事　」
　　　(2면)「[內][苦]白故□□敎事□□　」
　　　(3면)「□□□□□□□□□□□□　」

　　우선 〈목간 11호〉는 적외선 사진으로도 현재 판독하기 어려운 상태여서, 『보고서2』의 판독안대로 소개한다. 추후 더 좋은 선본 사진이 확보되면 추후 분석할 것을 기약한다. 〈목간 12호〉는 2004년의 『한국의 고대 목간』때보다 현재의 묵흔 상태가 더 좋지 않아 여전히 내용 이해에 어려움이 있다. 다만 (1면)은 육안으로도 묵서를 읽을 수 있어, 일찍부터 학계에 소개되었다(김창호). (1면)의 내용은 "4월 1일에 典大等이 敎한 일"로 해석되므로, 이하 면에 敎한 내용이 기록된 受發文書임을 명확히 알 수 있다. 이로 인해 현재 이 목간에 관해서는 묵서의 전체 판독이 어려워 '敎事'의 주체가 전대등 자신인지 아니면 그가 王敎事를 대행한 것인지 여부 정도만 논의되고 있다.

　　대등은 1차 자료에 大等 또는 太等으로 모두 확인된다. 典大等은 執事部 차관의 직명으로 『삼국사기』 직관지에 보인다. 신라 초기의 관서들은 관서가 설치되지 않고, 여러 직임의 '大等'이 분화되는 과정을 거쳐 그 예하에 관원들이 설치되고 진평왕, 진덕여왕, 신문왕대를 거치면서 관서로 발전하고, 내부 행정 직제가 증설 완비되어 갔다.[21] 이번에 새롭게 출토된 〈목간 新3호〉에 '典中大等'이 發信한 문서가 기록되어 있어, 〈목간 12호〉와 연관하여 논의의 새로운 진전이 가능하게 되었다.

---

21) 이기백, 1961, 「大等考」; 1974, 『신라정치사회사연구』, 일조각.

〈목간 13호〉 원주형목간. 완형이나 하단 일부 파손. (28.5)×2.1㎝.

(1면)「乙勿　　　　　　　」

(2면)「　　　　　　　　」

〈목간 14호〉 기본형, (31.8)×2.7×0.95. 상하단 파손. 묵흔은 있으나 판독불능.

〈목간 15호〉 기본형, 상단 파손, (19.9)×2.0×0.8

(앞면)　×　中　　沙喙巴分屯 」

(뒷면)　×　□文吉過　　　」

〈목간 16호〉 (18.0)×(2.5)×0.4㎝

(앞면)

```
　　負　喙　□　　□　□
×　喙　九　□　　六
　　　　　□
```

(뒷면)

```
　　　□　□　□　□　□
×　□　□　□　□　大
　　　　　　□　人　□
　　　　　　　　　　小
　　　　　　　人　舍
```

〈목간 16호〉는 기본형을 횡으로 틀어 서사한 독특한 서식의 자료이다. 목간을 횡으로 둘 때, 그 상단과 하단, 그리고 좌측이 훼손되었는데, 특히 상단과 하단은 예리하게 잘라낸 것으로 보아 의도적인 폐기 행정이 있었던 것으로 생각된다. 묵서 중 □大□ 小舍가 명확하게 확인되며 여러 행으로 아마도 동일한 방식으로 인명이 나열되고 그 아래에 숫자가 부기된 형식으로 서사되어 있었던 장부용 목간이 아닌가 생각된다. 小舍는 合字의 형식으로 서사되어 있다.

〈목간 17호〉 부찰형. 하단 홈. 완형. 14.95×2.65×0.85㎝

「咊字荖作之 ∨ 」

〈목간 18호〉 4면목간. 하단 파손. (15.3)×2.3×1.4㎝
(1면)「 白分□仁分□ ×」
(2면)「   ×」

〈목간 19호〉 기본형. 상하단 파손. (10.9)×2.6×0.6㎝
(앞면) ×   禿石城 □□[城] ×
              ×□ 志川人□□□×
(뒷면)   ×[月]卄九日作×
       ×□ □
       ×□□□□   ×

    앞뒷면에 2행 또는 3행의 형식으로 서사된 장부로 추정되며, 禿石城, □□[城] 등 지방 지배나 수취와 관련된 문서 목간이라 생각된다.

〈목간 20호〉 기본형. 상하단 파손. (9.3)×2.7×0.65㎝
(앞면) × 子年十[月] ×
(뒷면) × □作次 和內×

    〈목간 20호〉는 비록 파손되었지만 '子年 十[月]'과 같은 年紀가 기록되어 있어, 새로 발굴된 〈목간 신1호〉의 戊戌 및 丙午의 年紀와 연결하여 월성 해자 목간의 작성 연대를 추론하는 데 큰 도움이 될 수 있는 자료이다. 한편 〈목간 21호〉는 기본형인데, 상하단이 파손되었다. 현존 크기는 (21.7)×2.7×0.75이다. 묵흔은 있으나 판독이 어렵다. 앞면은 1행, 뒷면은 2행의 형식으로 서사되었는데, 앞면 1행의 첫 부분이 "第卄···'일 가능성이 있어, 아래 〈목간 22호〉와 서식이 유사한 자료가 아닌가 생각된다.

〈목간 22호〉 기본형. 하단 파손. (26.8)×2.4×1.1㎝
(앞면)「 第八卷 第卄三大人干麻新五衣節草[辛] ×
(뒷면)「 □奈食常□ □第一卷□大人干□□ ×
                        _____

    목간의 묵서 내용 첫머리에 第八卷 第卄三 등이 기록되어 있어 書籍과 관련된 것이 아닌가 추론할 수 있지만, 뒤의 내용이 워낙 생소해서 전체적인 성격을 판단하기 어려운 측면이 있다. 추후 논의를 확대할 수 있는 자료의 발굴을 기대해본다.

〈목간 23호〉4면목간. 하단파손. (15.2)×2.4×1.35㎝

(1면)「 天雄 二兩[煞]   蒿 ×

(2면)「□□子赤 □□□×

(3면)「□□二兩 □□□×

(4면)「(묵흔 판독 불능)   ×

　　필자는 과거 이 목간의 묵서를 의약처방전으로 해석한 견해를 제기한 바 있는데(윤선태 2005), 적외선 사진에 대한 보다 정밀한 판독을 시도하여 새롭게 夾註를 판독하고 묵서의 의미도 보완할 수 있게 되었다. (1면)의 '天雄'은 독성이 강한 약재인데, 세주에도 '煞'이 쓰여 있다. 주의를 환기하는 세주가 아닌가 생각된다. (2면)의 '−子赤' 역시 "−씨앗(약재)은 붉은 것"으로 사용하라는 지시어로 의약서에서 일반적으로 자주 사용되었던 어휘라는 점에서 이 목간은 애초 추론한 것처럼 의약처방전이 거의 확실하다고 생각된다.

〈목간 26호〉기본형, 상하단 파손. (34.0)×2.1×0.6㎝.

(앞면) ×□遺稱稱毛道道使岑然[然]□□□ ×

(뒷면) ×□□□□□□□□ ×

　　〈목간 26호〉도 묵서 내용상 습서목간이 분명하지만, 한 글자를 연속적으로 쓴 습서 형식이 아니라 일정한 내용을 염두에 두면서 중간 중간에 글자를 반복 습서한 것으로 추정된다는 점이 차이가 있다.

〈목간 88호〉원주형목간. 상하단 결실. (12.6)×1.1㎝

〈목간 105호〉원주형목간. 상하단 결실. (5.15)×2.15㎝

(1면) ×□年□×

(2면) ×□□□×

　　〈목간 88호〉는 묵흔은 있으나 판독하기 어렵다. 한편 〈목간 105호〉는 파손되어 전체적인 내용을 알 수 없지만, '年'이 확인되어 역시 월성 해자 목간 중 年紀가 기록된 목간으로 분류할 수 있다고 생각되며, 년 앞의 글자에 대한 정밀한 판독 작업이 필요하다.

IV. 신 출토 월성 해자 목간의 판독과 용도추정

　　최근 새롭게 출토된 월성 해자 목간 7점에 대해서는 관련 정보 및 묵서의 내용에 대해 발굴 측에서 이미 〈보도자료〉의 형식으로 일반에 공개하였고, 한국목간학회 창립 10주년 기념 "동아시아 고대도성의 축조의례와 월성 해자 목간" 국제학술회의 (2017.10.19~20)의 발표자들에게도 발표문 작성에 도움을 주기 위해 관련 자료와 발굴 측의 판독문이 제공되었다. 이 장에서는 발굴 측의 목간 판독문을 기초로 이를 비판적으로 재검토해보려고 한다.

우선 발굴 측의 목간 판독문에 대해 필자는 異見이 거의 없다.[22] 필자가 수정하려고 하는 글자의 숫자는 얼마 되지 않고, 또 해석상의 '끊어 읽기'에 대한 異見도 있지만, 해당 목간의 용도 파악과 연관된 중요한 글자들이어서 앞으로 연구자들의 의견을 수렴하는 기초를 마련하고자 한다.

표 1. 〈목간 新1호〉 기본형. 24.7×5.1×1.2cm.

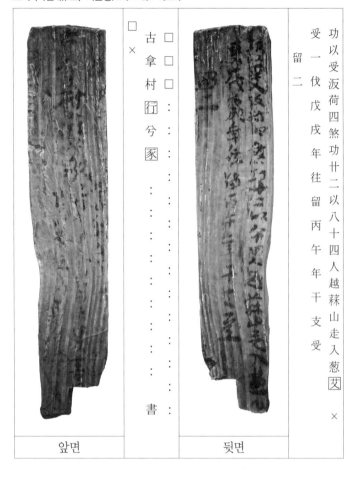

앞면	뒷면
□ 古拿村 [行] 兮 [豕] ‥‥‥‥‥‥‥‥‥ 書 □× □□□	功以受汳荷四煞功廿二以八十四人越菻山走入葱 [艾] × 受一伐戊戌年往留丙午年干支受 留二

새로 발굴한 〈목간 新1호〉[23]는 기본형으로 하단의 일부가 파손되었다. 앞면, 뒷면 모두 각각 3행으로 서사되었는데, 내용상 장부용 문서 목간이 확실하다. 앞면은 묵흔이 많이 사라져 내용 이해가 어렵지만, 다행히도 뒷면의 묵서가 비교적 잘 남아 있어 용도 추정에 큰 어려움이 없다. 우선 앞면에 "古拿村" 등이 기록되어 있고, 뒷면에는 "受"가 빈번히 기록되어 있다. 발굴 측의 판독문 중 "代成"은 「戊戌塢作碑」(578년)에 기록된 '戊戌'과 흡사하다는 점에서 이 역시 "戊戌"로 읽는 것이 옳다고 생각된다. 그리고 "丙午年干支受□二"의 판독 불능으로 처리된 글자는 戊戌年往留의 留와 동일한 글자라고 판단된다. 이에 필자는

---

22) 상당히 정확하게 판독작업이 이루어졌다고 생각되며 그 노고에 감사드린다.

23) 신 출토 목간의 일련번호는 〈보도자료〉에 따라 조금씩 차이가 있는데, 발굴 측에서 한글로 작성해 제공한 「목간판독문」에 의거하였다. 한편 신 출토 목간의 일련번호와 기존 출토 목간의 일련번호가 겹치기 때문에 신 출토 목간의 일련번호 앞에 '新'을 첨가하였다.

뒷면 2~3행을 "受一伐戊戌年往留丙午年干支受留二"로 새롭게 판독하였다.

앞 장에서 이미 언급하였지만 受는 기존 출토 문서 목간들에서도 확인되며, 이 목간 역시 지역 단위에 부과된 국가적 책무나 세금을 완수했거나 수납했음을 뜻하는 의미로 사용되었다고 생각된다. 어휘 사용의 측면에서 기존에 출토된 월성 해자 문서 목간들과 긴밀한 연관성을 보여준다. 이에 의거하여 〈목간 신1호〉의 묵서를 대략적으로 해석해보면, 이 목간은 古拿村에 할당된 국가적 책무의 완수 사실을 기록한 장부이며, 뒷면 1행의 일은 문맥 이해가 어렵지만, 2행은 戊戌年에 '一伐' 외위 소지자가 기왕에 머물렀고, 丙午年에는 '干支' 외위 소지자가 책무를 받아 머무름을 두 번 완수하였다(受留二)."라는 의미로 추정된다.

외위 '干支' 표기가 사용되었다는 점에서 「창녕진흥왕순수비」의 외위 '述干' 표기에 의거해 이 목간의 작성 연대를 561년 이전으로 보아, 戊戌年은 518년(법흥왕 5년)이고 丙午年은 526년(법흥왕 13년)으로 파악할 수도 있다. 그러나 이번 〈목간 신1호〉의 서체나 내용은 법흥왕대라기보다는 「무술오작비(578)」나 「남산신성비(591)」와 유사하다는 점에서 〈목간 신1호〉의 戊戌年은 578년이고, 丙午年은 586년(진평왕 8년)으로 볼 여지도 있다. 최근 외위 干支 표기가 많이 확인되는 함안 성산산성 출토 신라 목간 중에 '壬子年' 年紀의 목간이 발굴되었고, 이 해가 592년(진평왕 14년)일 가능성이 제기되었다.[24] 이제 〈목간 신1호〉의 사례를 하나 더 고려하면, 신라에서는 561년 이후에도 외위 干支가 모든 지역에서 干으로 일괄 엄격하게 표기가 변하지 않았을 수도 있었다고 볼 수 있다.[25]

한편 무술년에 一伐 소지자가 "기왕에 머물렀다(往留)"는 표현이나, 이어 丙午年에는 干支 소지자가 또 머물렀던 일이 언급되고 있어, 『삼국유사』의 문무왕대 무진주 출신의 '上守吏' 제도와 유사한 면이 있다. 즉 이 목간의 뒷면 2행은 일벌이나 간지 소지자가 무술년과 병오년에 王京에 와서 각자 국가가 책정했던 임무를 완수하기 위해 일정 기간을 머물렀던 것으로 해석해볼 수 있다. 이러한 해석이 허락된다면, 상수리 제도의 연원이 통일기 이전으로 상당히 올라갈 수 있음을 말해준다.

〈목간 신2호〉 부찰형. 19.2×3.9×0.8㎝.

□小舍^前敬呼白遣 居生小烏迗□□

官(?)二言之 此二□(確?) 官言在

〈목간 신2호〉는 상단부가 파손되었지만, 하단부에는 끈으로 묶기 위한 V자 형태의 홈이 남아 있다. 앞

---

24) 손환일, 2017, 「함안 성산산성 출토 문서 목간의 의미와 서체 −17차발굴조사 성과 발표문을 중심으로−」, 신라사학회 제162회 월례발표회.

25) 기존에도 「무술오작비(578)」의 '貴干支'에 의거하여 561년 이후에도 지역에 따라 외위 干支 표기가 상당 기간 유지되고 있어 예외가 있었다는 견해가 제기된 바 있다(주보돈, 2002, 「금석문과 신라사」, 지식산업사, p.342). 물론 이 자료는 '貴干, 支~'로 끊어 읽을 수 있어 그간 논의가 활성화되지 않았다. 이번 월성 해자에서 출토된 〈목간 신1호〉는 그러한 점에서 큰 의의가 있다고 생각된다.

면에만 묵서가 2행으로 기록되어 있다. 2행의 마지막 글자는 '庄'으로 보기도 하지만, 후술하는 〈목간 신3호〉(3면)의 在자와 서체상 유사하다. 한편 이 목간은 형태적으로는 부찰형의 목간이지만, 묵서 내용은 受發 관계가 엿보이는 문서 목간으로 추정된다. 묵서를 정서하지 않고 날려 쓰거나 빠트린 글자를 삽입하는 서사 방식에 유념할 때, 부찰목간을 폐기하기 전에 기존의 묵서를 깎아내고, 수발 문서를 본격적으로 정서하기에 앞서 일종의 메모나 연습용으로 습서한 목간일 가능성이 있다고 생각된다.

위 묵서 중 小舍와 小鳥는 合字의 형식으로 서사되었다. 소사의 합자는 이미 살펴본 기존에 출토된 〈목간 16호〉에서도 확인되며, 「남산신성비」에서도 보인다. 그런데 소오는 필자가 알기로는 이 자료가 처음이다. 此二□에서 마지막 글자는 確의 좌변이 金인 글자로 판독되며, 그 뜻은 역시 確이 아닌가 생각된다. 한편 발굴 측에서는 '白遣'으로 붙여 읽어 '아뢰고'라는 이두로 해석하였지만, 현재 신라는 물론 고려 시기까지도 '동사+遣(~하고)'의 이두 사례가 全無한 실정이다. 물론 白遣과 居生小鳥 사이를 띄어쓰기 하였다는 점에서 白遣으로 이어 해석할 여지도 분명히 있다. 그러나 그 아래에 '二' 또는 '此二'라고 무언가 '둘(二)'을 강조하고 있다는 점, 또 前이라는 것을 추가 삽입하여 반드시 써야 될 어휘임을 강조한 것, 끝으로 이 前과 敬~白의 조응에 유념한다면 이 묵서의 내용은 수발 문서로 해석해볼 여지도 충분하다. 즉 "小舍께(前) 삼가(존경으로 부르며) 아룁니다(敬呼白). 居生小鳥를 파견(遣)하고, □□를 보냈습니다 (送). 官에서 두 가지(즉 居生小鳥를 파견하고 □□를 보낸 두 가지 일)를 말했다. 이 둘은 확실히 관에서 말했다."라고 해석할 수 있다.

이 경우 마지막 문구 '官言在'는 메모여서 원래 官言在之인데 마지막 之를 생략한 채로 연습을 끝낸 것이 아닌가 생각된다. 이 '在'는 완료형의 어미를 借字한 이두 표기로 이해되며, 다른 월성 해자 목간에서도 많은 사용례가 확인된다. 현재 이러한 在 용법이 기록된 가장 빠른 자료는 「무술오작비(578)」의 '成在人(만들었던 사람)'의 용례가 있다. 따라서 이 목간 역시 그 무렵이나 진평왕대의 목간으로 추정된다.

　　〈목간 신3호〉 4면목간. 25.9×2.5×2.2㎝.
　　(1면)　典中大等敬白沙喙及伐漸典前
　　(2면)　阿尺山□舟□至□愼白□□
　　(3면)　急陲爲在之
　　(4면)　　　　　文人周公智吉士・

〈목간 신3호〉는 위 〈신2호〉와는 달리 4면목간에 정서한 정식의 수발 문서로 기존에 출토된 〈목간 10호〉와 서식이 매우 유사하다. 발굴 측의 판독에 대해 대부분 이견은 없지만, (1면)에서 발굴 측에서 '赴告'로 읽은 글자는 '敬白'으로 새롭게 판독하였다. 〈목간 신3호〉의 묵서 내용을 해석하면 다음과 같다.

典中大等이 삼가 아룀(敬白). 沙喙와 及伐漸典 앞(前).

阿尺인 山□가 배로 이르러 삼가 아뢰길, "□□하여,

급히 흙으로 막게 하였다"함.

文人인 周公智 吉士 •

마지막 면의 文人 周公智 吉士 아래 기호 '•'은 마침표적 성격을 띤 부호라고 생각된다. 묵서의 문맥도 그러하지만 다른 면의 서사 방식과 달리 상단이 아니라 그보다 완전히 아래인 중단에서부터 내려쓴 방식 등으로 볼 때도 이 면이 마지막 행일 가능성이 높다. 文人인 周公智 吉士는 이 목간의 書者이며, 동시에 典中大等의 屬僚가 아닌가 생각된다.

이 목간의 典中大等이 典大等(기존 출토 〈목간 12호〉의 典太等)과 동일한 존재인지, 아니면 다른 실체인지는 정확히 알 수 없지만, 그 이표기라고 하더라도 여기에서의 典中大等은 기존 출토 〈목간 12호〉의 典太等과 같은 인격체는 아니며, 이어지는 及伐漸典처럼 官署的 의미로 사용되었다고 생각된다. 다시 말해 어디까지나 문서 발신의 주체는 典中大等이며, 다만 문서의 기안을 文人인 주공지 길사가 담당하여 전중대등의 이름으로 沙喙와 及伐漸典 앞으로 보낸 것이라 생각된다. 즉 典中大等 예하 속료인 文人이 沙喙와 及伐漸典에게 지방에서 일어난 어떤 사고와 뒷수습을 알린 것이다.

전중대등이 문서 발신의 주체가 된 것은 전중대등(전대등)이 당시 관직명이면서 관서적 성격을 지닌 신라 초기 관서제의 성격과 관련된 것이라고 생각된다. 즉 관서 내의 職制는 진덕여왕대처럼 아직 階序的으로 체계화되지 않았지만 전중대등 혼자서 일을 처리한 것이 아니라 전중대등 예하에 文人이나 그 외의 속료[26] 등이 존재해서 이들이 전중대등의 일을 수행하였다고 추정된다. 기존 출토 〈목간 12호〉의 "典太等教事"는 특정 관서가 아니라 전체 관인를 대상으로 전대등이 王教를 대리하여 발신한 때문에 수신처가 명시되지 않았던 것이 아닌가 생각된다. 이러한 전대등의 임무는 후일 집사부의 역할과 유사하며, 이로 인해 집사부 창립 때 中侍 아래의 차관 직명으로 변하였던 것으로 추정된다.

한편 '及伐漸典'은 진흥왕 순수비 중 「마운령비」의 隨駕官人들 중에 기록된 '及伐斬典'과 동일한 관청으로 생각된다.[27] 그리고 '沙喙及伐漸典'은 '沙喙와 及伐漸典' 아니면, '沙喙의 及伐漸典' 둘 중의 하나로 해석할 수 있지만, 「마운령비」에는 沙喙의 관청 없이 독자적으로 표기되어 있다는 점에서, '沙喙와 及伐漸典'으로 해석하는 것이 옳지 않을까 생각된다. 이때 '沙喙'는 沙喙部라기보다는, 진평왕대의 '沙喙宮' 즉 沙梁宮의 약칭이 아닐까 생각된다.[28] 전중대등이 어떤 지방에서 일어난 사고의 뒷수습, 즉 "急陲爲在之(급히 흙으로 막게 하였다)"라는 조치를 '沙喙宮'과 '及伐漸典'에게 알린 것으로 보아, 이 지방이 왕실재정

---

26) 이와 관련하여 「냉수리비」의 '典事人'도 典中大等(典大等)과 연관된 직제일 가능성이 있다.

27) 둘 중 어느 것이 정확한 표기인지는 현재로는 알 수 없다. 추후 관련 사례의 증가를 기대해본다.

28) 박성현, 2017, 「월성해자 목간으로 본 신라의 왕경과 지방」, 『동아시아 고대도성의 축조의례와 월성해자 목간』, 한국목간학회 창립 10주년 기념국제학술회의 논문집, p.210.

원이었을 가능성이 있으며, 及伐漸典은 토목 공사와 관련된 관청이 아닐까 생각된다.

　　〈목간 신4호〉 4면목간. 15×2.1×2.2㎝
　　(1면) 兮刪宋(宗?)公前別白作(?)□□×
　　(2면) 米卅斗酒作米四斗幷卅四斗瓮□(此)□×
　　(3면) 公取□開在之

　　〈목간 신4호〉도 4면목간에 정서한 문서인데, (4면)에는 묵서가 없고 (3면)의 문장 끝에 많은 서사면을 여백으로 남겨 놓았다는 점에서 전체 3면으로 문서의 내용이 끝났던 것으로 이해된다. 이 목간은 하단 부분이 파손되었지만 전체 문맥을 이해하는 데에는 어려움이 없다. 발굴 측의 판독에 대해 이견은 없다. 이에 입각해 묵서의 내용을 해석하면 다음과 같다.

　兮刪宗公께(前) 별도로 아룀(白). 作(?)□□×
　쌀 30두, 술 만들 쌀 4두, 아울러 34두의 瓮×(보냄).
　公께서 취(取)하여 개봉(開)할 것.

　　마지막의 '開在之'는 문맥상 미래완료형의 의미가 담겨있다고 생각된다. 다른 월성 해자 목간에 나타나는 在는 과거완료형 용법이라는 점에서 차이가 난다. 한편 당시 신라에서 일반 쌀과 술 만드는 쌀에도 일정한 차이가 있었다는 것을 알 수 있다. 벼의 품종 차이라기보다는 搗精의 정도를 달리하여 쌀을 만들었기 때문에 瓮에 쌀들을 각각 분리하여 담았을 가능성이 있다고 생각된다. 이 목간은 묵서의 내용으로 보면 수발문서임이 분명하지만, 쌀을 담았던 용기에 이 목간이 묶여져 兮刪宗公께 보내졌을 가능성도 있기 때문에 이 목간의 파손된 하단부에는 끈을 묶기 위한 홈이나 구멍이 있었을 수도 있다.

　　〈목간 신5호〉 부찰형. 22.9×2.5×0.5㎝
　　舍尸麻村 今一鷄得鳿□受㸚

　　〈목간 신5호〉는 목간 하단부에 V자 형태의 홈을 파 어딘가에 묶을 수 있도록 한 부찰형 목간이다. 발굴 측에서 舍尸麻□로 읽은 마지막 판독 불능 글자는 村이 분명하며, 今으로 판독한 글자도 今이라고 판단된다. 마지막 글자 㸚는 쇼소인(正倉院)의 「사하리가반부속문서」와 안압지 출토 목간에도 보이는 글자로 '犭'를 간략히 만든 글자로, 어떤 특정 짐승을 의미하는 신라식 國字로 추정된다. 鳿 아래에 판독이 어려운 글자가 있어 전체 문맥 이해에 어려움이 있지만, 이 목간에도 월성 해자 목간에 빈번히 나온 今과 受가 기록되어 있어, 이 목간도 특정 지역에 국가적 책무나 세금이 할당되고 국가가 이에 대한 수납 사실을 기록하였던 것이 아닌가 생각된다. 이 목간의 내용은 "舍尸麻村 今(지금) 鷄 하나, 鳿□를 得하고, 㸚

를 受함", 즉 舍尸麻村에 할당된 공물 一鷄, 鳩□, 卄 등을 지금 수납하였고, 그 물품을 월성의 국가 창고에 보관하면서 제작한 목간일 수 있다. 다시 말해 이 목간은 앞서 살펴본 〈목간 1호〉나 〈목간 9호〉와 유사한 형식의 촌별(리별) 수취 대장과 연관된 자료이며, 중앙 수신처에서 공물을 수납하고 이를 새롭게 창고에 보관 관리하기 위해 만든 부찰목간일 수 있다.

〈목간 신6호〉 부찰형. 12.7×1.7×1.7㎝
安兄 三斗 大刀八 中刀一

〈목간 신6호〉 역시 원주형의 목간 하단부에 홈을 판 부찰형 목간이다. 발굴 측에서는 두 번째 글자를 '三斗'와 조응시켜 곡물인 豆로 읽어 安豆(녹두)로 해석했지만, 豆는 초서로 써도 거의 대부분 마지막 가로획 一을 쓴다는 점에서 이 목간의 그 글자는 자획의 돌아가는 방식이 豆가 아니라 兄이라고 생각된다.

이 목간의 '安兄'은 도대체 무엇일까. 三斗와 관련된 곡물의 일종일 수도 있지만, 필자는 인명이라고 생각된다. 우선 「천전리서석」 등에 인명어미로 兄이 확인된다. 또 신라에서는 관료들에게 논공 때 특별히 劍이나 戟을 내려준 사실이 있다.[29] 고대일본에서도 관위 26계가 정해질 때 大氏의 氏上과 小氏의 氏上들에게 각각 大刀와 小刀를 특별히 내려준 사실이 확인된다.[30] 즉 이 목간은 安兄이라는 개인에게 공훈에 대한 보답으로 내려준 곡물 三斗, 大刀八, 中刀一의 물품꾸러미에 매달려 있던 부찰목간이 아닌가 생각된다. 三斗에 해당되는 구체적인 곡물 명칭은 없지만, 관료에게 내려주는 일반적인 곡식이었기 때문에 별도로 적기하지 않았던 것이 아닌가 생각된다.

혹 安豆(녹두)로 읽고 三斗 아래의 大刀八 中刀一을 쇼소인 사하리가반 부속 문서에 보이는 升에 해당되는 신라식 차자표기 '刀(되)'로 새기려는 연구자가 있을 수도 있겠지만, 이 경우 斗 아래 단위에 大升이나 中升이 두 가지로 함께 표기된 점도 이해하기 곤란하며, 또한 대승 소승이라면 몰라도 대승 중승 소승의 제도를 상상하는 것도 너무나도 불합리하다. 끝으로 〈목간 신7호〉는 파편으로 '盛' 한 글자만 읽을 수 있다.

V. 맺음말

지금까지 검토한 기존 출토 월성 해자 목간과 최근 새롭게 발굴한 목간들 전체를 표로 정리하여 제시하면 다음 〈표 2〉와 같다.

---

29) 『삼국사기』 권6, 문무왕 원년 9월 27일.
30) 『日本書紀』 권27, 天智天皇 3년 2월 9일.

표 2. 월성 해자 출토 목간

목간	형태	크기(cm)	용도	비고
1	다면4	(20.5)×1.7×1.8	문서(帳簿)	城, 今受不受, 郡
2	다면4	18.9×1.2×1.2	문서(受發)	···足下万拜白之
3	기본형	(19.8)×2.3×0.85	문서(장부)	
4	기본형	(16.9)×2.35×0.8	문서(장부)	伐, 生耶死耶
5	부찰형^	14.4×3.0×2.2		원주형 하단에 홈
6	다면3	(15.5)×1.4×1.5	습서	朔
7	기본형	(12.4)×(1.2)×0.6	문서(장부)	한 면에 2행의 서식.
9	다면4	25×1.4×1.3	문서(장부)	牟喙, 里, 伐, 今受, 受, 不, 不有
10	원주형6	20.8×3.35	문서(수발)	寺典 大宮士等 敬白 苑典前
11	원주형4	20.4×4.4	문서(장부?)	
12	원주형3	24.4×5.1	문서(수발)	四月一日典太等教事 內苦白故···教事
13	원주형2	(28.5)×2.1	용도 불명	주술용?
14	기본형	(31.8)×2.7×0.95		
15	기본형	(19.9)×2.0×0.8	문서	
16	기본형·횡	(18.0)×2.5×0.4	문서(장부)	인명 관등명 및 숫자 나열
17	부찰형	14.9×2.65×0.85	용도 불명	唻字莕作之
18	다면2	(15.3)×2.3×1.4	습서?	白兮□仁兮
19	기본형	(10.9)×2.6×0.6	문서(장부)	禿石城, □□城, ···月卄九日作
20	기본형	(9.3)×2.7×0.65	문서?	子年十月, □作次 和內
21	기본형	(21.7)×2.7×0.75	문서(장부?)	한면은 1행, 이면은 2행으로 서사
22	기본형	(26.8)×2.4×1.1	문서(장부)	第八卷第卄三大人干麻, 2행割註
23	다면4	(15.2)×2.4×1.35	의약처방전	天雄 二兩, ···子赤
26	기본형	(34.0)×2.1×0.6	습서	遺稱稱毛道道使岑然然
88	원주형	(12.6)×1.1	문서?	
105	파편	(5.15)×2.15		···年
신1	기본형	(24.7)×5.1×1.2	문서(장부)	村, 一伐, 干支受, 戊戌年, 丙午年
신2	부찰형	(19.2)×3.9×0.8	문서(수발)	小舍前 敬呼白遣, 白遣의 해석?
신3	다면4	25.9×2.5×2.2	문서(수발)	典中大等敬白, 沙喙及伐漸典前
신4	다면4	(15)×2.1×2.2	문서(수발)	兮删宗公前, 別白
신5	부찰형	22.9×2.5×0.5	창고(수취)	舍尸麻村 今一鷄得鳲□受 牛
신6	부찰형	12.7×1.7×1.7	개인(지급)	安兄, 三斗, 大刀八, 中刀一
신7	파편	4.3×2.6×0.6		···盛

월성 해자 목간은 대체로 작성 시기가 6세기 후반에서 7세기 전반에 걸쳐 있으며, 내용적으로는 왕경 6부를 비롯한 각 지역에 대한 세금 수납과 관련하여 제작한 장부나 수발 문서용 목간들이 많았다. 또 지방의 세금 수납과 관련하여 해당 지역의 외위 소지자를 왕경에 머무르게 하면서 지역 지배에 활용하였던 점도 새롭게 인지할 수 있었다. 한편 세금 수납과 관련하여, 受, 今受, 不(受), 不有 등의 약어를 사용하였고 그 정확한 해석은 추후의 자료적 확대가 필요한 문제이지만, 장부를 만들어 일차 세금 수납을 확인하고(受), 재차 수납 사실 등을 조사하며 추기하는 작업(今受)을 했던 것으로 생각된다.

앞서 언급하였지만, 발굴 측에서 신 출토 목간에 대한 적외선 촬영 때 기존 출토 월성 해자 목간에 대한 적외선 촬영을 재시도하였는데, 그 사진들을 보면 2004년 국립창원문화재연구소(현재의 가야문화재연구소)가 『한국의 고대 목간』을 발간하기 위해 촬영했던 적외선 사진보다 묵흔의 상태가 좋지 않다. 사진 촬영 과정에서의 실수일수도 있지만, 후일의 연구자들을 위해 수습한 목간의 보존 처리 방식에 대해 좀 더 진지하게 고민할 필요가 있다고 생각된다.

목간 자료가 증가하고 있는 상황은 분명 학계에 희소식임에 틀림없지만, 이를 제대로 보존하고 체계적으로 연구하는 학제 간의 노력이 절실히 필요하다. 특히 목간은 고고 자료라는 점에서 우선 발굴 측에서 목간의 정보를 최대한 보존하기 위해 비상한 관심을 기울여야 한다고 생각된다. 묵흔은 시간이 지나면서 사라질 수 있기 때문에 발굴과 동시에 현장에서 생생한 묵서에 대한 사진을 남기고, 또 보존처리 전에 적외선 사진을 여러 차례 다양한 방법으로 촬영해둘 필요가 있다. 적외선 사진은 촬영장비와 방식에 따라 묵서의 가독성이 달라지기 때문에 세심한 주의가 필요하다. 촬영 후에도 추후 묵서의 적외선 선본을 만들기 위한 다양한 학제 간의 연구와 노력을 기울여야 한다.

한편 온전한 목간에만 주목할 것이 아니라, 목간이 출토된 주변 유구 자체도 소중하게 다루어야 한다. 월성 해자의 진흙층은 목간이 잘 보존될 수 있었던 환경이라는 점에서 완형의 목간뿐만 아니라 목간을 깎아낸 삭설 등 목간에서 떨어져 나온 부스러기 등도 보존되었을 가능성이 높다. 발굴 측에서는 월성 해자의 발굴 과정에서 얻은 진흙층에 대한 세밀한 물채질을 통해 비록 한 글자가 남아있다고 해도 묵서가 있는 삭설을 최대한 확보하려는 작업 환경을 조성할 필요가 있다고 생각된다.

투고일: 2018. 4. 5.   심사개시일: 2018. 4. 13.   심사완료일: 2018. 5. 16.

참/고/문/헌

조유전 외, 1985, 『월성 해자시굴조사보고서』, 문화재연구소 경주고적발굴조사단.

이기백, 1987, 「월성 해자 목간」, 『한국상대고문서자료집성』, 일지사.

조유전·남시진, 1990, 『월성 해자 조사보고서 I』, 문화재연구소 경주고적발굴조사단.

김창호, 1995, 「신라왕경연구」, 『신라문화제학술발표회논문집』 16.

李成市, 1997, 「韓國出土の木簡について」, 『木簡研究』 19, 일본목간학회.

이상준, 1997, 「경주 월성의 변천과정에 대한 소고」, 『영남고고학』 21.

李成市, 2000, 「韓國木簡硏究의 現況과 咸安城山山城 出土의 木簡」, 『韓國古代史硏究』 19.

주보돈, 2002, 『금석문과 신라사』, 지식산업사.

李成市, 2005, 「朝鮮の文書行政 六世紀の新羅」, 『文字と古代日本』 2, 吉川弘文館.

윤선태, 2005, 「월성 해자 출토 신라 문서 목간」, 『역사와 현실』 56.

三上喜孝, 2006, 「文書樣式'牒'の受容をめぐる一考察」, 『山形大學歷史·地理·人類學論集』 7.

이용현, 2006, 「목간류」, 『월성 해자 발굴조사보고서 II −고찰−』, 국립경주문화재연구소.

윤선태, 2007, 『목간이 들려주는 백제이야기』, 주류성.

김영욱, 2007, 「古代 韓國木簡에 보이는 釋讀表記」, 『구결연구』 19.

박성종, 2007, 「이두자 '內'의 讀法」, 『구결연구』 19.

정재영, 2008, 「월성 해자 149호 목간에 나타나는 이두에 대하여」, 『목간과 문자』 창간호.

市大樹, 2008, 「慶州月城垓字出土の四面墨書木簡」, 『日韓文化財論集 I』(學報77冊), 奈良文化財研究所;
    2010, 『飛鳥藤原木簡の研究』, 塙書房.

이경섭, 2013, 『신라 목간의 세계』, 경인문화사.

윤선태, 2013, 「신라 중고기 6부의 구조와 그 기원」, 『신라문화』 44.

박성현, 2016, 「신라 왕경 관련 문헌을 어떻게 연구할 것인가」, 『문헌으로 보는 신라의 왕경과 월성』 국립
    경주문화재연구소.

〈Abstract〉

Research and Perspective on the Silla Wooden Documents,
excavated at the Moat of the Weolseong Palace in Gyeongju

Yoon, Seon-tae

In this article, the production period of the wooden documents excavated at the Weolseong palace's moat(WDWM) are speculated, based upon examination of the changes spotted in the landscape surrounding the Weolseong palace. Also, among the wooden documents several important ones are introduced here as well.

The WDWM seem to have been created during the 6th and 7th centuries, and unlike the Anab-ji lake's wooden documents, which should have been produced in the 8th century. The Silla dynasty's governmental offices would have had to use such wooden documents equipped with many pages or lines to establish office registers or official documents.

The Weolseong palace was the political, economical and cultural center of the Silla dynasty. And the moat which surrounded the Weolseong palace served as a meeting point between the palace and the Six-Bu(六部) units of the Capital city, and also the outer rims of a central point under which all the local regions and communities ultimately subordinated themselves. The WSWM were written documents created under the influences of such central power. And because of such nature of them, the wooden documents mirrored the government's ruling policies targeted at both the capital city and the local areas. So the WDWM are Official wooden documents related to the administrative record.

For example, Wooden document No.9 seems to have been produced as an offertorial sheet which documented the government's levying process of offerings upon lower Bu/部 and Ri/里 local units. Through the contents of this wooden document we can see the Silla government's control over the 6 Bu units, which would have been established through the tax and tributary payment of protocol items, and the organized status of the Ri units.

On the other hand, Wooden document No.2 is an item which lets us see the 'Idu' letters of the Silla dynasty and the development process of the official documents. This item bears special importance as it shows us that the ancient document style featured in the Japanese wooden documents(which had letters of Mo-Jeon-Shin/某前申) was a style that was originated from the document style of the Chinese 6-Dynasties period(六朝時代), and later reached Japan via the political entities of the Korean peninsula.

In the future, the wooden documents found from the Weolseong palace's moat and the Anab−ji lake should be put under comparative studies, and established as evidences of the Silla people's usage of letters and documents in their ordinary lives.

▶ Key words: Weolseong Palace's moat(월성해자), Wooden documents(목간), Idu letters(이두), tax(세금), Six−Bu units in the Capital city(6부), Official wooden documents related to the administrative record(문서목간)

고대 중국 都邑 건설에서의 巫祝 의식[*]

楊華 著[**]

김동오·김보람 譯[***]

〈국문초록〉

중국 문명이 생겨난 과정과 발달정도를 논급할 때, 城市는 하나의 중요한 지표가 된다. 중국 고대 城市에 관한 연구 성과는 이미 많이 축적되어 있다. 이 논문은 주로 城市의 建造와 城市의 生活에서의 巫祝儀式에 대해 논의하고 있는데, 이는 기존의 연구자들이 그다지 주목하지 않았던 주제이다. 巫祝활동과 儒家의례는 때로 구분하기가 어렵지만, 여기서는 巫術 활동을 위주로 논의하고 후자도 겸하여 논하는 방식으로 진행한다.

『吳越春秋』에는 周나라의 先祖인 古公亶父가 邠(豳)에서 歧山으로 옮겨 기거할 때의 "居三月成城郭, 一年成邑, 二年成都, 而民五倍其初"[1]라는 기록이 있다. 이는 처음 城郭을 건설하고 다시 邑과 都로 확장할 때, 城市의 발전 과정과 규모를 반영한다. 따라서 본문에서는 "都邑"의 개념을 사용하여, 국왕과 제후의 도성을 위주로 하되, 부분적으로 지방 성읍도 살펴보았고, 고대 城市의 요건인 城·郭·壕·塹·垣·池

---

[*] 본고는 2017년 10월 19일~20일 열린 한국목간학회 창립 10주년 기념 국제학술대회의 자료집인 『동아시아 고대 도성의 축조 의례와 월성해자 목간』에 실린 글을 수정, 보완한 것이다.

[**] 中國 武漢大學

[***] 서울대학교 동양사학과

1) 『吳越春秋·吳太伯傳』, 周生春, 1997, 『吳越春秋輯校彙考』, 上海古籍出版社, p.14.

등을 모두 포함하여 다루고 있다.

▶ 핵심어: 城市, 都, 邑, 都邑, 巫祝

I. 날짜 擇吉

도읍을 건축할 때의 擇吉은 두 종류를 포함한다. 하나는 '풍수 擇吉'로, 자연 환경에 대한 선택이다. 다른 하나는 '날짜 擇吉'로, 건축 과정 중에서의 중요한 단계의 일자와 時辰에 대한 선택이다. 중국 고대 도읍 건축의 擇吉을 기록한 가장 이른 문헌은 『尙書』이다. 그중에는 周나라 사람들이 나라를 세운 뒤 東都인 洛陽을 건설하는 과정이 기록되어 있는데, 擇吉의 과정도 당연히 포함되어 있다.

『尙書大傳』에 기록된 "周公攝政, 四年建侯衛, 五年營成周, 六年制禮作樂, 七年致政成王."을 보면, 周公이 섭정한지 5년째에 東都인 낙양을 건설하기 시작했다. 『尙書序』에는 "成王在豐, 欲宅洛邑, 使召公先相宅"라는 기록이 있는데, 그 일은 출토된 청동 "何尊"의 銘文에 의해 사실이 증명되었다. "唯王初相宅於成周"[2)]에서 말하는 "相宅"은 여러 연구서에서 모두 "相度"라고 하였는데, 즉 새로운 都城址를 계획·도량하는 것이다.[3)]

『尙書』의 「召誥」·「洛誥篇」, 『逸周書』의 「度邑」·作雒篇, 『史記』「周本紀」의 관련 기록을 종합해보면, 이러한 부지 선정 儀式은 아래와 같은 순서가 있었음을 알 수 있다.

1. 文王·武王의 묘당에 알린다. 周成王은 東都를 건설하는 일 때문에 鎬京에서 서쪽으로 灃河를 건너 豐에 이르러, 文王·武王의 묘당에 가서 제사를 지내며 알렸다. 「召誥」, "越六日乙未, 王朝步自周, 則至於豐." 孔傳에는 "成王朝行從鎬京, 則至於豐, 以遷都之事告文王廟. 告文王, 則告武王可知, 以祖見考"라고 기록하고 있다.

2. 周公·召公은 각각 점을 쳐서 터를 선정하였다. 太保와 召公은 먼저 周公보다 먼저 동쪽의 낙양으로 가서 터를 선택하였다. 「召誥」, "越若來三月, 惟丙午朏. 越三日戊申, 太保朝至於洛, 卜宅. 厥既得卜, 則經營. 越三日庚戌, 太保乃以庶殷攻位於洛汭. 越五日甲

---

2) 馬承源, 「何尊銘文初釋」, 『文物』 1976-1; 唐蘭, 「何尊銘文的解釋」, 『文物』 1981-2; 楊寬, 「釋何尊銘文兼論周開國年代」, 『文物』 1983-6; 李民, 「何尊銘文與洛邑」, 『鄭州大學學報』 1991-6; 朱鳳瀚, 「〈召誥〉, 〈洛誥〉, 宗周與成周」, 『歷史研究』 2006-1. 여기서는 張政烺의 설을 따랐다(張政烺, 「何尊銘文解釋補遺」, 『文物』 1976-1; 張政烺, 2004, 『張政烺文史論集』, 中華書局, pp.456-457).

3) 劉起釪, 2005, 『尙書校釋譯論』, 中華書局, pp.1432-1433.

寅, 位成." 그들은 낙양에서 점을 쳐 길조를 얻은 다음, 뒤이어 현지 조사와 토지 측량을 실시하고, 또한 洛水가 굽어지는 곳에서 城垣·宮室·宗廟 등의 의례 건축의 위치를 결정하였다("位成"). 모든 작업은 戊申에서 庚戌까지, 다시 甲寅에 이르기까지 총 7일을 소요하였다. 둘째 날(乙卯日), 周公이 낙양으로 와서 새로운 성의 터를 한 차례 살펴보고("若翼日乙卯, 周公朝至於洛, 則達觀於新邑營."), 한 차례 점복을 더 진행하였으니 『史記』는 이것을 "複卜"이라 일컬었다.[4] 「洛誥」에 따르면, 周公은 洛陽에서 도읍지를 설정하고 점을 쳐 길조를 얻은 후, 사자를 파견하여 宗周에 "獻卜"하고, 成王에게 보고하였다.

3. 郊天과 祭社로 신령의 동의를 얻는다. 다시 3일의 간격을 두고 周公은 두 마리의 소를 사용해 郊天의 제사를 진행하고, 다음 날 太牢之禮(소·양·돼지 각각 한 마리 씩)로써 社神에 제사지냈다. 「召誥」, "越三日丁巳, 用牲於郊, 牛二. 越翼日戊午, 乃社於新邑, 牛一, 羊一, 豕一."
다시 7일이 지나 甲子日이 되어("越七日甲子"), 周公은 공사계획을 서면형식으로 상나라 후예와 侯服·甸服·男服의 방백들에게 고지하고, 그들이 이에 따라 사역하게 하여 공사를 시작하였다("旣命庶殷, 庶殷丕作").

주나라 사람을 공사에 동원하기 전에 이미 郊天과 토지신에 대한 제사가 있었는데, 왜 다시 갑자일이 되기를 기다렸다가 공사를 시작하였는가? 이에 대해서는 주나라가 바로 "甲子昧爽"에 상나라를 격파한 것과 연결시키는 것이 자연스럽다.[5] 출토된 利簋의 銘文에 "武王征商, 隹甲子朝"라고 써져 있는 것이 증거라고 할 수 있다.[6] 周成王도 임종하기 하루 전인 4월 甲子日에 유언을 남겼다.[7] 甲子는 육십갑자의 시작으로 一元의 시작을 상징한다. 따라서 주나라 사람들은 이 날을 특히 중시하였기에, 이 날을 선택하여 공사를 시작하는 것은 특별한 의미를 갖는다.
토목 공사에 날짜를 선택하는 습속은 여타 문헌에서도 쉽게 찾아 볼 수 있다. 『論衡·調時』에는 다음과 같은 기록이 있다.

世俗起土興功, 歲, 月有所食, 所食之地, 必有死者. 假令太歲在子, 歲食於酉; 正月建寅, 月

---

4) 『史記』 卷4 「周本紀」, "成王在豐, 使召公復營洛邑, 如武王之意. 周公復葡申視, 卒營築, 居九鼎焉."
5) 『尙書·牧誓』, "時甲子昧爽, 王朝至於商郊牧野, 乃誓.";『史記』 卷3 「殷本紀」, "甲子日, 紂兵敗. 紂走, 入登鹿台, 衣其寶玉衣, 赴火而死."
6) 唐蘭, 「西周最早的一件銅器利簋銘文解釋」, 『文物』 1977-8; 徐中舒, 「西周利簋銘文箋釋」, 『四川大學學報』 1980-2; 張政烺, 「利簋釋文」, 『考古』 1978-1; 『張政烺文史論集』, pp.464-467; 黃懷信, 「利簋銘文再認識」, 『歷史研究』 1998-6.
7) 『尙書·顧命』.

食於巳; 子, 寅地興功, 則酉, 巳之家見食矣. 見食之家, 作起厭勝, 以五行之物, 懸金木水火. 假令歲月食西家, 西家懸金; 歲月食東家, 東家懸炭. 設祭祀以除其凶, 或空亡徙以辟其殃. 連相仿效, 皆謂之然. 如考實之, 虛妄迷也. 何以明之?……. 今聞築雒之民, 四方和會, 功成事畢, 不聞多死. 說歲月之家, 殆虛非實也.

주석가들은 일반적으로 王充이 말한 "築雒"을 후한시기 낙양성 수축 과정이라고 여긴다. 班固, 「兩都賦序」의 "臣竊見京師修宮室, 浚城隍, 起苑囿, 以備制度."[8] 본문의 "食"은 日辰과 五行을 근거로 추측하여, 土工을 일으키는 지역의 인접한 지역에 대한 방해를 가리키는 것같다. 또한 방해를 받는 땅에 대해서는 오행의 원칙에 근거하여 모종의 '厭勝巫術'을 한다(후술). 요컨대 토목 공사를 일으키는 데에는 정교한 시간적 宜忌가 있었다는 것이다.

관련된 내용으로, 문헌 기록은 零星하지만 출토된 日書는 오히려 풍부하다. 예를 들어, 土工을 일으키는 데 대한 적합함·建城築室하는 일자에 대한 적절함 등은 日書에 자주 보이는 것들이다. 이전에 睡虎地秦簡·放馬灘秦簡과 孔家坡漢簡에서도 "土良日"이라 칭하는 것들이 모두 보인다. 예컨대 다음과 같은 것들이다.

> 土良日, 癸巳, 乙巳, 甲戌, 凡有土事, 必果. (睡虎地秦簡日書甲種『土忌』, 簡129背)[9]
> 土良日, 癸巳, 乙巳, 甲戌. (放馬灘秦簡日書乙種『土功』, 簡306)[10]
> 土良日, 甲戌, 乙巳, 癸巳, 凡爲事, 必居之. (孔家坡漢簡日書, 簡158)[11]

그 외에 築城建室에 좋은 날짜에 관련한 다음과 같은 것들이 있다.

> 凡建日, 大吉, 利以娶妻, 祭祀, 築室, 立社稷, 帶劍, 冠.【九店M56楚簡日書『建除』13 下】[12]
> 二月利興土西方, 八月東方, 三月南方, 九月北方.【睡虎地秦簡日書甲種『作事』110壹】[13]

토목 공사에 적합한 "良日"이 있으니, 적합하지 않은 "忌日"도 있다. 睡虎地秦簡의 日書甲種 중에는 두 종류의 "土忌"가 있다. 放馬灘日書甲種에 "土功", 乙種三種에 『土功』이 있다. 孔家坡 日書에도 토목 공사의 宜忌 관련 부분이 많이 있는데, 정리자는 이것을 "土功事"[14]라고 이름 붙였다. 예컨대 睡虎地秦簡 日

---

8) 黃暉, 1990, 『論衡校釋』, 中華書局, pp.981-988.
9) 陳偉主編, 2016, 『秦簡牘合集』(貳), 武漢大學出版社, p.464. 이하 이 책을 인용할 때에는 간 번호만 표기함.
10) 『秦簡牘合集』(肆), p.77.
11) 湖北省文物考古研究所·隨州市考古隊, 2006, 『隨州孔家坡漢墓簡牘』, 文物出版社, p.158.
12) 湖北省文物考古研究所·北京大學中文系, 2000, 『九店楚簡』, 中華書局, p.47.
13) 『秦簡牘合集』(貳), pp.377-378.

書 甲種『土忌(一)』이다.[15]

土徹正月壬, 二月癸, 三月甲, 四月乙, 五月戊, 六月己, 七月丙, 八月丁, 九月戊, 十月庚, 十一月辛, 十二月乙, 不可爲土功. (簡104壹)

正月醜, 二月戌, 三月未, 四月辰, 五月醜, 六月戌, 七月未, 八月辰, 九月醜, 十月戌, 十一月未, 十二月辰, 毋可有爲, 築室, 壞; 樹木, 死. (簡105壹)

春三月寅, 夏巳, 秋三月申, 冬三月亥, 不可興土功, 必死. 五月六月不可興土功, 十一月, 十二月不可興土功, 必或死. 申不可興土功. (簡106壹)

睡虎地秦簡 日書 甲種『土功(二)』[16]

土忌日, 戊, 己及癸酉, 癸未, 庚申, 丁未, 凡有土事, 弗果居. (簡130背/37反)

正月寅, 二月巳, 三月未〈申〉, 四月亥, 五月卯, 六月午, 七月酉, 八月子, 九月辰, 十月未, 十一月戌, 十二月醜, 當其地不可起土功. (簡131背/36反)

正月亥, 二月酉, 三月未, 四月寅, 五月子, 六月戌, 七月巳, 八月卯, 九月醜, 十月申, 十一月午, 十二月辰, 是謂土神, 毋起土功, 凶. (簡132-133背/32-33反)

春三月戊辰, 己巳, 夏三月戊申, 己未, 秋三月戊戌, 己亥, 冬三月戊寅, 己醜, 是謂地沖, 不可爲土功. (簡134-135背/33-32反)

春之乙亥, 夏之丁亥, 秋之辛亥, 冬之癸亥, 是謂牝日, 百事不吉. 以起土功, 有女喪. (簡136北/31反))

放馬灘秦簡 日書『土功(二)』[17]

春乙亥, 夏丁亥, 秋辛亥, 冬癸亥, 是謂[牝]日, 不可起土功, 必死亡. (簡131 壹)

寅, 巳, 申, 亥, 卯, 午, 酉, 子, 辰, 未, 戌, 醜, 凡是謂土禁, 不可垣. 垣一[版, 賫]. 三版, 耐. 成垣, 父母死. (簡133 壹)

亥, 酉, 未, 寅, 子, 戌, 巳, 卯, 醜, 申, 午, 辰, 凡是謂土□, 不可[興垣土功], 大凶. (簡132 壹)

---

14)『隨州孔家坡漢墓簡牘』, p.161.

15)『秦簡牘合集』(貳), p.376.

16)『秦簡牘合集』(貳), pp.464-465.

17)『秦簡牘合集』(肆), p.77.

子, 巳, 酉, 寅, 午, 戌, 卯, 未, 亥, 辰, 申, 醜, 凡是謂土□月, 不可取土其□, 壞垣. [興]垣其[向], 不死必亡. (簡135 壹)

卯, 醜, 寅, 午, 辰, 巳, 酉, 未, 申, 子, 戌, 亥, 凡是謂地司空, 不可操土功, 不死必亡. (簡134 壹)

孔家坡漢簡 日書『土功事』,[18]

入月旬, 不可操土功事, 命謂黃帝. 十一月先望日, 望日, 後望一日毋操土功, 此土大忌也. (簡240)

正月, 二月壬癸, 三月, 四月甲乙, 五月, 六月丙丁, 戊己, 七月, 八月丙丁, 九月, 十月庚辛及星自虛至東辟(壁), 甲申, 乙酉, 不可操土功. (簡241)

소위 "興土"는 사적 중의 "興土龍"·"興土木之功"·"興土木之役" 등으로 다양하게 언급하고 있으나 응당 築城·起室·修路 등 각종 건축 공사를 가리키고[19] 그 범위도 비교적 좁다. 築城의 忌日의 직접적인 언급은 많이 보이지 않고, 孔家坡日書「忌日」에만 "酉不可冠, 城, 出入三歲, 人必有詛盟."(簡396)[20]로, 기타 宮·室·垣·門 공사 종류의 금기일을 다루고 있다. 그보다 훨씬 많이 보이는 것은 孔家坡日書에서처럼 별도의 篇名을 가지고 있는 「蓋屋築室,篇[21] 등과 같은 것이 있지만, 지면의 한계로 여기에서 인용하지는 않는다.

주의해야 할 점은 儒家 역시 築城의 시기에 관한 금기가 있다는 것이다. 『月令』 계통에서 언제 築城을 금지해야 하는지, 언제 담의 높이를 올리는지, 언제 대규모로 城牆을 修築해야 하는지에 대해 명확하게 규정하고 있다. 今本『禮記·月令』의 내용이다.

孟春之月, 毋聚大眾, 毋置城郭.

孟夏之月, 繼長增高, 毋有壞墮, 毋起土功, 毋發大眾, 毋伐大樹.

孟秋之月, 修宮室, 壞牆垣, 補城郭.

仲秋之月, 可以築城郭, 造宮室, 穿竇窖, 修囷倉.

孟冬之月, 壞城郭,[22] 戒門閭, 修鍵閉, 慎管鑰, 固封疆, 備邊竟, 完要塞, 謹關梁, 塞蹊徑.

---

18) 『隨州孔家坡漢墓簡牘』, p.161.

19) 王子今은 문헌 중에 "興土龍"의 금기도 있다고 보았다. 王子今, 2003, 『睡虎地秦簡〈日書〉甲種疏證』, 湖北教育出版社, p.228.

20) 『隨州孔家坡漢墓簡牘』, p.178.

21) 『隨州孔家坡漢墓簡牘』, pp.162-163.

22) "壞", 鄭注, "益也"는 성곽의 고도가 높아지는 것을 의미하는 것이고, 새로 성곽을 쌓는 것은 아니다.

仲冬之月, 土事毋作, 愼毋發蓋, 毋發室屋, 及起大衆, 以固而閉.

　　전체적으로 보면 봄과 여름은 모두 성곽을 수축하기를 금지하는 시기이다. 가을 7월부터 城牆을 보수하고 올리기 시작하고, 대규모의 성곽 수축은 반드시 가을 8월 이후가 되어야 하고 특히 겨울 10월이면 좋다. 이러한 시간적 흐름은 기본적으로 儒家의 "使民以時", "勿傷農時"의 정치 이념을 반영한다.

　　月令 계통은 또한 『管子』, 『呂氏春秋』, 『淮南子』, 『大戴禮記』 등의 각종 문헌에서 볼 수 있다. 그것은 당연히 儒家가 최초로 발명한 것은 아니고, 음양사상과 기타 현실 禮俗의 기록일 것이다.[23] 그러나 秦漢 시기에 月令이 禮典化, 그리고 法律化가 되고 나서는 당시 정치적 생활에서 철저히 준수되었다.[24] 성곽 수축의 宜忌도 마찬가지이다. 이는 敦煌懸泉置에서 발굴된 「四時月令詔條」에도 반영되어 있다.

　　　毋聚大衆. 謂聚民繕治也, ……盡夏. 其城郭宮室壞敗尤甚者, 得繕補□.【16, 17行】

　　　毋築城郭. 謂毋築起城郭也, ……三月得築, 從四月盡七月不得築城郭.【18行】

　　　右孟春月令十一條.【20行】

　　　繼長增高, 毋有壞墮. 謂垣牆□……【35行】

　　　毋起土功. 謂掘地[深三尺以上得, 盡五月].【37行】

　　　右孟夏月令六條.【43行】

　　　修宮室, □垣牆, 補城郭. 謂附阤□.【56行】

　　　右孟秋月令三條.【57行】

　　　……築城郭, 建都邑, 穿竇[窖], 修囷倉. 謂得大興土功, □……【58行】.

　　　右中秋月令三條.【62行】

　　　附城郭. 謂附阤薄也, [從七月□]……【68行】

　　　右孟冬月令四條.【72行】[25]

　　이 壁書의 앞부분에 "元始五年五月" 등의 글자가 명확하게 써져 있기 때문에, 서사연대가 전한 말년(기원전 5년) 왕망이 집권하던 시기임을 알 수 있다. 이 해에 왕망은 "太皇太後" 명의로 詔를 내리길 "躬天之曆數, 信執厥中, 欽順奎陽, 敬授民時"라고 하고 月令五十條를 각 郡에 보내 시행하게 하였다. 敦煌 「四時月令詔條」의 내용과 禮書는 기본적으로 일치하므로,[26] 성곽 수축의 시간 宜忌에 관하여 漢代 사회에

---

23) 湯勤福, 「"月令"祛疑」, 『學術月刊』 2016-10.

24) 薛夢瀟, 2014, 『早期中國的月令文獻與月令制度: 以"政治時間"的制作與實踐爲中心』, 武漢大學博士學位論文.

25) 中國文物研究所·甘肅省文物考古研究所, 2001, 『敦煌懸泉月令詔條』, 中華書局, pp.4-8.

26) 물론 약간의 다른 점은 있다. 첫째, 서부지역의 열악한 생태 환경 때문에 동식물의 보호에 관해 더욱 엄격하다. 둘째, 개별적인 문구가 전세문헌과는 다르다. 예컨대 孟冬之月의 "附城郭"는 『禮記·月令』에는 "壞城郭"이라고 되어 있고, 『淮南子·時則訓』에는 "修城郭"이라고 하며, 『四民月令』에는 "牆築垣牆"이라고 되어 있다. "附"와 "坿"·"培"·"壞"는 통가자이다. 『敦煌

서는 의례적 측면은 물론이고 법적인 측면에서도 모두 광범위하게 지켜지고 있었음을 알 수 있다.

상술한 바와 같이 西周 초기 건설 시기는 대략 3~4월 사이였다. 그러나 주나라 사람의 建戌은 11월을 歲首로 하므로, 3~4월은 夏曆의 1~2월에 해당한다. 『月令』의 규정에 따르면 본래 성곽 건축이나 수리 공사에 부적합한 시기이다. 주나라 사람들은 왜 이 계절에 공사를 했는가? 게다가 成周를 건설하는 時辰은 戰國·秦漢의 시간 宜忌와도 대응하지 않는데, 왜 그러할까? 이에 대해 계속하여 알아 볼 필요가 있다.

II. 지형 卜選

周初에 낙양의 터를 고를 때, 김公은 먼저 가서 "卜宅"하고, 周公은 뒤이어 "複卜"하였다. 이러한 占卜은 명백히 時日 擇吉이 아니고 공간 지형의 擇吉이다. 즉 建都의 적합성을 점치는 것이다. 「洛誥」의 기록이다.

> 子惟乙卯朝至於洛師, 我卜河朔黎水. 我乃卜澗水東, 瀍水西, 惟洛食. 我又卜瀍水東, 亦惟洛食.

占卜의 묘사에 대해 복원할 수는 없으나 당시 대개 龜占을 취하였음은 알 수 있다. "食"에 대해서는 여러 해석이 있는데, 혹자는 음식공양(鄭注, "服田相食")이라고 하고, 혹자는 점복할 때의 전문용어(일직선으로 긋는 兆幹을 墨이라고 칭한다. 僞孔傳, "卜必先墨畫龜, 然後灼之, 兆順食墨.")라고 하고, 혹자는 "禧"의 假借字라고 한다. 어쨌든 점의 결과가 吉兆임을 표시하는 것이다.[27]

낙양에 새 도읍을 건설할 때, 본래는 周武王의 임종 전에 周公旦에게 전략 방침을 부탁하면서 "自雒汭延於伊汭, 居易無固, 其有夏之居. 我南望過於三塗, 我北望過於嶽, 鄙顧瞻過於河, 宛瞻延於伊, 雒, 無遠天室. 其名茲曰度邑."[28]이라고 하였다. 周武王은 낙읍 일대가 黃河에 의지하고 주변에 伊水와 洛水가 있으며 天室이 산악을 등대어 있으니, 동방을 장악하는 새 거점을 경영하기에 알맞다고 여겼다. 周公은 현지를 조사한 뒤 成王에게 吉兆를 보고할 때, 해당 지역의 지도를 바쳤다("伻來以圖及獻卜"). 儒家의 학설에 의하면 낙양을 수도로 세우기에 적당한 것은 해당 지역이 천하의 중심이기 때문이다. 「김誥」에서 말한 "王來紹上帝, 自服中土."에 관련하여 『孟子』·『淮南子』·『白虎通義』 등의 문헌에도 이러한 설이 있다.[29] 왜 이곳을 천하의 중심으로 정하였는가? 『周禮·地官·大司徒』는 "以土圭之法測土深, 正日景, 以求地中."이

懸泉月令詔條」, p.29를 참조.

27) 劉起釪, 『尙書校釋譯論』, pp.1462-1463.

28) 『逸周書·度邑』.

29) 『白虎通義』, "王者京師必擇中土都何? 所以均敎道, 平往來, 使善易以聞, 爲惡易以聞, 明當懼愼, 損於善惡." 陳立, 1994, 『白虎通疏證』, 吳則虞點校, 中華書局, pp.157-158.

라는 기록이 있는데 구체적으로는 다음과 같다.

> 日至之景尺有五寸, 謂之地中: 天地之所合也, 四時之所交也, 風雨之所會也, 陰陽之所和
> 也. 然則百物阜安, 乃建王國焉, 制其畿方千里而封樹之.[30]

鄭玄이 주석에 인용한 鄭司農에는, "土圭之長尺有五寸, 以夏至之日立八尺之表, 其景適與土圭等, 謂之地中."라는 기록이 있는데, 이러한 측량 방법은 바로「召誥」중의 "經營"[31], 孔傳이 칭하는 "城郭·郊·廟·朝·市의 위치를 정하고 경영하는 것"이다.

『漢書·藝文志』"數術略"에는 두 종류의 학문이 있고 도읍을 점복하기에 알맞은 것이다. 하나는 "形法"家로, 그중『國朝』7卷과『宮宅地形』20卷에 열거되어 있다. 이른바 形法家는『漢志』서문에 따르면 그 의미가 다음과 같다.

> 形法者, 大擧九州島之勢, 以立城郭室舍; 形人及六畜骨法之度數, 器物之形容, 以求其聲氣
> 貴賤吉凶. 猶律有長短, 而各征其聲, 非有鬼神, 數自然也. 然形與氣相首尾, 亦有有其形而
> 無其氣, 有其氣而無其形, 此精微之獨異也.

청나라의 沈欽韓은『隋書·經籍志』에서 말하는 "劉向略言地域, 丞相張禹使屬朱貢條記風俗, 班固因之作『地理志』"는 대략『國朝』에서 일컫는 "地形"이라고 하였다.[32] 李零은『國朝』는 아마 宮殿·宗廟의 占卜書이고,『宮宅地形』은 民宅의 占卜書일 것이라고 여겼다. 이 두 종류는 서문에서 언급한 "城郭室舍"에 들어맞는다.[33] 성곽 수축의 '相地術'에 관하여『國朝』와 같은 종류의 문헌은 일실되어 전하지 않는다.

다른 하나는 "五行"家로, "다섯 가지의 일을 五行에 맞추는" 것을 목적으로 하고,『堪輿金匱』十四卷에 나와 있다. 顔師古는 許慎의 말인 "堪, 天道, 輿, 地道也"를 인용하여, 堪輿의 법은 土壤을 분별하고 영역을 알고 禍福을 관찰하는 "觀天地之會, 辨陰陽之氣"라고 하였다. 이는『周禮·大司徒』에서 말한 "以土宜之法辨十有二土之名物, 以相民宅而知其利害"와 같다.

『吳越春秋』에는 伍子胥가 오나라로 도망쳐 闔閭의 重臣이 되어 姑蘇都城의 건설을 돕는 기록이 있다.

> 伍子胥爲吳相土嘗水, 象天法地, 造築大城. 周回四十七里, 陸門八, 以象天之八風; 水門八,
> 以象地之八窻. 築小城十里, 陸門三. 東面者欲以絶越明矣. 立閶門者, 以象天門, 通閶闔風,

---

30)『周禮·地官·大司徒』.

31) 王逸,『楚辭·離世』章, "南北爲經, 東西爲營."; 朱駿聲,『尙書古注便讀』, "經營, 疊韻連讀, 猶量度也."; 劉起釪,『尙書校釋譯論』, p.1433.

32) 王先謙, 2008,『漢書補注』, 上海師範大學古籍整理研究所整理, 上海古籍出版社, p.3066.

33) 李零, 2011,『蘭台萬卷: 讀〈漢書·藝文志〉』, 北京三聯書店, pp.197-198. 여기서의 표점은 李零의 것을 따랐다.

立地門者, 以象地戶也. 闔閭欲西破強楚, 楚在西北, 故立閶門以通天氣也, 因複名破楚門. [34]

"地門"은 『吳越春秋』에서 "蛇門"이라고도 하는데, 글자체가 결코 비슷하지 않고 그릇되었으니 아마도 특별한 함의가 있을 것이다. 이 책의 『闔閭內傳』篇은 이에 대해 더욱 자세한 설명이 있다.

不開東面者, 欲以絶越明也. 立閶門者, 以象天門通閶闔風也. 立蛇門者, 以象地戶也. 闔閭
欲西破楚, 楚在西北, 故立閶門以通天氣, 因複名之破楚門. 欲東並大越, 越在東南, 故立蛇
門以制敵國. 吳在辰, 其位龍也, 故小城南門上反羽爲兩鯢鱙, 以象龍角. 越在巳地, 其位蛇
也, 故南大門上有木蛇, 北向首內, 示越屬於吳也. [35]

초나라는 西北에 있고 오나라는 辰地에 있고 월나라는 巳地에 있는 것은 十二地支와 四方八風을 대응시키는 전통적 數術이었는데, 이는 堪輿와 城門 설계에 응용되었다. 이것은 용과 뱀 등의 동물을 城門의 위에 조각하고 幹支에 대응하는 열두 개의 띠에 따르는 일종의 厭勝巫術이다. [36]
風水學이 흥기한 후 "卜地"의 전통은 도읍을 건설하는 데 더욱 중시되었다. 예컨대 원나라 시기 쿠빌라이는 1256년 봄에 "命僧子聰卜地於桓州東, 灤水北, 城開平府, 經營宮室" [37]하였다. 명나라 朱元璋은 1366년 8월에 建康城의 확장을 준비하고, 개국의 수도로 삼았다.

初, 建康舊城西北控大江, 東進白下門外, 距鍾山既闊遠, 而舊內在城中, 因元南台爲宮, 稍
卑隘. 上乃命劉基等卜地定基, 作新宮於鍾山之陽, 在舊城東白下門之外二里許, 故增築新
城, 盡鍾山之趾, 延亙周回凡五十餘里, 規制雄壯, 盡據山川之勝焉. [38]

劉基는 후대의 전설적인 風水大師로, 그가 "卜地定基"하면 당연히 "盡據山川之勝"하였다. 그러나 건국 26년 뒤에 朱元璋은 수도의 형세에 여전히 결점이 있다고 생각했다.

初大內塡燕雀湖爲之, 地勢中下, 南高而北卑, 高皇後悔之. 洪武二十五年, 祭光祿寺灶神文

34) 『太平御覽』 卷193 『居處部二十一‧城(下)』引; 周生春, 1997, 『吳越春秋輯校彙考』, 上海古籍出版社, p.196.

35) 『吳越春秋輯校彙考』, pp.39~40.

36) 유사한 기록은 楚에서 吳로 달아날 때에 또 나타나고, 후에 吳에서 越로 도망치는 範蠡에 의하면, 그도 句踐을 도와 大城을 축조하였다. "範蠡觀天文, 法於紫宮, 築作小城, 周千一百二十二步, 一圓三方, 西北立飛翼之樓, 以象天門, 東南服漏石竇, 以象地戶. 陵門四達, 以象八風, 外郭築城而缺西北, 示服事吳也. 不敢壅塞, 內以取吳, 故缺西北, 而吳不知也." 『太平御覽』 卷193 『居處部二十一‧城(下)』引; 『吳越春秋輯校彙考』, p.242.

37) 『元史』 卷4 「世祖本紀」.

38) 『洪武實錄』 卷21

日: "朕經營天下數十年, 事事按古有緒. 維官城前昻後窪, 形勢不稱. 本欲遷都, 今朕年老,
精力已倦, 又天下新定, 不欲勞民, 且興廢有數, 只得聽天. 惟鑒朕此心, 福其子孫云."[39]

朱元璋은 도성이 "前昻後窪, 形勢不稱"하다고 여겨서 遷都하고자 했는데, 이는 아마도 堪輿數術와 관련이 있는 것 같다. 唐代 李淳風이 편찬한 『乙巳占』에는 『城勝氣象占』류가 전해지는데, 다음과 같이 말한다.

城上氣如雙蛇者, 難攻. 若前高後卑者, 攻之可拔; 後高前卑者, 不可攻.[40]

이른바 "前高後卑"의 城은 함락되기가 쉽고, 오래 머무를 수 없다는 것이다. 朱元璋은 응당 이러한 이치를 깊이 이해하고 있었으므로 遷都의 뜻이 생겨난 것이다.

III. 奠基 의식

고대에도 奠基 의식이 있었는가? 전세문헌의 기록은 매우 적지만, 남북조 시기의 『周地圖記』에는 "秦使蒙恬北築長城, 又於北原築城, 以舥奠酒而祭, 有鵁飛止舥上, 因以名縣. 今有鵁舥原."[41]이라고 되어 있어 축성을 시작할 때에는 "奠酒而祭"해야 했으니 이는 응당 奠基 의례였다.

제사지낼 때에는 당연히 희생을 사용했을 것이다. 고고발굴상 上古의 건축 夯土台基 아래에서는 사람이나 동물을 매장한 墓坑이 常見된다. 安陽 後崗, 永城 王油坊, 湯陰 白營과 登峰 王城崗의 龍山文化遺址에는 모두 兒童을 가옥의 奠基 犧牲으로 사용한 사례를 찾아볼 수 있다.[42] 그러므로 이러한 종교 활동은 신석기시대로까지 소급할 수 있다.

商代早期의 二里頭 1호 궁전에서는 매장 형식이 특수한 묘장 5좌가 발견되었다. 매 갱마다 한 사람씩 묻었는데, 모두 비정상적으로 사망한 아동으로 신체가 묶여있거나 手足이 절단된 채여서 강제적으로 매장되었음이 분명하다. 黃展岳은 이들이 奠基 혹은 落成 시에 제사에 사용된 人身犧牲으로 추정하였다.[43] 商大早期 鄭州商城 성벽의 내부와 대형 가옥 아래에서는 모두 奠基 의식에 사용된 인신희생이 발견되었다. 鄭州 二里崗 商城 성벽 내측에서는 24곳의 인신희생갱과 9곳의 개(狗) 희생갱이 발견되었다. 이들 인

---

39) 顧炎武, 『天下郡國利病書』 卷22 「江南一」.

40) 李零, 1993, 『中國方術槪觀(占星卷)』, 人民中國出版社, p.134.

41) 『太平御覽』 卷164 「州郡部」 引.

42) 黃展岳, 「中國古代的人牲人殉問題」, 『考古』 1987-2, pp.159-168.

43) 中國科學院考古硏究所洛陽漢魏故城工作隊, 「偃師商城的初步勘探和發掘」, 『考古』 1984-6; 黃展岳, 2004, 『古代人牲人殉通論』, 文物出版社, p.43.

신희생갱은 이전 보고서에는 '小墓'로 칭하고, 竪穴式 單墓로서 대부분 깊이가 얕고 소규모여서 겨우 시신을 수용할 정도였으며, 일부 묘장 바닥에는 朱砂를 발랐으며, 대개는 수장품이 없고, 성벽 夯土層을 침입하였으며, 9곳의 개 희생갱과 섞여있다고 하였다. 또한 9곳의 개 희생갱도 성벽 내부에 겹쳐져 있었다. 商代 中期에서도 비교적 이른 시기의 小雙橋 商城에서도 이와 유사한 4곳의 夯土建築基址의 奠基 희생이 발견되었다.[44] 이러한 인신희생과 개 희생에 대해 黃展岳은 奠基 제사에 사용된 희생으로 이해하였다.[45]

商代後期 殷墟에서도 대량으로 희생된 奠基의 흔적이 발견되었다. 小屯 北地의 乙組 基址에서는 夯土台基의 많은 곳에서 인신을 사용한 奠基 흔적이 발견되었다. 그 과정은 夯土台基를 축성한 후 다시 台基 위에 長方形 土坑을 파내고, 인신희생을 자리(席)로 잘 말아 갱 안에 매장한 뒤 마지막으로 흙을 채우는 것이었다. 출토 시 인신희생의 골격에서는 자리 무늬(席紋) 흔적이 남아있었다.[46] 또한 어떤 것은 건축 후 다시 居住地面 중간에 方形坑을 파내고, 인신희생의 목을 베고 四肢를 해체한 후 매장한 것도 있었다.[47]

石璋如의 연구에 따르면, 商人의 宮殿과 宗廟건축에서는 일반적으로 奠基, 置礎, 安門, 落成 4단계를 거쳤고, 매 단계마다 모두 한 차례의 제사의식을 거행해야 했다. 基址를 완성하면 商人들은 奠基시에 基址 아래에 개를 묻었고, 중요한 건축에는 아동도 함께 매장하였다. 그 후 흙을 채우고 다졌는데, 흙 다지기가 일정 단계에 이르면 基址에 약간의 갱을 파고, 소, 양, 개를 희생으로 매장하였는데, 때로는 인신희생을 더하기도 하였다. 그 후 흙을 채우고 다져 평평하게 만들고 다시 주춧돌(礎石)을 놓았다. 문을 세우는 단계(安門)에서는 문지방의 전후 좌우에 方坑을 파고 각기 1~3인을 묻었는데, 모두 戈나 盾을 들거나 무릎을 꿇고 방어하는 자세를 취하고 있었다.[48] 이외에 河北 槀城 台西 商代建築遺址에도 奠基 희생이 있다.[49] 이러한 내용은 모두 黃展岳이 언급한 바 있으며, 또한 상대 대형 건축에는 인신희생을 사용하여 奠基하였는데 한 번에 많게는 수십 인을 사용하였으며 또한 아동에 제한된 것이 아니라 다수는 성인도 이용하였다. 가장 많이 사용된 人祭 방법은 '尞'와 '伐'이었는데, 前者는 불에 태우는 것, 後者는 목을 베는 것이다.[50]

春秋戰國시대에 이르러서도 人牲奠基의 禮俗은 여전히 존재하였다. 秦國雍城遺址에서 발견된 1호 基建群에서는 일반적으로 춘추 중기 秦國의 宗廟로 이해되는데, 지금까지 발견된 先秦시기 종묘 건축 유지 중에서 보존 상태가 가장 양호하면서 또한 최대 규모의 것이다. 거기에서는 181개 祭祀坑, 5좌의 人坑, 3

44) 河南省文物考古研究所, 2001, 『鄭州商城』(上), 文物出版社, pp.207-217, pp.397-403.

45) 黃展岳, 2004, 『古代人牲人殉通論』, 文物出版社, pp.50-52.

46) 中國科學院考古所安陽考古隊, 「1958-1959年殷墟發掘簡報」, 『考古』 1961-2.

47) 中國科學院考古所安陽考古隊, 「1975年安陽殷墟的新發現」, 『考古』 1976-4.

48) 石璋如, 「河南安陽殷氏的三組基址」, 『大陸雜志』 21卷(1·2期 合刊), 1960; 1959, 「小屯殷墟建築遺存」, 臺灣中央研究院歷史語言研究所, p.326(黃展岳, 『古代人牲人殉通論』, p.55에서 재인용)

49) 河北省文物研究所, 1985, 『槀城台西商代遺址』, 文物出版社, p.20·p.21·p.25.

50) 黃展岳, 「中國古代的人牲人殉問題」, 『考古』 1987-2, pp.159-168.

개의 空坑과 1개의 羊坑이 발견되었는데, 주요 건축의 지면이나 성벽 基地 혹은 夯土台基를 침입하였고, 그 외의 것은 입구가 당시의 활동 지면위로 열려있었다. K147·K153·K155·K156·K158 등 제사갱에서는 모두 人骨이 출토되었다. 그 매장 위치는 모두 室 내부 혹은 집터서리 부근에 위치하였고, 지면과 牆基를 침입하였다. 매장 방식은 長方形 竪穴式 土坑으로 부장품은 많지 않거나 아예 없기도 하였다. 예를 들어 K155는 中室에서 발견되었는데, 人頭骨 殘片이 보이고, 朱砂가 있었으며, 2개의 陶困과 陶匜·陶壺 殘片이 있었다. K158는 朝寢北三室의 中·西室 지면에 있으며, 陶豆·困·鬲·甗·壺와 玉璜이 있었고, 갱내에는 인두골 잔편만이 있었다. 발굴 보고서에서는 이들 제사갱의 연대는 각기 다르고, "이른 것은 1호 건축 낙성 시의 희생일 것이며, 늦은 것은 건축 폐기 후 거행된 제사의 것일 것이다."라고 지적하였다. 발굴 보고서에서는 또한 주요 건축을 침입한 人坑은 이 종묘 건축 폐기 후에도 여전히 제사 활동을 진행하면서 남겨진 유적일 것이라고 지적하였다.[51]

戰國이후 都邑 건축에서는 다시는 人殉유적이 발견되지는 않았다. 그러나 奠基 시에 상응하는 巫術 행위가 없었다고는 할 수 없다. 예를 들어 西漢 長安城 南郊에서는 일군의 건축 유지가 발견되었는데, 서한 말기의 圓丘·明堂·辟雍·太學·靈台 및 王莽九廟로 인정되고 있다.[52] 일반적으로는 제1에서 제12유지가 바로 王莽九廟인 것으로 이해되고 있다. 거의 모든 건축유지에는 주춧돌에 朱書로 기록한 題記가 발견되었는데, 제12호 유지를 예로 들면 '始建國', '第九祖'와 같은 문자가 발견되었다. 그리고 다수 유지 내에서는 소량의 銅錢도 출토되었다. 만약 이것이 奠基를 위한 물품이라고 확정할 수 없다면, '貨布' 동전의 壓印文이 찍힌 벽돌(土壞)의 출토는 가장 큰 설득력을 지닌다. 이러한 건축 유지들은 일반적으로 최하층은 夯土地基이며, 그 위에는 불탄 재가 있고, 다시 그 위에 흙으로 바닥을 바르고, 다시 그 위에 풀(草泥)을 발랐다. 또한 제2호 유지에서는 "그중 한 벽돌에는 3매의 '貨布'동전의 壓印文이 찍혀 있는데 이는 벽돌 제작 후 찍은 것이다."(圖60; 圖版93)[53] 중국 고대에는 동전이 辟邪의 효능이 있다고 믿었기에 왕왕 묘장 시신 주변에 동전을 둘러놓았는데, 바로 당지 제3호 유지에서 발견된 東漢 초기의 소형 묘는 이러한 葬俗을 채용하였던 것이다.[54] 동전을 사용한 궁실 건축 奠基 의식도 이해할 수 있는 셈이다.

IV. 洛城의식

옛사람들은 땅파기가 끝난 뒤에는 모두 '解土'의식을 거행하였다. 『論衡·解除篇』에는 이에 대한 논의가 있다.

---

51) 陝西省雍城考古隊,「鳳翔馬家莊一號建築群遺址發掘簡報」,『文物』1985-2; 滕銘予,「秦雍城馬家莊宗廟祭祀遺存的再探討」, 『華夏考古』2003-3.

52) 中國社會科學院考古研究所, 2003,『西漢禮制建築遺址』, 文物出版社.

53)『西漢禮制建築遺址』, p.77.

54)『西漢禮制建築遺址』, pp.60-61.

世間繕治宅舍, 鑿地掘土, 功成作畢, 解謝土神, 名曰: '解土'. 爲土偶人, 以象鬼形, 令巫祝
延, 以解土神. 已祭之後, 心快意喜, 謂鬼神解謝, 殃禍除去. (…) 今解土之祭, 爲土偶人, 像
鬼之形, 何能解乎? 神荒忽無形, 出入無門, 故謂之神. 今作形像, 與禮相違, 失神之實, 故知
其非. 象似布藉, 不設鬼形. 解土之禮, 立土偶人, 如祭山可爲石形, 祭門戶可作木人乎?

소위 '解土'란 귀신 형상의 土偶를 제작하여 祭禱하는 것이다. 이 의식을 통하여 토지신이 방해를 받았
다고 여겨 땅파는 인부들에게 재앙을 내리지 않도록 기원하였으니 실제로는 재액을 푸는 무술이었다. 王
充의 비판 논리는 귀신은 본래 無形인데, 解土시 토우인형을 만들었으니 이미 의미를 상실했을 뿐만 아
니라, 그렇다면 산에 제사 지낼 때에는 바위 모습으로 만들어야 하는가라는 점이었다. 해토 의식에는 또
한 무술이 개입하기도 하였다. 『東觀漢記』에는 東漢의 鍾離意가 堂邑縣令이었을 때 형벌을 신중히 하고,
백성들을 자식처럼 사랑하였으며, 스스로 돈을 내어 집을 지어주어 백성들의 사랑을 깊이 받았음을 기록
하고 있다.

初到縣, 市無屋, (鍾離)意出奉錢帥人作屋. 人齎茅竹或持材木, 爭起趨作, 浹日而成. 功作
旣畢, 爲解土, 祝曰: 興功役者令, 百姓無事. 如有禍祟, 令自當之. 人皆大悅.[55]

鍾離意가 지은 집은 작은 초가집에 불과했으나 해토시 祝辭에는 풍부한 의미가 담겨 있다. '如有禍祟,
令自當之'는 해토의 근본 목적이 지하 토지신의 건축 인부에 대한 재액을 풀어내는데 있음을 말해준다.
"성곽이 수선되지 못하고, 도랑과 못이 수리되지 못하고, 수량이 풍부하지 못하여 물이 백성의 해가 되면
地公을 탓한다."[56] 옛사람이 보기에 城郭溝池는 '地公'의 관할 범위였기에 축성이 완공된 후에는 地公에
게 해토 의식을 행하여 경외와 감사를 표시하였다.
도성이 建成된 후에도 낙성 전례가 진행되어야 했다. 『尙書·洛誥』에는 2년간의 토목 공사 끝에 새 도
읍이 완성되자 周公은 周成王에게 백관을 이끌고 신도읍에 가서 大典禮('作元祀')를 거행할 것을 청했다
고 기재되어 있다. 이에 주성왕은 東巡하여 洛陽에 도착한 후 당년의 烝祭를 거행하고, 별도로 騂牛를 사
용하여 文王과 武王에게 제사지냈다. "王은 作冊 逸에게 명하여 祝하고 冊하도록 명하였다." 이는 逸이라
는 史官으로 하여금 선조에게 祝告과 冊告 의식을 진행하도록 하고, 周公이 東都洛陽을 留守할 것임을
고한 것이다.[57] 이에 文王·武王의 神靈이 내려와 禋祀를 흠향하였고, 成王은 太室에 들어가 祼祭를 진행
하고, 술을 땅에 부었다.

---

55) 『後漢書』 卷41 「鍾離意傳」 注引. 『太平御覽』 卷267 「職官部六十五·良令長上」에도 역시 인용되어 있다.

56) 『論衡·順鼓篇』 引 『尙書大傳』

57) 郭沫若, 『殷契粹編』 第1片: "惠高祖夔祝於冊". 郭氏는 "'叀冊用'과 '叀祝用'는 對貞으로 祝과 冊의 구별은 아마도 祝은 辭告인
데, 冊은 策告일 것이다. 『書·洛誥』의 '作冊逸祝. 冊'에서도 여전히 둘을 겸용하였으나 옛 뜻은 잃어버린 것이다."라고 하였
다. 中國科學院考古硏究所 編, 1965, 『郭沫若全集·考古編(第3卷), 科學出版社, pp.343-344.

이상의 기록은 여타 문헌과 대체로 부합한다. "君子將營宮室, 宗廟爲先, 廐庫爲次, 居室爲後."[58] 宗廟는 도성 건축의 표지였다. 『逸周書·作落』에는 周公이 섭정한 뒤 "作大邑成周於中土"라 하였으니 成周洛陽에 南郊壇을 건립하고 上帝에게 제사지내고, 後稷을 配祀하였다. 이외에도 社壇·太廟·路寢·明堂 등을 세웠는데, 이는 『考工記』의 "左祖右社, 面朝後市"에 대체로 상당한다.

落成儀式 중에는 희생을 죽여 제사를 지내고, 건축물 주위에 함께 묻었다. 黃展岳의 연구에 따르면, 商代 宮殿 낙성시 에는 희생이 가장 많이 사용되고, 규모도 최대였으며, 왕왕 수백 인을 죽이기도 하였고, 아울러 家畜, 車輛을 함께 건축지 바깥에 매장하였다고 한다.[59]

宗廟 건축 후에는 먼저 釁禮를 거행하였다. 釁에는 광의와 협의로 구분된다. 넓은 의미에서는 피를 바쳐 제사지내는 것을 통칭하여 釁이라 하는데, 『說文·釁部』에는 "釁(釁), 血祭也"라고 되어 있다. 좁은 의미에서는 새로 지은 宗廟 혹은 새로 만든 禮器·兵器 등에 피를 바르는 것을 모두 釁이라 한다. 釁禮의 범위는 釁廟, 釁宮, 釁廐, 釁鼓, 釁旗, 釁社, 釁龜 등을 포함한다. 釁禮의 효능은 기물을 신성화함으로써 예기와 종묘가 神靈을 얻는 합법성을 부여하는 것이다. 『大戴禮記』의 諸侯釁廟篇은 『禮記·雜記下』의 내용과 대략 비슷하다. 두 편에는 諸侯가 종묘를 건축한 이후 거행하는 釁廟의 대체적인 의식이 기록되어 있다.

> 成廟, 釁之以羊. 君玄服立於寢門內, 南向. 祝, 宗人, 宰夫, 雍人皆玄服. 宗人曰: "請令以釁某廟." 君曰: "諾." 遂入. 雍人拭羊, 乃行, 入廟門, 碑南, 北面東上. 雍人擧羊. 升屋至中, 中屋南面, 刲羊, 血流於前, 乃降.
> 門以雞. 有司當門北面, 雍人割雞屋下, 當門. 郊室割雞於室中, 有司亦北面也.
> 旣事, 宗人告事畢, 皆退, 反命於君. 君寢門中南向, 宗人曰: "釁某廟事畢." 君曰: "諾." 宗人請就燕, 君揖之乃退.

이상의 사료를 통해 알 수 있는 점은 正廟를 釁할 때에는 雍人이 묘문 밖에서 羊을 깨끗이 한 뒤 正廟의 두 계단 사이에서부터 양을 들고 들어와 지붕(屋頂)에 다다르면 용마루 아래(脊處)에 이르러 남쪽을 향하고 양을 죽여, 그 피가 흐르기를 기다린 후에 지붕(屋頂) 아래로 물러난다. 廟門을 釁할 때에는 닭피를 쓰는데 먼저 지붕 아래에서 닭의 귀 부근의 털을 뽑고("刉皆於屋下"), 다시 지붕 위에 올라 닭을 죽이고 그 피가 門이 있는 곳에 떨어지도록 한다.("當門") 鄭玄이 말한 바와 같이 종묘에서 피를 사용하는 목적은 "尊而神之"[60]에 있는 것이다.

---

58) 『禮記·曲禮』

59) 黃展岳, 「我國古代的人殉與人牲」, 『考古』 1974-3; 詹鄞鑫, 1992, 『神靈與祭祀: 中國古代傳統宗教綜論』, 江蘇古籍出版社, p.416.

60) 『禮記·雜記下』 鄭玄 注.

근래에 공개된 上海博物館藏戰國楚竹書에는 「昭王毀室」 1편이 포함되어 있는데, 낙성 의례를 언급하고 있다. 문헌에서는 '落'字를 직접적으로 사용하고 있다. "昭王爲室於死湑之滸, 室旣成, 將(落)之, 王戒邦大夫以飲酒. 旣刑, 落之, 王入將袼(落), ……. 【1】"[61] 여기에 진술된 것은 바로 楚昭王이 새 궁실을 건설한 후 落成典禮를 거행하고자, 나라의 大夫들을 불러 연음했다[62]는 사실이다. 희생을 죽여 피를 바르는 釁宮儀式 후에 昭王은 궁실에 들어가 연음회를 준비하였다. 다만 안타까운 점은 궁실이 다른 이의 祖墳 위에 세워진 탓에 당사자의 불만을 야기하였고, 후에 昭王은 민심을 헤아려 궁실을 부숴버렸다는 점이다.[63]

落禮는 考禮라고도 불렀다. 西漢 宣帝시기 翼奉은 遷都改制할 것을 건의하였다. "如因丙子孟夏, 順太陰以東行, 到後七年之明歲, 必有五年之餘蓄, 然後大行考室之禮." 李奇의 注에는 "凡宮新成, 殺牲以釁祭, 致其五祀之神, 謂之考室."라고 하여 考禮 역시 釁祭임을 분명하게 설명하고 있다. 顏師古의 注에는 "考, 成也, 成其禮也."라고 되어 있다. 『詩經·小雅·斯干』에는 "似續妣祖, 築室百堵, 西南其戶."라고 하였고, 詩序에는 이 편의 主旨가 '宣王考室'을 노래한 것임을 밝히고 있다. 鄭箋에는 "考, 成也. 德行國富, 人民殷眾, 而皆佼好, 骨肉和親, 宣王於是築宮廟群寢, 旣成而釁之, 歌〈斯干〉之詩以落之."라고 되어 있다.

釁禮는 단지 종묘궁실에 대해 피를 바르고 제사지내는 것만을 가리키는데 반해 落禮, 考禮는 좀 더 넓은 含意를 지니며 塗血·祭祀·宴飲慶祝 등의 활동이 함께 내재되어 있었던 것같다. 궁전 낙성 후 연음의식을 거행했던 사례로는 劉邦이 未央宮 建成後 "高祖大朝諸侯群臣, 置酒未央前殿. (…) 殿上群臣皆呼萬歲, 大笑爲樂."[64] 했던 것을 들 수 있다.

V. 城門磔禳

고대에는 氣를 맞이하고 보내는 禮俗이 있었는데, 이 의식은 城門과 연관되어 있으며, 巫術的 성격을 함유하고 있다. 四立(立春·立夏·立秋·立冬)에는 東西南北 四門 郊外에서 春夏秋冬 四季의 새로운 氣를 맞이하였고, 이에 상응하여 매 계절이 끝날 때에는 오래된 氣를 보내는 의식을 거행하였다. 『禮記·月令』에는 氣를 맞이하고 보내는 시기와 그 활동에 대해 기록하고 있다.

---

61) 馬承源 主編, 2004, 『上海博物館藏戰國楚竹書』(四), 上海古籍出版社, p.33.

62) 戒는 告請의 뜻이다. 『儀禮』에 기록된 諸禮는 일반적으로 筮賓, 戒賓, 宿(速)賓, 醻賓 等의 과정으로 이루어져 있다. 「士冠禮」, "主人戒賓, 賓禮辭, 許." 鄭注: "戒, 警也, 告也." 魏宜輝, 「讀上博楚簡(四)劄記」에는 簡文의 '戒飲'과 문헌의 '戒食'(『左傳·襄公14年』, "衛獻公戒孫文子, 甯惠子食.")을 관련지어 고찰하고 있다(〈簡帛研究網〉, 2005年3月10日).

63) 상관 연구로는 拙稿, 「先秦釁禮研究: 中國古代用血制度研究之二」, 『江漢論壇』, 2003-1(收入 拙著, 2012, 『古禮新研』, 商務印書館, pp.115-135)을 참고할 수 있다.

64) 『史記』 卷8 「高祖本紀」.

孟春之月, 立春之日, 天子親帥三公九卿諸侯大夫以迎春於東郊.

　　季春之月, 命國難, 九門磔攘, 以畢春氣.

　　孟夏之月, 立夏之日, 天子親師三公九卿大夫以迎夏於南郊.

　　孟秋之月, 立秋之日, 天子親帥三公九卿諸侯大夫, 以迎秋於西郊.

　　仲秋之月, 天子乃難, 以達秋氣.

　　孟冬之月, 立冬之日, 天子親帥三公九卿大夫以迎冬於北郊.

　　季冬之月, 命有司大難, 旁磔, 出土牛, 以送寒氣.

　　옛사람들은 四時에는 모두 癘氣 혹은 惡氣가 있다고 믿었고, 이를 일컬어 '癘'라고 하였다. 만약 巫術을 통하여 재액을 제거하지 않으면 백성들에게 질병과 재난을 가져오고, "癘疾不降, 民不夭札."[65]한다고 믿었다. 이에 매 환절기마다 巫術을 통해 이러한 惡氣를 내보내는 것을 '送氣'라고 하였다. 送氣 의식 중에는 두 가지 巫術이 城門과 宮室에서 시행되고 있었다.

　　하나는 '時儺'이다. 上古이래 귀신을 쫓는 직업이 있었으니 方相氏라고 불렀다. 『周禮·方相氏』에는 "方相氏掌蒙熊皮, 黃金四目, 玄衣朱裳, 執戈揚盾, 帥百隸而時難, 以索室毆疫."라고 하였다. 方相氏는 분장을 하고 일군의 무리를 이끌고 궁중에서 북을 치며 크게 소리를 질러 어두운 구석에 있는 귀신들을 쫓아내고, 불길한 것들을 보낸다. 이러한 巫術 행위를 일컬어 '難'(후에는 '儺'라고 썼다)이라 하였다. 매 계절 끝 送氣 시에는 '時儺'(鄭注, "時難, 謂四時難.")를 거행하였고, 연말 大蠟 시에는 '大儺'를 거행하였다.[66] 이후 역대로도 궁정에서는 이 예식을 계승하면서 일종의 假面 舞蹈로 변화하였고, 지금도 중국 남방의 일부 지역에서 유행하고 있다.

　　다른 하나는 '磔攘'이다. 『月令』에 따르면 3월과 12월에 모두 磔攘(攘라고 쓰기도 함)하였다. '磔'는 어떠한 행위인가? 『說文·桀部』에는 "磔, 辜也."라 되어 있고, 段注에는 "按凡言磔者, 開也, 張也. 刳其胸腹而張之, 令其乾枯不收. 字或作矺."라고 풀이하였다. 『史記』에는 秦二世 황제가 "公子十二人僇死咸陽市, 十公主矺死於杜"했다 하였는데, 張守節의 『正義』에는 '矺'은 '磔'의 이체자이며, "磔謂裂其支體而殺之."[67]라 하였다. 許慎은 '辜'로 '磔'을 풀어, 실제로 '辜' 역시 일종의 劈殺이라고 보았다. 『周禮·春官·大宗伯』에는 "以疈辜祭四方百物."라고 하였는데 鄭注에는 "疈, 疈牲胸也, 疈而磔之. 謂磔攘及蠟祭."라고 하였으니, 요컨대 가슴부위를 가르고 사지를 찢어버리는 두 단계를 가리키는 것이니 먼저 劈하고, 뒤에 裂하는 것이다.

　　'九門'이란 어느 9개의 문에서 동물을 磔殺한다는 뜻일까? 『考工記』에는 "匠人營國, 方九里, 旁三門."라고 하였다. 상고시대 도성의 각 변에는 3개의 문이 있어, 모두 12門이 있었다. 왜 9개 門에서만 磔攘하고,

---

65) 『左傳·昭公4年』.

66) 詹鄞鑫, 『神靈與祭祀』, pp.392-404.

67) 『史記』 卷87 「李斯列傳」.

12門에서 모두 하지는 않는 것일까? 역대로 각기 다른 설명이 있어 왔다. 鄭注에서는 9문이 路門·應門·雉門·庫門·皐門·城門·近郊門·遠郊門·關門이라 보았다.[68] 『呂氏春秋』高誘의 注에서는 한 방향은 生氣가 자리잡은 곳이므로 여기에서는 殺生하지 않고, 이를 제외한 다른 3방향의 3문을 합쳐 9門이라고 보았다.[68] 賈公彦은 "季冬之月, 命有司大難, 旁磔"을 인용하면서 '旁磔'이란 바로 "於四方之門, 皆張磔牲體."라고 보면서 3방향에 1문씩 빼는 것이 될 수는 없다고 하였다.[69] 王引之는 南3門과 東西北의 각 2門을 합쳐 9門으로 보았다.[70] 孫希旦는 『月令』은 본래 秦에서 온 것이며, 秦은 본래 侯國이었던 만큼 舊制에 따라 9門이라 한 것으로 보았다.[71] 손씨의 설이 믿을 만 하다.

종합해보면, 매 계절의 끝 送氣 시에는 희생을 劈殺하여 성곽의 각 방향 성문에 내검으로써 해당 계절 疫癘의 기운을 내보냄으로써 城으로 되돌아와 해를 끼치는 것을 제지하였던 것이다.

그렇다면 어떤 동물을 磔殺하는가? 『呂氏春秋』高誘의 注에는 3월 '以畢春氣'할 때 "磔殺犬羊以禳木氣盡之"[72]하고, 12월에는 "大儺, 旁磔"할 때에도 "旁磔犬羊於四方以攘, 其畢冬之氣也."[73]라고 하였다. 아마도 매 계절의 끝 磔禳할 때 劈殺하는 동물은 비슷한 것 같으며, 모두 犬羊之類였다.

賈誼의 『新書·胎教』에는 太子가 출생한 후 각 성문에서 '懸弧之禮'를 행할 때 동식물과 五行四方의 관계를 언급한 부분이 있다.[74]

東方之弧以梧. 梧者, 東方之草, 春木也. 其牲以雞. 雞者, 東方之牲也.

南方之弧以柳. 柳者, 南方之草, 夏木也. 其牲以狗. 狗者, 南方之牲也.

中央之弧以桑. 桑者, 中央之木也. 其牲以牛. 牛者, 中央之牲也.

西方之弧以棘. 棘者, 西方之草也, 秋木也. 其牲以羊. 羊者, 西方之牲也.

北方之弧以棗. 棗者, 北方之草, 冬木也. 其牲以彘. 彘者, 北方之牲也.

五弧五分矢, 東方射東方, 南方射南方, 中央高射, 西方射西方, 北方射北方, 皆三射. 其四

弧具其餘各二分矢, 懸諸國四通門之左; 中央之弧亦具, 餘二分矢, 懸諸社稷門之左.

그런데 鄭玄이 『月令』에 대해 주석하면서 또 하나의 체계적인 설명을 부기하였다. 즉 雞는 木畜, 羊은

---

68) 陳奇猷, 1984, 『呂氏春秋校釋』, 學林出版社, p.132, 注36. 應劭의 『風俗通義』에도 역시 이 설을 지지하여 "蓋天子之城, 十有二門, 東方三門, 生氣之門也, 不欲使死物見於生門, 故獨於九門殺犬磔禳."이라 하였다(王利器, 1981, 『風俗通義校注』, 中華書局, p.377).

69) 『周禮·春官·占夢』, "遂令始難毆疫" 아래 賈公彦의 疏.

70) 王引之, 1985, 『經義述聞』, 江蘇古籍出版社, pp.337-338. 관련 논의로는 朱彬, 1996, 『禮記訓纂』, 饒欽農 點校, 中華書局, p.236을 참조.

71) 孫希旦, 1989, 『禮記集解』, 沈嘯寰·王星賢 點校, 中華書局, p.433.

72) 陳奇猷, 『呂氏春秋校釋』, p.132, 注36.

73) 陳奇猷, 『呂氏春秋校釋』, pp.617-618, 注7.

74) 『禮記·內則』, "子生, 男子設弧於門左."

火畜, 牛는 土畜, 犬은 金畜, 豕는 水畜이란 것이다. 『墨子·迎敵祠』에는 어느 동물이 어떤 오행에 속하는지를 설명해 놓았다(아래 표 참조).

賈誼와 鄭玄의 주장에 근거하면 동식물과 五行의 대응관계를 아래의 표와 같이 정리할 수 있다.

	東	南	中央	西	北
五行	木	火	土	金	水
四季	春	夏		秋	冬
五色	靑(蒼)	赤	黃	白	黑(玄)
五木	梧	柳	桑	棘	棗
五牲(賈誼)	雞	狗	牛	羊	彘
五牲(鄭玄)	雞	羊	牛	犬	彘
五牲(墨子)	雞	狗		羊	彘

여름에 대응하는 火畜이 狗인지 아니면 羊인지에 대해 賈誼와 鄭玄은 달리 보고 있다. 東漢 應劭의 『風俗通義』에 늦봄 9문에서 磔禳하는 것은 犬이었다. 그 원인은 "犬者金畜, 禳者卻也, 抑金使不害也."[75]이기 때문이었다. 應劭의 관점은 鄭玄과 동일하여 狗를 金氣之畜으로 보았다(이는 東漢人의 보편적인 관점일 가능성도 있다). 應劭의 뜻은 金에 속하는 狗를 磔殺함으로써, 그것이 봄의 木氣를 해할 것을 면하기 위함이란 것이다. 이러한 설명에는 조금 논리적으로 모순되는데, 늦봄에 磔禳하는 것은 春氣를 내보내기 위한 것이지 春氣를 보호하기 위함이 아니라는 점이다. 春氣가 성안으로 돌아와 해를 끼치는 것을 방지하기 위하여, 金氣之物을 磔殺하여 성문에 걸어놓음으로써 그것이 다시 입성하는 것을 막기 위한 것이란 해석이 좀 더 합리적일 것이다.

봄에 개를 죽여 門에 바르는 巫術은 漢代에는 상당히 보편화되었던 것 같다. 『風俗通義·祀典』에는 "今人殺白犬, 以血題門戶, 曰正月白犬血, 辟除不祥."라 하고 있다. 응소는 이것이 春秋시기 秦德公2年의 殺狗 행위에서 기원했다고 보았다.[76] 『史記』에서 기록하기를, "德公元年, 初居雍城大鄭宮. 以犧三百牢祠鄜畤. 卜居雍, 後子孫飮馬於河"라 하였고, 이듬해에는 "初伏, 以狗禦蠱."했다는 것이다. 같은 책 「十二諸侯年表」에는 "初作伏, 祠社, 磔狗邑四門"라고 되어 있다. 張守節의 『正義』에서는 여름 初伏에 이르면 성곽 4문에서 殺狗하는 것은 "禳卻熱毒氣"[77]를 위한 것으로 풀이하고 있다. 그러나 秦人이 遷都했던 사적과 함께 고려해보면 秦德公 시기 四門에서 殺狗하는 巫術的 행위는 새롭게 雍에 도읍한 것과 연관된 것이지,

---

75) 『風俗通義』 卷八 「祀典」(王利器, 『風俗通義校注』, p.377).

76) 王利器, 『風俗通義校注』, p.377.

77) 『史記』 卷5 「秦本紀」; 『史記』 卷14 「十二諸侯年表」; 『史記』 卷28 「封禪書」, "作鄜畤後七十八年, 秦德公既立, 卜居雍, 後子孫飮馬於河, 遂都雍. 雍之諸祠自此興. 用三百牢於鄜畤. 作伏祠. 磔狗邑四門, 以禦蠱災."

春氣를 억제하기 위한 것만은 아니다.[78] 전국 시기에는 門神에게 흰 개를 죽여 제사지내는 巫術도 있었는데, 包山M2號墓에서 출토된 楚簡에는 墓主 劭陀가 占卜을 통해 "少有慼於宮室蔽"할 것임을 알게 되어 다음과 같이 기도하였다.

舉禱宮后土一秳. 舉禱行, 一白犬, 酒食. 閟於大門一白犬. 五生占之曰: 吉.【233】

이러한 기도를 통해 다시 점복한 결과 길조를 얻었다. '閟'은 門을 따르고, 戈를 소리로 하여 연구자들은 일반적으로 '磔'으로 읽고 있다.[79] 이는 春秋부터 戰國을 거쳐 東漢에 이르기까지 흰 개를 磔殺하여 門에 제사지내는 巫術이 중단없이 계승되었음을 말해준다.

또한 正月 초하루에는 殺羊하는 巫術도 있었다. 三國시기 裵玄의 저작인 『新言』에는 다음과 같은 기록이 있다.

正旦縣官殺羊, 懸其頭於門, 又磔雞以覆之, 俗說厭癘氣. 今以問河南伏君. 伏君曰: "是日也, 土氣上升, 草木萌動. 羊吃百草, 雞啄五穀. 故殺之助生氣."[80]

당시의 해석에 따르면 양과 닭이 먹는 풀과 곡식은 모두 木氣에 속하므로, 이를 이기는 氣에 속하는 동물을 죽여 門에 걸어 놓음으로써 해당 계절이 속한 기운을 이기기 위함이라는 것이다. 이는 『風俗通義』에서 金氣에 속한 개를 죽임으로써 봄의 木氣를 이기려는 생각과 동일한 발상이다.

전술한 『論衡·譋時』에 기록된 "見食之家, 作起厭勝, 以五行之物, 懸金木水火."라는 것은 土功을 일으키려는 해당 시기(歲·月)의 집안은 五行에 근거하여 門 위에 상응하는 동물을 걸어놓음으로써 厭勝하려는 목적을 달성할 수 있음을 말한 것이다. 그리고 『吳越春秋』에 나오는 성문의 開閉와 성 머리의 雕塑 역시도 동일한 원리에서 기인한 것이다.

VI. 기타 城門祭禱巫術

"築城以衛君, 造郭以居人, 此城郭之始也."[81]라는 말이 있다. 도읍은 정치의 중심이며 인구가 밀집한 곳으로, 고대 전쟁은 일반적으로 성곽을 둘러싸고 전개되니, 소위 "爭地以戰, 殺人盈野; 爭城以戰, 殺人

---

78) 『漢書』 卷25 「郊祀志上」.
79) 陳偉 等, 2009, 『楚地出土戰國簡册(十四種)』, 經濟科學出版社, p.95; p.114, 注107·108.
80) 『太平御覽』 卷29 引, 同書 卷902, 918에도 유사한 단락이 있으며, 그중 몇 글자는 차이가 있다.
81) 『太平御覽』 卷193 「居處部二十一·城(下)」 引; 周生春, 『吳越春秋輯校彙考』, p.261.

盈城."[82]인 것이다. 때로는 攻城은 掠地보다 더욱 중요하기도 하였다. 이 때문에 성곽의 방어는 매우 중요한 관건이었다. 『墨者』중 11편은 전문적으로 守城에 대한 군사기술을 논하고 있으며, 그중 적지 않은 곳에서 城邑을 둘러싼 戰爭巫術을 언급하고 있다.

「迎敵祠」篇에서는 전쟁전 誓師儀式을 논하고 있는데 그중에는 山川과 선조에게 祭告하는 장면이 나온다.

> 祝, 史乃告於四望山川, 社稷, 先於戎, 乃退. 公素服誓於太廟, 曰: "其人爲不道, 不修義詳,
> 唯力是上, 曰: '予必壞亡爾社稷, 滅爾百姓.' 二三子尙夜自廈, 以勤寡人, 和心比力兼左右,
> 各死而守." 旣誓, 公乃退食, 舍於中太廟之右, 祝, 史舍於社. 百官具御, 乃升, 鼓於門, 右置
> 旗, 左置旌, 於隅練名, 射三發, 告勝, 五兵咸備. 乃下, 出俟, 升望我郊. 乃命鼓, 俄升, 役司
> 馬射自門右, 蓬矢射之, 矛三發, 弓弩繼之; 校自門左, 先以揮, 木, 石繼之. 祝, 史, 宗人告
> 社, 覆之以甀.[83]

國君은 太廟에서 素服을 입고 誓師하고, 山川·社稷·諸神에게 祭告한다. 神靈의 의지에 가탁하여 전쟁의 합법성과 승리를 위한 가호를 얻는 것이다. 그중 守城하는 諸將은 묘문 양방의 軍旗에 將軍의 徽號를 그리고, 화살을 세 번 쏜다. 役司馬는 문 오른쪽에서 蓬矢를 쏘고, 아울러 矛로 세 번 찌른다. 軍校는 문 왼쪽에서 刺를 휘두르고 이어 木器와 石器를 두드린다. 이는 상징적인 의미를 가진 행위들이며, 모두 사기를 고무시키고, 적에게서 승리하기 위한 戰爭巫術이다. 또한 祝·史·宗人이 社壇에서 告祭할 때에는 社壇위에 甀을 엎어놓는데, 이는 上古 시기 亡國의 社를 징계하는 예제에서 뜻을 취한 것이다. 즉 『禮記·郊特牲』에서 말하는 "喪國之社屋之, 不受天陽也, 薄社北牖, 使陰明也."란 뜻으로 社壇 위에 물건을 엎어 놓으면 '天陽'을 얻을 수 없는 것이다. 『墨子』의 "覆之以甀"과 『禮記』의 "屋之"하는 의미는 같은 것이다.

「迎敵祠」에는 또한 守城禦敵하는 방법과 五行巫術의 관계를 논급하고 있다.

> 敵以東方來, 迎之東壇, 壇高八尺, 堂密(深)八, 年八十者八人, 主祭靑旗, 靑神長八尺者八,
> 弩八, 八發而止, 將服必靑, 其牲以雞.
> 敵以南方來, 迎之南壇, 壇高七尺, 堂密(深)七, 年七十者七人, 主祭赤旗, 赤神長七尺者七,
> 弩七, 七發而止, 將服必赤, 其牲以狗.
> 敵以西方來, 迎之西壇, 壇高九尺, 堂密(深)九, 年九十者九人, 主祭白旗, 素神長九尺者九,
> 弩九, 九發而止, 將服必白, 其牲以羊.

---

82) 『孟子·離婁上』.

83) 『墨子』諸篇의 文字에는 訛誤가 비교적 많고, 諸說이 상호 모순되기도 한다. 本文은 모두 岑仲勉, 『墨子城守各篇簡注』(中華書局, 1958)校勘과 句讀에 따랐다.

敵以北方來, 迎之北壇, 壇高六尺, 堂密(深)六, 年六十者六人, 主祭黑旗, 黑神長六尺者六,

弩六, 六發而止, 將服必黑, 其牲以彘.

從外宅諸名大祠, 靈巫或(咸)禱焉, 給禱牲.

이러한 戰爭巫術 체계는 분명히 五行 원리에 기원한 것이다. 방위·색깔·숫자·희생의 사용 등 이러한 요소들이 서로 배합된 것은 『月令』의 체계나 기타 占卜의 체계와 완전히 일치한다. 그중 가장 마지막 구절에서는 전투하기 전에 巫師를 성 밖의 각종 名祠로 보내어 두루 祭禱하는 것을 가리킨다.

「迎敵祠」와 「號令」에서는 望氣와 守城戰의 관계를 설명하였다.

凡望氣, 有大將氣, 有小將氣, 有往氣, 有來氣, 有敗氣, 能得明此者可知成敗, 吉凶. 擧巫,

醫, 卜有所長, 具藥宮之[84], 善爲舍. (望氣舍近守宮.) 巫必近公社, 必敬神之. 巫, 卜以情報

守, 守獨知巫, 卜望氣之情而已; 其出入爲流言, 驚駭恐吏民, 謹微察之, 斷, 罪不赦.

巫와 卜의 望氣는 城池를 堅守하는데 매우 중요하였고, 그들은 守城의 成敗吉凶을 예측할 수 있었다. 다만 그들은 반드시 望氣한 결과를 守將에게 보고해야 했고, 또한 守將은 혼자만이 알아야 하며 다른 이로 하여금 알게 해서는 안되었다. 만약 巫와 卜이 望氣한 결과를 성 중의 백성들에게 알려주면 일을 그르치고 인심을 동요케 한다는 명목으로 엄중한 벌을 받아야 했다. 銀雀山漢簡 「號令」의 30여 字가 이와 대체로 유사한 내용을 담고 있다.[85]

『周禮·太祝』에는 '六祈'(類·造·禬·禜·攻·說이라는 여섯 가지 기도 방법)의 하나로 '禜'이 포함되어 있다. 鄭注에는 "如日食以朱絲禜社, 攻如其鳴鼓然."라 하였는데, 그 의미는 日月食과 水旱災害를 만나면 붉은 실을 얽어 社壇을 둘러치고(예를 들면 『春秋繁露·止雨』에서 말하는 "以朱絲縈社十周"), 북을 울려 기도하면서 아울러 희생을 사용하여 제사지내는 것을 말한다.[86] 隋朝의 규정에는 장마(霖雨)가 오래도록 그치지 않으면, "則禜京城諸門, 三禜不止, 則祈山川, 嶽鎭, 海瀆, 社稷."하였다.[87] 唐朝에서도 이러한 제도를 계승하였으며, 京師와 각 州縣 성문에서의 禜祭 규정은 더욱 상세하였다.

若霖雨不已, 禜京城諸門, 門別三日, 每日一禜. 不止, 乃祈山川, 嶽鎭, 海瀆; 三日不止, 祈

社稷, 宗廟. 其州縣, 禜城門; 不止, 祈界內山川及社稷. 三禜, 一祈, 皆准京式, 並用酒脯

醢. 國城門報用少牢, 州縣城門用一特牲.[88]

---

84) "具藥宮之"는 응당 "俱宮養之"일 것이다. '藥'字 위에 '醫'라 한 것은 잘못이다. 岑仲勉, 『墨子城守各篇簡注』, p.85.

85) 史黨社, 2011, 『墨子城守諸篇硏究』, 中華書局, p.169.

86) 孫詒讓, 1987, 『周禮正義』, 王文錦·陳玉霞 點校, 中華書局, pp.1987-1992.

87) 『隋書』 卷7 「禮儀志二」.

88) 『舊唐書』 卷24 「禮儀志四」.

장마가 오래되어 水災가 되면 수도의 각 성문에서 매일 한 차례씩 연속적으로 3일간 禜祭를 지냈으며, 그래도 비가 그치지 않으면 山川·嶽鎭·海瀆·社稷·宗廟 등 더 높은 神祇에게 다시 기도를 올렸던 것이다. 각 지방주현에서도 성문에서 禜祭를 지내는 것을 시작으로 三禜一祈의 종교활동을 진행하였다.

투고일: 2018. 3. 23.   심사개시일: 2018. 3. 28.   심사완료일: 2018. 4. 26.

『史記』『漢書』『後漢書』『隋書』『舊唐書』『太平御覽』

劉起釪, 2005, 『尙書校釋譯論』, 中華書局.

李零, 1993, 『中國方術槪觀(占星卷)』, 人民中國出版社.

李零, 2011, 『蘭台萬卷: 讀〈漢書·藝文志〉』, 北京三聯書店.

史黨社, 2011, 『墨子城守諸篇硏究』, 中華書局.

石璋如, 1959, 『小屯殷墟建築遺存』, 臺灣中央硏究院歷史語言硏究所.

薛夢瀟, 2014, 『早期中國的月令文獻與月令制度: 以"政治時間"的制作與實踐爲中心』, 武漢大學博士學位論文.

孫詒讓, 1987, 『周禮正義』, 王文錦·陳玉霞 點校, 中華書局.

孫希旦, 1989, 『禮記集解』, 沈嘯寰·王星賢 點校, 中華書局.

王先謙, 2008, 『漢書補注』, 上海師範大學古籍整理硏究所整理, 上海古籍出版社.

王引之, 1985, 『經義述聞』, 江蘇古籍出版社.

張政烺, 2004, 『張政烺文史論集』, 中華書局.

朱彬, 1996, 『禮記訓纂』, 饒欽農 點校, 中華書局.

中國文物硏究所·甘肅省文物考古硏究所, 2001, 『敦煌懸泉月令詔條』, 中華書局.

中國社會科學院考古硏究所, 2003, 『西漢禮制建築遺址』, 文物出版社.

陳奇猷, 1984, 『呂氏春秋校釋』, 學林出版社.

陳偉 等, 2009, 『楚地出土戰國簡册(十四種)』, 經濟科學出版社.

陳偉主編, 2016, 『秦簡牘合集』(貳), 武漢大學出版社.

詹鄞鑫, 1992, 『神靈與祭祀: 中國古代傳統宗敎綜論』, 江蘇古籍出版社.

河南省文物考古硏究所, 2001, 『鄭州商城』(上), 文物出版社.

河北省文物硏究所, 1985, 『槁城台西商代遺址』, 文物出版社.

湖北省文物考古硏究所·北京大學中文系, 2000, 『九店楚簡』, 中華書局.

湖北省文物考古硏究所·隨州市考古隊, 2006, 『隨州孔家坡漢墓簡牘』, 文物出版社.

黃展岳, 2004, 『古代人牲人殉通論』, 文物出版社.

黃展岳, 2004, 『古代人牲人殉通論』, 文物出版社.

黃暉, 1990, 『論衡校釋』, 中華書局.

唐蘭, 「西周最早的一件銅器利簋銘文解釋」, 『文物』 1977-8.

唐蘭, 「何尊銘文的解釋」, 『文物』 1981-2.

滕銘子, 「秦雍城馬家莊宗廟祭祀遺存的再探討」, 『華夏考古』 2003-3.

李民, 「何尊銘文與洛邑」, 『鄭州大學學報』 1991-6.

馬承源, 「何尊銘文初釋」, 『文物』 1976-1.

徐中舒, 「西周利簋銘文箋釋」, 『四川大學學報』 1980-2.

石璋如, 「河南安陽殷氏的三組基址」, 『大陸雜志』 21卷(1·2期 合刊), 1960.

陝西省雍城考古隊, 「鳳翔馬家莊一號建築群遺址發掘簡報」, 『文物』 1985-2.

楊寬, 「釋何尊銘文兼論周開國年代」, 『文物』 1983-6.

楊華, 「先秦釁禮研究: 中國古代用血制度研究之二」, 『江漢論壇』, 2003-1.

張政烺, 「利簋釋文」, 『考古』 1978-1.

張政烺, 「何尊銘文解釋補遺」, 『文物』 1976-1.

朱鳳瀚, 「〈召誥, 〈洛誥〉, 宗周與成周」, 『歷史研究』 2006-1

中國科學院考古所安陽考古隊, 「1958-1959年殷墟發掘簡報」, 『考古』 1961-2.

中國科學院考古所安陽考古隊, 「1975年安陽殷墟的新發現」, 『考古』 1976-4.

中國科學院考古研究所洛陽漢魏故城工作隊, 「偃師商城的初步勘探和發掘」, 『考古』 1984-6.

湯勤福, 「"月令"祛疑」, 『學術月刊』 2016-10.

黃展岳, 「我國古代的人殉與人牲」, 『考古』 1974-3.

黃展岳, 「中國古代的人牲人殉問題」, 『考古』 1987-2.

黃展岳, 「中國古代的人牲人殉問題」, 『考古』 1987-2.

黃懷信, 「利簋銘文再認識」, 『歷史研究』 1998-6.

〈Abstract〉

A Study on the Shamanism Consciousness ceremony in ancient China city construction

Yang, Hu−a

When discussing the birth and development of civilization in China, a walled city serves as an important indicator. There has been a substantial amount of studies on the ancient walled cities of China. This paper mainly explores shamanistic rites practiced in the construction of the city and daily lives of the people, which has been rarely dealt with by preceding research. It is not always easy to distinguish shamanistic rites from Confucian ones and this paper will focus on the former comparing with the latter if necessary.

There is a record in Wu−yue Chunqiu(吳越春秋) that Gugong Danfu(古公亶父), ancestor of Zhou Dynasty, moved from Bin(邠 or 豳) to Qishan(歧山): "，一年成邑，二年成都，而民五倍其初". The record reflects the development process and scale of the walled city when a fortress was built and expanded into a town then into the capital. Within this context, this paper examines mainly the capital of the king and feudal lords and partly regional castle towns based on the concept of a "capital(都邑)" in the text, including all the elements of the ancient capital, such as castle(城), enclosure(郭), moat(壕), pit(塹), fence(垣), and pond(池).

▶ Key words: walled cities(城市), castle(城), capital(都邑), Shamanistic rites ceremony(巫祝)

中國 南京 秦淮河邊 출토 六朝時期 간독과 관련 문제[*]

王志高 著[**]

이현주 譯[***]

〈국문초록〉

주지하는 바와 같이 중국 대륙에서 출토된 魏晉時期의 簡牘은, 墓葬에서 보이는 분산된 名謁과 衣物疏를 제외하면 湖南 長沙 走馬樓吳簡[1]과 郴州 蘇仙橋의 古井에서 발견된 吳簡[2]의 수량이 가장 많고 가장 중요하다고 여겨진다. 근년 필자가 주관하는 六朝 建康城 유지 고고 발굴 중, 南京城 서남 秦淮河의 河邊에서 서로 인접한 두 곳의 건축 현장에서 100여 매 이상의 六朝 簡牘이 출토되었는데 이는 육조 시기 도성인 建康과 같은 종류의 유물이 처음 발견된 것으로서 중요한 학술적인 가치를 가지고 있으나, 그 자료는 아직 잘 알려져 있지 않다. 본고는 그중 문자가 상대적으로 명확한 40매의 간독에 대해 석독을 진행한 후, 그 시대 및 주요 내용을 언급하고, 유지의 성질 및 매장 원인 등에 대해 초보적인 분석을 전개함으로써 한국 간독학계의 비평을 청하고자 한다.

▶ 핵심어: 南京, 秦淮河邊, 六朝, 簡牘

---

*   본고는 2017년 10월 19일~20일 열린 한국목간학회 창립 10주년 기념 국제학술대회의 자료집인 『동아시아 고대 도성의 축조 의례와 월성해자 목간』에 실린 글을 수정, 보완한 것이다.

**   中國 南京師範大學

***   서울대학교 동양사학과

1) 長沙市文物工作隊 等, 「長沙走馬樓J22發掘簡報」, 『文物』, 1999年 第5期.

2) 湖南省文物考古研究所 等, 「湖南郴州蘇仙桥J4三國吳簡」; 中國文物研究所 編, 2005, 『出土文獻研究』第7輯, 上海古籍出版社; 湖南省文物考古研究所 等, 「湖南郴州蘇仙橋遺址發掘簡報」; 湖南省文物考古研究所 編, 2009, 『湖南考古辑刊』第8集, 岳麓書社.

I. 簡牘의 기본적인 出土情況과 석문

六朝簡牘가 출토된 두 곳의 현장은 南京城 내 서남편 秦淮河 하류 양안에 위치하고 있다. 첫 번째 현장은 秦淮河 서안의 皇册家園의 토지로, 2004년 3월부터 5월까지 발굴되었다. 발굴 면적은 540평방미터이며, 출토된 간독은 40여 매이다. 두 번째 현장은 秦淮河 동남 연안의 顏料坊의 토지로 전자와는 강을 사이에 두고 서로 마주보고 있으며 2009년 7

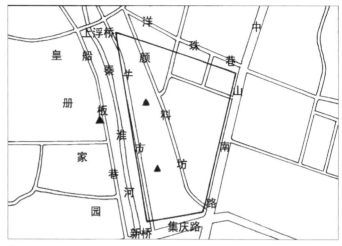

출토 위치 설명도

월부터 2010년 8월까지 발굴되었다. 발굴 면적은 약 3,000평방미터이며 출토된 간독은 140여 매이다. 이 간독들은 모두 木質로 墨書가 대부분이며 일부는 朱砂書로 기록되었으나 대부분은 매우 심하게 잔결되었다. 지하에 매장되어 있는 동안 장기간에 걸쳐 침식되었기 때문에, 墨迹 자체는 명백하지만 문자는 매우 희미하여 석독이 어려우며 후자의 경우는 더욱 심하다. 簡文 중 상대적으로 명확한 것은 40여 매로, 그 기본 정황과 석문은 아래와 같다(簡文 번호의 "H"는 皇册家園에서 출토되었음을 표시한 것이며, "Y"는 顏料坊에서 출토되었음을 표시한 것이다. "ㄴ"는 행을 바꾸었음을 표시한 것이며, "□"는 석독하지 못한 것을 표시한 것이다. "□"의 안에 문자를 넣은 것은 추측에 의한 석독을, "■"은 3개 이상의 簡文을 석독하지 못하였음을 표시한 것이다).

1. 黃册家園

1. 簡H-1, 長23.8㎝. 寬3.4㎝. 厚0.4-0.5㎝. 簡面이 갈라져 있으며 단면에 수직으로 11字를 墨書하였음. 簡文은 "廬江陳永再拜松滋字奉□". (圖1)

2. 簡H-2, 長24.3㎝. 寬3.3㎝. 厚0.5㎝. 단면에 수직으로 14字를 墨書하였으며 簡文은 "廣陵毛慈再拜□起居廣陵字□□". (圖2)

3. 簡H-3, 長24㎝. 寬3.2㎝. 厚0.3㎝. 단면에 수직으로 13字를 墨書하였으며 簡文은 "陳國丁凱再拜問起居柘字休虎"이고 다른 한쪽은 우측부터 가로로 6字가 墨書되었는데 簡文은 "相府吏滿厷(肱)船". (圖3) (圖4)

4. 簡H-4, 殘長12.7㎝. 寬3.1㎝. 厚0.4㎝. 단면에 수직으로 墨書하였는데 현재 8字만 남아 있으며 簡

文은 "問起居宜春字德□". (圖5)

5. 簡H-5, 長24.3. 殘寬1.6-1.8㎝. 厚0.3-0.5㎝. 한쪽은 훼손되었으나 양면 모두 수직으로 墨書하였으며 한 면은 14字가 남아 있다. 簡文은 "零陵楊傅再拜問起居湘鄕字文義"이다. 나머지 한 면은 11字가 남아 있으며 簡文은 "零陵楊傅再拜起問起居□". (圖6) (圖7)

6. 簡H-6, 長23.7㎝. 寬2.6㎝. 厚0.6㎝, 단면에 수직으로 墨書하였는데 총 11자 모두 "人". (圖8)

7. 簡H-7, 殘長7.3㎝. 寬1.6㎝. 厚0.1㎝. 상단이 잔결되었고 단면에 수직으로 墨書하였는데 6字 잔존. 簡文은 "附載之建業宮". (圖9)

8. 簡H-8, 殘長12㎝. 寬1.5㎝. 厚0.2㎝. 상단이 잔결되었고 단면에 수직으로 墨書하였는데 11字 잔존. 簡文은 "宣詔郎叢慰計重一斤十兩". (圖10)

9. 簡H-9, 殘長19.9㎝. 寬1.8-1.9㎝. 厚0.2-0.3㎝. 상단이 잔결되었고 단면에 수직으로 墨書하였는데 21字 잔존. 簡文은 "五粳米廿五斛赤烏十三年十月十日付司馬袁樵受". (圖11)

10. 簡H-10, 殘長13.3㎝. 寬2.6㎝. 厚0.2㎝. 하단이 잔결되었고 양면에 수직으로 墨書하였는데 한 면은 8字 잔존, 簡文은 "急用湯二千斛今□". 다른 면은 7字 잔존, 簡文은 "二斤□□之□勿". (圖12) (圖13)

11. 簡H-11, 長13.3㎝. 寬3.2-3.5㎝. 厚0.4㎝. 단면에 수직으로 墨書하였는데 총 6行 18字. 簡文은 "桂陽南」平□淮」□鄧領送」布□地神」李女□」主". (圖14)

12. 簡H-12, 殘長20.6㎝. 寬1.5㎝. 厚0.5㎝. 하단이 잔결되었고 양면에 수직으로 墨書하였는데 한쪽 면의 상부에는 "永安四年三月廿■"가 1개 행으로 기록되었고 그 이하는 2개 행으로 나누어 기록되었으나 내용이 분명치 않다. 簡文은 "二年三■」□錢■". 다른 한 면은 1개 행으로 墨書하였고 역시 내용이 분명치 않으며 簡文은 "頁青末■三■十七■". (圖15) (圖16)

13. 簡H-13, 長10.5㎝. 寬4.4㎝. 厚0.3-0.5㎝. 한쪽 부분이 돌출되어 있으며 양면 모두 수직으로 墨書하였음. 한 면은 3行으로 墨書하였는데 簡文은 "□安舍人李絳□」安□息米五十斛」■". 다른 한 면은 중앙에 1行으로 墨書하였으나 文字는 판별하기 어려움. (圖17) (圖18) 李绛

14. 簡H-14, 殘長21.2. 殘寬1.4. 厚0.3㎝. 양면 모두 1行씩 수직으로 墨書하였다. 簡文은 마치 낙서한 것 같은데, 이는 草書法의 '草書'와 합치하지 않기 때문이다. 판별하기 어려움. (圖19)

15. 簡H-15, 長9㎝. 寬3.4㎝. 厚0.5-1.5㎝. 封檢. 하단은 封泥를 채워넣은 長匣이며 匣의 아래에는 끈을 묶을 때 생긴 흔적이 있다. 상단은 題板으로 수직으로 "魏□馬"라 墨書하였으며 아래의 두 글자 위에는 원을 그린 묵흔이 있다. (圖20)

16. 簡H-16, 殘長14.7㎝. 殘寬3.2㎝. 厚0.2-0.4㎝. 좌측 및 하부는 모두 훼손. 양면 모두 수직으로 墨書하였는데 한 면은 우측으로 치우쳐 1개 行에 6개 글자("辰極先書表懷")를 기록하였다. 다른 한 면은 상단이 星符이고 하단의 우측에는 "日□月"의 3字가 있으며 좌측 하부에는 3字가 존재하나 판별하기 어렵다. (圖21) (圖22)

17. 簡H-17, 長20.7㎝. 寬4㎝. 厚0.1-0.4㎝. 하단은 弧形이며 양측은 각각 빈 부분이 하나씩 있고, 가운데에는 끈이 지나간 흔적이 있다. 한쪽 면에만 수직으로 19字를 墨書하였으며 簡文은 "圍橫食乙□□

日「神士」圍周一自今諸郡縣吏土". (圖23)

18. 簡H-18, 殘長9.8㎝. 寬1.6㎝. 厚0.4㎝. 하단이 훼손되었음. 長19.8. 寬1.9. 厚0.5㎝, 한 면에 1行 10字가 존재하며 簡文은 "黃帝□門亭長□□並刺". 다른 한 면은 2行으로 墨書하였고 간문은 매우 희미하여 판별하기 어려움. (圖24)

19. 簡H-19, 殘長19.8㎝. 寬1.9㎝. 厚0.5㎝. 하단이 잔결되었고 양면 모두 수직으로 墨書하였는데 한 면은 1行 15字가 존재하며 簡文은 "天道萬年承急下赦以通天達地章天". 다른 한 면은 상단에 3개의 墨書한 문자("□神祇")가 있는데 그 위에는 붉게 칠한 흔적이 있으며 그 아래에는 濃墨으로 칠했는데 그 형태를 식별하기 어려움. (圖25) (圖26)

20. 簡H-20, 長25.3㎝. 寬3.3㎝. 厚0.5㎝. 양면 모두 2行씩 수직으로 墨書하였다. 한 면은 하단에 13字가 존재하며 簡文은 "■作七百養其不可仍」■其□令僑也". 다른 면에는 27字가 존재하는데 簡文은 "■七□七□斤□□六萬七千六百■」■六萬七千六百錢□三萬七千六百". (圖27) (圖28)

21. 簡H-21, 殘長14.5㎝. 寬3.1㎝. 厚0.2-0.3㎝. 상단이 잔결되었고 양면 모두 3行씩 수직으로 墨書하였다. 한 면은 簡文 58자를 식별할 수 있으며 簡文은 "十四日除天李卜空可絲衣廿月四日己未可□」■六月十五日辛未五月廿日丁未除可取衣」■十二日除五日可□衣十五日除廿三日乙未廿八日收"이다. (圖29)

22. 簡H-22, 長25.8㎝. 寬3.9㎝. 厚0.5㎝. 가운데 부분에 못이 박혀 있고 그 위는 硃砂로 부적[道符]을 썼으며 아래에는 硃砂로 "符主入門"4字 기록. (圖30)

23. 簡H-23, 長27㎝. 寬3.9㎝. 厚0.7㎝. 한 면의 上部는 硃砂書한 道符이며 아래에는 수직으로 4行 32字를 墨書하였다. 簡文은 "建興三年正月廿二日南郡宜成朱固拜受命捕死神不得干犯□」□代急如律令". (圖31)

2. 顔料坊 簡牘의 例

1. 簡Y-1, 長18.4㎝. 寬4.1㎝. 厚0.6㎝. 양면 모두 수직으로 墨書함. 한 면은 가운데 부분에 짙은 색으로 "弟子徐議議弟子朱 朱琦"10字를 墨書하였으며 좌측 상단은 옅은 색으로 "弟子徐"3字를 墨書하였고, 우측 하단에는 옅은 색으로 "弟子"2字를 墨書하였다. 다른 한 면은 중앙에 짙은 색으로 "徐劉定從邂叩頭"7字를 墨書하였고, 우측에는 옅은 색으로 "徐""從""從" 3字를 각각 끊어서 墨書하였고, 좌측에는 옅은 색으로 "徐""徐" 2字를 각각 끊어서 墨書하였다. 이 명함[名刺]은 이전에 여러 차례 사용되었을 것이다. (圖32) (圖33)

2. 簡Y-2, 殘長20.9㎝. 殘寬3.0㎝. 厚0.5㎝. 상단 殘缺. 단면에 수직으로 "二人應加行中郎□"8字를 墨書함. (圖34)

3. 簡Y-3, 殘長12㎝. 寬3.2㎝. 厚0.4㎝. 兩端 모두 殘. 양면 모두 수직으로 墨書함. 한 면은 1개 행에 "偉再拜問起居"6字를 墨書했고 다른 한 면은 2行으로 草書하였으며 "□□示治人客」□□未互□□"12字가 남아 있으나 판별하기 어렵다. (圖35) (圖36)

4. 簡Y-4, 通長17.3cm. 殘寬3.2-4.7cm. 厚0.6-2.4cm. 封檢. 한쪽 殘. 하단은 封泥匣인데 匣의 아래에는 끈을 묶을 때 생긴 흔적이 있음. 상단의 題板에는 "□尚書驛馬行"6字를 수직으로 墨書하였다. 封泥匣 하부에는 5行으로 墨書했으나 이미 글자가 희미해져서 판별하기 어렵다. (圖37)

5. 簡Y-5, 長15.4cm. 寬1.3-3cm. 厚0.5-0.7cm. 상단은 원형이고, 그 가운데에는 동그란 구멍이 있으며 하단은 긴 막대 모양인데 위는 좁고 아래는 넓음. 단면에 "晢倉□入食"5字를 墨書하였다. (圖38)

6. 簡Y-6, 長7.5cm. 殘寬3.7cm. 厚0.3cm. 좌측 殘. 상단 한쪽은 抹角[모서리를 감싸듯이 사선 방향으로 깎은 것]으로 되어 있음. 단면에 수직으로 墨書했는데 이 중 3行("鯅孤朱近□三日九□□ ■")이 남아 있다. (圖39)

7. 簡Y-7, 長5.9cm. 寬5.5cm. 厚0.35cm. 方形에 가깝고, 상부 兩端이 抹角으로 되어 있음. 단면에 4行으로 "□王萬歲□■□■□十月廿二日"라 墨書했고, 중앙의 2行은 서명인 듯하다. (圖40)

8. 簡Y-8, 殘長12.8cm. 寬2.1cm. 厚0.3cm. 상단 殘. 한 면만 2行으로 墨書하였는데 23字가 남아 있고 簡文은 "又解此地人家者疾□不而大□□此必首中來寄可得寄"(圖41)

9. 簡Y-9, 長8.5cm. 寬7.3cm. 厚0.5cm. 方形에 가깝고 상부 兩端은 抹角으로 되어 있음. 단면에 5行으로 墨書했는데 簡文은 "鯅魚朱斷五日一百五十□□□賣□□□起八月十□". 第2·3·4行에는 원을 그리고 색을 칠한 흔적이 존재한다. (圖42)

10. 簡Y-10, 長8.6cm. 殘寬4.3cm. 厚0.5cm. 좌측 殘缺, 오른쪽 상단은 抹角으로 되어 있음. 한쪽 면에만 수직으로 墨書했고 이 중 3行이 남아 있는데 앞의 2行의 簡文은 "養徐道德三日十五"이고, 第2行의 아래 부분과 第3行에는 원을 그리고 색을 칠한 흔적이 존재한다. (圖43)

11. 簡Y-11, 長5.8cm. 寬5.2cm. 厚0.3cm. 方形에 가깝고 상부 兩端이 抹角으로 되어 있음. 단면에 4行으로 "□□□□□三月廿一□□□一百□□"를 墨書하였으며 第3行에는 원을 그리고 색을 칠한 흔적이 존재한다. (圖44)

12. 簡Y-12, 長6.6cm. 殘寬2.2cm. 厚0.35cm. 좌측 殘, 上部 한쪽은 抹角. 한 면만 수직으로 墨書했는데 2行 10字가 남아 있으며 簡文은 "徐方祖□三□□□六□". 일부 문자 위에는 원을 그리고 색을 칠한 흔적이 존재한다. (圖45)

13. 簡Y-13, 殘長5cm. 寬1.9cm. 厚0.2cm. 단면에 수직으로 墨書했는데 "先書怀表"4字가 남아 있음. (圖46)

14. 簡Y-14, 殘長6.5cm. 殘寬2.8cm. 厚0.2cm. 좌측 殘, 上部 한쪽은 抹角. 단면에 2行으로 墨書했는데 簡文은 "斫中□道令五日□". (圖47)

15. 簡Y-15, 長7.4cm. 寬1.3cm. 厚0.3cm. 上部 左端은 抹角. 단면에 수직으로 "二百廿斤□"5字를 墨書함. (圖48)

16. 簡Y-16, 長26.4cm. 寬3.8cm. 厚0.2cm. 下端 우측 약간 殘缺. 단면에 2行으로 28字를 墨書했는데, 簡文은 "濡須臾常往還所過□縣邑屯營蒙不嗬 (訶) 留如還□□十月卅日丁未起□". (圖49)

17. 簡Y-17, 長23.6cm. 寬3.4cm. 厚0.4cm. 단면에 2行으로 35字를 墨書하였는데 簡文은 "十一月十五日

積弩校尉陳寶今遣士卒平等三人之西川州撓蘆乘船二艘往還蒙不荷 (訶) 留". (圖50)

II. 簡牘의 時期 및 주요 내용

1. 簡牘의 時期

이상 예로 든 黃冊家園에서 출토된 23매의 간독 중 대다수는 명확한 紀年이 발견된다. 예컨대 簡H-9
"赤烏十三年"의 연호는 吳 大帝 孫權의 4번째 연호로 AD 250년이다. 簡H-12에는 "永安四年"의 연호가
존재하는데 이는 吳 景帝 孫休의 연호로 AD 261년이다. 簡H-23에는 "建興三年"의 연호가 존재하는데
"建興"라는 연호는 吳의 廢帝 孫亮 및 西晉 愍帝 司馬鄴의 연호에서 보이지만 전자는 2년밖에 지속되지
않았고 후자는 5년간 지속되었기에 이 簡의 紀年은 西晉의 연호에 속하며 AD 315년에 해당한다.

기타 黃冊家園 토지에서 출토된 대부분의 簡牘들은 紀年이 명확하게 보이지 않지만 簡文 상의 단서는
관련 간독의 연대를 판정할 때 신뢰할 만한 근거를 제공한다. 가령 簡H-8 간문의 "宣詔郎"은 孫吳의 職
官에서만 보이는 것이며, 『三國志』 卷59 「吳書十四·孫登傳」의 注에서도 『吳書』 중 宣詔郎 楊迪이 있다고
인용했으므로 이 簡의 시기는 孫吳시기임을 알 수 있다. 簡H-7의 簡文의 "建業宮" 역시 전형적인 시대적
특징을 갖춘 것인데, "建業"은 곧 손권이 建安 17년(212) 京口(오늘날의 鎭江)로부터 秣陵(오늘날의 南京)
로 遷移한 이후 명칭을 바꾼 것으로, 天紀 4년(280) 3월 西晉이 吳를 멸망한 이후 이름을 바꾸어 "建鄴"이
라고 하였고, 建興 원년(313) 愍帝 司馬鄴을 피휘하기 위해 다시 詔를 내려 "建康"으로 바꾸었다. "建業
宮"은 즉 吳 大帝 孫權 黃龍 원년(229)에 武昌에서 建業으로 천도하면서 옛 將軍府舍를 고쳐서 지은 太初
宮인데, 이후에 여러 차례 重修하다 東晉 咸和 4년(329) 蘇峻의 亂에 완전히 훼손되었으므로 이 簡의 시
기는 역시 孫吳 시기가 된다.

簡H-21의 簡文 중 "五年卅日丁未", "六月十五日辛未", "十月四日己未"는 『中國史歷日和中西曆日對照
表』[3]에 따르면 모두 西晉 建興 4년의 曆日과 서로 부합하므로 이 簡은 西晉 建興 4년, 즉 316년에 속하는
것을 알 수 있다. 또한 簡H-1의 경우, 簡文에 근거하여 해당 簡이 廬江郡 松滋縣 陳永의 명함[名刺]임을
알 수 있다. 『三國志』 卷55 「吳書·陳武傳」에서 기재하기를, 偏將軍 陳武는 廬江郡 松滋縣 사람이며 그 손
자의 이름은 永으로 그 지위가 將軍의 반열에 올랐으며 封侯라고 하였다. 陳永의 아버지는 都亭侯 陳脩
로, 黃龍 원년(229)에 사망하였기에 이를 통해 陳永이 대략 孫吳 초, 중기에 생존했으리라 추측된다. 명
함[名刺]에서 언급한 "陳永"과 『三國志』에서 기재한 "陳永"의 성명, 里籍은 완전히 일치하여 의심의 여지
없이 동일 인물로 볼 수 있다. 환언하자면, 이 簡의 연대는 역시 孫吳시기에 해당한다.

黃冊家園에서 출토된 기타 16매의 간독은 비록 간문 자체에는 연대를 보여주는 명확한 단서가 없지만
출토 층위나 간독과 함께 출토된 유물에 근거하여 대부분이 孫吳, 西晉 시기에 속한다고 판정할 수 있다.

---

3) 方詩銘·方小芬 編著, 2007, 『中國史曆日和中西曆日對照表』, 上海人民出版社.

앞서 분석한 것과 같이 H-21의 연대는 西晉 建興 4년(316)인데 그 이듬해는 東晉 建武 원년(317)이므로 이 16매 간독 중 일부의 연대는 東晉 초기일 가능성을 배제할 수 없다.

앞서 열거한 顔料坊의 토지에서 출토된 13매의 簡牘은 모두 명확한 기년이 없지만 그중 Y-16, Y-17 2개 簡은 孫吳·西晉 시기 지층에서 발굴되었고 또 간문 자체에도 분석할 만한 단서가 존재한다. 前者의 간문에는 "十月卅日丁未"라고 되어 있는데 『中國史曆日和中西曆日對照表』에 따르면 孫吳 赤烏 13년의 曆日과 서로 부합하기 때문에 그 연대가 AD 250년임을 알 수 있다. 後者의 간문 중 職官 "積弩校尉"는 漢·晉·南朝에서 칭하던 "積弩將軍"으로 曹魏는 "積弩都尉"라고 칭하였으나[4] 『三國志·吳書』가 기재한 孫吳 校尉의 명칭은 수십 종이 있으므로 기록에 보이지 않는 校尉의 명칭도 적지 않을 것이다. 고고학적 발견을 통해 확인된 吳의 故左郎中曹翊 買地券에서 "立節校尉"를 칭하였으나 이는 載籍에서 보이지 않는데, 李蔚然 선생은 "임시적으로 拜封하였거나 史籍에서 누락하여 기록하지 않은 데에서 기인했을지도 모른다"[5]고 보았다. 簡Y-17 簡文 중 "積弩校尉"는 기록에서 누락된, 수많은 孫吳 校尉의 명칭 중 하나였던 듯하다. 또한 『三國志』卷 46의 주석은 「江表傳」의 기록을 인용하여 孫策이 曲阿를 점령한 후 일찍이 "陳寶를 阜陵에 보내 (孫策의) 어머니와 동생을 맞이하게 하였다"[6]고 하였는데 簡文의 "陳寶"와 성명이 동일하고 시기 및 신분 역시 비슷하기에 해당 인물일지도 모른다. 요컨대 이 簡의 연대는 孫吳 시기에 해당한다.

顔料坊 토지에서 출토된 기타 15매 간독은 명확한 紀年이 없고, 簡文 자체에도 年代를 보여주는 분석할 만한 단서는 없다. 그러나 출토 층위 및 전형적인 시대의 특성을 가지고 있는 靑瓷器 등의 함께 출토된 유물에 근거하여 그 연대를 추정하면 그중 Y-2, Y-3, Y-4, Y-8, Y-13의 5개 簡의 연대는 아마 孫吳·西晉 시기일 것이며, Y-1, Y-5, Y-6, Y-7, Y-9, Y-10, Y-11, Y-12, Y-14, Y-15의 10개 簡의 연대는 南朝 시기가 될 것이다. 남방 지역에서 출토된 東晉 시기의 간독은 南昌 永外正街의 吳應墓[7], 南昌 기차역의 雷陔墓[8]·雷鋽墓, 南昌 靑雲譜區梅湖景區의 周玃墓[9]에 수장된 명함[名刺]과 物疏 등에서 이미 발견되었는데, 南京 顔料坊 토지에서 출토된 이상의 南朝簡牘은 이 시기와 동일한 종류의 유물들이 처음으로 발견된 것이다.

2. 簡牘의 주요 내용

이상 초보적인 정리에 근거하여 黃册家園 및 顔料坊의 토지에서 출토된 40매의 간독을 소개하였는데,

---

4) 『太平御覽』卷241 「职官部三十九」는 『魏略』을 인용, "積弩都尉, 秩比二千石. 後更爲典弩都尉. 又有典鎧都尉, 秩與弩同, 皆屬積弩."라 하였다. 1960, 中華書局, p.1144.

5) 李蔚然, 1998, 『南京六朝墓葬的分析與研究』, 四川大學出版社, p.51.

6) 『三国志』卷46 「吳書一·孫破虜討逆傳」의 주석에서 『江表傳』을 인용하였다. 1959, 中華書局, pp.1104~1105("劉繇棄軍遁逃, 諸郡守皆捐城郭奔走."「江表傳曰: (中略) 劉繇既走, 策入曲阿勞賜將士, 遣將陳寶詣阜陵迎母及弟.」).

7) 江西省博物館, 1974, 「江西南昌晉墓」, 『考古』 1974年 第6期.

8) 江西省文物考古研究所 等, 2001, 「南昌火車站東晉墓葬群發掘簡報」, 『文物』 2001年 第2期.

9) 王上海·李国利, 2008, 「試析南昌靑雲譜梅湖東晉紀年墓銘文磚」, 『文物』 2008年 第12期.

이는 명함[名刺], 計簿, 簽牌, 書檄, 符券, 封檢, 典籍 등으로 분류할 수 있다. 그 書體는 다양하여 隸, 章草, 行, 楷諸體가 있으며 서사 형식은 단면과 양면으로 나뉘고 수직으로 墨書한 것이 대다수이나 일부 橫書하기도 하였다. 簡文은 단면에 1行, 2行, 여러 행으로 쓰는 등 동일하지 않으며 그 내용은 아래에 기술한 것과 같이 주로 여러 방면에 미치고 있다.

　＊명함간[名刺簡]: H-1, H-2, H-3, H-4, H-5, Y-1, Y-3의 7개 簡. 모두 좁고 긴 막대 형태의 木簡으로 事主의 성명, 字號, 鄕邑, 신분 및 拜聞의 辭 등의 내용이 기록되었다. 명함[名刺]이 포함된 事主의 籍里는 모두 史實을 통해 증명할 수 있으나 번거로움을 피하기 위해 인용하지 않았다. 주의할 만한 것은 양면으로 서사하는 현상이다. 簡H-5의 경우, 한 면에는 "零陵楊偅再拜, 問起居, 湘鄕, 字文義"라고 적었고 다른 한 면에는 "零陵楊偅再拜, 起問起居. □"라고 적었는데 이와 같은 양면 서사 및 내용은, 보다 복잡하거나 혹은 단순하다는 약간의 차이는 있으나 長沙走馬樓吳簡의 J22簡에서도 나타난다. 또한, 簡H-3의 한 면은 수직 방향으로 "陳國丁凱再拜, 問起居. 栢, 字休虎"라 기록하였고 다른 한 면은 가로방향으로 "相府吏滿厷(肱)船"의 6字를 기록하였다. 簡Y-1은 한 면에는 "弟子徐議, 議弟子朱 朱琦"라고 서사하였고 다른 면에는 "徐劉定從邂叩頭"라고 서사하였다. Y-3은 한 면에는 "偉再拜問起居"6字가 남아 있고 다른 한 면에는 "□□示治人客」□□未互□□"12字가 남아 있다. 이 3매의 명함[名刺]은 특수한 용도를 위해 여러 차례 이용되었으며, 더 나아가 분석해보면 그중 簡Y-1의 한쪽 면에는 "徐議"와 그 제자인 "朱琦"의 이름을 서사하여 두 명이 함께 하나의 명함[名刺]을 사용한 것 같은데, 이러한 현상은 이제까지 거의 나타난 적이 없다.

　＊식량 등을 납부한 통계 내용과 관련된 簡牘: H-8, H-9, H-10, H-12, H-13, H-20의 6개 簡으로역시 좁고 긴 막대형으로 단면 혹은 양면에 수직으로 墨書하였고 모두 殘簡이다. 완정한 체례는 상세히 고찰하기 어려우나 식량의 수량·중량 및 錢額 등의 내용, 그리고 식량에는 적어도 "息米"와 "粳米"의 두종류가 존재했음을 알 수 있다. 그중 簡 H-9의 한 면에는 "五, 粳米卅五斛, 赤鳥十三年十月十日付, 司馬袁譙受."의 21字가 남아 있어, 납부한 식량의 종류, 수량, 날짜 및 受納한 사람 등의 정보를 기록하였다.

　＊선박이 지나간 후 세금을 납부한 내용과 관계된 簽牌 : Y-6, Y-7, Y-9, Y-10, Y-11, Y-12, Y-14, Y-15의 8개 簡으로 모두 顔料坊에서 보인다. 그 형태는 2가지 종류로 구분된다. A형은 좁은 막대형으로상단 한쪽은 抹角으로 되어 있는데 오직 Y-15簡 1매에서만 보이고 단면에만 수직으로 "二百卅斤□" 5字를 墨書하였다. B형은 方形에 가까우며 상단의 양 쪽이 抹角으로 되어 있고 간문 상에는 원을 치고 색을칠한 흔적이 있는데, Y-15를 제외한 7매의 簡이 모두 이 유형에 속한다. 묵서한 내용은 비교적 많은데보존 상태가 비교적 완정한 簡 Y-9를 예로 들면, 길이 8.5㎝, 너비 7.3㎝로 단면에만 "魦魚朱斷五」日一百五十□□」賣」□□起八月十□"라 直書하였으며 事主의 성명, 화물 종류 및 중량, 시작일과 종료일 등을 포함하고 있다. 第2,3,4行에는 원을 치고 색을 칠한 墨痕이 있다. 후술하는 바와 같이 顔料坊 토지는 六朝 秦淮河 연안의 나루터 중 하나인 竹格航(竹格渡)가 있던 곳으로 한동안 이 곳에서 商稅를 수취하였다. 즉, 이 두 유형의 簽牌의 내용은 선박이 지날 때 납세하는 것과 관련된 것으로, 이 둘 사이에는시기적으로 앞서 사용하였는지 혹은 뒤에 사용하였는지의 차이가 있었을 것이다. B형 簽牌의 원을 치고

색을 칠한 흔적은 관리자가 나루터를 지나는 세금을 수취한 후 기록한 표식으로 추측된다.

  *관부의 문서와 관련된 간독: H-7, Y-2, Y-16, Y-17의 4개 簡은 앞의 두 簡은 잔결되었거나 혹은 내용이 간략하여 분석하기 어려우나, 뒤의 두 簡은 그 내용 분석에 근거할 때, 평행 기관 사이에서 왕래한 문서에 속했던 것 같다. 그중 Y-16의 簡文은 「濡須 常往還所過□縣邑屯營蒙不嗬 (訶) 留如還□□」 十月卅日丁未起□"인데 대략적인 의미는 赤烏 13년(250) 10월 30일 어떤 관리가 濡須로 파견되어 공무를 처리한 후, 돌아올 때 거쳐야 하는 縣邑, 屯營에서 통행을 차단하지 말 것을 요청하는 것이다. Y-17의 簡文의 내용은 "十一月十五日, 積弩校尉陳寶, 今遣士卒平等三人之西 州 撓蘆, 乘船二 艘往還, 蒙不荷(訶) 留"으로, 대략적인 의미는 11월 15일 積弩校尉인 陳寶가 士卒 平 등 3인을 西州의 "撓蘆"로 파견하는데 그들이 탄 배 두 척이 돌아올 때 沿邊의 기관에서 그들의 통행을 막지 말 것을 요청하는 것이다. 簡文 중의 "西州"는 孫吳의 도성인 建業(오늘날 南京)의 楊洲의 치소인 西州城인데, 吳의 궁전인 太初宮의 서남쪽에 있었던 것으로 인해 이름을 지은 것으로 여겨진다. 西州는 冶城으로부터 동쪽, 運瀆으로부터 서쪽에 있는데, 대략 오늘날 南京 建鄴路로부터 북쪽, 木料市 서쪽에 해당하며 당시에는 秦淮河 연변의 運瀆水路에서 배를 타서 도달하였다. 西州가 처음 설치되었던 연대에 관한 두 가지 說이 문헌에 기재되어 있다. 첫 번째는 漢 武帝 元封 2년(BCE109) 이후, 孫策이 江東을 '西州로 호칭하였던' 때에 이르는 시점이고 두 번째 설은 西晉 말 永嘉 연간(307~313)에 楊洲의 治所가 建康으로 옮겨가며 王敦이 州城을 창립했던 시점이다.[10] 앞서 분석하였던 Y-17의 연대는 孫吳 시기인데, 그 簡文에서 "西州"라는 字句가 이미 등장하였으므로 즉 첫 번째 설이 옳을 것이다.

  *부적 및 제사 등 道敎와 관련된 簡牘: H-11, H-18, H-19, H-16m Y-8, H-22, H-23의 7개 簡으로 Y-8을 제외하면 모두 黃冊家園 토지에서 발견되었다. 앞의 3개 簡에서는 "地神", "皇帝", "神祇", "通天達地" 등의 字句가 등장하고 H-16簡 중 "辰極"은 즉 북극성으로 그 배면에는 또한 星符가 있어 그 내용이 모두 제사와 관계되었음을 증명한다. 뒤의 2개 簡은 모두 朱砂로 서사한 道符인데 그 내용이 道敎의 부적과 연관된 것임을 알 수 있다. 그중 簡H-22에 "符主入門"으로 제목을 붙여져 있는 것으로 보아 이 간독은 鎭土安宅·永保吉亨을 위해 문에 붙이는 부적임이 매우 분명하다. 문에 부적을 두어 귀신을 쫓는 것은 당시 사람들의 습속이었다. 『晉書』「幸靈傳」의 내용 역시 이를 증명하는데 아래와 같다.

> "時高悝家有鬼怪, 言語訶叱, 投擲內外, 不見人形, 或器物自行, 再三發火, 巫祝厭劾而不能絶. 適値靈, 乃要之. 靈於陌頭望其屋, 謂悝曰:「此君之家邪?」悝曰:「是也.」靈曰:「知之足矣.」悝固請之, 靈不得已, 至門, 見符索甚多, 謂悝曰:「當以正止邪, 而以邪救邪, 惡得已乎!」並使焚之, 惟據軒小坐而去, 其夕鬼怪即絶."[11]

---

10) 楊國慶·王志高, 2008, 『南京城墻志』, 鳳凰出版社, pp.82~83; 賀云翔, 2005, 『六朝瓦當與六朝都城』, 文物出版社, p.187.
11) 『晉書』 卷95 「幸靈傳」, 1974, 中華書局, p.2484.

H-23의 簡文 "建興三年正月廿二日南郡宜成朱固拜受 命捕死神不得干犯□ □代急如律令"의 대략적인 의미는 다음과 같다. 建興 3년(315) 정월 22일 南郡 宜成縣 사람인 朱固는 亡寇를 잡아 죽이라는 명을 받고, 부적을 만들어 神明에 "不得干犯"을 빌면서 이 부적이 마치 "律令"과 마찬가지로 이를 실시하자마자 바로 효과가 나타나기를 희망하였다. 생각건대 簡文 중의 "宜成"은 곧 "宜城"일 것인데 『晉書』「地理志下」는 宜城이 襄陽郡이 통할하는 8개 縣 중 하나라고 칭하였고 『宋書』「州郡志三」은 『永初郡國』『何志』를 인용하여 宜城을 漢의 舊縣이며 "南軍에 속한다"[12]고 하였다. 지금 이 簡文에 따르면 宜城은 西晉 말년 南郡의 속현으로, 『宋書』에서 기재한 것과 일치하며 『晉』의 기재는 잘못된 것이다.

* "日書"簡: H-21의 殘簡 1매에 보이는 남아 있는 下部의 簡文은 다음과 같다. "十四日, 除, 天李, 下空, 可絲衣. 廿月四日己未, 可□. ■六月十五日辛未. 五月廿日丁未, 除, 可取衣.」廿二日, 除. 五日, 可□衣. 十五日, 除. 廿三日乙未. 廿八日, 收" 이는 "日書"와 관계된 殘簡이다. 日書는 일종의 시일을 선택하는 術數書로 선택사항은 일상생활에서 포괄하는 여러 방면들을 포괄하였으며 그 내용으로는 "建除", "擇日" 및 "吉凶宜忌" 등이 존재하였다. 이제까지 발견된 戰國·秦漢의 日書가 이미 20여 종류로 가장 완전한 것은 睡虎地秦墓竹簡의 日書이다.[13] H-21 簡文의 "除", "收"는 "建除" 12神의 반열에 속하고 "天李"는 즉 天理로 또한 당시의 중요한 凶神의 한 종류였는데, 이 날은 入官 및 入室을 꺼렸다.[14] "擇日"과 "吉凶宜忌"는 모두 "衣"와 관련되었는데 아마도 日書 중 "衣良日" 내용을 발췌한 듯 하다.

* 기타 簡牘: 簡H-15, Y-4는 封檢으로 下端에는 모두 끈을 묶으면서 생긴 끈이 지나간 흔적과 진흙을 채운 封泥匣이 있으며 상부에는 題板 위에 墨書로 標題를 적었다. 簡Y-5의 꼭대기에는 원형으로 구멍을 뚫었는데 한 면에는 "智倉□入食"이라 墨書하여 이것이 기물의 위에 직접 연결되어 표식하는 작용을 하던 실물의 楬이었을 것으로 추측된다. 簡H-6의 한 면은 11개의 "人"字를 直書하였는데 智字簡인 듯하다. 簡Y-13은 개인의 서찰과 관계된 殘簡으로 보인다.

III. 관련 문제 분석

1. 出土地點의 성질

간독이 출토된 黃册家園 토지와 顔料坊 토지는 秦淮河를 사이에 두고 서로 조망하고 있다. 秦淮河 東岸의 顔料坊 토지를 발굴한 결과 옛 나루터와 관계된 여러 시기의 河道, 護岸堤[선착장이 무너지지 않게 지지하는 구조물], 道路, 房址, 둑과 방죽 등 특수한 유적이나, 배 아래쪽을 젓는 行船用의 철제 장대 등 특수한 유물이 발견되어, 이 지역이 六朝 시기부터 隋唐 시기 秦淮河 河岸의 중요한 나루터 유지였음을

---

12) 『晉書』 卷15 「地理志下」, p.455; 『宋书』 卷37 「州郡志三」, 1974, 中華書局, p.1136.

13) 李零, 2008, 「視日, 日書和協書 – 三種簡帛文獻的區別和定名」, 『文物』 2008年 第12期.

14) 劉樂賢, 1994, 『睡虎地秦簡日書研究』, 台北: 文津出版社.

입증할 수 있다. 비록 秦淮河 서안의 黃冊家園 토지에서는 河道의 護岸堤 및 나루터와 직접 연관된 유적은 발견되지 않았지만 군사 방어 기능을 가진 두 시대의 木柵 유적이 출토되었다. 보다 이른 시기의 木柵은 孫吳 시기의 것으로 추측된다. 이 목책은 여러 줄로 정연하게 배열한 말뚝과 기타 건축물로부터 분해된 정연한 목판을 가공 후 건축되었는데 일부 말뚝의 사이에서 서로 이어진 대나무 난간의 흔적이 발견되었다. 그런데 그중 한 말뚝 위에는 선박을 정박할 때 이용되었던 듯한 황마포 끈이 여전히 남아 있어,[15] 이 지역에 東岸의 顏料坊 토지의 나루터와 서로 상응하는 秦淮河 西岸의 옛 나루터 유지가 있었을 것이라 추측된다. 다만 발굴 면적의 제한으로 인해 나루터와 관계된 유적을 아직 발견하지 못했을 따름이다.

문헌 기록에 근거하면, 兩岸이 서로 왕래하기 편하도록 육조시기 서쪽의 石頭城으로부터 동쪽의 方山征虎亭에 이르기까지 진회하에 존재하는 수운의 요충지마다 모두 24곳의 나루터가 건설되었는데 이것이 소위 "二十四航"이라는 것이었다. 航에는 선박을 이어 교량을 만드는 浮橋를 설치하여 겨울, 여름에는 水位 변화에 따라 움직였는데 그중 가장 중요한 것은 丹陽·竹格·朱雀·驃騎의 四航으로 모두 오늘날 南京 主城區 내에 있다.[16] 四航은 양안을 왕래하는 商民의 세금을 수취하였고 東晉 寧康 원년(373) 한 차례 詔를 내려 四航을 모두 면세하여 "放民之往來也"[17]하게 하였다. 四航 중 竹格航은 竹格渡로도 칭하였는데 『景定建康志』 卷16 「疆域志二·津渡」에 따르면 "竹格渡"條에서 『輿地志』를 인용해 말하기를, "今舊橋西是其處"라고 하였고 또한 隋가 平陳한 후에는 24航이 모두 폐해져 "惟此渡獨存"하게 되었다고 한다. 생각건대 옛 교량은 아마도 새로 지은 교량에 상대하여 말한 것으로, 새 교량은 黃冊家園과 顏料坊의 남측에 있었고 그 교량의 명칭은 唐代 이래 변하지 않고 계속되었으므로[18] 顏料坊 토지에서 발견된 옛 나루터 유지는 바로 그 저명한 竹格渡와 관계를 가지고 있을 것이다.

竹格渡의 명칭은 竹格巷에서 기인한 것으로 여겨진다. 『建康實錄』 卷8은 『塔寺記』의 기록을 인용하여 "今興嚴寺, 卽謝尙宅也, 南直竹格航, 臨秦淮, 在今縣城(唐代江寧縣城은 대략 오늘날 南京 建鄴路 북측 朝天宮으로부터 동쪽, 張府園 서쪽 일대) 東南一里二百步."[19]라 하였다. 『景定建康志』 卷46에서도 또한 "興

---

15) 楊國慶·王志高, 『南京城墻志』, p.97.

16) (南宋)周應合: 『景定建康志』 卷16 「疆域志二·橋梁, 津渡」 "竹格渡"條注引『輿地志』載: "(秦淮河)兩岸要衝處, 并以航濟, 西自石頭, 東至征虜亭, 凡二十四所." 然同卷 "二十四航"條注引『輿地志』又云: "六朝自石頭東至運瀆, 總二十四渡, 皆浮航, 往来以稅行, 直淮對編門." 兩說互相矛盾. 按運瀆是連接秦淮河與台城的南北向水道, 約在城西南斗門橋橋南流入秦淮河. 征虜亭則在方山之南. 若二十四航在石頭城與運瀆之間, 那麼各航時間距之短則遠遠超出我們的想象, 更讓人难以解释的是四大航中的丹陽航, 朱雀航, 驃騎航均在以上範圍之外, 故第二說可能引文有誤. 二十四航應該東至方山, 西至石頭城. 第391, 389項, 南京出版社, 2009年. (唐)許嵩: 『建康實錄』卷九注引『輿地志』即云: "六代自石頭東至運署, 總二十四所, 渡皆浮船, 往来以稅行, 直淮對編門." 第256項, 中華書局, 1986年. 可見第二說中的 "運瀆"似乎是 "運署"之誤. 六朝時期, 因方山所在的方山埭, 破崗瀆是連接都城建康與三吳地區的咽喉要道, 朝廷曾在此設方山津, 以加强对水運的管理, 并收取過往商稅, 故颇疑 "運署"是與方山津, 破崗瀆有关的水運管理機構.

17) 『晉書』 卷9 「孝武帝紀」, "(寧康元年)三月癸丑, 詔除丹楊, 竹格等四桁稅." p.225; (唐)許嵩, 『建康實錄』 卷9, p.256.

18) "新橋"의 이름은 『建康實錄』에서 가장 먼저 보인다(『建康實錄』 卷2, p.49). 또한, 南宋 周應合도 말하기를, "新橋, 本名萬歲橋, 後改名歃虹. 新橋乃吳時所建, 至今俗呼爲新橋, 襲其舊也."라고 하였다(『景定建康志』 卷16 「疆域志二·橋梁」, p.376).

19) (唐)許嵩, 『建康實錄』 卷8, p.225. 『建康實錄』 卷9의 注는 또한 竹格渡가 "지금 縣城으로부터 서남쪽으로 2里 떨어진 곳에 있

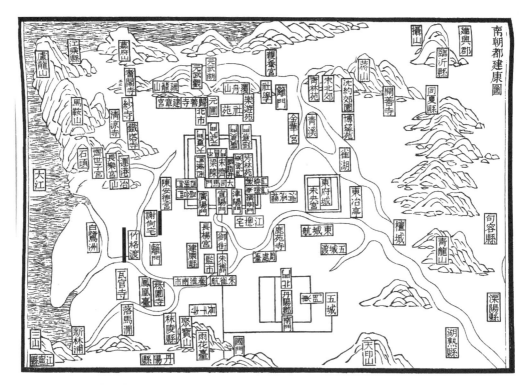

「金陵古今圖考」의 南朝 建康圖

嚴寺, 舊在竹格渡之北."이라고 칭하였다.[20] 그 도로의 방위는 黃册家園 및 顔料坊 토지와 정확히 부합한다. 竹格渡 곁의 洲渚는 竹格渚라 칭했다. 『晉書』「應詹傳」의 기록에 근거하면 東晉 初年 王敦의 난이 일어났을 때 亂軍이 "從竹格渡江"(즉 秦淮河를 지칭)하자 "(應)詹與建威將軍趙胤等擊敗之, 斬賊率杜發, 梟首數千級."[21]하였다고 한다. 『晉書』「蘇峻傳」에서는 "於其夜度竹格渚, 拔柵將戰, 峻率其將韓晃於南塘橫截, 大破之."[22]하였다고 칭한다. 『建康實錄』 卷6은 그 일을 보다 상세히 기록하였다.

> 太寧二年(324)七月에 "乙未, 賊分軍從竹格渚濟水, 光祿勳應詹拒之不利, (王)含, (錢)鳳長驅至御街, 沈充自青溪引軍與含會至宣陽門, 北中郎將劉退, 歷陽太守蘇峻等率輕騎從南塘出橫擊之, 賊軍大破潰."[23]

었다"고 칭하는데 以前의 설과 서로 어긋난다. 지금 해당 지역과 唐 江寧縣의 상대적인 공간 위치 관계로부터 본다면 以前의 說은 옳다.

20) (南宋)周應合, 『景定建康志』 卷46 「祠祀志三」, p.1127.

21) 『晉書』 卷70 「應詹傳」, p.1859.

22) 『晉書』 卷100 「蘇峻傳」, p.2628.

23) (唐)許嵩, 『建康實錄』 卷6, p.157.

이상의 기술을 종합하면 다음과 같은 사실을 알 수 있다. 竹格渡는 오늘날 秦淮河 서안에 존재하였으나, 고고학적 발견으로부터 나온 각종 단서로부터 볼 때 이와 대응하는 진회하 東岸 顔料坊 토지의 옛 나루터는 더욱 중요하며 세금 수취와 관련된 기관이 여기에 세워졌는데 이는 진회하 東岸이 建康都城의 소재지였던 데 원인이 있었을 것이다.

2. 簡牘 매장 원인 분석

黃册家園 및 顔料坊 토지에서 발견된 180여 매의 간독은 모두 秦淮河 護岸堤 내외의 퇴적층에서 분산 출토되었는데, 長沙走馬樓吳簡과 郴州蘇仙橋簡牘이 옛 우물 속에 집중되어 매장되어 있던 것과는 자못 다르다. 이들 간독은 두 지점에 상대적으로 집중되어 발견되었는데 이는 秦淮河 연안의 주요한 옛 나루터인 竹格渡 유지가 존재하였던 이 지역의 특수한 성격에서 기인한 것이다. 주지하듯이 나루터는 당시 사람들이 왕래하고 밀집하던 곳이므로, 명함간[名刺簡], "日書"簡, 官府文書 그리고 식량 납부 통계 등에 관련된 대부분의 간독은 나루터를 지나는 사람들에 의해 부지불식간에 혹은 어떤 갑작스러운 자연 재해나 사회적 사건 등에 의해 나루터 곁의 하류 양안에서 유실된 후, 요행히 천여 년의 시간이 흐르며 보존되었던 것 같다.

분석을 필요로 하는 것은 세금을 납부한 내용과 관련된 簽牌이다. 이 종류의 간독은 西岸의 黃册家園 토지에서는 나타나지 않으며 東岸의 顔料坊 토지에만 집중되어 있어 해당 지점에서 출토된 간독의 절대다수를 점하고 있다. 이 토지에서 선박 통행 세수 관리와 관련된 建築房址가 발견되었기 때문에 당시 竹格渡의 세무 업무 등이 주로 東岸의 나루터에서 이루어졌을 것이라고 생각할 수 있다. 이 종류의 간독 이외에 해당 지역에서 일찍이 발견된 東晉시기의 질그릇(YG17:29)의 경우, 外服과 外底에 각 종류의 "塸"를 墨書한 것이 총 6,914件에 달한다. 墨書 중 "塸"와 관련된 여러 유형의 통계 숫자는 선박을 타고 강을 건널 때 세금을 납부한 증거였을 것으로 짐작된다.[24] 이 뿐 아니라 顔料坊 토지에서는 글자가 없는 簽牌가 상당히 출토되었는데

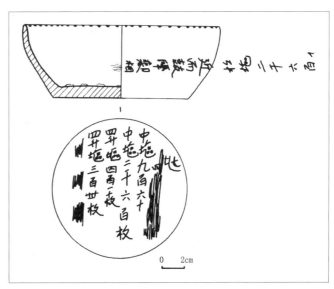

顔料坊 土地에서 출토된 東晉 墨書 瓷鉢 (YG17:29)

24) 王志高, 2014, 「南京顔料坊出土六朝墨書瓷器分析」, 『中國國家博物館館刊』 2014年 第1期.

그 크기, 형태는 위의 간독과 완전히 동일하여 이 지역에 설립된 세무 기구에서 비축물로 추측된다.

부적·제사 관련 간독에 대해 말하자면, 이 나루터가 위치하던 秦淮河 河邊에서 여러 차례 발생한 제사 및 巫祝 활동의 遺物일지도 모른다. 실제로, 고고학적으로 발견된 이 7건의 간독 외에도 顔料坊 토지에서 여러 건의 占卜과 관련된 龜甲이 출토되었는데 귀갑의 안쪽에는 구멍을 뚫은 후 가열된, 완전히 뚫려있지는 않은 둥근 구멍이 분포하여, 이 지역에서 卜筮 활동이 존재하고 있었음을 증명한다.

顔料坊 土地에서 출토된 占卜에 사용된 龜甲

투고일: 2018. 4. 25. 심사개시일: 2018. 4. 29. 심사완료일: 2018. 5. 17.

참/고/문/헌

『三国志』『晉書』『宋書』『太平御覽』『景定建康志』

劉樂賢, 1994, 『睡虎地秦簡日書研究』, 台北: 文津出版社.

李蔚然, 1998, 『南京六朝墓葬的分析與研究』, 四川大學出版社.

方詩銘·方小芬 編著, 2007, 『中國史曆日和中西曆日對照表』, 上海人民出版社.

楊國慶·王志高, 2008, 『南京城墻志』, 鳳凰出版社.

中國文物研究所 編, 2005, 『出土文獻研究』第7輯, 上海古籍出版社

賀云翔, 2005, 『六朝瓦當與六朝都城』, 文物出版社.

湖南省文物考古研究所 編, 2009, 『湖南考古辑刊』第8集, 岳麓書社.

江西省文物考古研究所 等, 2001, 「南昌火車站東晉墓葬群發掘簡報」, 『文物』2001年 第2期.

江西省博物館, 1974, 「江西南昌晉墓」, 『考古』1974年 第6期.

李零, 2008, 「視日, 日書和協書――三種簡帛文獻的區別和定名」, 『文物』2008年 第12期.

王上海·李国利, 2008, 「試析南昌青雲譜梅湖東晉紀年墓銘文磚」, 『文物』2008年 第12期.

王志高, 2014, 「南京顏料坊出土六朝墨書瓷器分析」, 『中國國家博物館館刊』2014年 第1期.

長沙市文物工作隊 等, 「長沙走馬樓J22發掘簡報」, 『文物』, 1999年 第5期.

〈Abstract〉

A Study on the Problems of excavated from Qinhuai River in Nanjing, China

Wang, Zhi-gao

As you know well, out of the bamboo strips from Wei-jin Dynasty of China, it is considered that Changsha Zoumalou Wu jian(湖南 長沙 走馬樓吳簡) and those discovered in the ancient well near Suxian Bridge in Chen zhou(郴州 蘇仙橋) are most important except the identity tag and burial clothes discovered in tombs. Recently, in the excavation of the city of Jiankang, capital of five of the Six Dynasties—a project led by the author—, more than 100 pieces of bamboo slips from the Six Dynasties were found in two adjacent construction sites located at the side of Qinhuai River in Nanjing City. It is the first discovery of bamboo slips of the same kind discovered in Jiankang, the capital of the Six Dynasties, and has not been well-known despite its academic importance. This paper will interpret the inscription of 40 pieces whose characters are relatively clear, mention its period and main contents, and conduct a basic analysis of the properties and cause for burial, awaiting comments from Korea's bamboo strip reading academy.

▶ Key words: Nanjing, Qinhuai River, Six Dynasties, bamboo slips

| 도 1 | 도 2 | 도 3 | 도 4 |

| 도 5 | 도 6 | 도 7 | 도 8 |

도 9 도 10 도 11 도 12

도 13 도 14 도 15 도 16

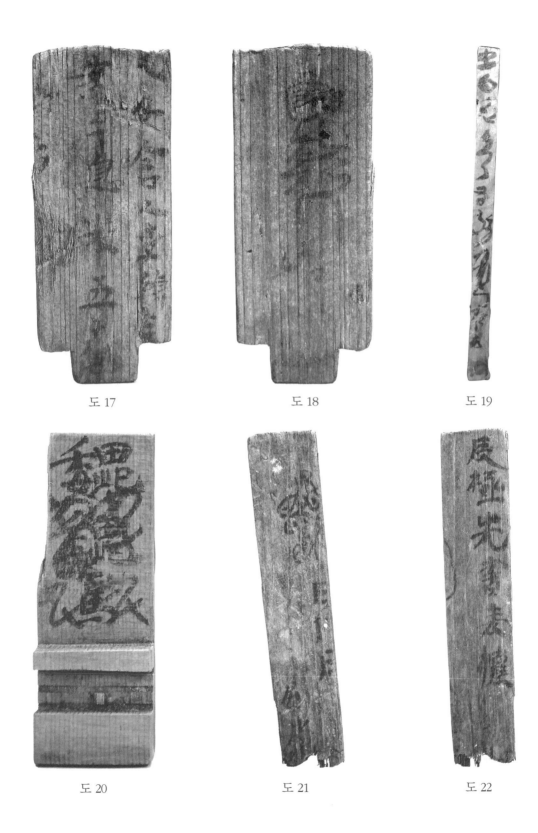

도 17　　　　　　　　도 18　　　　　　　　도 19

도 20　　　　　　　　도 21　　　　　　　　도 22

도 23   도 24   도 25   도 26

도 27   도 28   도 29   도 30

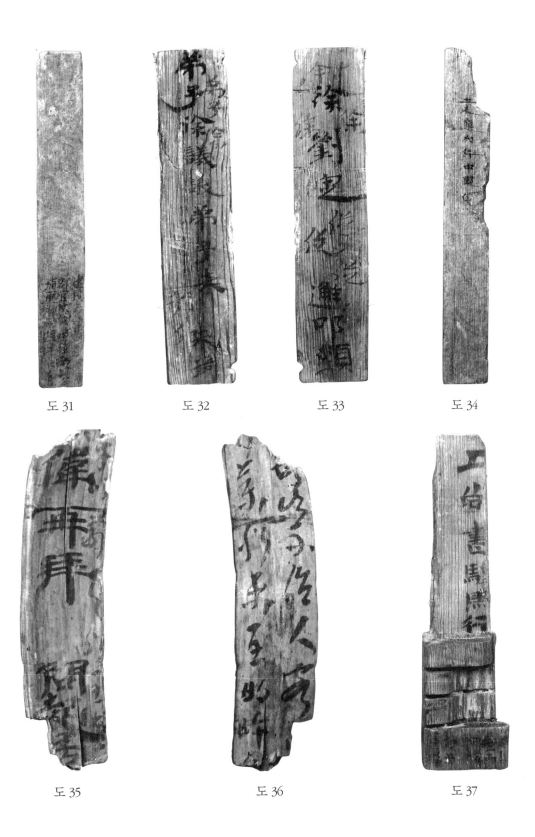

도 31   도 32   도 33   도 34

도 35   도 36   도 37

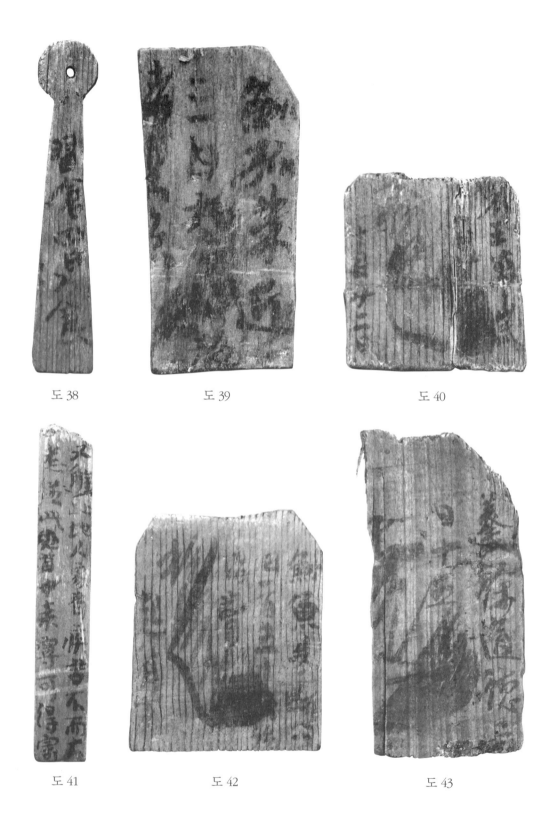

도 38   도 39   도 40

도 41   도 42   도 43

도 44   도 45   도 46

도 47   도 48   도 49   도 50

월성 해자 2호 목간 다시 읽기
-중국 출토 고대 행정 문서 자료와의 비교-

김병준[*]

Ⅰ. 머리말
Ⅱ. 판독과 해설
Ⅲ. 문서의 내용과 구성
Ⅳ. 맺음말

〈국문초록〉

　본고는 그동안 많은 연구가 축적되었음에도 불구하고 상대적으로 크게 부족했던 중국 측 출토 행정 문서 자료와의 비교 검토에 초점을 두어, 월성 해자 2호 목간에 대한 새로운 판독과 해설을 시도했다. 2호 목간에 기록된 어휘와 서사 방식은 당시 동아시아에 널리 시행되었던 문서 행정의 단계와 양식을 정확히 반영한다. 종이 구입과 관련한 행정 절차를 복원하면 다음과 같다. 1) 정기적으로 종이를 구입하라는 상관의 명령(敎)이 하달된다. 2) 업무 담당 관리가 아직도 유효한(在之) 상관의 명령에 의거하여 특정한 종류의(白不躇紙) 종이를 일정한 가격(二千)에 구입하고자 구체적 준비를 마친다. 3) 담당 관리는 종이 구입을 완료하기 위해 상관의 허가를 요청한다(事若, 命盡). 4) 이러한 요청을 문서로 작성하고 문서 작성자의 직위(使)와 서명(🖋)을 기입한다. 이러한 절차가 행정 문서 양식에 따라 기록되었다. 1면에는 수신자인 상관에게 보고한다는 내용, 2면에는 업무 담당자가 구체적으로 준비된 조치, 3면에는 상관의 허락을 요청하는 내용, 4면에는 문서 작성자의 직위와 서명이 각각 기입되었던 것이다. 이렇게 각 면에 정확히 기입해야 할 내용이 정해져 있었기 때문에, 각 면에 쓰인 글자 수는 모두 다르며 맨 아래의 공백도 일정하지 않았다. 2호 목간은 당시에 규정되어 있었던 문서 행정 절차와 서사 양식을 철저히 준수한 결과물이었다.

▶ 핵심어: 월성 해자 2호 목간, 거연한간, 주마루오간, 돈황·투르판 문서, 행정 문서, 敎, 白, 牒

＊　서울대학교 동양사학과

I. 머리말

신라 목간 중에 월성 해자 2호 목간[1]만큼이나 많은 연구가 이루어진 것이 없다(그림 1). 그만큼 신라사 이해에 중요한 의미를 갖고 있기 때문이다. 역사학뿐만 아니라 국어학에도 큰 반향을 일으켰다. 신라 초기 이두를 이해하는데 결정적인 단서를 제공했다고 믿었기 때문이다. 다만 많은 연구가 축적되었음에도 불구하고 아직도 논의가 덜 진행된 분야가 있다. 중국 측 자료와의 비교다. 일본 측 자료와의 비교는 상당히 진행된 듯하지만, 중국 측 자료와의 비교는 크게 부족하다. 일부 唐代 公式令의 조문과 양자를 비교하려는 시도가 있었지만, 대부분은 중국 측과의 영향관계를 평가 절하하는 경향이 강하다.

하지만 한반도 혹은 일본에서 확인되는 문서의 초기 양식이 진한시기 이래 중국 측에서 오랫동안 체계화되었던 형태를 수용했음은 부정하기 어렵다.[2] 율령과 제도, 그에 수반한 많은 문화를 중국 왕조로부터 수용하고 있었던 신라를 이해하기 위해서는 신라가 무엇을 수용했는지를 먼저 살펴보아야 한다. 그래야 무엇을 바꾸어 변용했는지를 알 수 있다. 무엇을 바꾸었는지라는 변용의 측면에만 지나치게 관심을 두어서는 곤란하다. 변용이란 일단 수용을 전제로 하기 때문이다. 대상을 충분히 그리고 정확히 학습하고 이를 체득한 연후에 비로소 그것이 현실과 저촉되는 점을 이해하고 이를 바꿔나갈 방향을 찾을 수 있다고 생각한다.

또 한 가지는 수용의 다양한 측면이 고려되어야 한다. 중국 측으로부터의 수용은 결코 고정된 율령 문구에 제한되지 않는다. 율령과 함께 그것에 의해 실제로 집행되는 현실적 행정 업무 전반에 대해서도 일정한 학습이 이루어졌을 것으로 여겨진다. 따라서 율령의 문구에 보이지 않는 다양한 어휘나 업무 수행 방식 등이 등장하는 행정 문서에 대한 검토가 필수적이다. 그렇게 되면 중국 문헌이나 율령에서 흔히 보이지 않는 어휘가 보인다고 해서, 이를 곧바로 신라식 표현으로 단정하는 위험도 피할 수 있을 것이다. 수용에 대한 이해가 부족하게 되면 자칫 제도로서의 보편성을 잊은 채 주변지역의 특수성만을 강조하게 되는 위험에 빠질 수 있다.

그럼에도 불구하고 지금까지 중국 측 자료와의 비교는 기껏해야 문헌자료 특히 법령이나 제도와의 비교에 머물렀다. 자연히 형식적 비교에 머무를 수밖에 없었다. 그런가 하면 출토자료와의 비교는 일본 목간과의 비교에 국한되어 있었다. 중국 간독과 간헐적으로 비교를 하기는 했어도, 신라 목간과 진한시기 간독과는 시기적으로 큰 차이가 있기 때문에, 그리고 정작 6-8세기가 되면 중국에서는 더 이상 간독이 발견되지도 않았기 때문에 제대로 된 비교 검토가 이루어지지 않았다. 또 종이라는 서사 재료에 기록된 출토 종이 문서는 시기가 같고 양도 많지만, 이와 관련한 연구는 공백에 가깝다.

---

1) 일련번호는 2006년에 출간된 정식 보고서 『월성해자 발굴보고서 Ⅱ』에 의거하였다.
2) 문서 행정은 하나의 큰 체계로서 일시에 수용된 것이지 점차적으로 영향을 받아 정립되어 갈 수 있는 것이 아니다. 따라서 문서 양식과 행정 용어가 함께 수용되는 초기 단계의 문서에 토착적 口頭의 요소를 상정하는 것에(이경섭 2013) 동의하기 어렵다. 필자는 오히려 정확하고 철저한 수용 이후 비로소 이두와 같은 토착적 요소가 자리잡게 된다고 생각한다.

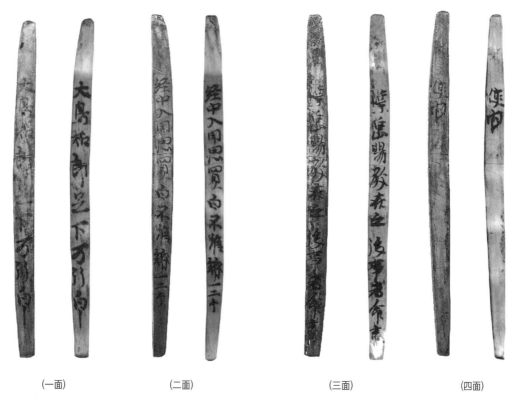

(一面)　　　　　　(二面)　　　　　　(三面)　　　　　　(四面)

그림 1. 월성 해자 2호 목간

　　본고는 이러한 문제 의식 하에 그동안 간과되어 왔던 중국 측 출토 문헌을 적극적으로 신라 목간과 연결시켜보고자 한다. 월성 해자 2호 목간에 많은 연구가 축적되어 있고, 또 신라식 표현으로서 이두가 출현한 사례로 꼽히고 있으므로, 이 목간을 분석 대상으로 삼아 보는 것이 가장 적절하다고 생각한다. 이미 잘 알려진 居延漢簡과 敦煌漢簡을 비롯해 새로 출토된 里耶秦簡, 長沙 五一廣場 漢簡, 長沙 東牌樓漢簡, 長沙 走馬樓吳簡, 그리고 북조에서 당대에 걸쳐 있는 돈황·투르판 문서 속의 행정 문서가 얼마만큼 월성 해자 목간과 유사한지를 드러내 보이는 것이 논의의 핵심이다. 신라 목간을 동아시아 고대 국가의 전형적인 문서 행정의 테두리 안에 위치시켜 동일한 문서 격식과 어휘, 그리고 부호가 사용되었을 것이라는 전제 하에서 이해하려는 것이 본고의 출발점이다.

II. 판독과 해설

1. 제1면[3] : 大烏知郞足下再拜白

1) 大烏知郞

먼저 大烏知郞에 대한 판독 문제다. 자체로만 보면, 大烏知郞인지 大鳥知郞인지 분명하지 않다. 가로 획이 두 개 있는 것처럼 보여 鳥자에 가까운 것 아닌가 하는 생각도 들지만, 그중 아래쪽 획은 별개의 독립된 획이 아니라 다음 가로획으로 이어진 흘림획으로도 볼 수 있다. 문서의 성격과 연관해서 살펴볼 필요가 있다. 大烏知郞이라고 읽으면 인명으로 풀이해야 하고, 大烏知郞으로 읽으면 관등으로 풀이된다. 따라서 문서의 수신자를 표시하면서 大烏知라는 인명을 기록한 것인가 아니면 大烏知라는 관등을 표시한 것인가의 문제로 귀착된다.

이 문서를 개인 간에 주고받는 서신이라고 한다면, 足下 앞에는 이름을 표기하는 것이 일반적이다. 이름에 상대방을 높이는 어미를 붙이는 방식인데, 마치 지금 '이름+님께'라는 것처럼 '大烏知+郞+足下'로 읽을 수 있다. 거연한간 "薛卿坐前善毌恙頃得相見"(E.P.T2:4B)의 '薛卿坐前'처럼 漢代 이래 개인 간 주고받았던 서신에는 이러한 사례가 많다.

그러나 개인 간의 서신이 아니라 관부 사이에 오가는 행정 문서에서는 이렇게 상대편의 이름을 직접 표기하는 경우가 거의 없다. 더구나 그 상대편이 상급 직급자라면 이름을 적는 것은 상정하기 힘들다. 사실 이미 전한 말 이후 '敢言之'라는 공식적 어휘 대신에 그때까지는 주로 개인 서신에서만 사용되었던 '白', '叩頭', '再拜', '頓首', '死罪'라는 상투어가 공식 문서에도 사용되기 시작하였다(高村武幸 2015). 하지만 이러한 경우에도 상대편 수신자의 이름과 함께 반드시 그 수신자의 관직이나 관등을 기입하였다. 가령 후한시기 東牌樓漢簡의 '陳主簿侍前'(34/1137)이나 '督郵侍前'(35/1006), 五一廣場漢簡의 '臨湘令殷君門下'(118 封檢CWJ1③: 133), 그리고 樓蘭文書의 '西域長史張君坐前'(L.A.Ⅵ.ⅱ.0200—沙木751) 등이 그 사례다. 大烏知가 이름이라면 그 관직이나 관등이 기입되지 않은 셈이라서 상급자에게 올리는 행정 문서에 적절치 않다. 따라서 수신자에 해당하는 이 부분은 관등을 의미하는 大烏知로 읽어야 한다.

『삼국사기』 직관지에 의하면 大烏知는 15관등인 大烏에 해당한다.[4] 그런데 大舍(12등)에서 先沮知=造位(17등)까지 史의 관직에 취임할 수 있다고 되어 있으므로[5] 15등의 大烏知도 史의 관직을 맡았을 수 있다. 조금 더 추측해 보면, 월성 해자 2호 목간은 종이 구입과 관련된 일을 언급하고 있으므로, 大烏知郞 역시 이와 연관된 관직이라고 보아야 하는데, 史의 관직은 이에 부합한다. 중국의 경우 『후한서』 百官志

---

3) 목간의 순서는 윤선태 2005가 지적한 바와 같이, 사면 목간을 잡고 오른쪽으로 돌리면서 읽어나갔을 것이다. 唐代 公式令이나 투르판 행정 문서를 참조하면, 문서의 시작은 수신자+발신자가 적힌 면, 혹은 그중 하나가 적힌 면이 제1면이 된다.

4) 『三國史記』 卷38, 志7 職官上 "十五日大烏[或云大烏知.]"

5) 『三國史記』 卷38, 志7 職官上 "史十四人, 〈文武王〉十一年, 加六人. 〈景德王〉改爲郞, 〈惠恭王〉復稱史, 位自先沮知至大舍爲之."

에는 중앙 관서에 600석에 관등에 해당하는 守宮令과 400석 관등에 해당하는 尙書右丞이 紙筆墨 등 尙書에서 사용되는 각종 비품을 담당하였다고 한다.[6] 唐代에도 尙書省에는 郎中이 紙筆을 관장하였다고 한다.[7] 따라서 신라의 중앙 관서에도 이렇듯 종이를 비롯한 비품 구입과 관련된 전문직책이 있었을 가능성이 크다면, 월성에서 종이 구입을 담당한 15관등인 大鳥知는 그 직책의 책임자였을 것이다.[8]

郎은 인명 접속사다. 권인한이 제시한 용례에서 알 수 있듯이(권인한 2013), 신라에서 높은 지위에 있었던 인물에 대한 敬稱으로 사용되었다. 중국 한대 간독에서는 상대편을 높이기 위해 '卿'이라는 경칭이 인명 뒤에 붙었다.

2) 足下

足下는 상대방을 높여 부르는 존경어미다. 足下가 존경어미로 사용된 것은 이미 先秦시기부터 확인된다. 선진시기에는 주로 개인 서신에 사용되다가 전한 이후가 되면서 공식 행정 문서에서 자주 나타나기 시작한다. 한편 문서 작성자가 스스로 足下라고 존칭어를 사용할 리 없으므로, 足下 앞에 나오는 大鳥知郎은 문서 작성자가 아니라 수신자라는 점이 분명하다. 자연히 大鳥知郎은 뒤에 이어지는 보고하다는 의미인 白의 주어가 될 수 없다.[9]

3) 再拜

기존 연구에서는 대부분 '万'이라고 읽었다. 사진을 보면 재론의 여지가 없는 듯 보인다. 그러나 한대 이래 당대까지 사용되었던 공식 문서의 상용구를 참조하면, 새로운 판독이 가능하다. 우선 상용구의 자체는 종종 문서에 사용된 다른 자체와 달리 매우 간략화되곤 했다는 점에 주목해 보자. 문서에 적힌 본문 내용은 정확히 전달되어야 하지만, 상용구는 상투적으로 사용되며 또 문서 중 일정한 장소에 출현하기 때문에 글자가 많이 변형되어도 서사자나 독자 모두 쉽게 알아볼 수 있다. 거연한간에 쓰인 '叩頭'의 경우를 보면, '叩'도 약간 간략하게 썼지만 '頭'는 거의 모든 획을 생략하여 마치 乙자처럼 보이기까지 쓰기도 한다 (그림 2). 이러한 점을 고려하면, '拜'자가 마치 '行'자나 '引'자처럼 보일 정도로 획이 생략된 이유를 알 수 있지만, '万'이라고 보이는 글자도 마찬가지로 한두 획이 더 생략되었을 가능성을 충분히 상정할 수 있다.

---

6) 『後漢書』志26 百官志 "守宮令一人, 六百石. 本注曰: 主御紙筆墨, 及尚書財用諸物及封泥. 丞一人. (尚書)右丞假署印綬, 及紙筆墨諸財用庫藏."

7) 『新唐書』卷46 百官志 "尚書省…郎中各一人, 從五品上; 員外郎各一人, 從六品上. 掌付諸司之務, 擧稽違, 署符目, 知宿直, 為丞之貳. 以都事受事發辰, 察稽失, 監印, 給紙筆."

8) 권인한 2013을 비롯한 대부분의 연구에서는 大鳥知郎을 寫經所의 사무국 관리라고 추정하지만, 그 전제는 제2면의 '經中入用'의 '經'을 불경으로 본 데에 있다. 그러나 필자는 후술하듯이 이를 불경이 아니라 '경상 비용'으로 이해한다. 따라서 大鳥知郎도 사경소 관리가 아니라 중앙 관청의 비품 관리를 담당하는 관리일 것으로 추정한다.

9) 이용현 2006은 唐代 公式令의 牒式을 참조하여 [A牒B]는 A가 B로 문서를 보내는 경우도 있으므로 大鳥知郎이 万拜에게 문서를 보내는 가능성을 상정하지만, 제1면에서는 '牒'이라는 字도 없을 뿐 아니라, 足下라는 말의 용례 때문에 이 가능성은 성립하기 어렵다.

둘째, 개인 간에 주고받았던 서신이나 상급자에게 보내는 상행 문서에서는 다양한 겸양 어구가 나오기 마련이다. '叩頭', '頓首', '死罪'가 이에 해당한다. 그러나 이러한 겸양 어구가 다양하기는 해도 상투적으로 사용되는 것이기 때문에 쉽게 다른 글자로 대체되지 않았다. 先秦 이래 淸代 이래 변함없이 동일한 표현이 사용되었던 것이다. 그런데 이들 겸양 어구 중에는 '万拜'라는 표현이 보이지 않는다. '再拜'라는 표현이 변함없이 오랜 시간 사용되었을 뿐이다.

86EDT3:3A   86EDT7:2B   86EDT5H:23A

그림 2. 거연한간의 '叩頭' 서체

그렇다면 '万拜'를 '再拜'로 읽을 수 없을까? 사실 이 글자는 두 번째 삐침획이 독립획으로 마무리되지 않고, 위쪽으로 살짝 돌아 세 번째 획으로 이어지고 있다[10](그림 3). 그런데 '万'의 초서체 포함 자체를 훑어보면, 두 번째 삐침획은 항상 독립획으로 마무리된다. 반면 '再'자의 초서체는 가운데 부분에 두 획이

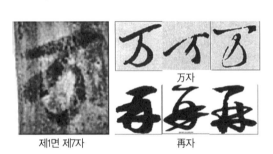

제1면 제7자   万자   再자

그림 3. '万'자와 '再'자의 서체

추가되는 것은 사실이지만, 주의할 점은 두 번째 획과 세 번째 획이 이어지고 있고, 세 번째 획과 그 후의 두 획도 이어서 쓰고 있다. 즉 제1면의 '万'자 가운데 부분에 두 획이 없는 것은 사실이지만 '再'자와 같이 두 번째 획과 세 번째 획이 이어지고, 또 세 번째 획도 붓끝이 마치 다시 획을 추가할 것같이 돌아 올라가고 있다.

거연한간의 '再拜' 사례에서는 훨씬 가까운 자체를 확인할 수 있다(그림 4). 물론 2호 목간의 글자와 완전히 동일하지는 않지만, 거연한간 24.1A의 사례는 동일한 필획의 흐름을 찾을 수 있다. 73.EJT6:44A는 再의 가운데 획이 하나로 줄어있고, 34.22A는 가운데 획이 모두 생략되었다. '再'와 같이 쓰인 '拜'자는 훨씬 많이 생략된 형태를 보인다. 34.7B '拜'는 거의 모든 획이 생략되어 마치 기호와 같이 보이기까지 한다. 따라서 필자는 '再拜'의 자체가 크게 변형된 까닭은 '再拜'라는 상투적 겸양구가 반복적으로 출현했기 때문에 그 필획을 크게 줄여 썼기 때문이라고 이해한다.

이 부분을 '再拜'라고 읽어야 하는 또 다른 증거는 '再拜'라는 어휘가 '白'자와 함께 붙어서 사용되는 사례가 매우 많다는 데에 있다. 거연한간에서는 "馬建叩頭言·使使再拜白頃有善鹽五升可食"(E.P.T2:5A), "幸已哀賤子叩頭叩頭謹再拜白已者議之"(E.P.T51:205B), "給使長襃叩頭白●事在朱掾耳非者佐佑乏公口

---

10) 이승재 2017도 'ー'의 아래에 'の'처럼 썼다고 하며 이 글자의 운필에 주목하였다.

母所餘叩頭叩頭再拜白"(E.P.T53:27A),
"伏地再拜白"(E.P.T53:51A), "此具再拜
白"(E.P.T56:73B), "嚴死當奈何奈何頓首
叩頭再拜白"(E.P.T65:98A), 돈황한간에
서는 "□□願□再拜白"(MC.24), "□□□
□卒□叩頭再拜白"(MC.208B), "乃來謹請
李子恩再拜白責刑卿高子恩"(釋TH.2337B)
등의 사례를 찾을 수 있다. 특히 足下·坐
前·侍前과 같은 경칭과 함께 '再拜白'이
쓰인 것으로는 거연한간 "叩頭再拜白薛卿
坐前善毋恙頃得相見"(E.P.T2:4B), "累偉

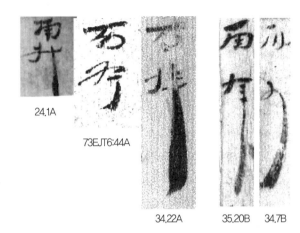

24.1A

73EJT6:44A

34.22A　　35.20B　34.7B

그림 4. 거연한간의 '再拜' 서체

少多請已足之不敢忽它毋勿可已進叩頭死罪謹請威君書再拜白□足下"(E.P.T51:98A), 장사 동패루한간
"諾白悉袁賤子鄧應再拜白 □□# [兼]□□[侍前]"(040A)의 사례가 있다는 사실은 본 목간 제1면의 글자를
'再拜'로 읽어야 한다는 주장을 뒷받침한다.

4) 白

본 목간이 국어학계에서 크게 주목받게 된 이유 중의 하나는 제1면의 마지막 부분을 '白丨'로 판독하
고 여기서의 '丨'를 '之'의 초서체로 읽으면, 문장 종결사로서 '之'가 사용되었을 뿐 아니라 '之'자가 이미
구결자 '丨'로 굳어졌던 사례가 되기 때문이다. 하지만 과연 '白丨'로 판독할 수 있는지 검토가 선행되어야
한다.

일단 이 글자와 가장 먼저 비교해야 할 대상은 이 목간의 제2면에 나오는 '白'자다. 이 두 글자는 동일
한 목간에 동일한 필체로 쓰였다. 필획의 움직임까지 완전히 동일하다. 그런데 마지막 획이 다르다. 제2
면의 '白'의 마지막 획은 정상적인 가로획으로 처리되어 있는 반면, 제1면의 '白'은 아래로 길게 내려 그었
다. 제1면의 '白' 아래의 '丨'는 별개의 글자가 아니라, '白'의 마지막 획이다. 따라서 '白丨' 두 글자가 아니
라 '白' 한 글자로 읽어야 한다.

그동안 이를 '白之'를 두 글자로 보았던 근거의 하나는 안압지 목간에 '洗宅白之'라는 용례가 보인다는
것이다(정재영 2008; 윤선태 2008; 이경섭 2009).

　　　洗宅白之二典前 四□子頭身沐浴□□木松茵
　　　　　□迎□入日□□十一月廿七日典□　　思林

안압지 목간은 '洗宅白之二典前'으로 시작하고 있어서 월성 해자 2호 목간과 유사한 형식을 갖고 있는
데, 안압지 목간에 '白之'로 쓰였다면 월성 해자 2호 목간도 마찬가지로 '白之'로 읽어야 한다는 것이다.

그러나 동일한 시기의 문서에도 '白'과 '白之'는 얼마든지 함께 공존할 수 있다. 앞서 거연한간에 보이는 '再拜白'의 사례를 제시했지만, 같은 거연한간에서 '白之'의 표현을 어렵지 않게 찾을 수 있다. 가령 "願復白之杜卿麥事叩頭幸甚伏地言"(合32.21), "白欲歸事豈肯白之乎爲見不一∠二"(E.P.T2:5B), "記到遺吏抵校及將軍未知不將白之"(合183.15B), "欲留至府君卒問宣白之"(合260.20A) 등이 그 예다. 필자는 중국에서 이미 오래전에 '之'라는 글자가 허사화되었음을 지적한 바 있다(김병준 2011). 동일한 문서 안에서도 경우에 따라 '之'가 어간에 붙기도 하고, 생략되기도 한다. 따라서 안압지 목간의 사례를 근거로 '白ㅣ' 즉 '白之'로 읽는 것에는 동의하기 어렵다. 거연한간 등에서 이미 '白之'의 사례가 여럿 확인되는 이상 '白之'의 '之'를 종결형 어미로 본다든가 구결자의 초기 형태로 볼 수 없음은 물론이다.

그렇다면 왜 '白'의 마지막 획을 길게 내려 썼을까? 이에 대한 대답도 역시 한대 간독의 서체에서 찾을 수 있다. 한대 간독에는 이렇게 글자의 한 획을 길게 내려 쓰거나(懸針) 혹은 두껍게 파책하는(波磔) 방식을 자주 확인할 수 있기 때문이다.[11] 7.7B와 같이 심지어 이러한 서체를 연습하는 습자목간도 있다(그림 5). 그리고 이렇게 현침과 파책을 과장하는 사례는 문장의 끝 부분에 위치하는 경우가 많다. 可, 令, 案, 年, 行, 拜 등 문서 행정에서 비교적 중요한 역할을 담당하는 무게 있는 어휘에 집중되는 경향이 있다. 冨谷至는 공문서의 권위를 강조하기 위해 글자의 마지막 획을 고의적으로 과장하여 시각적 효과를 드러냈

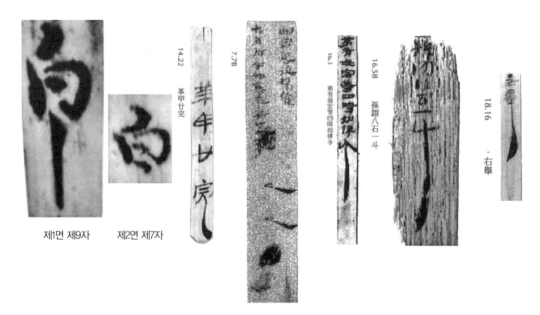

그림 5. '白'과 현침·파책의 사례

---

11) 이승재 2017는 중국 목간의 현침파책은 세 글자 이상의 공간을 차지할 정도로 길이가 아주 길기 때문에 이 목간의 'ㅣ'와는 다르다고 하지만, 이는 사실과 다르다. 중국 목간에서 확인되는 현침파책은 헤아릴 수 없을 정도로 많으며, 그 길이나 형태도 매우 다양하다.

다고 파악하고 있다(富谷至 2010). 따라서 월성 해자 2호 목간의 경우도 문장의 마지막에 해당되면서 문서 행정의 중요한 단계인 '白'이라는 글자의 권위를 강조하기 위해 마지막 획을 길게 내려 쓰는 현침이 사용되었다고 판단된다.

2. 제2면 : 經中入用思買白不踓紙一二千

2호 목간의 판독과 내용과 관련해 그동안 매우 많은 이견이 나왔지만 정작 제2면의 해석 특히 전반부에 대해서만큼은 의외로 의견이 일치한다. 그런데 기존의 해석대로 읽게 되면, 제2면의 문구는 하나의 문장임에도 불구하고 매우 다른 두 가지의 어법 구조가 섞여 있는 것이 된다. 즉 앞부분의 '經中入用思'을 〈經에 들여서 쓸 것을 생각하여〉라고 해석해 왔는데(윤선태 2005; 김영욱 2007 등), 이는 명백히 〈목적어+동사〉라는 우리말 어순대로 읽은 것이다. 그런가 하면 뒷부분의 '買白不踓紙一二千'은 〈종이를 구입하다〉라고 해석하여, 〈동사+목적어〉라는 한문식 어순으로 읽었다. 그러나 필자는 이런 해석에 동의할 수 없다. 한 문장 안에서 다른 어순이 섞여 있다는 것이 어색하다고 여기기 때문이다. 월성 해자를 비롯해 다른 신라 목간의 내용은 기본으로 한문 어순에 따라 읽으면서, 이 경우만을 예외로 삼는 것도 받아들이기 어렵다. 앞으로도 계속 강조하겠지만, 이 월성 해자 2호 목간은 매우 전형적인 공식 행정 문서의 양식을 갖춘 문건이다. '足下', '再拜白' 등의 어휘도 이미 중국에서 확립되고 동아시아 여러 나라에서 수용했던 공식 용어다. 그렇다면 전체 내용도 한문 어순에 의해 풀이되어야 하는 것이 마땅하다. 따라서 '思'는 '買白不踓紙一二个'에 붙여서 〈구입하고자 생각한다〉고 읽어야 한다. 그렇게 되면 '經中入用'이 남게 되는데, 일단 구입 대상이 뒤편에서 종이로 지정되었기 때문에 '經中入用'은 구입 대상이 아닌 뜻으로 사용되었을 것이다. 주어가 아닌 것도 분명하므로, 뒷부분의 종이 구입과 관련된 행정 업무와 관련되었을 가능성이 크다고 생각한다.

1) 經中入用

기존 연구가 우리말과 한문 어순의 착종이라는 문제에도 불구하고, 이를 묵과했던 이유는 '經中入用'이라는 말을 해석하기 어려워서다. 확실히 일상적 용법은 아니다. 그래서 초기 연구는 이 經을 불경으로 이해했고, 그렇게 되면 〈명사+中+동사〉의 형식이 되므로 자연히 中을 처소격 〈~에〉로 이해했던 것 같다. 그러나 설령 이렇게 읽어도 〈들여 쓴다(入用)〉의 의미가 명확하지 않다. '경전에 종이를 들여 쓰다'라는 표현이 가능할까 의문이다. 寫經에 필요하다는 뜻이라면 '寫經用'이라든가 하는 표현이 훨씬 익숙했을 것 같다.

그렇다면 '經中入用'의 의미는 寫經이 아니라 목간의 핵심 내용인 종이 구입이라는 행정업무라는 차원에서 접근할 필요가 있을 것이다. 일단 행정 문서에서 '入'은 관청으로 물자가 들어온다는 뜻으로 쓰인다. 여기서 종이를 구입한다는 것도 담당 관청에서 일정한 비용이 지출되고, 그에 해당하는 종이가 들어온다는 것을 말한다. 사실 종이를 구입해야 하는 하급 관리 입장에서 문제가 되는 것은 종이의 사용 목적보다 종이를 구입하는 것 자체였다. 행정 문서의 성격상 그 내용은 언제나 법령에서 지정한 대로 혹은 상관이 지시한 대로 정확한 물자와 돈이 出入되었는지가 가장 중요하게 다루어지기 마련이다.[12] 그렇다면 여기서도 그 내용이 적힐 가능성이 크다.

중국 측 행정 문서에서 '經中入用'과 관련된 용어를 살펴보자. 특히 주마루오간에는 관청으로의 물자 구입 및 지출과 관련된 문서가 많다. 먼저 '經用'이라는 용어가 눈에 띈다. 이 용어는 '經用曹史'라는 직책으로 등장하는데, 다음 간독은 '田戶經用曹史'의 업무를 이해하는데 도움이 된다.

> 下伍丘男子五將, 田七町, 凡卅畝, 皆二年常限, 其卄六畝旱敗不收, 畝收布六寸六分. 定收四畝, 畝收米一斛二斗, 为米四斛八斗. 畝收布二尺. 其米四斛八斗, 四年十一月五日付倉吏□□. 凡為布三丈一尺八(?)寸六分(1), 四年十一月六日付庫吏潘有. 其旱田畝收錢卅七, 其熟田畝收錢七十. 凡為錢九百六十二錢(2), 四年十一月四日付庫吏潘有. 嘉禾五年三月十日, 田戶經用曹史趙野, 張惕, 陳通校. (주마루오간 4.7)

이 간독에는 남자 某의 토지 규모, 그중에서 곡물을 수확한 토지의 규모와 그렇지 못한 토지의 규모, 곡물을 수확한 토지로부터 정해진 세율에 따라 거두어들인 米와 布의 양을 적고, 이어서 이 중 米는 倉吏에게 언제 지급했고, 布는 언제 庫吏에게 납부했는지를 기록하였다. 또 토지에서 거두어들인 동전의 양을 적고 이를 언제 庫吏에게 납부했는지를 기록하였다. 그리고 나서 이 모든 내용을 田戶經用曹史가 확인한 기록이다. 이 기록에 의하면 田戶經用曹史는 토지로부터 米와 布, 錢을 거두어들이고, 이를 다시 倉과 庫에 각각 납입하는 업무를 담당하고 있는 것 같다. 따라서 田戶가 토지와 호적을 의미하는 것이라면, 經用은 이들로부터 세금을 거두어들이고 다시 이를 창고로 납입하는 것과 연관된다. 그런데 그 세금은 정해진 세율에 따라 정해진 시기에 수합하여 거의 동일한 시간에 창고로 납입되었다. 따라서 經用은 임시적인 것이 아니라 항상적인 용도라는 의미를 갖는다. 『한서』 식화지에서도 "大司農陳臧錢經用, 賦稅既竭, 不足以奉戰士"이라는 용례가 있는데, 항상 사용하는 비용이라는 뜻을 갖는다.

거연한간 등에서 奉用錢, 財用錢이라는 용어가 나오는데, 각각 봉록 지불 용도의 경비, 물건 구입 용도의 경비라는 뜻을 갖는다.

```
        三月      錢四百
   出          入兩行二百        居攝二年正月壬戌省卒王書付門卒悁 (99ES17SH1:2)
        財用      橄卄三尺札百
```

---

12) 走馬樓吳簡의 경우 징세를 담당하는 관원은 각 향리(丘)에 거주하는 세역 담당자가 토지를 얼마나 갖고 있고 그에 따른 세금을 정확히 납부하였는지에만 관심을 보이는 반면, 창고 관련 관원은 향리에 거주하는 사람들이 세금을 납부하였는지와는 전혀 상관없이 창고 안으로 들어온 곡식이나 布가 언제 얼마나 들어왔는지에만 관심을 보인다.

이 간독은 3월 錢 400전을 지출하여(出) 목간을 구입하고(入) 있는 내용을 기록하고 있다. 즉 여기서 財用이라 함은 재물구입 용도로 책정된 비용을 말한다.

또 '出用'의 용례가 있다. 거연한간에는 "除出用九升三…"(75TKM91:12), 주마루오간에는 "三州倉吏谷 漢□□□□襖米出用付授要簿"(14,9612), "出用 無"(C4395), "三州倉謹列所領稅米出用餘見正月旦簿" (C4559), "三州倉謹列所領稅米出用餘見二月旦簿"(C4573), "Z□卅匹直三千三百一十付庫吏番有錢布簿 別 列出用荊"(C6373) 등 많은 용례가 보인다. 여기서 出用은 창고에서 곡물이나 돈의 지출 경비를 말한다. 그런가 하면 唐 順宗實錄에는 "經入益少", 즉 경상적인 수입이라는 의미의 經入의 사례도 보인다.

월성 해자 목간에 사용된 入用이라는 용례도 문헌 기록에서 찾을 수 있다. 『北史』周本紀에는 "瓦木諸 物凡入用者, 盡賜百姓."『北齊書』樂志에는 "因天然之有, 爲入用之物", 『宋書』 禮志 "散木凡材, 皆可入用. "라는 기록이 있는데, 여기서 入用은 모두 〈구입하여 사용한다〉는 의미를 갖는다.

요컨대 경상비용이라는 經用, 돈을 지출하여 사용한다는 出用, 물건을 구입하여 사용한다는 入用의 용 례가 있다. 經用 중의 入用에 해당하는 經入의 용례도 있다. 따라서 '經中入用'은 '經用中入用'이 생략된 형태라고 생각한다. 〈경상비용 중 구입하여 사용할 용도의 비용〉 즉 〈경상구입비〉라는 의미로 해석한다.

본 목간은 기본적으로 종이를 구입하는 내용이다. 관청에 있는 물자를 빼내는 것이 아니라, 물자를 사 서 들여오는 것이 목적이다. 그리고 이러한 구입을 위해서는 돈을 지출하지 않으면 안 되며, 특히 물자 구입을 담당하는 하급 관리로서는 그것이 어떤 항목에서 처리되어야 하는지를 기입할 필요가 있었을 것 이다. 그것이 경상구입비였으며, 후술할 제2면의 마지막 두 글자 '二千'이 바로 이 경비에 해당된다.

2) 思買白不踓紙

이 부분은 한문 어순으로 기입되었다. 그 구입 대상은 종이다. 그 종이의 특성을 규정하는 부분이 '白 不踓'에 해당한다. 이 종이와 관련해서는 권인한은 도침 가공을 거치지 않은 흰 종이라고 풀었고(권인한, 2013), 정재영은 기름을 먹이지 않은 종이로 추정하였다(정재영, 2008). 신라시대 종이와 관련한 정보가 부재한 상태에서 더 이상 의미를 추정하기는 어렵지만, '白不踓'라고 특정하고 있다는 것으로 보아 당시 다양한 종이의 종류가 있었고 그중 특정한 종이를 선택하여 구입하고 있다는 점은 분명하다. 후술하듯이 종이 가격은 2千으로 추정되는데, 가격으로 보아 양질의 종이라고 추측된다.

3) 一二千

문제는 '一二千'다. 그 동안 제3면의 마지막 글자를 '个' 혹은 '斤'으로 읽고 종이를 세는 量詞로 풀이했 다(권인한 2013 등). 또 斤이나 斗로 읽기도 했다. 그러나 이 글자가 종이를 세는 양사로 쓰인 사례를 찾 을 수 없다. 설령 이를 종이를 세는 양사로 보고 '一二个'로 읽게 되더라도 그 뜻이 종이 '한두 장' 혹은 '한 두 꾸러미'가 될 터인데, 그럴 경우 종이를 구입하되 적당히 '한두 장' 혹은 '한두 꾸러미'를 구입하겠다는 말이 된다. 하지만 이 목간은 하급자가 상급자에게 보고하는 공식 문서임이 틀림없는데, 이렇게 종이를 〈한두 개〉 적당히 구입하라는 명령을 내리고 담당자가 이를 그대로 시행하겠다는 보고를 올리는 것은 매우 어색하다. 설령 그것이 상급자의 구두 명령이라고 하더라도, 이를 접수한 하급 관리는 다시 이를 명확히 구체화시키지 않으면 안 된다. 그렇지 않으면 정기적으로 진행되는 회계 감사 과정에서 수입과 지출이 맞지 않을 터이고, 결국 이를 담당한 관리에게 모든 귀책 사유가 돌아가기 마련이다. 따라서 상급자가 적당히 물건의 수량을 지시하고 하급자가 이를 수행할 가능성은 극히 적다.

중국 고대의 경우에도 이 목간과 같이 '一二'가 연이어 기입된 사례가 있다. 그런데 흥미로운 것은 '一'과 '二' 사이에 표점부호 '∠'를 기입해 넣었다는 점이다. 거연한간 "記不一∠二章叩頭叩頭"(E.P.T54:16B), "證書到候身臨以書一∠二曉來不服遣吏將來與市□是服言●謹以府書"(E.P.T56:7), "故侯掾坐前煩勞官爲今君不一∠二因言宏平"(E.P.W:77), "葵子一升昨遣使持門【艸青】子一升詣門下受教願□ #逆使□莫取白欲歸事豈肯白之乎爲見不一∠二"(E.P.T2:5B), "一∠二日耳不敢久留唯賜錢非急不敢道叩□□"(E.P.T51:203B) 등이 그 사례다. 그 까닭은 중국 고대인들도 필자와 동일한 의문을 품었기 때문이다. 이러한 표기에 대해 조금 설명하면 다음과 같다. 본래 고대의 서사방식에는 표점이나 띄어쓰기가 없다. 글을 작성하는 저자는 원본에 표점을 기입하지 않는다. 그 대신 독자가 그 텍스트를 읽을 때 자신의 필요에 따라 임의대로 구두부호 혹은 표점을 기입한다. 대부분의 경우 원문 텍스트가 애매해서 자칫 잘못 읽을 수도 있을 경우, 그러한 혼란을 줄이고자 독자가 부호를 기입하곤 한다(金秉駿 2009). '一'과 '二'사이에 표점부호 '∠'를 기입해 넣은 까닭도 이처럼 '一二'를 그대로 연결해서 읽을 수 없다는 것을 인지하고, 오독을 피하기 위해 구두부호를 찍어야 했기 때문이다.

이 때문에 필자는 마지막 글자를 기존처럼 '个'로 읽는 것에 동의하지 않는다. '个'의 서체 중 일부는 이 마지막 글자와 비슷한 형태가 있기는 하지만 내려긋는 세로획이 마지막 필획에 해당하므로, 마지막 획의 끝부분은 懸針이나 垂露이다. 반면 제3면의 마지막 글자는 세로획이 갈고리(鉤) 획이다. 그

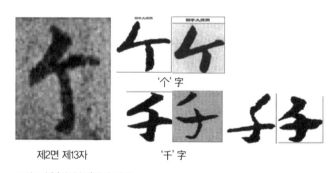

제2면 제13자   '个'字   '千'字

그림 6. '个'자와 '千'자의 서체

런데 '千'의 서체 중에는 마지막 획이 갈고리 획으로 처리된 경우가 확인된다. 그럼에도 그동안 이 '千'字에 주목하지 않았던 까닭은 아마도 첫 번째 삐침획과 가로획 사이에 세로획이 보이지 않기 때문이리라 추측되지만, 삐침획과 가로획 사이의 간격이 거의 없다는 점과 세로획의 시작부분이 가늘게 시작되기 마련이라는 점을 고려하면 충분히 세로획이 삐침 획과 가로획 사이에서 시작되었다고 보아도 좋다(그림 6).

이렇게 千으로 읽어야만 비로소 정확한 수량을 표시해야만 하는 행정 문서의 성격에 부합한다. 적당한 수량을 표현하는 '紙一二个'(종이 한두 개) 대신에 '紙一 二千'로 끊어 읽어, '紙一'(종이 하나)를 구입하는데 〈그 가격이 二千에 해당한다〉라고 풀이해야 한다는 것이다. 이렇게 물건의 수량과 가격을 이어서 기록하는 형식은 행정 문서에서 매우 흔히 찾아볼 수 있다. 이것과 동일한 형식의 간독으로는 秦代 里耶秦

簡에서 '所取錢四衙之頭一, 二錢, 四足, □錢'(14-641), 漢代 居延漢簡에서 '長安宅一, 二萬自給'(2572: 合 113.8)의 사례가 있다.

자체의 판독이나 형식의 측면에서뿐만 아니라, 제2면의 전체 내용도 필자의 독법처럼 읽어야 무난하게 읽힌다. 즉 앞에서 경상구입비라는 '入用'이라는 용어가 나왔으므로, 뒤에서 이에 해당하는 가격이 나와야 앞뒤가 비로소 상응하기 때문이다. 즉 제2면은 '白不躇紙'라는 구입하고자 하는 종이의 구체적 품목, 그리고 1이라는 구체적 수량, 그리고 그것을 구입하는데 필요한 비용 2천을 모두 기입한 공식 행정 문서로서의 요소를 갖추고 있다는 것이다.

한편 기존 연구에서 '个'혹은 '斤'으로 읽은 까닭은 종이의 양사가 필요하다는 생각 때문이다. 그러나 물품의 수량을 적을 때 반드시 양사가 동반되는 것은 아니다. '驛北亭卒東郡博平□里皇歸來 / 有方一 斬干幡各一 / 三石承弩一 革甲鞮瞀各一'(合14.2)가 그러한 예다. 여기서 '紙一'이라고 한 것도 같은 형식이며, 아마도 '한 장'이 아니라 '한 묶음' 혹은 '한 꾸러미'정도로 이해해야 할 것 같다. 그래야 2천이라는 가격과 부합하기도 한다.

결과적으로 종이를 구입하는데 적지 않은 비용이 필요했다는 점이 주목된다. '白不躇紙'라는 특정한 종이를 구입한다는 것 자체가 다양한 종류의 종이가 제작되었다는 뜻이다. 그렇다면 종류에 따라 가격도 달랐을 것이다. 따라서 종이 구입 명령을 받은 담당자는 그 가격을 정확히 파악하여 보고하고, 이에 대한 최종적인 허락을 요청했던 것이다. 이처럼 구체적 종류와 가격을 선택하는 것은 구입을 전문적으로 담당한 관리가 할 수 있는 영역이었다.

앞서 인용한 거연한간에는 財用錢으로 兩行 200, 檄 23尺, 札100을 구입하였던 기록이 있는데, 관청에서 필요한 서사재료를 入用하고 있다는 점이 보편적이었음이 흥미롭다. 그런가 하면 중국 투르판 문서에는 종이 구입 비용과 관련된 행정 분규가 확인된다. 唐代 河西市馬使米眞陀가 西州都督府에 제출한 牒文인데,[13] 내용은 하서절도사가 市馬使인 米眞陀를 보내서 서주도독부에게 군마를 사는 과정에서 사용한 종이, 붓, 먹 등을 지급해 달라고 요구했으나, 서주도독부는 이 요구를 거절했다는 것이다. 黃紙 200장 분량의 종이 구입 비용이 부담이 되었던 하서절도사가 이를 요청하였고, 규정에 없다는 이유로 이를 거절하는 상황, 또 그와 유사한 상황이 다른 관청에서도 이어지고 있다는 내용이 들어 있다. 모두 98행에 달하는 대형 문서라는 것도 그만큼 종이 구입 비용이 중요한 문제였음을 말해준다.[14]

---

13) 大谷文書 5839, 5840호 문서 "案爲兵曹法曹等司請黃紙准數分付事 / 案紙二百張 次紙壹伯張 筆兩管 墨一挺 / 牒眞陀今緣市馬要前件紙筆請準式處分謹牒 / 開元十六年五月 河西市馬使米眞陀牒 …… / 案紙二伯張 次紙壹伯張 筆兩管 墨一挺 / 右得河西市馬使牒請上件紙墨等 / 都督判檢令式河西節度使買馬不是別 / 勑令市不和請紙處處分過者依檢 / 前後市馬使麴中郎等無請紙筆等 / 處 …… / 付司檢令式, 河西節度(使)買馬, 不是別勑令式, (據)計不合請紙筆, 處分過, 楚珪"(西村元佑 1985에서 재인용.)

14) 관청에서 물품을 구입한다면 응당 그 가격에 해당하는 화폐가 지급되어야 할 것이다. 강제로 갈취하거나 혹은 구입할 때마다 적당한 양의 곡물을 지급했다고 보기 어렵기 때문이다. 그동안 신라에서는 개원통보와 같은 화폐가 발견되었으나 일반적으로는 화폐가 유통되지 않았다고 이해하지만, 월성 해자 목간을 필자의 독법대로 읽는다면 신라의 화폐 유통에 대한 단서가 될 지도 모르겠다. 설사 화폐가 유통되지는 않았더라도 종이를 구입하기 위해서는 그에 상응하는 곡식이나 물자가 지

3. 제3면: 「牒垂賜敎在之後事若命盡」

1) 牒

그동안 牒에 대해서는 이를 牒式이라는 문서 형식으로 보는 견해와, 단순한 보통명사로 이해하는 견해가 있었다. 후자는 '一二个牒'으로 읽거나 아니면 '牒을 내리신 명령이 있었습니다'라는 이두식으로 읽었다. 그러나 전술한 바와 같이 '个'로 읽을 수 없으며, 또 이 문서는 한문 어순에 따른 전형적인 행정 문서라는 점에서 마땅히 고정된 牒式의 문서 형식으로 이해해야 한다. 그럼에도 불구하고 이를 완벽한 牒式이 아니라고 보았던 까닭은 三上喜孝가 일본 연구자의 견해를 정리해 〈牒은 기관 간에 주고받는 문서로서 상급 기관에서 하급 기관으로 상명하달시에 쓰인다.[15] 唐代 公式令에 의하면 상신 문서는 刺, 關라고 불렸다. 반면 일본에서는 상신할 때나 하달할 때나 모두 牒을 사용했다. 일본 養老公式令과 延喜式에 규정된 내용에 따르면 관청 간의 문서는 물론 관청 내부의 문서도 牒을 사용했다.〉라고(三上喜孝 2006) 했던 것에 근거한다. 그러나 이러한 견해는 중국 측 자료 중에서 公式令이라는 율령만을 중시하고 투르판 문서와 같은 실제 용례를 무시한 결과다.

투르판 문서에는 하급자가 상급자에게 명령사항에 대한 보고를 할 때 牒式을 사용했던 경우가 매우 많다. 투르판 문서의 용어를 정리한 사전에서도 牒자에 대한 첫 번째 정의를 '관리의 상행 문서'로 적고 있다(王啓濤 2012). 가령 武周天授二年(691年)知水人康進感等牒尾及西州倉曹下天山縣追送唐建進妻兒鄰保牒(4-70): "牒：件狀如前, 謹牒. □□二□壹□十一□知水人康進感等牒. 付司傑示. 十一□ . 一□十一□ 錄事, 使. 博士撿錄事仁付. 連. 感白. 倉曹十二日. 唐建進. / 右件人前後準都督判, 帖牒□山并牒令陽懸, 令捉差人領送. 雖得縣申及令通狀稱: 追訪建進不獲. 又判牒縣令依前捉送. 撿今未申, 奉都督處分, 令追建進妻兒及建進鄰保赴州, 并牒縣, 令依前捉[建][進]□"과 같은 문서 중 "牒：件狀如前, 謹牒"와 "知水人康進感等牒"는 명백히 상신 문서인 반면, "帖牒□山并牒令陽懸"는 縣에 명령한 하달문서다(李方 2015). 하나의 문서 안에서 牒은 상행 문서로도 하행 문서로도 사용되었다. 따라서 남북조-수당시대 牒을 둘 중 어느 하나로 규정해서는 안 된다. 일본 養老公式令과 延喜式에 규정된 것과 마찬가지로, 관청 내부 혹은 상호 간에 오고 간 상신 문서와 하달 문서에 모두 牒이라는 어휘와 문서 형식이 사용되었다고 해야 한다. 실제 행정 문서에서 사용된 牒은 행정 용어로서 '공식 문건'이라는 정도의 의미를 갖는다.

한편 공식 문건으로서의 牒은 특정한 구조를 갖고 있었다. 투르판 문서 실물을 보면, 먼저 안건을 간략히 기록하거나 혹은 명부를 추가 기록하고, 이어서 행을 바꿔 牒이라는 글자를 맨 앞에 쓰고 난 뒤, 보고와 관련된 준비 조치를 기록하고 있다(그림 7·8). 그리고 마지막에 문서 담당자를 밝히고 있다.

출되어야 했고, 그 교환의 기준이 되는 가격은 결정되어 있어야 한다고 생각한다.

15) 唐 公式令 復舊第9條 "牒式. / 尙書都省 爲某事 / 某司云云. 案主姓名, 故牒. 年月日主事姓名 / 左右司郎中具官封名 / 令史 姓名 書令史姓名"

蓯蓉承使官馬貳張 同□□□悅

牒: 被問今月上件馬皮領得以不, 仰

答. 但延歡等今並領得前件馬皮 (唐辯辭爲蓯蓉承使官馬皮事)

進馬坊 狀上

供進馬□價達練參拾皮楊憲領

右□□令於諸步鎧坊料麥貯納. 待趙內侍

□□馬者. 其馬今見欲到. 其麥並不送價直.

入不預付, 即恐臨時闕飼. 請處分. 謹狀.

牒: 件狀如前, □牒.

開元十九年六月 日虞候鎮

虞候府家

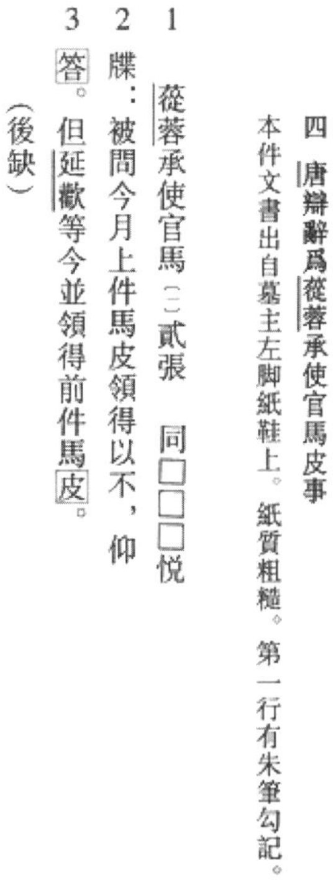
四 唐辯辭爲蓯蓉承使官馬皮事
本件文書出自墓主左脚紙鞋上。紙質粗糙。第一行有朱筆勾記。
1 蓯蓉承使官馬㈡貳張 同□□□悅
2 牒：被問今月上件馬皮領得以不，仰
3 答。但延歡等今並領得前件馬皮。
(後缺)

그림 7. 牒 문서1

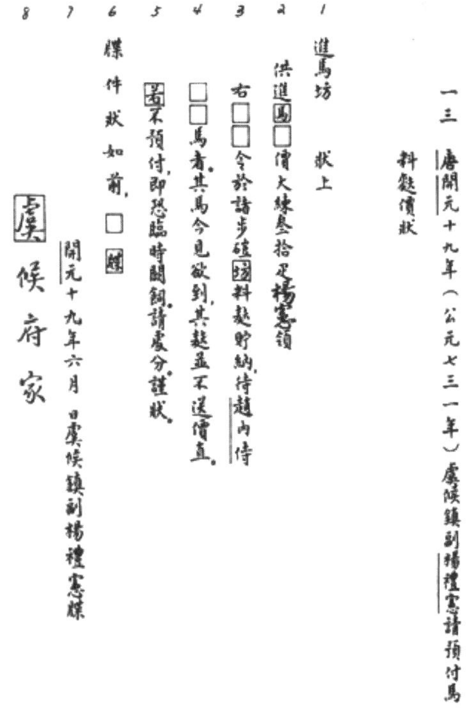
一三 唐開元十九年（公元七三一年）虞候鎮副楊禮憲請預付馬料麩價狀
1 進馬坊 狀上
2 供進馬□價大練叁拾疋楊憲領
3 右□□今於諸步磑坊料麩貯納，待趙內侍
4 □□馬者，其馬今見欲到，其麩並不送價直。
5 若不預付，即恐臨時闕飼，請處分，謹狀。
6 牒件狀如前，□牒。
7 開元十九年六月 日虞候鎮副楊禮憲牒
8 虞候府家

그림 8. 牒 문서2

투르판 문서의 상당 부분은 잘려져 나가 완전한 형태를 찾기 쉽지 않지만, 기본적인 형식은 동일하다. 일본의 延喜式에서 규정된 형태가 그대로 적용되고 있었던 것이다.

이처럼 牒은 새로운 행의 시작에 쓰이는 공식 행정 용어로서, 〈이하 공식 문건〉 정도의 뜻을 담고 있다.

2) 垂賜教

투르판 문서에서의 垂는 동사 앞에 붙어 상대방을 높이는 敬語에 해당한다. "伏望切垂處□"(TZJI: 027 +2006TZJI:019), "[壁]下垂慈放脫"(TAM152: 26), "遭遇□明察物垂攬, 願垂採省."(66TAM59:4/9a) 등의 사례가 있다.

賜教의 사례도 투르판 문서에 많다. "賜教差脫馬頭, 冀得專心承奉."(TKM91:38 某人辭為差脫馬頭事), "乞賜教付曹, 召款并枉□□檢[校]□□□不受枉, 謹碎."(TAM62: 6/3 b 翟彊辭為征行逋亡事)를 들 수 있다. 따라서 賜를 존칭을 나타내는 존경법의 선어말어미 '-시-'를 나타낸다고 볼 이유가 없다. 공식 문서에 항상 출현하는 용어이므로 이를 그대로 수용해서 사용했다고 보는 것이 훨씬 자연스럽다.

'垂賜教'가 이 부분에 등장하는 것도 정해진 문서 형식에 따른 것이다. 여기서 이른바 牒文 뒤에 나오는 상투구의 하나인 被牒, 被符, 被問, 得牒과 같은 용어다. 被牒, 被符, 被問의 부류에 주목해 보자. 이들 용어는 〈상급 기관으로부터 하달 받은 牒文, 符文, 질문서를 접수하였고, 그것에 의하면〉이라는 의미를 갖는다. 하급 기관에서 준비 조치한 행위가 상급 기관으로부터 받은 명령에 근거했다는 것을 밝히는 방식이다. 이러한 서사 방식은 시기를 거슬러 올라가 주마루오간에서도 확인된다. "□被督軍糧都尉嘉禾元六月廿九日癸亥書給右郎中何宗所督"(주마루오간 죽간 6.1900) "三斗九升九合七勺被督軍糧都尉嘉禾元年六月十四戊申書給鎮南"(주마루오간 죽간 6.2303)는 모두 軍糧都尉가 嘉禾元6月14일과 29일에 내려보낸 문서에 의거해 준비 조치된 것이라는 것을 밝히고 있다(李均明 2015). 被書의 용례 외에도 奉勅, 奉制, 奉被制書 등의 용례도 동일한 의미를 가진 상용어구다.

따라서 월성 해자 제3면의 '垂賜教'도 牒 뒤에 이어진다는 점에 착목하면, 역시 이와 같은 상투어로 읽어야 한다고 생각한다. 다만 被牒, 被符, 被問, 得牒과 같은 용어는 주어가 명령을 집행하는 자의 입장에서 기술한 것이라면, '垂賜教'는 명령을 하달한 자의 입장에서 기술한 것이다. 따라서 〈명령을 내려주셨다〉는 '垂賜教'에 이어서 무언가 〈그것에 근거한다〉는 의미가 추가되어야 할 것 같다. 그것이 바로 다음의 '在之'에 해당한다.

3) 在之

제1면의 소위 '白ㅣ', 제2면의 '經中'과 함께 이 '在之'라는 표현이 2호 목간 속 이두의 존재를 말해주는 가장 중요한 근거였다. 필자는 이미 '白ㅣ'와 '經中'은 판독과 독법 자체를 바꿔 읽었고 따라서 이두의 증거가 될 수 없음을 설명했다. 제3면의 '在之'는 기존의 판독 그대로 읽어야 할 뿐 아니라, 윤선태가 지적한 것처럼 '在之' 뒤에 의도적인 空隔을 두어 일종의 구두부호 기능을 하였다는 점도 동의한다. 문제는 '在之'를 한문으로 읽을 것인지 아니면 이두적 표현이라고 할 것인지 여부다. 그런데 이승재가(2009) '在'를 선어말어미 '겨'의 용례로 보기에는 본동사 '爲'가 不在하므로 그러한 해석이 불가능하다고 지적했고, 권인한도 이를 수용했다(권인한 2009).

확실히 경서나 사서와 같은 문헌자료에서 '在之'라는 말이 독립적으로 사용되는 것은 매우 드물다. 그 때문에 신라나 고구려 문자 자료에서 '在之'라는 표현이 보이면, 정격 한문이라기보다 한반도식 표현이라고 보는 경향이 있다. 그러나 비록 정격 한문은 아니라서 찾아보기 힘들고 일반적인 용법이라고 할 수 없는 것은 분명하지만, 그렇다고 중국 고대 한문에서 이러한 용법이 없는 것도 아니다. 더욱이 서적류와 같은 문헌에서와 달리 행정 문서에서만 사용되는 독특한 어법이 존재한다는 것을 상기한다면, 대표적 서적류에 보이지 않는다고 해서 이를 신라식 혹은 고구려식 표현으로 이해하는 것은 섣부르다.

권인한이 지적한 대로 有는 '무엇이 있다'이고, 在는 '어디에 있다'기 때문에 '敎在之'는 정격 한문이라고 보기 힘들다는 것은 맞다(권인한 2013). 그러나 在 역시 '무엇이 있다'라는 방식으로 쓰이곤 한다는 점도 사실이다. 有는 '있다', '없다'를 판단하는 단어인가 하면, 在는 구체적으로 존재하고 있다는 점을 강조하는데 사용된다. 문헌 기록에서도 황제가 행차해서 머물고 있는 곳을 '行在所'라고 하지만, 현재 남아 있는 상태를 표현할 때에는 '見有' 대신 '見在'라는 표현이 자주 쓰인다. 『漢書』文帝紀에 "太僕見在之馬今當減"도 그런 사례지만, 특히 唐代 顔師古의 주석에는 '見在之人' '見在之糧' 등 지금 현재 남아 있는 상황을 표시하는 말로 자주 등장한다.[16] 『隋書』突厥傳의 "臣今憶想聖人及至尊養活事, 具奏不可盡, 並至尊聖心裏在."나 『入唐求法巡禮行記』의 "赤山寺院網維, 知事僧等, 有外國人在, 都不申報", 그리고 吐魯番文書 64TAM5 唐李賀子上阿郞阿婆書의 '賀子大慚愧在.'도 모두 같은 의미다.

이러한 의미의 연장선상에서 在자는 투르판 문서에서도 문장의 마지막에 위치하며, 〈현재 무엇이 있다〉는 지속의 상황을 표현하기도 한다(王啓濤 2003). "聞阿埵共阿婆一處活在, 義深憘不自勝." "[義] [深] □來去供給依常糧食在."(TAM24:30 唐趙義深與阿婆家書 2-174)나 "□□[子]鼠仁兩个家里平安好在"(TAM5:40 唐李賀子上阿郞, 阿婆書一 3-201), "順看阿郞, 阿婆, 養二人[時]得長命果報在. 莫賀子擧[見]□□□."(TAM5:79 唐李賀子上阿郞, 阿婆書四(3-205) 등이 그러한 사례로 꼽힌다.

따라서 필자는 제3면의 '在'를 〈현재 여기에 있다〉로 풀이한다. 그리고 뒤에 붙은 之는 이미 문헌 특히 행정 문서에서 동사 뒤에 허사로서 나타나는 것으로 이해한다. 결국 '垂賜敎在之'는 〈명령을 내려주셔서 그것이 현재 여기에 있다〉로 풀이해야 한다고 생각한다. 이러한 표현을 쓴 까닭은 종이 구입이라는 상부의 명령이 일상적이었기 때문이라고 판단된다. 다시 말해 특별히 종이 구입 명령이 하달된 것이 아니라, 일찌감치 종이를 정기적으로 구입하라는 명령이 있었기 때문에 그에 의거하여 경상구입비에서 종이를 구입하였던 것이다. 그렇기 때문에 '在之'라는 표현을 일부러 써서 이전에 하달된 명령이 아직도 유효하다는 점을 강조했다고 판단된다.

4) 事諸命盡

앞에서 상행 문서에 상투적으로 등장하는 상용어구에 주목할 필요가 있으며, '垂賜敎'도 이러한 상용구

---

16) 그 밖의 사례로 『舊唐書』 禮儀志의 "冀申如在之敬", 曆志의 "定虧復所在之方也" "據日所在之宮", 그리고 褚遂良傳의 "其見在之人", 陸贄傳 "昨發離行在之日"가 있다.

의 하나인 '被牒' '奉勅' 등과 같은 의미로 사용되었을 것이라 말했다. 그런데 중국의 상행 행정 문서에는 또 하나의 중요한 상용구가 있다. 그것이 다름 아닌 '事諾'이다. '事諾'은 "事諾奉行"(만약 비준해주신다면 그대로 집행하겠습니다), "事諾注薄"(만약 비준해주신다면 장부에 기록하겠습니다), "事諾約勅奉行"(만약 비준해주신다면 諸曹의 行文, 주관하는 관리가 서명한 勅에 따라 집행하겠습니다), "事諾班示"(만약 비준해주신다면 공표하겠습니다) 등의 방식으로 등장한다.

대단히 많은 사례가 있지만,[17] 일단 투르판 문서의 다음과 같은 사례를 보자.

> …嚴興, 張歸, □□, 王阿連
> …韓阿福, 張寶□, 嚴乘
> …左狗萬, 毛相, 張□明, 道人道□
> …□文達, 馬塋.
> …輸租, 各謫白劳十日. 高寧
> …橫二人, 合卅人. 此□劳守十日.
> …□次往領攝
> 兵曹掾張預史杜華白: 謹條往次往白劳守人名
> 在右, 事諾, 版示催遣奉行
> 　　校曹主簿 彭(서명) (TKM91:25)

이 내용은 嚴興 이하 30명의 사람들이 田租를 납입해야 하는데 무언가의 탈법, 비법행위를 저질렀기 때문에 그 벌로 이들을 10일간 白劳 지역의 수비에 징발한다는 것이다. 이렇게 징발 대상이 되는 인명과 숫자를 기록하고 난 뒤에, 행정 담당자가 보고(白)하기를, 〈지금 삼가 징발 대상자의 인명을 앞에 열거하였으니, 비준을 해주면(事諾) 이들을 게시하고 고지하고(班示) 얼른 보내서 일을 처리하도록 하겠다(催遣奉行)〉라고 추기하였다(關尾史郎 2009).

월성 해자 2호 목간 제3면의 구성도 이와 동일하다고 판단된다. 즉 제2면에 보고할 내용이 기록되고, 이어서 행정 담당자의 보고가 이어지면서 제2면의 내용을 비준해 주면, 이를 처리하겠다는 구성이다. 요

---

17) "馮珍[一]□□作擊□□埠□□治□□韓□□近來被□□謹條知治幢□□右, 事諾□□. 校曹[主]□□;義和三年□□, 主薄識:功曹史悅;典軍主薄嘉;□官□. "(KM91:31 北涼義和了三年(433年)兵曹條知治幢墼文書 1-63);"兵曹據范慶, 史張齊白:內直參軍闞浚傳教:差直步一人至京. 請奉教, 依前次遣許奴往. 奴游居田地, 請符文往錄. 屬金曹給馳, 倉曹給資. 事諾奉行. "(TAM382:5 -4a 北涼真興七年(425年)高昌郡兵曹白請差直步許奴至京牒, 柳390);"信如所訴, 請如事勅, 當上幢日, 差四騎付張欖. [守]道□□. 兵曹掾張龍, 史張□白. 牒事在右, 事諾注薄. □□□□, 識. □[始] [十] [二] [年]正月十三日白主薄暖, [功] [曹] [史]□. "(TKM96:18,23 北涼玄始十二年(423年)兵曹牒為補代差佃守代事 1-31);"[勅]行西部水, 求差楊□□今還改動, 被勅知行中部□□□□信如所列, 請如辭差校曹書佐陳達. 代達行西部水, 以攝儀□□□張祇養□□[行]中部水. 事諾約勅奉行. 緣禾十年三月一日白. 功曹史璋. "(TAM382:6-3a 北涼緣禾十年(441年)高昌郡功曹白請改動行水官牒, 柳393);"□□□[來]月十日, 事諾班示, □□□識奉行. 二月廿七日. 主薄悅. "(TAM22:21 (a) 殘文書一 1-101) 등.

컨대 제3면의 '事諾命盡'도 전형적인 공식 문서 상용어구의 하나
라고 판단된다.

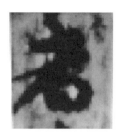

제3면 제9자

물론 여기서 자체의 문제가 제기될 수 있다. 이 글자에 대해서
는 대부분 '者'로 판독하기 때문이다. 그러나 이 글자의 아랫부분
은 口로 보여, 者의 아랫부분의 日과 다르다. 윗부분은 者와 비
슷하지만, 이체자를 보면 머리부분의 卄 중 오른쪽 세로획과 아
랫부분 右의 삐침획이 이어지곤 한다(그림 9). 따라서 이 글자도
마찬가지로 양자가 이어진 것이지만, 卄 중 오른쪽 세로획이 약
하게 처리된 결과라고 본다면, 충분히 若으로 판독할 수 있다는
것이 필자의 생각이다. 더욱이 제1면의 '再拜' 부분에서 설명한
바와 같이, 상투적인 어구를 쓸 때에는 자체가 크게 간략화된다

'若' 이체자

그림 9. '若'자의 서체

는 점을 상기하면 이를 若으로 보아도 무방하다고 생각한다. 물
론 정식 상용어구는 '事諾'이지만 諾자는 종종 若자와 통용되어 쓰인다. 이 점은 이미 주마루오간과 투르
판 문서에서 많은 사례를 찾을 수 있다.

4. 제4면 : 使

먼저 자부터 살펴보자. 이 글자에 대해서는 '內'로 보는 견해가 우세하다(윤선태2005, 2008; 정재영
2008; 권인하 2013; 이승재 2017). 일단 '內'라고 읽은 뒤, 이 '內'를 동사의 뒤에 쓰여 그 동사가 우리말로
읽힘을 지시하는 선어말어미 '-ㄴ-'로 보았다. 신라 이두문에 자주 쓰이는 이두의 문법 형태로 이해한 것
이다. 「선림원종명(804)」 '此以本爲內'를 '이를 本으로 하다'로 해석하고, 여기서의 '內'가 종결사처럼 사용
된 것이 이 목간의 용법과 비슷하다고 지적한다. 역시 국어학계에서 이 목간을 중시하는 대목 중의 하나
다.

하지만 과연 이 글자를 '內'라고 판독할 수 있을지 의문이다(그림 10). 內의 入획
부분이 人처럼 되어 있는데다 冂의 오른쪽 획과 이어져 있어서 도저히 內로 보기
어렵다. 보고서2에서는 □라고 처리하고 官(?)으로 추독하였다.[18] 하지만 官이라
고 판독하기에도 어색하다. 갓머리 부수의 가로획 위아래의 세로획이 이어지고 있
기 때문이다. 그 때문에 '內'라고 보면서 무언가 가획이 추가된 것이라고 추정한다
(윤선태 2017). 필자는 일단 가획했다는 추정에 동의한다.

그림 10. '內'자

그러나 가획을 했다는 것 자체는 미리 쓴 '內'자가 잘못 되었기 때문이다. 따라서 이 글자를 여전히 '內'
로 읽고 이를 이두로 풀이하는 것은 성립할 수 없다. 또 글자 자체를 '內'로 읽을 수도 없다. 글자가 잘못
되었다면 얼마든지 그 부분을 칼로 깎아내고 쓰면 된다. 중국과 일본에서는 이렇게 잘못 쓰고 깎아낸 削

---

18) 이용현(2006)은 '官'일 수도 있고 '內'일 수도 있다고 보고, 어느 것이든 '官' 또는 '內'에 使臣가는 것이라고 풀이했다.

衣가 다량으로 확인되기도 한다. 그런데 이렇게 '內'자에 가획이 이루어졌지만 정확한 글자가 되지 못했는데, 그럼에도 불구하고 이를 깎아내지 않았다는 것이다. 그 까닭은 이 글자가 정확하지 않아도 이 목간 전체가 공식 행정 문서로서 기능하는데 문제가 발생하지 않았기 때문이다. 어떤 요소가 그런 기능을 할 수 있을까?

그 답은 관리의 서명이다. 이미 秦代부터 행정 문서 작성자는 문서 뒤에 자필 서명을 해야 했다. 문서를 작성한 책임을 지우기 위해서다. 그런데 그 서명은 문서에 쓰인 글자체와는 다른 특이한 형태를 띠는 경우가 많다(그림 11). 투르판 문서 75TKM91:18(b) 문서의 경우는 작성자의 이름이 龍이지만 그 서명은 자신만의 특이한 자체로 기입하였고, 75TKM91:20(a) 문서의 경우도 맨 왼쪽 작성자의 이름이 鴻이지만 역시 여러 획을 서로 이어 만든 독특한 자체를 보여준다. 63TAM1:13(a)의 서명은 더욱 독특하다. 이 글자는 驚이지만 윗부분의 步의 세로획과 아래부분의 馬의 세로획을 억지로 잇고, 馬의 灬부분이 생략되고 옆쪽으로 말꼬리가 휘말려 있는 모양을 표시해 놓고 있다. 자신을 표현하는 자신만의 서명을 만들어서 사용했던 흔적이라고 생각된다. 월성 해자 2호 목간 제4면의 마지막 글자도 갓머리 위에서 내려오는 세로획과 오른쪽 갈고리획을 매우 어색하게 억지로 길게 늘여서 아래에서 이어 붙였다. 중국 측의 사례에 비춰보아 이것도 자신만의 독특한 서명을 하기 위해 자신이 만들어낸 자체로 판단된다.

월성 해자 2호 목간은 공식적 행정 문서로서 갖춰야 할 각종 요소, 예컨대 수신자, 하급자의 謙辭, 보고 안건의 주제, 각종 상용어구의 사용 등이 모두 갖춰져 있다. 따라서 가장 기본적인 요소인 발신자가 생략되어서는 곤란하다.[19] 제4면의 마지막 서명은 이 발신자의 정보에 해당된다. 그런데 발신자는 主簿

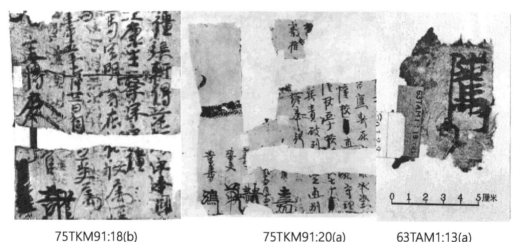

| 75TKM91:18(b) | 75TKM91:20(a) | 63TAM1:13(a) |

그림 11. 투르판 문서에 보이는 서명

---

19) 이승재(2017)도 발신자를 생략한 문서는 거의 없다는 점을 지적했다. 다만 그는 제1면의 '白' 앞의 글자를 '可行'으로 읽고 이를 발신자로 파악했다.

나 錄事 등의 관직을 쓰고 난 뒤 서명을 하는 것이 원칙이다. ▦가 서명이라면, 그 앞에 나오는 '使'는 바로 ▦의 관직에 해당될 수밖에 없다.

그렇다면 '使'는 大鳥知郎에게 종이 구입을 지시받고, 이와 관련한 종이 종류와 가격을 조사하는 구체적 준비조치를 취한 이후 그 시행 여부를 물었던 업무 담당 하급 관리에 해당한다. 大鳥知郎이 일을 시킨 자라는 의미에서 하급 관리의 직급이 '使'라고 불렸을 것이다. 안압지 출토 185간 前面 "云遣急使條高城醯缶"의 急使가 이러한 하급 관리를 의미할 가능성이 크다. 즉 急使가 직접 고성에 가서 식혜를 받아오든지 아니면(이용현 2007) 고성의 식혜를 골라 오도록 한 것인지는 확실치 않으나(이문기 2012) 일단 상부의 지시를 받아 특정 물품을 수급하고 있다는 점은 월성 해자 2호 목간의 '使'와 동일하다.

III. 문서의 내용과 구성

1. 문서 행정 절차

이 문서가 종이 구입과 관련된 문서라는 점에는 이견이 없다. 다만 어떤 문서 행정 절차가 이루어지고 있는지에 대해서는 대부분의 연구자들이 명확한 설명을 하지 않았다. 그 까닭은 이 목간이 당시 동아시아 문서 행정의 틀 안에 위치하고 있다고는 짐작하지만, 문서에 등장하는 용어를 이두로 풀이하거나, 혹은 문서 형식이 엄격하게 지켜지지 않은 채 일상적인 용어로 쓰인 것이라고 이해했기 때문이다. 그러나 필자는 이미 여러 차례 강조한 것처럼 이 목간은 엄격한 문서 행정 서식을 준수한 공식 행정 문서라고 생각한다. 더욱이 다행인 것은 짧은 내용이지만, 이 안에 문서 행정을 지칭하는 중요한 어휘들이 등장한다는 사실을 확인할 수 있었다. 본 장에서는 그러한 어휘에 주목하면서 이 목간이 제작된 행정 절차를 복원해 보겠다.

먼저 제1면에는 하급자의 상관에 대한 보고를 의미하는 '白'이 있고, 제3면에는 상급자로부터의 명령을 의미하는 '敎'가 있는데, 이들 간의 상관관계는 어떤 것인지 잘 보여주는 자료로 다음과 같은 중국 측 자료가 있다.

邛都安斯鄕石表 (正面)
　領方右戶曹史張湛白, 前換蘇示有秩馮佑轉為安斯有秩, 庚子詔書聽轉, 示部, 為安斯鄕有
　秩, 如書, 與五官掾司馬檀議, 請屬功曹, 定入應書時簿, 下督郵李仁, 邛都奉行, 言到日, 見
　草, ○行丞事常如掾, ○主簿司馬追省, **府君教諾**, ○正月十二日乙巳, 書佐昌延寫.

이 자료는 1983년 四川省 昭覺縣 四開區 好谷鄕 출토된 후한시기 石表다. 그 내용은 다음과 같다. 右戶曹史 張湛이 상급자에게 보고하기를(白), 예전에 蘇示鄕 有秩 馮佑를 安斯鄕 有秩로 옮겨달라고 했고, 庚子詔書에서 이를 허락했다. 그래서 업무 담당자가 "請屬功曹, 定入應書時簿, 下督郵李仁, 邛都奉行"과 같은 조치를 할 수 있도록 군수에게 재가 신청을 했고, 이 문서를 丞, 主簿가 검토한 뒤 최종적으로 군수가 이를 재가했다(府君教諾). 이 내용을 정월 12월에 기록하였다. 다시 그 형식을 정리하면, 먼저 상부로부터 관리의 전근 관련 명령이 내려왔다(詔書). 그래서 이와 관련된 후속 조치를 준비하고, 그것을 허가해 달라고 상급관에게 보고했고(白), 이러한 사실을 검토한 뒤, 최종적으로 君이 教의 형식으로 이를 허락(教諾)하였다. 詔書-白-教諾의 단계가 확인된다.

이러한 형식은 같은 후한시기 長沙 五一廣場 간독에도 보인다.

<blockquote>
兼弊曹史煇, 助史襄<u>白</u>: 民自言, 辭如牒.

<u>教</u>屬曹分別白. 案: 惠前遺姊子毒, 小自言, 易永元十七年

君<u>教諾</u>.   中, 以由從惠質錢八百. 由去, 易當還惠錢. 屬土記為移長刺部

曲平亭長壽考實, 未言, 兩相誣. <u>丞優</u>, 掾賜議請粬理訟

掾伉, 史寶實核治決. 會月廿五日<u>復白</u>.

延平元年八月廿三日戊辰<u>白</u>. (四七木牘CWJ1③: 325-5-21)
</blockquote>

이 간독의 문서 행정 절차는 다음과 같다. (1) 어느 백성의 진술이 있었다는 사실을 보고하자(白), (2) 그에 대해 君이 각 부서에서 나누어 조사하도록 명령(教)했고, (3) 그래서 이를 조사하였으며,(案) 그 내용을 丞과 掾이 검토하였다. (4) 8월 25일까지 재보고하라는 명령에 따라 8월 23일에 보고하니, (復白) (5) 君이 教를 내려 이를 허락하였다. 역시 보고(白)-허락(教諾)의 형식을 볼 수 있다. 이러한 방식이 고정되어 있었기 때문에 보고 문서를 작성할 때 미리 목간에 君教를 써두고, 君은 내용을 읽어보고 諾이라고만 서명을 하는 방식이 사용되었다. 따라서 (5) 의 君教諾은 실제로는 하급 관리가 君에게 허락을 요청해 달라는 과정과 君이 그것을 허락하여 諾하는 과정으로 구분될 수 있다. 요컨대 보고(白)-명령(教)-재보고(復白)-허락(教諾)의 단계를 확인할 수 있다.

東吳시기의 주마루오간에도 똑같은 형식이 확인된다.

<blockquote>
丞出給民種粻掾烝 □如曹期會掾   錄事掾谷水校

君教

主簿   省   嘉禾三年五月十三日<u>白</u>三州倉領雜米起

嘉禾元年七月一日訖九月卅日一時簿 (走馬樓吳簡竹簡 2-257)
</blockquote>

이 내용을 정리하면, 1) 三州倉의 창고 담당 관리가 嘉禾1년 7월부터 9월까지 창고로 들어온 雜米를 통계한 장부를 보고하고(白), 2) 丞과 掾이 함께 점검하고(校), 主簿가 살펴본(省) 뒤, 3) 최종적으로 君이 教로서 허락해 준다(教). 다만 아직 君이 허락을 하지 않았기 때문에 諾이라는 서명이 보이지 않는다. 역시 白-教諾의 순서가 보인다. 정기적인 작업이었기 때문에 맨 처음 명령(教)가 나타나지 않았을 뿐이다.

북조 투르판 문서에도 예외는 아니다. Ⅲ장 1) 牒 부분에서 인용한 唐翟辭爲菠蓉承使官馬皮事는 글자가 일부 보이지 않아 내용이 정확하지 않지만, 전체적인 내용은 다음과 같다. 1) 이전에 상부로부터의 질문을(問) 받아서 2) 이에 대한 조처로 牒 앞에 쓰인 수량을 준비했는데(菠蓉承使官馬貳張 同□□□悅) 3) 이렇게 해도 되겠는지 답을 부탁드립니다(仰答). 여기서는 敎-白의 용어가 사용되지 않았지만, 그대신 問-答이라는 문서 행정 절차가 진행되고 있다.

1) 상부의 명령 : 敎

월성 해자 2호 목간도 바로 이러한 형식의 문서 행정 절차가 만들어낸 산물이다. 牒이라는 글자로 시작되는 공식 문건에는 牒 뒤에 우선 이전에 상급자로부터 명령을 받은 바가 있다는 점이 부기된다. 敎라는 어휘를 직접 사용하거나 아니면 〈그러한 명령에 따라서〉라는 의미의 被牒, 被符, 被問, 得牒라는 말이 상용어구로 등장한다. 2호 목간에서는 제3면의 '垂賜敎在之'가 이에 해당한다.

2) 업무 담당자의 구체적 준비조치 : 經中入用思買白不雖紙一二千

상부의 명령을 받으면 마땅히 그에 대한 구체적인 조처를 취해야 한다. 상부의 명령은 일반적으로 대략적인 방향을 지정하거나 혹은 관련 사항을 추가 조사하라고 하는 경우가 대부분이다. 따라서 이에 대한 업무 담당자의 구체적 후속 조치가 필요하다. 관리 전근을 명령했다면 관리 전근을 위해서 관련 부서에 공문을 보내고 그때까지의 장부를 정리해야 했다. 獄事가 생기면 관련자들의 진술을 듣고 그 결과를 보고해야 했으며, 상시적인 구입이나 출납이라도 정기적으로 구체적 물량을 제시하고 보고해야 했다.

보통 이렇게 업무 담당 하급 관리의 구체적 준비조치는 공문서의 앞쪽에 배치된다. 거연한간의 상행 문서인 〈永元器物簿〉는 烽燧에 갖춰져 있는 기물의 상황을 기록하여 보고한 문건이다. 그런데 이 문건은 앞부분에 기물의 구체적 내용과 숫자를 모두 적고 난 후, 뒷부분에 언제 누가 보고한다는 내용이 이어진다.[21] 주마루오간도 마찬가지로 "謹列人名口食年紀, 右別爲簿如牒"(주마루오간 죽간 4-4523)이라고 되어 있듯이 목간의 오른쪽, 즉 앞부분에 장부를 붙여놓고 나중에 본문이 시작된다(伊藤敏雄, 2015). 전술하였듯이 투르판 문서 牒文도 해당 안건과 장부 등이 牒으로 시작하는 부분 앞에 배치되고 있다.

따라서 월성 해자 2호 목간의 비우도 牒으로 시작되치 전인 제2면의 내용이 업무 담당 하급 관리에 의해 구체적인 준비조치가 취해진 내용에 해당된다. 이미 상부로부터 내려온 명령(敎)에는 종이를 구입하라는 내용만이 있었을 것이지만, 이를 구입하기 위해서 구체적인 白不雖紙 한 묶음을 특정하고 이것을 '經中入用' 즉 경상구입비 중에서 2천의 가격으로 구입하겠다고 조처하였던 것이다.

---

20) "廣地南部言永元五年六月官兵釜磑月言簿 / 承五月餘官弩二張箭八十八枚釜一口磑二合 / 今 餘官弩二張箭八十八枚釜一口磑二合 / 赤弩一張力四石木關 陷堅羊頭銅鏃箭卅八枚 / 故釜一口鍉有錮口呼長五寸 / 磑一合上蓋缺二所各大如疎 / ●右破胡遂兵物 …… / 永元七年六月辛亥朔二日壬子廣地南部候 / 長 叩頭死罪敢言之謹移四月盡六月見官兵釜 / 磑四時簿一編叩頭死罪敢言之"(거연한간 合128.1)

3) 상부의 허락 신청 : 後事諾命盡

이렇게 구체적인 준비조치가 이루어져도 이를 곧바로 시행할 수는 없다. 일단 이에 대한 상부의 검토와 허락이 필요하다.[21] 검토는 丞이나 掾과 같은 중간 관리에 의해 이루어지지만, 종종 생략되기도 한다. 반면 행정 책임자에 의해 허락을 받는 절차는 반드시 진행되는 것이 원칙이다. 따라서 이른바 '事諾' 혹은 '君教諾'이라는 표현이 상투적으로 등장하며, 구체적 후속 조치에 대해 허락을 해 줄 것을 요청했다. 아울러 허락을 해준다면 명령을 받들어 시행하겠다는 뜻이 奉行, 班示 등의 상용어구가 이어졌다.

월성 해자 목간도 마찬가지로 나중에 허가해주시면(事諾) 목숨이 다하도록 일을 충실히 하겠다고(命盡) 했던 내용이 기입된 것이다.

4) 문서 보고 : 大烏知郎足下万拜白 / 使📁

이렇게 문서 작성이 끝났으면 상부의 허가를 받기 위해 이를 보고해야(白) 한다. 이 단계에서는 수신자와 발신자를 기입해야 한다. 수신자를 쓴 뒤에는 적절한 상투적 謙辭가 붙는다. 전한 이전에는 '관직+發'이라고 해당 관직이 개봉하라는 방식이 주로 사용되었으나, 후한 시기 AD 1-2세기 이후가 되면 개인 서신에 자주 사용되었던 각종 존칭어와 겸사가 공식 문건에 기입되기 시작한다. 수신자 뒤에 卿과 같은 존칭어미 그리고 足下, 侍前 등과 같은 敬稱語를 붙인다든지, 보고한다는 의미의 白의 앞에 叩頭死罪, 再拜, 頓首와 같은 謙辭가 덧붙여졌다. 문서의 맨 뒤에는 문서 담당자의 신분을 기입한다. 보통은 主簿나 錄事와 같은 직위를 쓰고 난 뒤 자신의 서명을 하고 문서 작성을 완료한다.

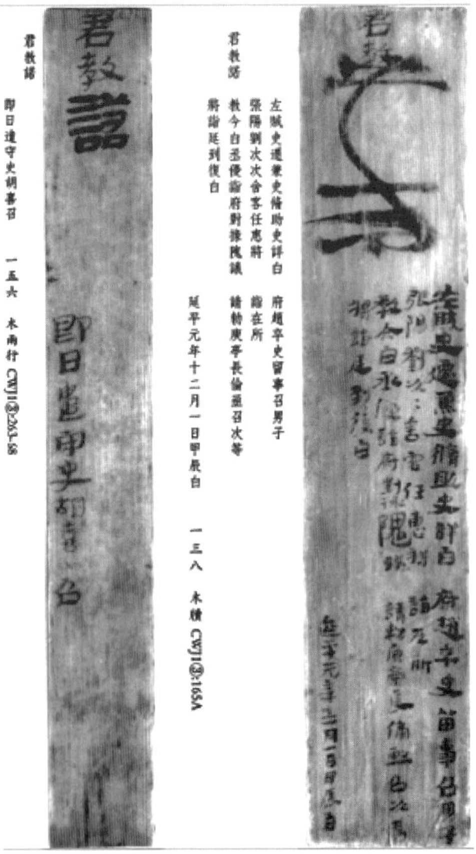

월성 해자 목간도 상부의 허가를 받기 위해 문서를 상부에 보고(白)하였다. 제1면에 大烏知라는 수신자를 기록하되 수신자를 높이는 존칭어미인 郞을 붙이고 다시 足下라는 경칭을 더한 뒤, 再拜라는 겸사와 함께 전체 문서를 보고하였다(白). 끝으로 제4면 맨 마지막에 발신자의 직급인 '使'와 서명 📁이 기입되었다.

이렇게 작성된 문서는 상부로 전달되고 마지막

그림 12. 주마루오간 君의 허가 서명

---

21) 『三國志』 卷55 吳書黃蓋傳 "事入諾出."

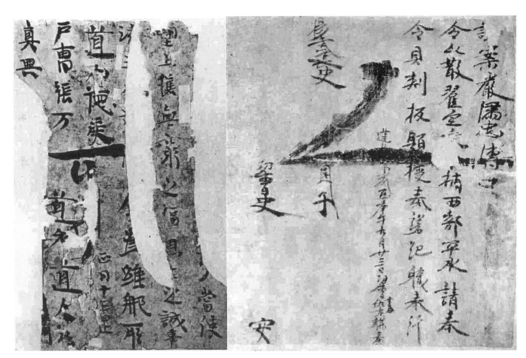

그림 13. 투르판 문서 상관의 허가 서명

으로 상관이 이를 허가한다는 서명이 기입되는 것이 원칙이다. 長沙 五一廣場 漢簡이나 주마루오간에는 목간의 윗부분 '君敎' 다음에 君이 '諾' 혹은 '若'이라는 서명이 기입되었다(그림 12 참조). 투르판 문서에서는 可 혹은 ∠라는 표시를 문서 가운데에 써 넣었다(그림 13). 다만 월성 해자 2호 목간에는 이러한 표시가 없으므로 아직 허가를 받지 못한 상태였다고 판단된다.[22]

2. 글자수와 공백의 문제

월성 해자 2호 목간에 사용된 언어와 문서 형식이 전형적인 상행 문서라는 점을 증명해 주지만, 목간의 각 면에 쓰인 글자 수와 공백을 통해서도 이를 확인할 수 있다. 목간의 제 1면에는 9글자, 제2면에는 13글자, 제3면에는 11글자, 제4면에는 2글자가 적혀있다. 즉 각 면의 글자 수가 일정하지 않고 마지막 제4면에는 많은 공백이 남겨져 있다. 이러한 사실은 서사자가 분명 특정한 의도를 갖고 기록했음을 말해준다. 윤선태(2017)도 이 점에 주목하여 〈각 면마다 각각 그 자체 면 내에서 문장이 하나로 단락되었을 것이지만, 3면과 4면은 이어지는 문장일 가능성이 있다〉라고 추정하였다. 필자는 모든 제1면과 제2면만이

---

22) 大鳥知郎에게 허가를 요청하는 이 목간이 大鳥知郎에게 허가를 얻지 못한 채 폐기되었다는 점도 주목할 만하다. 목간이 大鳥知郎에게 전달되지 않았던 상태에서 폐기되었을 수도 있으며, 이미 전달되었으나 大鳥知郎이 허가를 하지 않고 미루었을 수도 있다.

아니라 제3면과 제4면도 모두 별개의 문장으로 나누어졌으며, 이렇게 문장이 나눠진 것은 서사자의 임의가 아니라 당시 행정 문서의 서사 규정에 따라 서사된 것임을 강조하고자 한다. 사면 목간이라는 특수한 서사 매체이지만, 서사 방식은 넓은 판자 木牘이나 종이문서에 쓰는 방식과 동일하다는 것이다.

먼저 투르판 문서의 용례를 보면 牒이라는 용어는 항상 행을 바꿔 맨 위에 쓴다. 이러한 원칙에 따라 월성 해자 목간의 제3면의 첫 글자는 牒으로 시작하였다. 그리고 牒 앞에는 업무 담당자의 구체적 준비 조치이면서 동시에 상부의 재가를 필요로 하는 내용을 적었다.[23] 그런데 이 내용은 별도의 행에 적어야 했기 때문에 무려 13글자를 하나의 면에 빼곡이 적어야 했다. 제3면에서 보듯이 이 목간의 제작 당시에 띄어쓰기가 의식되었다면, 제2면에서도 띄어쓰기가 시도될 법도 하다. 구입비 항목을 가리키는 '經中入用'과 종이를 구입 행위를 가리키는 '思買' 사이라든가, 아니면 종이의 수량을 가리키는 '紙一'과 가격을 가리키는 '二千' 사이에 공간을 둘 만하다. 전술했듯이 한대 간독에서도 이렇게 一二가 이어지는 경우 그 사이에 ∠를 기입하여 혼동을 피하려고 했다면, 월성 해자 목간도 이러한 혼동을 피하기 위해 띄어쓰기를 했을 법하다. 그러나 이러한 문제를 예상할 수 있었음에도 불구하고 모두 하나의 면에 기입한 것은 牒으로 시작하는 어구는 반드시 행을 바꿔야 했다는 규정 때문이었다고 생각한다.

제3면도 마찬가지로 한 면에 내용을 모두 적어야 했다는 부담감이 확인된다. 제2면은 비록 13자이지만 아래쪽에 약간의 공백을 남겨두었다. 하지만 제3면은 목간의 맨 아래 끝까지 글자를 기입했다. 제4면에 충분한 공간이 남아있음에도 불구하고 제3면의 맨 끝까지 글자를 적어야 했던 것은 제3면의 내용과 제4면의 내용이 구분된다는 의식이 전제되지 않으면 이해할 수 없다. 그 까닭은 제4면은 발신자의 직급과 서명을 하는 곳이기 때문인데, 이 점은 모든 행정 문서에 공통된 현상이다.

제1면은 수신자를 지정하고 그에게 보고한다는 내용이므로 이 부분 역시 구체적 업무 내용을 담은 제2면과 구분되어야 했다. 한대 간독 이래 글자의 마지막 획을 길게 늘어뜨리는 懸針은 대부분 문장이 끝날 때 사용된다. 월성 해자 목간도 제1면이 白으로 끝난다는 것을 드러내기 위해 白의 마지막 획을 일부러 길게 늘어뜨려 썼던 것이다.

한편 목간의 모든 면의 윗부분에 상당한 여백이 균등하게 있다는 점이 주목된다.[24] 윗부분에 상당한 공백이 있음에도 불구하고 제2면과 제3면의 시작을 다른 면과 동일한 지점에서 시작하였고 그 결과 나머지 부분을 촘촘하게 쓸 수밖에 없었다. 그 까닭은 윗부분을 남겨두어야 한다는 의식이 있었기 때문일 것이다. 지금으로서는 단순한 추측에 불과하기는 하지만, 중국 출토 간독과 종이 문서의 사례에도 고의적으로 빈 공간을 배치해 두고 있는 것에(그림 14) 비추어, 두 가지 가능성을 제시해 볼 수 있다. 첫째, 이곳에 상관의 허가 서명이 기입되었을 가능성이다. 주마루오간의 田家莂 목간의 경우 세금 수취 관리의 서

---

23) 이용현 2006은 牒 형식의 문서라면 牒으로 시작되는 면이 문서의 제1면일 것이라고 한다. 그러나 Ⅲ장에서 인용한 투르판 문서의 사례에는 牒으로 시작되는 행이 뒤에 나온다. 저자가 직접 인용한 중국의 사례만 보아도 발신과 수신처가 제일 먼저 나오는 경우, 그리고 '爲某事 某奏 云云' 부분이 牒으로 시작되는 행보다 먼저 나오는 경우를 알 수 있다.

24) 이 부분에 주목한 것은 이재환 선생의 도움이 컸다. 이에 사의를 표한다.

명을 기입하는 공란을 남겨두고 있고, 君敎 목간의 경우 목간의 윗부분 君敎라고 되어 있는 부분 바로 아래 공란을 남겨두어 君이 諾이라는 표시를 기입한다. 둘째, 업무 담당 하급 관리가 상신한 문서에 대해 문제가 없으면 諾이나 可라고 기입하지만, 상급자가 보기에 문제가 있거나 일정한 수정이 필요하면 이에 대한 의견을 상신 문서에 직접 기입하였다. 주마루오간 J22-2539의 경우 〈그러나 고문을 할 때에는 官法에 따라야 하지 함부로 지독하게 고통을 주어서는 안된다(然考人當如官法, 不得妄加毒痛).〉이라는 상관의 의견이 목독의 좌측 상부 빈 공간에 초서로 기입되었다(伊藤敏雄 2014). 투르판 문서도 마찬가지로 종이의 좌측 부분에 많은 공란을 비워두고 있는데, 역시 여기에 종종 상관의 의견이 기입되었다. 따라서 월성 해자 2호 목간의 상부 여백도 이러한 목적을 위해 의도적으로 배치되었고, 그 때문에 각 면의 본문도 이 여백을 침범하지 않는 지점부터 시작되었다고 추측한다.

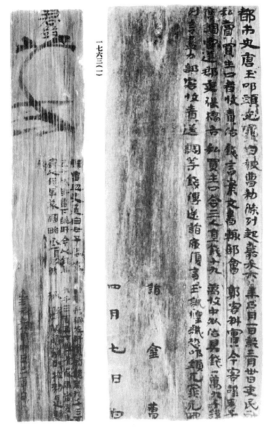

그림 14. 행정 문서의 의도적 공간 배치

3. 초기 이두 사용 여부

이미 Ⅱ장 판독과 해설 부분에서 조금씩 언급한 바 있지만, 필자는 월성 해자 2호 목간에서는 초기 이두가 확인되지 않는다고 생각한다. 기존 국어학계에서 초기 이두의 단서라고 언급한 부분을 적기하면, ① 제1면의 '白ㅣ'를 '白之'로 읽고, 종결형 어미 '之'의 출현과 그것이 이미 구결자 'ㅣ'로 굳어졌다는 것, ② 제2면의 '經中'에서 '中'이 처소격 조사로 사용되었다는 것, ③ 제3면의 '賜'가 존경법의 선어말 어미로 사용되었다는 것, ④ 제3면의 '在之'가 선어말 어미 '겨'와 종결형 어미 '之'가 결합되었다는 것, ⑤ 제3면의 '者'가 주제표지사로 사용되었다는 것, ⑥ 제4면의 '使內'의 '內'가 선어말 어미 '느'라는 것이다(김영욱 2007; 정재영 2008; 권인한 2010, 2013).

하지만 필자의 판독에 따르면, ① 제1면의 '白ㅣ'은 '白'으로 읽어야 하고 'ㅣ'는 白의 마지막 획을 시각적으로 늘어뜨린 것이다. ② 제2면의 '經中'은 경상비 '經用 중의'라는 의미로서 '~중'이라는 본래의 의미로 해석해야 한다. ③ 제3면의 '賜'는 '賜敎'라는 '명령을 내리다'라는 동사다. ④ 제3면의 '在之'의 경우 결코 고대 한문의 일상적 용법이라고는 할 수 없지만, '在'자는 특히 北朝 이래 唐代에 문장의 마지막에 쓰이면서 존재와 지속의 의미를 뜻하는 경우를 적지 않게 확인할 수 있다. ⑤ 제3면의 '者'자는 '若' 혹은 '諾'으로 읽어야 한다. ⑥ 제4면의 '使內'의 '內'는 일단 '內'로 판독할 수 없으며, 그 의미도 발신자의 서명에 해당한다.

월성 해자 2호 목간은 초기 이두가 출현한다기보다 오히려 당시 동아시아에 보편적으로 시행되고 있었던 문서 행정의 절차와 어휘를 그대로 수용한 결과라고 생각한다. 필자는 이러한 철저한 학습과 수용이 전제된 이후에야 비로소 현실에서 사용되는 자신의 어법과의 충돌을 감지하고 이를 새로운 방향 즉 이두의 사용으로 바꾸어 나갈 수 있는 것이라고 생각한다.

IV. 맺음말

본고는 그동안 많은 연구가 축적되었음에도 불구하고 상대적으로 크게 부족했던 중국 측 출토 행정 문서 자료와의 비교 검토에 초점을 두어, 월성 해자 2호 목간에 대한 새로운 판독과 해설을 시도했다. 선진시기에 형성되어 진한을 거쳐 수당에 이르기까지 이래 오랜 기간 발전하여 체계화되었던 중국 측의 문서 행정을 신라가 수용하였을 것임에 틀림없다면, 그 수용 대상과의 비교는 필수적이라는 것이 본고의 출발점이다.

먼저 2호 목간에 대한 필자의 판독과 해석은 다음과 같다.

> 제1면: 大鳥知郎足下 再拜白
>
>   大鳥知님께 再拜하며 보고드립니다.
>
> 제2면: 經中入用, 思買白不蹉紙一, 二千
>
>   경상구입비 항목에서 白不蹉紙 한 묶음을 가격 2천에 구입하고자 합니다.
>
> 제3면: 牒: 垂賜教在之. 後, 事若, 命盡
>
>   공문: 명령을 내려 주신 바가 있습니다. 이후에 일을 허락해주시면 목숨을 다 하
>   겠습니다.
>
> 제4면: 使, 🁢
>
>   使 일을 맡고 있는 🁢

제1면의 경우 ① 행정 문서의 수신자에 인명만을 기입하는 경우는 없고 관직 혹은 관등을 기입한다는 점에 비추어 大鳥知로 판독하였다. ② 再拜가 행정 문서의 상투적 관용구이며 그 경우 글 자체도 충분히 생략될 수 있다는 점에 비추어 再拜로 판독하였다. ③ 마지막 ㅣ획은 白의 마지막 획에 해당하며 이는 문서의 권위를 강조하기 위해 종종 문장의 마지막에 나타나는 현상이다. 제2면의 경우 ① 經中入用은 물자

의 출납을 관리하는 관리가 지출 항목을 명기한 것으로서 경상구입비라는 의미다. ② 행정 문서에 애매한 수량을 기입하지 않는다는 점에 비추어 一과 二를 구분해서 읽어야 하며, 一은 수량, 二는 가격으로 읽어야 한다. ③ 마지막 글자는 千으로 읽는다. 제3면의 경우 ① 牒이라는 전형적 행정 문서의 양식이 사용되었다. ② 중국 측에서도 일상적이지는 않지만 종종 문장의 끝에 在의 용법이 확인된다. ③ 牒 뒤에 관용구로서 상관이 보고 내용을 허가해주면 곧바로 일을 충실히 처리하겠다는 글귀가 나온다는 점에 비추어, 事若으로 판독하였다. 제4면의 경우 ① 발신자의 신분을 나타내는 부분으로서 使는 발신자의 직위에 해당한다. ② ▉는 발신자의 서명이다.

한편 2호 목간의 각 면은 문서 행정의 단계와 양식을 정확히 반영한다. 종이 구입과 관련한 행정 절차를 복원하면 다음과 같다. 1) 정기적으로 종이를 구입하라는 상관의 명령(敎)이 하달된다. 2) 업무 담당 관리가 아직도 유효한(在之) 상관의 명령(敎)에 의거하여 특정한 종류의(白不躇紙) 종이를 일정한 가격(二千)에 구입하고자 구체적 준비를 마친다. 3) 담당 관리는 종이 구입을 완료하기 위해 상관의 허가를 요청한다(事若, 命盡). 4) 이러한 요청을 문서로 작성하고 문서 작성자의 직위(使)와 서명(▉)을 기입한다. 이러한 절차가 행정 문서 양식에 따라 기록되었다. 1면에는 수신자인 상관에게 보고한다는 내용, 2면에는 업무 담당자가 구체적으로 준비된 조치, 3면에는 상관의 허락을 요청하는 내용, 4면에는 문서 작성자의 직위와 서명이 각각 기입되었던 것이다. 상관은 이 문서를 받은 뒤에 허가 여부를 공백에 기입했을 것이다. 이렇게 각 면에 정확히 기입해야 할 내용이 정해져 있었기 때문에, 각 면에 쓰인 글자 수는 모두 다르며 맨 아래의 공백도 일정하지 않았다.

이처럼 2호 목간은 당시에 규정되어 있었던 문서 행정 절차와 서사 양식을 철저히 준수한 결과물이라고 생각한다. 존칭어미와 경칭, 겸사가 등장하기 때문에 일상적 대화처럼 보이지만, 이는 전한시기 이후 행정 문서에 개인 서신의 양식이 침투한 결과 후한 이후의 행정 문서에서는 쉽게 확인되는 요소다. 또한 행정 문서 속에 일상적 대화에서 사용되는 구어체적 표현들이 보인다고 해서, 그것이 한반도에서 변용한 결과라고 보는 것은 속단이다. 드물지만 중국 측 자료에서 확인되기 때문이다.

투고일: 2018. 4. 30.   심사개시일: 2018. 5. 3.   심사완료일: 2018. 5. 27.

권인한, 2010, 「목간을 통해서 본 고대 동아시아의 문자문화」, 『목간과 문자』 6.

권인한, 2013, 「목간을 통해서 본 신라 사경소의 풍경」, 『진단학보』 119.

김병준, 2011, 「낙랑군의 한자사용과 변용」, 이기동 등, 『고대 동아시아의 문자교류와 소통』, 동북아역사재단.

김영욱, 2007, 「古代 韓國木簡에 보이는 釋讀表記에 대하여」, 『구결연구』 19.

이경섭, 2003, 「신라 목간문화의 전개와 특성」, 『민족문화논총』 54.

이경섭, 2009, 『한국고대사연구의 현단계』, 石門 李基東敎授停年紀念論叢, 주류성.

이문기, 2012, 「안압지 출토 목간으로 본 신라의 洗宅」, 『한국고대사연구』 65.

이승재, 2017, 『木簡에 기록된 古代 韓國語』, 일조각.

이용현, 2006, 『韓國木簡基礎研究』, 신서원.

이용현, 2007, 「안압지 목간과 동궁 주변」, 『역사와 현실』 65.

윤선태, 2008, 「목간으로 본 한자문화의 수용과 변용」.

윤선태, 2017, 『동아시아 고대 도성의 축조의례와 월성 해자 목간』 한국목간학회 창립 10주년 기념 국제학술회의 자료집 발표문.

정재영, 2008, 「월성 해자 149호 목간에 나타나는 이두에 대하여」, 『목간과 문자』 창간호.

高村武幸, 2015, 『秦漢簡牘研究』, 汲古書院.

關尾史郎, 2009, 「五胡時代, 高昌郡文書の基礎的考察」, 土肥義和 編, 『敦煌吐魯番出土漢文文書の新研究』, 東洋文庫.

冨谷至, 2010, 「書體·書法·書藝術 –行政文書が生み出した書藝術」, 『文書行政の漢帝國』, 名古屋大學出版社.

三上喜孝, 2006, 「文書樣式〈牒〉の受容をめぐる一考察」, 『山形大學歷史·地理·人類學論集』 7.

伊藤敏雄, 2014, 「長沙吳簡中の〈叩頭謝罪白〉文書木簡小考」, 『歷史研究』 51.

伊藤敏雄, 2015, 「長沙吳簡の〈叩頭死罪白〉文書木牘」, 伊藤敏雄 等編, 『湖南出土簡牘とその社會』, 汲古書院.

李成市, 2005, 「朝鮮の文書行政 六世紀の新羅」, 『文字と古代日本2 文字による交流』, 吉川弘文館.

金秉駿, 2009, 「如何解讀戰國秦漢簡牘中的句讀符號及其與閱讀過程的關係」, 『簡帛』 第4輯.

西村元佑, 1985, 「唐代徭役制度考」, 中國敦煌吐魯番學會編, 『敦煌學譯文集 –敦煌吐魯番出土社會經濟文書研究』, 甘肅人民出版社.

王啓濤, 2003, 『中古及近代法制文書語言研究–以敦煌文書爲中心』, 巴蜀書社.

王啓濤, 2012, 『吐魯番出土文獻辭典』, 巴蜀書社.

李均明, 2015, 「走馬樓吳簡會計用語叢考」, 『出土文獻研究』 第7輯.

李方, 2015, 「唐西州天山縣官員編年考」 『出土文獻研究』 第7輯.

〈Abstract〉

Rethinking the Silla wooden strip No. 2 excavated at the moat of the Weolseong Palace

Kim, Byung-joon

This paper analyzed Silla wooden strip No. 2 excavated at the moat of the Weolseong Palace, while comparing with Chinese wooden strips especially related to the document administration. This kind of comparison has not been made much of even though Shilla document administration must have imported the Chinese one from the first stage. With this analysis I corrected some transcriptions and found an interesting fact that this four-side wooden slip had faithfully reflected the very exact rule of the document formats prevailing in East Asia around that time.

I can reconstruct the process of document administration with this wooden strip. At first, there was an order to buy the paper issued by the superior. It might be a regular order which was regularly promulgated in the past. Secondly, the official should have prepared the related tasks on the basis of the past order. He was supposed to buy the white special paper with the price of two thousands. Thirdly, he had to get the permission from the superior to take action to buy. Therefore he made the document to ask a permission. Lastly he signed with his own signature and sent it to the superior. These steps were written in this four-faced wooden document according to the rule. In the first face, the recipient must be written with the respectful mode. In the second face, the contents prepared by the official were revealed in detail. In the third face, he asked the superior to permit his preparation. In the forth face, he signed the document. Because every face was allotted to write a fixed content, the numbers of the letters and the blank in the bottom were irregular.

Besides, I do not agree that the early features of 'Idu' letters could be found in this wooden slip. All of the assumptions to support 'Idu' letters lost their plausibility by my transcriptions and analysis. This kind of misunderstanding might come from the fact that there were many elements used in the colloquial conversation in the wooden slip. However, it does not mean these were made by Shilla people rather than unusual usages by the Chinese people.

▶ Keywords: Weolseong Palace's moat, Wooden strip, Idu letters(이두), Chinese wooden strips of Juyan and Zoumalou, Chinese paper documents of Dunhuang and Turfan

月城垓字 출토 木簡과 日本 古代木簡의 비교[*]

渡辺晃宏 著[**]

오택현 譯[***]

〈국문초록〉

월성 해자 출토 목간을 이해하기 위해 일본 목간을 비교·검토할 필요가 있다고 생각된다. 그래서 본고에서는 월성 해자 목간을 이해하기 위한 방법으로 일본에서 출토된 목간과의 비교·검토해보고자 한다.

일본 출토 목간을 보면 다면기재보다는 여러 행에 기재되는 형식이 계승되었다. 이는 율령 문서 행정과 밀접한 관련이 있는 것으로 보이며, 시기는 8세기로 추정된다. 반면 한반도 출토 목간을 보면 다면기재와 여러 행에 기재되는 형식이 병존하고 있는 것을 알 수 있다. 기존에는 백제에서만 여러 행에 기재되는 형식이 보였는데, 이번 월성 해자 출토 목간에서도 신라에서 여러 행으로 기재되는 형식이 사용되었다는 점을 확인할 수 있었다. 또 다면기재 목간의 전파에 대해서도 새로운 검토가 필요할 것이다. 다만 본고는 일본 목간 연구의 입장에서 비교·검토가 진행되어 충분한 해답을 내릴 수 없기 때문에 이 문제는 추후 과제로 남겨놓고자 한다.

▶ 핵심어: 월성해자, 다면기재, 다행기재, 율령

---

*   본고는 2017년 10월 19일~20일 열린 한국목간학회 창립 10주년 기념 국제학술대회의 자료집인 『동아시아 고대 도성의 축조 의례와 월성해자 목간』에 실린 글을 수정, 보완한 것이다.
**   日本 奈良文化財研究所
***   동국대학교 사학과

I. 들어가며

이번 月城垓字 発掘調査에서 7점의 木簡이 출토되었다. 당연하게도 이는 바라던 출토이다. 출토 木簡의 해명은 본래 그 유적 유구의 이해에서 이루어져야 하며, 木簡만 거론하며 논의하거나, 더구나 일본의 木簡과 비교 검토하는 것 등은 시기상조의 감을 면하기 어렵다. 그러나 이번에 출토되었던 木簡은 年紀가 기재된 것을 포함하는 등 月城垓字 그것과 신라 왕경, 나아가서는 신라사를 보는 것뿐만 아니라 한국 木簡의 이해에 있어서도 중요한 의의를 가진 자료가 될 것은 확실하다. 그리고 그 이해가 동아시아의 木簡文化를 이해하는 것에 있어 키포인트가 되는 것은 말할 필요가 없다.

그래서 나와 같은 한국사와 한국 목간의 문외한이 가능한 것으로서 관련되는 일본 목낭를 소개하고 비교 검토를 행하고자 한다. 금번 月城垓字 출토 木簡을 검토하기 위해서, 또 한국 목간을 보다 깊이 이해하기 위해서 조금이라도 참고가 되는 점이 있다면 뜻밖의 행복일 것이다.

II. 韓半島에서 日本으로 木簡文化의 전파

동아시아의 木簡文化를 살펴보면 한반도에서 일본 열도로의 전파는 중요한 과제이다. 이 점이 인식되었던 것은 겨우 지금부터 20년 전 즈음부터이다. 일본의 목간 연구 60년의 역사에서 말한다면 계속되는 새로운 과제이다.

이 과제를 문제의식으로서 목간 연구자가 공유해야 하는 것은 크게 2개의 요인이 있다. 하나는 일본에서 7세기 목간의 사례가 증대된다. 지금부터 30년 전, 藤原京木簡과 얼마 안되는 점수의 飛鳥京木簡을 제외하면 7세기 목간의 실태는 아직 명확하지 않다. 7세기 목간이 역사를 기록했을 가능성을 가진 자료인 것은 租税貢進 荷札의 「評」의 표기가 소위 郡評 논쟁에 종지부를 가져왔기 때문에 커다란 기대와 같이 인식되고 있었던 것이다. 이렇게 등장했던 것이 飛鳥池 木簡, 石神遺跡 木簡의 2대 木簡群이다.

藤原京期보다 전으로 거슬러 올라가면 飛鳥浄御原宮時代의 생생한 자료의 출현은 초기 율령국가 건설기의 실태를 여실하게 전해주는 자료로서 큰 주목을 받았다. 또 일본의 木簡文化로 볼 때 그것이 어디까지 거슬러 올라가는지, 어디가 원류가 되는 것인지에 갑자기 주목을 받는 계기가 되었다.

이에 호응하듯이 출현한 것이 한국 함안의 신라시대 산성, 城山山城의 목간이었다. 한반도에서 일본 열도로 목간 문화의 전파가 중요한 과제로서 인식되었던 2번째 요인이다. 주지한 것과 같이 한반도에서의 목간 발견의 역사는 1970년으로 거슬러 올라간다. 경주 안압지에서 발견되었다. 안압지 목간의 출토는 한반도에 있던 목간 문화의 존재를 명확하게 하고, 중국 簡牘, 일본 목간과 함께 동아시아 공통되었던 목간 문화를 이해하는 시점을 가져왔다. 그러나 유감스럽게도 그 후 한반도에서의 목간 출토는 단발적이고, 목간 연구가 심도있게 이루어지지 못했다.

그것을 크게 전진시키는 역할을 수행한 것이 성산산성에서 많은 양의 목간이 출토된 것이다. 한국목간학회의 설립에 이르러 한국 목간학이 발전된 경위에 대해서는 필자가 많은 말을 하지 않아도 될 것이다. 여기에서 인식되고 있는 것은 城山山城의 목간 발견이 일본의 목간 연구에 준 영향이 크다는 것이다. 앞에서 이야기했듯이 7세기 목간의 증가와 함께 일본의 목간의 근원을 찾는 것이 갑자기 각광을 받게 되었던 것이다. 한반도에서 일본 열도로 목간 문화의 전파가 광범위한 공통 과제로서 인식되고 있었던 것이다.

다만 당초의 논의는 이제 보니 상당히 피상적인 논의였다고 할 수 있다. 그것은 일본의 목간보다 오래된 6세기로 거슬러 올라간 시기의 목간이었다는 것에서 내용의 검토도 없이 보이는 대로의 형상에 착안했던 것이다. 예를 들면 성산산성 목간에 많은 수를 포함하고 있는 荷札木簡의 파여 들어간 부분의 위치가 1단인 경우 대부분이 하단인 점에 주목해, 일본의 7세기 목간에도 역시 하단에 파여 들어간 부분을 가진 것이 많을 것이라는 불확실한 정보를 과대하게 평가해 버렸던 것이다. 침착하게 비교 검토하면, 성산산성의 목간과 일본의 목간은 상당히 이질적인 모양을 보이고 있는 것은 쉽게 확인할 수 있다. 쓰여진 문자의 서풍만이 아니라, 두껍고 거친 인상의 나무가 많고, 가지를 그대로 목간에 사용한 경우도 있는 등 형상의 차이가 현저하다. 당연하다고도 말할 수 있지만 오히려 안압지의 목간과의 공통성이 눈의 띈다. 그중에서 하단에서만 보이는 파여진 부분이 있다는 공통점이라는, 목간을 찾아볼 때 쉽게 실수로 판명되는 정보가 말하자면 독단적으로 나와 버린 것이다.

III. 다면에 기재한 木簡

이번에 출토된 月城垓字의 목간에서 주목되는 점이 많지만 여기에서는 일본의 목간과의 비교라고 하는 관점에서 논점을 2개로 정리하고 나의 의견을 이야기하고자 한다. 하나는 多面에 기재한 목간하고, 다른 하나는 복수의 행으로 쓰여진(이하, 복행기재로 표기함) 서식에 대한 것이다.

우선 다면에 기재된 목간에 대해 생각해보고자 한다. 여기에서 말하는 다면에 기재한 목간이란 앞면과 뒷면이라고 하는 양면 이외에 묵서가 있는 목간이다. 3면 이상에 묵서가 있는 목간 중 목재품 부재 등의 각 면에 묵서가 있는 경우는 제외하고, 角柱 내지는 그에 준하는 형태를 가진 것을 예로 들고자 한다.

4면에 묵서가 있는 목간은 15점 확인되는데, 그 대부분은 근세의 角柱형의 卒塔婆로 여기에서는 고찰의 대상에서 제외한다. 지금 비교검토 할 자료는 고대에서는 다음의 8점이다.

① 平城宮 第214호 木簡 (平城宮跡内裏北外郭官衙 SK820出土)
- 「画料継米径一寸二分 『大□大□』　　　　　　　　　」　　　　　　(第一面)
- 「角長一寸五分　厚八分　継□〔所カ〕太二寸六分」　　　　　(第二面)
- 「大長八寸六分　中径五寸六分　恵利径三寸二分　廣径一寸三分二朱」　(第三面)
- 『大□　　大大　〔　〕』　　　　　　　　　　　　　　　　　」　　(第四面)

174×10×9 011

(이하 목간의 석문은 기본적으로 보고서에 의한 것이지만, 글자 배치 등을 사진에 의해 위치를 조정한 경우가 있으며, 또 목간학회 방식의 범례에 따라 표기했다.)

〈그림 1〉은 보고서인 『平城宮木簡一』의 도판게재 된 사진인데, 이 사진의 사면의 배치는 유물로서 이 목간에 대해 오해를 줄 수 있어 주의를 요한다. 예를 들어 사진을 보면 제1면(이하 제〇면은 보고서의 기재에 의함)에서 좌측 방향으로 차례로 제2면, 제3면, 제4면이 정열된 것처럼 이해되는데, 실제로는 제2면, 제3면, 제4면의 정열 순서는 제1면에서 보면 우측 방향으로 정열되어 있다. 이것은 유물에 입각한 사진과 실측도의 배치로 매우 이례적이다(앞뒤 양면과 좌우 양 측면에 묵서가 있는 경우 고고학적으로는 우측에서 우측면, 앞면, 좌측면, 뒷면의 순으로 정열하는 것이 많고, 앞뒤 양면의 경우는 우측에 뒷면, 좌측에 앞면을 배치하는 것이 일반적이다. 그러나 세로로 쓰여진 문장은 우측행에서 좌측행으로 연결하는 것이 보통이기 때문에 일본의 목간의 경우 사진 실측도는 우측에 표면, 좌측에 뒷면을 배치하는 것이 많다. 단 석문은 표면에서 시작하고, 우측면을 최후에 두는 것도 있다).

처음 보고서에서는 제1면에서 제4면까지를 문장으로서 순서 이해는 정확한 것인가. 보고서에서도 제시된 것과 같이 제1면과 제4면에는 「大」 외의 습서가 쓰여져 있다. 이 습서는 본문과는 별도로 쓰여졌고, 하부 여백에 「大」를 습서한 제1면에 배치되었다고 한다면 습서는 본문 기재보다도 뒤의 것으로 보인다. 그러므로 원래 기재되지 않았던 제4면이 사면 중에서 가장 마지막에 쓰여진 면인 것은 의심의 여지가 없다.

그렇다고 한다면 나무를 돌려가며 기재했다고 하는 전제로 생각한다면 제1면→제2면→제3면→제4면(위에서 보면 좌측방향)의 순으로 쓰여졌는지, 제3면→제2면→제1면→제4면(위에서 보면 우측 방향)의 순으로 쓰여졌는지 둘 중 하나가 된다.

여기에서 주목할 것은 제4면과 같은 「大」의 습서가 제1면 하부에도 있다는 것에서 같은 「大」의 습서가 있는 제1면이 제4면의 직전에 이어지는 면, 즉 당초의 기재가 된 3면 중에서는 최후에 쓰여졌을 가능성이 높다. 양자는 『画料継米径一寸二分 『大□大□』』의 제1면의 좌측에 『『大□　大大 [　]』』의 제4면이 이어지는 위치 관계에 있고, 우에서 행을 진행해 나가는 종서(세로 글쓰기)의 기재순서와도 맞다.

이렇게 생각하면 이 목간의 기재순서는 앞에서 언급한 2개의 가능성 중에서 제3면→제2면→제1면→제4면 순, 즉 다음과 같이 볼 수 있을 것이다(그림 2. 적외선사진)

a 「大長八寸六分　中径五寸六分　　恵利径三寸二分　廣径一寸三分二朱」
b 「角長一寸五分　厚八分　継□〔所カ〕　太二寸六分　　　　　　　　　」
c 「画料継米径一寸二分　『大□大□』　　　　　　　　　　　　　　　　」
d 『『大□　大大 [ ]』』　　　　　　　　　　　　　　　　　　　　　　」

내용을 현대어로 번역해보면 다음과 같다(습서 부분은 제외한다. 또 c면 2번째 글자의 「料」라는 글자의 자획은 좀 더 단순하고, 「利」의 가능성이 있다. 그렇다면 「画利」는 「ゑり」고, a면에 있는 「恵利」의 이표기로 생각된다. 또 b면의 「所カ」라는 글자는 c면 4번째 글자와 같은 「米」의 가능성이 있고, 그렇다면 「継米」

는「つぎめ」의 의미인가).

    a面: 大는 길이 25.8㎝, 中径 16.8㎝, 衿径 9.6㎝, 広径 3.96㎝(1寸＝3.0㎝로 환산)
    b面: 角은 길이 4.5㎝, 두께 2.4㎝, 연결 부분의 굵기는 7.8㎝
    c面: 衿 부분의 연결되는 지금 3.6㎝

  기재된 내용은 모두 단편적이여서 문장을 구성하고 있는 것은 아니다. 그러나 글자는 주의 깊고 신중하게 쓰여져 단순한 습서라고는 생각되지 않는다. 어떤 물품의 길지, 지름, 두께, 굵기 등을 기재한 실제적 용도를 가진 목간으로 보인다. 전체적으로 한 제품의 크기를 나타내고, a면의 기재에서는 잘록한 부분을 가진 항아리과 같은 물레로 만든 토기와 같은 비율을 생각하게 하지만, b·c면의 기재된 내용과의 관례는 확실하지 않다. 굵기와 직경의 차이도 알 수 없다. 용도로서 상정할 수 있는 것은 제품의 모양(예＝모형) 정도일 것이다(참고 a 鳥池遺跡에서 출토된 釘樣木簡). 그러나 현재 상태의 목간으로 길이 174㎜는 어떤 숫자와도 부합하지 않고, 가느다란 각주형의 재료에 기록한 의도도 명확하지 않다. 어쨌든 사면 묵서의 목간이라도 문서 목간으로서 기능을 가지는 것이 아니라는 것은 명확하다.

  ② 平城宮第3083号木簡(平城京二条条間路北側溝SD5100出土)
  ·「飯飯今今今印印印□　　(表)　①
  ·「今今今今今□〔食カ〕飯□〔印カ〕印印　　(左側面)　②
  ·「依□□〔依カ〕依□〔依カ〕已上□〔起カ〕□月廿二□〔日カ〕□　　(裏)　③
  ·「依依依依　□□〔印印カ〕　　(右側面)　④

                                              (122)×8×6 019

  아래는 파손되어 있고, 양 측면은 갈라진 상태로 완전한 상태는 아니다. 각주형이며 4면에 묵서가 있다(그림 3). 또 상단 부분에 먹이 칠해져 있다. 보고서는 위의 것 같이 표면을 제1면으로 보고 좌측으로 이동하는(우측으로 돌리는) 순서로 기록하고 있다. 세로로 글쓰기에서는 자연스러운 순서이고, ①의 목간도 같은 양상을 띄고 있기 때문에 a에서 d까지의 기호를 붙인 것이다.

    a面:「飯飯今今今印印印□ (表)
    b面:「今今今今今□〔食カ〕飯□〔印カ〕印印　　(左側面)
    c面:「依□□〔依カ〕依□〔依カ〕已上□〔起カ〕□月廿二□〔日カ〕□　　(裏)
    d面:「依依依依　□□〔印印カ〕　　(右側面)

  내용은 기본적으로 습서이고,「飯」이 3글자(a면에 2자, b면에 1자),「今」이 8글자(a면에 3자, b면에 5

자), 「印」이 8글자(a면에 3자, b면에 3자, d면에 2자), 「食」이 1글자(b면에 1자), 「依」가 8글자(c면에 4자, d면에 4자)를 확인할 수 있다(확정되지 않은 글자도 수에 포함). 보고서에는 특별한 기술은 없지만「己上□〔起カ〕月廿二□〔日カ〕」의 부분은 다른 것과는 내용적으로 이질적이어서 의미의 정리가 있다. 기간의 첫 기일을 기록한 내용으로 이 부분에만 원래 목간에 쓰여져 있던 기재가 보인다. 문서 목간을 세로로 쪼갠 단편을 이용해 아마도 그 목간의 내용에 관련해 습서를 한 것이다. 내용적으로도 a에서 d에 이르는 순서로 습서했다고 보고, 이에 모순은 없다.

그렇지만 이 목간도 사면 묵서라고 말해도 문서 목간으로서 기능을 가진 것은 아니다.

③ 長岡京跡左京東二条大路出土木簡
· 「繩紀□綢鯛鰯銭釘飯餅道有大舎人右十人正正□   (第一面)
· 「右大臣銭延暦□年七月十三日右釘廿五   近江国蒲生郡   (第二面)
· 「□□行道今□〔琴カ〕蘭□〔年カ〕有□□〔前カ〕牧□□〔魚神カ〕成□ 倉□□
  〔塩カ〕□   (第三面)
· 「□〔継カ〕繩   (第四面)
                          (480)×35×30 065 (『木簡研究』25, p.60(1))

하단을 파손한 어떤 목제품의 부재에 4면으로 묵서가 있다(그림 4). 상단은 柄(나무 끝을 구멍에 맞추어 박기 위하여 깎아 가늘게 만든 부분) 형태로 가공되어 있고, 이 부분에 묵서는 없다. 柄 부분에는 제2면부터 제4면으로 관통한 네모난 천공이 뚫어져 있다. 제2면 4면 상부에 관통된 구멍이 남겨져 있다. 보고서에는 통상 세로 기재에 기준이 되는 형태로 제1면에서 좌측으로 번호를 부여여고, 석문을 두고 있다. 제2면에 명료한 것처럼 의미적인 내용을 가진 문장을 확인할 수 있는 부분도 있는데, 전체적으로는 습서 목간으로 보여진다.

의미있는 내용을 뽑아낸 부분으로는 제1면의 「大舎人」, 「右十人」, 제2면의 「右大臣銭」, 「延暦□年七月十三日」, 「右釘廿五」, 「近江国蒲生郡」, 제3면의 「継繩」가 있다. 이 중 제2면의 年紀부분에 남겨진 글씨는 「八」 또는 「十」일 가능성이 있다. 「十」이라면 제4면에 보이는 (藤原)継繩의 右大臣 재임 기간(延暦 九年 二月 任)과 일치하고, 제2면의 「右大臣」과의 관계도 부각된다. 일련의 사료(문헌목간과 종이문서 등)를 면을 나누어 습서했을 가능성을 생각할 수 있을 것이다.

한편 제3면도 동일한 글자의 묵서가 없어 어떤 출전을 가진 문장일 가능성이 있다. 또 제1면에는 동일한 글자의 기재와 공통된 편을 가진 글자가 열기된 부분이 있다. 첫 번째 글자인 「繩」에서 네 번째 글자인 「綢」까지는 모두 '糸'변의 글자이고, 다섯 번째 글자인 「鯛」과 여섯 번째 글자인 「鰯」는 '魚', 7번째 글자인 「銭」과 여덟 번째 글자인 「釘」은 '金', 아홉 번째 글자인 「飯」과 열 번째 글자인 「餅」는 '食'변으로 각각 변을 공유한 글자가 열기되고 있다. 네 번째 글자인 「綢」와 다섯 번째 글자인 「鯛」는 旁의 '周'를 공유하고, '糸'변에서 '魚'편으로 넘어가면서 방에 주목해 연상하는 것을 알 수 있다. 또 「繩」, 「銭」, 「釘」의 것과 같이 다른 면에 쓰여졌던 글자와 공통하는 것이 포함되고 있는 것은 제2면과 제4면의 내용을 보고 기록하고 있다는 가능성을 상정할 수 있을 것이다.

그렇다면 이 목간의 기재순서는 서로 관계하는 제2면→제4면(기재한 양이 적은 제4면이 나중으로 보인다), 이어서 이것과 관련된 습서를 포함한 제1면, 최후에는 이것들과 전혀 관계가 없는 전적 등을 전거로 해 습서한 제4면이라고 할 수 있을 것이다. 表裏관계에 있어 면에 먼저 기재하고, 그 후에 좌우측 면에 묵서한 것이 된다. 그러므로 형상은 각주형으로 사면 묵서이지만 돌려가면서 좌측으로 글씨를 쓰고 있는 사면 묵서 목간의 범주에 넣을 수 있는 목간이라는 결론을 내릴 수 있는 것이다.

④ 観音寺遺跡論語木簡

(表 面)　□〔冀カ〕□依□□〔夷カ〕乎□□〔還カ〕止□〔耳カ〕所中□□□

(裏 面)　□　□　□　□　乎

(左側面) 子曰　学而習時不孤□乎□自朋遠方来亦時楽乎人不知亦不慍

(右側面) [　　　]用作必□□□□□〔兵カ〕□人[　]□□□〔刀カ〕

(653)×29×19　065　『観音寺遺跡1』77호 木簡

『論語』 학이편의 습서인 목간이다(그림 5). 상하 모두 파손되었는데, 각주형의 가느다란 길이의 재료 4면에 묵서가 있다. 보고서에는 폭이 넓은 방향을 表裏로 하고, 그중 문자 수가 많은 면을 표면으로 보았다. 그 경우 논어의 습서가 있는 면은 좌측 면에 해당한다. 보고서에 의하면 이 면의 문자는 필획의 좌단부가 없어진 것이 있어 좌측면에서 논어를 기록하고, 表裏에 일부 면을 조금 깍아서 별도의 문자를 습서했다고 생각된다. 논어의 습서는 좌측면밖에 보이지 않지만 보고서에는 원래는 각주형의 재료로 다른 면에도 논어가 쓰여져 있었을 가능성도 부정하지 않았다. 즉 한국 김해시의 봉황동 유적에서 출토된 공야장편을 사면에 기록한 논어 목간과 같은 모양이며, 소위 觚의 형태의 목간이었을 가능성이 있다. 현재 상태에서는 논어와의 관계없이 습서가 3면에 쓰여져 있지만 내용적으로는 관련을 가진 사면 묵서 목간의 한 예일 가능성이 있을 것이다.

판독이 가능하지 않은 부분이 많고, 기재 순서와 내용에서 불명확한 점이 남겨져 있기 때문에 단언하지는 못하지만 이렇게 일본 목간과 한반도 목간과의 유사점이 많은 사례는 드물며, 한반도에서 도래계 사람들이 작성에 직접적으로 연결되었을 가능성을 포함해, 중국을 포함한 동아시아를 잇는 중요한 자료라고 할 수 있을 것이다.

⑤ 山形県生石 (おいし) 2遺跡出土木簡 (SD100出土)

・「養養養養見 〔親カ〕 者有□ 〔養カ〕 有神是是是是是」

・「[   ]   」

・「[   ]□□ 〔解申カ〕 [   ]   」   .

・「[   ]   」

483×40×19 011 (『木簡研究』9, p.90(1))

막대 모양의 목간의 사면에 묵서가 있다. 폭과 두께는 2배 이상이고, 막대 모양이라고 말하기 어려운 형상이 된다. 내용은 습서이고, 「養」이 5글자, 「親」이 1글자, 「者」가 1글자, 「有」가 2글자, 「神」이 1글자, 「是」가 5글자로 각각 읽혀진다. 제3면에 「解申」이라고 하는 내용이 보이는 부분이 간신히 남아 있어 이 부분이 목간 본래의 글자로 제일 최초에 쓰여졌던 부분일 것이다. 이것도 사면 묵서라고 해도 문서 목간으로서의 의미를 갖는 것은 아니다.

⑥ 鹿児島県京田 (きょうでん) 遺跡出土木簡

a 告知諸田刀□ 〔祢カ〕 等 勘取□田二段九条三里一曽□□   (第一面)

b 右件水田□□□子□ 〔息カ〕 □□□□□□□□   (第二面)

c 嘉祥三年三月十四日   大領薩麻公   (第三面)

d 擬小領   (第四面)

(400)×26×28 081   (『木簡研究』24, p.155(1))

상하단 모두 파손되어 있다. 일부에는 나무껍질이 남겨져 있다. 각주형으로 4면에 문자가 기록되어 있다(그림 6). 말뚝 모양의 목간으로 상하를 거꾸로 하면, 당초의 상단을 뾰족하게 하고, 杭列의 杭の一本として 재이용했기 때문에 남겨진 자료이다. 嘉祥 3年은 850년이다.

각 면의 기재는 내용적으로 연관이 있고, 우측으로 회전시키며 우측에서 좌측으로 통상의 순서로 일련의 내용을 기록하고 있다(위에서 보면 우측으로 돌아가며 읽는다). 「告知」에서 비롯된 목간은 平城京 東三坊大路 東側溝에서 출토된 9세기 전반의 天長年間 무렵으로 보이고, 소위 告知札(말의 수색을 의뢰하거나, 역으로 포획했던 말을 가진 주인을 찾는 내용의 팻말 형태의 간판 목간)으로 알려져 있다. 이들 목간은 도로통행자의 게시를 목적으로 하기 때문에 묵서는 단면이고, 게시용으로 통상 목간보다는 좀 더 두꺼우며, 길지는 않지만 큰 글자로 복수로 기재할 수 있을 정도의 폭을 가진 형태를 가지고 있다. 3점의 완형품의 크기는 길이 993㎜×폭73㎜×두께 9㎜(참고 b), 길이 1134㎜×폭 51㎜×두께 7.5㎜, 길이 876㎜×폭 50㎜×두께 7㎜, 또 상단은 남겨져 있지만 하부가 파손된 자료는 길이 (266)㎜×폭 58㎜×두께 4.5㎜이다. 모두 2, 3행으로 기재될 수 있는 폭을 가지고 있다.

이것에 대해 京田遺跡에서 출토된 ⑥은 폭과 두께가 비슷한 각주형 재료의 각면에 1행씩 묵서가 있다.

내용적으로도 郡司(長官의 大領. 次官의 擬少領. 단 서명은 확인되지 않는다)가 토지의 귀속을 증명하는 내용을 기록하고, 전체로서 하나의 완결된 내용을 가지고 있다. 글씨가 있는 면을 어떤 방향으로 향하게 하는가에 의해 어떤 방향을 우선시키는가라고 하는 구별은 있을지도 모르지만, 어디에서 다가온 사람에게도 토지의 귀속과 관련한 의사표시를 할 수 있도록 한 것처럼 기본적으로 전방위에 향한 게시 기능을 담당하는 형상이다. 즉 사방에서 보는 것을 예상했던 경계 말뚝을 겸한 표지 목간으로 봐도 좋다. 특수한 기능을 가진 목간이 있지만 각주형이라고 하는 형태는 바로 그 기능에 어울린다고 할 수 있을 것이다. 이러한 목간은 일본에서는 유례가 없지만 기능에서 본다면 같은 모양의 목간이 다른 지역에서 다수 만들어지고 있어 전혀 이상한 일은 아니다.

⑦ 飛鳥池遺跡出土論語木簡

    (表　面)　観世音経巻

    (左側面)　支為□〔照カ〕支照而為

    (裏　面)　子日学　是是

145×21×20 011　(『飛鳥藤原京木簡 1』245)

이상으로 소개한 2점은 현재 3면에 묵서가 있는 목간이다. ⑦은 각주형의 완형으로 3면에 묵서가 있다 (그림 7). 観世音経(表面), 論語(裏面), 게다가 내용을 알 수 없는 습서(좌측면)로 이루어지는데, 각각의 관계는 명확하지 않다.

⑧ 飛鳥池遺跡出土千字文木簡

    (表面)　□□□□□〔薑海鹹河淡カ〕

    (左側面)　　推位□〔讓カ〕国

    (裏面)　□□□□

(156)×(10)×24　(『飛鳥藤原京木簡1』246)

3면에 천자문이 적혀있는 목간이다(그림 8). 좌측면이 되는 「推位讓国」라고 묵서된 면의 좌우는 원형을 유지하고 있지만 表裏가 되는 면은 좌우가 파손되었다.

表面의 「薑海鹹河淡」는 『千字文』의 제16구 끝부분부터 제17구, 좌측면의 「推位讓国」은 『千字文』제23구에 해당한다. 해당 부분의 『千字文』 본문을 제시하면 아래와 같다(숫자는 천자문의 句 번호를 의미한다. 밑줄 친 글씨는 목간에서 확인되는 부분의 문자이다).

15 果珍李柰　16 菜重芥薑

17 海鹹河淡　18 鱗潛羽翔

19 龍師火帝　20 鳥官人皇

21 始制文字　22 乃服衣裳

23 推位讓國　24 有虞陶唐

25 弔民伐罪　26 周發殷湯

　　원래는 각주형의 4면에 천자문을 적어도 2구절 이상 썼던 것으로 보여진다. 세로로 글을 쓰는 것은 일반적으로 우에서 좌로 필사를 하고 있다면 제18구부터 제22구까지 5구 20글자가 表面 하부 또는 좌측면 상부에 계속되고 있었을 것이다. 6구로 나누면 제17구와 제23구가 같은 높이에 위치한다는 것에 기초해 전체를 나눠 복원하면 이미 橋本繁가 언급한 것과 같이(「東アジアにおける文字文化の伝播」『韓国古代木簡の研究』수록) 천자문의 첫 문구인 「天地玄黃」에서 에1면에 6구를 기록하고, 좌측 면에 새롭게 쓰여졌다고 가정한다면, 제17구는 제3면 끝부분에, 제23구는 제4면의 끝부분에 위치하게 된다. 전체 쓰여진 상태를 복원한 것을 제시하면 아래와 같다.

　　(第一面) 天地玄黃　宇宙洪荒　日月盈昃　辰宿列張　寒来暑往　秋収冬蔵
　　(第二面) 閏余成歲　律呂調陽　雲騰致雨　露結為霜　金生麗水　玉出崑岡
　　(第三面) 劍号巨闕　珠称夜光　果珍李柰　菜重芥薑　海鹹河淡　鱗潛羽翔
　　(第四面) 竜師火帝　鳥官人皇　始制文字　乃服衣裳　推位讓国　有虞陶唐

　　이렇게 복원을 하면 제1면에는 제5구의 「寒来暑往」 부근이 기록되어 있었던 것을 상정할 수 있는데, 제1면 상부에 남겨진 글자가 「寒来」의 일부로 보는데 문제가 없어 이러한 추론을 가능하게 한다. 즉 이 목간은 본래 목간의 하단에 가까운 부분에 단편이 있고, 읽혀지지 않는 부분의 치수도 고려하면 이 목간의 원형은 현재보다 3~4배 정도의 길이를 가진 장대한 것을 생각할 수 있을 것이다(橋本繁은 90㎝ 정도로 추정했지만, 판독되지 않는 부분의 존재를 고려하면 60㎝ 정도일 것으로 보인다). 조금 더 억측을 더한다면 『천자문』 250구 전체를 기록하고 있었다고 한다면 이와 같은 형태의 목간이 전부 11개가 있었다(24구×10개+10구×1개)고 추정하는 것도 무리한 해석은 아니다.

　　이상 일본에서 여러 면에 묵서가 기재된 사례를 소개하고, 간단한 고찰을 시도해보았다. 일본에서도 여러 면에 묵서한 목간의 사례가 없는 것은 아니지만 이번에 월성 해자에서 출토된 중국 간독의 觚에서 由来한 것으로 보여지는 목간의 예는 극히 적다. 가능성이 있는 것은 京田遺跡의 牓示木簡, 観音寺遺跡의 論語木簡, 飛鳥池遺跡의 千字文木簡 정도일 것이다. 이 중 京田遺跡의 牓示木簡은 형태적으로는 觚의 형태를 취하는데, 토지의 귀속을 보여주기 때문에 현재의 땅에 세워 사방에서 볼 수 있는 것 같은 형태여서, 觚에서 직접 유래한 것은 아닐 가능성도 있다(일본의 근세 이후 각주형 卒塔婆에 사면 묵서가 많은

것도 卒塔婆의 형태와 함께 게시라고 하는 기능을 중시했던 점에 요인이 있다. 由比ケ浜南遺跡의 다각주형 塔婆와, 圓應寺跡의 角塔婆 등). 또 観音寺遺跡의 논어 목간과 飛鳥池遺跡의 천자문 목간은 複数本セット로서 전적을 기록하는 기능을 가졌던 목간일 가능성이 있다. 한국의 논어 목간과의 유사성은 높지만 중국 간독의 觚의 기능과는 직접적으로 연결되지는 않을 것이다.

이처럼 일본에서도 사면 묵서라고 하는 중국 간독의 觚에 대응하는 목간의 사용법이 알려지고 있었는데, 특별한 경우를 제외하고 그것을 실용에서 사용하는 것은 없었다고 봐도 좋다. 사면 묵서를 이용하기보다도 폭이 넓은 목간을 사용해서 복수행을 기록하는 방법이 써지는 글자수에 있어서도 효율적이다. 또이 이상의 기재가 필요한 경우는 종이의 이용이 가능했었을 것이다. 일본이 율령에 기초해 문서행정에 목간을 활용할 때에 觚의 사용을 기본적으로 계승하지 않은 것은 재료의 조달과 필기의 효율성, 그리고 지목병용의 편리성에 유래한 것이라고 봐도 좋을 것이다.

그럼 왜 한반도의 국가에서는 觚의 사용을 수용했던 것인가. 觚의 형태가 아니면 안되거나, 혹은 그형태인 편이 좋거나, 기능상 특징이 있었다고 하는 것인데 그 점을 생각하는 것도 일본에서 觚를 수용하지 않았던 이유를 해명하는데 빼놓을 수 없는 요소일 것이다.

또한 일본 목간에는 表裏에 쓰지 못한 기재가 측면에 미치는 사례가 얼마 안되지만 존재한다(참고 c). 종이의 이용을 전제로서 여러 면에 기재하는 전통은 기본적으로는 받아들여 이어지지 않았지만 일본 목간에서 면의 이용은 상당히 임기응변의 측면이 있다.

IV. 復行記載 목간

다음으로는 복수의 행서를 가진 목간(본고에서는 복행기재라고 표기한다)에 대해 검토하고자 한다. 일본의 목간에 대해서는 7세기 목간은 1행에 글씨를 쓰는 것이 기본이었지만, 8세기 이후에는 2행 이상에 쓰는 복수 행에 묵서가 있는 목간이 증가되고 있다고 생각된다. 그 대표적인 사례를 〈그림 9〉에 들었다. 大宝律令의 시행에 의해 문서행정의 본격적인 도입이 복행기재 목간을 나타나게 하는 중요한 계기가 되었던 것이다. 그것은 上申文書에 비해 발생이 늦은 하달기능을 가진 문서 목간의 발생과도 밀접하게 관계되어 있을 것이다.

다만 일본의 목간에 있어서 복행기재의 발생은 실제로는 목간의 기능에 의해 약간의 차이가 있고, 문서 목간에 대해서는 대체로 이러한 이해가 통용되었지만, 荷札木簡에 대해서는 7세기 단계부터 갖추어진 여러 행에 묵서를 가진 목간이 출현하고 있고, 여러 행으로 나눠서 기재한 荷札木簡은 7세기 단계에는 이미 보급되어 시행되고 있었을 가능성이 있다(가장 오래된 사례는 乙丑年〈665〉의 三野国의 荷札이다. 그림 10 참조). 즉 복행기재의 문제는 목간의 기능마다 나눠서 생각할 필요가 있다.

이 점에 대해 살펴보려면 복행기재라는 것은 무엇인가 생각해볼 필요가 있다. 즉, 복행기재와 割書를 구별하는 문제이다. 복행기재라는 것은 행을 바꿔 행을 추가하여 묵서를 하는 서식이다(중국 간독의 '兩

行'에 해당). 한편, 割書라는 것은 ⓐ 1행에 쓴 것을 기본으로 하면서 단순히 문자를 나눠서 늘어놓은 관계로 부분적으로(특히 끝 부분) 2행에 나눠 적은 경우나, ⓑ 같은 1행에 적은 것을 기본으로 하면서 다수의 항목을 줄지어 적기 위해 부분적으로 복수 행으로 나눠 적거나, 이를 되풀이 해서 단을 짜거나 하는 경우 등(죽국 간독의 '贖'에 해당하는 것)의 경우로, 이들은 명료하게 구별할 수 있다. 荷札 등의 경우에서 이미 7세기 단계에서 복수 행으로 글을 쓰는 방식이 출현하였다고 볼 수 있는 것은, 문서 목간과 달리 기재할 분량을 예측하는 것이 비교적 쉬웠기 때문이며, 그때 그때의 상황에 따라 적당히 割書를 병용한 것은 아니며, 사전에 기재해야 할 분령과 여백을 생각해 나눠 적을 것을 결정하는 것이 가능했기 때문이 아닐까 싶다. 즉, ⓐ의 범주로 파악하는 것이 가능하다고 생각해도 될 것이다(덧붙이자면 일본의 하찰 목간에서 복행기재라고 명확히 말할 수 있는 사례는 극히 적다). 그렇다면 7세기 목간에서 출현하는 하찰의 경우 복수의 행에 기재한 것은 엄밀히 말하자면 복행기재라고 말하기에는 충분치 않으며, 割書의 한 종류라고 이해해야 할 것이다.

그렇다면 한국의 목간에서는 복행기재의 사례가 어느 정도 있는 것일까. 한국의 목간 중에서는 중국의 贖의 계보를 잇는 割書나 段組의 서식을 가진 목간의 존재(예를 들어 부여 쌍북리 유적 출토 佐官貸食記 목간 등)는 알려져 있으나, 복행기재 목간은 아직까지 일본 이상으로 알려지지 않았다. 반면, 경주 안압지나 월성 해자, 성산산성 등의 신라 목간(이번에 발굴된 월성 해자 목간을 포함하여) 뿐만 아니라, 백제의 부여 능산리 사지 출토 支藥兒食米記 목간에서도 현저히 보이듯이 觚의 계보에 속하는 角柱 형태의 다면기재 목간의 존재가 밝혀지고 있다. 일본에서는 앞서 서술했듯이 觚의 계보를 잇는 다면기재 목간은 기본적으로 존재하지 않았다. 때문에 일본의 복행기재가 어느 정도의 경위에서 나타나게 된 서식인지에 대해서도 확실치 않았다.

이와 같은 상황에서 나타난 것이 나주 복암리유적의 1호 목간이었다. 이 목간은 둥그스름하고 온화한 六朝風의 서체, 폭이 넓고 비교적 얇은 재질을 사용한 형태 등, 일본의 7세기 말~8세기 초의 목간, 특히 長屋王家 木簡과 유사해, 필자가 일본 목간의 루트를 백제에서 찾게 된 계기가 된 자료이다. 여기에서는 다시 한 번 폭이 넓은 형태와도 관련되는 복행기재에 주목하고자 한다. 폭이 넓은 재료를 사용한 목간은 사용될 수 있는 소재가 되는 수종이 제한되는 형태로, 한국 목간에서는 많지 않다. 조달하는 것이 어려운 재료를 굳이 사용하였다는 사실에서부터 생각해본다면, 복행기재를 하고자 하는 목적이 중시되었다고 해도 좋을 것이다. 바꿔 말하면 소재의 제액을 넘어선 강한 의지가 생겨났다는 것이다. 이는 성산산성 목간뿐만이 아니라 안압지 목간을 포함한 신라 목간에서는 보이지 않는 특징으로, 백제 목간의 특징이라고 생각되어져 왔다. 일본 목간의 루트를 백제 목간에서 찾고자하는 근거가 되는 것이다.

이번에 월성 해자에서 출토된 목간에는 복행기재 목간이 2점 포함되어 있다. 그중에 1점은 파여진 부분이 있는 형태로 볼 때, 하찰로, 여기에서는 논의 대상으로 하지 않는다. 내용은 충분히 파악하기 어려우나 간격을 두고 기재한 것을 볼 때 복행기재라고 하기보다는 오히려 앞에서 서술한 割書나 段組의 범주로 보아야 하는 서식으로 보인다.

한편, 다른 1점은 상단이 결손되어 있는 것으로, 복행기재라고 보아도 좋을 것 같다. 특히 뒷면의 3행째에 여백을 남기고 기재를 마친 것은 이 지점을 뒷면이라고 파악할 수 있게 하였다(앞면은 충분히는 판독할 수 없으나, 우선 제목을 크게 적고, 그 뒷부분에 복행기재가 되어 있을 가능성이 있다). 지금까지는 사례가 없었던 신라 목간에서 처음으로 확인되는 복행기재 목간 사례라고 할 수 있다.

게다가 이 목간에는 干支年에 의한 연도 표기가 되어 있는데, 앞면에는 '丙午年(… 406. 466. 526. 586. 646. 706. 766 …)', 뒷면에는 '戊戌年(… 398. 458. 518. 578. 638. 698. 758 …)'과 '丙午年'이라고 읽히는 부분이 있다. 이 연도 표기를 구체적으로 서기 몇 년으로 볼지는, 다만 월성 해자나 신라사의 이해뿐만 아니라, 일본 복간의 루트나 그 기본적인 이해와 관련된 중요한 과제이다. 이는 동아시아 목간학의 과제라고 해도 과언이 아닐 것이다.

이 점에 대한 해명은 목간에 서술된 문자의 해독뿐 아니라 목제품으로서의 이해, 그리고 무엇보다도 고고유물로서의 출토 상황이나 遺構 遺蹟의 종합적인 이해 속에서 행해질 필요가 있으며, 현 단계에 주어진 정보만으로는 충분한 검토가 어려우며, 또 결론을 급히 내릴 필요는 없다. 애초에 목간이 해자의 어느 지점에서 어느 층에서 출토되었고, 같이 출토된 유물은 어느 정도가 있는지를 우선은 확실히 파악하는 것이 선결과제이다. 해자가 완전히 매워진 시기가 목간의 하한 연대라고 하는 이상은, 지금의 단계에서 필자가 말할 수 있는 것이 없다.

여기에서는 일본의 干支年 목간의 상황을 간단히 소개해, 월성 해자의 干支年代를 살펴볼 때 참고해보고자 한다.

일본 목간에서 干支年이 표기된 목간은 현재 약 100점 정도가 있다. 가장 오래 된 연대표기는 難波宮 출토 목간에 기재된 戊申年으로, 648년이다.

> ·『□』『稲稲』 戊申年□□□
>   □□□□□□
>   〔連力〕
> ·『[   ]
>   支□乃□
>   佐□□十六□   』

(202)×(27)×3 081 『木簡研究』22, p.47)

그런데, 이 목간은 문자가 남아 있는 상태가 좋지 않아 목간의 용도를 특정할 수 없다. 이외에 효고현 三条九ノ坪遺跡 출토 목간의 壬子年(652년, 『木簡研究』19, p.44), 藤原宮跡 출토 목간의 辛酉年(661년, 『木簡研究』5, p.81)과 癸亥年(663년, 『飛鳥藤原宮跡出土木簡概報』6)이 있으나, 모두 목간의 용도를 특정할 수 없다.

干支年이 기재된 목간 중에 기능이 명료한 것들 중 가장 오래된 연대표기를 가진 것은 石神遺跡 출토 乙丑年(665년)이다(그림 10).

- 「∨乙丑年十二月三野国ム下評」
- 「∨大山五十戸造ム下マ知ツ

　　□人田部児安　　　 」

　　〔従力〕

152×29×4 032　（『木簡研究』26, p.22）

　미노국(美濃國)의 下評大山 50戸로부터 쌀으로 보이는 貢進物의 하찰 목간이다. 또 같은 을축년의 문서 목간으로 보이는 목간이 나가노현 屋代遺跡群에서도 출토되었다(『木簡研究』18, p.112).

　干支年에 의한 연대기재의 실례는 天武朝에 들어 증가해 701년 大寶令이 시행되어 大寶 연호가 정해지기 전까지는 적지 않게 사용되어 왔으나, 일본 목간을 살펴봤을 때 다행인 것은 干支年이 기재된 목간의 연대 폭이 좁다는 점이다. 연대가 기재되지 않은 목간 중에서 遺蹟이나 遺構의 상황을 통해 가장 오래된 것으로 보이는 것은 7세기 2/4분기, 대략 630년대 이후이다. 그 때문에 기재 된 干支年의 연대를 특정할 때 복수의 가능성을 고려할 필요가 거의 없다.

　그런데 大寶 연호의 시행에 의해 干支年의 사용이 바로 사라진 것은 아니다. 이를 명확하게 한 것 역시 출토 목간의 역할으로, 확실히 701년 이후의 것이면서도 干支年을 사용한 사례가 몇 가지 알려져 있다. 辛丑年(701) 1건, 壬寅年(702) 1건, 癸卯年(703) 2건, 丁未年(707) 1건으로, 그중에서 癸未年의 1건과 丁未年은 같은 목간에 등장하는 사례로, 이번 월성 해자 목간과도 통하는 부분이 있어 소개한다(그림 11).

　　〔入力〕
　「癸卯年太宝三年正月宮内省□四年□□

　　年慶雲三年丁未年慶雲肆年孝服

（265）×30×4 081　（『平城宮木簡 7』11285호）

　이 목간은 목행기재 목간의 좋은 예이기도 한데, 여기에서는 복수의 干支年이 등장하는 것에 주목하고자 한다. 干支年으로 연도를 기재하고 있다는 사실은 이미 언급 했고, 실은 연호도 병용되었다. 지금까지 익숙하게 사용된 干支年을 먼저 기록하는 등, 干支年 사용에서 연호 사용으로의 과도기이기 때문에 할 수 있는 배려라고 할 수 있을 것이다. 이 목간에서 그 이상으로 주목하고 싶은 것은 干支年 기재가 여러 차례 등장한다는 점이다. 해를 더해 수년 분에 이르는 기재로, 이 목간의 경우는 기재자인 관인의 경력을 기록한 것, 현대의 표현으로 말하자면 이력서 목간이라고 할 수 있을 것이다. 당연하게도 이 목간의 작성 연대는 가장 최근의 연대표기인 '丁未年 慶雲 4年[肆年]'보다도 뒤의 시기가 된다. 앞에서 서술한 藤原宮跡 출토 干支年 목간이 藤原京에 천도한 694년보다도 30년도 더 거슬러 올라간 연도를 기록하고 있는 것도 말하자면 같은 사정에 의한 것일지도 모른다.

　이번의 월성 해자 출토 목간 중에는 같은 목간에 戊戌年과 丙午年이 공존하고 있다. 丙午年은 戊戌年

에서 8년 뒤로 이어지는 干支로, 해를 더한 기록이라고 보는 것이 자연스럽다. 당연히 丙午年보다도 뒤에 사용 폐기된 것이 된다.

V. 나가며

다면 기재는 일본에서는 기본적으로 계승되지 않았다. 한편 여러 행 기재는 일본 목간에 계승되었다. 거기에는 여러 요인이 있지만 다수의 문자를 기록하는 매체가 필요하게 되었던 7세기 단계부터는 大寶律令의 시행에 따른 율령 문서 행정이 본격적으로 도입이 진행된 8세기 단계로의 이행과 밀접하게 관련된 것이었다. 목간의 서식이라고 하는 것이 사소한 것 같아도 한국, 일본 각각의 사정을 여실하게 반영했던 것이다.

또 한국 목간에 있어서 이번에 여러 행 기재가 보편적으로 존재했을 가능성이 명확해져 다면에 기재하는 방식과 병존하고 있던 것이 된다. 일본으로 전파되었다고 하는 점에서 백제의 목간에 있으면 출현해도 이상함이 없다고 생각되는 여러 행 기재 목간이 신라의 목간에서 출현했던 의의는 작지 않다. 그동안 필자가 생각해 온 목간 문화의 흐름은 한국 목간에는 중국 남조─백제라고 하는 흐름이 있고, 중국 북조─고구려·신라라고 하는 흐름이 있어 통일신라시대에는 양자가 융합되는 한편 이론으로 백제인들에 의해 목간 문화가 전파되어졌다는 것이 막연한 것이었다. 이번에 여러 행 기재 목간의 연대에 의하면 근본적인 생각이 필요하게 될 것이다. 또 다면 기재 목간의 전파에 대해서도 더욱이 신중한 검토가 필요하다. 나아가 백제 목간, 신라 목간이라고 하는 구분에 의미가 있는지 없는지도 포함해 이후 목간의 유형의 증가를 기다리며 신중하게 검토할 필요가 있다.

본고는 일본 목간 연구의 입장에서 비교 검토했다는 점에서 아직 충분한 견해를 제시하지 못했다는 점을 널리 양해바라며, 서투른 원고를 마치고자 한다.

투고일: 2018. 2. 4.   심사개시일: 2018. 2. 8.   심사완료일: 2018. 3. 13.

참/고/문/헌

奈良国立文化財研究所, 1969, 『飛鳥藤原宮跡出土木簡概報6』.

奈良国立文化財研究所, 1969, 『平城宮木簡一』.

奈良文化財研究所, 2007, 『飛鳥藤原京木簡1』.

奈良文化財研究所, 2010, 『平城宮木簡7』.

徳島県埋蔵文化財センター, 2002, 『観音寺遺跡1』.

木簡学会, 1983, 『木簡研究』5.

木簡学会, 1987, 『木簡研究』9.

木簡学会, 1997, 『木簡研究』19.

木簡学会, 2003, 『木簡研究』22.

木簡学会, 2005, 『木簡研究』24.

木簡学会, 2006, 『木簡研究』25.

木簡学会, 2007, 『木簡研究』26.

〈Abstract〉

A Comparison between the Wooden Tablets excavated from Wolseong Fortress
in korea and the Ancient Wooden Tablet in Japan

Watanabe akihiro

It seems necessary to examine and compare with Japanese wooden strips to understand those exca-vated at the moat of the in Gyeongju. This paper aims to conduct a comparative study of the wooden strips the moat of the Weolseong Fortress with those discovered in Japan.

Traditionally, Japanese wooden strips are inscribed in many lines instead of on a number of pages. This is regarded being related to the legal documents and administrative tasks, assumingly, around the 8th century. On the other hand, wooden strip sonthe Korean peninsula showed both style of multi—numbered pages and multi—line inscription simultaneously. Previously, it was thought multi—line inscription was used in Baekje but the Weolseong wooden strips confirmed Shilla also used the same style of inscription. It is also required to reexamine the spread of multi—paged wooden strip but it is beyond the scope of this study and should be explored in future research.

▶ Key words: Weolseong Fortress, multi—numbered pages mokkan, multi—line inscription mokkan,
related to the legal

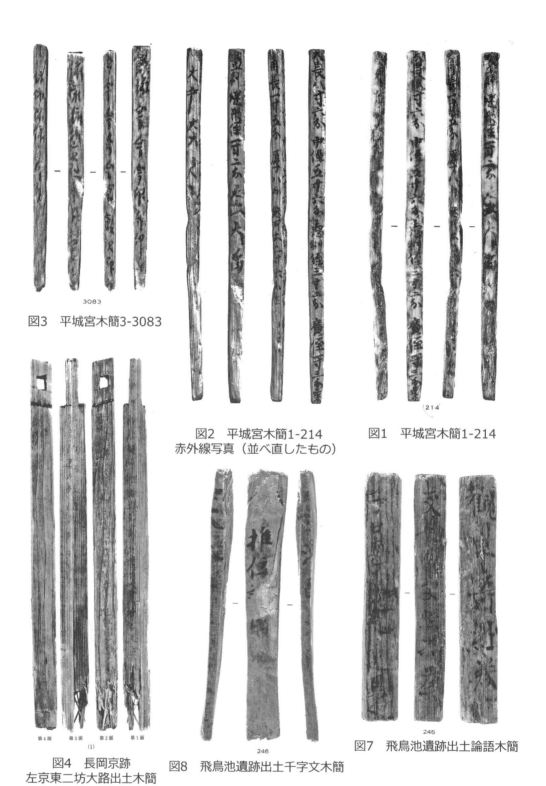

図3 平城宮木簡3-3083

図2 平城宮木簡1-214
赤外線写真（並べ直したもの）

図1 平城宮木簡1-214

図4 長岡京跡
左京東二坊大路出土木簡

図8 飛鳥池遺跡出土千字文木簡

図7 飛鳥池遺跡出土論語木簡

図6 京伝遺跡出土牓示木簡
（赤外線写真）

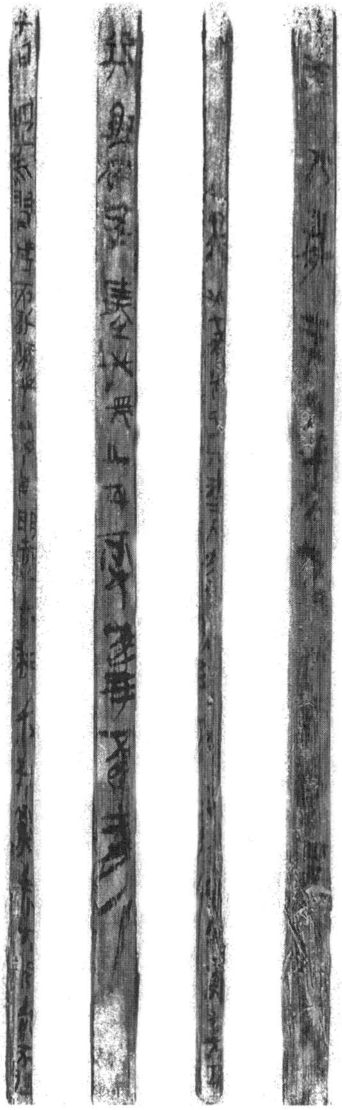

図5 観音寺遺跡第77号論語木簡
（赤外線写真）

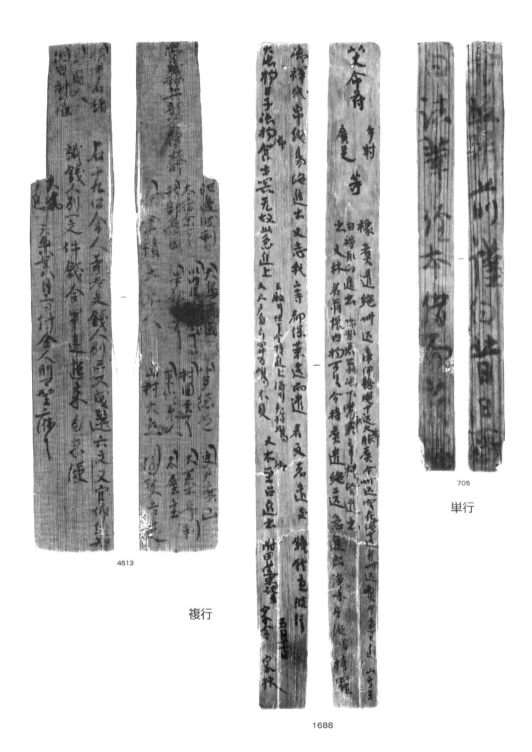

4513

複行

1688

705

単行

図9　左から、二条大路木簡（736年。平城京3-4513。261×42×3）、
長屋王家木簡（710年代前半。平城京2-1688。515×43×4）、
飛鳥池木簡（7世紀末。飛鳥藤原京1-705。223×20×3）

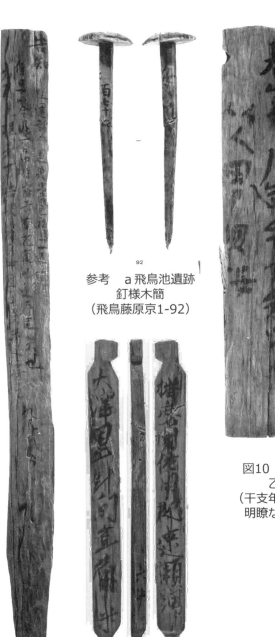

参考 　a 飛鳥池遺跡
釘様木簡
（飛鳥藤原京1-92）

図10　石神遺跡出土
乙丑年木簡
（干支年記載があり用途
明瞭な最古の木簡）

参考 　c　側面墨書のある荷札
（二条大路木簡）

参考b　平城京東三坊大路　図11　平城宮木簡7-11285
の告知札　　　　　　　　　（履歴書木簡）

일본 고대 도성 조영의 진제(鎭祭)와 수변(水邊) 제사[*]

靑木 敬 著[**]

오택현 譯[***]

〈국문초록〉

　　본고는 도성 조영에 관련된 地鎭具의 사례를 개관하고, 용기의 유무를 통해 地鎭의 대상 범위가 다를 수 있다는 것에 대해 살펴보았다. 또 수변제사는 여러 신앙이 복합된 제사의 체계를 이루고 있을 사료나 출토된 자료를 통해 확인할 수 있었다. 하지만 제사의 주체자의 경우는 불명확한 부분이 많이 남아 있어, 주체자를 포함한 구체적 검증은 이후 연구를 기대하고자 한다.

▶ 핵심어: 地鎭具, 地鎭, 수변제사, 도성

I. 머리말

　　고대의 주된 생업, 즉 농경과 수렵 등을 뒷받침한 것은 토지이다. 우리는 토지의 혜택을 누리면서 생활을 영위하고 있지만 만약 생업이 부진하게 되면 기아와 질병, 즉 생명과 관련되는 사태와 직결되기 때문

---

* 본고는 2017년 10월 19일~20일 열린 한국목간학회 창립 10주년 기념 국제학술대회의 자료집인 『동아시아 고대 도성의 축조 의례와 월성해자 목간』에 실린 글을 수정, 보완한 것이다.

** 日本 國學院大學 文学部

*** 동국대학교 사학과

에 마지못해 토지의 신들에게 공경하는 마음을 갖게 된다. 이렇게 오래 전부터 토지신에 대한 제사가 반복해서 행해져 온 것은 지금까지 발굴된 수많은 제사유적의 존재를 봐도 확실하다. 신에 대한 제사는 5세기 전반부터 중엽에 걸쳐 정비되었고, 수변·교통로·마을이라는 세 가지 형태의 제사 장소가 존재하게 되었다.[1]

그렇지만 고대의 鎭祭, 특히 도성 조영의 鎭祭에 있어서 기일 등의 기록이 남겨져 있는 경우가 있는데, 鎭祭의 구체적인 작법과 수순 등이 기록되었던 사례는 거의 없기 때문에 그 실태에 대해서는 불분명한 점도 많다. 출토 자료를 보면 제사용구는 形代와 實物로 크게 2분류로 나눠볼 수 있는데, 이 중 鎭祭에서는 實物을 사용했다고 생각된다.[2]

본고는 우선 鎭祭에 관련된 遺構, 유물을 고고학적으로 검토하고, 사료도 교차해 가며 鎭祭의 실태를 복원하는 것을 목적으로 한다. 일본 열도에서 鎭祭를 거행한 흔적은 도성이나 지방 관아를 시작으로 하여 이때까지 다수의 遺構, 유물이 출토되었기에, 사례 연구를 기반으로 연구가 전개되어 왔다. 사례가 많은 것은 奈良시대 이후인데, 그 대다수는 내용물을 통해서 보아, 『仏説陀羅尼集経』의 영향을 인정해 왔다. 또 사료에 따르면 鎭祭는 藤原京의 시기부터 수행되어 왔으나, 실태에 대해서는 아직 명확하지 않았다. 그런데 2007년에 藤原宮大極殿 남문에서 地鎭具가 발견되면서, 7세기의 도성 조영 당시 地鎭이 복수의 사상 체계와 복합하여 성립되어 있었던 것이 명확해졌다.

또 화폐를 사용한 地鎭은 궁전뿐 아니라 사원에서도 많이 이용되어, 다수의 사례가 발굴 조사를 통해 확인되었으나, 이에 대한 사례의 대다수는 奈良시대 후반 이후에 집중되어 있으며, 奈良시대 전반 이전에 대한 실태는 역시 명확하지 않다. 그러나 薬師寺 東塔기단에서 동전을 사용한 地鎭이 발견되면서, 사원의 地鎭에 대해서도 새로운 사실을 알 수 있게 되었다. 이상의 점에 입각하여 본고에서는 궁전, 사원 택지 등 도성의 地鎭 전반을 대상으로 하여, 대표적인 사례를 소개해가며 도성에서의 地鎭의 실태에 대한 복원을 시도해보고자 한다.

이어서 수변 제사를 검토한다. 일본 고대 제사에 관한 연구는 집행 주체의 해명이나 제사가 실시된 장소의 특정, 여기에 추가하여 제사의 성격이나 목적을 분류하여, 사상적인 배경을 복원하는 연구 흐름이 있었다.[3] 제사의 장소로서 물가가 중요한 위치를 점하고 있다는 것은 이때까지의 연구에서도 알 수 있는 부분이다.

원래대로라면 湧水지점이나 물이 흘러나오는 산기슭 등에서 진행되던 수변 제사이지만 용수지점이 적은 인공적 도시인 도성에서는 물이 흘러가는(流水) 하천이나 운하, 도로 측구 등에 제사 장소가 설치되었다. 또 이렇게 물이 흘러가는 곳에는 對岸이 있어, 즉 경계가 항상 의식되는 장소인 것이다. 이는 곧 경계 제사가 실시된 대표적 장소가 이러한 물이 흘러갔던 곳 근처이거나 혹은 다리 주위 등의 지점이었던 것

---

1) 笹生衛, 2016, 『神と死者の考古学 古代のまつりと信仰』 歴史文化ライブラリー417, 吉川弘文館.

2) 小林謙一, 2004, 「祭祀具」, 『古代の官衙遺跡Ⅱ 遺物·遺跡編』, 奈良文化財研究所, pp.98-101.

3) 金子裕之, 2007, 「祭りと信仰」, 『日本の考古学〈普及版〉下』, 学生社, pp.657-663.

이다. 여기에 더하여 물이 흘러가는 것을 확인할 수 있는 하천과 운하 등의 장소는 물이 흘러가는 것을 통해 불결한 것을 씻어내는 효과를 기대하였다. 더러운 것들을 물살을 통해 흘려보내려 한 이러한 제사를 祓라고 부르는데, 이런 경우는 七宝와 五穀 등의 실물보다는 오히려 인형 등을 대표로 하는 形代와 斎串를 주로 사용하였다.

이상의 점을 염두에 두고 본고에서는 고대의 도성이나 지방 관아, 그리고 그 주위에서 실시된 수변 제사의 사례, 관련된 사료를 소개하고자 한다. 이러한 것들을 정리해 제사의 실태에 대해 약간의 복원을 시도해보고자 한다.

II. 도성 조영에서의 진제

1. 도성에서의 鎭祭

地鎭의 認識 토지의 신에 대한 鎭祭, 즉 地鎭에서는 地鎭具 혹은 토지신에 대한 供献品 등의 埋納이 동반되는 경우가 많다. 그렇다면 이러한 기물이 어떤 상태로 출토되었을 경우에야 地鎭具라고 인식될 수 있을까? 이에 대해서 검토를 시작하기 전에 먼저 제시 해 두도록 하겠다.

① 본래 酒器나 食器 등 실용에 관련된 용기가 폐기가 아닌 의도적으로 매납된 것.
② ①의 내부에 七寶(금, 은, 진주, 산호, 호박, 수정, 유리), 五穀(大麥, 小麥, 稻殼, 小豆, 胡麻), 장신구류, 화폐, 칼, 거울 등, 불교나 신도, 음양도 등에서 사용되는 물건들이 들어 있는 것.
③ 단, 散華와 같이 五穀이나 화폐 등을 뿌리는 행위의 경우 ②와 같은 용기를 가지지 않는 경우도 존재함.
④ 앞에서 언급한 器物이 매납된 지점이나 그 주변에는 특정 시설과 구조물이 조영되어 있으며, 이러한 조영에 동반해 建造物 등에 영향을 주지 않는 지점에 매납 행위가 있었다고 인정되는 것

이러한 요건을 만족한 경우여야만 地鎭이라고 판단될 수 있다. 또 ①, ②에 대해서는 鎭祭와는 별도로 胞衣 매납 유구를 인정할 때의 요소와 일부 중복된다. 胞衣 매납 유구에 대해서는 그 특성에서 건물의 출입구 등 사람들이 움직이는 위치에 주로 매납하거나 墨을 대표로 하는 문방구를 매납하는 것 등이 인정의 큰 근거가 되는 것을 명기해 두어 地鎭具와는 구별해 둔다.

도성에서는 藤原京 이후, 平城京와 長岡京에서도 천도 때마다 鎭祭를 실시했다(사료 3·4). 平城京와 長岡京에서의 진제에 해당하는 유구, 유물은 아직 발견되지 않았으나, 이 외에도 地鎭을 행했다고 추정되는 흔적이 도성이나 사원에서는 많이 발견되고 있다. 이러한 것들이 발굴 조사하면서 명확해진 대표적

인 地鎮의 사례로 보고 그에 대해서 그 개요를 설명해 보도록 하겠다.

藤原宮 大極殿 南門 부근의 地鎮유구 SX10713 地鎮유구 SX10713는 大極殿院 南門 SB10700에 붙은 남면 서회랑 부분으로, 서회랑의 마룻대에서 북으로 약 1.8m, 회랑 1칸 사이의 기둥열에서 서쪽으로 2.5m 떨어진 위치에서 검출되었다(그림 1 아래). 남문 기단의 掘込地業의 서쪽 변에서 서쪽으로 2.9m 가량 떨어진 위치인데, 이 지점은 제148차 조사구의 서쪽 변에 해당한다. 이 지역은 지진구의 출토로 인해 조사 지역을 일부 서쪽으로 확장했고, 地鎮유구의 서반부를 평면 검출하였다.

SX10713은 한쪽 변이 60㎝ 정도의 隅丸方形의 토갱으로, 깊이는 검출 면에서 35㎝ 정도이며, 바닥에 회색의 사질토를 두께 25㎝ 정도 깔았다. 스에키의 平瓶을 거의 정위치에 두었으며, 동일한 砂質土를 사용해 토갱 전체를 가지런히 매웠다. 주위의 토질을 검토해 보면 토갱은 회랑 기단을 축성할 때의 기반이 되었던 궁 조영 시의 整地土를 품고 있는데, 그 위에는 藤原宮 폐절 이후의 흙이 퇴적되어 있으며, 회랑의 기단토는 깎여서 남아 있지 않다. 이 때문에 남문 일대의 정지가 끝나 大極殿院을 쌓기 시작하는 단계에서 파낸 것인지, 아니면 회랑 기단의 축성 과정에서 파낸 것인지 확정할 수 없다.

또 이 토갱을 둘러싸듯 배치된 지름 20~25㎝, 깊이 15~20㎝ 정도의 小柱穴을 4개 검출했다. 이러한 소주혈도 藤原宮을 조영할 때 정지토에서 파들어간 그 위치 관계 때문에 地鎮유구에 동반한 소주혈이라고 생각하고 있다. 이러한 소주혈의 존재에서 토갱을 포위하는 듯이 결계 시설을 만들어 鎮祭를 수행했을 가능성이 상정된다.

SX10713에서는 어깨부 최대 직경 20.2㎝, 현재 높이 13.8㎝의 스에키 平瓶이 매납되어 있었다. 출토 시에는 口縁部가 파손되어 있었는데, 토갱 내에서 동일 개체의 구연부 파편을 출토 했기에, 당초 상태로 복원하면 높이 14.9㎝의 완형 편병을 地鎮에 사용했을 것이라 추정하고 있다. 또 편병 구연부의 파손은 매납 후의 토압으로 인해 파손되었을 가능성, 그리고 매납 당시에 의도적으로 쪼갰을 가능성을 생각해 볼 수 있다. 胎土 등의 특징에서 해당 편병은 현재의 愛知県 春日井市에서 小牧市에 걸쳐 있는 尾北古窯 유적군에서 나온 것으로서 7세기 후반에서 말경에 제작된 것이라고 생각된다.

地鎮具의 발견 때에는 구연부에 막혀 있던 흙 중에 화폐 같은 동제품이 확인되었고, 몸체 내부에는 물이 담겨 있었던 상황이 확인 되었기에, 고에너지 X선 CT장치와 X선 투과 촬영 등을 통해 편병 내부의 내용물의 조사를 실시했다.

그 결과 구연부에 동전이 9점, 편병 내부에 수정 9점을 확인 했다. X선 CT장치로는 동전 7점이 상하로 겹쳐 있었고, 2점이 세워진 상태로 구연부에 박혀 있었으며, 단층 영상으로는 동전의 「富」나 「本」의 문자, 七曜文이 명료하게 보였으니 모두 富本銭이었다. 토갱 내에 富本銭이나 수정 같은 유물을 넣은 平瓶을 매납 하였고, 平城京와 사원 유적의 조사 사례에서 볼 때 본 유구는 地鎮에 관련된 유구라고 생각되었으며, 또 궁성 내에서 발견된 地鎮유구로서 가장 오래된 사례이자 국가가 수행한 地鎮의 사례로서 중요한 것이다(그림 2).

『日本書紀』持統 천황 5년(691) 10월 27일 條에는 「사자를 보내 新益京를 진정시키는 제사를 지내게 하였다」는 藤原京의 鎮祭 기사가 있는데(사료1), 이것이 문헌에서 볼 수 있는 鎮祭의 첫 사례이다.[4] 또 다음

해 5년 23일 條에는 藤原宮地를 진정시키는 제사를 지내게 하였다는 기사가 있으며, 京 및 宮을 각각 대상으로 한 鎭祭가 수행되었음을 알 수 있다(사료 2). SX10713의 연대는 스에키 平瓶의 연대관과 富本錢의 연대관을 통해서 볼 때 7세기 말경으로 비정되었으며, 藤原宮의 조영에 동반한 地鎭유구로 판단되었고 또 앞에서 언급한 鎭祭 기사와도 시기적으로 근접하여 기사에 있는 鎭祭 바로 그 것일 가능성도 있다. 또 地鎭유구의 위치에서 볼 때, 地鎭의 대상이 특정의 건물이라고는 생각하기 어려우며, 大極殿院 남문뿐 아니라 大極殿 전체 혹은 藤原宮 전체를 대상으로 하였다고 생각하는 것이 타당할 것이다.

　　橫大路의 토갱　橿原市 八木町에서 공적 시설 건설에 동반해 1933년에 실시된 발굴 조사에서 藤原京를 동서로 잇는 간선 도로인 藤原京 밑에 地鎭의 가능성이 있는 토갱이 검출되었다.[5] 橫大路 남쪽 측면 유적 북쪽부터 북으로 2.7m 부근에서 발견된 이 토갱은 동서로 70㎝, 남북으로 42㎝, 깊이 70㎝의 타원형을 이루고 있었고, 수키와 부분을 노출한 軒丸瓦가 와당면을 위로 하여 수평으로 놓여져 있었으며, 기와의 바로 아래에는 曲物의 측판을 두고 또 그 밑에는 정위치로 土師器 鍋를 배치했다. 또 그릇 외측에는 묵흔이 확인 되었는데, 그릇 외측 밑에 식물의 잎을 깔았던 것으로 보인다. 남측 構에서 출토된 토기의 제작 연대가 아스카V(7세기 말경)이라는 점에서, 이 시기에는 음양도에 기초한 地鎭이 치러졌을 것이라고 생각된다(그림 3).

　　平城宮 東院 지구의 토갱 SK19121　奈良시대 후반에 굴립주 건물의 柱掘方을 잘라내어 설치된 토갱 SK19121에서는, 우선 두께 10㎝ 정도의 흙을 깔고, 緡錢을 두었다. 緡錢의 주변을 숯을 섞은 흙으로 메우고 그 위에 土師器 접시를 2장 병치해 두었다.[6] 화폐는 합계 119점, 육안 확인할 수 있는 범위에서는 모두 和同開珎이었는데 이는 헤이죠 큐 내에서 緡錢이 처음 발견된 사례였다.

　　『續日本記』和銅 원년(708) 12월 5일 條에는 平城宮 조영 때 鎭祭를 했다고 기록되어 있다. 平城宮에서도 藤原宮 大極殿 남문과 같이 大極殿 부근에서 鎭祭를 행했을 가능성은 높으나 아직 발견되지 않았다. 東院지구에서 奈良시대 후반에 地鎭을 행했던 점에서, 東院의 개수 등에 맞추어 일대를 鎭祭했을 가능성이 높다. 이와 동시에 신축 때뿐 아니라 대규모 改修 때에도 鎭祭가 실시되고 있었음을 본 사례가 시사하고 있다.

　　平城京 左京 6条 2坊 13, 14평의 토갱 SK97　병원 건설에 동반하여 1987년부터 99년에 걸친 발굴 조사를 실시하였는데 平城京의 宅地가 검출되었다. 宅地 남서쪽 끄트머리에 굴립주 건물 6동으로 둘러싸인 구역이 있었는데, 동서로 60㎝, 남북으로 40㎝, 깊이 15㎝의 작은 토갱을 설치되어 있다. 그리고 내부에서는 奈良시대에 제작된 뚜껑 달린 三彩 小壺 2점이 출토되었다. 출토 상태에서 볼 때 土師器 접시 4장을

---

4) 단 『日本書紀』白雉2年(651) 12월 條에 「安宅・土側 등의 経을 읽게 하였다」는 기술이 있는데, 이것을 難波宮의 安鎭을 목적으로 했던 『仏説安宅神呪経』(安宅呪経이라고도 한다. 訳者・訳年 모두 不明)등의 読経이라 간주 할 경우 이쪽이 地鎭 記事의 최초라 할 수 있다.

5) 今尾文昭, 1993, 「新益京橫大路」, 『奈良県遺跡調査概報1992年度』, 奈良県立橿原考古学研究所; 今尾文昭, 1994, 「新益京の鎭祭と橫大路の地鎭め遺構」, 『考古学と信仰』, 同志社大学考古学シリーズⅥ, pp.553-566.

6) 和田一之輔, 2009, 「平城宮跡東院地区から出土した緡錢」, 『奈良文化財研究所紀要2009』, pp.38-39.

두고, 그 안에 두 장의 三彩 小壺를 얹고, 縱으로 2개로 나눈 옹기로 덮어놓았던 것으로 추정해 볼 수 있다. 三彩 小壺 내에서는 쌀알크기로 풍화된 유리 구슬 및 금박이 들어가 있었다. 건물에 어울리지 않는 것과 宅地 남서쪽 구석에 매장된 것 등에서 볼 때 宅地 전체의 地鎮에 동반한 매납이라 추정해 볼 수 있다.

平城京 左京 3条 2坊 3평의 토갱 SX2982 레스토랑 신축에 동반하여 1984년에 발굴 조사가 실시되었고, 목책으로 구획된 平城京의 宅地를 검출했다. 3평의 중앙 부근에 설치된 직경 18㎝의 조그만 토갱에 和同開珎 2점을 넣은 소형 스에키 壺H가 매장되어 있었다(그림 4).[7] 이 병H는 나라시대 후반(8세기 중엽)에 제작되었다고 생각되며, 특수하고 양적으로도 한정되어 제사나 주술에 사용되었을 가능성이 높다. 건물에도 어울리지 않고, 3평 정도의 중앙에 매납되었다는 점에서 볼 때, 건물 조영보다 먼저 매장되었거나 혹은 건물 준공 후에 진행되었던 地鎮에 동반한 매납일 것으로 추정된다.

平城京 右京 8条 2坊 13평의 토갱 SX1400 청소 센터 건설에 동반하여 1984년부터 86년에 걸쳐 실시된 발굴조사로, 平城京 내의 坪内 도로나 소규모 택지의 유적 등이 검출되었다. SX1400은 조사지구의 남측에 위치해 있었는데, 작은 토갱의 埋土를 가르듯 굴삭되어 있었고, 동서로 16㎝, 남북으로 20㎝, 추정 깊이 15㎝ 이상의 구멍에 직경 10㎝ 정도의 土師器 접시 4장을 혼잡하게 두고, 접시 내외에 32점 이상의 和同開珎, 금박, 작은 유리구슬, 철편 등을 두었다. 출토 유물에서 볼 때 8세기 전반의 것으로 추정된다. 소재 위치에서 추정해 보았을 때 SX1400이 특정의 건물을 대상으로 하여 地鎮을 실시한 것으로 보기는 어렵고, 부지 전체의 地鎮이었을 가능성이 높다.

SX1400의 남쪽 2.2m 거리에서 출토된 토기 매납 유구 SX1401은 SX1400과 마찬가지로 土師器 접시 5장을 매납하였으나, 접시 내에는 아무것도 남아있지 않았다. SX1400에서는 七寶를 매납했던 것에 비해 SX1401에서는 유기질의 五穀을 매납했던 것일지도 모른다.

平城京 内裏(承明門 북측) 빌딩 신축 공사에 동반하여 1984년~85년에 발굴 조사가 실시되었다.[8] 承明門이란 平安宮 内裏의 정문을 의미하는데, 이 부근에서 地鎮유구를 4개 검출하였으나, 모두 承明門의 중축선 부근, 承明門 북쪽 낙숫물 떨어지는 쪽 북쪽 다이리 내곽 前庭 부분에 위치한다(그림 5). 地鎮을 연대 순으로 기재해보면 우선 유구 83이 9세기 중엽으로 가장 오래 되었는데, 직경 30㎝의 작은 굴을 파고 거기에 호박 파편을 넣은 스에키 항아리를 옆으로 뉘인 상태로 두었다. 유구 76은 延久 3년(1071)에 발생한 地鎮의 흔적으로 추정되는데, 동서로 0.9m, 남북으로 1.2m, 깊이 0.7m의 평면 장방형의 굴을 파고, 굴 바닥에 밀교 법구인 輪宝등을 넣었다. 윤보의 존재에서 볼 때, 밀교의 의식에 의거한 地鎮 공양이 실시되었던 것을 엿볼 수 있으며, 기록에 따르면 承明門 북방에서 밀교 의식이 실시되었던 것은 延久 3년 뿐이었기에, 유구 76은 延久 3년의 地鎮이라고 판명했다.

유구 78은 11세기 말경의 地鎮의 흔적으로 추정되는데, 직경 40㎝, 깊이 35㎝의 작은 굴을 파고, 그 속

---

7) 奈良国立文化財研究所, 1984, 『平城京左京三条二坊三坪発掘調査報告』.

8) 京都市文化観光局·京都市埋蔵文化財研究所, 1985, 『平安京跡発掘調査概報昭和60年度』.

에 土師器 접시 2점, 접시 1점을 두어 그 위에 유리 구슬 12개를 넣은 스에키 항아리를 정위치로 두었다. 항아리의 측면에는 거꾸로 세운 상태인 土師器 접시가 출토되었는데, 이는 항아리의 뚜껑에 사용된 것이 흘러 내린 것이라고 생각된다.

여기에 추가하여 유구 83과 마찬가지 9세기 중엽의 地鎭유구인 유구 80이 있다. 유구 80에서는 土師器 잔 9점, 접시 3점이 출토되었는데, 여기에 산호도 넣었다고 추정된다. 이상 4기의 地鎭유구는 모두 承明門의 중축선에 줄지어 있으며, 承明門은 물론이거니와 內裏의 중축을 강하게 의식한, 즉 內裏 전체를 의식한 地鎭이라고 추정해 볼 수 있다.

2. 大宰府 政庁에서의 鎭祭

大宰府 政庁 중문 SX015 · 020 大宰府 政庁 유적 중문에서 발견된 地鎭 유적은 2개로, 1개는 문 중심부로 기단 축성 중에(SX015), 다른 하나는 문 기단 북서쪽 구석 외측 정지층 속에서 검출되었다(SX020). 이 중 전자는 수정 7점, 호박 파편 9점, 자갈 9점이 들어간 단지가 매장되어 있었다. 문 외측에서 검출된 사례는 長頸壺였는데, 내부에서 유물은 확인되지 않았다(그림 6). 해당 地鎭은 8세기 1四分期(大宰府 2기)로 추정된다.[9]

大宰府 政庁 남문 SX008 大宰府 政庁 유적 남문에서는 기단 중앙에서 서쪽으로 조금 치우친 쪽의 礎石据付穴 밑에서 완형의 스에키 단지가 출토되었다. 단지는 문의 중축선 서쪽, 동서 방향의 중심선에 위치해 있었고, 기단 축성의 과정에서 매납된 것으로 추정된다. 단지 속에는 수정 8점과 작은 돌 9점이 들어 있었는데, 단지의 어깨부에는 주황색이 선명하게 남아 있다. 이것들도 앞서의 SX015 · 020과 마찬가지로 8세기 1四分期(大宰府 2기)로 비정된다.[10]

3. 寺院에서의 地鎭

이어서 도성 내지는 그 주변의 사원에서 실시된 지진의 대표적 사례를 소개해 보도록 하겠다.

興福寺 南大門 경내 정비 계획에 동반해 平成 21년(2009)에 발굴 조사가 실시된 남대문에서는 기단의 거의 중심 부근(가람 중심축 상)에서 한변 60㎝, 깊이 50㎝ 정도로 隅丸方形을 띈 토갱이 발견되었다. 여기에는 奈良시대의 스에키 広口壺 1점이 매납되어 있다. 내부에서는 바닥면에 유리 구슬 13점, 그 상부에는 和同開珎 5점, 그리고 이를 덮듯이 견포를 두었고, 또 그 위에 대추나 향과 등의 식물류, 그리고 점감펭(フサカサゴ)과 어류의 머리 부분과 지느러미, 비늘이 매장되어 있었다.[11]

薬師寺 東塔 天平 2년(730)에 건립되었다고 전해지는 국보 薬師寺 동탑에서는 2017년 현재에도 계속

---

9) 九州歷史資料館, 2002, 『大宰府政庁跡』.

10) 九州歷史資料館, 2002, 『大宰府政庁跡』.

11) 興福寺, 2010, 『興福寺 第1期境內整備事業にともなう発掘調査概報Ⅴ』; 森郁夫·藪中五百樹, 2013, 『鎭めとまじないの考古学下 -鎭壇具からみる古代-』, 雄山閣.

되고 있는 보존 수리 사업에 동반한 기단 발굴 조사 때에 地鎭에 사용되었다고 생각되는 동전이 출토되고 있다.[12] 心礎 동변에서 동쪽으로 1.3m 부근, 기단 상면에서 약 1.7m 밑의 掘込地業 내에서 和同開珎이 합계 4점 출토되었다(그림 7, 掘込地業에 대해서는 그림 11). 和同開珎 중 2점은 완형, 남은 2점은 일부 부식되어 있기는 하지만 발견 상태가 나쁘지 않았다. 출토된 和同開珎은 모두 이른바 新和同으로서, 동일 층에서 흩어진 상태로 출토되었다. 여기에 굴입지업의 최하층보다 한층 위에서 출토되었다는 점에서 볼 때, 동탑의 조영을 개시하고 얼마 지나지 않아, 동전을 사용한 地鎭 공양을 실시했을 것이라 생각된다. 또 和同開珎이 출토된 상층의 경우, 동전 이외 地鎭具의 存否를 확인하기 위해 별도로 세척도 하였지만 아무 것도 출토되지 않았다. 또 기단 상면에서는 초석 「に三」, 「ヘ五」 据付穴에서 각각 1점씩 和同開珎이 출토되었다(그림 8).

초석 「ヘ五」에서 출도된 것은 후세에 이동시켰을 때의 据付穴에서 출토되었기에, 창건 당시의 매납 위치를 특정할 수 없으나, 출토 상황이나 「に三」 출토 사례를 비교 해 보았을 때, 본래 창건 시의 초석이 고정되어 있을 가능성이 높다. 초석의 고정은 기단의 판축을 끝낸 후에 실시되며, 기단 축성의 후반 단계로 위치된다. 이 2점도 地鎭 공양으로서 사용되었다고 생각해보면, 동전을 사용한 地鎭 공양은 기단 축성의 추이에 따라 여러 번 반복되었을 가능성이 크다.

法隆寺 參道 SK3600 法隆寺의 방화 시설 공사에 동반해 1978년~1983년도에 걸쳐 실시된 발굴 조사에서는 若草 가람 중추부의 널판장이나 굴립주 건물, 수로, 기와가마 등을 검출했다. SK3600은 창건 남문 추정지의 정면, 동대문과 서대문의 중간 지점에 2단으로 굴삭된 원형의 구멍으로서, 구멍의 밑바닥 가까이에 土師器 잔 2점을 뚜껑을 닫아서 놓았고, 잔의 내부에는 和同開珎과 금박을 넣었다. 잔 몸통의 외면에는 묵서로 「大」가 적혀 있음을 확인했다. SK3600이 사역(寺域) 동서의 거의 중심에 위치되어 있었던 점에서 볼 때, 해당 출토품이 사역 전체의 지진으로서 매납되었을 가능성이 지적되고 있다.[13] 출토된 土師器의 연대관에서 볼 때, 8세기 1四分期에 실시되었던 地鎭 공양으로 추정해 볼 수 있다. 이는 「法隆寺伽藍緣起弁流記資材帳」에 기재된 바에 따라 西院 가람 완성 연대가 天平 19년(747) 이전으로 추정되는 것과도 모순되지 않는다(그림 9).

西隆寺 토기 매납 유구(SK499) 西隆寺는 大和西大寺 역의 동북쪽에 稱德天皇이 건립한 절로서 僧寺인 西大寺와 한 쌍을 이룬다. 백화점 건설 및 도로 부설에 동반해 1989년부터 1992년까지 斷續的으로 발굴 조사가 실시되었다.

토기 매납 유구 SK499는 가람 회랑의 동북쪽 구석 중앙에 礎石据付堀形의 바닥에 위치해 있는데, 중앙에는 土師器 甕이 정위치로 놓여져 있었다. 옹기 내부에는 和同開珎, 萬年通宝, 神功開宝 각 1매, 錢文을 알 수 없는 동전 2매로 총 5매의 동전과 土師器 접시 1점, 土師器 옹기의 큰 파편 3점이 출토되었다. 매납 당초에는 옹기의 내부에 포에 쌓인 동전을 두고, 그 위에 土師器 접시를 덮은 후, 土師器 옹기 파편

---

12) 薬師寺, 2016, 『薬師寺東塔基壇 国宝薬師寺東塔保存修理事業にともなう発掘調査概報』.

13) 法隆寺, 1985, 『法隆寺防災工事·発掘調査報告書』.

을 뚜껑으로 썼을 것이라 추정할 수 있다. 출토 상황에서 판단해 볼 때, 이는 나라시대의 회랑 건립 당시 초석 据付穴의 바닥부에 놓이고, 그 위에 초석을 둔 것이라고 볼 수 있다(그림 10).

4. 도성에서의 鎭祭의 실태

사원 堂塔의 地鎭 사례 고대 사원 주요 堂塔의 기단 축성에 동반해, 용기를 쓰지 않은 상태에서 地鎭을 실시했던 사례는 앞서 소개한 薬師寺 동탑 이외에 川原寺 탑(7세기 후반), 元興寺 탑(8세기 후반,) 法華寺 동탑과 서탑(모두 8세기 후반), 西大寺 동탑과 서탑(모두 8세기 후반, 그림 12), 興福寺 남원당(9세기 초엽, 그림 13), 大市山 유적 건물 1(兵庫県 豊岡市, 9세기대 이후), 醍醐寺 5중탑(10세기 전반) 총 9개가 지금까지 확인되어 있다. 또 심초 据付穴에서 반쪽으로 쪼개진 無文 銀銭 및 금동 원판이 출토된 川原寺 탑을 제외하고, 일련의 기단 축성에 동반된 地鎭 공양은 奈良시대 후반 이후의 사례에 한정되는데, 薬師寺 동탑에서 和同開珎의 발견으로 인해 奈良시대 전반까지, 한정해보면 730년 이전까지 거슬러 올라갈 수 있는 것이 확실해졌다. 유통 화폐를 사용하고 용기를 같이 넣지 않은 地鎭의 작법은 현대에는 和同開珎친 이후의 소산이라고 보는 것이 온당할 것이다.

용기의 유무에서 본 지진의 차이 단지나 平瓶 혹은 술잔 등의 地鎭具를 매납한 용기를 가진 地鎭의 사례는 건물 기단 바깥 등에도 매납된 사례가 발견되는데, 平安宮 内裏의 밀교 법구를 사용한 延久 3년(1071)의 地鎭을 제외하면 용기를 추가하지 않은 사례는 모두 기단 내에 매납하였고, 용기의 유무에 따라 출토 위치가 다른 경우가 적지 않게 존재한다.[14]

地鎭具에 빠지지 않는 문물이라 말할 수 있는 화폐는 부정의 정화 장치로서 쌀과 같은 역할을 기대했었다고 보는 추정이 있다.[15] 동전을 부정을 씻어내는 도구 중 하나로서 이해할 경우, 散銭이 신전에 바치는 쌀의 대체 행위라고 보아도 이상한 점이 없을 것이다. 즉 散銭이라는 행위는 修祓이며, 인형 등과 같이 화폐를 매납하는 용기를 필요로 하지 않는 제사라고 생각해 볼 수 있다. 실제로 天平宝字 5, 6년(761~762)에 걸쳐 法華寺 阿弥陀浄土院 조영에 관련된 사료에 「당의 땅을 쌓아 평평하게 흩어놓으니, 악인들에게 갑자기 베풀어진 대금(料)」[대일본고문서16-284]라는 것이 확인되어, 地鎭에 散銭이라는 행위가 있었음을 보여준다.

다른 한편 토지신에 대한 공헌 행위가 동반된 地鎭具는 토지신에 대한 헌상품을 땅 속에 매납하기 위해 이러한 용기에 담는 행위가 불가결 했을 것이다. 이러한 차이는 ① 散銭으로 대표되는 修祓을 통한 토지의 정화, 혹은 ② 七寶 등을 용기에 담아 묻는 토지신에 대한 향응이라는 두 가지로 나뉘므로, 이에 따라 제사의 목적이 달랐을지도 모른다. 藤原宮 大極殿 南門에서는 地鎭具의 주변에 결계 시설로 추정되는

---

14) 森郁夫는 사원의 경우, 탑 이외의 당간에서는 용기를 쓰지 않고, 탑이라 하더라도 용기가 동반되지 않는다고 말하였는데, 興福寺 남원당과 같이 탑 이외에도 용기가 동반되지 않는 사례가 존재한다는 점에서, 堂塔의 차이에 따라 나눌 수 있다고 말하는 것에 대해서는 진중한 판단이 요구된다(森郁夫, 1998, 「地を鎮めるまつり」, 『日本の信仰遺跡』, 雄山閣, p.276).
15) 松村恵司, 2009a 「藤原宮大極殿南門出土の地鎮具」, 『和同開珎をめぐる諸問題』, pp.975~980.

작은 구멍을 검출 했었으므로, ①·② 쌍방을 의도한 地鎭이 수행되었을 가능성도 생각해 보고자 한다.

또 용기의 유무에 관계없이 모두 지진의 수법으로 간주 할 경우, 地鎭具의 대상이 다를 때 이를 선택하는 것도 가능했다. 결국 1개 동의 건물일 경우에는 용기를 묻지 않지만, 한편으로 부지 전체를 진정시킬 경우에는 용기를 묻는다고 보는 것이다. 전술한 法華寺 阿弥陀 浄土院의 조영 기록에는 「원 내를 진정시킬 제사를 지내는 음양사의 淨衣 單衣, 바지(袴)의 값」[대일본고문서25-321]이라는 기사가 있다. 건물에 한정된 것이 아닌, 院 중, 즉 아미타 정토원 전역을 대상으로 한 진제의 존재를 엿볼 수 있다. 이러한 견해를 바탕으로 용기의 유무를 통해 地鎭의 대상이 특정 시설의 전역인지 혹은 단독 건축물인지, 진정의 대상이 다르다고 해석하는 것도 가능할 것이다. 수법의 자세한 사정에 대해서는 기록이 거의 남아 있지 않기에, 앞으로도 출토 사례의 검증을 진행해가면서 鎭祭를 복원해보도록 하겠다.

地鎭의 집행자와 사상적 배경 天武 朝에 발족한 음양료의 존재를 보아도 명확하듯, 도성의 境域 결정이나 궁전 등의 배치에는 음양도의 복점이나 제사가 빠지지 않았다고 추정할 수 있다.[16] 앞에서 살펴본 法華寺 아미타 정토원 조영에 관한 사료, 또 「땅을 진정시킬 제사를 지낼 음양사의 보시값(布施料)」[대일본고문서15-444] 기사가 있는 石山寺 조영에 관한 사료(762년)에서는 院 내 등을 진정시키는 제사에 음양사가 관여해 있었다. 이러한 점에서 볼 때 적어도 奈良시대 후반에는 일부의 鎭祭는 승려가 아닌 음양사가 수행했음을 엿볼 수 있다. 또 營繕令 私第宅 條에는 「宮內有營造及修理. 皆令陰陽寮択日」라고 기재된 바가 있으니, 宮內 殿舍을 새롭게 조영하거나 改修 때의 길일을 점치는 것은 陰陽寮의 관할이었다.[17]

그렇다면 이러한 地鎭의 사상적 근거는 무엇인가? 하나는 森郁夫가 지적한 『仏説陀羅尼集経』에 근거한 견해이다.[18] 『불설다라니집경』에는 七寶 및 五穀 등을 공물로서 기록하고 있다. 松村恵司의 말에 따르면 『불설다라니집경』이 天平 9년(737)에 書写된 기록을 정창원 문서 속에서 볼 수 있는데, 이것이 奈良시대에 성행한 地鎭修法의 근거가 되었다고 한다.[19] 실제로 藤原宮 大極殿 南門의 地鎭具에는 수정 9점이 담겨져 있었으니, 七寶를 염두에 둔 地鎭이 실시되었을 가능성이 시사된다. 大宰府 政庁 유적이나 法隆寺의 사례에서 七寶의 일부가 출토된 것에서 보아도, 『불설다라니집경』의 영향을 간과 할 수 없다.

단 七寶나 五穀 모두가 매납된 지진구의 존재는 알려져 있지 않다. 오곡은 썩어버리기 때문에 단정할 수 없지만, 칠보의 경우도 후세의 개변이 인정되지 않는 출토 유물에서 모두 갖추어진 사례가 없다. 즉 칠보를 완비한 地鎭具는 지금으로서는 확인되지 않았으니, 이러한 모두를 갖춘 地鎭을 수행한 의식은 없었던 것 같다.

또 전술한 興福寺 남대문에서는 어류의 머리를 묻은 사례가 확인되었다. 어류를 묻는 수법이 도대체 어디에 의거한 것인지 알 수는 없으나, 福岡市 羽根戸 8호분에서 출토된 어류의 뼈를 시작하여, 고분의

---

16) 村山修一·下出積與·中村璋八·木場明志·小坂眞二·脊古眞哉·山下克明(編), 1991, 『陰陽道叢書1古代』, 名著出版.

17) 竹澤勉, 1990, 『新益京と四大神』 大和書房, p107.

18) 森郁夫, 1998, 「地を鎭めるまつり」『日本の信仰遺跡』, 雄山閣, pp.259-280.

19) 松村恵司, 2009b, 「律令祭祀と銭貨」, 『出土銭貨研究の課題と展望』, pp.1159-1174.

부장품에 어류의 뼈가 확인된 사례가 있다는 점을 감안 해볼 때, 전통적인 공헌품과 『불설다라니집경』 등의 사상이 용합된 地鎭이 수행되었을지도 모른다.[20] 또 興福寺 남대문에서 출토된 스에키 広口壺 내부에는 견포가 깔려져 있었는데, 古墳時시대 중기 이후부터 계속 『오사메 평견(篋目(おさめ)の平絹)』을 사용했다. 이러한 방법을 사용한 포는 奈良県 斑鳩町 藤ノ木古墳 출토품과 같이 遺骸를 두른 포 등으로 바쳐졌는데, 地鎭具 등에 사용된 다른 포는 모두 평직이었다.[21] 따라서 해당 매납품에서는 고분의 遺制제를 간취할 수 있지 않을까? 즉 단일 사상에 이끌려 도성의 地鎭을 행한 것이 아닌, 새로운 것과 옛 것의 복수 사상을 융합하여 율령기에 진재가 수행되었다고 해석하는 것이 타당하지 않을까 한다.

9세기 이후, 純密의 영향, 즉 밀교에 의해 진제가 수행되었던 것이 일반화되었다. 平安 시대의 사례는 아니지만, 興福寺의 남쪽에 있는 菩提院 大御堂에서는 鎌倉 시대 초엽의 진언종 小野流에 의한 地鎭 유구, 유물이 출토되었다.[22] 출토 상태에서 볼 때, 地鎭과 鎭壇을 동시에 진행되었다고 생각된다.[23] 앞서 서술한 平安宮 内裏에서도 延久 3년(1071)에 치러진 地鎭은 출토 유물에서 볼 때 밀교에 근거했다고 보아도 틀림없을 것이었다. 단 延久 3년 이외에 진행된 地鎭은 아직 유리 구슬 등을 시작으로 하는 七寶의 일부를 土師器 등의 용기에 담는, 이른바 종래의 地鎭의 수법을 답습하고 있다. 단 궁전에서의 地鎭에 관해 말해보자면, 밀교에 의한 地鎭은 한정적인 것이었다고 할 수 있다. 이는 앞서 살펴본 것과 같이 地鎭을 할 때 승려가 아닌 음양사가 관여 하고 있었던 것과 밀접하게 관련되어 있을 것이다.

이상을 요약해보면, 고대 도성에서의 地鎭은 토지신에 대한 전통적 공헌행위에 『불설다라니집경』 등 새로운 사상을 부가하여 수행된 것이었다고 할 수 있다. 平安시대가 되면 차례대로 밀교에 기초한 수법을 수렴해가지만 궁정에서는 음양사가 수행한 전통적인 地鎭이 아직 계속되고 있었다는 역사적인 조류를 확인할 수 있다.

III. 수변(水邊)의 제사

1. 도성에서의 수변 제사

정연한 도시 계획에 기초하여 조영된 도성은 藤原京이 효시였는데, 일본에서 이러한 인공적 도시에 사람들이 대량으로 거주한다는 것은 이전에 없는 형태였다. 대규모이며 막대한 인구를 수용할 도시였던 도성에서는, 부정에 의해 재액이 도래할 것을 극단적으로 두려워 했다. 이러한 점에서 부정에 대한 대책으로서 大祓를 시작으로 한 祓이 수행되었다. 수변 제사에서도 祓에는 큰 비중을 점하고 있는데, 도성 혹은

20) 福岡市教育委員会, 1989, 『羽根戸古墳群 −西区西部墓園建設にともなう調査(2)−』, 福岡市埋蔵文化財調査報告書第198集.
21) 芝康次郎・田村朋美, 2011, 「興福寺南大門出土鎭壇具の内容物 −第458次」, 『奈良文化財研究所紀要2011』, pp.180–183.
22) 興福寺, 1970, 『興福寺菩提院大御堂復興工事報告書』.
23) 森郁夫・薮中五百樹, 2013, 『鎭めとまじないの考古学下 −鎭壇具からみる古代−』, 雄山閣.

관아 주변에 있는 수변 제사라고 한다면 大祓 혹은 疫神祭가 가장 먼저 떠오른다.

이렇듯 사람이 저지른 죄가 원인이 되어 여러 재액을 초래하는데 이를 막기 위해 祓을 행한다. 이 중 매년 6월과 12월의 그믐달에 실시된 국가 행사가 大祓였다.[24] 백관 남녀의 죄를 씻는 역할을 담당해, 복수의 인형을 조립, 부정을 진 인형을 타계로 보내기 위해 말 모양, 새 모양, 배 모양, 斎串 등의 목제 祭具를 사용하였다고 한다. 『日本書紀』 天武 천황 5년(676) 8월 16일 條의 「조칙을 내려 大祓를 하였다」는 기사를 시작점으로 보아 7세기 후반에 성립되었다고 보는 견해가 많다. 일반적으로 大祓 이외에도 정치적 음모나 즉위에 동반한 임시 大祓이 수행되기도 하였다.[25]

역신제는 악질의 유행을 막기 위해 역신을 진정시키는 것을 목적으로 한 제사로서, 奈良시대 후반 이후에 성행했다『延喜式』에 따르면, 역신제는 궁의 네 모퉁이(宮四隅疫神祭) 및 기내와 기외의 경계(畿內堺十処疫神祭)가 실행되었다고 하는데, 말하자면 차례 차례 넣는 형태를 취한 것이었다.

이러한 제사의 실태를 확인하기 위해, 이하에서 平城京 및 京 주변에서 실시된 大祓 등 수변 제사의 대표적 사례를 소개해 보도록 하겠다.

平城宮 동남쪽 구석 奈文研平城第32次調査[26]의 조사 지구는 동쪽 1坊 坊와 2条 坊의 교차점 부근으로서, 동쪽 1坊대로의 서측 구역 SD4090이 2条대로 및 2条대로 북측구역 SD1250, 남측구역 SD4006을 관통하듯 종단한다. 2条대로는 SD4090이 관통하기 때문에 다리 SX4020에 다리를 놓았다. 여기에 SD4090을 중심으로 측면 구역에서 목제품, 목간, 석제품, 토기, 기와를 시작으로 하는 대량의 유물이 출토되었는데, 여기에는 목제 인형과 土馬 등 제사유물이 많이 포함되어 있었다. 해당 지점의 제사 유물에 대한 평가로서는 2条대로의 역신제의 소산으로 보는 견해가 제시되어 있다.[27]

2条대로 북측구역 SD1250 壬生門의 문앞에 전개된 궁의 외호(2条대로 북측 구역)SD1250에서 목제 인형 207점이 출토되었다(그림 14).[28] 이미 설명한 平城宮 동남쪽 구석 부근에서 壬生門에 이르기까지의 광범위한 부분에 인형 등의 제사 용구가 출토되었고, 여기에 추가하여 『法曹類林』 권200 「式部記文」에서, 大祓를 大伴門(朱雀門), 壬生門 두 문 사이에 대로에서 실시한다고 기록한 점에서 볼 때 궁에 남쪽 면에서 2条대로의 동서를 폭 넓게 쓴 大祓을 수행했던 것을 엿볼 수 있다.[29]

平城宮 동쪽 堀河 SD1300 堀河란 인공적으로 개착한 운하를 의미한다. 平城京에서는 주작대로를 끼고 동서로 각각 堀河를 열어, 동서 堀河를 마주한 시장(市)도 설치되어 도성에서의 물류의 중심으로서 큰

---

24) 金子裕之, 1999, 「仏教・道教の渡来と蕃神崇拝」, 『古代史の論点5 神と祭り』, 小学館, p.183.

25) 天皇의 祓에 대해서, 天皇의 경우 매월 그믐날에 御贖米斤(みあがしろ)로서 철제 인형 36매, 목제인형 24매, 御輿形 4구, 폐백을 넣은 나무 24매를 각 그믐날에 사용했고, 또 新甞 神今食의 각 8일간의 贖物로서 1일에 목제 인형 48매, 御輿形 8구, 폐백을 넣은 나무 48매를 사용했다고 『延喜式』에는 기록하고 있다.

26) 奈良国立文化財研究所, 1966, 『奈良国立文化財研究所年報1966』.

27) 上村和直, 1998, 「宅地と鎮祭」, 『古代都市の構造と展開』 古代都城制研究集会第3回報告集, 奈良国立文化財研究所, pp.217-268.

28) 奈良国立文化財研究所, 1981, 『昭和55年度平城宮跡発掘調査部発掘調査概報』.

29) 椙山林継, 1986, 「神と祭り」, 『日本歴史考古学を学ぶ(中)』, 有斐閣選書881, pp.2-14.

역할을 담당하게 된다. 현재 秋篠川의 일부는 인공적으로 만든 직선적인 流路인데 서쪽 堀河로 볼 수 있다.

이렇게 平城宮 左京 9条 3坊 부근의 동쪽 堀河 SD1300에서는 9条 条間路 SF2351에 동반해 다리 SX3450 등을 검출하였고, SD1300 밑바닥의 퇴적층에서는 일상 집기로 보이는 대량의 토기, 목제품, 철제품 외에도 목제 제사구(인형, 齋串), 인면 묵서 토기 55점, 土馬 58점, 화폐 4종 91점 등이 출토되었다 (그림 15). 이 외 인골이나 말, 소, 개, 맷돼지의 뼈가 출토되었다.[30]

京 바깥으로 이어지는 동서 堀河는 운하로서의 기능뿐 아니라 수도의 사람들에게 있어 京外로 흘러나가는 이른바 祓川로서의 역할도 담당하고 있었다.[31] 주의할 것은 이러한 제사구와 함께 화폐가 대량으로 출토된다는 점이다. 최근에는 다리의 위에서 동쪽 堀河로 동전을 던졌던 제사의 존재를 추정하는 견해도 제시되었다.[32]

稗田 유적 平城宮의 주작대로는 羅城門 이남은 下ッ道로서 奈良 盆地 남부로 이어지는 중요한 도로였으며, 외국 사절들이 入京하는 길이었다. 羅城門에서 남쪽으로 약 1.5㎞에 위치한 지점에서 주택 건설에 동반한 조사를 통해 시下ッ道를 횡단하는 폭 약 10m, 깊이 약 2m의 하천 및 다리가 검출되었는데, 다리 부근의 하천에서는 모두 奈良 시대의 것으로 생각되는 人面 墨書土器 약 70점, 土馬 약 180점, 목제 인형 180점, 齋串 약 50점, 繪馬 2점, 和同開珎 3점 등이 출토되었다.[33]

이상의 출토 상황에서 볼 때, 여기가 平城宮의 정면에 있는 제사 장소로서 入京 직전의 외국 사절 등에 대한 祓所로서 사용되었다고 추정된다.

長岡京 左京 7条 3坊 長岡京 남동부, 6条대로와 동쪽 2坊대로가 교차하는 부근으로서, 경내에서 가장 표고가 낮은 장소에 위치한다. 이보다 남쪽으로는 동쪽 2坊대로가 부설되어 있지 않고 또 6条대로도 조사구 동반부에는 존재하지 않으니 조사지 부근이 사실상 京의 남동단이 된다. 하천이 북서쪽에서 남동 방향으로 흐르고, 통행을 위해 가교가 설치되어 있는데, 이 다리의 하류 방면에는 人面 墨書土器 등 제사 유물이 대량으로 출토되었던 점을 볼 때 다리 부근에서 제사가 실시되었다고 판단 할 수 있다.[34] 주변에 생활의 흔적이 희박하고, 강 하류에는 土器 棺墓나 목관묘가 출토되었으므로 일대가 장송 공간이었다는 것을 엿볼 수 있다.

제사 유물은 하천 SD285 퇴적층에서 출토되었고, 하층의 진흙층에서는 人面 墨書土器와 목제품과 함께 「延曆 10년 3월 16일」(791)이라 적힌 목간이 출토되었다. 이는 제사의 연대를 확인할 단서가 된다. 人面 墨書土器, 토제 모조품의 아궁이와 시루, 土馬, 목제인형, 배 모형, 단도 모형, 齋串 등이 출토되었는데, 특히 人面 墨書土器의 출토량이 많고, 또 人面의 표현도 천차만별하다.

30) 奈良国立文化財研究所, 1983, 『平城京東堀河 左京九条三坊の発掘調査』.

31) 山近久美子, 2016, 「交通に関わる祭祀」, 『日本古代の交通・交流・情報3 遺跡と技術』, 吉川弘文館, pp.247-270.

32) 松村恵司, 2009b, 「律令祭祀と銭貨」, 『出土銭貨研究の課題と展望』, pp.1159-1174.

33) 中井一夫・梅本光一郎, 1977, 「稗田遺跡発掘調査概報」, 『奈良県遺跡調査概報1976年度』, pp.65-80.

34) 長宗繁一, 1998, 「長岡京左京七条三坊」, 『日本の信仰遺跡』, 雄山閣, pp.229-236.

2. 지방 관아, 사원 주변의 수변 제사

발굴 조사의 사례를 보는 한, 각 지역에 전개된 지방 관아에서는 그 대다수가 제사를 행했다고 간주할수 있다.[35] 즉, 제사는 관아의 기능으로서 불가결한 요소였다. 笹生衛에 따르면 郡衙에는 사원이나 제사장소가 근접해 있고 이곳은 여러 諸國에서 국가의 안녕을 비는 장소가 되었다고 한다.[36] 이렇게 제사에관련된 출토 유물을 검토해본 뒤에 金子裕之가 주장한 神祇官型 제사와 京職형 제사의 구분은 참고할 만하다.[37] 金子裕之는 인형이나 말 모형, 배 모형, 斎串 등이 전국 각지에서 출토 된 것 등을 근거로 전국적인 제사로서 神祇官型 제사와 함께, 土馬나 미니어쳐 아궁이, 人面 墨書土器의 분포가 주로 도성과 그 주변에 한정된 것을 근거로 京職형 제사라고 규정하였다.

이하에서 지방 관아나 사원 주변에서 실시된 수변 제사로 생각되는 사례 중 대표적인 것을 거론하여, 출토 유물의 양상에 대해 정리 해보도록 하겠다.

兵庫県 豊岡市 袴狭 유적군 관아로 취급되는 荒木유적, 祓所로 추정되는 도랑 및 도로 유구를 검출한砂入유적, 다리 모양 유구를 검출한 入佐川유적이 전개되어 있는데, 이러한 관아와 그 주변의 제사 공간등을 포괄하여 袴狭유적군으로 호칭하고 있다. 大平茂는 본 유적군을 제1차 但馬国府에 관련한 유적이라고 추정했는데[38] 그중 砂入 유적의 도로 및 그 도랑의 유구가 8세기 후반~9세기 전반 당시 강줄기의 祓所로서 생각된다(그림 27). 도랑은 상·하층 두 부분으로 나뉘는데, 전자가 9세기, 후자가 8세기대에 만들어졌으며, 출토 유물로서 하층에서는 인형, 말형, 도형, 검형, 鋤形, 斎串 등 목제 제사구가 2만 점 이상이 발견되었다. 도랑의 윗 부분에서는 목제 제사구가 수 미터 단위마다 집중되어 있고, 인형은 머리 부분을 가지런히 하는 등 제사의 단위로서 간주할 수 있다.[39]

또 상층부까지 포함해 보면 인형만으로도 수만 점에 출토되는데, 이는 大祓이 반복적으로 嚴修되고 있었음을 이야기 해준다. 이만큼 반복된 제사가 실시된 이유로서 大平茂는 ① 해당 지역이 홍수 등의 자연재해를 자주 겪었기에 이에 대한 대처, ② 키나이의 서북에 해당하는 본 지역에서 병질, 악령을 막기 위해 수도에서 타지마로 와서 祓을 행했다는 두 가지를 거론하였다.[40]

岐阜県 関市 弥勒寺 서쪽 유적 본 유적은 美濃国 무기(武義)군 군아 유적으로서 유명한 弥勒寺 동쪽유적의 서방 약 300m의 골짜기에 있다(그림 16). 세키시의 시설 건설에 동반한 발굴조사 결과 自然流路3条와 그 가운데 모래톱을 검출, 제사구를 비롯한 다량의 목제품이나 墨書土器, 목간 등이 출토되었다. 이에 따라 이곳이 제사 장소로서 사용되었다는 것이 판명되었다.[41] 또 3条의 자연유로는 합류하여 長良

35) 椙山林継, 1986, 「神と祭り」, 『日本歴史考古学を学ぶ(中)』, 有斐閣選書881, pp.2–14.
36) 笹生衛, 2014, 「放生の信仰と郡衙·寺院·祭祀の景観 −薬師経から見た放生·大赦·大祓と高座郡衙の景観−」, 『木簡, 語る』 シンポジウム「居村木簡が語る古代の茅ヶ崎」資料集(改訂版), 茅ヶ崎市教育委員会, pp.61–70.
37) 金子裕之, 2007, 「祭りと信仰」, 『日本の考古学〈普及版〉下』, 学生社, pp.657–663.
38) 大平茂, 2008, 『祭祀考古学の研究』, 雄山閣.
39) 大平茂, 1998, 「祓の流行③兵庫県袴狭遺跡群」, 『日本の信仰遺跡』雄山閣, pp.253–258.
40) 大平茂, 2008, 『祭祀考古学の研究』, 雄山閣, p.270.

川으로 흘러가는 것으로 보인다(그림 17).

제사 관련 유물로서는 인형 4점(그림 18-2~5), 배 모형 3점, 목간형 목제품(꼬리표 목간 형태의 제품을 대체제로서 사용한 것이라고 생각) 9점(그림 18-6~13), 刀 모형 8점, 불에 타다가 만 것 530점, 이외에도 종자(가래나무, 호리병박, 밤, 도토리, 자작나무, 개가시나무, 졸참나무, 매실, 자두, 복숭아 감나무, 물참나무, 칠엽수, 붉가시나무, 떡갈나무 등)도 출토되었다. 또 목제품 중에는 방형을 띠는 「有孔板」으로 가칭되는 유물도 24점 출토 되었는데, 형태적 특징에서 보아 조사자들은 이를 ササラ(簓)와 같은 제사용으로 쓰인 악기로 추정하고 있다.

본 유적에서 출토된 문자 자료로서는 墨書土器가 221점이 있는데, 이 중 「鬼女」, 「稲女」, 「得女」 등 「女」를 붙인 사례에 대해 보고서에서는 제사에 관련된 어떠한 역할을 담당했던 여성의 가명이라 추정하였다. 이 외 출토 목간 중 제4호 목간에서는 표면에 「建マ□万」「□□□〔日下マカ〕 … 右件人等以(미기쿠단노 히토라)今時(이마노토키오)卵(못테)向(무카에)」 裏面에 「若怠者重 … □□□□〔万呂カ〕」라고 묵서 되어 있으며, 길이 약 2척 郡符 목간(군지郡司가 리[향]장 앞으로 보내는 주로 소환에 관련된 명령서)이었다고 추정되는데, 이 역시 제사에 관련된 인물을 소환한 했을 가능성이 높다(그림 18 좌측 상).

静岡県 浜松市 伊場 유적 遠江国 敷智 郡家를 중심으로 한 군의 중심시설로 추정되는 伊場 유적에서는 伊場 大溝로 불리는 매몰된 하천에서 대량의 유물이 출토되었는데 여기에서 제사에 사용되었다고 생각되는 유물도 출토되었다(그림 19). 이 중 목간은 불교에서 방생과의 관련성이 지적되는 자료(伊場 유적 4호 목간), 도교 부적과의 관련이 강해 보이는 자료(39호 목간), 『孔雀王呪経』의 영향을 받은 자료(89호 목간), 神道의 祝詞가 적힌 자료 등(梶子 유적 4호 목간) 고대의 해당 지역에서 신도, 불교, 도교 등 복수의 신앙이 공존했다는 것을 엿보여 준다(그림 20).

여기서 수변 제사와 관련지을 수 있는 목간의 대표적 사례로서는 伊場 유적 61호 목간 「若倭部小刀自女病有依(符籙)」이 거론된다. 해당 목간은 8세기대의 제작된 것으로 생각되는데, 若倭部小刀自女라는 여성이 병의 완쾌를 기원한 것으로 해석되고, 또 말미에 符籙(도교 수행자가 몸에 지니는 비밀 문서)가 붙어있었다는 점에서 도교의 영향을 읽어낼 수 있다. 목간 말미 부근의 폭이 좁다는 점, 양 측면에 절입부가 있다는 점 등에서 해당 목간이 斎串에 가까운 용도였다는 점을 엿볼 수 있어, 우선 해당 목간을 부적과 같이 대구에 두고 병의 완쾌를 기원하는 주문이나 다라니 등을 부른 후 大溝에 흘려보냈을 것이라는 추정이 가능하다.[42]

静岡県 静岡市 神明原·元宮川 유적 大谷川의 하천 개수에 동반한 조사로 大谷川의 옛 流路에서 古墳시대 전기부터 平安시대에 걸친 대량의 제사구가 출토되었다(그림 21·22). 출토 제사 유물로서는 인형 및 동물형 토제품, 목제 배 모형(그림 21 좌측 아래), 목제 인형(그릭 21 우측 아래·그림 22 좌측 위), 목제 말 모형, 목제 刀 모형(그림 21 우측 위), 斎串, 縦杵, 案 등 미니어쳐 목제품(그림 21 우측 가장 밑),

41) 関市教育委員会, 2007, 『弥勒寺遺跡群 弥勒寺西遺跡 -関市円空館建設に伴う発掘調査-』, 関市文化財調査報告第23号.
42) 笹生衛, 2010 「祭祀関係木簡と墨書土器」, 『伊場木簡と日本古代史』考古学リーダー17, 六一書房, p.187.

구슬류, 활석제 모조품, 복골(卜骨)(그림 22 우측 아래), 동경(그림 22 우측 가장 밑), 토제 모조품(그림 22 좌측 가장 밑) 동령(銅鈴: 토제 모조품 오른쪽), 화폐, 미니어쳐 토제품 등이 있었다. 이 중에는 6·7세기 대 물가의 제사에 관계된 유물이 가장 많고, 출토 유물의 특성 등에서 볼 때 ① 토기를 중심으로 한 제사(유력자의 장례), ② 토제 模造品을 중심으로 한 제사(荒神 진정 제사나 기우제), ③ 목제 模造品을 중심으로 한 제사(祓), ④「常世의 神」신앙과 관련 지을 수 있는 제사, 4종류의 제사가 수변에서 실시되었을 것이라고 추정된다.[43] 인형 토제품이나 동물형 토제품의 경우, 수변 제사에서 출토된 것은 적고 산의 제사에서 많이 사용된다는 지적도 있는데, 이 지역에 뿌리박힌 전통적 제사 형태와 융합한 제사가 실시되었을 가능성을 시사하고 있다.[44]

千葉県 市川市 北下 유적 본 유적은 下総国分寺의 중심 가람의 동쪽으로 약 250m, 台地 緣辺部의 사면부터 裾部의 저습지대에 걸쳐 전개된 유적인데, 国分川로서 경계 제사가 실시된 장소로 추정하는 견해도 있다(그림 23). 이 중 下総国府 동쪽 끝으로 추정되는 폭 7~8m 옛 河道에서 인형, 칼 모형, 창 모형, 斎串 등 목제 제사구(그림 24·25), 人面墨書土器(그림 26), 말, 멧돼지, 소의 뼈, 복숭아의 씨 등이 출토되었다.[45] 이 외 榻足几(台机)의 다리로 취급되는 노송나무製 부분이 출토되었는데, 이를 제사 관련 유물이라고 본다면 탁상이 제사에 사용되었다는 점을 시사하는 것이 된다.

関東 지방이나 中部 지방의 고대 유적에서는 4살 전후의 말이 도살되었던 것으로 보이는 출토 사례가 증가하고 있다. 『延喜式』左馬寮의 규정에 따른 말 공납 연령에 가깝고, 貢上 때에 선발된 뛰어난 말을 의례와 2차 이용에 사용했을 가능성이 있다. 후술하겠지만 말의 전신 골격 혹은 그와 비슷한 뼈가 출토 사례가 거의 없다는 점에서 말이 2차 이용되었을 가능성은 높다.

3. 출토 제사유물의 기능과 용도

이상의 유적 소개에서도 반복해서 나왔던 제사 유물 중 몇 가지를 거론하며 현장에서의 기능이나 용도에 대해 정리해보도록 하겠다.

인형과 形代 인형은 人形代의 약칭으로 부정을 씻어내는 祓種로서 사용되었다고 추측되는 제사 유물이다. 출현은 전기 難波宮까지 거슬러 올라가는데 이 중 8~9세기의 인형은 중국에서 기원을 찾을 수 있어, 도교적 색채가 강한 祭具라는 의견이 뿌리깊다(그림 33).[46] 도교적 신앙이 국가적인 의례에도 침투해 있다는 증거가 될 것이라고도 할 수 있겠다. 인형은 열도 각지에 분포되어 있지만 관아 혹은 관아 관련 유적에서 그 대다수가 출토되었다(그림 30). 형태 분류와 변화의 지표로서는 옆 얼굴 및 정면 두 가지로

43) 静岡県埋蔵文化財調査研究所, 1989, 『大谷川Ⅳ(遺物考察編)』, 巴川(大谷川)総合治水対策特定河川事業.
44) 吹田市立博物館, 2002, 『川の古代祭祀 五反島遺跡を考える-』.
45) 東日本高速道路株式会社·千葉県教育振興財団, 2017, 『東京外かく環状道路埋蔵文化財調査報告書11 -市川市北下遺跡 (14)·菅野遺跡(1)~(5)-』, 千葉県教育振興財団調査報告第766集.
46) 金子裕之, 1999, 「仏教·道教の渡来と蕃神崇拝」, 『古代史の論点5 神と祭り』, 小学館, pp.167-191; 金子裕之, 2007, 「祭りと信仰」, 『日本の考古学〈普及版〉下』, 学生社, pp.657-663.

나뉘는 것, 여기에 추가하여 머리에서 어깨 쪽의 잘라내진 부분의 변화, 손의 표현 유무, 허리 부분이 패였는지의 유무 등에 착목하여 몇 가지 분류안이 제시되어 있는데, 여기에서는 金子裕之의 견해를 대표적인 사례로서 들어놓겠다(그림 32).

목제 인형의 기능을 생각해 볼 때, 참고할 만한 것이 平城宮 內裏 東方 東大溝 SD2700에서 출토된 「左目病作□」와 묵서된 인형인데, 질병 등의 창궐을 막는 것으로서 인형으로 바꾸어 수로에 흘려 보내는 祓種으로서 인형이 사용된 것을 확인할 수 있다. 이 외에도 平城宮 추정 大膳職의 우물에서 출토된 「坂部□建」라고 묵서되고 양안과 가슴 부분에 목침을 맞은 목제 인형에서는 저주의 용구로서도 인형이 사용되었음을 엿볼 수 있다.

또 부정을 지는 인형을 다른 경계로 보내는 수단으로서 말이나 새, 배 등의 모조품을 사용했다. 이것이 말 모형, 새 모형, 배모형이다. 또 大祓 때에는 金裝橫刀, 金銀塗人像을 바쳐 천황 치세의 영원함과 辟邪를 기원한다고 한다.[47] 목제 形代로는 이러한 것과 마찬가지의 역할을 담당하고 또 간편하게 제작 할 수 있으므로 祓에 널리 사용되었을 것이다. 또 大祓에서 漢人으로부터 나온 東漢(やまとのあや)氏, 西漢(かわちのあや)氏(うじ)가 기원을 하였다고 하는데, 이것이 形代로의 도입을 생각하는 데에 있어서는 중요하다.

人面墨書土器 人面 墨書土器는 대부분이 제사 전용으로서 제작된 甕形 혹은 壺形의 토기로 실용 토기에 人面을 묵서한 것인데 소량이다. 그 용도로서는 토기 내에 부정을 봉인하여 씻어내는 것으로서 土馬 등과 함께 동아시아의 민간 신앙의 연장선상에 위치한다. 이는 도성이 만들어지던 시기에 새롭게 등장한 제사 유물로서 인식되고 있다.[48] 최근에는 道饗祭에 제공된 토기, 즉 鬼魅나 역신을 향응할 때에 사용하는 것이라고 보는 견해도 제시되고 있다. 인형과 마찬가지로 열도 각지에 분포해 있지만 도성에서 출토된 사례가 압도적으로 많고, 후술하겠지만 동 일본에서는 관아보다 오히려 집락에서 출토된 사례가 많다.

지금 人面 墨書土器의 가장 오래된 출토 사례는 平城京 左京 8条 3坊에서 출토된 8세기 전반의 것으로 추정되는데, 그 始源이 더 거슬러 올라가는 것인지에 대해서는 검토가 필요하다. 어찌됐던 人面 墨書土器 등이 국가적인 제사 체계에 녹아들어간 시기는 국가가 역병 대책을 강구하는 단계와 겹칠 것으로 보인다. 실제로 平城宮에서 거대한 대로의 側溝에서 출토된 사례가 많다는 경향을 파악할 수 있다.[49] 또 人面 墨書土器에서의 묵서의 描画적인 특징은 잘 그리고 못하고를 포함해 천차만별하다는 점에서, 제사에 모인 사람들이 개별적으로 그렸던 것이라고 추정해 볼 수 있다.[50] 즉 폭넓은 계층의 사람들이 제사에 모

---

47) 水野正好, 1986, 「漢礼」, 『日本歴史考古学を学ぶ(中)』, 有斐閣選書881, pp.68-89.

48) 白石太一郎, 1995, 「沖ノ島と古代の神まつり」, 『歴史考古学』, 放送大学教育振興会, pp.118-128.

49) 山近久美子, 2016, 「交通に関わる祭祀」, 『日本古代の交通・交流・情報3 遺跡と技術』, 吉川弘文館, pp. 247-270.

50) 여기서 주의해 두고 싶은 것은 則天文字이다. 중국사 유일한 여성 황제인 측천무후(무측천)은 孝謙-称徳 여제의 통치 당시 유일의 본보기였기에, 반세기 이상 뒤의 일본에 영향을 주었다(森公章, 2010, 『遣唐使の光芒 東アジアの歴史の使者』, 角川選書468). 즉 奈良시대 후반, 則天文字가 주술의 세계에 침투하였는데 孝謙-称徳 여제가 그 원동력이 되었을 가능성이 높다.

였다고 이해하는 것이 타당할 것이다.

平城京의 인형, 人面 墨書土器의 출토 위치를 도식화 한 山近久美子의 연구 성과에 따르면 ① 궁내, ② 궁 주변, ③ 堀河, ④ 京 남단 부근으로 크게 넷으로 구분할 수 있다(그림 31).[51] 부정을 특정 지역의 바깥으로 보내는, 즉 외계로 보내는 장치로서 인형이나 人面 墨書土器가 사용되었음을 엿볼 수 있다. 궁에서 궁 밖으로②, 그리고 京 바깥으로③ 등 경계 밖으로 보내려는 의도가 있었던 것은 자명하다. ④에 대해서도 京의 경계 부근의 제사라고 생각되어지기 때문에 京 바깥으로 부정을 흘러보내는 의식을 엿볼 수 있다.

단 동 일본 지역에서는 수혈 건물 유적에서 출토 사례가 압도적으로 많고, 千葉県 芝山町 庄作 유적에서 출토된 토기와 같이 「国玉神宝」나 「丈部真次召代国神奉」 등 人面 이외에도 문자까지 묵서된 개체를 확인 할 수 있다. 이러한 점에서 동 일본에서의 人面 墨書土器는 依代로서 신령에게 바쳐졌을 가능성이 지적되고 있으며, 도성과는 다른 사용법이 존재했다고 보기도 한다.[52] 오히려 도성의 제사가 종래의 제사에 비해 이질적인 존재라 해석하는 것도 좋을지도 모른다. 추가하여 동 일본에서 출토된 人面 墨書土器에서는 불상의 얼굴이나 불상의 얼굴이 그려진 개체도 존재한다. 이러한 특징이 제사의 상상적 배경이나 제사의 주체자 등의 지역성을 파악하는데에서는 중요한 열쇠라 할 수 있을 것이다.

복숭아 씨 이용 복숭아에 신령이 깃든다는 신앙은 고대 중국에서 시작되었는데, 한 대에 들어서 서왕모가 곤륜산에서 선도를 관리한다는 관념이 정착되었다고 한다.[53] 일본 열도에서도 이자나미(イザナミ)와의 약속을 깨고 黄泉国의 추적으로부터 겨우 도망친 이자나기(イザナキ)의 黄泉国 방문기가 널리 알려져 있다. 각종의 呪力에 의해 이자나기는 도망쳤는데 그중에 하나가 복숭아였다. 복숭아의 좌우대칭적형태, 혹은 중국어인 「逃」와 동음이라는 점에서 악귀로부터 도망친다는 등 복숭아가 가진 영력에 기대하고 있었던 것으로 추정된다. 즉 복숭아에는 辟邪의 관념이 있다고 보여지므로 祓 등의 제사에 큰 역할을 담당했음이 틀림 없다.

平城宮 내의 우물에서는 변소 유적보다도 꽤 많은 복숭아씨가 출토되었던 점에서 볼 때, 우물의 제사에 복숭아가 사용되었을 가능성도 지적되고 있다.[54] 앞서 소개한 北下 유적의 사례를 보아도 명확하듯 우물과 마찬가지로 수변 제사에도 祓 등의 제사에서 복숭아가 사용되었을 가능성이 시사되었다.

말, 소의 2차 이용 水野正好는 말의 머리만을 매납한 유구를 漢神祭의 흔적이라 말하였다.[55] 역병 대책 혹은 기우제를 지내기 위한 산제물 제사(그림 28)를 지낸 흔적이 조금이지만 발견되었다. 雨乞를 목적으로 소, 말을 죽여 수신에게 바쳐 물을 제어하는 습속은 범 세계적으로 확인된다고 한다.[56] 단 『續日本

---

51) 山近久美子, 2016, 「交通に関わる祭祀」, 『日本古代の交通・交流・情報3 遺跡と技術』, 吉川弘文館, pp. 247-270.

52) 髙島英之, 2006, 『古代東国地域史と出土文字資料』, 東京堂出版.

53) 土生田純之, 2004, 「桃形土器の話」, 『古文化談叢』第50集下, pp.191-196.

54) 奈良文化財研究所, 2015, 『古代都城出土の植物種実』, 2013~2015年度公益財団法人浦上食品・食文化振興財団学術研究助成, 『古代の植物性食文化に関する考古学的研究』成果報告書.

55) 水野正好, 1974, 「祭礼と儀礼」, 『古代史発掘10 都とむらの暮らし』, 講談社, pp.136-147.

記』天平 13년(741) 2월 7일 條에 따르면, 令制 하가 되었을 때 산제물 의식은 곤장을 때린 후 죄를 부과한다고 하였고, 『類聚三代格』의 延暦 10년(791) 태정관부에서는 『소를 죽여 한신을 제사지내는데 사용하는 것을 금지한다』며, 諸国의 농민들에 대해 소, 말을 죽여 제사지내는 것을 엄금하고 위반자에게는 징역 1년을 부과하는 등, 소 말을 죽이는 것은 중죄로서 다루었다. 그러나 그 후에도 禁制가 나오는 점에서 보았을 때 소 말을 죽여서 제사를 지내는 것은 쉽게 금지되지 못한 것으로 보여 뿌리 깊은 신앙이었던 것으로 보인다.

수신에게 바친다고 하여도 제사장이 일률적으로 수변이라고 판정하는 것은 주저할 수밖에 없지만, 수변과 도로의 側溝에서 동물 유체가 출토되는 사례는 적지 않다. 본고에서도 北下 유적의 사례를 거론 했는데, 관동 지방이나 중부 지방의 고대 유적에서는 4세 전후의 말이 도살당한 것처럼 보이는 출토 사례가 증가하고 있다. 『延喜式』左馬寮의 규정에 따른 말의 공급 연령에 가깝고, 貢上 때에 선발된 뛰어난 말을 의례나 2차 이용으로서 제공했을 가능성이 있다.[57] 말의 전신 골격 혹은 그것과 비슷한 뼈의 출토 사례가 많지 않은 것으로 볼 때, 2차 이용이 실시되었을 가능성는 높다고 할 수 있을 것이다.

소의 경우, 平城宮 2条 대로의 濠状 유구 및 平城宮 右京 5条 4坊 3坪에서 출토된 墨에 대해 아미노산 배열 해석을 실시한 결과, 소에서 유래한 콜라겐이 검출되었다.[58] 즉 이 분석 결과는 墨을 만들 때 접착제로서 사용하는 아교를 획득하기 위해 奈良시대에 소 가죽을 이용한 것을 시사한다. 天武朝의 것으로 추정되는 藤原宮 하층 운하 SD1901A에서 출토된 말 두개골은 모두 쪼개져 있었는데, 이는 뇌를 적출했던 것 같다. 또 말의 전신 골격이 갖추어지지 않고 흩어진 상황에서 출토됨과 동시에 하층에서 집중적으로 출토되는 특징에서 볼 때, 조영에 이용된 말을 일제히 도살하여, 뇌, 가죽, 고기 등을 이용했을 것이라고도 생각된다.[59] 이러한 사례를 감안해 보면 그들이 동물을 철저하게 2차 이용하였다는 것을 상상하는 것은 어렵지 않다. 고대 유적에서의 말이나 소 등의 동물 유체의 이해에는 의례, 제사뿐 아니라 도살 후 해체 등 각종 생활 활동에 필요한 자원 조달의 수단 중 하나로서 2차 이용에 제공되었던 점도 고려해야만 할 것이다.

4. 물가의 제사 실태

우선 다리를 놓을 때 地鎮 등의 제사 행위를 행했는지 아닌지, 명확한 사례가 확인되지 않는 상황에서는 확실히 하기 어렵다. 여기서는 다리나 그 주변을 이용하여 실시된 제사에 대해 사료나 출토 유구, 유물 등을 기초로 하여 그 일단을 복원해보고자 한다.

八十嶋祭 『延喜式』에서 볼 수 있는 수변 관련 제사 기사에 대한 御川水祭 및 八十嶋祭에 관련된 기사

---

56) 石田英一郎, 1966, 『河童駒引考』, 東京大学出版会.
57) 植月学, 2011, 「甲斐における平安·鎌倉時代の馬産 −ウマ遺体の分析による検討−」, 『山梨県考古学協会誌』20, pp.97−114.
58) 深草俊輔·河原一樹·小池伸彦·舘野和己·中沢隆, 2014, 「質量分析による平城京跡から出土した墨に残存するウシ膠コラーゲンの同定」, 『古代学』第6号, 奈良女子大学古代学学術研究センター, pp.35−39.
59) 山崎健, 2017, 「動物遺存体」, 『奈良文化財研究所紀要2017』, pp.122−123.

를 사료 5~7로 정리했다. 『延喜式』에서는 각 祭料에 대해 상세히 서술하고 있지만 순서 등은 기록하지 않았다. 『江家次第』에 순서의 상세한 부분이 기록되어 있는 八十嶋祭는 平安시대부터 鎌倉시대에 걸쳐 천황의 즉위 의례 중 하나로서 難波津에서 실시되었는데, 국토의 신령을 천황의 옷에 招魂시켜 천황의 지배권을 보다 확실하게 할 목적이 있었다고 하며, 마지막에는 제물을 바다에 던진다. 확실한 사례로서는 平安시대 이후의 일인데, 大嘗祭의 다음 해, 천황이 難波로 행한 사례가 文武 천황 이후 자주 등장하였다는 점에서 飛鳥시대까지 거슬러 올라갈 가능성이 있다. 어찌됐던 하천뿐만 아니라 바다를 무대로 한 제사가 고대에는 존재했다.

疫神祭와 水邊 특정 장소 밖에서 들어오는 것, 즉 외국 사절에 붙어 온 외국신이나 역신을 막기 위해 수행된 제사로서 역신제를 들 수 있다. 사료 8, 9에 『延喜式』에서 볼 수 있는 역신제 관련 기사를 추출해 보았는데, 역신제는 궁의 네 구석과 畿内 경계 쌍방에서 실시되었던 것 같다. 즉 畿内의 경계에서 미리 시설에 동행할 외국 신을 제거하는 蕃客送堺神祭, 또 京의 네 귀퉁이에서 역신을 들이지 않도록 막는 道饗祭와 障神祭를 수행하는 이른바 2단 대비의 형태를 취했다. 이러한 제사는 ① 귀신이나 역신을 향응하는 것, ② 부르지 않은 이를 격퇴시켜달라는 奉幣의 장으로서 역할이 나뉘었던 듯 하다.[60]

『續日本記』和銅 7년(714) 12월 己卯 條에는 신라사가 입격하여 從6位 下 布施朝臣人, 正7位 上 大野朝臣東人를 보내고 기병 170기를 이끌어 三橋에 맞으러 가게 하였다고 하였다. 또 宝亀 10년(779) 4월 庚子 條에는 唐의 손님이 入京하였기에 장군들이 기병 200과 에미시 20명을 이끌고 경성 문 밖의 三橋에서 영접했다는 기사가 있다. 또 唐客入京路次神祭에서는 견, 목면, 마 등이 幣帛인 듯 생각되는데 이 제사도 三橋에서 실시되었다고 보는 견해가 있다.[61] 三橋는 동일 지점을 가리키는 것으로 생각되는데 京 밖에 외국 사절에 대한 祓을 수행하는 장소가 平城宮의 경우 三橋라는 지역이 된다. 현재 大和郡山市 下三橋町와 稗田町는 인접해 있으며, 앞에서 서술한 稗田 유적 출토 제사구가 三橋에서 외국사절에 대해 실시한 祓의 흔적으로 보게 된다면, 부정을 씻는 제사가 京外의 하천 및 다리 주변에서 실시되었을 가능성을 시사하는 것이다.[62]

제사를 수행하는 시간 北下 유적이나 弥勒寺 서쪽 유적에서 모두 불타나 남은 흔적이나 등불 도구가 출토되어, 야간에 祓이 행해졌을 가능성이 높아졌다. 또 弥勒寺 서쪽 유적에서는 수변에 화톳불이 설치된 흔적이 검출 되었던 점도 祓이 야간에 수행되었다는 추정을 보강한다.

또 시간대와는 관계가 없으나 출토 사례에서 보았을 때 수변 제사에는 案이나 탁자가 사용되었을 가능성이 높고, 다리의 長短에 따라 제사가 座礼 혹은 **입례**로 구분되었을지도 모른다.

---

60) 山近久美子, 2016, 「交通に関わる祭祀」, 『日本古代の交通・交流・情報3 遺跡と技術』, 吉川弘文館.

61) 山近久美子, 2016, 「交通に関わる祭祀」, 『日本古代の交通・交流・情報3 遺跡と技術』, 吉川弘文館.

62) 神祇令의 제사에 있어 신에 대한 공양물을 幣帛(みてぐら)라로 부르는데, 5세기부터 전해진 전통적인 신에 대한 공헌품이 7세기에 재편성되어 성립되었다고 보고 있다(笹生衛, 2016, 『神と死者の考古学 古代のまつりと信仰』 歴史文化ライブラリー 417, 吉川弘文館). 幣帛에는 본문 중에도 거론 된 布帛 이외에도 무기류나 산, 바다의 산물 혹은 술 등이 갖추어졌다고 한다(佐々田悠, 2014, 「記紀神話と王権の祭祀」, 『岩波講座日本歴史』第2巻 古代2).

제사의 주체자 北下 유적이나 弥勒寺 서쪽 유적의 사례를 보아도 관아나 사원이 제사에 관여해 있었던 것은 명백하다.[63] 우선 弥勒寺 관아 유적군이나 神奈川県 茅ケ崎市 下寺尾 官衙遺跡群 등을 대표로 하여 관아, 사원, 제사장, 나루 등이 1개소로 세트가 되어 지역 지배의 중심지를 형성한다는 점에서 관아의 정비에 호응한 제사의 장으로도 정비되었다고 이해할 수 있다. 또한 제사구의 대다수가 각지 공통된다는 점에서 제사의 방식 등은 관인 층이 각지에 가지고 갔다고도 볼 수 있다. 즉 본고에서 소개한 수변 제사의 대다수는 공적 시설이 담당했을 가능성이 높다.

단, 수도에서 제사의 수순이나 도구가 전해져 관아나 사원이 그것을 주도했다고 짐작되긴 하지만 출토 유물을 확인하는 한에서는 지역에 따른 신앙이나 사상 등이 융합된 소산으로 이해된다. 神明原, 元宮川 유적에서 볼 수 있듯 토제품 제사구가 출토된 점이 그 증거이다. 종래의 사상과 새로운 사상이 합쳐져 제사가 각지에서 지내지게 되었다고 한다면 출토 제사구의 조합을 비교하여 지역성을 파악하는 것을 통해 제사의 구체적인 상에 다가가는 것이 필요하다.

IV. 맺음말

이상, 잡박한 의논으로 시종해버렸으나, 본고에서는 처음으로 도성 조영에 관련된 地鎮具의 사례를 개관하여, 용기의 유무를 통해 地鎮의 대상 범위가 다를 가능성을 지적했다. 즉 용기에 들어간 地鎮具의 경우는 어느 일대를 진정시킬 목적으로 진행되었을 진제, 한편으로 용기를 사용하지 않은 지진구의 경우는 특정 건조물의 조영 사업에 대한 진제에 사용되었을 것이라고 추정했다.

다른 한편으로 이러한 용기의 유무의 경우, 다른 관점에서 볼 때는 앞에서와는 다른 추정을 하는 것도 가능하다. 즉 토지를 정화하는 효과를 기대하여, 땅에 쌀이나 돈을 뿌리는 행위, 즉 쌀을 바치는 것이나 새전에는 용기가 따라붙지 않는다. 이에 반해 토지신에 대한 공헌 행위가 동반된 地鎮具의 경우는 땅 속에 매납해야 하는 성질 상, 용기에 넣는 행위가 불가결하다고 생각되는 경우이다. 이러한 차이는 ① 散錢으로 대표되는 修祓를 통한 토지의 정화와 ② 七寶 등을 용기에 넣어 묻는 토지신에 대한 향응이라는 제사의 목적과 대상이 다를 가능성을 지적했다. 또 도성에서의 地鎮에는 승려가 아닌 음양사의 존재가 불가결하다는 점, 『불설다라니집경』뿐 아니라 전통적인 사상 등이 융합된 소산이라는 것 등 종래의 견해를 추인했다.

이어서 수변 제사에 대해서는 도교, 漢人祭, 신선사상 등 여러 신앙이 복합된 제사의 체계를 이루었다는 점을 재확인 했다. 또 수변 제사에 관련된 사료나 출토 유구, 유물을 보면 역신제가 중층적으로 수행되었던 것, 물을 이용하여 부정을 씻어내는 효과가 기대 되었음을 엿볼 수 있었다.

---

63) 関市教育委員会, 2007, 『弥勒寺遺跡群 弥勒寺西遺跡 −関市円空館建設に伴う発掘調査−』, 関市文化財調査報告第23号, p.222.

종래부터 묵서토기나 인형, 齋串 등이 제사 유물의 대표적 사례로서 분석의 주 대상이 되어 왔는데, 근년에는 씨앗이나 동물 유해 등의 출토 사례도 착실하게 증가되어오고 있다. 이러한 자료가 어떤 사상적 배경에 의거하는지에 대한 거듭된 검증이 필요하다. 또 화톳불의 흔적이나 타다 남은 흔적 등은 제사가 야간에 실시되었던 것 등을 일부 보여주는 등 제사에서의 晝夜의 차이를 고려하는 것이 가능하게 되어가고 있다. 추가하여 제사에서 대표적으로 案과 같은 탁자를 사용하는 것을 시작으로 하여 제사의 장을 보다 구체적으로 복원할 수 있는 고고학적 자료가 출토되기에 이르렀다. 각 제사 유적에서의 출토 자료의 비교 검토를 통해, 제사의 지역적 특징을 압출해내는 것과 동시에 제사의 주체자의 복원 등을 시도하는 것으로서 보다 제사의 실태를 자세하게 복원할 수 있을 것이라 기대하는 바이다.

지금 서술한 제사의 주체자의 경우는 불명확한 부분이 많이 남아 있다. 제사의 주체자에 대해서는 山ノ神祭祀유적(古墳시대)의 경우, 특별한 주력을 가진 巫覡(무녀)에 의한 직접적인 神祭에서 지역의 정치적 유력자(수장)이 실시하는 간접적인 神祭로 변모한 것이라고 보는 견해가 있다.[64] 각지의 유력자가 실시한 제사가 율령 국가의 단계에서 새로운 제사로 조합되어 어떻게 전개되었는지, 그 주체자를 포함한 구체적인 검증은 이후의 과제이다.

투고일: 2018. 2. 23.　　　심사개시일: 2018. 2. 27.　　　심사완료일: 2018. 4. 8.

---

64) 古谷毅, 2016, 「三輪山·山ノ神祭祀遺跡と古墳時代の神マツリ」, 『大美和』 第130号, 大神神社, pp.26-34.

井上光貞, 1984, 『日本古代の王権と祭祀』, 東京大学出版会.

石田英一郎, 1966, 『河童駒引考』, 東京大学出版会.

出原恵三, 1990 「祭祀発展の諸段階 −古墳時代における水辺の祭祀−」 『考古学研究』第36巻第4号.

今尾文昭, 1993, 「新益京横大路」 『奈良県遺跡調査概報1992年度』, 奈良県立橿原考古学研究所.

今尾文昭, 1994, 「新益京の鎮祭と横大路の地鎮め遺構」 『考古学と信仰』同志社大学考古学シリーズⅥ.

植月学, 2011, 「甲斐における平安・鎌倉時代の馬産 −ウマ遺体の分析による検討−」 『山梨県考古学協会誌』20.

上村和直, 1998, 「宅地と鎮祭」 『古代都市の構造と展開』, 古代都城制研究集会第3回報告集, 奈良国立文化財研究所.

大平茂, 1998, 「祓の流行③兵庫県袴狭遺跡群」 『日本の信仰遺跡』, 雄山閣.

大平茂, 2008, 『祭祀考古学の研究』, 雄山閣.

鬼塚久美子, 1996, 「古代の宮都・国府における祭祀の場 −境界性との関連について−」 『人文地理』第47巻第1号.

金子裕之, 1999, 「仏教・道教の渡来と蕃神崇拝」 『古代史の論点5 神と祭り』, 小学館.

金子裕之, 2007, 「祭りと信仰」 『日本の考古学〈普及版〉下』, 学生社.

九州歴史資料館, 2002, 『大宰府政庁跡』.

京都市文化観光局・京都市埋蔵文化財研究所, 1985, 『平安京跡発掘調査概報昭和60年度』.

興福寺, 1970, 『興福寺菩提院大御堂復興工事報告書』.

興福寺, 2010, 『興福寺 第1期境内整備事業にともなう発掘調査概報Ⅴ』.

小林謙一, 2004, 「祭祀具」 『古代の官衙遺跡Ⅱ 遺物・遺跡編』, 奈良文化財研究所.

佐々田悠, 2014, 「記紀神話と王権の祭祀」 『岩波講座日本歴史』第2巻 古代2.

笹生衛, 2010, 「祭祀関係木簡と墨書土器」 『伊場木簡と日本古代史』考古学リーダー17, 六一書房.

笹生衛, 2014, 「放生の信仰と郡衙・寺院・祭祀の景観 −薬師経から見た放生・大赦・大祓と高座郡衙の景観−」 『木簡, 語る』シンポジウム 「居村木簡が語る古代の茅ケ崎」 資料集(改訂版), 茅ケ崎市教育委員会.

笹生衛, 2016, 『神と死者の考古学 古代のまつりと信仰』, 歴史文化ライブラリー417, 吉川弘文館.

静岡県埋蔵文化財調査研究所, 1989, 『大谷川Ⅳ(遺物考察編)』, 巴川(大谷川)総合治水対策特定河川事業.

埋蔵文化財発掘調査報告書(神明原・元宮川遺跡)4, 静岡県埋蔵文化財調査研究所調査報告第20集.

芝康次郎・田村朋美, 2011, 「興福寺南大門出土鎮壇具の内容物 −第458次」 『奈良文化財研究所紀要2011』.

白石太一郎, 1995, 「沖ノ島と古代の神まつり」 『歴史考古学』, 放送大学教育振興会.

吹田市立博物館, 2002, 『川の古代祭祀 五反島遺跡を考える−』.

椙山林継, 1986, 「神と祭り」 『日本歴史考古学を学ぶ(中)』, 有斐閣選書881.

関市教育委員会, 2007, 『弥勒寺遺跡群 弥勒寺西遺跡 —関市円空館建設に伴う発掘調査—』, 関市文化財調査報告第23号.

高島英之, 2006, 『古代東国地域史と出土文字資料』, 東京堂出版.

竹澤勉, 1990, 『新益京と四大神』, 大和書房.

中井一夫・梅本光一郎, 1977, 「稗田遺跡発掘調査概報」, 『奈良県遺跡調査概報1976年度』.

長宗繁一, 1998, 「長岡京左京七条三坊」, 『日本の信仰遺跡』, 雄山閣.

奈良国立文化財研究所, 1966, 『奈良国立文化財研究所年報1966』.

奈良国立文化財研究所, 1975, 『平城宮発掘調査報告Ⅵ』, 奈良国立文化財研究所学報第23冊.

奈良国立文化財研究所, 1981, 『昭和55年度平城宮跡発掘調査部発掘調査概報』.

奈良国立文化財研究所, 1983, 『平城京東堀河 左京九条三坊の発掘調査』.

奈良国立文化財研究所, 1984, 『平城京左京三条二坊三坪発掘調査報告』.

奈良国立文化財研究所, 1986, 『地鎮 —大地よ平らかに鎮まれ地の神よ—』.

奈良国立文化財研究所, 1993, 『西隆寺発掘調査報告書』, 奈良国立文化財研究所40周年記念学報第52冊.

奈良文化財研究所, 2015, 『古代都城出土の植物種実』, 2013～2015年度公益財団法人浦上食品・食文化振興財団学術研究助成, 『古代の植物性食文化に関する考古学的研究』成果報告書.

土生田純之, 2004, 「桃形土器の話」, 『古文化談叢』第50集下.

東日本高速道路株式会社・千葉県教育振興財団, 2017, 『東京外かく環状道路埋蔵文化財調査報告書11 —市川市北下遺跡(14)・菅野遺跡(1)～(5)—』, 千葉県教育振興財団調査報告第766集.

深草俊輔・河原一樹・小池伸彦・舘野和己・中沢隆, 2014, 「質量分析による平城京跡から出土した墨に残存するウシ膠コラーゲンの同定」, 『古代学』第6号, 奈良女子大学古代学学術研究センター.

福岡市教育委員会, 1989, 『羽根戸古墳群 —西区西部墓園建設にともなう調査(2)—』, 福岡市埋蔵文化財調査報告書第198集.

古谷毅, 2016, 「三輪山・山ノ神祭祀遺跡と古墳時代の神マツリ」, 『大美和』第130号, 大神神社.

法隆寺, 1985, 『法隆寺防災工事・発掘調査報告書』.

松村恵司, 2009a, 「藤原宮大極殿南門出土の地鎮具」, 『和同開珎をめぐる諸問題』.

松村恵司, 2009b, 「律令祭祀と銭貨」, 『出土銭貨研究の課題と展望』.

水野正好, 1974, 「祭礼と儀礼」, 『古代史発掘10 都とむらの暮らし』, 講談社.

水野正好, 1986, 「漢礼」, 『日本歴史考古学を学ぶ(中)』, 有斐閣選書881.

宮島義和, 2002, 「地方における古代祭祀の展開1 —大宝律令制定以前の様相—」, 『長野県の考古学Ⅱ』, 長野県埋蔵文化財センター.

村山修一・下出積與・中村璋八・木場明志・小坂眞二・脊古真哉・山下克明(編), 1991, 『陰陽道叢書1古代』, 名著出版.

森郁夫, 1984, 「古代の地鎮・鎮壇」, 『古代研究』28・29, 元興寺文化財研究所.

森郁夫, 1998, 「地を鎮めるまつり」, 『日本の信仰遺跡』, 雄山閣.

森郁夫・薮中五百樹, 2013, 『鎮めとまじないの考古学下 −鎮壇具からみる古代−』, 雄山閣.

森公章, 2010, 『遣唐使の光芒 東アジアの歴史の使者』, 角川選書468.

薬師寺, 2016, 『薬師寺東塔基壇 国宝薬師寺東塔保存修理事業にともなう発掘調査概報』.

山崎健, 2017, 「動物遺存体」, 『奈良文化財研究所紀要2017』.

山近久美子, 2016, 「交通に関わる祭祀」, 『日本古代の交通・交流・情報3 遺跡と技術』, 吉川弘文館.

和田一之輔, 2009, 「平城宮跡東院地区から出土した緡銭」, 『奈良文化財研究所紀要2009』.

〈Abstract〉

Utensils used in ancestral rites(地鎮) and Watersides Memorial in ancient castle town of Japan

Aoki takashi

This paper examines the examples of utensils used in ancestral rites(地鎮具) related to the construction of the capital and discusses whether the utensils have a container or not may imply different scope of the service. It was also confirmed from the historical record and excavated materials that ancestral rites performed at watersides had a ceremonial structure with various religions combined. However, there are unclear points about the presider of the ceremony, which is expected to be delved in and verified by future researchers.

▶ Key words: utensils used in ancestral rites(地鎮具), watersides had a ceremonial

■藤原宮・京の地鎮関連

〈史料 一〉

『日本書紀』持統五年（六九一）十月甲子（二十七日）条

○甲子、遣三使者一鎮二祭新益京一。

甲子に、使者を遣して新益京を鎮め祭らしむ。

〈史料 二〉

『日本書紀』持統六年（六九二）五月丁亥（二十三日）条

○丁亥、遣三淨廣肆難波王等一、鎮二祭藤原宮地一。

丁亥に、淨廣肆難波王等を遣して、藤原の宮地を鎮め祭らしむ。

『日本書紀 下』日本古典文学大系68　岩波書店より抜粋

■平城宮・長岡京関連史料

〈史料 三〉

『続日本紀』和銅元年（七〇八）十二月癸巳（五日）条

十二月癸巳、鎮二祭平城宮地一。

十二月癸巳、平城宮の地を鎮め祭る。

〈史料 四〉

『続日本紀』延暦三年（七八四）五月丙戌（十六日）条

丙戌、勅、遣二中納言正三位藤原朝臣小黒麻呂・従三位藤原朝臣種継、左大弁従三位佐伯宿禰今毛人、参議近衛中将正四位上紀朝臣船守、参議神祇伯従四位上大中臣朝臣子老、右衛士督正四位上坂上大忌寸苅田麻呂、衛門督従四位上佐伯宿禰久良麻呂、陰陽助外従五位下船連田口等於山背国一、相乙訓郡長岡村之地一。為レ遷レ都也。

丙戌、勅して、中納言正三位藤原朝臣小黒麻呂・従三位藤原朝臣種継、左大弁従三位佐伯宿禰今毛人、参議神祇伯従四位上大中臣朝臣子老、右衛士督正四位上坂上大忌寸苅田麻呂、衛門督従四位上佐伯宿禰久良麻呂、陰陽助従五位下船連田口らを山背国に遣して、乙訓郡長岡村の地を相しめたまふ。都を遷さむが為なり。

『続日本紀』新日本古典文学大系12　岩波書店より抜粋

〈史料五〉
一巻十九条【御川水〔条〕】
御川水祭〈十二月准此。中宮亦同。〉
五色帛各二丈五尺。絮二丈五尺。綿五屯。倭文二丈。糸五絢。木綿。麻各五斤。紙一百張。布五端。鉄五口。酒二斗。米。糟五斗。大豆。小豆各一斗。糯米三斗。稲五束。鮭五隻。堅魚。鰒。海藻各二斤。鹽五顆。明櫃二合。坏五十口。食薦五枚。席。薦各二枚。折櫃五合。輦籠一脚。槲一俵。鮑五柄。
右四面祭御門巫。御川水祭摩巫各行事。

〈史料六〉
三巻三十条【御川水〔梵〕】
御川水祭
絹四丈五尺。五色薄絮各六尺。布二端。倭文二尺。綿五屯。糸五兩。木綿。麻各五斤。紙一百張。銭八百文。鉄五口。米。酒糟各五斗。稲五束。大豆。小豆各二升。糯米三斗。鰒。堅魚各六斤。燭四斤六兩。鮭五隻。海藻五斤。鹽五升。明櫃二合。折櫃五合。坏五十口。鮑五柄。槲一俵。輦籠一脚。席。薦各二枚。食薦五枚。

〈史料七〉
三巻二十二条【八十嶋】
八十嶋神祭〈中宮准此。〉
五色帛各一疋二丈。絮一疋二丈。絲卅絞。綿卅屯。倭文一端三丈八尺。木綿。麻各卅斤。庸布十段。紙二百張。挿幣木一百廿枝。麁御服八具料庸布八段。御輿形汗具。覆料紫帛四丈。鍬汗口。銭三貫文。〈二貫文散料。一貫文雜鮮魚菓子直。〉金銀人像各八十枚。金塗鈴八十口。鏡八十二面。〈二面五寸。八十面一寸。〉玉一百枚。大刀一口。弓一張。矢五十隻。胡籙一具。黄蘗八十枚。盞。堝各廿口。坏八十口。米。酒各一石。糟八斗。缶六口。鰒。堅魚。燭。海藻各八籠。鮭五十隻。鹽五籠。俵。稲廿束。席。薦各八枚。食薦八枚。輿籠五脚。明櫃四合。鮑十柄。祝詞料絮二疋。調布二端。

〈史料八〉
三巻二十五条【宮城四隅〔閣〕】
宮城四隅疫神祭〈若應祭京城四隅准此。〉
五色薄絮各一丈六尺。〈等分四所。已下准此。〉倭文一丈六尺。木綿四斤。八兩。麻八斤。庸布八段。鍬十六口。牛皮。熊皮。鹿皮。猪皮各四張。米。酒各四斗。稲十六束。鰒。堅魚各十六斤。燭二斗。海藻。雜海菜各十六斤。鹽二斗。盆四口。坏八十口。鮑四柄。槲十六把。薦四枚。菓四圍。
蝦棚四脚。〈各高四尺。長三尺五寸。〉杓一枚。

〈史料九〉
三巻二十五条【畿内堺〔梵〕】
畿内堺十處疫神祭〈山城與近江堺一。山城與丹波堺二。山城與伊賀堺三。山城與大和堺四。山城與近江堺五。大和與伊賀堺六。和泉與紀伊堺九。攝津與播磨堺十。〉
堺別五色薄絮各四尺。倭文四尺。木綿。麻各一斤二兩。庸布二段。金鐵人像各二枚。鍬四口。牛皮。熊皮。鹿皮。猪皮各一張。雜海菜四斤。稲四束。米。酒各一斗。鰒。海藻。滑海藻各四斤。燭五升。鹽五升。水盞一口。坏二口。鮑一柄。槲四把。薦一枚。輿籠一脚。杓一枚。擔夫二人。〈京職差鎖充之。〉

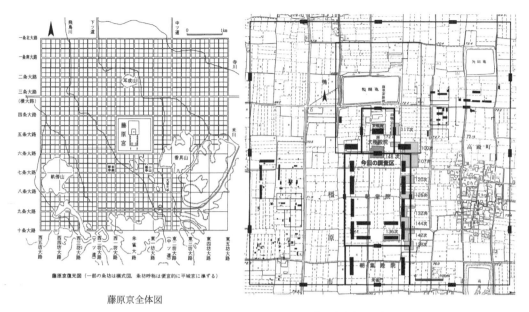

藤原京全体図

藤原宮全体図と今回の調査区

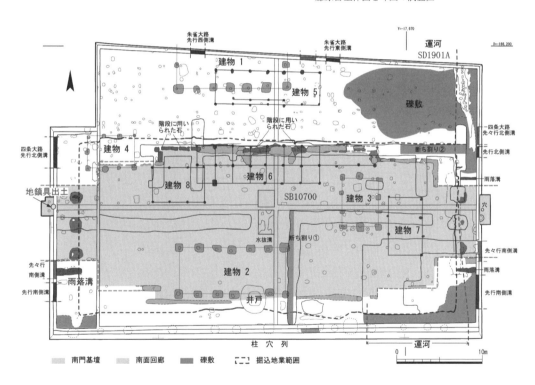

図 1　藤原宮大極殿南門 SB10700 と地鎮具出土位置

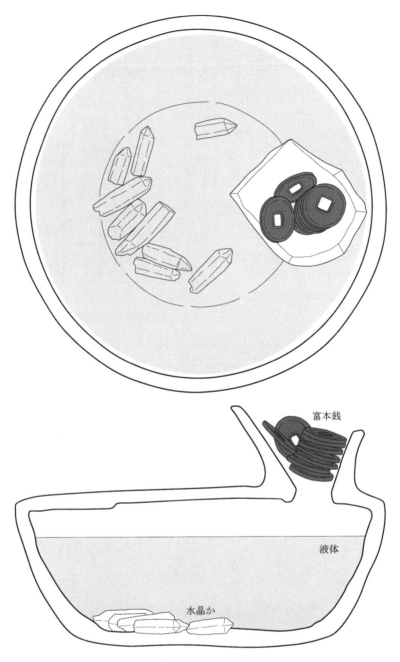

富本銭

液体

水晶か

図2　藤原宮大極殿南門SD10700出土地鎮具の透視図 2:3

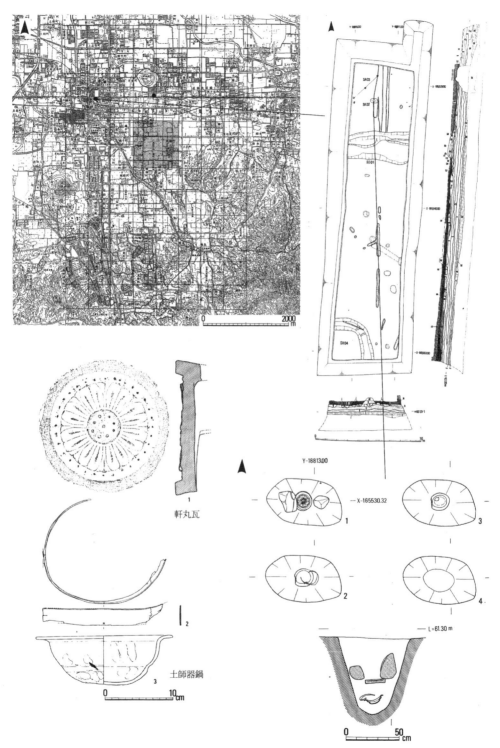

図3　横大路の地鎮遺構と出土地鎮具　(橿原市八木町一丁目6-12地点)
(今尾文昭1993「新益京横大路」『奈良県遺跡調査概報1992年度』奈良県立橿原考古学研究所、より引用)

軒丸瓦

土師器鍋

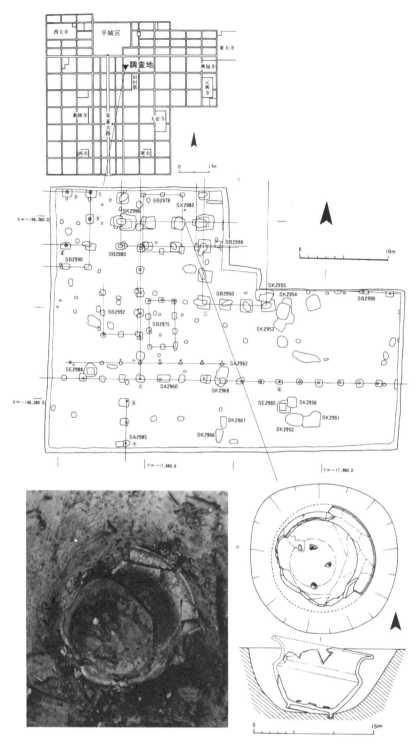

図4　平城宮左京三条二坊三坪土坑 SX2982 と出土地鎮具

(奈良国立文化財研究所 1984『平城京左京三条二坊三坪発掘調査報告』より引用)

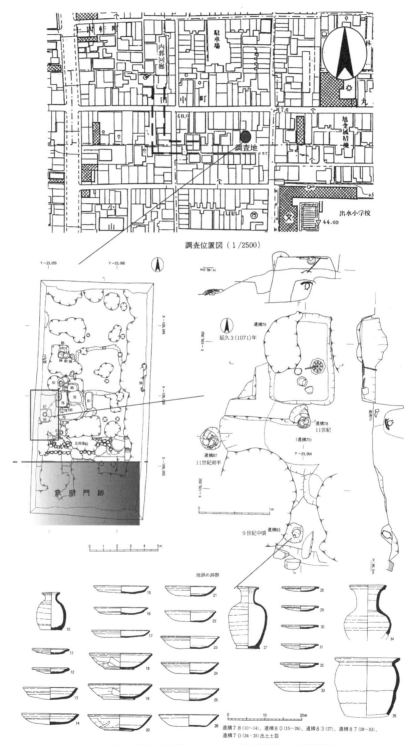

調査位置図（1/2500）

延久3（1071）年

遺構76

遺構78
11世紀

（遺構70）

遺構87
11世紀前半

9世紀中頃 遺構83

承明門跡

地鎮め跡群

遺構78（10〜14），遺構80（15〜26），遺構83（27），遺構87（28〜33），
遺構70（34・35）出土土器

図5　平安宮内裏（承明門北側）地鎮遺構と出土地鎮具

（京都市文化観光局・京都市埋蔵文化財研究所1985『平安京跡発掘調査概報　昭和60年度』より一部改変の上転載）

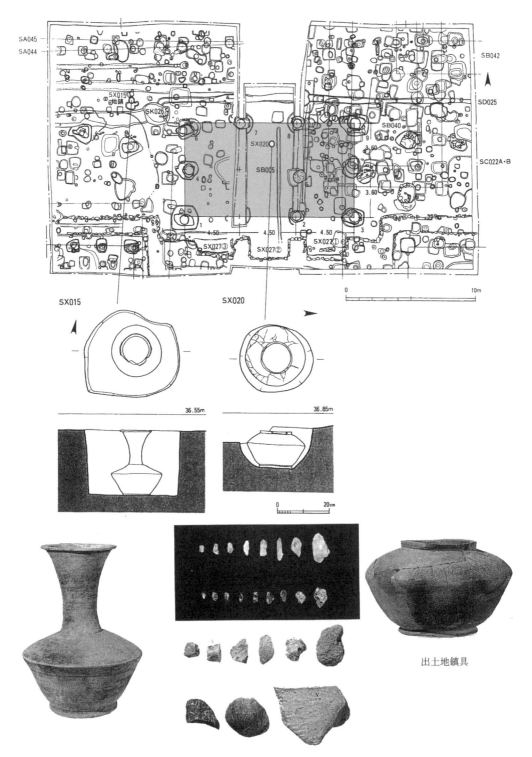

SA045
SA044

SB042

SX015
地鎮

SD025

SK026

SB040

SX020

SC022A・B

7
8
9

3.60

SB005

4
5
6

3.60

2
3

1
4.50
4.50
4.50

SX027③
SX027②
SX027①

0
10m

SX015

SX020

36.55m

36.85m

0
20cm

出土地鎮具

図 6　大宰府政庁跡中門の地鎮遺構と出土地鎮具 （九州歴史資料館 2002 より一部改変の上引用）

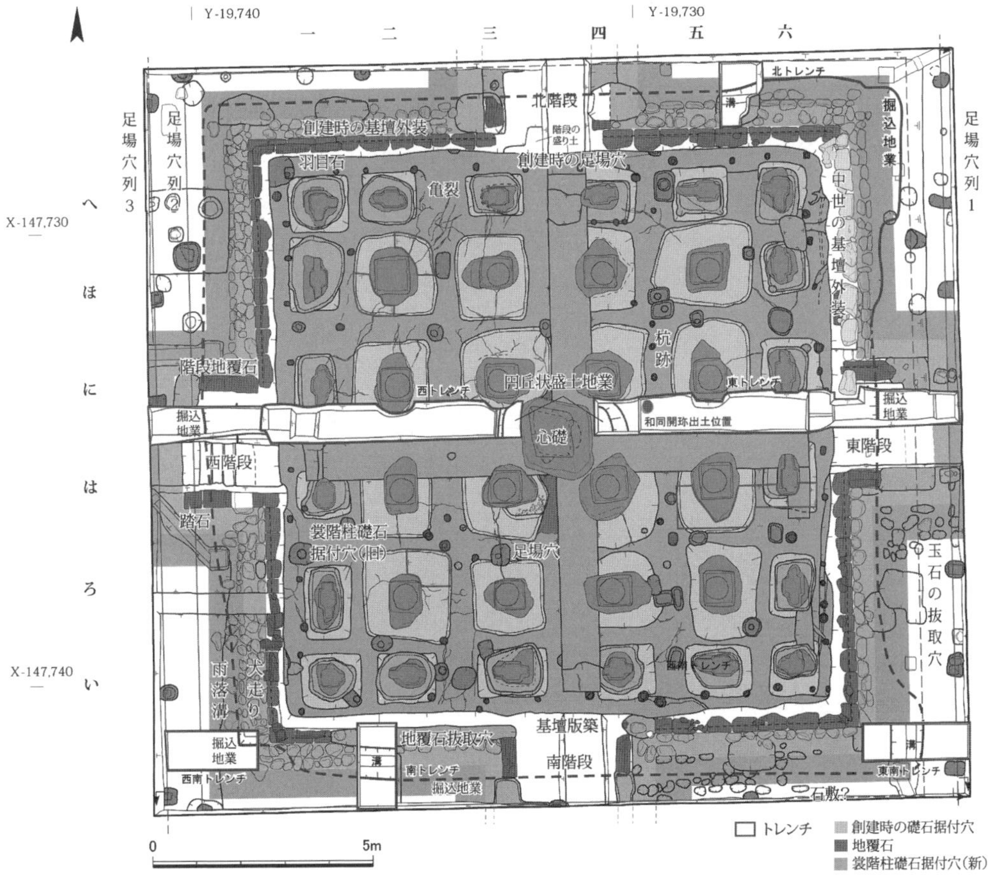
Y-19,740
Y-19,730
一
二
三
四
五
六
X-147,730
X-147,740
へ
ほ
に
は
ろ
い
足場穴列3
足場穴列2
足場穴列1
北トレンチ
北階段
階段の盛り土
創建時の基壇外装
創建時の足場穴
羽目石
亀裂
掘込地業
中世の基壇外装
杭跡
階段地覆石
西トレンチ
円丘状盛土地業
東トレンチ
和同開珎出土位置
心礎
西階段
東階段
踏石
裳階柱礎石据付穴(旧)
足場穴
玉石の抜取穴
雨落溝
犬走り
地覆石抜取穴
基壇版築
南階段
西南トレンチ
南トレンチ
掘込地業
東南トレンチ
石敷?
溝
0
5m
トレンチ
創建時の礎石据付穴
地覆石
裳階柱礎石据付穴(新)

図7　薬師寺東塔調査区平面図と和同開珎出土位置　1：150

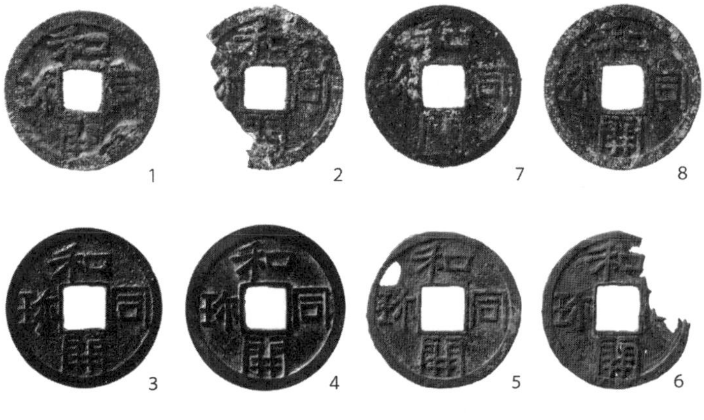
1
2
7
8
3
4
5
6

図8　薬師寺東塔掘込地業および礎石据付穴出土和同開珎　1：1

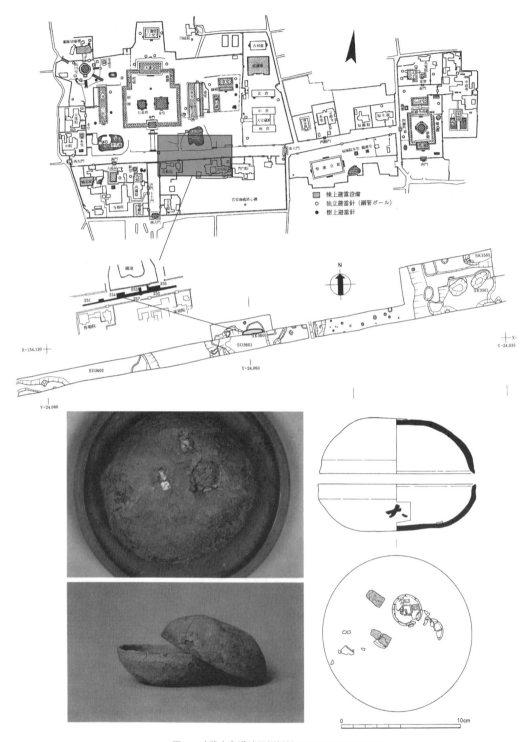

図9　法隆寺参道地区SK3600 （法隆寺1985より引用）

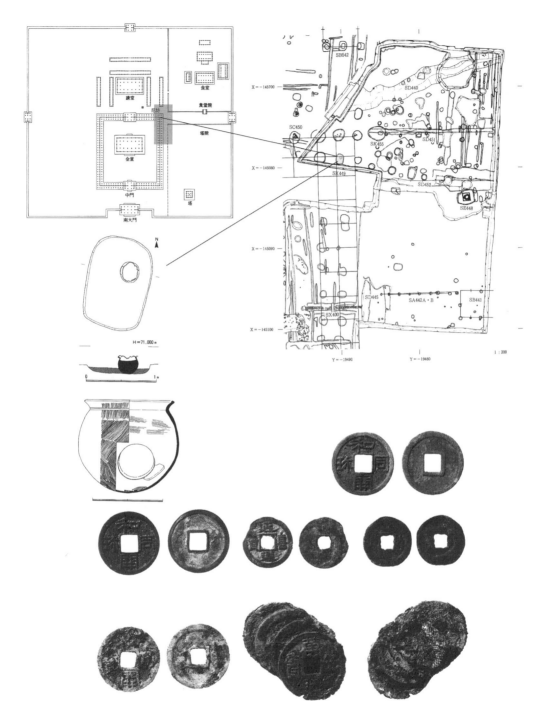

図10 西隆寺土器埋納遺構SK499

(奈良国立文化財研究所 1991『1990年度平城宮跡発掘調査概報』・奈良国立文化財研究所1993『西隆寺発掘調査報告書』より引用)

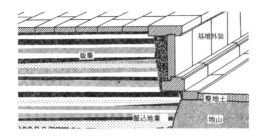

図11　基壇版築と掘込地業模式図（奈文研 1978『平城宮発掘調査報告IX』）

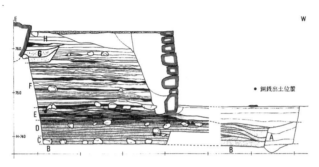

図12　西大寺東塔基壇の断面と銅銭出土位置　1：70（奈文研 1982『奈良国立文化財研究所年報 1982』）

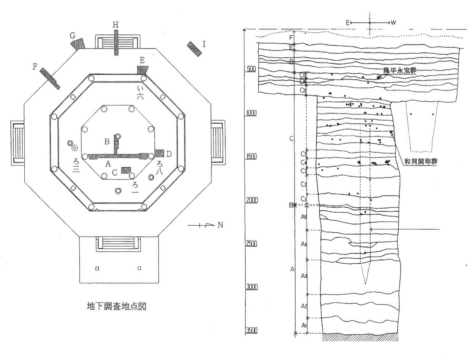

地下調査地点図

内陣中央試掘穴土層図（トレンチB）

図13　興福寺南円堂トレンチ配置図および基壇の断面と銅銭出土位置
（奈良県教育委員会事務局文化財保存事務所編 1996『重要文化財興福寺南円堂修理工事報告書』）

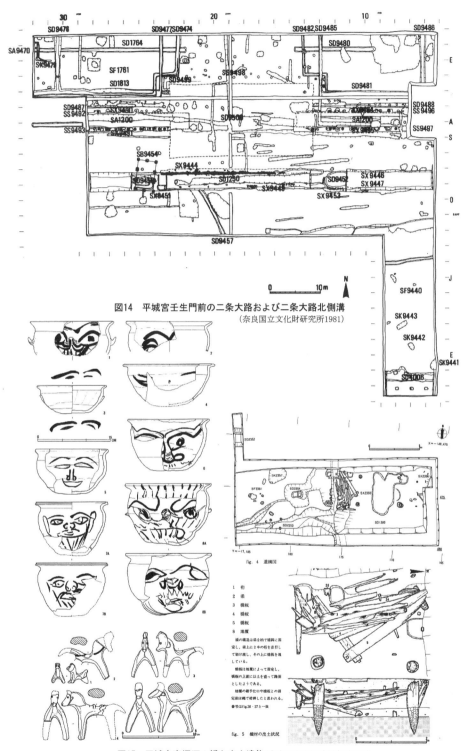

図14　平城宮壬生門前の二条大路および二条大路北側溝
（奈良国立文化財研究所1981）

図15　平城京東堀河の橋と出土遺物（奈良国立文化財研究所1983）

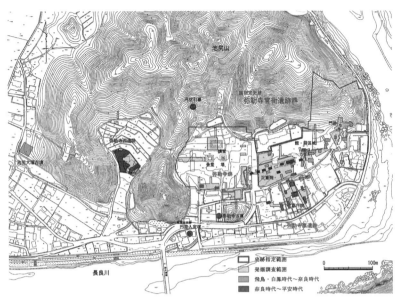

図 16　弥勒寺遺跡群の位置 (関市教育委員会 2007 より引用)

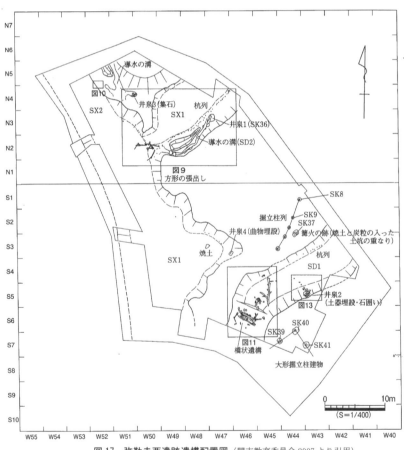

図 17　弥勒寺西遺跡遺構配置図 (関市教育委員会 2007 より引用)

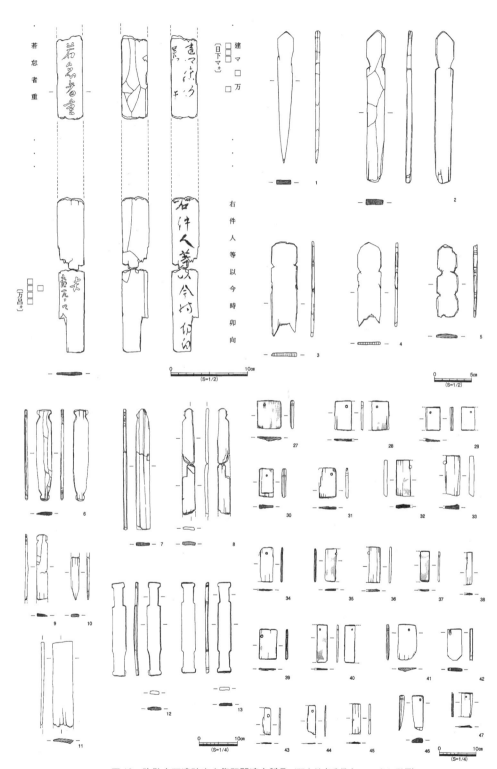

図 18　弥勒寺西遺跡出土祭祀関連木製品（関市教育委員会 2007 より引用）

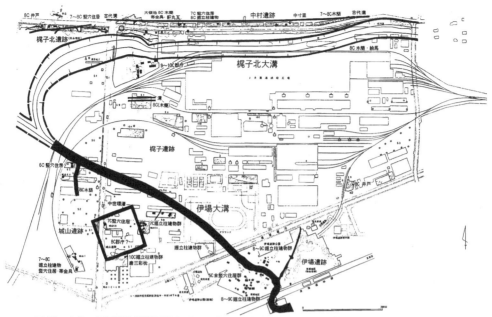

図 19　古代の伊場遺跡遺構配置図 （伊場木簡から古代史を探る会編 2010 『伊場木簡と日本古代史』 より引用）

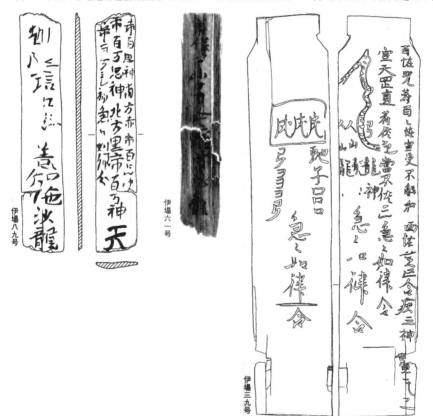

図 20　伊場遺跡出土祭祀関連木簡 （伊場木簡から古代史を探る会編 2010 『伊場木簡と日本古代史』 より引用）

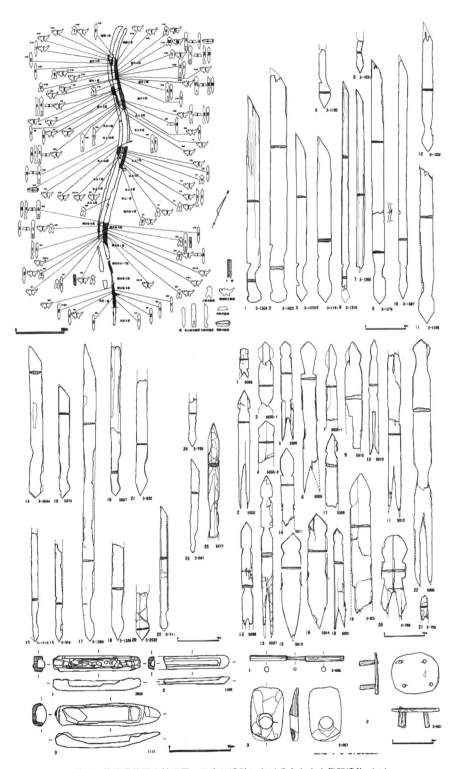

図21　静岡県静岡市神明原・元宮川遺跡における主な出土祭祀遺物（1）

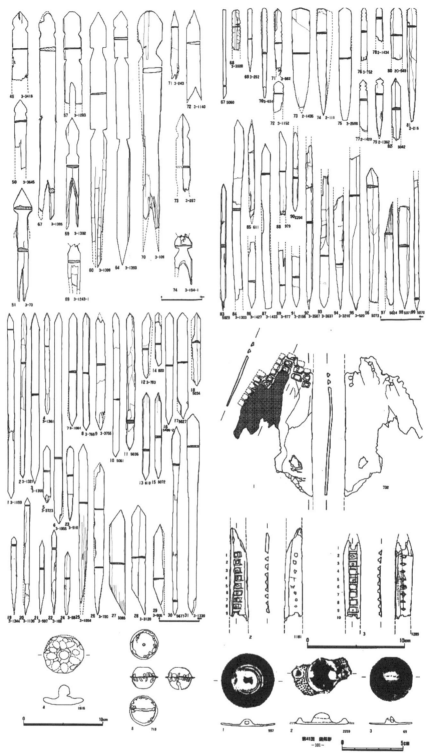

図22　静岡県静岡市神明原・元宮川遺跡における主な出土祭祀遺物（2）

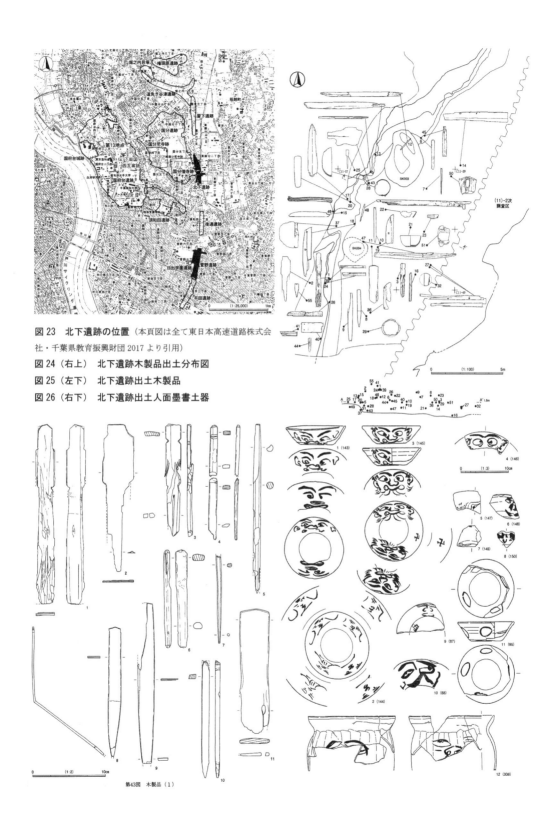

図 23　北下遺跡の位置（本頁図は全て東日本高速道路株式会
社・千葉県教育振興財団 2017 より引用）

図 24（右上）　北下遺跡木製品出土分布図

図 25（左下）　北下遺跡出土木製品

図 26（右下）　北下遺跡出土人面墨書土器

第43図　木製品（1）

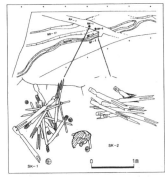

図27　袴狭遺跡群砂入遺跡における
　　　人形出土状態（金子1999）
図28　馬の生贄（金子1999）
図29　人面墨書土器の分布（金子1999）
図30　人形の分布（金子1999）

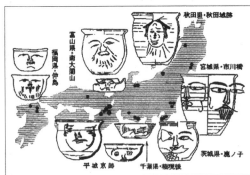

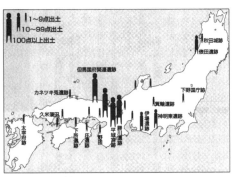

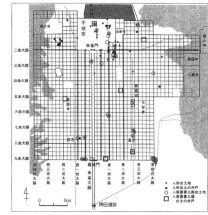

図31　平城京における人形・人面墨書土器の出土位置
　　　　　　　　　　　　　　　　　　　　　（山近 2016）

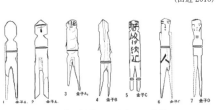

図32　金子裕之による人形の分類

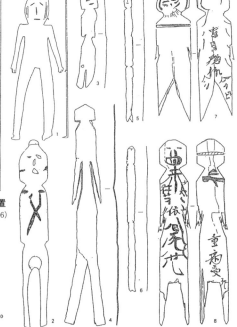

1　南京人台山１号墓 ５世紀初　　2　居延出土　　3〜8　平城宮跡出土 8 世紀
図33　中国と日本の人形（金子裕之 2014『古代都城と律令祭祀』）

월성 해자 목간으로 본 신라의 왕경[*]

박성현[**]

I. 머리말

II. 王宮과 그 주변

III. 6部와 里: 9호 목간

IV. 맺음말

〈국문초록〉

본 논문은 월성 해자 출토 목간 중에 신라 왕경과 관련된 것을 분석하여 王宮과 그 주변의 구조와 경관, 왕경의 행정 구역인 里와 6部의 관계에 대해서 논의한 것이다.

최근의 월성에 대한 발굴조사, 특히 성벽과 해자에 대한 조사 결과 성벽의 축조 연대와 해자의 변천이 어느 정도 분명하게 밝혀졌다. 즉 5세기 중엽 이후에야 성벽이 축조되고 해자가 개착되었는데, 그 형태는 월성의 동, 북, 서쪽을 길게 두른 수혈 해자였으며, 삼국 통일 이후 이것이 호안 석축이 있는 몇 개의 해자로 개편되었다는 것을 알 수 있게 되었다.

월성 해자 출토 목간은 수혈 해자 단계에 해자 바깥쪽에서부터 폐기된 것으로 추정되는데, 당시 그 구역에는 高床의 창고들이 있었으며, 목간의 내용으로 보았을 때 그것들은 3宮 내지 內省 예하의 창고로, 왕궁의 물자를 관리하는 기능을 했던 것으로 추정할 수 있다.

한편 9호 목간은 6部와 소속 里 혹은 里가 아닌 지명들을 열거하고 그들이 특정한 의무를 이행했는지의 여부를 표시한 것으로 보인다. 이 자료를 통해 당시 부에는 里로 편제된 구역과 그렇지 않은 구역이 있었음을 알 수 있다. 통일기 王都=35里와 6부의 관계에 대해서 논란이 있는데, 이 자료에 의하면 6부 중

---

*   본고는 2017년 10월 19일~20일 열린 한국목간학회 창립 10주년 기념 국제학술대회의 자료집인 『동아시아 고대 도성의 축조 의례와 월성해자 목간』에 실린 글을 수정, 보완한 것이다.
** 계명대학교 사학과

일부, 대체로 현재의 경주 시내 부분만 왕도로 편입되어 里로 편제되었으며, 동시에 그렇지 않은 6부 구역도 있었다고 할 수 있을 것이다.

▶ 핵심어: 월성 해자 목간, 신라 왕경, 王宮, 6部, 里

I. 머리말

월성 해자에서 목간이 출토된 것은 1985~86년 '다'구역 해자에 대한 조사에서였지만,[1] 이것이 정식으로 보고된 것은 2006년에 발행한 보고서 고찰편(이하 보고서)에서였다.[2] 모두 130점의 목간 또는 목간류가 출토되었다고 하는데,[3] 이 가운데 번호가 부여되어 보고된 것이 104점이며[4] 묵흔이 있는 것은 25점이다.[5] 1999~2006년에 이루어진 '다'구역 4호 해자에 대한 조사에서도 목간이 1점 출토된 바 있다.[6] 2016~17년 1호 해자에 대한 조사에서는 다시 50여 점의 목간이 출토되었으며, 이 가운데 묵흔이 있는 것은 7점으로 알려졌다.

월성 해자 목간에 대한 연구는 『한국의 고대 목간』(2004)이 나오기 전, 그 이후 보고서가 나오기 전까지,[7] 보고서 이후[8]로 나누어 볼 수 있을 것이고, 이번의 신자료 출토 역시 하나의 획기가 될 것이다.

특히 이번 조사를 통해서 기존에 미진했던 1호 해자에 대한 조사가 마무리될 수 있었다. 기존에 석축 해자, 연못형 해자, 수혈 해자로 파악했던 것을 수혈 해자에서 석축 해자로의 변천으로 재정리했는데, 즉 5~7세기에는 수혈 해자가 월성의 동·북·서편을 길게 두르고 있었고, 삼국 통일 이후 호안 석축이 있는 몇 개의 해자로 개축되었다는 것이 밝혀졌다. 목간은 수혈 해자의 퇴적층에서 출토된 것으로 그것이 기

---

1) 文化財研究所 慶州古蹟發掘調査團, 1990, 『月城垓字 發掘調査報告書 Ⅰ』.

2) 國立慶州文化財研究所, 2006, 『月城垓子 發掘調査報告書 Ⅱ -고찰-』, pp.130-371.

3) 國立慶州文化財研究所, 2006, 위의 책, p.137.

4) 1~105호로 명명되었는데 50호는 결번이다.

5) 1~7, 9~23, 26, 88, 105호 목간이 여기에 해당한다.

6) 국립경주문화재연구소, 2011, 『月城垓子 發掘調査報告書 Ⅲ (4號 垓子)』, pp.472-475.

7) 이상의 연구에 대해서는 보고서 pp.130-131에 소개되어 있다.

8) 2013년 6월까지의 연구에 대해서는 홍기승, 2016, 「경주 월성해자·안압지 출토 신라목간의 연구 동향」, 『목간과 문자』 10에 잘 정리되어 있다. 이 가운데 본고의 주제와 직접 관련된 것, 또 그 뒤의 연구 성과를 나열하면 아래와 같다.

李京燮, 2008, 「新羅 月城垓子 木簡의 출토상황과 月城 周邊의 景觀 변화」, 『한국고대사연구』 49.

이용현, 2009, 「韓國의 木簡과 金石文의 相互交叉研究 -「奴人」·「受」 등-」, 『고대의 목간 그리고 산성』, 국립가야문화재연구소·국립부여박물관.

이성시, 2011, 「한국목간연구의 현재 -신라목간연구의 성과를 중심으로-」, 『죽간·목간에 담긴 고대 동이시아』, 성균관대학교 출판부.

김재홍, 2013, 「월성의 도성사적 연구」, 『경주 월성 보존정비정책연구 종합연구보고서 1』, 국립경주문화재연구소.

윤선태, 2014, 「新羅 中古期 六部의 構造와 그 起源」, 『신라문화』 44.

능한 시기에 폐기된 것으로 이해할 수 있다.

이러한 목간 자료를 가지고 필자가 논의하게 될 주제는 신라의 왕경이다. 월성 해자 출토 목간 중에는 왕경의 행정구역과 관련된 용어, 즉 6部名과 里, 그리고 중앙의 관명 등이 나타나 있다. 그렇지만 자료가 단편적이기 때문에 논의할 수 있는 내용은 많지 않은 것 같다. 본고에서는 월성 해자에서 목간이 출토된 맥락과 관련하여 왕경의 핵심 구역, 즉 왕궁과 그 주변의 구조, 경관에 대해서, 그리고 9호 목간을 중심으로 왕경의 행정구역인 里와 6부의 관계에 대해서 논의해 보도록 하겠다.

II. 王宮과 그 주변

1. 月城과 해자의 변천

신라의 왕궁은 월성이었다. 월성의 성벽과 해자, 그 외부의 구조와 경관이 시기에 따라 어떻게 변천했는지에 대해서는 기존의 조사를 통해서,[9] 또 이번의 조사를 통해서 어느 정도 추정할 수 있게 되었다.

해자의 굴착은 무엇보다 성벽과 관련이 있다. 성벽의 축조 연대는 사실 전부터 파악할 수 있는 단서가 있었지만[10] 이번 조사를 통해서 보다 분명해졌다. 즉 서벽에 대한 조사 결과 성벽은 거의 평지에서부터 쌓아올렸다는 것이 밝혀졌으며, 기저부에서 황남대총 단계의 토기가 출토되어 그와 같거나 그보다 약간 늦은 시기에 축조된 것으로 추정되었다.

이것은 기존의 일반적 이해와는 좀 차이가 있다. 즉 『삼국사기』에는 파사이사금 22년(101)에 월성을 축조했다고 되어 있고, 이것을 그대로 받아들이지 않더라도 늦어도 4세기 초에는 그것이 조영되었을 것이라고 생각해 왔다. 그런데 성벽에 대한 조사 결과 그것이 5세기 이후에야 축조된 것으로 드러나게 된 것이다. 이것은 오히려 소지마립간 9년(487)의 월성 수즙 기사와 부합한다고 할 수 있을 정도이다.

조사 결과를 보면 현재 남아 있는 월성 성벽이 5세기 이후에 만들어졌다고 하는 것은 틀리지 않은 것 같다. 그렇지만 그 전에도 같은 장소에 '성'이라고 불릴 수 있는 시설이 있지 않았을까 생각된다. 우선 문헌에 보이는 월성의 존재를 완전히 무시할 수 없으며, 늦어도 4세기부터 경주 시내의 평지에 대형 무덤이 조영되었는데,[11] 이러한 무덤을 쓴 지배층의 거처로 월성 외에는 생각하기 어렵기 때문이다. 만약 지금과 같은 월성이 소지마립간 9년에 갖추어진 것이라고 한다면, 나물마립간이나 눌지마립간의 무덤으로 추정되는 황남대총보다도 늦게 만들어진 것인데, 그 전에도 어떠한 형태로든 궁성이 있었던 것으로 보아야 할 것이다. 다만 그 규모와 형태가 어떠했는지에 대해서는 현재로서는 이야기하기 어렵다.

---

9) 홍보식, 2013, 「월성(왕궁)의 경관 변화 설정과 조사 필요성」, 『경주 월성 보존정비정책연구 종합연구보고서 1』, 국립경주문화재연구소.

10) 홍보식, 2013, 위의 논문, p.149, p.173, p.183.

11) 월성로와 쪽샘에서 대형 이혈 주·부곽식 목곽묘가 확인되었다(홍보식, 2013, 위의 논문, pp.197–202).

해자에 대해서는 기존에 월성 동편의 '석축 해자'와 북편의 1~3호 '연못형 해자'로 파악하여, 5~7세기에는 1~3호 및 석축 해자 아래의 연못형(식) 해자가 존재, 기능하다가, 삼국 통일 이후 이들이 폐기되거나 석축 해자로 개축된 것으로 이해하였다.[12] 그렇지만 90년대 말 2000년대에 들어 4호 및 5호 해자를 조사하면서 석축 호안을 가진 연못식 해자 이전에 수혈 해자가 존재했다는 것이 밝혀지고, 또 최근의 조사를 통해 수혈 해자가 월성의 동·북·서편을 길게 두르고 있었음이 확인되었다. 그리하여 월성의 해자는 전체적으로 하나로 연결된 수혈 해자에서 호안 석축을 가진 몇 개의 해자로 개편된 것으로 이해할 수 있게 되었다. 이때 수혈 해자의 사용 시기는 성벽의 축조 이후, 삼국 통일 이후 석축 해자로 개편되기 전까지로 추정되었는데, 목간들은 바로 (1호 해자 아래) 수혈 해자의 퇴적층에서 출토된 것이 된다.

이처럼 5세기에 들어 월성과 해자에 대한 대대적인 조성 사업이 이루어졌다고 할 수 있겠는데, 그 기간은 역시 왕이 월성을 비운 것으로 되어 있는 자비마립간 18년(475)부터 소지마립간 9년(487) 사이일 가능성이 크다.[13] 이 기간에 새로운 성벽을 구축하고 해자를 개착하였을 것이다. 그리고 이와 같이 형성된 궁성 및 그 주변의 공간 구조는 기본적으로 삼국 통일을 전후한 시점까지 지속된 것으로 이해할 수 있다.

2. 목간과 해자 주변의 공간

이때 목간과 관련해서 궁금한 점은 도대체 어디에서 목간을 이 장소에 폐기했을까 하는 점이다. 즉 성 내부로부터 목간을 여기에 버렸다고 보기는 어려울 것 같은데, 그렇다면 해자 바깥쪽의 공간에 주목할 필요가 있다고 생각된다.[14]

목간이 출토된 1호 해자는 현재 도로에 의해 양분되어 있지만, 도로 양편의 유구가 서로 연결되어 신라 때에는 이 도로가 존재하지 않았다는 것을 알 수 있다. 1호 해자의 북쪽에서는 일찍이 해자와 평행한 장방형의 적심 건물지가 확인된 바 있다.[15] 그렇지만 이 건물지는 석축 해자로 개축된 통일기 이후의 것으로 밝혀졌다.

1994~95년에는 다시 그 북쪽 지역, 도로 동쪽 부분(그림 1의 '월성 북편 건물지')에 대한 조사가 이루어졌는데, 여기에서는 적심 건물지 9동, 도로, 수로, 굴립주 건물지 23동, 수혈 5기 등이 확인되었으며,[16] 특히 굴립주 건물지는 수혈 해자와 같은 시기에 존재한 시설로 파악되었다. 이들은 高床의 창고로 추정

---

12) 李相俊, 1997, 「慶州 月城의 變遷過程에 대한 小考」, 『嶺南考古學』 21.
13) 『삼국사기』 권3 신라본기3 자비마립간, 소지마립간
　　(慈悲麻立干)十八年(475), 春正月, 王移居明活城.
　　(炤知麻立干)九年(487), … 秋七月, 葺月城. …
　　(炤知麻立干)十年(488), 春正月, 王移居月城. …
14) 李京燮, 2008, 앞의 글, pp.163~164.
　　이경섭은 목간이 1호 해자 북안 가까이에서 발견되었고, 또 당시에는 현재와 같이 1호 해자를 가로지르는 도로도 없었을 것이기 때문에, 목간의 사용과 폐기가 월성 내부가 아닌 해자 북쪽에서 이루어진 것이라고 하였다.
15) 文化財研究所 慶州古蹟發掘調査團, 1990, 앞의 책, pp.56~68.
16) 國立慶州文化財研究所, 2004, 『月城垓子 發掘調査報告書 Ⅱ -본문-』, pp.442~571.

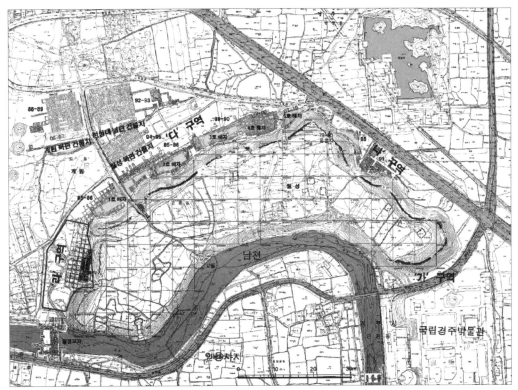

그림 1. 월성 주변 유구 배치도(국립경주문화재연구소, 2015, 『月城垓子 發掘調査報告書 Ⅴ (라구역)』, p.28)

되는데,[17] 즉 수혈 해자 시기 해자 외곽에는 이와 같은 고상의 창고들, 혹은 창고를 부속 시설로 둔 관서가 존재했던 것으로 이해할 수 있을 것이다.

그렇다면 이 창고, 관서는 구체적으로 어떤 것이었을까? 이경섭은 이 문제와 관련하여 월성 출토 목간들을 분석하여 다양한 관부들이 이곳에 배치되어 있었던 것으로 보았다.[18] 그리하여 월성 북서부 일대를 '관아 지구'로 규정하였다. 대체로 타당한 지적이지만, 좀 더 좁혀 볼 수 있는 여지가 있다고 생각된다.

기존에 월성 해자 출토 목간 중에 '典太等' 목간(12호)이 알려져 있었는데, 이번에 새로이 '典中大等' 목간('周公智' 목간)이 출토되었다. 양자를 같이 제시하면 아래와 같다.

〈12호 목간〉 원주형. 완형. 24.4×5.1cm.

(1면) 「四月一日典太等敎事」

(2면) 「勹舌白故爲□敎事□□」

---

17) 홍보식, 2013, 앞의 논문, pp.204-206.

18) 李京燮, 2008, 앞의 논문, pp.164-166.

(3면)「□□□□□□□□」[19]

〈신발견 '周公智' 목간〉 4면 목간. 완형. 25.9×2.5×2.2cm.

(1면)「典中大等赴告沙喙及伐漸典前」

(2면)「阿尺山□舟□至□愼白□□」

(3면)「急陲爲在之」

(4면)「文人周公智吉士·」

　　12호 목간은 1행 날짜 뒤에 '典太等이 敎하신 일'이라고 되어 있어 2행 이하에 아마도 그 내용이 들어 있었을 것이다. 여기에서 典太等은 典大等과 같은 실체로, 『삼국사기』 직관지에 의하면 전대등(2인)은 진흥왕 26년(565)에 설치했으며, 진덕여왕 5년(651) 稟主를 執事部로 고칠 때 장관으로 中侍(1인)를 두면서 차관이 되었다.[20] 그렇다면 진덕여왕 5년까지는 전대등이 품주의 장관이었다고 할 수 있을까? 일찍이 품주의 설치 연대를 전대등과 같은 진흥왕 26년으로 보고 전대등이 품주라는 관부의 장관, 혹은 곧 품주였다고 한 견해가 있었지만,[21] 품주의 별명인 祖主를 통해 그것이 國祖神 또는 天神에 대한 제사와 祭堂을 관장한 존재였다고 보고[22] 그 설치 연대를 이사금기까지 끌어올린 견해가 제시되었다.[23] 이 경우 전대등은 진흥왕 26년 품주의 차관으로 설치된 것으로 파악된다. 품주는 여러 관부로 분화되는 만큼 다양한 기능이 있었을 것인데, 주로 倉廩에 관한 일, 즉 국가의 재정을 관장하는 기능을 했고, 또 국왕의 가신적인 전통을 이은 존재로서 왕정의 기밀에 참여했을 것으로 추정되었다.[24] 그렇다면 월성 해자 북편의 창고들은 품주 혹은 전대등이 관리한 국가적인 창고로 볼 수 있을까? 물론 그럴 가능성도 없지는 않지만, 그렇게 단정 짓기는 어려울 것 같다. 전대등의 교를 담은 목간은 행정적인 이유로 어느 곳이든지 전달되어 그곳에서 폐기될 수 있기 때문이다.

　　새로 발견된 '典中大等' 목간은 역시 전대등과 같은 것으로 볼 수 있는 전중대등이 발신자로 되어 있으면서 동시에 수신자가 같이 드러나 있다는 점에서 중요하다. 1행의 '前'은 일찍이 알려진 대로 수신자 뒤에 붙는, 문서의 양식과 관련된 용어로 보이는데,[25] 따라서 '沙喙 及伐漸典'은 수신자가 되고 '赴告', 즉

---

19) 판독문은 일단 보고서의 것을 따랐다.

20) 『삼국사기』 권38 잡지7 직관상 집사성

　　執事省, 本名稟主(或云祖主), 眞德王五年, 改爲執事部. 興德王四年, 又改爲省. 中侍一人, 眞德王五年置, 景德王六年, 改爲侍中, 位自大阿湌至伊湌爲之. 典大等二人, 眞興王二十六年置, 景德王六年, 改爲侍郞, 位自奈麻至阿湌爲之. …

21) 李基白, 1974, 「稟主考」 『新羅政治社會史研究』, 一潮閣.

22) 김창석, 2004, 『삼국과 통일신라의 유통체계 연구』, 일조각, pp.67-68; 全德在, 2005, 「新羅 中央財政機構의 性格과 變遷」, 『新羅文化』 25, pp.70-73.

23) 全德在, 2005, 위의 논문, p.73.

24) 李基白, 1974, 위의 논문.

25) 이성시, 2011, 앞의 논문, pp.49-50.

'알린다'의 주체 '전중대등'은 발신자가 된다.

이때 수신자 '사탁 급벌점전'은 어떤 존재였을까? 급벌점전과 관련해서는 무엇보다 마운령 진흥왕 순수비(이하 마운령비) 뒷면에 보이는 隨駕人 職名 중 '及伐斬典'이 주목된다. 수가인은 크게 다섯 유형으로 나뉘는데,[26] 그 가운데 C집단, 즉 沙門道人과 大等 다음에 나오는, 다양한 직명을 띠고 있으면서 비교적 낮은 관등을 보유한 일군의 신료들을 정리한 것이 〈표 1〉이다.

이 가운데 집가인, 이내종인, 약인,

표 1. 마운령 진흥왕 순수비문의 隨駕人 중 近侍人

직명	부명	인명	관등
執駕人	喙 部	万 兮	大舍
	沙喙部	另 知	大舍
裏內從人	喙 部	沒兮次	大舍
	沙喙部	非尸知	大舍
(馬+弱)人	沙喙部	爲忠知	大舍
占 人	喙 部	与 難	大舍
藥 師	(沙喙部)	蓏支次	小舍
奈未通典	本(氵+彼)部	加良知	小舍
	本(氵+彼)部	莫沙知	吉之
及伐斬典	喙 部	夫法知	吉之
裏內□□	□□□	□□名	吉之

점인, 약사 등은 어느 정도 그 기능을 추정할 수 있지만, 나미통전, 급벌참전에 대해서는 특별히 추정할 수 있는 단서가 없는 상황이다.[27] 이번에 발견된 목간에는 '급벌점전'이라고 표기되어 있어 아무래도 획수가 많은 '급벌점전'이 원형에 가까운 것으로 추정할 수 있지만, 역시 더 이상의 논의는 쉽지 않다. 다만 마운령비에 보이는 기능을 알 수 있는 직책들이 近侍職으로서 후대 內省 예하 관직의 전신이 된다는 점에서, 금벌점전 역시 비슷한 성격의 직책이었을 가능성이 크다고 할 수 있을 것이다.

이처럼 급벌점전은 내성과 관련이 있는 직책일 가능성이 큰데, 관련 기록을 보면 진평왕 7년(585)에는 大宮, 梁宮, 沙梁宮에 각각 私臣을 두었으며, 동왕 44년(622)에는 이찬 용수를 내성사신으로 삼아, 3궁의 일을 겸하여 관장하게 했다고 한다.[28] 3궁의 내정, 근시 기구가 결국 내성으로 통합되었다는 것인데, 그렇다면 '沙喙 及伐漸典'은 사탁부 급벌점전이 아니라 사탁궁 급벌점전일 가능성도 있지 않을까 생각된다.

또 이와 관련해서 또 주목되는 목간이 있는데, 바로 '大宮'이 나오는 10호 목간이다.

---

26) 李文基, 1983, 「新羅 中古의 國王近侍集團」, 『歷史敎育論集』 5, pp.70~71.

27) 이도학은 급벌참전을 '죄인을 杖 주고 목을 베는[斬], 즉 刑을 집행하는 임무를 띤 자'로 파악하였다(李道學, 1992, 「磨雲嶺 眞興王巡狩碑의 近侍隨駕人에 관한 檢討」, 『新羅文化』 9, p.8). 그렇지만 '周公智' 목간의 발견으로 급벌참전의 '斬'은 '漸'의 약자일 가능성이 커졌다.

28) 『삼국사기』 권4 신라본기4 진평왕
(眞平王)四十四年(622), … 二月, 以伊湌龍樹爲內省私臣. 初王七年大宮·梁宮·沙梁宮三所各置私臣, 至是置內省私臣一人, 兼掌三宮.

〈10호 목간〉 원주형. 완형. 20.8×3.35㎝.

· 「□素□小□□□□時四」
· 「田□此□□□□□日□」
· 「□ 還 不 后 斤 □」
· 「   走□□□」
· 「寺□大宮士等敬白范典利老 」

                    場□

· 「大□女寺□可□□□七」[29]

　여기에는 '敬白', 즉 공경하여 사뢰는 주체로 '大宮士等'이 나타나 있다. '대궁사등'은 '대궁 사등'으로 끊어 읽어 대궁의 私臣으로 보기도 했지만,[30] '대궁 사 등'으로 보는 것이 적절하지 않을까 생각되며, 대궁사는 대궁의 관원으로 볼 수 있을 것이다. 대궁사가 사뢰어야 할 내용을 말 대신 전한 것일 수도 있고, 문서의 내용 중에 대궁사가 무엇인가를 사뢰었다는 것이 들어 있을 수도 있다. 굳이 '경백'이라고 한 것을 보면 전자일 가능성이 크다고 판단되는데, 수신인은 대궁 사 등에 비해 지위가 높은 사람이라는 것 외에는 뚜렷한 단서가 없다.

　이상과 같이 폐기된 목간의 내용을 보면, 해자 주위의 창고, 관서는 품주 아니면 3궁 혹은 내성 예하의 관서들과 관련이 있다고 할 수 있을 것이다.[31] 전대등 목간이 2점 이상이나 출토되었다는 점에서 품주와 관련이 있을 가능성도 배제할 수 없지만, 그가 발신자로만 나타나고 있다는 점이 문제가 된다. 그렇다면 이들이 3궁 혹은 내성 예하의 관서들과 관련이 있다고 할 수 있을까?

　이를 보완해 줄 수 있는 자료들이 있는데, 藥物 이름이 보이는 11, 23호 목간, 寫經에 쓸 종이를 구입하는 내용의 문서로 추정되는 2호 목간 등이 그것이다. 약물과 관련된 관직, 관서로는 마운령비문의 '藥師', 내성 혹은 어룡성 산하의 藥典, 供奉醫師 등이 주목된다. 대체로 근시직, 혹은 내성과 관련된 것으로 간주할 수 있겠다. 내성 예하 관서 중에 사경과 관련된 곳은 뚜렷하게 나타나 있지 않지만, 그 역시 내성과 관련이 있다고 판단된다. 신라 촌락 문서의 4개 촌은 내성이 관리한 왕실 직속촌으로 추정되고 있는데,[32] 그에 대한 장부가 經의 帙, 즉 포장지로 재활용되고 있기 때문이다. 중요한 사경 업무는 역시 왕실의 주도 하에 내성에서 이루어졌을 가능성이 크다.

　문제는 내성, 혹은 그 전신인 대궁, 양궁, 사량궁의 공간적 위치를 고려할 때 그것이 월성을 비롯한 각

---

29) 판독문은 보고서의 것을 따랐다. 어디가 1면인지는 판단하기 어렵다.

30) 이성시, 2011, 앞의 논문, p.54.

31) 목간의 연대는 전대등이 설치된 565년 이후일 것이다. 또 신발견 목간 중에 '병오년'이 있어 586년 무렵으로 볼 수 있다. 이 시점에는 3궁이 있었지만 내성은 아직 설치되지 않았다. 내성 설치 이전에는 품주가 왕실 재정까지 총괄했으리라고 본 견해에도 유의할 필요가 있다(全德在, 2005, 앞의 논문, p.74).

32) 윤선태, 2000, 「신라촌락문서의 기재양식과 용도」, 『韓國古代中世古文書研究 (下) 硏究·圖版篇』, 서울대학교 출판부.

궁의 내부에 있었던 것이 아닐까 생각된다는 점이다. 내성의 중요한 관서나 관리들은 역시 궁 내부에 있었을 가능성이 크다. 그렇지만 해자 주위에서 발견된 삼국시대의 건물들은 적심 건물이 아니라 굴립주의 고상 건물이었다. 이들은 3궁 혹은 내성 소속의 근시 기구에서 관리한 창고라고 할 수 있다.[33] 이 창고에서는 왕궁에 소용되는 물자를 관리했을 것이며, 일부 하급 관리들이 근무하고 있었을 것이다. 월성 해자에서 출토된 목간은 바로 이러한 시설, 관리들과 관계가 있다고 할 수 있을 것이다.

III. 6部와 里: 9호 목간

월성 해자 출토 9호 목간은 왕경의 행정구역에 대한 중요한 정보를 제공하고 있다. 9호 목간은 완형의 4면체 봉형 목간으로 길이 25.05cm이다. 판독문은 아래와 같다.[34]

〈9호 목간〉 4면 목간. 완형. 25.05×1.4×1.3cm.

(a)	■習比部上里今 [受]	山南置上里今 [受]	阿今里 [不]	岸上里 [不]					
(b)	□□□ [受]	□上 [受]	尤祝 [□]	除[井] [受]	開[池] [受]	赤里 [受]	□□ [受]	□□ [□□]	□里 [不有]	□□
(c)	□下南川 [受]	□□禺	[ ]北 [不有]	多比刀	[ ] [□伐土不有]				
(d)	[ ]里 [不]	伐[品里] [受]	赤居伐 [受]	麻支 [受]	■|牟喙	仲里 [受]	新里 [受]	上里 [受]	下里 [受]

여기에는 '習比部'와 '牟喙'이 나오고 소속 지명이 열거되어 있으며, 지명의 오른쪽 아래 '(今)受'나 '不'을 적어 어떠한 것의 여부를 표시하고 있다. 지명 중 상당수는 부의 하위 단위로 알려진 '里'로 끝나고 있지만, '里'가 붙지 않은 지명도 다수 포함되어 있다.[35]

지명들의 소속 부를 따질 때 문제가 되는 것은 시작 면을 어디로 볼 것인가 하는 점이다. 9호 목간과 같은 다면의 문서 목간은 동아시아의 일반적인 서사 방향과 같이 오른쪽에서 왼쪽으로 써 나간 것으로 알려져 있지만, 이것의 시작 면이 어디인지는 분명하지 않다. 부명이 앞에 나와야 한다는 점에서 (a)일 가능성이 크지만, 이것이 연결된 문서의 하나라고 한다면 (b)가 시작 면이고 (a)가 마지막일 가능성도 있

---

33) 劍君은 沙梁宮 舍人으로 建福 44년(627) 무렵 다른 사인들과 함께 唱翳倉을 관리했다(『삼국사기』 권48 열전8 검군).

34) 판독문은 보고서의 안을 수정한 윤선태의 안을 따랐다(윤선태, 2014, 앞의 논문, p.306). 사실 현재 공간된 목간 사진이나 적외선 사진은 기존에 제시된 판독문 만큼 글자가 잘 보이지 않는다. 따라서 판독문을 정확하게 검증하지는 못했지만, 논지 전개에 영향을 주는 부분은 없는 것으로 보인다.

35) 27개 지명 중 '里'로 끝나는 것이 12개, '里'가 붙지 않은 지명이 10개, 알 수 없는 것이 5개이다.

다. 이와 관련하여 6부의 일반적인 나열 순서, 그리고 부당 里의 개수를 참고할 수 있을 것이다.

6부의 나열 순서에 대해서는 『삼국사기』 직관지[36)와 『삼국사기』 및 『삼국유사』의 건국 신화[37)를 참고할 수 있다. 직관지 6부소감전에는 양부, 사량부, 본피부, 모량부, 한지부, 습비부의 순로 되어 있고, 건국 신화에는 양부, 사량부, 모량부, 본피부, 한기부, 습비부의 순으로 되어 있다. 이를 고려하면 습비부는 마지막이 되어야 하며, 모량부 앞은 본피부나 사량부일 가능성이 크다.

다음으로 부당 里의 개수와 관련해서는 『삼국사기』 지리지를 참고할 수 있다. 지리지에는 왕도에 35리와 6부가 있다고 기록되어 있는데,[38) 지리지의 다른 기사와 같이 경덕왕 무렵의 상황을 전하는 것으로 추정되고 있다. 이를 기준으로 하면 중대 왕도 내에는 35개의 리가 있었고 그것이 6부로 구분되었다고 할 수 있을 것이다. 즉 각 부에는 6개 정도의 리가 있었다는 것인데, 아무래도 양부나 사량부의 리 수가 더 많지 않았을까 생각된다. (a)를 시작 면으로 볼 경우 습비부의 리 수는 적어도 8개가 되어 너무 많다고 판단된다. 삼국시대에는 리의 총수가 35개보다 적었을 가능성이 크기 때문이다.

(b)를 시작 면으로 보면 어떨까? (b)는 앞 문서에서 이어진 내용이 될 것이고, 그것은 부의 나열 순서로 보아 본피부일 가능성이 크다. 만약 사량부라고 한다면 사량부–모량부–습비부의 순서가 되어 본피부가 습비부보다도 밀리게 된다. 본피부–모량부–습비부의 순서도 문헌과는 차이가 있지만, 6세기 신라 금석문들을 보면 당시 습비부와 한기부의

표 2. 9호 목간의 부명 및 소속 하위 지명

부명	하위 지명
(本彼部)	… □□ □上 尤祝 除[井] 開[池] 赤里 □□ □□ □里 □□ □下南川 □□禺 [　　　]北 多比刀 [　　　]
牟啄[部]	仲里 新里 上里 下里
習比部	上里 山南置上里 阿今里 岸上里 (…)

---

36) 『삼국사기』 권38 잡지7 직관상 6부소감전

37) 『삼국유사』 권1 기이2 신라시조 혁거세왕

38) 『삼국사기』 권34 잡지3 지리1 신라

　　今按新羅始祖赫居世, 前漢五鳳元年甲子開國, 王都長三千七十五步, 廣三千一十八步, 三十五里, 六部.

위상은 큰 차이가 없거나 오히려 한기부가 아래에 있었던 것으로 판단된다.[39] 이러한 추론이 타당하다면 이 목간은 본피부, 모량부, 습비부 소속 지명을 나열한 것이 된다. 이를 토대로 부 및 그 소속 지명을 정리하면 〈표 2〉와 같다.

여기에서 무엇보다 주목되는 점은 (본피)부 아래에 리로 끝나는 지명과 그렇지 않은 지명이 혼재되어 있다는 것이다. 이 부분에 대해서는 일찍이 보고서에서, 또 윤선태가 지적한 바 있다.[40] 보고서에서는 이에 대해서 특별한 해석을 하지 않았지만, 윤선태는 이것이 당시 부의 구조를 보여주는 것으로, 중고기의 부는 왕도 내의 里로 끝나는 단위 외에 왕도 밖 지방에 여러 수취 단위를 거느리고 있었던 것으로 이해하였다. 즉 里로 끝나지 않는 지명이 6부의 '공간적' 범위 밖에 있는 6부 소속 촌락이라는 것이다.[41] 이 문제에 대해서 필자도 부분적으로 언급한 적이 있는데,[42] 이 지명들이 6부의 '공간적' 범위 밖에 있는 것으로 보는 것은 지나친 비약이라고 생각한다. 차라리 6부 안에 리로 편제된 지명과 그렇지 않은 지명이 있었다고 보는 것이 적절하지 않을까?

이 문제와 관련해서 6부와 리의 관계에 대한 기존의 견해들을 잠시 검토할 필요가 있을 것이다. 먼저 관련 사료를 제시하면 아래와 같다.

A. 王都, 長三千七十五步, 廣三千一十八步, 三十五里, 六部.[43]

B. 新羅全盛之時, 京中十七萬八千九百三十六戶, 一千三百六十坊, 五十五里.[44]

A는 『삼국사기』의 기사로 중대 경덕왕대의 상황을 전하는 것으로 이해되고 있는데, 왕도의 범위가 남북 3,075보, 동서 3,018보, 당척 1보=6척=약 1.8m로 환산하면, 동서 5,535m, 남북 동서 5,432m이며, 35리, 6부로 되어 있다는 정도로 해석할 수 있을 것이다. B는 『삼국유사』의 기사로 하대 헌강왕대의 상황을 전하는 것으로 이해되며, 당시 55리가 있었음을 알 수 있다.

전자에서 왕도, 35리, 6부의 관계는 대체로 왕도=35리=6부인 듯하면서 약간 애매한 부분이 있는데, 특히 왕도=35리와 6부의 관계에 대해서 몇 가지 다른 견해가 제시되어 있다.

이종욱은 왕경=6부와 왕도를 다른 것으로 보았는데, 왕도는 '진한 소국 정복기 이후 신라의 정치 중심 구역'으로 양부, 사량부, 본피부의 일부에 걸쳐 있었던 것으로 파악하였다. 한편 里에 대해서는 그것이

---

39) 6세기 금석문에 한기부는 아예 나타나지 않는다.

40) 윤선태, 2014, 앞의 논문, pp.307-308.

41) 윤선태, 2014, 위의 논문, p.314.

42) 박성현, 2017, 「신라 왕경 관련 문헌을 어떻게 연구할 것인가?」, 『문헌으로 보는 신라의 왕경과 월성』, 국립경주문화재연구소, pp.75-76.

43) 『삼국사기』 권34 잡지3 지리1 신라

44) 『삼국유사』 권1 기이2 진한

왕도가 아니라 6부의 하위 행정구역이라고 하였는데, 그 숫자에 대해서는 구체적으로 언급하지 않았다.[45]

기무라[木村誠]는 왕경(=왕도)의 내부가 방·리로 구획되고 인접한 지대에 대성군, 상성군이 두어지면서 그 내외에 걸치듯이 6부의 地區分이 존재하였는데, 典邑署가 왕경 내외의 6부를 관할하고 왕경의 행정 일반을 담당한 것은 大日任典이라고 하였다. 그리고 경덕왕대 두 관서를 통합하여 典京府를 설치하였는데 이때 이로 하여금 왕경과 왕경 밖 왕기 지역을 통합적으로 관장하도록 하면서 王畿制가 시행된 것으로 보았다.[46] 다만 이때 35리의 분포에 대해서는 정확하게 언급하지 않았다.

전덕재는 왕도=35리=6부, 즉 왕도=6부=35리로 이해하였다. 물론 이것은 경덕왕대 내지 중대에 한해서 그러했다는 것이다. 상대의 왕경(왕도)=6부는 사로국의 영역에 해당하며 현재의 통합 경주시 정도에 해당하는 것으로 파악하였다. 이것이 중대에 들어 『삼국사기』와 같은 사방 5km 범위로 축소, 조정되었으며, 그 외곽에는 대성군과 상성군이 설치되었다고 하였다. 또 『삼국유사』에서 알 수 있듯이 하대에는 55리가 되어 왕도의 범위가 확대된 것으로 보았다.[47] 한편 삼국시대의 리에 대해서는 그것이 자비마립간대 도입되었으며, 6부의 취락을 리로 재편했다고 하였다. 그리고 신문왕대에 왕경의 범위를 축소, 조정하면서 그 범위 내에 부와 리의 영역이나 범위를 새롭게 조정한 것으로 파악하였다.[48]

이기봉은 신라 건국 초기의 영토가 왕경으로 재편되고, 그 안에 왕도와 6부로 구분된 영역이 존재했다고 하였다. 그리하여 왕도 내에는 35리가 있었고, 그 밖에 6부가 있었는데 6부에는 20리가 있어 모두 55리가 된다고 하였다.[49]

『삼국사기』 지리지에 의하면, '중대'에 왕도=사방 5km 정도=35리였다는 사실은 어느 정도 받아들일 수 있을 것이다. 이들과 6부의 관계에 대해서 논란이 있는 것인데, 6부가 그 내부에 국한되어 있었는지, 내외에 걸쳐 있었는지, 아니면 외부에 있었는지가 논란이 되고 있는 것이다.

그런데 9호 목간에서 '중고기' 6부 예하에 리와 리가 아닌 지명이 동시에 있었다는 것이 확인되었다. 그렇다면 중대에도 각 부의 영역 중에 리로 편제된 구역과 그렇지 않은 구역이 동시에 존재할 수 있지 않았을까? 즉 6부가 왕도 내외에 걸쳐 있었을 가능성이 크다는 것이다.

어떤 구역이 里로 편제되었다고 할 때 그것은 왕도로 편입되었다는 것을 의미하며, 일종의 도시 구역이 되었다고 이해할 수 있을 것이다. 예컨대 모탁부 소속의 리는 상리, 중리, 하리, 신리로 되어 있어 기존의 취락을 개편한 것이 아니라 새로운 공간을 조영한 것으로 파악할 수 있다. 이처럼 리를 새로운 도시 구역으로 볼 수 있다면, 중고기에 이미 6부 안에 도시 구역과 비 도시 구역, 리로 편제된 지역과 그렇지 않은 지역이 구분되기 시작했다고 할 수 있다. 그리고 중대 경덕왕 무렵에는 리의 숫자가 35개가 되고,

45) 李鍾旭, 1982, 『新羅國家形成史研究』, 一潮閣, pp.203-243.

46) 木村誠, 1983, 「統一新羅の王畿について」, 『東洋史研究』 42-2.

47) 전덕재, 1998, 「신라 6부 명칭의 어의와 그 위치」, 『경주문화연구』 창간호; 2009, 『신라 왕경의 역사』, 새문사.

48) 전덕재, 2009, 위의 책, pp.161-162.

49) 이기봉, 2007, 『고대 도시 경주의 탄생』, 푸른역사.

하대에는 55개까지 늘어날 수 있었을 것이다.

그렇지만 6부의 범위는 시기에 따라 굳이 달라질 필요가 없었을 것이다. 중대 6부의 범위를 왕도=35리와 일치시킨 가장 중요한 근거는 지리지의 기사와 왕도 밖에 대성군, 상성군이 설치되었다는 사실이다. 지리지 기사의 경우 '35리, 6부로 되어 있었다'고 읽는 것이 가장 자연스러운데, 그렇다고 왕도 밖은 6부가 아니었다는 것을 말해주지는 않는다.

더 큰 문제는 오히려 대성군, 상성군이라고 할 수 있는데, 그것이 6부 영역을 왕도 내로 축소하고 그 밖에 두어졌는지, 6부 영역을 그대로 둔 상태에서 그 위에 두어졌는지 하는 것이 논란이 되고 있다.

전자의 경우 『삼국사기』 제사기 기록에 지명의 위치가 대성군, 상성군 또는 6부로 되어 있다는 점이 중요한 근거가 된다.[50] 예컨대 穴禮, 吐含山, 北兄山城, 三岐 등은 대성군, 奈歷은 습비부, 卉黃, 西述은 모량부, 高墟는 사량부로 되어 있다는 것이다. 이러한 기록을 보면 대성군, 상성군과 6부 사이에 명확한 경계가 있었던 것 같지만, 이것은 지명의 위치 표시에 불과하다. 왕도 내부 지명의 경우 6부로 위치를 표시하고 외부의 경우 대성군과 상성군으로 소재지를 나타냈을 가능성도 있다.

이렇게 이해할 수 있다면, 대성군, 상성군은 왕도 밖 6부 영역에 중첩 설치된 것으로 보아도 큰 무리가 없을 것 같다. 즉 6부의 영역은 대체로 큰 변화가 없었다는 것이다.[51] 다만 9호 목간의 양상과 같이 그 가운데 왕도에 편입되어 리로 편제된 구역과 그렇지 않고 통일기에 대성군, 상성군으로 편제된 구역이 구분되어 있었던 것이다. 그리고 리로 편제된 왕도의 범위는 중대, 하대를 거치면서 점차 확대된 것으로 이해할 수 있다.

9호 목간은 6~7세기의 어느 시점에 본피부에 소속된 里와 里로 편제되지 않는 취락들, 그리고 모량부와 습비부에 소속된 里들을 같이 보여주고 있는 것이다. 이때 모량부와 습비부의 경우 리로 편제된 지명만 나타난다는 점이 문제가 될 수 있을 것이다. 이에 대해서 명쾌한 설명은 있을 수 없겠지만, 당시 의무부과의 대상이 본피부의 경우 전체 영역 내지 도시 구역에 가까운 지역까지였고, 모량부나 습비부는 리로 편제된 시가지 구역만 여기에 포함되었기 때문에 그랬던 것은 아닐까 추측해 본다.

마지막으로 각 부에서 왕도에 편입되어 리로 편제된 구역이 구체적으로 어떤 곳이었는지 좀 더 생각해 보도록 하겠다. 6부의 영역은 『삼국유사』에 나오는 고려 경주 6부의 소속 지명을 통해 추정해 볼 수 있는데, 그것을 정리하면 〈표 3〉과 같다.

---

50) 『삼국사기』 권32 잡지1 제사

51) 더 나아가 대성군과 상성군이 각각 2개 내지 3개 부의 영역에 설정되었을 가능성도 있다고 생각된다. 대성군, 상성군의 영역은 중대의 자료로는 지리지 6기정의 위치를 통해서, 하대의 자료로는 제사지 지명들의 위치를 통해서 파악할 수 있다. 대성군에는 약장현과 외동 방면에 비정되는 동기정이 속해 있어 대체로 한기부와 본피부의 영역에 설정된 것으로 보인다. 반면 상성군에는 내남 방면의 남기정, 서쪽 방면의 중기정, 서기정, 북쪽 방면의 북기정, 막야정 등이 속해 있어, 사량부, 모량부, 습비부의 영역에 설정된 것으로 볼 수 있다. 그런데 하대 제사지 자료에 의하면 북쪽 습비부 방면의 산들(북형산성, 삼기 등)이 대성군 소속으로 되어 있어 습비부의 영역이 하대에 들어 대성군 쪽으로 넘어갔을 가능성이 있다. 이 부분에 대해서는 추후에 본격적으로 논의하도록 하겠다.

표 3. 신라 왕경 6부의 복원

신라 왕경 6부	고려 경주 6부	『삼국유사』	『동경잡기』	현재 위치
양부	중흥부	남은 지금의 曇嚴寺 동촌(?): 波潛, 東山, 彼上東村	부남: 월남, 남건촌	경주시내
사량부	남산부	남촌: 仇良伐, 麻等烏, 道北, 迴德村	부남: 구량화, 마등오촌	내남면, 울산 모동면, 모서면
모량부	장복부	서촌: 朴谷村	부서: 모량, 박곡촌	건천읍, 서면, 현곡면?
본피부	통선부	동남촌: 柴巴村	부동: 빈자, 자기촌	외동읍
한지부	가덕부	동촌: 上西知, 下西知, 乃兒村	동해변: 상서지, 하서지, 내아촌	감포읍, 양북면, 양남면
습비부	임천부	동북촌: 勿伊, 仍仇旀, 闕(葛)谷村	천북: 물이, 갈곡촌	천북면, 현곡면?

본피부는 대체로 지금의 외동 방면에 위치하며, 기존 내동면의 남서부를 포함하고 있었던 것으로 추정된다.[52] 대체로 황룡사지의 남쪽 방면에 해당한다. 황룡사를 창건하면서 그 일대에 대지를 조성하고 시가지를 구획한 것으로 이해되고 있다.[53] 이렇게 새로 조성한 시가지는 리로 편제되었을 것이지만, 그 밖의 취락들에 대해서는 기존의 지명을 그대로 사용했을 가능성이 크다.

습비부의 경우 북천 북쪽 지역으로 비정되는데, 아마도 북천에서 가까운 지역부터 시가지가 만들어졌을 것이다. 습비부 소속의 岸上里와 같은 지명은 이러한 입지를 반영한 것으로 보아도 큰 문제가 없을 것이다.

모량부의 경우 경주 시내 밖 현재의 건천읍 지역에 있었던 것으로 추정되는데, 모량부의 시가지는 경주 중심지가 확대된 형태가 아니라 위성 도시의 형식으로 만들어졌을 가능성이 있다.[54] 이와 관련해서는 모량·방내리 도시 유적이 주목되는데,[55] 유적의 중심 연대는 8세기경으로 추정되었지만, 건물의 기반을 조성한 토양에서 주로 5세기의 유물이 출토된 점을 보면, 6~7세기부터 시가지가 조성되었을 가능성이 있다. 9호 목간에 보이는 上里, 仲里, 下里, 新里와 같은 지명은 바로 이러한 신시가지에 부합하는 것으로 이해할 수 있을 것이다.

---

52) 일연은 당시 황룡사 남쪽 미탄사 남쪽의 고적이 최후의 고택이며 그것이 본피부, 통선부에 해당한다고 하였다(『삼국유사』 권1 기이2 신라시조 혁거세왕).

53) 金在弘, 2013, 「신라 왕경의 개발 과정과 발전 단계」, 『한국사학보』 52.

54) 木村誠, 1983, 앞의 논문, pp.239–240; 여호규, 2002, 「新羅 都城의 空間構成과 王京制의 성립과정」, 『서울학연구』 18, p.74.

55) 嶺南文化財硏究院, 2015, 『慶州 牟梁·芳內里 都市遺蹟』.

IV. 맺음말

최근의 월성 발굴조사, 특히 성벽과 해자에 대한 조사 결과 성벽의 축조 연대와 해자의 변천이 어느 정도 분명하게 밝혀졌다. 즉 5세기 중엽 이후에야 성벽이 축조되고 해자가 개착되었는데, 그 형태는 월성의 동, 북, 서쪽을 길게 두른 수혈 해자였으며, 삼국 통일 이후 이것이 호안 석축이 있는 몇 개의 해자로 개편되었다는 것이다.

월성 해자 출토 목간은 수혈 해자 단계에 해자 바깥쪽에서부터 폐기된 것으로 추정되는데, 당시 그 구역에는 高床의 창고들이 있었으며, 목간의 내용으로 보았을 때 그것들은 3宮 내지 內省 예하의 창고로, 왕궁의 물자를 관리하는 기능을 했던 것으로 추정해 보았다.

한편 9호 목간은 6部와 소속 里 혹은 里가 아닌 지명들을 열거하고 그들이 특정한 의무를 이행했는지의 여부를 표시한 것으로 보인다. 이 자료를 통해 당시 부에는 里로 편제된 구역과 그렇지 않은 구역이 있었음을 알 수 있다. 통일기 王都=35里와 6부의 관계에 대해서 논란이 있었는데, 이 자료에 의하면 6부 중 일부, 대체로 현재의 경주 시내 부분만 왕도로 편입되어 里로 편제되었으며, 동시에 그렇지 않은 6부 구역도 있었다고 할 수 있을 것이다.

현재까지 월성 해자에서 출토된 목간은 그 수량도 많지 않고 여전히 단편적이라고 할 수 있지만, 9호 목간의 경우 이처럼 里의 성격을 밝히는 데 핵심적인 자료가 되고 있다. 2장에서 논의한 것이 어느 정도 유효하다면 더 많은 목간들이 출토될 수 있을 것이다. 앞으로 더 많은 자료가 발굴되고 이에 대한 체계적인 연구를 수행할 수 있길 기대해 본다.

투고일: 2018. 4. 29.　　　　심사개시일: 2018. 5. 3.　　　　심사완료일: 2018. 5. 29.

國立慶州文化財研究所, 2004, 『月城垓子 發掘調査報告書 Ⅱ -본문-』.

國立慶州文化財研究所, 2006, 『月城垓子 發掘調査報告書 Ⅱ -고찰-』.

국립경주문화재연구소, 2011, 『月城垓子 發掘調査報告書 Ⅲ (4號 垓子)』.

국립경주문화재연구소, 2015, 『月城垓子 發掘調査報告書 Ⅴ (라구역)』.

김창석, 2004, 『삼국과 통일신라의 유통체계 연구』, 일조각.

文化財研究所 慶州古蹟發掘調査團, 1990, 『月城垓字 發掘調査報告書 Ⅰ』.

嶺南文化財研究院, 2015, 『慶州 牟梁·芳內里 都市遺蹟』.

이기봉, 2007, 『고대 도시 경주의 탄생』, 푸른역사.

李鍾旭, 1982, 『新羅國家形成史研究』, 一潮閣.

전덕재, 2009, 『신라 왕경의 역사』, 새문사.

金在弘, 2013, 「신라 왕경의 개발 과정과 발전 단계」, 『한국사학보』 52.

김재홍, 2013, 「월성의 도성사적 연구」, 『경주 월성 보존정비정책연구 종합연구보고서 1』, 국립경주문화재연구소.

박성현, 2017, 「신라 왕경 관련 문헌을 어떻게 연구할 것인가?」, 『문헌으로 보는 신라의 왕경과 월성』, 국립경주문화재연구소.

여호규, 2002, 「新羅 都城의 空間構成과 王京制의 성립과정」, 『서울학연구』 18.

윤선태, 2000, 「신라촌락문서의 기재양식과 용도」, 『韓國古代中世古文書研究 (下) 研究·圖版篇』, 서울대학교 출판부.

윤선태, 2014, 「新羅 中古期 六部의 構造와 그 起源」, 『신라문화』 44.

李京燮, 2008, 「新羅 月城垓子 木簡의 출토상황과 月城 周邊의 景觀 변화」, 『한국고대사연구』 49.

李基白, 1974, 「稟主考」, 『新羅政治社會史研究』, 一潮閣.

李道學, 1992, 「磨雲嶺 眞興王巡狩碑의 近侍隨駕人에 관한 檢討」, 『新羅文化』 9.

李文基, 1983, 「新羅 中古의 國王近侍集團」, 『歷史敎育論集』 5.

李相俊, 1997, 「慶州 月城의 變遷過程에 대한 小考」, 『嶺南考古學』 21.

이성시, 2011, 「한국목간연구의 현재 -신라목간연구의 성과를 중심으로-」, 『죽간·목간에 담긴 고대 동이시아』, 성균관대학교 출판부.

이용현, 2009, 「韓國의 木簡과 金石文의 相互交叉研究 -「奴人」·「受」 등-」, 『고대의 목간 그리고 산성』, 국립가야문화재연구소·국립부여박물관.

전덕재, 1998, 「신라 6부 명칭의 어의와 그 위치」, 『경주문화연구』 창간호.

全德在, 2005, 「新羅 中央財政機構의 性格과 變遷」, 『新羅文化』 25.

홍기승, 2016, 「경주 월성해자·안압지 출토 신라목간의 연구 동향」, 『목간과 문자』 10.

홍보식, 2013, 「월성(왕궁)의 경관 변화 설정과 조사 필요성」, 『경주 월성 보존정비정책연구 종합연구보고서 1』, 국립경주문화재연구소.

木村誠, 1983, 「統一新羅の王畿について」, 『東洋史研究』 42-2.

〈Abstract〉

Silla's Capital Seen through Wooden Slips from the Moat of Wolseong

Park, Sung-hyun

This paper aims to discuss the structure and the landscape of the royal palace and its surroundings and the relationship between 6 bu (六部) and ri (里), the administrative districts of Silla's capital by analyzing wooden slips from the moat of Wolseong Palace.

The recent survey of Wolseong revealed the date of construction and the changes of the wall and the moat. That is, the wall was built after the middle of the 5th century. The moat had been a long pit surrounding Wolseong's northern part before the unification of three kingdoms when Silla reconstructed it as several ponds with revetment made with stones.

It is thought that the wooden slips were abandoned from the outside of the pit style moat. At that time, there were many warehouses of a high floor in the area. When viewed from the contents of the wooden slips, it can be inferred that the warehouses were managed by Samgung (三宮) or Naeseong (內省).

No. 9 wooden slip is the list of villages belong to some bus. Some of them have the name of ri, and the others don't have. It can be known that there were both districts organized as ri and villages not organized as ri in a bu. There have been some disputes about the relation between 6 bu and the capital city of Silla. However, these wooden slips can show that only some part of 6 bu were included in the capital city and the other part were not.

▶ Key words: Wooden Slips from the Moat of Wolseong, Silla's Capital, Royal Palace, 6 Bu (六部), Ri (里)

월성 해자 목간의 이두 자료[*]

백두현[**]

〈국문초록〉

우리말 문법 형태를 표기한 차자법 연구에서 목간과 금석문 등 1차 자료가 갖는 가치는 특별하다. 5~6세기 및 8~9세기의 금석문 자료에 비해 7세기의 금석문 자료는 거의 발견되지 않아서 이두 발달사 연구에 자료의 공백이 있었다. 월성 해자 목간 149호와 신출토 월성 해자 목간은 6~7세기 이두문을 보여 준다는 점에서 이두 연구의 중요 자료이다. 월성 해자 149호 목간의 '使內'와 '敎在之', 신출토 월성 해자 목간의 '爲在之', '開在之'는 동사 어간을 표기한 한자어에 직접 결합한 '-在之'여서 이두 발달사의 중요한 이정표가 될 것이다.

필자는 향찰문과 비교하여 목간문과 금석문 등의 이두문에서 다양한 문법 형태의 표기자가 쓰이지 않은 이유를 설명해 보았다. 이두문과 향찰문의 언어적 배경이 다른 점에 착안하여 이두문은 읽기 위한 시독문서(視讀文書)이고, 향찰문은 입으로 노래한 구송가사(口誦歌詞)라는 차이점을 강조하였다. 우리는 이 차이점을 고려하여 이두문의 해독에 접근해야 한다.

▶ 핵심어: 월성 해자, 목간, 이두, 차자 표기, 문법 형태, 향가, 시독문서(視讀文書), 구송가사(口誦歌詞)

---

* 이 논문은 국립문화재연구소와 공동 개최한 목간학회 10주년 학술대회(2017.10.19.~20)에서 발표한 후 토론 등을 통해 얻은 여러 학자 분의 조언을 참고하여 새로 고친 것이다. 아래의 여러 목간문과 금석문의 내용 파악을 위해 주보돈 교수께 수시로 자문을 구하여 큰 도움을 받았다.

* 경북대학교 인문대학 국어국문학과

I. 차자법 용어의 정의

훈민정음 반포 이전에 한자를 빌려 우리말을 적은 방법 일체를 묶어서 우리는 '차자 표기법'(줄여서 '차자법')이라 부른다. 고유 문자를 갖지 못했던 고대 한반도 사람들이 한자를 이용하여 우리말을 표기한 방법이 차자법이다.

차자 표기는 한자의 음과 뜻을 사용하는 원리에 따라 여러 가지 유형으로 나누어진다. 일찍이 양주동(1942/1965)은 향가 해독을 위해 향찰 문자에 나타난 한자 사용 원리를 유형화했다. 그는 한자의 원의(原義)를 살려 쓴 것을 '의자'(義字), 원의와 관계없이 음과 훈을 빌려 쓴 것을 '차자'(借字)라고 크게 나눈 후, 義字를 음독, 훈독, 義訓讀(今日오눌)으로 세분하고, 借字를 음차, 훈차(民是='민이'의 '이'), 義訓借(遊行如何='노니다가'의 '다')로 세분하였다. 양주동은 이 원리가 실제로 적용될 때 여러 가지 구별이 생긴다고 하면서 '正借' 등으로 다시 세분하였다.

양주동의 이러한 분류는 차자법의 원리와 운용의 체계화에 기여했으나 용어의 개념과 그 적용에 엄밀하지 못한 점도 있었다. 남풍현(1981/2000: 16)은 한자의 음과 훈을 어떻게 이용하는가에 따라 '讀'(독)과 '假'(가)의 원리를 세웠다. '讀'은 한자의 원의를 살려서 음과 훈으로 읽는 것이고, '假'는 원의와 무관하게 음과 훈으로 읽는 것이다. '讀'과 '假'의 원리 중에서 '假'의 법으로 읽는 음가자는 한자 육서법의 假借와 같다. 양주동의 분류를 진일보시킨 남풍현의 체계는 논리적이면서 간명하여 학계에 널리 통용되고 있다.

필자는 남풍현의 분류 체계를 바탕으로 삼고, 국어학계 밖에서 널리 사용하는 용어를 고려하여 보다 명료한 도표 형식으로 차자법 체계를 아래와 같이 제시한다. 한자의 음을 이용한 음독자와 음가자를 묶어서 '음차자'라 부르고, 이 방법 자체를 지시하는 용어로 '음차(音借)'를 쓴다. 마찬가지로 훈독자와 훈가자를 묶어서 '훈차자(訓借字)'로 부르고, 이 방법 자체를 지시하는 용어로 '훈차(訓借)'를 쓴다. 音借는 음을 讀과 假의 방법으로 사용하는 것을 묶어서 지시하며, 이 방법에 의해 사용된 문자가 音借字이다. 訓借는 訓을 讀과 假의 방법으로 사용하는 것을 묶어서 지시하고, 이 방법에 의해 사용된 문자가 訓借字이다. 남풍현의 차자법 분류 체계에 이런 용어와 분류법을 반영하여 도표로 표현하면 다음과 같다.

표 1. 차자법 분류 체계

구성 요소		차자 방법	차자 종류	차자 분류	차자 유형
漢字	音	讀 →	音讀字	音借字 —	音借
		假 →	音假字		
	訓	讀 →	訓讀字	訓借字 —	訓借
		假 →	訓假字		

실제 운용에서 한 단어의 표기에 두 가지 이상의 차자 종류가 혼용되기도 한다. 예컨대 '厭髑'을 '*이ᄎ-'로 읽는다면, '厭'은 훈독자가 되고, '髑'은 말음첨기자를 포함한 음가자가 된다. 광개토대왕릉비문의 '牟盧城', '彌沙城'에서 선행한 두 음절은 음가자이고, '城'은 음독자이다. 감산사 아미타불상 조성기(720) 말미의 '長逝爲賜之'를 '장서ᄒ시다'로 읽는다면, '장서'는 음독자이자 음차자이고, 'ᄒ시다'는 '훈독자爲+음가자賜+훈가자之'의 구성이 된다.

필자가 이 글머리에서 용어 문제를 먼저 거론하는 것은 讀과 假의 구별에 따른 네 가지 용어에 익숙지 않은 역사학 등의 분야에서 원뜻을 살려 음으로 읽는 '음독법'을 '훈차'라 칭하는 경우가 더러 있기 때문이다. 위의 구별에 따르면 강수의 이름 '牛頭'를 '우두'로 읽으면 음독에 해당하고, '소머리'로 읽으면 '훈독'에 해당한다. 이 분류에서 '우두'(牛頭)는 좁게는 음독이고, 넓게는 음차이다. '선화공주'(善化公主)도 이와 같다. '우두'나 '선화공주'는 훈독 혹은 훈차가 아니다.

II. 월성 해자 목간의 이두어와 문법 형태

이 장에서는 월성 해자 목간과 2016~2017년간에 발굴된 이른바 '신출토' 월성 해자 목간에 나타난 이두 자료를 중심으로 논한다. 전자는 대체로 7세기 초기의 자료로 추정되고, 후자는 1번 목간의 '丙午年'을 근거로 586년 직후의 것으로 보고 있다.

1. 이두 동사와 문법 형태

월성 해자 목간 및 신출토 월성 해자 목간의 이두 동사 및 문법 형태 표기 중에서 중요한 의미를 가진 차자를 도표로 제시하고 이를 차례대로 논한다.[1]

표 2. 월성 해자 목간의 주요 借字와 吏讀語

번호	차자와 독음	이두 형태 및 풀이		문법적 지위
		월성 해자 목간	신출토 월성 해자 목간	
1)	使內	使內	–	동사 or 문서 투식어
	브리안?	부리어 바쳐 드림 使가 바쳐 드림		
2)	遣	–	白遣 or 白∨遣[2]	연결어미 '-견' or 동사 어간
	-견		ᄉᆞᆲ견 or 동사白∨동사遣	

---

1) 〈표 2〉에서 ?를 붙인 것은 논의의 여지가 있는 부분이다. '문법적 지위'란에 or를 넣은 것은 둘 중 하나로 논란이 될 수 있음을 의미한다.

번호	차자와 독음	이두 형태 및 풀이		문법적 지위
		월성 해자 목간	신출토 월성 해자 목간	
3)	白, 言	白之	言之, 言在	동사 어간
	사뢰다, 말하다	숣다	니르다(말ᄒ다)3)	
4)	在	敎在之	爲在之, 開在之, 言在	선어말어미 or 동사 어간
	-겨-, 겨-다	ᄀᆞᆯ겨다4)~ᄀᆞ르치겨다	ᄒ겨다, 열겨다	
5)	賜	垂賜	-	선어말어미 or 동사 어간
	-시-	내리시다~내려주시다		
6)	者	後事者	-	주제보조사 or 한문 요소
	-은	뒷일-은		
7)	中	經中	-	처격조사 or 한문 요소
	-에~-긔	경-에		
8)	之	白之, 敎在之, 作之	言之, 爲在之, 開在之	종결 어미 '-다'
	-다	숣다, ᄀᆞ르치겨다, 짓다	니르다, ᄒ겨다, 열겨다	

1) 使內

월성 해자 목간 149호는 문서 목간으로 여러 연구자의 관심을 받아왔다. 몇몇 중요 이두자와 이두어가 이 목간에 나타나 있는바 '使內'도 그중의 하나이다. 이 목간의 '使內'는 영천청제비 정원명(貞元銘 798)의 '使內之'보다5) 근 200년 정도 앞서는 것이어서 특별한 관심을 끈다.6) 박성종(2007: 151, 156)에서 지적한

---

2) '白遣'으로 붙이면 '遣'을 어미표기 이두자로 보는 것이고, '白∨遣'은 白과 遣 사이에 의미상의 분절을 두어 각 한자가 동사로 쓰였음을 뜻한다. (후술)

3) '말ᄒ다'가 합성어인 점을 고려하여 단일어로 고형을 간직한 '니르다'를 상정해 보았다. 중세어 '말ᄊᆞᆷ~말ᄊᆞᆷ'의 어근 '맗-'을 고려하면 '言'의 고대어로 동사 '맗-다'를 가정해 볼 수도 있다. 이런 생각들은 김영욱, 권인한 교수의 조언에서 얻은 것이다.

4) 'ᄀᆞᆯ겨다'의 어간 'ᄀᆞᆯ-'을 설정하는 근거는 다음과 같다. 중세 국어 'ᄀᆞ르치다'는 'ᄀᆞ르+치다'로 분석된다. 'ᄀᆞᆯ오디'(曰)의 어근 'ᄀᆞᆯ-'은 'ᄀᆞᆯ-'의 교체형이다. 'ᄀᆞᆯ오디'는 동사 어간 'ᄀᆞᆯ-'에 어미 '-오디'가 결합한 구성이다. 'ᄀᆞ르치다'의 'ᄀᆞ르'는 어간 'ᄀᆞᆯ-'에서 비롯된 것이다. 『번역노걸대』에 동사 'ᄀᆞᆮ-'이 쓰인 다음 예가 나온다. "(네 스승이) 즐겨 ᄀᆞᆮᄂᆞ녀 즐겨 ᄀᆞ르치디 아니ᄒᄂᆞ여"[(你的師) 耐繁敎那 不耐繁敎](번역노걸대 상권 6b). 이 예문의 어간 'ᄀᆞᆮ-'과 'ᄀᆞ르치-'는 모두 漢語 원문의 '敎'를 번역한 것이다. 'ᄀᆞᆮ-'은 중세 국어 'ᄀᆞᆯ오디'의 어근 'ᄀᆞᆯ-'의 원형이다. 어간 'ᄀᆞᆯ-'은 모음어미와 결합하면 어간말 ᄃ이 ᄅ로 교체된다. 'ᄀᆞᆯ-'은 이른바 ᄅ불규칙동사이다. 이런 점을 고려하여 어간 'ᄀᆞᆯ-'(曰, 敎)를 설정한다. 'ᄀᆞ르치다'의 '치다'는 '育'(양육하다)의 뜻이다. 현대 국어에서는 '치다'의 대상이 가축 따위의 짐승이지만 중세 국어에서는 사람에게도 쓰였던 낱말이다.

5) 郡各□人尒起使內之(永川菁堤碑 貞元銘 798). 이밖에 월성 해자 목간 156번에도 '使內'로 추정 판독된 예가 있으나(古尸□□ 使內生邪死邪), '使日'로 판독하기도 하여 논의 대상에 넣지 않았다.

6) 월성 해자 목간 169번(『한국목간자전』의 18호 목간)에 "子年十月 □作次和內"가 있다. 끝의 '內'는 의미 기능이 불분명하여 다루지 않는다.

바처럼 문장 종결 위치에 쓰인 '使內'는 『양잠경험촬요』(1415)[7]와 『농서집요』(1517)[8] 등 조선 초기 이두 자료에 가서야 보인다. 이러한 '使內'가 6세기 말기 혹은 7세기 초기로 추정된 월성 해자 목간에 출현한 것은 기이한 일이 아닐 수 없다. '使內'의 출현이 보여주는 시대적 격차를 어떻게 설명해야 하는가? 이 목간에 나타난 '使內'가 고려 초기[9] 및 조선 초기 이두문의 '使內'와 어떤 관계를 가지는지 앞으로 풀어야 할 숙제이다.

월성 해자 목간 149호는 2017년에 공개된 신출토 월성 해자 '주공지 목간'과 비교해 볼 만하다. 4면 문서 목간이라는 점에서 두 목간은 성격이 같을 뿐 아니라 아니라 텍스트 구성 방식에 공통점이 있다. 함안 성산산성 목간 가야2645호도 4면 문서 목간이다. 이것까지 포함시켜 세 목간의 문장을 각 면별로 도표에 넣으면 일목요연하게 비교할 수 있다.[10]

표 3. 세 문서 목간의 텍스트 본문

면	월성 해자 149호 목간	신출토 월성 해자 주공지 목간	함안 성산산성 목간 가야2645[11]
1면	大鳥知郎足下万拜白 |	典中大等敬[12]告沙喙及伐漸典前	六月中□多憑城□(者)村主敬白之 烏□□ 成行之
2면	經中入用思買白不離紙一二个	阿尺山□舟□至□慎白□□	□□智一伐[13]大□□也 攻六□大城從人士六十日
3면	牒垂賜教在之 後事者命盡	急陸爲在之	□去(走)石日(牽)(此)人□□更□荷(秀)□
4면	使內	文人周公智吉士	卒日治之人(此)人烏城置不行遣之[14] 白

---

7) 1416년의 원간본은 전해지지 않고 16세기 중간본이 전해진다.

8) 1517년의 간본을 필사한 필사본이 전해진다.

9) 佛國寺西石塔重修形止記(1038)에 □以指使內在ㅓ(17행), □使內遣ㅺ(23행), 衆僧指使內□ㅓ(59행) 등에서 '使內'의 용례가 나온다. 불국사무구정광탑중수기(1024)에도 관련 예가 있지만 이 글에서 다루지 않는다.

10) 아래 표에 넣은 월성 해자 149호 목간의 판독문은 윤선태(2005: 134-135), 정재영(2008a), 권인한(2013: 200)을 참고한 것이다. 제1면의 '万拜'는 '万引' 혹은 '万行~加行'으로 읽은 분도 있다. '万拜'로 보면 이 구절은 '만배하며 사뢰다'로 풀이된다. '万引' 혹은 '万行~加行'으로 보면 이 둘은 사뢰는 사람의 이름으로 동사 '白'의 주어가 된다. 상급자에게 보고하는 문서 첫머리에 하급자가 자기 이름을 밝힌 사례가 목간문에 있는지 궁금하다. 필자는 '万拜'로 본 견해를 따른다. 이 부분을 '万拜'로 판독할 수 있음은 윤선태(2005: 134)에서 처음 언급되었다. 제2면의 끝 글자 '个'도 논란이 있는 글자였으나 권인한(2013)의 논증을 통해 '个'로 확정된 듯하여 이 판독을 따른다. 〈표 3〉의 본문에 밑줄 친 부분이 이두 요소이다.

11) 이 목간문은 국립가야문화재연구소에서 2017년에 간행한 『韓國의 古代木簡Ⅱ』(학술총서 제69집, 2017.12.22)에 실린 것을 가져왔다. 이 책의 pp.356-309에 사진과 판독문이 실려 있다. 이 책에서 목간 번호 '가야2645'가 부여된 것을 따랐다. 선행 연구논문에서 221번으로 알려진 목간이다.

12) '敬'자는 상기 학술대회에서 김병준 교수가 판독, 제안한 글자이다.

월성 해자 목간 149호와 신출토 주공지 목간은 둘 다 4면 목간이면서 각 면에 기재된 문장의 양식과 내용에 유사성이 있다. 월성 해자 목간 149호의 제1면에는 문서 수취자가 大鳥知郎으로 명기되었고, 동사 '白之'(사뢰다)를 써서 문서 작성자의 보고 행위를 표현했다.[15] 주공지 목간 제1면에는 이 문서에 관련된 典中大等과 及伐漸典이란 직명이 나온다. 두 목간의 제1면은 구성 양식에 유사한 점이 있다. 두 목간의 제2면과 제3면은 용건에 해당하는 보고 내용을 서술하였다. 제3면에 문장 종결사 '之'가 두 목간에 모두 쓰인 점도 공통적이다. 149호 목간의 내용은 선행 연구에서 이미 밝혀져 있다.

주공지 목간은 典中大等의 使人으로 보이는 주공지가 典中大等이 사탁부의 及伐漸典에게 告한 일의 결과를 보고하는 내용이다. 보고 내용은 제2~3면의 "阿尺山□舟□至□慎白□□ 急陘爲在之"라는 문장에 담겨 있다. 미판독자를 빼고, 대강 이 문장의 뜻을 표현하면 "아척산[16] (아래?) 배가 이르렀음을 삼가 사뢰옵고 급히 흙으로 막아 놓았습니다." 정도가 된다. 배가 정박할 수 있도록 무언가 공사한 결과를 보고한 내용이다. 이런 맥락에서 보면 '急陘'는 '급히 막았다'라는 뜻이고 '爲在之'는 작업을 해 놓았음을 뜻한다. 주공지 목간의 본문에서 미판독자를 빼고 대략 번역하면 다음과 같다.

> "전중대등典中大等이 沙喙부 급벌참전及伐漸典에게 고한 일입니다. 아척산 (아래?) 배가
> 이르렀음을 삼가 사뢰옵고 급히 흙으로 막아 놓았습니다. 문인 주공지 길사."

이 목간의 끝에 문서 작성자 혹은 보고자가 '文人周公智吉士'임을 밝혀 놓았다. 월성 해자 목간 149호의 제4면에 '使內'가 적혀 있고, 이 '使內'는 텍스트 구조상 주공지 목간의 '文人周公智吉士'의[17] 행위에 대응한다. 두 목간의 텍스트에 나타난 구조적 대응 관계를 볼 때 '使內'는 大鳥知郎에게 보고한 사람의 직함이라기보다 보고자의 행위를 가리킨 이두어로 봄이 적절하다. 이렇게 보아야 영천청제비 정원명(798) 말미에 동사적으로 쓰인 '使內之'의 용법과 부합된다.

함안 성산산성 목간의 경우 제1면의 '村主'[18]가 보고자이고, 보고자의 행위를 '敬白之'로 표현하였다.[19] 제2, 3면의 내용 및 제4면의 '卒日治之人'까지가 용건에 해당하고, 이어진 '此人'은 바로 앞에 온 '人'을 가

---

13) '一伐'은 상하로 합쳐져 한 글자처럼 씌어 있다.

14) 『목간자전』에 '不行遣乙'로 판독했으나 『韓國의 古代木簡Ⅱ』에서는 '不行遣之'로 읽었다. 사진에 나온 서체로 보면 '乙'자로 판독될 수도 있다. 목적격 조사 '乙'이 6세기 목간문에 나온 사례가 전혀 없으므로 일단 후자를 취해 둔다.

15) 목간학회 제27회 정기발표회(2018.1.12)에서 김병준(2018)은 월성 해자 149호 목간의 내용 순서를 표 3과 달리 1면을 맨 끝에 두었다. 또 1면의 '万拜'를 '万行'으로 판독하고 후행 동사 '白'의 주어로 보았으며, '白之'에서 '之'로 판독한 세로 획은 문서의 권위를 표현하는 파책(波磔)으로 보았다.

16) 상기 학술대회에서 윤선태 교수는 '阿尺'을 관등명으로, '山□'를 인명으로 보는 방안을 제안하였다. 이렇게 보면 관등명이 인명 앞에 오는 것이 되어 관등명이 인명 뒤에 오는 일반적 관례에서 벗어난다. 더 논의가 필요한 부분이다.

17) '文人周公智吉士'에서 '文人'은 직무명, '周公智'는 인명, '吉士'는 관등명에 해당한다.

18) '村主'가 처음 나타난 자료는 영일냉수리신라비(503)이며, 이 낱말은 신라에서 창안된 것으로 본다(주보돈 2009: 375).

19) 함안 성산산성 목간의 가야5598번도 4면 목간이다. 이 목간에 상급자 '眞乃滅 村主'가 제1면에 나오고, 보고자 '弥卽尒智大舍'가 제2면에 나온다. 『韓國의 古代木簡Ⅱ』, pp.418-421 수록.

리킨 말로 보인다.[20] 이렇게 볼 때 "卒日治之人 此人烏城置 不行遣之 白"은 "마친 날을 다스린 사람, 이 사람을 오성(烏城)에 두고 가도록 보내지 않았다고[21] 사룁니다."라는 뜻으로 풀이된다. 맨 끝의 '白'(솗-)은 보고 행위를 표현한 동사이다. 이런 분석을 통해 세 목간의 텍스트 구조의 공통점을 찾을 수 있다.

위 세 목간은 모두 문서 목간이라는 점에서 공통적이며, 4면 목간에 문서를 작성하던 당시의 관행을 보여준다. 백제 목간에서도 4면 목간에 쓴 문서 목간이 있다. 능산리사지 목간(6세기) 25호는[22] '支藥兒食米記'로 시작되는 문서 목간의 하나인데 이것도 4면 목간이다. 문서 작성을 위해 4면 목간을 사용한 까닭은 하나의 문건을 한 개 목간에 모두 담을 수 있다는 점, 보관하거나 운반하기가 간편한 점에서 찾을 수 있다.[23] 종이가 희귀했던 시기에 4면 목간에 문서를 작성한 것은 중국 漢代는 물론 백제와 신라에 공통적으로 나타난다.

'使內'는 『吏文輯覽』 등 이두 학습서에서 '부리', '버리' 등으로 독음되었다. '使內'는 '브리안'으로 읽으며, '行하다', '처리하다'의 뜻으로 쓰인 경우가 많고 '부리다. 종사하다. 사용하다'의 뜻으로 쓰이기도 한다(박성종 2007: 150). 박성종(2007)은 '使內'를 '브리안'으로 읽고, '안'(內)은 확인법 선어말어미 '-아-'와 동명사형 어미 '-ㄴ'이 통합된 것으로 보았다. 149호 목간의 '使內'를 이와 동일한 이두어로 본다면, 제4면의 '使內'는 제3면 문장의 말미에 붙여서 "後事者命盡 使內"라고 쓰는 것이 더 적절하다. 이 문장의 뜻풀이는 "뒷일은 命대로 다하여 처리함" 정도가 된다. 이 문서는 '敎'를 내려 지시한 것을 수행한 후 보고하는 내용이므로 '使內'에는 시간적으로 과거의 의미가 함의된 것으로 보인다.[24]

'使內'의 기원적 의미는 이 낱말을 구성한 각 한자의 뜻에서 찾아볼 수 있다. 『漢語大詞典』에 '使'자 항에 나열된 뜻풀이 중에 '派遣', '命令', '役使', '官名'이란 뜻이 포함되어 있다. '官名'이라 한 뜻풀이 아래에 "唐以后特派負責某種政務者稱使, 如節度使"라는 설명문이 덧붙어 있다. 당나라 이후에 모종의 정무를 지워서 특별히 파견한 사람을 '使'라고 했다는 뜻이다. '官의 직무를 주어서 부린 사람'이라는 뜻이 '使'에 있

---

20) '卒日治之人 此人'은 '人∨此人'으로 분절한 것이다. '人∨此人' 방식의 분절은 이용현(2015: 51-52)에서 언급된 바 있다. 그런데 '人此人'의 '此'를 훈독자 '이'로 해독하고, 석독구결의 'ㅣ'(이)와 관련지어 접속조사로 본 견해도 있다(이승재 2013: 26-27). '人此人'을 한 덩어리로 본 것이다. 그러나 '人∨此人'으로 분절하여 풀이하면 신라 이두에 접속조사 '-이'를 가정할 필요가 없으며, 한문 구성의 측면에서 자연스럽다.

21) 이 부분을 '不行遣乙'로 판독하면 이 구절을 후행 동사 '白'(솗다)의 목적어로 삼아 "가도록 보내지 않았음을 사룁니다."로 번역할 수 있다. 그런데 이두문에서 목적격 조사를 표기한 '乙'은 10세기에 가서야 나타난다. 주격조사 '是'도 마찬가지다. 조사를 표기한 차자의 발달 과정을 고려할 때 6세기 후반으로 보는 함안 성산산성 목간에 목적격 조사 '乙'이 쓰였다고 보는 것은 부담이 크다(이용 2017: 120-121).

22) 이 번호는 『한국목간자전』에 매겨진 것을 따랐다.

23) 윤선태(2005: 121-122)는 다면 목간이 하나의 목간에 전체 내용을 담을 필요가 있는 관청 장부나 행정 문서용으로 널리 사용되었을 것으로 추정하고, 행정 문서용으로 다면 목간이 6~7세기에 널리 사용되다가, 8세기 이후 종이의 보급이 일반화되면서 종이가 이를 대체하였다고 보았다.

24) 박성종(2007: 163)은 이 구절을 "나머지 일은 (王)命대로 다 행할 것"으로 풀이했고, 김영욱(2007: 162)은 使內를 "시킨대로 처리함"으로 읽었다. 시제 파악에 차이가 있다. 김병준(2018: 8)은 투르판 문서에 쓰인 '盡使竟' 등 예를 들면서 '使內'는 행정문서의 용어로 '빨리 처리하라'는 뜻이라 하였다.

는 것이다. '使'의 한자 구성을 보아도 '인 변'(亻)에 '吏'가 결합하였다. '吏' 역시 직무를 맡은 관리라는 뜻이다. 권인한(2013: 202, 각주 4)에 '使'의 뜻을 '관리로서 일하는 것, 즉 행정 처리를 하는 일체의 행위'(남풍현 선생의 의견)라고 한 것과 뜻이 서로 같다. '使內'의 '使'는 윗사람에게 公務로 부림을 받은 사람 혹은 그 일을 뜻하는 의미가 된다. 이런 뜻으로 쓰인 '使'의 예가 포항중성리신라비(501)에 2회, 울진봉평신라비(503)에 3회, 영천청제비 병진명(永川菁提碑 丙辰銘)(539)에 1회 나타난 '使人'이다. '使人'은 중앙으로부터 지방민에게 어떤 결정된 사항을 직접 전달하기 위하여 현지에 파견된 사람들이다(주보돈 2012: 135).

이제 '內'자의 뜻을 설명해야 한다. 『漢語大詞典』에서 표제어 '內②'의 '內'는 '納'의 古字로서 '采納'(바치다), '進獻'(바치다), '使進入'(들이게 하다) 등의 뜻풀이가 있다. '內'자에는 '아랫사람이 윗사람에게 드리다(바치다, 納)'의 의미가 있음을 알 수 있다. 이 뜻을 '使內'에 적용하면 '윗사람의 명으로 부림을 받은 사람(使)'이 그 결과를 '바쳐드리다(內)'란 의미가 된다. 149호 목간의 '使內'는 윗사람 大鳥知郎의 명을 받은 '使'가 윗사람에게 명을 시행한 결과를 바쳐드렸다는 뜻으로 풀 수 있다.[25] 즉 '使內'는 "使가 (결과 보고를) 바쳐드림"의 뜻이 된다. '使內'의 이런 뜻풀이는 영천청제비 정원명의 '郡各□人尒起 使內之'에도 적용할 수 있다.[26] '使內'의 '內'를 '바쳐 드리다(드림)'로 뜻풀이를 했으나 이것을 동사 어간 뒤에 통합한 '內'의 여러 예에 두루 적용할 수 있을지가 문제다.

이 지점에서 남풍현(2011)에서 제안한 '內'의 새로운 해석이 참고가 된다. 남풍현(2011)은 신라시대 1차 자료에 쓰인 '內'(아)는 '합당하다고 생각하다'라는 뜻의 동사이며, 이것이 합당법 조동사로 발달한 것이라 하였다. 합당법 조동사 '內'가 '겸양'의 뜻을 부차적으로 표현하면서, '白'이 겸양법 조동사로 확립되기 이전 시기에 '內'(아)가 겸양 조동사 기능을 겸했다고 보았다. 남풍현(2011)은 신라의 1차 자료, 삼국유사의 향가, 균여 향가, 고려 초기 이두문 자료, 조선 시대 이두 문헌에 나타난 '內'의 독음을 통시적으로 고찰하면서 '內'의 겸양법 기능이 퇴화하는 과정을 논하였다.[27] 남풍현의 이러한 논의를 '使內'에 적용하면, '使內'란 이두어는 '윗사람이 명령한 직무를 관리로서 합당하다고 생각하며 완수함을 겸양하여 표현한 것'이라 풀이된다. '使內'에 대한 필자의 시안적 설명은 앞서 이루어진 여러 견해와 함께 이두문의 '使內'와 '使內之'를 해명하는 데 일조할 수 있을 듯하다. 앞으로 더 많은 자료를 바탕으로 한 성과가 나오기를 기대한다.

---

25) 149호 목간의 '使內'는 '使人內之'(사인이 보고 드리다)의 생략 표기는 아닐까?

26) '郡各□人尒起 使內之'는 두 가지로 해석할 수 있다. 하나는 "각 군에 □사람씩 일으켜 부렸다."이고 다른 하나는 "각 군에 □사람씩 일으켰음을 使가 보고 드리다"로 해석하는 것이다. 이 비문의 내용을 보면 보고의 주체는 제2행 및 '使內之' 바로 뒤에 두 번 등장한 '所內使'이다. '使內之'의 '使'는 '所內使'의 '使'라고 볼 수 있다. 이런 관점에서 후자의 해석이 가능하다.

27) '內'에 대한 이러한 해석에서 이두문을 오랫동안 다루어 온 노대가의 고심과 통찰력을 느낄 수 있다. 그러나 설명이 미진한 예외도 남아 있다. 남풍현(2011: 142-144)은 겸양 표현의 '內'가 나타나야 할 자리에 이 글자가 쓰이지 않은 것(예컨대 成內之 : 成之)을 "초기적인 이두문이어서 겸양 표현을 쓰지 않은" 예외적 존재라고 간주했다. '초기적'이란 표현에 모호함이 있다. 이밖에도 몇몇 예외적 자료에 대해 설명했으나 임시방편적(case by case)인 느낌을 준다. 합당 조동사를 설정하는 데보다 근본적인 문제는 '합당하다고 생각하다'라는 동사 어간 '內'(아)의 설정 근거를 확보하는 것이다. 이것이 쉽지 않은 듯하다.

2) 遣

'敬呼白遣'은 '白遣'을 어떻게 분절하느냐에 따라 이두사 기술에 큰 영향을 미친다. 여러 가지 가능성을 열어두고 논하기 위해 가능한 분절과 판독문을 몇 가지로 구별하여 제시해 두고 논의를 진행한다. '白遣'이 쓰인 신출토 2번 목간 제1행의 판독문과 분절은 다음 네 가지 방식으로 나누어 볼 수 있다.[28]

ⓐ	刀	小	舍	前		敬	呼	白	遣		居	生	小	烏		送	□	□
ⓑ	刀	小	舍	前		敬	呼	白		遣	居	生	小	烏		送	□	□
ⓐ'	刀	小	舍	前		敬	呼	白	遣		居	生	小	烏	之	
ⓑ'	刀	小	舍	前		敬	呼	白		遣	居	生	小	烏	之	

표 4. 신출토 2번 목간 제1행의 판독문과 분절 방식

이 문장 뒤에 이어진 제2행은 "(파손)官[29]二 言之 此二 □[30]官 言在"이다. ⓐ와 ⓐ'는 '白遣'을 붙인 방식이고, ⓑ와 ⓑ'는 '白∨遣'으로 뗀 것이다. ⓐ나 ⓐ'로 분절하면 '白遣'은 '솗견'이라는 이두어가 되고, ⓑ나 ⓑ'로 분절하면 '白'(사뢰다)과 '遣'(보내다)는 각각 한자 동사가 되어 이두어가 아닌 것이 된다. 필자는 목간학회 창립 10주년 학술대회에 발표한 논문에서 ⓐ처럼 분절하여 '遣'을 이두 토씨를 표기한 '-遣'(견)으로 간주했다. 그러나 학술대회의 종합토론에서 김병준 교수는 ⓑ와 같이 분절할 수 있음을 지적했다. 필자는 이 견해를 받아들여 제1행을 두 가지로 분절할 수 있는 가능성을 열어두고자 한다. ⓐ나 ⓐ'로 보면 '白遣'의 '遣'은 연결어미를 나타내는 최초의 이두자가 되지만, 어미 '-遣'의 출현 연대를 450년이나 끌어올려야 하는 부담이 있다. ⓑ나 ⓑ'로 보면 '白'과 '遣'은 각각 분리된 한자어 동사(白∨遣)이므로 '遣'은 이두자에서 제외된다.

신출토 2번 목간의 문장을 ⓐ로 분절한다면. "□刀小舍前 敬呼白遣 居生小烏送□□"라는 구성이 되어서 '白遣'의 앞과 뒤가 문장의 의미 경계를 이룬다. 이 분절에서는 '遣'은 어미를 나타낸 문법 형태가 된다. ⓐ로 분절하여 이 문장 전체의 뜻을 대략 풀어보면, "□刀 小舍님 앞에 공경히 불러 사뢰오니(白遣), 거생소오가 보낸 □□."[31] 정도로 번역된다.

이 목간의 연대는 1번 목간에 나타난 '丙午'를 근거로 진평왕 8년(586)을 하한선으로 보고 있다. 그런데

---

28) 이 판독문 ⓐ와 ⓑ는 신출토 목간 공개 당시의 판독문이다. 필자가 "居生小烏送□□" 부분을 자세히 보니 이 구절은 "居生小烏之"로 판독된다. '送'자의 책받침 획을 확인할 수 없고 뒤의 결락자 '□□'도 글자가 없는 것으로 보인다. 아래 ⓐ'와 ⓑ'는 필자가 판독을 달리 본 것이다. 같은 방식으로 분절하고 판독자를 달리 본 것은 ⓐ'나 ⓑ'처럼 어깨에 '를 붙여 구별했다.

29) 공개 당시의 판독문에는 '宿(官)'으로 해 놓았다. 뒤에 나온 '官'자와 거의 같은 글자여서 필자는 '官'으로 보아 두었으나 판독에 이견이 있을 수 있다.

30) □에 해당하는 글자의 오른쪽 부분은 '隹'로 보이기도 한다. 이 글자의 왼쪽 부분의 판독이 문제이다.

31) 이 번역문은 "官二言之"를 '官二-言之'로 끊어서 풀이한 것이다. 만약 '官-二言之'로 끊어본다면 "관이 두 (가지를) 말했습니다."라고 풀어볼 여지도 있으나 더 깊은 논의가 필요한 부분이다.

어미를 표기한 이두자 '遣'(-견)은 고려 초기 문헌인 「佛國寺 無垢淨光塔重修記」(1024), 「佛國寺 西石塔重修形止記」(1038),[32] 「정도사형지기」(1031)에[33] 가서야 나타난다. 이들보다 450년 정도 앞서는 1차 자료 신출토 월성 해자 목간에 '-遣'이 등장했다고 보는 것은 이두자 '-遣'의 출현 시기를 450년이나 앞당기는 것이 된다.[34]

그러나 ⓑ처럼 분절하여 '白'과 '遣'을 각각 한자 동사로 본다면 白遣은 이두어로 다룰 수 없게 된다. ⓑ로 분절하여 이 문장의 뜻을 대략 풀어보면, "□刀 小숨님 앞에 공경히 불러 사룁니다(白). 거생 소오를 보내어[遣] 송달[送]한 □□." 정도로 번역된다. 이 목간의 중간 부분에 파손이 있어서 ⓐ와 ⓑ 어느 분절로 읽어도 문장 전체의 뜻이 명료하게 드러나지 않는다.

ⓐ'와 ⓑ'는 위 각주 26)에서 언급했듯이 '居生小烏' 뒷부분을 '之'로 판독하고, 그 결과를 두 가지로 분절해 본 것이다. ⓐ'로 분절하여 이 문장을 번역해 보면 "□刀 小숨님 앞에 공경히 불러 사뢰오니(白遣) 거생 소오입니다." 정도로 번역된다. ⓑ'로 분절하면, "□刀 小숨님 앞에 공경히 불러 사룁니다(白). 거생 소오를 보냈습니다(遣…之)." 정도로 번역된다. 위 목간문의 이두문적 특성을 고려한다면 ⓐ와 ⓐ' 방식의 분절로 보는 것이 나을 듯하나 어미 '-遣'의 출현 연대가 너무 올라간다는 문제점이 있다. '白遣'의 분석과 뜻풀이는 중요한 문제여서 깊이 생각하지 않을 수 없다.

향찰 해독을 시도한 여러 학자들이 '遣'의 독법을 고심하였다. '遣'의 해독과 그 기능에 대한 전체적 정리와 해석은 황선엽(2002)을 참고할 수 있다. 이 연구의 요지는 '遣'을 연결 어미 '-고'를 나타낸 '古'로 읽으면 안 되고 어간 '겨-'와 어미 '-ㄴ'이 통합된 연결 어미 '-견'으로 읽어야 옳다는 것이다.[35] 이 주장은 풍부한 예와 치밀한 논증을 거쳤기 때문에 설득력이 높다.

그런데 향가에서 '白遣'이 출현한 작품은 「원왕생가」의 제4행과 제7행이다.[36] 이 향가에 나타난 '白遣賜立'는 신출토 목간의 '白遣'과 형태론적 구성이 다르다. 이 목간의 '白遣'은 동사 어간 '白'과 '遣'이 결합하였지만 「원왕생가」의 '白遣賜立'는 동사 어간 '白' 뒤에 선어말어미 '-遣-賜-'가 결합하고 여기에 다시 문말어미 '-立'(-셔)가 결합한 구성이다. '白遣賜立'의 '遣'은 선어말어미로 보지 않을 수 없다. 그러나 '敬呼白遣'의 '遣'을 어말어미(혹은 문말어미)로 본다면 '白遣賜立'의 '遣'과 문법기능이 전혀 다르다. 「원왕생가」

---

32) □爲白遣 (27행). 啼供爲白遣(32행). 金堂臺石四 下是白遣(36행). 供養爲白遣 (56행).

33) 石塔 伍層乙 成是白乎 願 表爲遣(7-8행). 第二年 春節已只 了兮齊遣(14행).

34) 지금까지 알려진 목간자료 중에서 '遣'이 쓰인 가장 오래된 것은 함안 성산산성 목간(561년 이전)인 듯하다. 『한국목간자전』 (299쪽)에서 함안 성산산성 목간 221번(가야2645)의 제4면을 "不行遣乙白"로 판독하였다. 이 판독을 받아들인 이승재 (2013a: 26)는 "不行遣乙白"의 '遣'을 이두자 '견'으로 읽고, '乙'을 대격조사(=목적격조사) '-을'을 표기한 차자로 보았다. 그러나 『韓國의 古代木簡Ⅱ』(2017)에서는 '不行遣之'로 판독했다. 이렇게 보면 여기에 쓰인 '遣'자는 동사 어간이 되므로 문법 형태로 간주할 필요가 없다. 신출토 2번 목간의 '遣'은 함안 성산산성 목간(가야2645)의 '遣'과 함께 더 많은 논의가 필요한 문자이다.

35) 동명사형어미(=관형사형어미) '-ㄴ'을 표기한 차자가 아직 마련되어 있지 못한 시기에는 '遣'자 하나로 이 두 문법 형태의 기능을 표현한 것으로 볼 수 있다.

36) 惱叱古音多可支白遣賜立(원왕생가 제4행). 慕人有如白遣賜立阿邪(원왕생가 제7행).

의 '白遣賜立'에 쓰인 '-遣-賜-'는 선어말어미 두 개가 통합된 것으로 보인다. '-遣-賜-'와 같은 통합체는 「원왕생가」 제10행의 "四十八大願 成遣賜去"[37]에서도 확인된다. 여기서 '-遣-賜-'는 동사 어간 '成' 뒤에 결합하였다. '-遣-賜-'의 중간에 '只'가 개재된 '-遣-只-賜-'와 같은 통합체도 균여향가인 「참회업장가」 제8행에 나타나 있다.[38] 또한 고려 시대 석독구결 자료에서 '-遣-只-賜-'에 대응하는 '-ㅏ ㅅ ㅎ-'(-겨기시-)가 존재하고 이와 짝을 이루는 '-ㅁ ㅅ ㅎ-'(-고기시-)도 발견된다. 이러한 통합체에 쓰인 '遣'자는 국어문법사에서 풀어야 할 숙제의 하나이다. 이러한 논의를 통해 우리는 이두문, 향가, 구결문 등의 차자 표기 자료에서 '遣'은 다양한 환경에서 여러 가지 문법 형태의 표기로 사용되었음을 알 수 있다.

신출토 월성 해자 목간은 비록 7점밖에 안되지만 4)에서 다룰 '爲在之', '開在之'의 출현과 함께, 문제가 되는 '白遣'이 출현한 1차 자료이다. 이 두 가지 점에서 신출토 2번 목간은 이두 발달사 연구에 각별한 가치를 가진다.

위에서 논한 네 가지 분절과 그 번역의 차이는 '白遣'을 어떻게 처리하는가? '居生小鳥'의 뒷부분 판독을 어떻게 하는가?에 달려 있다. 여러 가지 가능성을 열어 두고, 앞으로 이 문제에 대한 논의를 계속해 가는 것이 현재로서는 더 바람직한 방향이라 생각한다.

3) 白, 言

신라 목간문과 금석문에는 웃전에 보고하는 동사어로 '白'이 가장 많이 쓰였다. 동사 '白'의 용례로는 신출토 월성 해자 목간 2호의 '敬呼白'이 쓰였고, 3호(주공지 목간)의 '愼白'(삼가 사뢰다, 2면), 4호(쌀 관련 목간)의 '別白'(별도로 사뢰다, 1면)이 있다.[39] '白'(사뢰다)는 하급자가 상급자에게 아뢰는 뜻을 가지기 때문에 보고 문서에 '白'이 자주 쓰이게 되었다. 신출토 2번 목간의 '敬呼白'은 월성 해자 목간 148호 제5면의 '敬白'과 의미상 공통점이 있다.[40] 또한 함안 성산산성 목간 가야2645호(6세기 중엽)의 '村主敬白之'에 쓰인 '敬白之' 역시 비슷한 맥락에서 쓰였다. 이 예들에는 아랫사람이 윗사람에게 보고하는 문투에 '敬白'이 공통적으로 사용되었다. '敬呼白'의 '敬呼白'과 '敬白之'의 '敬白'은 존경을 표현하는 방식임을 알 수 있다.[41] '敬呼'는 '경호'로 음독했을 듯하나, 존경의 뜻을 말하는 태도를 보여주는 데 그치고 '말'(=음성언어)로 실현되지 않았을 가능성이 높다.

신출토 2번 목간 2-2행에 쓰인 '官二 言之'는 문맥 의미가 분명치 않지만 '官 둘이 말하다'는 뜻으로 볼 수 있다. '言之'의 '言'에 대응하는 고유어는 '니르-' 혹은 '말ᄒ-'로 잡을 수 있다. '言爲之'로 표기되어 있

---

37) 이 행의 끝 글자 '去'는 박재민(2013: 55-57)에서 논증하였듯이 정열모와 유창균이 주장한 바대로 '立'의 오기로 봄이 옳다.

38) 十方叱仏体 開遣只賜立(참회업장가 제8행).

39) 함안 성산산성 목간 가야2645에도 '白之'가 보인다.

40) 148호는 가야문화재연구소의 『한국의 고대목간』 도록에 실린 월성 해자 목간의 번호이다. 『한국목간자전』에 이 148호 목간은 9호로 되어 있고, 제5면의 내용을 1면으로 보았다. 내용으로 볼 때 이 판단이 맞다. 148호 목간의 정밀한 판독이 필요하다.

41) 감산사 석조 미륵보살상 조성기(719)의 "金志誠奉 (중략) 敬造 甘山寺 一所石阿彌陁像一軀 石彌勒像一軀"라는 문장에 '敬造'가 보인다. '敬造'의 '敬'도 '敬呼'나 '敬白'의 '敬'과 같은 의미 기능을 한다.

었다면 이 판단은 확정적일 터이나 그렇지 못하여 아쉽다. 그러나 '言之'만으로 '말하다'의 뜻을 표현하지 못하는 것은 결코 아니다. '言爲之'가 오히려 나오기 어려운 표현이다.

'言在' 역시 이두적 표현이 분명하나 '在'를 달리 판독할 가능성도 있다. '言在'를 글자대로 풀이하면 '말이 있었다'(말–겨다)라는 의미가 된다. '言在之'에서 '之'가 생략되었다고 가정한다면 '말ㅎ–겨다'(혹은 '니르겨다')로 훈독할 수도 있다.

신출토 2번 목간에는 小舍 관등을 가진 상관에게 小烏 관등의 居生이 보고하는 내용이 담겨 있다. 小舍는 신라 경위 17등급 중 제13등급으로 舍知라고 부르기도 한다. 小舍는 안압지 출토 조로이년명전(雁鴨池出土 調露二年銘塼)(680년 문무왕 20)에 '漢只伐部 君若 小舍'에서도 확인되었다.[42] '居生小烏' 앞에 출신부명이 생략된 듯하다. 小烏는 경위 17등급 중 제16등으로 小烏知라 부르기도 한다. 16등급인 居生이 13등급의 小舍 상관에게 보고하는 내용이다. 위 판독문의 '敬呼白遣'에는 상관에 대한 거생의 존경 태도가 '敬'자와 '白'자에 의해 표현되어 있다.

월성 해자 목간 149호 제1면 문장은 "大烏知郎 足下 万拜 白丨"와 같이 어절 단위를 나눌 수 있다. 여기서 '大烏知郎', '足下', '万拜'는 한자어 그대로 음독했을 것으로 본다. '白丨'는 '白之'를 표기한 것이며, '솗다'(=사뢰다)로 훈독되었을 것으로 본다. '白丨'(白之)의 '之'는 한문 종결사의 의미 기능을 빌려와 우리말 종결어미 '–다'에 대응한 것으로 '之'를 종결어미 '–다'로 읽을 수 있다. 모든 금석문의 '之'를 '–다'로 읽을 수는 없지만 '白之'의 '白'을 '솗–'으로 훈독할 때의 후행 '之'는 '–다'로 읽는 것이 합당하다('之'는 후술함).

동사 '白'의 이두적 용법을 보여 준 가장 오래된 1차 자료는 포항중성리신라비(501)의 '白'(4행)과 '白口'(10행)이다. 이 중에서 '白口'가 특히 흥미로운 예이다. '白口'가 쓰인 전후 문맥을 보건대 이것은 '사뢰고 말하다'라는 두 개 동사를 표현한 것으로 판단된다. 이 동사의 주체는 使人 신분인 '果西牟利'이다. 과서모리가 그의 상급자에게 분쟁이 된 사건이 처리된 경위를 먼저 '사뢴'(白, 보고한) 후에, "若後世更導人者 与重罪"(만약 後世에 다시 말썽을 일으키는 자가 있으면 重罪를 준다.)라는 서약을 여러 사람들 앞에서 입으로 말한 사실을 '口'라고 표현하였다. '白口'는 '사뢰고 말하다'라는 합성동사를 한자로 표현한 것이다. '白'은 '말하다'의 존대동사로 상급자에게 사용했으며, '口'는 일반 동사로 여러 사람 앞에서 서약하여 말했음을 뜻한다. '白口'라는 합성동사는 한문 문장 작성에 익숙지 못한 당시의 수준을 반영한 것이다. 비문의 끝에 문서 작성 경위를 "이런 까닭으로 문서 담당자[典書]인 与牟豆가 기록하였다."[43]라고 하였는바 '白口'라는 표현을 만든 사람이 与牟豆(여모두)임을 알 수 있다.

신출토 2번 목간에 나온 '言之'와 '言在'는 다른 목간문이나 금석문에서 찾아보기 어렵다. '言之'와 '白之'는 둘 다 '말하다'의 뜻을 공유하지만 말하는 태도에 차이가 있다. 전자는 후자와 달리 상위자에게 공손하게 '사뢰는' 태도를 표현한 것은 아니다.

---

42) 영천청제비 정원명(798)에는 대사(大舍), 소사(小舍), 대오(大烏), 소오(小烏) 등의 경위 관등명이 나타나 있다.

43) 典書 与牟豆 故記. '与牟豆' 전체를 인명으로 보는 것이 자연스럽다.

4) 在

월성 해자 목간의 '在'는 신라 이두 연구에서 특별히 중요한 가치를 가진다. 149호 목간의 '教在之'를 두고 그 해석에 논란이 있었다. 논란의 핵심은 '教'가 왕명을 뜻하는 명사인지, 아니면 '가르치다'를 뜻하는 동사인지 판단하는 것이다. 김영욱(2014)은 '教在之'의 '教'를 동사로 보고, '在'를 선어말어미로 간주하여 이 구절을 'ᄀᆞ르치겨다'로 읽었다. 그러나 금석문 등 여러 이두문 자료에서 '教'는 왕명 혹은 상급자가 내린 명령을 뜻하는 용어로 쓰였다. 이 점을 중시하여 '教在之'는 '教가 있었다'로 해석하는 견해도 있다.[44]

이런 논란 속에서 '教在之'의 '在'를 선어말어미 '-겨-'로 보려면 더 많은 증거를 찾아야 하는 형편이었다. 이러한 국면에서 신출토 월성 해자 목간의 주공지 목간(3번) 제3면 "急陛爲在之"와 4번(쌀 관련 목간) 제3면 "公取□開在之"에 나온 '爲在之'와 '開在之'는 의미 있는 이두어이다. 두 예는 동사 '爲'와 '開' 뒤에 '在之'가 직접 결합한 것이다. 신출토 4번 목간의 "公取□開在之"는 "공이 받아 취하여 열었다."라는 뜻이다. 이 문장의 주어가 '公'임을 중시한다면, '急陛爲在之'의 '急陛'을 인명으로 볼 수도 있다. 그러나 인명 표기자에 '急'이나 '陛'이 쓰인 예는 찾기 어렵다. 전후 문맥으로 보아 '急陛'은 '급히 막았다'로 봄이 자연스럽다. 따라서 '爲在之'와 '開在之'에서처럼 '教在之'도 동사 '教'에 '在之'가 결합한 것으로 볼 수 있다.

'在之' 앞에 온 동사 한자어를 훈독하여 '爲在之'는 'ᄒᆞ겨다~ᄒᆞ아겨다', '開在之'는 '열겨다~열어겨다'로 읽을 수 있다. '在之'와 이에 선행하는 동사를 훈독하는 독법은 화엄경사경조성기의 '進在之', 갈항사석탑기의 '立在之' 및 '成在之' 등에서도 확인된다. 이러한 맥락에서 보면 149호 목간의 '教在之'는 'ᄀᆞ르치겨다'로 읽는 것이 더 자연스럽다.[45]

그런데 '爲在之'는 'ᄒᆞ겨다~ᄒᆞ아겨다'로 읽고, '開在之'는 '열겨다~열어겨다'로 읽을 수 있지만, '爲在之'와 '開在之'에 쓰인 '在'가 선어말어미인지 보조동사인지 결정하는 것은 간단치 않다. 이른바 부동사 어미 '-아/어'를 표기한 차자 '-良'(〉ㅿ)는 향찰 표기에 가서 나타나고, 8세기 말기 이전의 금석문과 목간문 등의 1차 자료에서 확인되지 않았다. 이두 표기가 가장 발달한 모습을 보인 화엄경사경조성기(755)에도 이 차자는 쓰이지 않았다. 이런 상황에서 '爲在之'와 '開在之'의 '在' 앞의 동사에는 어미 '-良'(-아/어)가 표기될 수 없다. 이런 점을 고려한다면 여기에 쓰인 '在'의 문법적 지위를 선어말어미로 단정하는 것은 신중할 필요가 있다.

이 문제를 논함에 있어서 우리는 두 가지 점을 고려해서 판단해야 한다. 첫째, 초기 이두문 1차 자료(금석문, 목간문 등)에 나타난 문법 형태 표기의 출현 양상 혹은 발달 과정 전체를 고려해야 한다는 것이

---

44) 김영욱(2014: 11)은 '教'를 동사 '가르치-'로 보고 "牒垂賜教在之"를 "牒 드리우샤 ᄀᆞ르치겨다"라고 읽었다. 그러나 권인한(2013: 202)은 教 뒤에 본동사 '爲-'(ᄒᆞ-)의 不在로 인해 教를 동사로 해석함이 불가하다는 이승재(2009: 117)의 견해를 받아들여 "教가 있었다."로 풀이했다.

45) 이렇게 보면, 'ᄀᆞ르치다'가 '상위자의 지시'를 뜻할 수 있는지가 문제가 된다. 한글 문헌에서 'ᄀᆞ르치다'는 '教'와 '指'의 뜻으로 쓰였다. 'ᄀᆞ르치다'는 '굳다'(曰, 教)와 '치다'(養育)가 결합한 것이며, 그 뜻은 '말하여 치다'가 된다. 'ᄀᆞ르치다'의 기원적 의미를 고려하면, 상위자가 '말'(言)로 하위자를 부리고 다스리는 데 이 낱말을 쓸 수 있다. 위 목간문의 '教'와 '言之' 등은 이러한 뜻을 표현한 것으로 해석해 본다. '굳-'의 설정 근거는 위 각주 8) 참고.

다. 6~7세기 금석문은 물론 이두 문법 형태 표기가 가장 풍부하게 나타난 화엄경사경조성기(755)에 이르기까지 문법 형태를 표기한 차자의 출현은 매우 제한되어 있다. 예컨대, 주격 조사 '-이', 목적격 조사 '-을', 관형사형 어미 '-ㄴ',[46] 부사형 연결어미 '-아/어'를 표기한 차자는 신라 향가와 고려 시대 이두문(정도사형지기, 석가탑중수기 등)과 석독구결 자료에 가서야 나타난다. 8세기 이전의 1차 자료에 국어 문법 형태를 표기한 차자의 쓰임은 극히 제한적이었다. 문장 종결사 '之', 처격의 '中', 주제보조사의 '者' 등이 이른 시기의 1차 자료에 나타나 이두 연구자들의 주목을 끌었으나, 중국 한문 자료에 동일한 기능으로 쓰였던 글자임이 확인되었다(김병준 2011). 후술할 5) '賜'항에서 보듯이 주체존대 선어말어미 '-賜-'(시)가 쓰인 예도 금석문의 경우 720년에 가서 비로소 나타난다. 이런 상황에서 문법 형태 차자 표기가 전반적으로 나타나지 않은 7세기 전기 목간에 쓰인 '在'를 선어말어미 '-겨-'라고 판단하는 것은 부담되는 일이다.[47] 부사형 연결어미 '-아'를 표기할 차자가[48] 마련되지 못한 시기의 '爲在之'는 'ᄒᆞ겨다~ᄒᆞ아겨다', '開在之'는 '열겨다~열어겨다', '進在之'는 '낫겨다~나사겨다', '立在之'는 '서겨다~서어겨다', '成在之'는 '일겨다~일어겨다'로 읽을 수 있다. 이곳에 쓰인 '在'(겨)는 선어말어미 '-겨-'가 아니라 '있다'를 의미하는 보조동사 '겨-'로 보아도 문제가 되지 않는다.

둘째, 우리말 문장 표기에서 가장 흔히 쓰이는 문법 형태는 주격 조사, 목적격 조사, 관형사형 어미, 부사형 어미인데, 이런 기본적 문법 형태를 표기하는 차자가 6~7세기 1차 자료에 전혀 나타나지 않는다는 점이다. 이런 상황에서 6~7세기 1차 자료에 쓰인 '在'를 문법화한 선어말어미라고 보기가 쉽지 않다. 금석문과 목간문의 동사(구)에 결합한 '在'는 신분이 높은 사람의 동작 표현에 사용된 것이 적지 않다.[49] 이승재(2001)는 향찰과 고려 이두의 '在'와 석독구결의 'ㅓ'(在)의 용례를 종합적으로 검토하여 '在'를 경어법 선어말어미 '-겨-'로 보았다. 같은 맥락에서 월성 해자 158호 목간의 "麻新立在節草辛"[50]의 '在' 역시 이와 같으며, 7세기 전기의 이두에 주체경어법 선어말어미 '-在[겨]-'가 존재했다고 보았다(이승재 2009: 178). 이승재(2001, 2009)의 이런 관점을 무술오작비(578)의 '成在'에 적용하면 선어말어미 '-在[겨]-'가 6세기 후기에 성립되었다는 주장도 가능하게 된다. 그런데 대부분의 연구자들은 '在'를 동작상 표현(완료 또는 상태 지속)의 선어말어미 혹은 보조동사로 보고 있다. 필자도 여기에 공감하지만 '在'가 선어말어미인지 보조동사인지 결정하는 것은 간단치 않은 문제이다. '在'는 대표적인 이두식 차자 표기이다. '在'는 6

---

46) 관형사형 어미 '-ㄴ'과 '-ㄹ'은 고대 국어 문법에서 동명사형 어미와 동질성을 가진다. 이 글에서는 편의상 '관형사형 어미' 라는 용어로 사용한다.

47) 이런 생각은 앞에서 언급한 '垂賜'의 '賜'를 '-시-'로 간주하는 독법에도 동일하게 적용된다.

48) 부사형 어미(=부동사형 어미) '-아'는 향가에서는 '良', 석독구결 자료에서는 '良'의 초서체인 'ᄉ'가 훈가자로 사용되었다.

49) 그렇지 않은 경우도 있다. 예컨대 위 표의 '進在之'(화엄경사경조성기)의 주어는 '紙作伯士', '經寫筆師', '經心匠', '筆師', '走 使人'을 모두 포괄하고, 같은 문헌의 '寫在如'의 주어 역시 '靑衣童子', '伎樂人', '法師', '筆師' 등을 두루 포괄한다. 이 예는 아 니지만 비슷한 문맥의 목간문에 쓰인 '在'를 설명하기 위해 복수인을 주어로 할 때 동사 어간에 '-시-'를 붙여 말하는 현대 국어의 용법을 끌어오기도 했다(이승재 2013: 25).

50) 이승재(2013b: 174)에는 전체 구절을 "第八巷 第卅三大ㅆ麻新立在節草辛"로 판독해 놓았다. 그러나 이 구절의 판독에는 이 견이 있고, 文意 해석도 간단치 않다.

세기의 1차 자료(금석문, 목간문) 이래 이두문 특유의 용법과 의미 기능을 가진 借字이다. '在'가 쓰인 모든 이두 자료를 망라하고, 이것의 문법 기능과 위상에 대한 종합적 연구가 필요하다.

국어사적 측면의 연구뿐 아니라 '在'에는 여러 가지 이야기가 담겨 있다. 예컨대 월성을 왕이 머무는 곳이라 하여 '在城'이라고 칭하기도 했다. '在城'을 우리말로 훈독하면 '겨잣' 정도가 된다. 이는 왕이 '겨신'(在) 잣(城)[51]이란 뜻이다. 15세기 낱말 '겨집'에 담긴 의미를 '在家'로 보기도 하는데, '겨집'은 여성이 주인이었던 모계 사회를 반영한 화석어일지도 모른다. '在'에 대한 다양한 접근과 폭넓은 통찰이 필요하다.

5) 賜

월성 해자 목간 149호 2~3면의 "經中入用思買白不雜紙一二个 牒垂賜敎在之"는 문장 의미가 하나의 단위로 이어진다. 윤선태(2005: 135)는 이 문장을 "經에(中) 들여쓸(入用) 걸 생각(思)하여, '白不雜紙' 한두 개(一二个)를 사라(買)고, 牒을 내리신(垂賜) 명령(敎)이 있었습니다."로 번역했다. 이 문장 전체를 당시의 신라어 문법에 근사(近似)하도록 재구성하기는 쉽지 않다.[52]

'牒垂賜敎在之'의 '賜'를 선어말어미 '-시-'로 볼 수도 있고(첩을 내리-시-), '첩을 내려 주시-'와 같이 보조동사로 해석하는 것도 가능하다. 정재영, 김영욱, 권인한은 '賜'를 선어말어미 '-시-'로 보았고, 이승재(2009: 177)는 경어동사 '주시-'로 풀었다.[53] 둘 중 어느 것으로 읽어도 문맥의 뜻을 파악함에 아무런 지장이 없다. 즉 '垂賜'를 '내리시-'와 '내려 주시-' 중에서 어느 것으로 번역해도 문제없다.

'垂賜'에서 '垂'는 위에서 아래로 드리운다는 수직 방향의 뜻을 가지고,[54] '賜' 역시 윗사람이 아랫사람에게 내리는 행위를 표현한다. '垂賜'에는 '내려 주시다'라는 뜻을 표현하는 상위자의 행위에 대한 경어적 의미가 두 개 한자에 의해 뚜렷하게 표현된다. 이런 점에서 여기에 쓰인 '賜'를 동사의 뜻 그대로 보고, '垂賜'를 복합 동사로 해석할 수도 있다. 이 예를 제외한다면 6~7세기의 1차 자료에서 '賜'가 경어동사(주시-) 혹은 주체존대(-시-)로 쓰인 예는 아직 확인되지 않는다.

149호 목간의 '賜'를 주체존대 '-시-'에서 제외한다면, '賜'가 경어법 선어말어미 '-시-'를 표기하였음이 확실한 최초의 예는 감산사 아미타불상 조성기(720)에서 처음 확인된다.[55]

---

51) 城 雜思 〈14xx조선관역어,003b〉. 出城 雜那憂大〈14xx조선관역어,005b〉. 졈글어든 잣 안해 드러가져〈1517번역노걸대 上:59b〉. 城 잣 셩 〈1527훈몽자회(존경각본)中:8b〉.

52) '經中入用思'는 우리말 어순으로 한자를 늘어놓았지만, '買白不雜紙一二个'에서는 한문 어순대로 동사 '買'를 목적어 '白不雜紙一二个' 앞에 놓았다.

53) 이 문장의 분절 방법에 대한 자세한 논의는 이승재(2009: 177-178)를 참고할 수 있다.

54) 김영욱(2014: 11)은 "牒垂賜敎在之"를 "牒 드리우샤 ㄱ루치겨다"라고 읽었다.

55) 아래 판독문은 신소연·김영민(2016)이 '반사율변환 이미지' 기술(RTI, Reflectance Transformation Imaging)을 이용하여 새로 판독한 것이다. 아래에 인용한 내용 중 밑줄친 '賜'는 종전에 판독되지 못했던 글자이다.

歲六十九 庚申年四月卄二日 長逝爲賜之

(나이 69세 경신년 4월 22일에 장서(長逝) 하시다.)

'爲賜之'의 '賜'는 경어 동사 '주시-'로 해독할 수 없고, 주체존대 경어법 선어말어미 '-시-'를 표기한 것이 확실하다. 종결사 '之' 역시 종결어미 '-다'를 표기하였음이 분명하다. 따라서 '爲賜之'는 'ㅎ시다'로 읽는다. 〈표 2〉의 4)와 8)에 제시한 신출토 월성 해자 목간 '爲在之'와 '開在之'를 고려하여 '垂賜'의 '賜'의 문법적 지위를 생각해 볼 수 있다. '爲在之'와 '開在之'의 '在'를 선어말어미 '-겨-'로 본다면 이와 평행하여 '垂賜'의 '賜'를 선어말어미 '-시-'로 볼 수 있다. 월성 해자 149호 목간의 이두문적 특성을 중시한다면 '垂賜'의 '賜'를 주체존대 경어법 선어말어미 '-시-'로 차자 표기하였다고 보는 것이 합리적이다.

이밖의 신라 이두문에서 선어말어미 '-시-'를 표기한 '賜'의 용례는 화엄경사경조성기(755)의 '爲內賜' (ㅎㄴ시-ㄴ)와 '成賜乎'(일-시-온), 신라촌락장적(695/755)의 '見賜'(보-시-ㄴ) 등이 있다. 이들은 모두 7세기 말엽 혹은 8세기 초기 이후의 자료들이다. 6세기 말기 혹은 7세기 초기로 추정된 월성 해자 목간의 '垂賜'는 이들보다 100년 정도 앞서기 때문에 망설여지는 점이 있다. 확실한 판단을 내리기 위해서는 좀 더 치밀한 논증과 풍부한 증거가 필요하다.[56]

6) 者

월성 해자 목간 149호 제3면의 '後事者命盡'에서 '者'는 주제보조사 '-는'에 대응한다. 이 문서 목간의 수신자가 이곳의 '者'를 '쟈'로 음독했을지, 아니면 '-는'으로 읽었을지는 판단하기 어렵다. 149호 목간의 문장은 이두문 성격이 뚜렷하다는 점을 고려하여 '者'를 주제보조사 '-는'으로 읽을 수 있으나 '者'가 이두 문법 형태로서 조사 '-는'을 표기한 것이라고 단정할 수 없다. '者'가 선행어를 주제화시키는 기능은 중국의 고대 한문에서 이미 쓰였기 때문이다(김병준 2011).[57] 이러한 관점은 '之'와 '中'에도 적용된다.

7) 中

"經中入用思買白不雖紙一二个"에서 '經中'을 [경중]이라고 음독했을지, 아니면 [경-긔]나 [경-에]와 같이 '經'[경]과 우리말 처격 조사 '-긔/-에'를 결합하여 읽었다고 말하기는 어렵다.[58] 그러나 '經中'의 '中' 자를 처소 표현(처격 조사)의 뜻으로 이 문장의 뜻을 '이해'했음은 틀림없다. 구체적 독음과 무관하게 '經中'의 '中'자를 당시의 신라어에 존재한 처격 조사에 대응하여 이 문장의 뜻을 파악했다는 의미에서 '이해'

---

56) '賜'(-시-)가 신라의 이두문과 향가, 정도사형지기(1031), 석독구결 자료 일부(화엄경, 12세기 중엽)까지만 쓰이고 그 이후 자료에는 'ㆍ(示)'로 바뀌게 된다(이장희 2001a: 64~66). 이 변화는 '賜'(=ㆆ)의 음이 '시'ㅅ으로 변화한 것과 관련되어 있다.

57) 한문의 '者'는 語氣詞로서 주어 뒤에 붙어 선행 체언이 주어임을 표시하는 기능을 가진다. 예) 秦始皇者 秦庄襄王子也 (史記 秦始皇本紀) 『古汉语虚词词典』, 王海棻 等編, 北京大學出版社, 1996, p.469 참고.

58) 목간에 쓴 행정 문서는 눈으로 보면 그 뜻이 전달되므로 실제 소리내어 읽지 않았을 가능성도 높다. 행정 문서가 지닌 이러한 특성에 주목하여 만든 용어가 '視讀文書'이다.

라는 낱말을 썼다.[59] 이 점은 '白之'의 '之'에도 그대로 적용된다. 김병준(2018)은 '經中入用'을 물자의 출입과 관련된 내용이지 '經(서적)의 제작에 들어갈 비용'의 뜻이 아니라고 보았다. '經中入用'을 '經常 비용'의 뜻으로 보더라도 여기에 쓰인 '中'은 처소적 의미를 표현한 한자이다.

광개토왕릉비문 등의 '中'자를 우리말 처격 조사를 표기한 이두자로 본 여러 연구가 있었으나, 시간 어휘(年月) 뒤에 결합한 '中'의 용례가 중국 진한대(秦漢代) 목간의 행정 문서에 다수 존재하므로 고구려에서 변용된 이두자가 아님이 밝혀졌다(김병준 2011). "經中入用思買白不雖紙一二个"에 쓰인 '中'은 '경에' 즉 '경을 만드는 데'라는 의미를 표현하는 맥락에 놓여 있다. '中'은 시공 속의 어떤 장소나 시점을 뜻하는 것이 아니라 경을 제작하는 행위 전체를 뜻한다. '中'이 쓰인 이런 의미 맥락을 고려하면 '經中'의 '中'을 처격 조사 '-에'로 독음하는 것이 그리 간단치 않음을 알 수 있다. 이 문장을 눈으로 읽으면 그 뜻이 쉽게 이해되지만 각 글자를 구두(口頭) 언어에 대응시켜 읽기는 매우 어렵다.

8) 之 (白之, 教在之, 作之[60] / 言之, 爲在之, 開在之)

앞의 6)에서 다룬 '中'과 함께 '之'도 일찍부터 우리말 종결어미를 표기한 차자로 주목을 받아왔으나 평양 정백동 364호묘에서 漢代의 낙랑 목간이 출토됨으로써 고유의 이두자가 아님이 확인되었다(김병준 2011: 57). 이러한 확인에도 불구하고 이두 금석문과 목간문 등에 쓰인 종결사 '之'가 우리말 종결어미를 표기한 것임은 부정할 수 없다. 월성 해자 목간의 '教在之', '爲在之', '開在之'와 같이 '在' 뒤에 쓰인 '之'는 우리말 종결어미 '-다'를 표기하였음이 확실하다. "椋食□內之"(황남동목간 281호 7세기-8세기 초), "此間中了治內之"(永川菁堤碑 貞元銘, 798년), "爲成內在之"(禪林院鍾銘, 804년) 등의 종결사 '之'도 우리말 종결어미를 표기한 것이 분명하다. 앞의 4)에서 언급한 감산사 아미타불상 조성기(720)의 '爲賜之'도 이와 동일한 '之'의 용례이다. 이러한 '之'는 한문에 쓰이던 '之'의 의미 기능을 받아들여 우리말 문장 종결어미 표기에 轉用한 것으로 본다. 한문 '之'의 의미를 우리말 문법기능 표기자로 전용했다는 점에서 기능차(機能借)로 볼 수 있다.

2. 이두 명사

1) 단위 명사 个(개)와 刀(되)

목간에는 곡물을 비롯한 여러 가지 물품의 이름과 그 수량을 표기한 단위(單位) 명사가 나타난다. 월성 해자 목간 149호의 '个'와 신출토 월성 해자 목간 6호에[61] 나온 '刀'가 그것이다. 이 단위 명사가 쓰인 문장

---

59) 남풍현(2000: 109~118)에서 '이두문의 초기 형태'라는 표현을 써서 단양적성비에 쓰인 '中', '白', '耶' 등은 한문에 쓰이는 기능에 맞추어 국어적 용법이 가해진 것이라고 보았다. 특히 '中'의 경우 한문을 석독하는 과정에서 국어의 처격에 대응시켜 읽은 것이라 해석했다. 이는 초기 이두 형태의 발달 과정을 적절하게 설명한 것이다.

60) '作之'는 "咮字若作之"(174호)에 쓰인 것이다.

61) 2017년 5월의 언론 보도 자료에 안두(安豆) 목간으로 소개되었다.

은 다음과 같다.

① 經中入用思買白不雖紙一二个 (월성 해자 목간 149호 제2면)
② 安豆三斗 大刀八 中刀一 (안두安豆 목간)

①의 끝 글자 '个'는 학자에 따라 '个', '斤', '亇'로 달리 판독하여 차이가 있다. 정재영(2008a: 102)은 이 글자를 ♠로 판독하고, 자형상 '个' 혹은 '亇'가 될 수 있다고 했다. 이승재(2009: 175-176)는 이 글자를 석독구결자 '亇'(마)와 관련지어 '亇'로 판독하였다. 권인한(2013)은 '个'의 다양한 필서체 사례, '紙'를 세는 수량사 기록 등을 검토하면서 이 글자를 '个'자로 판단하였다. 김영욱(2014: 15-19) 역시 이 글자를 '个'로 읽고 종이를 세는 단위명사로 '个'가 쓰였다는 권인한(2013)의 견해를 수용했다. 『한국의 고대 목간』(창원 문화재연구소 2006: 116)에 수록된 컬러 사진을 필자가 확인해 보니 옆에 제시한 사진의 끝 글자와 같은 자형이었다. 글자꼴로 보면 '亇'(마)와 가장 유사하다. 그러나 권인한(2013: 213)은 피륙을 세는 단위 명사 '마'는 영어의 yard를 중국에서 '碼'로 번역 차용한 데에서 비롯되었음을 지적하였다. 오늘날 널리 쓰이는 단위 명사 '마'가 전통적 어휘가 아니라면 이 글자를 '마'로 읽을 수 없다.

②에 나타난 단위 명사는 斗, 大刀, 中刀이다. 斗는 단위 명사 '말', 刀는 '되'에 대응한다.[62] 우리말 '되'(doy)를 음가자로 표기할 마땅한 한자가 없으니 이와 가장 근사한 '刀'(do)를 쓴 것이다. 정창원 신라문서 중에도 '되'를 '刀'로 표기한 예가 있다.[63] 그런데 부여능산리사지목간 25호에는 "食米四斗小升, 食米三斗 大升"과 같이 大刀(큰 되)를 大升이라 표기했다. 이 자료에서는 우리말 단위 명사 '되'를 표기한 音假字 '刀'를 쓰지 않고, 음독 한자 '升'을 단위 명사로 썼다. 이는 음가자로 우리말 단위 명사를 표기한 신라 목간과 음독 한자로 단위 명사를 표기한 백제 목간의 차이를 보여 준다. '되'를 '刀'라는 음가자로 표기한 것은 우리말 어휘의 음가에 기준을 두었기 때문이고, '升'으로 표기한 것은 우리말을 한자어로 번역하였기 때문이다.

2) 白不雖紙

정재영(2008a: 102)은 '白不雖紙'를 "흰不雖紙(搗砧하지 않은 닥종이)" 혹은 "기름을 먹이지 않은 흰색 楮紙"로 해석했다. 권인한(2013: 210-211)도 白不雖紙를 '搗砧의 과정을 거치지 않은 흰종이'라고 보았다. 종이의 한 종류를 뜻하는 낱말이 7세기 신라어에서 확인된다는 점에서 의미가 있다.

---

62) 윤선태(2017)은 '大刀', '中刀'를 말 그대로 '큰칼', '중간칼'의 뜻으로 보았다. 이렇게 보면 앞의 곡물 서 말과 함께 큰칼, 중간 칼을 보낸 것이 된다. 김영욱(2008: 181-182)은 고구려의 '刀斗'에 대해 논하면서 이 낱말은 고구려가 중국에서 借字하였고, 신라는 고구려의 것을 모방하였다고 보았다.

63) 正月一日 上米 四斗一刀 大豆 二斗 四刀 (752, 正倉院 佐波理加盤 附屬 新羅文書 앞면)
上米十五斗 七刀 (752, 正倉院 佐波理加盤 附屬 新羅文書 뒷면)

3) 安豆

신출토 월성 해자 목간에 나오는 '安豆'는 녹두의 별칭으로 알려져 있다. 민족문화대백과사전 등 몇몇 종합 사전에 녹두(菉豆)는 안두(安豆), 길두(吉豆)라 부르기도 한다고 서술되었으나 안두(安豆), 길두(吉豆)의 출처를 밝히지 않았다. 安豆라는 식물명이 언제 어느 문헌에서부터 나오는지 중국 문헌을 포함한 출처 검증이 필요하다. 윤선태(2017)에서 '安豆'를 '安兄'으로 판독하였다. '豆'의 하단부 가로획에 약간의 굴곡이 있어서 문제가 될 수 있으나, 필자는 이 글자를 '豆'로 판독해도 무방한 것으로 생각한다. '安兄'으로 읽으면 바로 뒤에 나오는 '三斗'의 뜻풀이도 애매해진다. '무슨 서 말'인지 알 수 없게 된다.

4) 文人

문서 작성자의 직무명을 가리키는 '文人'은 이른바 '주공지 목간'에 처음 나타난다. 6세기 신라비에는 碑文의 문장 작성자를 가리킨 직명 표기들이 다음과 같이 나타난다.

> 書人 : 鳳坪新羅碑(524) 川前里原銘(525)
> 　　　　丹陽新羅赤城碑(551?), 昌寧 眞興王拓境碑(561)
> 文作人 : 戊戌塢作碑(578)
> 書寫人 : 明活山城作碑成碑銘(551)
> 文尺 : 南山新城碑(591) 제1, 2, 3, 9비[64]
> 書尺 : 南山新城碑(591) 제4비

문서 작성자의 직명이 여러 가지로 표현되었다.[65] '文作人'은 '글 지은 사람', '書寫人'은 '글 쓴 사람'으로 훈독되었을 가능성이 높다. 남산신성비의 '文尺'과 '書尺'도 흥미로운 존재이다. 남신신성비 비문은 이두문 성격이 뚜렷한 문장이다. 여기에 쓰인 이두어들은 당시의 신라말로 훈독되었을 가능성이 높다. '文尺'과 '書尺'에 붙은 '尺'은 원래 길이 측정 도구인 '자'의 뜻이지만 직무명과 결합함으로써 '匠人'을 뜻하는 접미사 기능을 한다.[66] 문장 작성자를 가리킨 위의 이표기들에서 6세기 초기부터 한문 서사를 전문으로 하는 사람과 이 사람에게 부여된 직명이 존재했음을 알 수 있다. 이들은 6세기의 신라에서 한자와 한문을 사용하여 문서를 작성하고 행정 서류를 처리한 인물로 판단된다.

그런데 주공지 목간에서는 '文作人', '文尺', '書尺' 따위를 쓰지 않고 '文人'으로 표기되어 있음이 주목된다. '文人'은 '文作人', '文尺', '書尺'보다 더 한자어화된 어감을 풍긴다. '文人 周公智 吉士'에서 보듯이 문서작성자 이름이 '周公智'로 되어 있다. 유학에서 숭상하는 周公을 본인 이름으로 취하였다는 점에서 매

---

64) 제1비와 9비에는 '文尺'이 2회 기재되어 있다.

65) 아래 예시들은 대부분 남풍현(2000: 128-130)에서 언급된 바 있다.

66) '尺'은 『이두편람』의 '水尺무자이, 刀尺칼자이'에서 '자이'로 표기되었다. 이 '자이'에 음절말 'ㅇ'이 첨가된 것이 '장이'이다.

우 특이한 인명 사례이다. 주공지의 관등 吉士는 京位 14등으로 하위직에 속한다. 하위직 인명에 존칭접미사에 해당하는 '智'자가 붙은 점도 관심을 끈다.

주공지 목간에 등장한 '文人'은 1차 자료에서 처음 발견된 한자어 명사이다. 문자와 글을 알고 이 업무를 담당한 사람을 '文人'이라고 지칭하였다. 이 한자어는 현대 국어에서도 널리 쓰여 아주 익숙한 단어이다. '文人'이란 한자어가 한반도에서 작성된 문헌에 처음 쓰인 예가 주공지 목간인 듯하다.

5) 足下

'足下'는 고대 중국어에서 아랫사람이 윗사람을 경칭하는 어사로 쓰였다. 149호 목간에서는 '大烏知郎'에게 이 경칭사를 썼다. 바이두(百度)에서 '足下'를 검색해 보면 老子, 樂府 등 여러 문헌에 쓰인 '足下'의 예를 확인할 수 있다. '千里之行, 始於足下'(老子 제64장), '足下躡絲履, 頭上玳瑁光'(樂府詩集 권73) 등이 그 예이다. 이 두 예의 '足下'는 한자 원뜻 그대로 '脚下'(발아래)의 뜻이다. 경칭어로 쓰인 용례는 '大將軍足下'(史記·項羽本紀)가 있다. 문인 주공지가 중국의 여러 고문헌에 나온 '足下'를 사용하고 있다는 점에서 그가 이런 문헌들을 섭렵했을 수도 있으나 문서 투식에서 익힌 것일 수도 있다. 149호 목간은 '足下'가 사용된 한반도 최초의 문서가 될 듯하다.

3. 이두문과 향찰문의 차자 차이에 대한 해석

지금까지 6세기 말기 혹은 7세기 초기로 추정된 월성 해자 목간의 이두 표현에 대해서 자세히 분석하였다. 이두 문법 형태로 대표적 차자인 '在'(겨), '賜'(시), '者'(는), '中'(에), '遣'(견), '之'(다)가 확인되었다. 이 중에서 '遣'은 가장 오래된 1차 자료에 최초로 나타난 것이다. 이두 동사로 쓰인 '白'과 이두어 '使內'의 존재도 특기할 만하다.

그런데 월성 해자 목간은 물론 8세기까지의 여러 금석문 등의 이두 자료에는 향가에 쓰인 다양한 격조사(주격 조사, 목적격 조사 등) 및 활용 어미(관형사형 어미, 연결 어미 등)를 표기한 차자가 나타나지 않는다. 8세기 자료 중 이두 문법 형태 표기가 가장 많이 출현한 화엄경사경조성기와 갈항사석탑기에도 문법 형태 표기의 출현은 상대적으로 미미하다. 화엄경사경조성기는 다른 이두문 자료에 비해 문법 형태의 표기에 진일보한 면을 보여 주지만, 8세기까지의 여러 이두 자료에는 주격 조사 '是'(이), 목적격 조사 '乙'(을), 속격 조사 '矣'(의)와 같은 문법 형태 표기는 물론, 관형사형 어미 '隱'(ㄴ)과 '尸'(ㄹ)이나 명사형 어미 '音'(-음)과 같은 차자도 쓰이지 않았다.

설총이 신라말로 九經을 읽고 六經 문학을 '訓解'했다고 하지만[67] 설총 당대의 이두 자료에 다양한 문법 형태를 표기한 차자는 발견되지 않는다. 설총이 지은 것으로 알려진 감산사 아미타불상(720)과 미륵불상의 조성기(719)에는 물론, 이보다 훨씬 발달된 문법 형태 표기를 보여준 화엄경사경조성기(755)에도 주

---

67) 삼국사기(권46 열전 제6 강수 최치원 설총)에 설총의 업적을 "以方言讀九經 訓導後生 至今學者宗之"라 했고, 삼국유사(권4, 元曉不羈)에 설총에 대해 서술하면서 "以方音通會華夷方俗物名 訓解六經文學"이라 했다.

격 조사 '是', 목적격 조사 '乙', 속격 조사 '矣' 등과 관형사형 어미 '隱'과 '尸'를 표기한 차자가 전혀 나타나지 않는다.

다양한 문법 형태(앞에서 언급한 조사와 어미들)를 표기한 차자들은 2차 자료인 삼국유사 소재 신라 향가에 가서야 나타난다. 현전하는 1차 자료에 나타난 문법 형태 표기를 기준으로 보면 다양한 말음첨기자와 문법 형태 표기는 『三代目』(888)이 편찬된 9세기 말에[68] 이르러 발달하였다고 말할 수밖에 없다. 『삼대목』 편찬(888)이 차자 표기 발달에 커다란 영향을 미쳤다고 아니할 수 없다. 이러한 관점을 취하면, 6~8세기를 거치면서 금석문과 목간문 등 문서 작성의 필요에 의해 이두식 문법 형태 표기가 점차 발달해 갔으나, 향가가 보여주는 수준까지는 이르지 못했을 것이라는 생각에 도달하게 된다.

이두문과 향가에서 차자 표기의 출현 양상이 상당히 다르게 나타나는 이유가 무엇일까? 6~8세기의 1차 자료인 목간문, 금석문, 종이 문서에[69] 이르기까지 한국어 문장 표기의 가장 기본적 문법 범주 즉 주격 조사, 목적격 조사, 관형사형 어미, 속격 어미 등의 문법 형태를 표기하는 차자가 나타나지 않았다가, 9세기 말기의 『삼대목』 편찬에 가서야 이런 문법 형태를 표기한 차자가 등장한 이유를 설명해야 한다.[70] 6~8세기의 1차 자료에 나타난 미미한 문법 형태 표기 양상과 9세기 말기 『삼대목』 향가가 보여주는 다양한 문법 형태 표기 양상 간의 괴리를 어떻게 설명할 수 있는가? 이 질문에 대한 필자의 답변은 다음과 같다.

문서 목간과 금석문의 이두문은 당대의 음성 언어에 기반을 둔 것이 아니다. 어떤 일이나 사건의 경위를 담아내기 위한 핵심적 내용을 서술한 속한문이며 여기에 이두가 일부 포함되어 있다. 금석의 이두문과 조성기 등은 어떤 내용을 음성 언어와 직접적 관계없이 문자로 작성한 서사문 텍스트이다. 이두문은 사건과 사실의 핵심을 문자로 서술한 것이다. 이렇게 작성된 문장 텍스트는 눈으로 읽고 그 뜻을 파악하면 된다. 말하자면 '시독문서'(視讀文書)이다.[71] 금석과 목간의 이두문은 대부분 사건의 경위나 조성기 내용을 적었기 때문에 극히 제약된 공간(石面 또는 木面)에 핵심 정보를 담아 서술하면 그 목적을 충분히 달성할 수 있다. 문법 형태 표기를 자세히 할 공간이 없었으며 그렇게 해야 할 필요도 없는 것이다.

이에 비해 향가는 입으로 말해진 口誦된 노래, 즉 음성 언어에 기반을 둔 텍스트이다. 당시의 신라 사람들이 입으로 부르던 구송가사를 문자화한 것이 향찰문이다. 구송된 노랫말은 문법적 구조를 갖추어야 하므로 당연히 조사와 어미 등 문법 형태가 온전하게 표기되어야 한다. 향가(향찰문)는 음성언어인 노랫말을 한자의 음과 훈을 빌려 표기한 텍스트이다. 구송가사(口誦歌詞)로서 온전한 문장 구조를 가진 노랫말을 전사한 향가는 이두문과 그 성격이 같지 않다. 향가의 가사는 완벽한 문장 구조를 갖추고 있다. 주어, 서술어, 조사와 어미 등을 온전히 갖추어야 입으로 부르는 노랫말이 되기 때문이다. 향찰로 문자화되

---

68) 삼국사기 신라 본기 진성여왕 2년의 다음 기록이 삼대목 편찬의 근거가 된다.
　　二年 春二月 少梁里石自行. 王素與角干魏弘通 至是 常入內用事. 仍命與大矩和尙 修集鄕歌 謂之三代目云. 及魏弘卒 追諡爲
　　惠成大王. (三國史記 卷 第十一 新羅本紀 第十一)
69) 화엄경사경조성기와 신라촌락문서 등의 1차 자료를 가리킨다.
70) 이런 진술은 삼국유사 소재 향가가 『삼대목』의 채록 가사를 이어받았다는 전제를 깔고 있다.
71) '視讀文書'는 눈으로 읽고 내용을 이해하는 문서라는 뜻이다. 이는 '口誦歌詞'인 향가의 상대어로 필자가 만든 용어이다.

기 이전의 향가는 口誦된 노랫말 즉 노래 가사라는 언어 자료이다. 구송 노랫말을 문자로 적어낸 것이 향찰이고, 그 결과가 삼국유사에 실린 향가 텍스트이다. 기반하고 있는 언어적 차이가 금석 이두문과 향가 텍스트의 문법 형태 반영에 큰 차이를 빚은 원인이라고 해석한다.

이렇게 볼 때 향가에 온전한 우리말 표기, 조사와 문법 형태의 표기가 풍부하게 나타나는 이유를 이해할 수 있다. 향가에는 온전한 문법 형태의 표기가 상대적으로 촘촘하게 반영되어 있지만 목간과 금석문은 그렇지 못하다. 그 이유는 향가와 이두문의 언어적 배경에 차이가 있기 때문이다. 금석이나 목간의 이두문에는 문법 형태 표기가 미미하여 온전한 우리말 문장 구조가 나타나 있는 경우가 거의 없다. 금석과 목간에 새겨진 이두문은 口誦된 언어를 기반으로 하지 않았기 때문에 우리말의 조사와 어미 등의 문법 형태를 자세히 표기할 필요성이 없었고, 이에 따라 다양한 문법 형태를 표기한 차자가 쓰이지 않았다고 설명할 수 있다.

이승재(2013b: 178-180)는 신라 목간과 백제 목간의 표기법을 비교한 것인데, 6세기 말 및 7세기 초 향가로 다루는 서동요와 혜성가에 말음첨기 방식의 훈주음종의 표기가 많은 점과, 8세기 중엽에 가서야 훈주음종 표기가 나타난 금석문 이두 자료 간의 시간적 괴리를 설명하려고 시도했다. 그는 함안 성산산성 목간, 월성 해자 목간 등을 분석하여, '文尸'[*글], '蒜尸子'[*마놀삐], '糸利'[*시리], '四川'[*너리], '彡利'[*터리], '益丁'[*더뎡], 'ㅣ彡'[*다솜], '大舍'[*한사], '赤居'[*블거], '有史'[*이시], '三邑'[*사둡], '一邑'[*ᄒ둡], '助史'[*맛][72] 등 13개의 예를 제시했다. 이 예들을 훈주음종 표기로 간주하고, 향가뿐 아니라 이두문에도 동일한 표기 방식이 적용되었다고 주장했다.

이 예들 중 말음첨기자에 가장 근접한 것은 인명표기 '文尸'로 볼 수도 있다. 그러나 '文尸'가 쓰인 모든 예들은 '文尸只', '文尸伊'와 같이 '只' 혹은 '伊'와 한 덩어리로 표기되어 있다. 예) 及伐城文尸伊稗石(148호 등), 陽村文尸只(43-1번 등). 이들 예에서 '只'와 '伊'를 제외하고 '文尸'만 '글'로 훈독할 수 있는지가 문제이다. 가야79(함안 80호)의 '蒜尸子'(마놀삐?)는 '蒜尸支'로 재판독되었다.[73] 함안 성산산성 목간 218호(가야2639)에서 '四川'로 읽은 것은 『한국의 고대목간Ⅱ』에서 '四斗'로 재판독되어 있다. 이승재 교수가 '六十邑(육십)'(가야2956=함안 성산산성 221호 제2면)의 말음 ㅂ을 표기한 것이라고 본 것도[74] 『한국목간자전』에서 '六十日'로 판독되어 있고, 『한국의 고대목간Ⅱ』(p. 362)에서는 '六十月'로 판독되어 있다. 이두문에서 수사나 일반 명사 표기는 一, 三, 四, 五 등 한자로 표기하면 정확하게 뜻을 드러낼 수 있는데, 굳이 말음첨기법을 써서 오해의 소지를 만들었을 것 같지 않다. 문서에서 오가는 물건의 수량 표기는 대단히 중요하기 때문에 단순 명료하게 표기했을 것이다.

필자는 물론 대부분 국어학자들은 목간 및 6세기 신라 금석문의 이두문 표기가 향찰문 표기와 밀접하

---

72) '助史'는 '젓'(醢)의 음차 표기로 보아 왔다.

73) 『한국의 고대목간Ⅱ』(p.122)의 '蒜尸支' 참고.

74) '六十邑(육십)'의 '邑'은 입력의 편의상 넣은 글자이고 원 자형이 아니다. 말음첨기는 훈독어간에 붙는 것이 원칙인데 '六十邑(육십)'의 '邑'은 여기에 부합되지 않는다.

게 관련되어 있다고 생각한다. 그러나 다양한 말음첨기자 및 문법 형태 표기자의 출현에서 이두문과 향찰문은 상당한 격차를 보이는 사실에 대한 해석은 학자에 따라 다를 수 있다. 시독문서와 구송가사라는 언어적 배경의 차이 때문에, 8세기 말기까지의 각종 이두문에 주격 조사, 목적격 조사, 관형사형 어미, 속격 어미 등 다양한 문법 형태를 표기한 차자가 활발하게 나타나지 않았다는 필자의 해석에는 다음과 같은 문제가 남아 있다. 6~8세기에 이미 이런 문법 형태를 표기한 차자들이 마련되어 있었는데 이두문의 특성상 텍스트에 드러나지 않았다는 것인가? 눈으로 읽기만 해도 충분히 의미 파악이 되는 이두문에 이런 다양한 문법 형태를 사용할 필요가 없어서 8세기 말기에 이르기까지 이들을 표기한 차자가 고안되지 않았다는 것인가?

앞에서 언급했듯이 현재 전하는 자료의 차자 표기 양상을 기준으로 삼는다면, 『삼대목』 편찬 사업을 수행하면서 당시 신라 사람들이 口誦하던 노래들을 문자로 기록하는 작업을 했고, 이 작업을 통해 우리말 어휘와 다양한 문법 형태의 표기를 위한 새로운 차자법들이 발달했다고 보는 것이 가장 객관적인 설명이다. "필요는 발명의 어머니"라고 하듯이, 향가를 수집하여 문장화하는 작업이 시행되기 이전에는 우리말 구어의 문법 형태를 자세하게 표기할 필요가 없었던 것이 아닌가 짐작해 볼 수 있다. 口誦되던 노래 가사의 문장화는 이와 달리 온전한 문법 형태를 갖추어야 가사 내용과 뜻을 전달할 수 있다. 『삼대목』 편찬 사업을 계기로 차자법의 수준이 일층 높아졌고 다양한 문법 형태 표기가 발달했다고 설명하는 방안이 있다. 『삼대목』 편찬에 중심 역할을 했을 것으로 보이는 大矩和尙은 설총 이전의 전통과 설총이 성취한 이두 표기법과 전해오던 향가 텍스트를 기반으로 하여 향찰식 표기법을 더 발전시킨 역할을 했다고 추정해 볼 수 있다.

현전 자료에 근거한 이러한 설명이 객관성을 띠고 있기는 하다. 그러나 『삼대목』 편찬 이전까지 다양한 문법 형태를 표기한 차자가 마련되지 못했을 것이라는 추정은 쉽게 받아들이기 어렵다. 이 지점에서 우리는 앞에 언급한 설총의 업적을 떠올리지 않을 수 없다. 삼국사기와 삼국유사에 설총이 '方言'으로 九經을 읽고, '方音'으로 중국과 동이의 '方俗 物名'에 두루 회통했으며 육경 문학을 '訓解'했다고 하였다. 설총이 신라어 문법으로 경서와 문학을 두루 꿰뚫어 이해하고 후생을 가르쳤다(訓導後生)고 사서에 기록해 놓았다. 설총이 방언과 방음으로 九經과 六經 文學을 '訓解'하였지만 그 결과를 입으로만 했는지 문자로 표기하여 작성했는지 알 수는 없다. 경서의 한문 풀이를 차자 표기로 문자화하였다면 설총 시대에 이미 다양한 문법 형태의 차자들이 마련되었을 것이다. 설총이 경서를 풀이한 내용이 전혀 전해지지 않기 때문에 여기에 대해서는 더 이상 언급하기 어렵다.

여기서 균여대사의 업적을 관련지어 고려해 볼 만하다. 균여(均如, 923~973)는 수많은 불교 경전을 우리말로 풀어서 제자들을 가르쳤고, 이 가르침을 들은 제자들이 스승의 강의를 엮은 10종 63권의 책이 세상에 행해졌다. 이 책들 중에서 960년경 편찬된 『석교분기』(釋敎分記)에 우리말을 표기한 조사 '隱'(은), 어미 '豆亦'(두이~두히), '如好尸丁'(하는 것이나) 등이 섞여 있다(안병희 1987). 강의의 잔편이 겨우 남아 있지만 『석교분기』의 이런 차자들을 통해 당시의 강의 방식을 유추할 수 있다. 설총의 가르침을 담은 저술이 남아 있지 않지만 균여의 방식과 크게 다르지 않았을 것이다. 지금 우리에게 잘 알려진 석독구결 자료의 차자 표기를 통해 설총과 균여의 한문 풀이와 여기에 사용된 차자가 어떠하였는지를 미루어 짐작할 수 있다.

『삼대목』이 편찬된 9세기 말기까지 과연 다양한 문법 형태 표기가 마련되지 못했을까? 이 의문에 대한 약간의 해명을 향가의 배경 설화에서 찾을 수 있다. 이승재(2013b: 178)에서 언급되었듯이 삼국유사에 실린 향가의 배경 설화를 통해 향가가 불린 시기를 짐작할 수 있다. 배경 설화에 따르면 「서동요」와 「혜성가」가 진평왕(재위 579~632년)시대의 노래로, 그 연대가 가장 빠르다. 6세기 말기와 7세기 초기에 향가가 지어졌음은 향찰식 차자 표기가 이 시기에 이미 형성되었을 가능성을 암시한다.

그러나 「서동요」와 「혜성가」가 창작 당시에 구송만 되고 문자화되지 않았을 수도 있기 때문에 향가의 창작이 향찰식 차자 표기의 발달을 보장하지 못한다. 이 한계점을 보완할 수 있는 것은 효성왕(孝成王, 재위: 737-742) 때 신충(信忠)이 지은 「원가」(怨歌)의 배경 설화이다. 효성왕이 즉위하기 이전에 두 사람이 만나 바둑을 두다가 왕이 훗날을 언약하였다. 효성왕의 즉위 이후에 이 약속이 지켜지지 않자 신충이 원망의 뜻을 담은 노래를 지어 잣나무에 걸었더니(帖於栢樹) 잣나무가 누렇게 시들었다는 설화이다. 이 설화에서 우리의 관심을 끄는 내용은 노래를 지어 이것을 "잣나무에 걸었다"라는 기록이다. 노랫말을 나무에 걸려면 문자로 적어야 한다. 신충이 스스로 지은 「원가」의 노랫말을 문자로 표기했다는 사실이 중요하다. 향찰식 표기법이 효성왕이 즉위하기 이전(737년 이전)에 일정한 수준으로 발달하지 않았더라면 신충의 문자화는 불가능했을 것이다. 「원가」의 배경 설화를 통해 우리는 8세기 초(737년 이전)에 향찰식 표기법이 존재했다고 말할 수 있다.

「원가」에는 명사의 말음첨기법을 보여주는 '物叱'(갓), '栢史'(잣), '秋察尸'(ᄀ술)뿐 아니라 연결어미 표기자인 '米'(-미)와 '乃'(-나), 관형사형 어미 표기자인 '尸'(-ㄹ)과 '隱'(-ㄴ), 조사 표기자인 '矣'(-의), '叱'(-ㅅ) 등의 차자가 나타난다. 이러한 논의를 근거로 향찰식 표기는 적어도 8세기 초(737년 이전)에 존재했음을 추론할 수 있다. 자료의 제약으로 그 시기를 더 이상 소급할 수 없음에 아쉬움을 느낀다. 앞으로 이 문제는 더 깊이 연구해야 할 과제이다.

이두문과 향찰문을 해독하려는 오늘날의 연구자는 이두문과 향가가 가진 배경 언어의 차이점을 고려하여 자료의 판독과 해석에 접근할 필요가 있다. 이두문의 표기와 그 해독은 음성 언어에 기반을 둔 향가의 판독 및 해독과 완전히 같을 수 없다. 구두 언어에 바탕을 두지 않은 이두문의 차자들을 일일이 빠짐 없이 口語 문법에 맞추어 해독하는 것은 불가능할 뿐 아니라 그럴 필요도 없다고 본다. 월성 해자 목간 중의 문서 목간 해독에도 이런 점이 고려되어야 한다. 이두문을 해독할 때 핵심적 이두어와 이두 문법 형태를 중심으로 우리말 문법 구조를 성글게 적용하여 읽는 것이 오히려 적절할 수 있다. 온전한 우리말 구송가사를 문자화한 향가처럼 금석문과 목간의 이두문은 글자 하나하나를 촘촘한 우리말 표현으로 읽어 내려다가 무리를 범할 수도 있다. 이런 점을 중시한다면 금석 등의 이두문을 해독하는 방법과 향가를 해독하는 방법이 동일할 수는 없을 것이다.[75]

---

75) 우리말의 어휘와 문법 형태에 관심을 가진 국어사 학자들은 금석 이두문을 온전한 우리말 문장으로 세밀히 읽어내려고 노

III. 결론: 월성 해자 목간의 국어학적 가치

지금까지 논한 월성 해자 목간의 이두사적 가치를 몇 가지로 요약하면 다음과 같다.

월성 해자 149호 목간의 '使內'는 '윗사람의 명으로 부림을 받은 사람'(使)이 명령 수행 결과를 '바쳐드리다'(內)는 뜻으로 풀이하였다. '使內'의 '內'의 뜻을 풀이함에 있어서 '內'가 '采納'(바치다), '進獻'(바치다), '使進入'(들이게 하다) 등과 같이 '아랫사람이 윗사람에게 드리다(바치다)'라는 의미가 있음을 중시하였다.

신출토 2번 목간 제1행의 '敬呼白遣'은 문장 분절 방법에 따라 두 가지로 해석될 수 있다. '白遣'을 붙여서 본다면(ⓐ,ⓐ' 방식) '敬呼白遣'은 '경호숣견'으로 읽을 수 있다. '敬呼'는 음독, '白'은 경어 동사 '사뢰-'로 훈독하고, '遣'은 어미 '-견'을 표기한 음가자로 볼 수 있다. '遣'(-견)은 '在'로 표기된 '겨-'와 동명사형 어미 '-ㄴ'이 통합된 것으로 분석된다. 이렇게 보면 '敬呼白遣'은 '경호하며 사룀'(공경히 불러 사룀)으로 풀이할 수 있다. 그러나 어미를 표기한 '遣'(-견)은 11세기 초기 고려 이두 자료에 가서야 보이는 것이다. 이런 점으로 보면 6세기 후기 자료인 신출토 목간에 연결어미 이두자 '遣'(-견)이 나타난 것으로 보기가 매우 부담스럽다. 이 부담을 해소하는 방법은 '白∨遣'의 두 글자 사이에 분절을 두어 '白'(사뢰다), '遣'(보내다)의 한자어 동사로 보는 것이다(ⓑ,ⓑ' 방식). 이렇게 보면 '白遣'은 이두자의 논의 대상에서 제외된다. 월성 해자 목간의 '敬呼白遣'은 이두사 연구에서 크게 주목받아 마땅한 것이나 '遣'의 정체 규명은 더 많은 논의가 필요하다.

149호 목간의 '敎在之'에서 '敎'를 명사 敎로 보는 견해와 동사 '가르치다'로 보는 견해가 대립되었고, '在'를 선어말어미 '-겨-'로 보는 견해와 보조동사 '겨-'로 보는 견해의 차이가 있었다. 이런 상황에서 출현한 신출토 월성 해자 목간의 '爲在之'와 '開在之'는 '敎在之'의 '敎'가 동사일 가능성을 높였고, '在'의 성격 파악에도 유용하였다. '在'의 문법적 지위 문제는 월성 해자 149호 목간의 '牒垂賜敎在之'에 쓰인 '賜'를 주체존대 선어말어미 '-시-'로 보느냐 아니면 보조동사 '주시-'로 보느냐 하는 판단과 밀착되어 있다. '垂賜'를 '내리시-'(드리우시-)로 보는가, '내려 주시-'로 보는가에 따라 '爲在之'와 '開在之'에서 '在'의 문법적 지위를 달리 판단할 수 있다. 전자로 보면 '爲在之' 등의 '在'는 선어말어미 '-겨-'가 되고 후자로 보면 보조동사 '겨-'가 된다. 필자는 신중하고 체계적 접근을 강조했으나 어느 하나의 선택을 요구받는다면 선어말어미로 보는 견해를 택할 것이다. 다만 이런 판단을 뒷받침해 줄 논증이 더 필요하다고 본다.

월성 해자 149호 목간에는 처격조사에 대응하는 '中'과 주제보조사에 대응하는 '者'가 나타나지만 신출토 월성 해자 목간에는 조사 표기자가 쓰이지 않았다. 이두적 성격이 뚜렷한 어휘로 종이의 이름을 표기한 '白不雖紙'와 그 수량을 표기한 '个', 곡물명 '安豆'와 그 수량을 표기한 '刀'(되)의 출현도 관심을 끈다.

력해 왔다. 그러나 역사학자의 연구에서는 이두문 전체의 대의 파악만 되면 별 문제가 없기 때문에 성글게 읽어도 무방하다. 학문 분야의 연구 목적에 따라 이두문에 대한 접근 태도가 서로 다르다고 하겠다. 여기서 필자가 강조하는 것은 이두문과 향가문의 언어적 성격이 상당히 다른 것이므로 이 차이점을 고려하여 해독하자는 것이다.

주공지 목간에서 문서 작성자의 직무명을 뜻한 '文人'이 처음 출현한 것도 특기할 만하다. 여러 신라 금석문에 '文作人', '文尺', '書尺' 등으로 표기되던 것이 주공지 목간에서 좀 더 한자어화한 어감을 풍기는 '文人'으로 나타났다. 오늘날 널리 쓰이는 '文人'이란 한자어가 우리나라 기록에 처음 등장한 사례인 듯하다.

우리말 문법 형태를 표기한 차자법 연구에서 목간과 금석문 등 1차 자료가 갖는 가치는 특별하다. 5~6세기 및 8~9세기의 금석문 자료에 비해 7세기의 금석문 자료는 거의 발견되지 않아서 이두 발달사 연구에 자료의 공백이 있었다. 그러나 월성 해자 목간 149호와 신출토 월성 해자 목간은 6~7세기 이두문을 보여준다는 점에서 이두 연구의 중요 자료이다. 월성 해자 149호 목간의 '使內'와 '敎在之', 신출토 월성 해자 목간의 '爲在之', '開在之'는 동사 어간을 표기한 한자어에 직접 결합한 '-在之'여서 이두 발달사의 중요한 이정표가 될 것이다.

2.3절에서는 목간문과 금석문 등의 이두문을 향찰문과 비교해 볼 때 다양한 문법 형태의 표기자가 쓰이지 않은 이유를 설명하였다. 이두문과 향찰문의 언어적 배경이 다른 점에 착안하여 이두문은 읽기 위한 시독문서(視讀文書)이고, 향찰문은 입으로 노래한 구송가사(口誦歌詞)라는 차이점을 강조하였다. 신충이 원가를 지어 잣나무에 걸었다는 배경 설화를 근거로 삼아 『삼대목』 편찬(888)에 앞서서 8세기 초(737년 이전)에 향찰식 표기법이 발달했을 것으로 보았다. 앞으로 월성 해자 목간에 기록된 물명 어휘, 인명과 지명, 한자의 이체자 등에 대한 연구가 더욱 깊어지기를 기대한다.

투고일: 2018. 4. 30.   심사개시일: 2018. 5. 4.   심사완료일: 2018. 5. 29.

참/고/문/헌

국립부여박물관, 2008, 『백제목간』, 국립부여박물관.

국립부여박물관·국립가야문화재연구소 ,2009, 『나무속 암호, 목간』, 국립부여박물관.

국립창원문화재연구소, 2006, 『한국의 고대목간』 개정판, 국립창원문화재연구소.

국립가야문화재연구소, 2017, 『韓國의 古代木簡 Ⅱ』, 학술총서 제69집.

권인한 외 편, 2011, 『죽간·목간에 담긴 고대 동아시아』, 성균관대학교 출판부.

권인한, 2008, 「함안 성산산성 목간 속의 고유명사 표기에 대하여」, 『동아시아 자료학의 가능성 모색 −출토 자료를 중심으로』, 성균관대 동아시아학술원 인문한국사업단.

권인한, 2010, 「목간을 통해서 본 고대 동아시아의 문자문화 −한·일 초기 목간의 비교를 중심으로」, 『목간과 문자』 6, 한국목간학회, pp.69−92.

김병준, 2011, 「낙랑군의 한자 사용과 변용」, 『동아시아의 문자교류와 소통』, 동북아역사재단, pp.39−86.

김병준, 2018, 「중국측 자료를 통해 본 월성 해자 출토 신라목간」, 목간학회 제27회 정기발표회, 未刊.

김영욱, 2011a, 「동아시아의 문자문화와 한문의 수용 양상」, 『고대 동아시아의 문자교류와 소통』, 동북아역사재단, pp.295−312.

김영욱, 2011b, 「목간에 보이는 고대국어 표기법」, 『구결연구』 26, 구결학회, pp.167−193.

김영욱, 2014, 「목간 자료와 어휘」, 『구결연구』 33, 구결학회, pp.5−22.

남풍현, 1981, 『차자 표기법연구』, 단국대학교출판부.

남풍현, 2000, 『이두연구』, 태학사.

남풍현, 2011, 「고대한국어의 겸양법 조동사 '白/숣'과 '內/아'의 발달」, 『구결연구』 26, 구결학회, pp.131−166.

박재민, 2013, 『신라 향가 변증』, 태학사.

백두현, 1995, 「고려시대 석독구결의 경어법 선어말어미 '−ㄹㄹ−'와 '−ㅂ−'의 분포와 기능에 관한 연구」, 『어문론총』 29, 경북어문학회, pp.45−114.

백두현, 1999, 「울진봉평신라비의 지명에 대한 어학적 고찰」, 『한국고대사회와 울진 지방』, 한국고대사학회.

백두현, 2006, 『석독구결의 문자 체계와 기능 −고려시대 한국어 연구−』, 한국문화사.

서재극, 1975, 『신라 향가의 어휘 연구』, 계명대학교출판부.

손환일 편저, 2011, 『한국목간자전』, 국립가야문화재연구소.

신소연·김영민, 2016, 「RTI 촬영을 통한 감산사 미륵보살상과 아미타불상 명문 검토」, 『미술자료』 84, 국립중앙박물관, pp.75−99.

안병희, 1987, 「균여의 방언본 저술」, 『국어학』 16, 국어학회, 『국어사연구』(1992), pp.314−327 재수록

양주동, 1965, 『증정고가연구』, 일조각.

양희철, 1994, 「향가의 기록 연대와 작가명」, 『인문과학논집』 11, 청주대학교.

유창균, 1994, 『향가 비해』, 형설출판사.

윤선태, 2004, 「부여 능산리 출토 백제목간의 재검토」, 『동국사학』 40, pp.66-73.

윤선태, 2005, 「월성 해자 출토 신라 문서목간」, 『역사와 현실』 56, 한국역사연구회, pp.113-142.

윤선태, 2007, 「한국고대목간의 형태와 종류」, 『역사와 현실』 65, 한국역사연구회, pp.157-185.

이경섭, 2004, 「함안 성산산성 목간의 연구현황과 과제」, 『신라문화』 23, 동국대학교 신라문화연구소, pp.205-228.

이승재, 2001, 「고대 이두의 존경법 '-在[겨]-'에 대하여」, 『어문연구』 112, 한국어문교육연구회, pp.53-70.

이승재, 2009, 「목간과 국어학」, 학술심포지엄 고대의 목간, 그리고 산성, 국립가야문화재연구소·국립부여박물관, pp.111-124.

이승재, 2013a, 「함안 성산산성 221호 목간의 해독」, 『한국문화』 61, 서울대학교 규장각 한국학연구원, pp.3-32.

이승재, 2013b, 「신라목간과 백제목간의 표기법」, 『진단학보』 117, 진단학회, pp.169-213.

이승재, 2017, 『목간에 기록된 고대 한국어』, 일조각.

이용, 1997, 「'-乙'에 대하여」, 『구결연구』 2, 구결학회, pp.131-160.

이용, 2017, 「조사 표기자로 본 이두의 변천」, 『구결연구』 38, 구결학회, pp.109-149.

이용현, 2015, 「함안 성산산성 출토 목간 221호의 국어학적 의의」, 『구결연구』 34, 구결학회, pp.41-63.

이장희, 2000, 「'-干支'系 신라관명의 변화」, 『언어과학연구』 18, 언어과학회, pp.235-256.

이장희, 2001a, 「신라시대 한자음 성모체계의 통시적 연구」, 경북대학교 대학원 박사학위논문.

이장희, 2001b, 「신라향가 기사 시기의 국어학적 연구 1」, 『문학과 언어』 23, 문학과언어학회.

이장희, 2003, 「6세기 신라 금석문의 인명 접사 연구」, 『언어과학연구』 26, 언어과학회, pp.227-252.

전덕재, 2009, 「함안 성산산성 출토 신라 하찰목간의 형태와 제작지의 검토」, 『목간과 문자』 3, 한국목간학회, pp.63-101.

정재영, 2000, 「신라화엄경사경조성기 연구」, 『문헌과 해석』 통권 12호, pp.196-214.

정재영, 2008a, 「월성 해자 149호 목간에 나타나는 이두에 대하여」, 『목간과 문자』 창간호, pp.93-110.

정재영, 2008b, 「한국 고대 문서목간의 국어사적 의의」, 『朝鮮學報』 209, pp.1-18.

주보돈, 2009, 「職名·官等·地名·人名을 통해 본 6세기 신라의 漢文字 정착」, 『한국 고대사 연구의 현단계』, 石門 李基東敎授 停年紀念論叢, 석문 이기동교수 정년기념논총 간행위원회, 주류성.

주보돈, 2012, 「포항중성리신라비의 구조와 내용」, 『한국고대사연구』 65, 한국고대사학회, pp.117-158.

황선엽, 2002, 「향가에 나타나는 '遣'과 '古'에 대하여」, 『국어학』 39, 국어학회, pp.3-25.

황선엽, 2010, 「향가의 연결어미 '-아' 표기에 대하여」, 『구결연구』 25, 구결학회, pp.85-105.

황선엽, 2015, 「향가와 배경설화의 관련성」, 『서강인문논총』 43, 서강대학교 인문과학연구소, pp.41-85.

〈Abstract〉

The Idu materials of the Wolseong Moat Wooden Tablets

Paek, Doo-hyeon

Wooden tablets and epigraphs are particularly invaluable primary sources when researching on borrowed script systems for the notation of Korean grammatical forms. In contrast to the epigraphic materials of the 5th–6th centuries and the 8th–9th centuries, few epigraphic materials have been discovered for the 7th century, which leads to a lacuna in the Idu script history research. The Wolseong Moat Wooden Tablet no.149 and the newly excavated Wolseong Moat Wooden Tablets are relics of paramount importance in Idu script research as they represent the Idu writings of the 6th–7th centuries. The form '一在之' from '使內；敎在之' (Wolseong Moat Wooden tablet no.149), and '爲在之；開在之' (newly excavated Wolseong Moat Wooden Tablets) is directly combined with the Hanja verb stems, thereby constituting a crucial milestone in the history of the Idu script.

By comparing the Idu writings from the wooden tablets and epigraphs with Hyangchal(鄕札) writings, I seek to explain the reason why many grammatical forms have not been used in the Idu writings. Focusing on the different linguistic background between the Idu writings and the Hyangchal writings, it is worth noting that the Idu writings were meant to be read, being thus 'reading documents'(視讀文書), whereas the Hyangchal writings were meant to be sung aloud, being thereby 'oralpoetry'(口誦歌詞). This fundamental difference needs to be emphasized as it constitutes the guiding thread for interpreting Idu writings.

▶ Key words: Wolseong moat, Wooden tablets, Iduscript, loan-character writing system(借字表記), Hyangga(鄕札)(Hyangchal poems), Reading documents (視讀文書), Oralpoetry(口誦歌詞)

고대 동아시아 서예자료와 월성 해자 목간[*]

정현숙[**]

I. 머리말
II. 신라 월성 해자 목간 글씨의 특징
III. 통일신라 촌락문서 글씨와의 연관성
IV. 일본 아스카 목간 글씨와의 비교
V. 맺음말

〈국문초록〉

　본고는 신라 월성 해자 목간 글씨의 특징을 살펴보고, 그것과 두 종의 통일신라 촌락문서 글씨와의 연관성을 알아보고, 일본 아스카 목간 글씨와의 비교를 통해 그 영향관계를 고찰함으로써 월성 해자 목간 서예가 동아시아 서예사에서 차지하는 위상을 살피기 위한 것이다.

　먼저 월성 해자 목간 가운데 문서 목간 글씨는 원전과 방절, 유려함과 힘참, 변화미와 절제미 등 다양한 모습을 보여 준다. 특히 6세기 말경 하찰 목간에 북위풍이 나타나 신라의 서풍이 고풍에서 중국풍으로 변화되는 과정을 알 수 있다. 그 북위풍은 7세 초 이성산성 목간의 북위풍보다 더 능숙하여 왕경 관리의 글씨가 지방 관리의 글씨보다 우월하다는 것을 말해 준다.

　다음으로 7세기 말, 8세기 전반의 것으로 추정되는 통일신라의 두 촌락문서 해서와 행서의 노련함과 출중함은 월성 해자 목간 글씨를 한 단계 발전시킨 것이다. 이는 100년 신라 서예의 진전을 보여 주는 것으로, 서예가 신라에서 통일신라로 계승되었음을 증명한다.

　마지막으로 7세기 일본 아스카 목간은 문장의 양식이나 글씨에서 백제, 신라를 계승한 사실을 확인할

---

*　본고는 2017년 10월 19일~20일 열린 한국목간학회 창립 10주년 기념 국제학술대회의 자료집인 『동아시아 고대 도성의 축조 의례와 월성해자 목간』에 실린 글을 수정, 보완한 것이다.

**　원광대학교 서예문화연구소 연구위원

수 있다. 특히 8세기 초의 후지와라경 목간에는 북위풍이 쓰여, 이는 100여 년 전 신라에서 성행한 북위풍이 전승되었음을 말해 준다. 고대 일본은 고대 한국보다 출토 목간의 수가 월등히 많아 목간을 통한 문서 행정이 활발하게 이루어졌음을 알 수 있다. 그럼에도 불구하고 7세기 후반 아스카 목간의 글씨는 6세기 후반 월성 해자 목간 글씨의 변화무쌍함과 능수능란함에는 미치지 못한다. 따라서 신라 왕경 관리 글씨의 출중함을 그대로 드러낸 월성 해자 목간은 동아시아 서예사에서 우위를 점하는 서예 자료라고 할 수 있다.

▶ 핵심어: 신라 목간, 백제 목간, 월성 해자 목간, 통일신라 촌락문서, 일본 아스카 목간

I. 머리말

신라의 목간은 함안 성산산성, 하남 이성산성, 그리고 경주 월성 해자에서 출토되었다.[1] 성산산성에서는 가장 많은 250여 점의 묵서 목간이 출토되었는데, 상주 인근 지역에서 세금으로 보낸 물품의 꼬리표가 주를 이루었다. 그런데 최근에 상부 보고서인 사면 문서 목간과 성산산성에서는 처음으로 간지가 적힌 '壬子年' 양면 하찰 목간이 출토되어 이목을 집중시켰다. 532년 또는 592년인 '壬子年'은 북위풍인 점으로 보아 592년으로 간주되며, 6세기 말 신라 지방 관리의 성숙된 해서를 보여 준다.[2]

이성산성 출토 목간 가운데 608년에 쓴 '戊辰年' 사면 문서 목간은 당시 이 성이 주변의 여러 성과 긴밀한 군사 연락을 주고받았음을 말해 주고, 이른 새벽부터 교신하던 전선의 긴장감을 그대로 전달하고 있다. 또 목간에 쓰인 묵서로 7세기 초 신라 지방 관리의 웅강한 북위풍 육필을 감상할 수 있다.

2017년 현재 월성 해자 출토 목간 137점 가운데 묵서 목간은 32점이다. 목간의 수종은 대부분 소나무인데, 朱木, 밤나무, 버드나무류, 상수리나무류, 감나무류, 물푸레나무류도 한두 점씩 있다.[3] 목간의 형태는 단면, 양면, 사면, 육면 등 다양하며,[4] 용도는 대부분 문서다. 그 내용은 통신문, 세금 징수 간이장부, 행정 명령 기록, 불교 경전 제작, 의약기록 등에 관한 것이다.[5] 이들은 왕궁인 월성과 월성 북쪽을 둘

---

1) 신라의 목간과 목간문화에 관해서는 이경섭, 2013, 「新羅木簡의 출토현황과 분류체계 확립을 위한 試論」, 『新羅文化』 42, 동국대학교 신라문화연구소; 2013, 「新羅 木簡文化의 전개와 특성」, 『民族文化論叢』 54, 영남대학교 민족문화연구소 참조.
　　신라 목간의 글씨에 관해서는 정현숙, 2016, 『신라의 서예』, 다운샘, pp.101-110; 2017, 「신라의 서예」, 『한국서예사』, 미진사, pp.102-106 참조.
2) 필자는 6세기 금석문에 나타난 서체의 변천 과정을 통해 6세기 후반의 글씨로 본다.
3) 강애경, 2006, 「월성 해자 출토 목간 및 목제품의 수종」, 『月城垓子 發掘調査報告書Ⅱ -고찰-』, 국립문화재연구소 참조.
4) 이동주, 2009, 「월성 해자 출토 목간의 제작기법」, 『木簡과 文字』 4, 한국목간학회 참조.
5) 윤선태, 2005, 「월성 해자 출토 신라 문서 목간」, 『역사와 현실』 56, 한국역사연구회 참조.

304 _ 한국목간학회 『목간과 문자』 20호(2018. 6.)

러싼 주변의 관청에서 사용된 기록인데, 거기에는 한자를 한글식으로 표기한 이두문도 보여 6, 7세기 신라 왕경의 언어문화를 유추해 볼 수 있다.

특히 최근에 출토된 일곱 점은 목간의 제작 연대와 해자 사용 시기, 중앙정부가 지방 유력자를 통해 노동력을 동원·감독했던 사실, 가장 이른 시기의 이두 사용 사실 등을 알려 준다. 지방민의 관직인 '一伐', '干支'가 적힌 목간은 노동을 뜻하는 '功'과 함께 연결되어 왕경 정비 사업에 지방민이 동원되었고 그들을 지방 유력자가 감독했음을 말해 준다. 이는 6세기에 이루어진 명활산성 축성(551), 남산신성 축성(591) 등의 큰 공사에 신라 중앙정부가 지방에 통제력을 행사했다는 사실을 확인시켜 준다. 그리고 월성 해자 목간 가운데 최초로 간지가 확인된 '丙午年' 목간은 526년 또는 586년으로 추정되는데, 묵서의 성숙된 해서는 586년에 쓴 것으로 보여 6세기 말 왕경 관리의 서사 수준이 상당히 높았음을 알 수 있다.

본고의 목적은 월성 해자 목간의 묵서를 통해 6, 7세기 신라 왕경 관리들의 글씨를 살피고 그 의미를 찾아보는 것이다. 그 방법으로 첫째, 월성 해자 목간 글씨의 특징을 문서 목간과 하찰 목간을 통해 고찰하고, 둘째, 7, 8세기 통일신라의 지본 촌락문서와의 비교를 통해 신라 중앙 관리 글씨의 연관성을 알아보고, 셋째, 7, 8세기 일본 아스카 목간과의 비교를 통해 양국 관리 글씨의 상관성을 살펴보고자 한다.

II. 신라 월성 해자 목간 글씨의 특징

월성은 경상북도 경주시 인왕동 449번지 일대의 구릉지에 위치한 신라시대의 궁성이다. 그 모습이 달의 형상을 닮아 月城 또는 新月城이라고 했으며, 왕이 거처한 곳이라 在城이라고도 했다. 신라는 6, 7세기에 외침으로부터 월성을 방어하기 위해 성벽 기저부를 따라 해자를 설치하였다. 발굴 조사 결과 5세기 후반부터 南川이 접한 남면을 제외한 동·서·북 3면에 만든 石築式 또는 土壞式 해자가 확인되었다. 삼국이 통일되고 외침의 우려가 사라진 후 왕경의 대대적 정비 과정에서 해자를 메우고 그 위에 건물을 세워 협소한 궁궐의 취약점을 보완했음이 드러났는데, 해자는 7세기 후반(679년경)에 폐기되었음이 밝혀졌다.[6] 목간은 대부분 토광식(또는 연못형)인 서북쪽 해자 개흙층에서 출토되었다.[7]

문서 목간이 주를 이루는 월성 해자 목간은 하찰 목간이 주를 이루는 통일신라의 안압지 목간에 비해 원주형이나 다면이 많다. 삼각부터 육각까지 다양한 형태인 다면목간은 어느 정도의 두께를 가지게 되는데, 이는 물품의 꼬리표 역할 때문에 대부분 얇은 안압지 목간과 구별된다.[8]

월성 해자 목간 가운데 다수의 사면 문서 목간은 대부분 묵흔이 사라져 버렸다. 그중에서 비교적 묵흔이 선명하면서 내용적으로도 주목되는 것은 149호(2호)와 150호(1호)다.[9] 특히 목간 149호(그림 1)는 문

---

6) 국립경주문화재연구소, 2011, 『月城垓子 發掘調査報告書 III(4號 垓子)』, pp.509-512.

7) 목간 도면과 사진은 국립경주문화재연구소, 2006, 『月城垓子 發掘調査報告書 II -고찰-』, pp.227-371 참조.

8) 홍기승, 2013, 「경주 월성 해자·안압지 출토 목간의 연구 동향」, 『木簡과 文字』 10, 한국목간학회 참조.

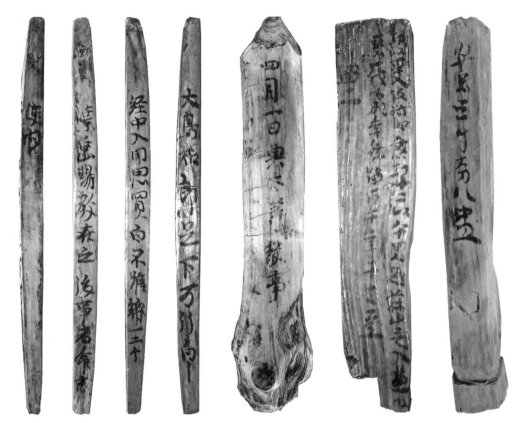

그림 1. 월성 해자 149호(2호)목간, 6세기 후반, 신라, 19×1.2×1.2㎝

그림 2. 월성 해자 (좌) 153호(12호)(24.5×4.7㎝), (중) '丙午年' 후면(586) (24.7×5.1×1.2㎝), (우) '安豆'(12.7×1.7×1.7㎝) 목간, 6–7세기, 신라

장이 이두로 쓰여 문학적으로도 매우 중요한 자료다.[10] 이 목간은 소나무의 상하를 좁고 부드럽게 다듬고 표면은 매끄럽게 손질했으며, 사면의 상부에 일정한 간격을 두고 첫 자를 시작한다. 1면은 3.65㎝, 2면은 4.15㎝, 3면은 4.25㎝, 4면은 4.15㎝를 띄우고 문장을 시작해 문서의 형식을 갖추었다. 대부분의 다면 목간처럼 이것도 전면 → 좌측면 → 후면 → 우측면 순으로 썼다. 다시 말하면 목간을 잡고 오른쪽으로 돌리면서 왼쪽으로 썼는데, 이것은 오른쪽에서 왼쪽으로 쓰는 한문의 필사 방향과 같다.[11]

---

9) 목간 번호는 『한국의 고대목간』(국립창원문화재연구소, 2006), 「나무 속 암호, 목간」(국립부여박물관·국립가야문화재연구소, 2009)을 따랐다. 국립경주문화재연구소의 보고서(2006) 목간 번호는 괄호 안에 별도로 표기한다. 월성 해자 목간은 국립경주문화재연구소 소장품이다.

10) 국립경주문화재연구소, 2010, 『국립경주문화재연구소 20년의 발자취』, pp.298–299. 1행 하단의 '拜'가 '弔'으로 판독되어 있다.

11) 미카미 요시타가(三上喜孝)는 서사 순서를 그림 1의 3면을 1면, 1면을 3면으로 간주하고 3면의 서두인 '牒' 자부터 쓰기 시작했으며, '첩'의 문서 양식이라고 말한다. 이 경우 전면 → 우측면 → 후면 → 좌측면 순으로 쓴 것이므로 목간을 잡고 왼쪽으로 돌리면서 오른쪽으로 쓴 것이다. 이것은 오른쪽에서 왼쪽으로 쓰는 한문의 필사 방향과 반대다. 三上喜孝, 2008, 「일본 고대 목간의 계보 –한국 출토 목간과의 비교검토를 통하여–」, 『木簡과 文字』 창간호, 한국목간학회, pp.205–206.

기재 방식에서 서두에 수신인만 적고 발신인이 없는 이 문서는 '이미 전에 첩으로 내려온 명령에 근거하여 사경 제작에 필요한 종이를 구해 달'고 요청하는 것이다. 내용으로 보아 같은 부서 내부에서나 동급의 관련 부서 간에 주고받은 문서로 추정되며, 불교의 발달과 더불어 사경이 성행했다는 것을 알려 준다. 문장은 한문을 우리말식으로 배열하는 어순뿐만 아니라 우리말 吐 표기가 제대로 나타나는 완전한 이두문이다. 이 목간의 하한 연대가 7세기 후반이므로 동시기에 주로 활동한 설총 당대의 이두 자료로 보기도 한다.[12]

이 목간은 어학적 측면에서뿐만 아니라 왕경 관리의 생생한 육필을 보여 주고 있어 서예사적 측면에서도 매우 중요하다. 묵서는 해서의 필의가 많은 행서로 쓰였는데, 1행 하단의 '拜' 자처럼 초서로 쓴 글자도 있다. 각 편의 좌우에 여백을 두지 않고 꽉 채워 썼기 때문에 2면의 '用' 자조차 편방형으로 썼다. 2면의 마지막 글자인 '斗' 자는 이 목간처럼 통상 하단에 여백이 많이 남은 경우에는 세로획을 길게 그어 그 여백을 채우는데, 여기에서는 반대로 다른 면보다 더 짧게 써 하단이 시원하며 절제미가 돋보인다. 4면 '內' 자에서 入의 특이한 결구는 이성산성 출토 '品世內蔵' 목간의 '內'자와 흡사하다.[13]

필법을 살펴보면 起筆은 藏鋒도 있지만 露鋒이 더 많다. 특히 轉折은 대부분 圓轉으로 쓰여 부드럽고 유려한 맛이 강한데, 2면의 '用', '思', '買' '白' 자의 전절에서는 원전이 더욱 두드러진다. 세련미는 상대적으로 덜하지만 유창하고 능숙한 솜씨로 힘차게 썼다. 이 목간과 유사한 서풍에 속하는 목간이 몇 점 있다.

첫째, 같은 원전의 필법이지만 149호보다 더 절제되고 차분한 분위기를 지닌 153호(12호) 목간(그림 2-좌)이다. 판독된 1면의 해서 "四月一日典太等敎事(4월 1일 전태등이 명령하였다)"만으로도 전체 서풍이 그렇다고 유추해 볼 수 있다. 이것은 왕명 출납과 조세를 관장하던 관청의 우두머리인 전태등의 명을 기록한 문서인데, 명령의 내용은 알 수 없다.

둘째, 분위기가 비슷하면서 양면 문서인 '丙午年' 목간(그림 2-중)이다. 이것은 신라 목간에서는 드물게 양면 모두 3행으로 쓰였는데, 전면은 2행 상부에 "古拿村" 정도만 인식되고 나머지는 묵흔이 지워졌지만 그것만으로도 양면의 서풍이 같다는 것을 알 수 있다. 후면 1행의 아래부터 세 번째 글자인 '入'과 149호 2면의 세 번째 글자인 '入'은 한 손에서 나온 것처럼 닮았다. 또 2행 '丙午年' 아래 '干' 자의 두 번째 가로획에서 노봉의 입필과 수필에서의 부드럽고 굵은 회봉 필법, 그리고 3행의 마지막 글자인 '一'의 동일한 필법이 149호 2행의 '一', '二' 자 필법과 같다.

이 목간은 2행 중간 부분의 '丙午年'으로 연대 추정이 가능한데, 전체적으로 노련한 서풍으로 보아 6세기 후반인 586년에 썼을 것으로 생각된다. 즉 고박한 서풍의 해서로 쓴 6세기 중반의 〈임신서기석〉(552) 이후에 썼고, 행서의 필의가 있는 성숙된 해서로 쓴 6세기 후반의 〈남산신성비제10비〉(591), 성산산성 '壬子年' 목간(592)과 비슷한 시기에 쓴 것으로 봄이 6세기 신라 서체의 변천 과정으로 볼 때 합당하다.

셋째, 하단에 홈이 있고 사면 중에서 전면에만 묵서가 남아 있는 '安豆' 목간(그림 2-우)이다. 묵서 "安

---

12) 정재영, 2008, 「月城垓字 149號 木簡에 나타나는 吏讀에 대하여」, 『木簡과 文字』 창간호, 한국목간학회, pp.99-100.

13) 정현숙, 2015, 「신라 서예의 다양성과 일관성 고찰」, 『書藝學研究』 27, 한국서예학회, p.44; 2016, 앞의 책, p.109.

묘三斗大刀八中刀一"은 기필의 노봉, 원전의 필법 등이 149호와 흡사하다. 물품명인 安豆는 綠豆 또는 豌豆로 추정되어 당시 왕성에서 취급한 곡물이 하나 더 늘어났다.

넷째, 해서로 쓴 '周公智' 사면 문서 목간(그림 3)이다. 1면에는 『삼국사기』에서도 확인되지 않은 새로운 관직명 '典中大等'이 있는데, 그 결구와 필법이 153호의 '典太等'과 닮았다. 노련한 행서로 쓴 3면의 "急陲爲在之"에서 '急', '爲' 자의 원전은 149호 2면의 '用', '思', '買' '白' 자의 원전과 흡사하다. 4면에는 유학이 널리 퍼진 결과 중국 주나라의 周公을 모방한 것으로 보이는 이름 '周公智'가 있는데, '智'는 신라의 인명에서 자주 쓰인다. "文人周公智吉士"는 1, 3면에 비해 너비가 좁은 4면에 써 글자가 장방형이 되었지만 그 필법과 필세는 149호의 3면 또는 '丙午年' 목간과 상통한다.

마지막으로 전면이 2행으로 쓰인 양면 하찰 '白遣' 목간(그림 4-좌)이다. 1행 중간 부분에 대자로 쓴 '白遣'은 신라 왕경에서 가장 이른 시기의 이두로 판단되는데, 이두의 '숣고' 즉, '사뢰고(아뢰고)'라는 의미다. 행서의 필의가 많은 해서로 쓴 글씨가 격식에 구애됨이 없이 자유자재하다. 장법과 결구가 비교적 정연한 다른 목간들에 비해 장법도 결구도 표준을 벗어나고 글자의 크기에도 변화가 많아 파격적이다. 특

그림 3. 월성 해자 '周公智' 목간, 6~7세기, 신라, 25.9×2.5×2.2㎝

그림 4. 월성 해자 (좌) '白遣'·(우) '眛字耂作之'(17호) 목간, 6~7세기, 신라, (좌) 19.2×3.9×0.8㎝, (우) 14.9×2.5×0.7㎝

히 1행 중간의 '遭' 자, 하단의 '送' 자의 辶은 필법도 파책의 표현도 전혀 달리 묘사되었는데, 둘 다 역동적이고 생생하다. 2행은 상대적으로 결구도 정연하고 글자 크기도 비슷하여 1행과 대비된다. 그러나 기필은 대부분 노봉을 사용하여 149호와 유사하다. 문서 목간의 글씨는 보통 차분한 편인데, 이것은 하찰 목간이기 때문에 과감하고 변화가 많으며, 전체적으로 필치가 노련하다.

그런가 하면 하단에 홈이 있는 것으로, 행서와 초서의 필의가 있는 해서로 쓴 '咊字菩作之' 목간(17호)(그림 4-우)은 노봉보다는 장봉을 더 많이 쓴 점에서 위의 목간들과 구별되지만, '咊' 자에서 口의 흘림이 '白遭' 목간 1행의 '呼' 자에서 흘린 口와 같은 필법이라 유사한 점도 있다. 첫 자인 '咊'만 긴장한 듯 약간 머뭇거린 느낌이 들지만, 나머지 글자에는 정연함과 노련함 그리고 웅강함과 무밀함이 가득하다. '菩作'에는 북위풍이 농후하고 마지막 글자인 '之'는 초서로 마무리하여 정점을 이룬 上中上의 글씨다. 월성 해자 목간에서는 처음 나타나는 북위풍 해서이기 때문에 비록 다섯 자이지만 대단히 중요한 자료인데, 성산산성 '壬子年' 목간(592)의 행기가 있는 북위풍과 흡사하다. 또 〈남산신성비제10비〉(591), 이성산성의 '戊辰年' 목간(608)의 북위풍과 상통한다는 점에서 월성 해자 '丙午年' 목간(586)과 비슷한 시기의 묵서로 보아도 무방하다. 이렇게 신라에서 6세기 말에 북위풍 해서가 京鄕을 가리지 않고 나타난다는 것은 신라의 글씨가 6세기 전반의 토속적 고박함을 벗어나 웅강무밀하면서 성숙된 해서로 발전되어 갔다는 사실을 의미한다.

한편 목간 149호와는 조금 다른 서풍을 구사한 사면 목간 150호(1호)(그림 5)는 1면만 묵흔이 선명하고, 2면과 4면은 묵흔은 있으나 판독이 어렵고, 3면은 묵흔이 없다. 묵서는 행서의 필의가 많은 해서로 쓰였지만 흐름이 자연스러워 행서라고 해도 무방할 정도다. 결구는 안정적이며, 기필은 노봉으로 가볍고 수필은 굵은 장봉으로 무거워 사경의 필의가 느껴진다. 획의 강약과 글자의 크기에 변화가 많고 붓놀림이 자유자재하여, 절제미가 있는 149호에 비하면 활달하고 노련하다. 운필과 필법에서 전체적으로 서자의 능숙한 솜씨가 두드러진다. 이것은 신라 목간 가운데 가장 출중하여 6, 7세기 신라 왕경 관리의 높은 서사 수준을 그대로 드러낸다. 6세기 금석문처럼 1행 하단의 '郡' 자에서 阝이 阝로 쓰여 이것이 6세기 신라의 보편적 결구임을 다시 확인시켜 준다.

양면 목간 158호(22호)(그림 6)는 1행인 전면은 묵흔이 선명하여 "第八卷第卅三大□麻新五衣節草□"로 읽힌다. 후면은 중앙에 큰 글자로 "□食常□"를 쓰고 그 아래에 우측으로 치우쳐 작은 글자로 "□□□□第一卷第□七大□麻□□"를 1행으로 썼으니 2행인 셈이다. 묵서는 행서의 필의가 많은 해서로 쓰였는데, 첫 글자인 '第' 자부터 행서로 써 부드러운 곡선미가 있으며, 동시에 두 세로획으로 인해 직선미도 있다. 글자도 장방·정방·편방형을 적절히 섞어 변화를 주었으며, 필법에서도 기필에 노봉과 장봉이 섞여 있고, 전절에 원전과 방절이 같이 사용되어 전체적으로 대비되는 맛이 있다. 그리고 가로획이 유난히 긴 글자들이 있어 좌우의 여백을 채워주는 효과가 있다.

결구와 필법을 살펴보면, 두 번 쓰인 '第' 자에서 첫 번째 '第' 자는 가로획이 길고 성글며 전절은 곡선으로 썼고, 두 번째 '第' 자는 가로획이 짧고 밀하며 전절은 굵은 방절로 써 같은 글자에 서로 대가 되는 필법을 구사하여 변화를 주었다. 반면 두 세로획은 글자의 크기에 따라 길이가 다르지만 둘 다 직선으로

그림 5. 월성 해자 150호(1호) 목간, 6~7세기, 신라, 20.4×1.8× 1.6cm

그림 6. 월성 해자 158호(22호) 목간, 6~7세기, 신라, 26.7×2.4×0.9cm

썼다. 그러나 동시에 첫 번째 '第' 자는 세로획의 收筆이 懸針이고, 두 번째 '第'자는 수필이 垂露여서 필법이 서로 대가 된다. 이것을 종합하면, 첫 번째 '第'자는 원전의 부드러움과 현침의 날카로움이 대비를 이루고, 두 번째 '第' 자는 전절의 날카로움과 수로의 부드러움이 대비를 이룬다. 이처럼 한 글자에서 각각 또는 동일한 두 글자에서 무의식중에 서로 다양한 변화를 표현한 것은 서자의 평상시 미감이 그렇다는 것을 의미한다.

또 전체적으로 볼 때, 상단의 'H' 자와 하단의 '五' 자에서 긴 가로획의 직선과 짧은 세로획의 곡선이 대비 속에 조화를 이룬다. 세로획의 쓰임을 살펴보면, '新' 자는 斤에서 마지막 획인 세로획을 짧게 써 글자가 정방형이고, 반대로 '節' 자는 卩에서 세로획은 길게 써 다음 글자인 '草'와 부딪히고 글자가 장방형이며, '草' 자의 마지막 세로획은 약간 짧은 듯하면서도 그 아래 글자와 부딪힌다. 이처럼 목간 하단의 글자에서 자주 쓰이는 세로획의 길이와 그에 따른 자형 등이 다양하여 무의식적으로 구사된 서자의 조형 감각이 눈에 띤다. 이것도 서자의 특출한 미감을 보여 주는 것이다.

지금까지 살핀 월성 해자 목간 묵서의 특징을 통해 적어도 6세기 후반의 왕경 관리들의 서사 수준이 상당한 경지에 올랐음을 알 수 있다. 성산산성, 이성산성 목간에서 본 지방 관리의 글씨와는 상당히 다른,

행서 또는 행서 필의의 능숙함으로 보아 왕경 관리들은 더 심화된 서사 교육을 받은 것으로 추정된다.

월성 해자 목간은 문서가 주를 이루지만 하찰도 소수 있다. 해서와 행서로 쓰인 목간들이 용도, 즉 문서나 하찰이냐에 따라 서풍이 크게 달라지지 않는다. 설사 서사 솜씨에 약간의 차이가 있어도 전체 분위기는 유사하고 필법, 운필 등도 전반적으로 상통한다. 이것은 용도에 따라 서풍이 확연히 다른, 즉 문서 목간은 정연한 해서로, 하찰 목간은 투박한 해서나 행서로 쓴 성산산성 목간과 구별되는 점이다.[14] 전체적으로 수준이 고른 신라 왕경의 관리들은 목간을 통해 기록이라는 실용성과 글씨가 지닌 예술성을 동시에 추구했기 때문에 그들의 육필이 동아시아 서예사에서 차지하는 위상은 결코 가볍다고 할 수 없다.

III. 통일신라 촌락문서 글씨와의 연관성

월성 해자 문서 목간의 대표인 목간 149호와 150호는 서풍과 필법이 달라 서자도 다른 것으로 보인다. 이 두 글씨와 비교할 만한 관리의 육필이 통일신라에서 지본 행정 문서 형태로 존재한다. 목간 149호는 〈신라제2촌락문서〉와, 목간 150호는 〈신라제1촌락문서〉와 비교하여 그들 간의 연관성을 알아보고자 한다.

먼저 통일신라의 두 촌락문서의 발견 경위와 글씨의 특징을 간략하게 살펴보자. 〈신라제1촌락문서〉(그림 7)는 1933년 10월 일본 나라현(奈良縣) 나라시에 있는 도다이지(東大寺) 쇼소인(正倉院)의 중창 계단 밑의 가운데 선반에 보관되어 있던 13장의 두루마리 경전의 커버인 經帙 중에서 수리를 위해 해체된 華嚴經論第7帙 안의 헝겊 안쪽 布心에서 배접된 상태로 발견되었다. 내용을 보니 신라의 촌락문서(또는 村落帳籍)였고, 쇼소인은 이 문서를 사진 찍고 포심을 수리하여 촌락문서를 원 상태로 배접하였다. 촌락문서는 다시 화엄경론질 안에 넣어진 채 봉인되었다.

현존 문서 편의 연접 상태로 볼 때 이 문서는 완전하게 남아 있는 裏片 가운데 닥종이를 기본으로 하여 이런 크기의 닥종이를 여러 장 연접해서 만든 두루마리 문서로 추정된다. 원문서가 폐기되어 사경소 같은 곳에 불하되고 그 곳에서 경질의 크기에 맞게 일정한 크기로 자르면서 현존 문서 편과 같은 크기로 분해된 것으로 추정된다.[15]

이 촌락문서는 통일신라의 국가 지배 구조를 엿볼 수 있는 유일한 행정 문서다. 두 편의 문서에는 當縣과 西原京(지금의 청주) 소속 네 마을의 모습이 기록되어 있다. 문서는 세금을 걷고 노동을 부과하는 기초 장부인데, 매년 변동 사항을 조사하여 3년마다 다시 작성되었다. 문서에는 마을 구역, 인구 수와 논밭의 넓이, 소와 말의 수 증감이 자세히 기록되어 있다. 이 문서는 통일신라시대의 역역동원, 토지제도, 경제생활 등 사회 전반의 모습을 말해 주며, 문서 행정이 활발하게 이루어졌다는 것을 보여 준다.

---

14) 정현숙, 2017, 앞의 글, pp.103-104.

15) 윤선태, 2000, 「신라 통일기 왕실의 촌락지배」, 서울대학교 대학원 박사학위논문, p.13.

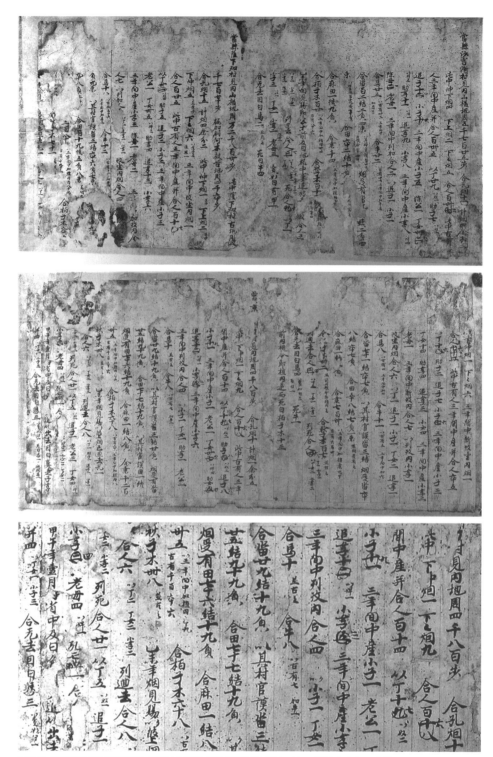

그림 7. 신라제1촌락문서 전체(상·중)와 부분(하), 695, 통일신라, 29.6×58㎝, 일본 東大寺 正倉院

문서의 작성 연대에 관해서 두 편 모두에 기록된 '乙未年烟見賜(을미년에 연을 조사하였다)'라는 구절에 근거하여 을미년(또는 이듬해인 병신년)에 작성했을 가능성이 크다는 데는 이견이 없다. 문제는 60년마다 돌아오는 을미년 중 언제인가 하는 것이었다. 그래서 695년, 755년, 815년, 875년 설이 제기되었으니 180년의 시차가 있다.[16]

문서의 작성지에 관해서는 행정 단위가 다른 當縣과 西原京 소속의 촌들에 관한 기록이 한 사람의 글씨로 쓰인 문서 양식으로 볼 때 당현과 서원경을 행정적으로 총괄할 수 있는 熊川州나 中央에서 작성했을 것으로 본다.[17]

문서의 형식은 사경할 때처럼 상하에 천지선을 긋고, 세로로 일정한 간격으로 괘선을 그은 후 각 행에 글씨를 정연하게 놓았다. '當縣', '西原京'으로 시작하는 세 행을 제외하고는 각 행의 첫 자가 전체적으로 가지런하여 깔끔한 글씨와 잘 어울린다.

행서의 필의가 있는 해서로 쓴 두 문서는 분명 한 사람이 동시에 썼으며, 〈백지묵서대방광불화엄경〉(755)의 사경풍과 닮았다. 자형은 종이의 형태와 같은 편방형이 주를 이루며, 획의 강약과 밀도 등에서 일정한 규칙이 반복되고 있다. 전체적으로 변화무쌍함과 정연함 그리고 리듬감을 동시에 지닌 능숙한 필치와 해서와 행서를 자유로이 오가는 능통함을 보여 준다.[18]

전체적으로 월성 해자 목간 150호의 묵서와 분위기가 흡사하다. 한 가지 다른 점은 기필에서 150호는 노봉이 많고, 〈신라제1촌락문서〉는 노봉보다 장봉이 많다는 것이다. 그러나 이것은 미끄러지기 쉬운 나무와 누르기 쉬운 종이라는 재료의 차이에서 기인한 것일 수도 있다.

두 글씨를 비교해 보면, 글자의 상부에 人을 쓸 경우 왼쪽 삐침이 가늘고 오른쪽 파임이 더 굵은 점, 필획의 강약과 글자의 크기에 변화가 많은 점, 편방형의 자형에 차분하면서 노련한 필치, 안정감과 정연함, 그리고 노련함과 유창함을 모두 갖춘 점이 닮았다. 글씨의 이런 유사성과 서사 장소가 같은 중앙이라는 점을 감안하면, 〈신라제1촌락문서〉와 월성 해자 문서 목간 150호의 서사 시기가 그리 멀지 않다고 생각된다. 따라서 〈신라제1촌락문서〉의 작성 연대로 7세기 말인 695년이 가장 타당해 보인다. 공히 중앙 관리들이 쓴 것으로, 월성 해자 목간 150호 글씨의 수려함이 더 성숙된 것이 〈신라제1촌락문서〉라고 해도 무방하다.

〈신라제2촌락문서〉(그림 8)는 사발을 싸고 있던 두꺼운 황갈색 닥종이 문서로, 〈佐波理加盤附屬文書〉라고도 한다. 전면에는 괘선이 선명하여 행간이 가지런하고, 후면에는 괘선이 분명하지 않음에도 불구하고 4행의 행간은 전면처럼 가지런하다. 전면은 지방의 촌에서 올린 말고기, 돼지고기 같은 축산물과 쌀, 콩 등의 貢進物을 달별로 촌 단위로 기록한 장부로, 수납 보관하는 신라 중앙관청인 조부나 창부에서 작

16) 여러 설에 관해서는 송완범, 2007, 「신라의 경제제도와 소위 '촌락문서'」, 『한국 고대사 연구의 새 동향』, 한국고대사학회, pp.274-275. 더 상세한 것은 윤선태, 위의 글, pp.19-47 참조.

17) 윤선태, 위의 글, p.73.

18) 정현숙, 2013, 「통일신라 서예의 다양성과 서풍의 특징」, 『書藝學研究』 22, 한국서예학회, p.64; 2016, 앞의 책, p.244.

성한 것으로 본다. 세 사람의 관원명이 보이는 후면은 곡물을 지급한 사실이 적힌 관료의 녹봉지급문서로, *左右司祿館*에서 기록한 것으로 본다. 재활용된 종이문서가 끼워져 있는 좌파리가반, 즉 사발은 8세기 전반 工匠府, 鐵鍮典 등의 공방에서 만들어졌고, 그곳이나 倭典 또는 領客府에서 포장되어 일본으로 수출되었다. 종이가 귀하던 때라 문서의 이면을 재사용했으

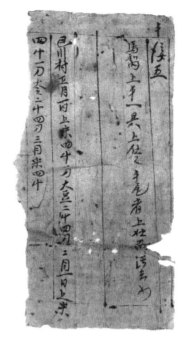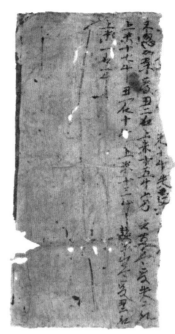

그림 8. 신라제2촌락문서, 752년 이전, 통일신라, 29×13.5cm, 일본 東大寺 正倉院

며, 양면을 문서로 사용한 후에도 사발을 싸는데 한 번 더 사용하였다. 950년경부터 쇼소인 南倉에 소장되어 왔다.[19]

　행서로 쓴 문서의 전면은 전절이 많은데 대부분 圓轉이라 유려하고 후면은 가로획이 많아 딱딱한 듯 보이나, '斗', '米' 자 등 동일자의 결구와 필법이 같고 긴 마지막 가로획의 俯勢의 곡선미가 같으며, 전체 서풍까지 같아 한 사람의 글씨임을 알 수 있다. 그리고 그는 필법에 통달한 달필이라는 사실도 명확하다. 고승의 行狀을 기록한 선사비처럼 돌에 새겨진 행서보다 더 자유로우며, 문서 목간의 행서보다 더 능숙하여 지본 묵서 특유의 맛을 잘 보여 준다.[20]

　월성 해자 목간 가운데 서풍과 필법이 이것과 유사한 것이 사면 문서 목간인 149호다. 전절의 곡선미로 인한 전면의 부드러움은 149호의 2면과 닮았다. 이것은 6, 7세기를 거치면서 중앙 관리의 서사 솜씨가 면면히 전승되어 왔다는 사실을 말해 준다.

　통일신라의 두 촌락문서는 용도를 다한 종이문서의 이면을 재활용하여 새로운 문서가 태어나고 그것이 폐기된 후에는 다시 사발을 싸는 종이로 재활용된 당시의 상황을 재현하고 있다. 이것은 종이가 귀하던 7, 8세기 신라의 상황을 담은 것으로, 월성 해자 목간 149호에서 사경에 쓰일 종이 구입에 관한 기록

---

19) 국립중앙박물관, 2011, 『문자, 그 이후』, pp.78-79; 이용현, 2011, 「사발을 싼 新羅文書(佐波理加盤附屬文書)의 검토」, 『특별전 문자, 그 이후 기념 심포지움』 자료집, 국립중앙박물관.

20) 정현숙, 2013, 앞의 글, p.66; 2016, 앞의 책, p.246.

을 쓴 것과도 상통하는 부분이다. 이처럼 신라의 월성 해자 목간과 통일신라의 촌락문서는 내용적으로나 서체적으로나 긴밀하게 연결되어 있다.

IV. 일본 아스카 목간 글씨와의 비교

중국에서 시작된 목간문화는 한반도에 전래되어 백제와 신라의 목간 문화가 형성되었고, 한반도의 목간 문화가 일본 목간 문화의 원류가 되었다.[21] 통일 후 당나라와 대립하면서 신라는 일본과의 연대를 모색했고, 일본도 그것에 응하여 670년부터 701년 사이에 견당사를 파견하지 않은 반면 신라와는 매년 교류했다. 이런 교류로 인한 한반도의 영향이 아스카 목간에 나타난다. 따라서 신라의 월성 해자 목간과 일본 아스카 목간의 상관성을 살펴보고자 한다.[22]

일본의 목간 출토지는 30여 곳인데, 이 중 왕경과 인근 지역은 약 20곳이다(그림 9). 전국에서 출토된 38만 점 이상의 일본 목간은 태반이 고대의 것이며, 고대의 목간은 대부분 7세기 후반부터 9세기 초반 사이에 제작되었다.[23] 특히 7세기 말부터 8세기 말까지 약 100년간 가장 많이 사용되었다. 7세기 전반의 목간은 100점 미만인데, 그 중심은 640년대다. 壬申의 亂이 일어난 672년까지의 목간은 수백 점이다. 672년부터 694년까지의 목간은 1만 점 이상이다. 694년부터 710년까지의 후지와라경(藤原京)[24] 시기의 목간은 3만 점 이상이다. 710년 헤이죠경(平城京)으로 천도 후 784년 나가오카경(長岡京)으로 천도할 때까지의 목간은 지방 목간을 포함하여 20만 점에 달한다. 이후에는 목간의 사용이 점차 감소하여 중세 이후가 되면 매우 제한적으로만 사용된다. 아스카(飛鳥) 시대(593-710)[25]가 실질적으로 일본에서 목간이 사용된 시기였다.[26]

신라 경주 월성 해자 목간과의 비교 대상인 일본 목간은 나라(奈良) 시대(710-784) 이전인 아스카 시대의 수도인 아스카경과 후지와라경 주변 지역에서 출토된, 7세기 후반부터 8세기 초반까지의 아스카 목간이다. 아스카의 목간은 6세기 후반으로 올라갈 가능성이 있다고는 하나 고고학적 측면에서 볼 때 640년경부터 사용되었다고 보므로 현재까지의 출토 목간은 대부분 7세기에 제작된 것으로 추정한다. 특히 7세기 후반에 집중된 아스카경과 후지와라경 목간은 일본 고대사 연구를 위해 가장 중요한 자료다.

---

21) 이경섭, 2016, 「6-7세기 한국 목간을 통해서 본 일본 목간문화의 기원」, 『新羅史學報』 37, 신라사학회 참조. 신라와 백제 목간의 비교는 이경섭, 2014, 「신라·백제목간의 비교 연구」, 『新羅文化』 44, 동국대학교 신라문화연구소 참조.

22) 일본 목간 자료를 제공해 준 나라문화재연구소 方国花 선생께 감사드린다. 일본 목간 관련 표와 그림의 출처, 그리고 목간의 소장처는 奈良文化財研究所飛鳥資料館, 2010, 『木簡黎明-飛鳥に集ういにしえの文字たち』 참조.

23) 일본의 목간 연구는 30년의 역사를 지니고 있는데, 이에 관한 사카에하라 토와의 글이 있다. 榮原永遠男, 2010, 「일본에서의 목간연구와 과제 -「木簡研究」 30년」, 『木簡과 文字』 5, 한국목간학회 참조.

24) 후지와라경의 탄생에 관해서는 이치 히로키 지음, 이병호 옮김, 2014, 『아스카의 목간』, 주류성, pp.191-232 참조.

25) 아스카 시대를 아스카 시대(593-645)와 하쿠오(白鳳) 시대(645-710)로 양분하기도 한다.

26) 이치 히로키 지음, 이병호 옮김, 2014, 앞의 책, pp.66-67.

일본 목간도 한국처럼 궁도 목간과 지방 목간으로 나누어진다. 궁도 목간은 궁내의 모든 관사와 경내의 왕과 신하 댁에서 간략한 기록에 이용된 문서 목간과 대부분 물품의 발송지인 지방 제국에서 궁도에 공진한, 천황과 신에게 올리는 특산품에 붙이는 하찰 목간이 주를 이룬다.

궁도목간은 전기 나니와궁(前期難波宮, 652–686), 아스카와 그 주변 지역인 이시가미(石神), 아스카경, 아스카이케(飛鳥池) 공방, 사카다데라(坂田寺), 야마다데라(山田寺), 그리고 후지와라경과 후지와라궁 유적 출토 목간이다. 기본적으로 아스카 기요미하라궁(飛鳥淨御原宮) 시대(672–694)의 공방인 아스카이케 공방에서는 아스카에서 가장 많은 8천여 점이 출토되었고, 후지와라궁에서는 약 2천 점, 아스카데라(飛鳥寺) 북서쪽에 위치한 이시가미 유적에서는 3천여 점의 목간이 출토되었다.

그림 9. 일본의 목간 출토 유적지. © 奈良文化財研究所飛鳥資料館, p.8.

월성 해자 목간과의 비교를 위한 일본 목간은 몇몇을 제외하고는 아스카의 수도와 그 인근 지역에서 출토된 목간을 중심으로 하고, 제작 연도가 확실한 간지 하찰 목간, 유교와 불교 경전을 적은 습서 목간, 와카(和歌)를 기록한 歌木簡, 그리고 문서 목간 순으로 살펴보겠다.

목간의 연대 추정에 결정적 역할을 하는 것은 목간에 쓰인 간지다. 그러나 간지가 목간이 제작된 연대라는 확신은 금물이다. 목간에 쓰인 연대와 목간을 쓴 연대가 일치한다면 그것은 가장 정확한 목간의 제작 연대다. 일본 최고의 목간으로 추정된 것은 오사카시(大

그림 10. 難波宮 '무신년'(648) 목간, 660년대, 아스카, 20.2 ×2.7×0.3cm

표 1. 백제와 일본의 '戊'자 비교

백제 부여 佐官貸食記목간 (618)	일본 難波宮 戊申年목간 (660년대)	일본 石神 戊寅年목간 (678)

坂市) 나니와궁 유적에서 출토된 '戊申年' 목간(그림 10)이다. 네 번째 글자인 '戊' 자가 특이한데, 백제 부여 쌍북리 280-5번지 출토 '좌관대식기' 목간(618)의 서두인 '戊寅年'의 '戊' 자와 같아서 백제에서 그 연원을 찾을 수 있으며, 같은 글자가 이시가미 출토 '戊寅年' 목간에서는 조금 달리 표현되었다. 그러나 '寅' 자는 백제의 '寅' 자와 유사하다(표 1).

오사카시 유적지 출토 목간에 대한 백제 글씨의 영향을 뒷받침해 주는 것이 나니와궁 유적 남쪽에 있는 쿠와즈(桑津) 유적에서 1991년 출토된 7세기 전반의 백제계 목간이다. 쿠와즈 유적에는 백제계 문화 요소가 혼입되어 있어 이 목간의 제작에도 백제계 이주민들이 간여했을 가능성이 있다.[27] 따라서 백제의 좌관대식기의 '戊' 자와 일본 나니와궁 '戊' 자의 유사성도 이런 맥락에서 이해되어질 수 있다.

나니와궁 목간의 '무신년'은 648년이지만 이것이 목간이 작성된 연대라고 단정할 수는 없다. 양면에 시기가 다른 듯한 네 종의 異筆이 적혀 있고, 660년대 토기를 포함한 다수의 공반 유물과 10년 이상의 연대 차이가 나기 때문이다. 따라서 660년대에 648년의 일을 기록했을 가능성이 있다. 이것을 따른다면 무신년은 목간을 쓴 연대가 아니며, 따라서 최고의 목간이라고 추정할 수 없다.

목간에 쓰인 연대와 목간을 쓴 연대가 일치하는 일본 최고의 목간은 離宮인 아스카경 유적 苑池 유구의 수로에서 출토된 '丙寅年' 목간이다. '병인년'은 666년이다. 원지 유구는 노치노 아스카 오카모토궁(後飛鳥岡本宮, 656-667)의 일부로 그 다음에 축조된 아스카 기요미하라궁(飛鳥淨御原宮, 672-694)으로도 이어졌기 때문에 유적이나 유구의 연대와 모순이 없다. 무신년과 병인년 사이의 간지 목간으로는 '辛酉'(661), '癸亥'(663), '乙丑'(665) 등이 존재한다.[28]

목간으로 분류될 수는 없지만 나무에 쓴 것으로 이것보다 45년 이른 것이 있다. 호류지(法隆寺)의 금당 석가삼존상을 받치고 있는 대좌의 보완재에 남아 있는 묵서. 이것은 문짝판으로 추정되는 건축 부재에 묵서한 후에 대좌의 보완재로 사용되었다. "辛巳年八月九日作"으로 판독되는 묵서에서 '신사년'은 621년

27) 김창석, 2008, 「大阪 桑津 유적 출토 百濟系 木簡의 내용과 용도」, 『木簡과 文字』 창간호, 한국목간학회.
28) 이치 히로키 지음, 이병호 옮김, 2014, 앞의 책, pp.41-47.

이다.[29] 이것은 사실상 나무에 쓴 것으로는 일본에서 가장 오래된 묵서라 할 수 있다.

간지 목간이 드문 한국과는 달리 일본에서는 7세기 후반의 간지 목간이 다수 출토되었으며, 판독이 분명한 것만 해도 50여 점이다.[30] 그런데 간지 목간을 살펴보면 덴지조(天智朝, 662-671) 이전과 덴무조(天武朝, 672-686) 이후의 상황이 매우 다르다. 덴지조 이전에는 산발적으로 보이지만 덴무조 이후가 되면 675년을 기점으로 매년 발견되고 같은 해에 복수의 목간도 등장한다. 목간에 간지 표기가 일반화된 것은 덴지조 이후이고 목간의 사용은 덴무조부터 급격히 증가한다. 덴무조에 국가 기구의 정비가 비약적으로 발전하고, 기년을 써야할 필요가 증대되었기 때문이다.

〈그림 11〉에서 보듯이 후지와라궁, 아스카이케, 이시가미 유적에서 출토된 7세기 후반부터 8세기 초까지의 간지 목간은 상부 또는 상·하부에 홈이 있는 하찰 목간이다. 모두 해서로 쓰인 묵서는 공진물을 보낸 지역에 따라 고박한 것도 있고 유창한 것도 있다. 같은 목간에서 글자의 우열이 심한 것도 있어 전체적으로 균등한 솜씨의 월성 해자 하찰 목간 묵서와 구별된다. 일본 왕경 출토 간지 목간이 대부분 각지에서 보낸 공진물에 매단 꼬리표라는 점을 감안하면, 함안 성산산성 목간처럼 글씨가 다르고 거기에 어느 정도의 우열이 있는 것은 당연하다. 특히 신라 왕경에서 생산한 하찰 목간과 비교할 때는 이런 점을 감안하면서 접근할 필요가 있다.

그림 11. 藤原宮 ① 기해년(699)(17.5×2.6×0.6cm)·② 경자년(700)(17×3.3×0.5cm)·③ 신묘년(691)(21.3×3.8×0.5cm) 목간, 石神 ④ 을축년(665)(15.2×2.8×0.4cm)·⑤ 무인년(678)(20.8×15×0.2cm) 목간, 飛鳥池 ⑥경오년(670)(7.7×2×0.4cm) 목간, 아스카

---

29) 이치 히로키 지음, 이병호 옮김, 2014, 앞의 책, p.49.

30) 奈良文化財研究所飛鳥資料館, 2010, 앞의 책, pp.40-53.

후지와라궁 출토 세 하찰 목간은 공통된 내용과 상이한 서풍으로 주목된다. 701년(다이호 원년) 다이호령(大寶令) 시행을 목전에 둔 699년에 행정 구역으로 '郡'이 아닌 '評'이 사용되어 먼저 주목을 받은 것이 후지와라궁 출토 '己亥年' 목간(그림 11-①)이다. '기해년'은 699년이다. 해서로 쓴 묵서 "己亥年十月上捄國阿波評松里"로 인해 '郡評論爭'이 일거에 해소되었다.[31] 上捄國은 上總國의 옛 표기다. 일본 고대국가의 지방 행정 구분은 '國-郡-里'의 중층 구조를 이루고 있는데, 이 목간에는 上捄國[가즈사국]-阿波評[아와평]-松里[마쓰리]로 기록되어 '國-評-里'의 행정 구분 양식을 보여 준다. 묵서는 질박하여 편안한 느낌을 준다.

그런데 이후 같은 곳에서 700년에 제작된 '庚子年' 목간(그림 11-②)이 출토되어 행정 구역이 다이호령 시행 이전인 700년까지는 '國-評-里', 701년 이후는 '國-郡-里'로 구분되었음이 증명되었다. 상부 중앙에 큰 글자로 "庚子年四月", 하부 우측에 "若佐國小丹生評", 좌측에 "木ツ里秦人申二斗"로 썼으니 3행의 하찰 목간이다. 상하 모두에 홈이 있으며, 나무결이 매끈하고 묵흔도 선명하게 남아 있다. 노봉과 원전의 필법, 변화가 많은 획의 굵기, 그리고 유창한 서풍은 월성 해자 하찰 목간인 '安豆' 목간(그림 2-우), '白遣' 목간(그림 4)을 능가한다.

당연히 691년에 쓴 '辛卯年' 양면 목간(그림 11-③)에는 '國-評-里'의 행정 구역이 표기되어 있다. 전면의 "辛卯年十月尾治國知多評", 후면의 "入貝里神部身□三斗"에서 확인할 수 있다. 행서의 필의가 강한 해서로 쓴 묵서는 '庚子年' 목간(그림 11-②)과는 다른 노련함과 능숙함이 있다. 691년, 699년, 700년에 10년의 시차를 두고 쓰인 위의 세 목간은 서풍도 너무 달라 지역에 따라 글씨의 분위기가 다양하다는 것을 알 수 있다.

한편 이시가미 출토 665년의 '乙丑年' 목간(그림 11-④)은 공진자의 이름이 후면에 적힌 하찰 목간이다. 전면에는 '乙丑年', 후면에는 2행으로 "大山五十戶造厶(牟)下部知ツ從人田部兒安"이라고 적혀 있다. 이것은 '國-評-里' 이전의 행정 구분은 '國-評-五十戶'라는 것을 알려 주는 중요한 자료다. '五十戶'에서 '里'로 바뀌는 시기는 681-683년경이다. 후면 1행의 '五十戶造'는 사토(里)의 책임자로 나중의 里長과 같은 존재다. '牟下部'는 이 일대를 통치하던 모하씨 일족으로 볼 수 있다. 이런 호족층이 670년 경오년적이 작성되기 전부터 氏姓이나 部姓을 가지고 있었음을 알 수 있다. "따르는 사람은 다베노코야스다"로 해석되는 2행에서 '從'은 공진할 때 필요한 보조 작업(쌀을 찧는 것 등)에 종사한 것으로 추정된다. 다베노코야스(田部兒安)는 호족이 아닌 일반인으로 보는 것이 자연스럽다. 종래에는 일반인에게 부성을 준 것은 670년 경오년적의 작성 단계로 보았지만 이 목간으로 인해 이전부터 실행되었을 가능성이 생긴 것이다.[32] 〈그림 11-③〉에서 후면의 神部의 '部', 〈그림 11-④〉에서 후면 1행의 '下部'와 2행의 '田部'의 '部'가 모두 '卩'로 쓰였다. 이것은 고구려의 〈평야성고성석각제4석〉(566)과 6, 7세기 백제의 금석문과 목간

31) 木簡學會 編, 2010, 『木簡から古代がみえる』, 東京: 岩波書店, p.16; 이치 히로키 지음, 이병호 옮김, 2014, 앞의 책, pp.71-73. 『木簡から古代がみえる』에는 '捄'가 '挟'으로 판독되어 있다.

32) 이치 히로키 지음, 이병호 옮김, 2014, 앞의 책, pp.79-84.

에서 보편적으로 사용되었으므로 한반도의 영향을 받은 것으로 보인다. 묵서는 '己亥年' 목간(그림 11-①)처럼 고박하다. 같은 이시가미에서 출토된 '戊寅年' 목간(678)(그림 11-⑤), 아스카이케에서 출토된 '庚午年' 목간(670)(그림 11-⑥)의 글씨도 특별한 기교 없이 편하게 써 고박하다.

이들은 대략100년 전에 쓴 월성 해자의 꼬리표인 '安豆' 목간(그림 2-우), '白遣' 목간(그림 4)보다 솜씨가 뒤쳐졌지만, '辛卯年' 목간(그림 11-③), '庚子年' 목간(그림 11-②)처럼 더 능숙한 것도 있다. 〈그림 11〉의 지방 간지 목간 여섯 점에서 7세기 중반보다 8세기경의 글씨가 더 발전된 모습을 보여 아스카의 하찰 목간 서체의 변천 과정을 살필 수 있다.

8세기 서예사적 측면에서 주목해야 할 목간이 한 점 더 있다. 다이호령이 내려진 시점인 다이호 연간(701-703)에 쓴 후지와라경 출토 '御名部內親王宮' 양면 목간(그림 12)이다. '部'를 'ㅏ'로 쓴 위의 하찰 목간과는 달리 '部'를 원래 형태인 '部'로 쓴 것은 御名部內親王(660-?)이라는 덴지천황(天智天皇, 재위 662-671)의 황녀 이름을 적었기 때문인 것으로 보인다. 그는 高市皇子의 妃가 되어 長屋王을 낳기도 했다. 후면의 '太寶'를 '大寶'로 보면 목간의 제작 시기는 701-703년이므로 8세기 초의 목간이다. 다이호령 이후 그의 궁이라 적힌 목간은 하찰과는 다른 해정한 해서로 썼다. 왕경 출토 아스카 목간에서는 처음으로 8세기 초에 웅강한 북위풍이 나타나는데, 이것은 신라에서 성행한 북위풍의 영향으로 추정된다. 특히 〈남산신성비제10비〉(591), 월성 해자 '咊字著作之' 목간(6세기 말), 성산산성 '임자년' 목간(592), 이성산성 '戊辰年' 목간(608)이 보여주듯이 신라에서는 6세기 말부터 7

그림 12. 후지와라경 목간, 701-703, 아스카, 14.2×3.5×0.5cm

세기 초에 걸쳐 금석문과 목간에서 북위풍이 등장하기 시작했다. 그런데 일본 목간에서 약 100년 후 같은 서풍이 나타나 양국 서예의 연관성을 찾을 수 있는 근거가 된다.

한편 간지가 없으면서 끈을 묶는 구멍이 상·하부에 있는 하찰 목간이 있다(그림 13). 후지와라경, 후지와라궁 등에서 출토되고 하부에 구멍이 있는 하찰 목간은 대부분 행서의 필의가 있는 해서인데, 이것도 홈이 있는 위의 하찰 목간들처럼 다양한 서풍으로 쓰였다.

먼저 후지와라경 출토 목간 세 점을 살펴보자. 상부에 구멍이 있는 목간(그림 13-①)은 글자가 인식되는 전면의 묵서 "但波少初位佐伯連法師 桑田"만으로도 유려한 행서가 능숙함을 알 수 있다. 가운데가 떨어진 목간(그림 13-②)은 전면 서두의 네 글자는 반듯하게 쓰여 후면의 글씨와 별개로 보인다. 너비가 보통의 두 배 정도 되고 가운데를 붙인 목간(그림 13-③)에서 전면 상단은 행서의 필의가 가미되었고, 하단은 반듯한 해서로 쓰였다. 후면의 글씨는 전면과 달리 편안하게 쓴 듯하여 양면의 분위기가 조금 다르다. 마지막으로 후지와라궁 목간(그림 13-④)의 전면은 앞의 것들과는 달리 필치가 과감하지만 하단의 소자 해서에서는 다시 차분해졌다. 이처럼 왕경과 왕궁의 하찰 목간은 다양한 서풍으로 쓰여 공진물을 보낸 지역에 따라 글씨의 분위기도 다르다. 그중에는 〈그림 11-②〉, 〈그림 11-③〉, 그리고 〈그림 13-①〉처

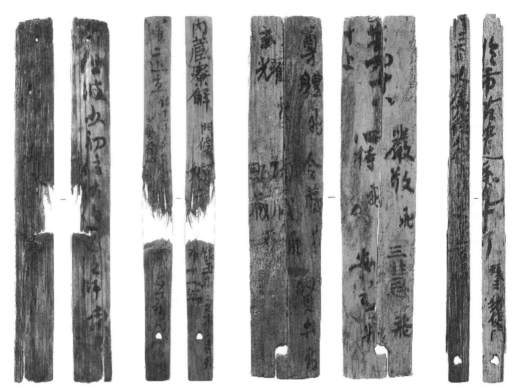

그림 13. 藤原京 하찰 목간(① 20.6×2.3×0.4cm, ② (15.5×10.2)×2.1×0.5cm, ③ 17.6×3.8×0.6cm), 藤原宮 하찰 목간(④ 25.4×1.8 ×0.4cm), 7세기 후반, 아스카

럼 뛰어난 솜씨를 가진 관리가 쓴 목간들도 있다.

하찰 목간과는 별도로『論語』나『千字文』같은 유교 경전이나『관세음경』같은 불교 경전을 적은 습서 목간도 여러 점 발견되었다. 한반도의 백제계 도래인이 전한 것으로 여겨지는『논어』와『천자문』은 일본 에서 초학서로 널리 알려져 있는데, 이들을 기록한 목간이 후지와라궁, 아스카이케, 이시가미, 간논지(觀 音寺) 등의 유적에서 출토되었다. 2008년 현재 일본에서 출토된 논어 목간은 약 28점인데, 도성 출토 목 간이 19점, 지방 출토 목간이 9점이다. 이는 지방보다는 도성에서『논어』학습이 더 활발하게 이루어졌다 는 사실을 방증한다. 천자문 목간은 2008년 현재 17점이 확인되었고, 이 중 7점은 쇼소인『천자문』습서 목간이다.[33] 천자문 목간은 아직까지 한반도에서는 출토되지 않았으나, 논어 목간은 비록 그 내용은 다르 지만 신라에서 출토된 예가 두 건 있으므로 일본 논어 목간과의 상관성을 살필 수 있다.

일본 논어 목간에는 주로「學而篇」이 적혀 있다. 예를 들면 후지와라궁 출토 목간 전면(그림 14-①)에 해서로 쓴 "子曰學而不□"라는 구절이 있고, 도쿠시마시(德島市) 간논지 유적의 자연 수로에서 출토된 길 이 65.3cm의 방주형 사면 목간 좌측면(그림 14-②)에 독특한 예서로『論語』卷1「學而篇」第1卷의 서두가

---

33) 三上喜孝, 2008, 앞의 글, pp.196-199.

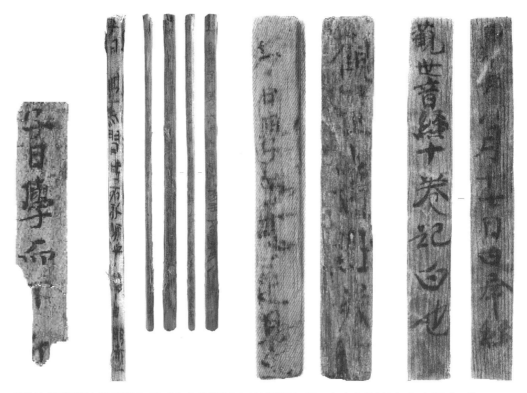

그림 14. ① 藤原宮 논어 목간(8.5×1.8×0.2㎝), ② 觀音寺 논어 목간(65.3×2.9×1.9㎝), ③ 飛鳥池 논어·관세음경목간(14.5×2.1×2㎝), ④ 石神 관세음경목간(679) (18.6×2.×0.42㎝), 7세기 후반, 아스카

적혀 있다. 고대 중국에서는 세장형 목주의 사면(또는 육면, 팔면)에 『효경』, 『논어』 등의 문장을 기록한 '觚'가 있는데 字句의 암기를 위해 사용된 습자의 手本이다. 간논지 논어 목간 출토층의 하층으로부터 祭祀具가 출토되었는데 사용 시기가 7세기 후반일 가능성이 크므로 논어 목간도 그 무렵의 것으로 추정한다.[34]

한국의 김해 봉황동과 인천 계양산성에서는 『論語』卷3 「公冶長篇」 第5卷을 기록한 목간이 출토되었다. 전자의 사면, 후자의 오면 모두에 해서의 필의를 지닌 행서로 글씨가 쓰였는데, 그 노련함에서 신라 지방 관리들의 내공을 엿볼 수 있다.[35] 봉황동 목간은 8세기로, 계양산성 목간은 7-8세기로 추정되니, 계양산성 논어 목간은 일본 간논지 논어 목간과 비슷한 시기일 가능성이 있다. 만약 이르다면 신라의 영향으로 볼 수 있으며, 방주형 목간의 사용도 신라를 통해서 전래된 것으로 여겨진다. 그러나 글씨에서는 계양산

---

34) 木簡學會 編, 2010, 앞의 책, p.18.

35) 정현숙, 2016, 「용도로 본 통일신라 목간의 서풍」, 『한국학논집』 61, 계명대학교 한국학연구원, pp.57-60; 2016, 『신라의 서예』, 다운샘, pp.261-263; 2017, 「통일신라 목간의 서풍」, 계명대학교 한국학연구원 편, 『영남서예의 재조명』, 계명대학교 출판부, pp.74-77.

성 목간(그림 15)의 노련한 행서가 간논지 목간의 예스러운 듯 특이한 예서체보다 한 단계 더 발전된 것이다. 이 방주형 논어 목간은 양국 지방 관리 글씨의 차이점을 잘 보여 준다.

양국 논어 목간의 기재 방식에도 다른 점이 있다. 한국의 두 점은 모든 면에 논어의 내용을 이어 썼지만, 일본에서는 이런 예가 아스카이케 출토 한 점뿐이고, 그 외에는 한 면에만 『논어』의 구절을 쓰고 나머지 면에는 다른 내용이 기재되어 있다.

불경과 『논어』가 한 목간의 양면에 쓰인 경우도 있다.(그림 14-

그림 15. 인천 계양산성 논어 목간, 7-8세기, 통일신라, 14×1.5㎝, 국립중앙박물관

③) 아스카이케 출토 양면 목간의 전면에는 "觀世音經卷"이, 후면에는 "子曰學□□是是"이 적혀 있다. 또 불경 관련 기록만 쓴 목간도 있다.(그림 14-④) 이시가미 출토 양면 목간에서 전면에는 "己卯年八月十七日白奉經", 후면에는 "觀世音經卷"이 적혀 있다. '기묘년'은 679년이다. 이들 불경 습서 목간도 논어 목간처럼 무기교적 고박함이 특징이다. 편하게 경전을 연습한 서자의 마음 상태를 보고 있는 듯하다.

한편 한시 목간이나 만요가나(萬葉仮名)로 와카를 기록한 가 목간이 있다.[36] 가 목간은 처음부터 노래를 쓸 목적으로 재료를 준비하고 노래를 적은 목간이다. 재료의 片面에 1행으로 쓰고 목간의 길이는 60㎝ 이상이며, 儀式을 행할 때 사용되었다. 이런 점에서 노래의 일부를 쓴 습서 목간과 구별된다.

2006년 전기 나니와궁 서남모퉁이 부근에서 출토된 7세기 중반경의 가 목간(그림 16)은 와카를 一字一音의 만요가나로 썼기 때문에 'はるくさのはじめのとし(春草가 시작되는 해)'로 읽힌다.[37] 이것도 와카의 32자를 1행으로 썼다고 가정하면, 원래는 60㎝ 정도의 목간으로 추정된다. 해서로 쓴 묵서는 노래하듯이 리듬감을 표현하고, 어린아이 같은 천진난만함이 두드러진다. 특별한 기교를 부리고자 하지 않고 편한 마음으로 쓴 글씨로 보인다. 660년대로 추정되는 나니와궁 '무신년' 목간(그림 10)과 유사한 고박함은 있

36) 三上喜孝, 2010, 「일본 출토 고대 목간 ―근년의 출토 목간」, 『木簡과 文字』 5, 한국목간학회, pp.213-215. 여기에는 세 점의 가 목간이 더 소개되어 있다. 한시 목간으로는 오언절구로 옮은 아스카이케 목간이 있다. 이치 히로키 지음, 이병호 옮김, 2014, 앞의 책, p.184.

37) 만요가나에 관해서는 David Barnett Lurie, 2016, 「世界의 文字史와 『萬葉集』」, 『木簡과 文字』 16, 한국목간학회 참조.

그림 16. 難波宮 歌木簡, 7세기
중반, 아스카, 18.5×2.6×0.6cm

그림 17. 難波宮 문서 목간, 7세기 후반, 아스카, (좌) 18×6.5×0.9cm, (우) 13.6×4.1
×0.6cm

으나, 같은 장소에서 출토된 아래의 문서 목간과는 분위기가 다르다.

하단이 훼손된 나니와궁 목간(그림 17-좌)의 전면은 "廣乎大哉宿世", 후면은 "是以是故是是"로 읽

한다. 후면에서 서두의 네 글자는 자간이 밀하고 하단의 두 글자는 상대적으로 성글며, '是'자가 반복적으로 쓰여 있다. 양면의 묵서는 한 사람이 해서로 썼는데 획의 연결 부분에 행서의 필의로 連筆한 것이 특징이다. 6cm가 넘는 긴 너비에 1행으로 쓴 글씨는 가로획이 유난히 길어 편방형인 자형, 길게 늘어진 파획은 마치 예서로 쓴 漢簡을 연상시킨다. 기필은 노봉과 장봉을 모두 사용하고, 한 획의 기필·행필·수필에서 획의 굵기에 변화가 많고, 전면에서 원전을 노련하게 구사한 것에서 서자의 능숙한 필치가 드러난다. 전체적으로 사경의 필법이 강하며, 신라의 문서 목간과 견주어 볼 만하다.

상단과 하단 좌우가 훼손된 2행의 목간(그림 17-우)은 행서의 필의가 약간 있는 해서로 쓰인 점이 〈그림 17-좌〉와 같으나 서풍은 대비된다. 차분하고 정연한 글씨에 절제미가 있어 과감한 필치의 〈그림 17-좌〉와는 상반된다. 전형적인 문서 목간의 형식이며, 그 용도에 부합하는 글씨를 썼다. 이처럼 나니와궁의 세 목간은 각기 다른 서풍으로 표현되어 용도에 따른, 그리고 서자에 따른 서풍의 차이를 잘 보여 준다.

이제 문서 목간을 살펴보자. 이시가미, 아스카이케, 후지와라궁, 후지와라경 출토 문서 목간(그림 18) 가운데 이시가미 목간인 ①은 전형적인 행정 문서다. 묵서 "三野五十上書大夫馬草四荷奉(?)"에서 '미노오십상(三野五十上)'은 미노국 충신의 사정 50인을 통솔하는 자다. 같은 곳에서 묵서 '五十上'이 적힌 토기도 나왔다. '후미(書)'는 도래계 씨족인 후미씨(文氏)며, '大夫'는 존칭의 표현이다. 이 목간은 미노국 오십상에게 말여물[馬草] 네 짐[四荷]을 바칠 것을 보고 또는 명령하는 문서다.[38]

행서의 필의가 있는 해서로 쓴 이 목간들은 우열의 차이가 있으나 대체로 〈그림 17-우〉처럼 비교적 정연하다. 〈그림 18-①〉은 행서의 필의가 있는 웅강한 서풍이고, 〈그림 18-②·③·⑤·⑥〉은 비교적 차분하고 절제된 서풍이며, 〈그림 18-④〉는 양면 모두 첫 글자부터 행서의 필의가 있는 대담한 필치로 시작하고 다시 정연한 필치로 다시 과감한 필법으로 마무리하여 변화미와 절제미가 있어 〈그림 18〉에서 서사 솜씨

---

38) 이치 히로키 지음, 이병호 옮김, 2014, 앞의 책, p.120.

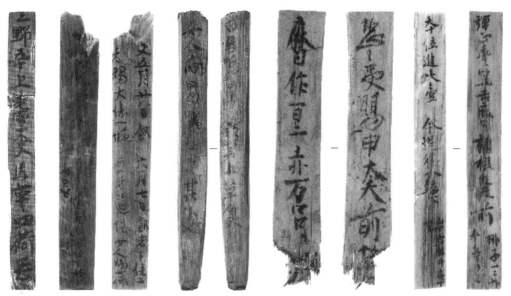

그림 18. 石神 문서 목간(① 17.9×1.9×0.3cm), 飛鳥池 문서 목간(② 19×2.9×0.3cm, ③ 21.3×2.4×1.1cm,), 藤原宮 문서 목간(④ 12.1 ×2.4×0.3cm), 藤原京 문서 목간(⑤ 21.5×2.8×0.6cm, ⑥ 26.7×3.4×0.3cm), 7세기 후반, 아스카

가 가장 유창하다.

이처럼 문서 목간은 대체로 하찰 목간, 습서 목간, 그리고 가 목간에 비해 글씨의 수준이 높은 편이다. 그럼에도 불구하고 전체적으로 월성 해자 문서 목간의 글씨보다는 유창함과 노련함이 부족한 편이다. 더욱이 일본 목간이 대략 100년 후에 쓰인 점을 감안하면, 7세기 후반 일본 왕경 관리들의 글씨는 단아하기는 하지만 6세기 후반 신라 왕경 관리의 글씨만큼 능숙하지는 못하다.

한편 왕경 북쪽에 위치한 시가현(滋賀縣) 유베노(湯ノ部) 유적에서 독특한 기재 방식의 문서인 '丙子年' 목간(그림 19)이 출토되었다. '병자년'은 676년이다. 목간의 너비는 길이의

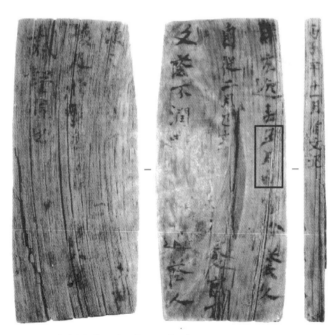

그림 19. 湯ノ部 '병자년' 문서 목간, 676, 아스카, 27.4×12×2cm

약 반 정도로 넓은 편이며, 두께는 보통 목간의 약 3~7배 정도 두껍다. 사면 가운데 삼면, 즉 우측면과 전·후면에만 묵서가 있다. 2㎝ 너비의 우측면에 문서의 제목인 "丙子年十一月作文記"를 쓰고 전·후면에 각면 3행으로 글자를 썼다. 내용은 대략 玄逸이 어떤 '蔭'에 관련된 사건에 대해 제출한 문서로 보인다. 이것은 '牒' 양식의 문서 목간이다. '牒'은 일본에서는 율령의 공식령에 규정된 문서양식이다. 개인이 제출한 上申文인 월성 해자 목간 149호를 이것과 같은 '첩' 양식으로 보아 신라의 목간 양식이 일본의 7세기 목간과 8세기 공식령의 규정에도 영향을 준 것으로 보기도 한다. '첩'은 고대부터 한반도와 일본 열도에서 널리 사용된 문서 양식인 만큼 율령제 도입 이후에도 범용성이 높은 문서 양식으로서 선택적으로 받아들여진 것으로 여겨진다.[39]

이 문서의 문장 형식은 신라나 백제와 같다. 먼저 제목의 기재 양식은 6, 7세기 백제와 같다. 능산리사지 출토 6세기의 사면 문서 목간 제목인 '支藥兒食米記', 부여 쌍북리 280-5번지 출토 7세기의 양면 문서 목간 제목인 '佐官貸食記'(618)와 같아 '기록한다'는 의미의 '記'를 사용했다.

다음으로 본문의 기재 양식은 5-7세기 한반도의 양식과 같다. 문서의 시작인 전면 1행의 다섯 번째부터 일곱 번째 글자인 '五月中'은 5, 6세기 고구려 비인 〈충주고구려비〉(449년 추정)의 서두 '五月中'과 〈평양성고성석각제4석〉(566)의 서두 '丙戌二月中', 6세기 신라의 금석문인 〈단양적성신라비〉(550년경)의 서두 '□□年□月中'과 〈명활산성비〉(551)의 서두 '辛未年十一月中', 목간인 성산산성 사면 문서 목간의 1면 서두 '三月中'과 양면 하찰 목간의 전면 서두 '正月中', 그리고 7세기 백제의 '좌관대식기' 목간(618) 서두 '戊寅年六月中'에서의 처격조사 '中'과 같은 문법인 것으로 보아 이것은 한반도의 영향임을 알 수 있다.

해서로 쓴 묵서는 삼면 모두에서 일정한 장법, 균정한 결구와 필치를 사용하여 문서라는 용도에 어울리는 솜씨를 발휘했지만 왕경의 문서 목간보다는 더 질박하다. 또 장법, 결구, 운필, 필법 등이 월성 해자의 문서 목간에는 미치지 못했다. 100년 전 신라 왕경 관리의 글씨와는 견줄 바가 아니며, 종이와 나무라는 서사 재료의 다름을 감안하더라도 이것보다

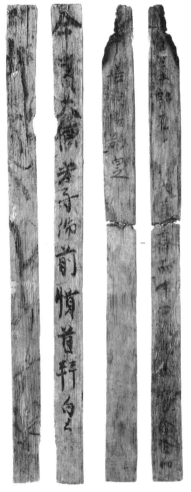

그림 20. 小敷田 목간, 7세기, 아스카, (좌) 37.8 ×2.8×0.3cm, (우) 40×2.8×0.5cm

---

39) 三上喜孝, 2008, 앞의 글, pp.203-206. 동급 부서에 보낸 문서라는 정재영의 주장과는 달리 그는 상급 부서에 올리는 문서로 본다.

불과 20년 후에 통일신라 왕경 관리가 쓴 〈신라제1촌락문서〉의 유창함에도 이르지 못했다.

그런데 오히려 왕경에서 먼 지방의 문서 목간 글씨가 더 뛰어나 일본 목간에서는 경향으로 나누어 글씨의 우열을 논하는 것은 무리인 듯하다. 사이타마현(埼玉縣) 교다시(行田市) 코시키다(小敷田) 유적에서 출토된 양면 목간(그림 20)의 글씨는 위에서 본 왕경과 인근 유적지 출토 문서 목간의 글씨보다 더 능숙하며, 그래서 월성 해자 목간과 견줄 만하다. 〈그림 20-좌〉[40]는 문장의 구성이 월성 해자 목간 149호(그림 1)와 유사하여 신라와의 연관성을 생각해 볼 여지가 있다. 전면의 묵서 "今貴大德若者御前頓首拜白云"을 월성 해자 149호 1면의 묵서 "大鳥知郎足下萬拜白□"와 견주어 보면, 전자는 '어전에 머리 숙여 절하면서 말한다'고 하고, 후자는 '대조지랑에게 만배하며 말한다'고 한다. 〈그림 20-우〉는 '□□代等에게 포 네 매를 구한다'는 내용의 문서인데, 후면의 마지막에 문장 종결사 '之'로 글을 맺었다.

묵서를 살펴보면 〈그림 20-좌〉는 노련함과 능숙함이 일본 문서 목간 가운데 으뜸이다. 특히 행기가 강한 하부에서는 장봉과 노봉의 혼용, 노숙한 원필의 전절, 획간의 連筆, 획의 강약 등에서 변화미와 성숙미가 돋보인다. 월성 해자 목간 149호의 정방형 또는 편방형과는 달리 장방형으로 쓰여 시원스럽다. 문장 마지막의 '白云'을 합자로 써 위의 장방형과 같은 느낌으로 만든 것은 서자의 뛰어난 조형 감각을 보여준다. 문장의 내용으로 보면 어전에 고하는 글이므로 코시키다 관리 가운데 글씨에 가장 능숙한 자가 썼을 것으로 추정된다. 〈그림 20-우〉는 이것과는 상반되는 자유자재한 분위기 속에서도 절제미를 지니고 있다. 細筆의 능숙한 붓놀림, 장방형과 정방형의 혼용 등 전체적으로 성숙된 솜씨를 드러낸다. 이 두 목간이 보여준 코시키다 관리의 글씨는 왕경과 그 인근 지역 관리의 글씨를 뛰어넘는다. 7세기 일본의 묵서는 중앙과 지방의 차이가 없으며, 오히려 지방 관리의 솜씨가 더 출중하다는 사실을 알 수 있다. 이들을 월성 해자 목간과 비교할 때도 대략 100년 후의 글씨임을 감안하고 살펴야 할 것이다.

한편 2002년 이시가미 유적에서 중앙에 지름 1.3㎝의 작은 구멍을 가진 특이한 형태인 원반형 목간(그림 21)이 출토되었다. 이것은 길흉을 적은 달력인 具注曆이며, 689년 3, 4월의 역으로 일본 최고의 달력이다.[41] 지역은 다르지만 위의 '병

그림 21. 石神 具注曆, 689, 아스카, 10.8×10×1.4㎝

40) 呪符木簡이라는 주장이 있다. 奈良文化財研究所飛鳥資料館, 2010, 앞의 책, p.65.
41) 이치 히로키 지음, 이병호 옮김, 2014, 앞의 책, pp.101-109.

자년' 문서 목간(그림 18)보다 13년 후에 쓴 것임에도 글씨의 수준은 별반 다르지 않다. 나무와 종이라는 서사 재료의 차이를 감안하고도 불과 6년 후에 쓴 〈신라제1촌락문서〉의 노련함과는 견줄 바가 아니다.

지금까지 살핀 바와 같이 7세기 후반부터 8세기 초반까지의 일본 아스카 시대의 왕경과 왕궁 그리고 인근 지역 출토 목간은 용도에 따라, 지역에 따라 서풍이 조금씩 다르다. 6세기 후반의 신라 월성 해자 목간보다 약 100년 후에 쓴 글씨가 고박하기도 하고 유창하기도 했다. 특히 지방의 목간이 왕경의 것보다 더 뛰어나기도 해 일본 목간을 경향으로 나눌 수는 있으나 글씨의 수준을 경향으로 나눌 수는 없다는 것을 알았다. 8세기 초의 지방 목간 글씨는 월성 해자 목간에 견줄 만하기도 하고 신라에서 보이는 북위풍의 해서도 있어, 신라가 일본 서예에 미친 영향이라 보아도 무방할 듯하다.

V. 맺음말

본고는 6, 7세기에 쓰인 신라 월성 해자 목간 글씨의 특징, 그것과 7, 8세기에 쓰인 통일신라 촌락문서 글씨와의 연관성, 그리고 7, 8세기 일본 아스카 목간 글씨와의 비교를 통해 월성 해자 목간 글씨가 동아시아 서예사에서 점하고 있는 위치를 살펴보았다.

제2장에서는 대부분 문서인 월성 해자 목간 글씨의 특징을 살폈다. 목간 149호는 圓轉으로 인한 유려함과 세가 약한 파획으로 인한 절제미를 보여 준다. 목간 150호는 글자의 크기, 획의 굵기 등에 변화가 많고 운필이 자유자재하여 빼어나다. 목간 158호는 원전과 방절, 직선과 곡선의 대비 효과를 극대화시키고 동자이형을 잘 표현하여 149호, 150호와는 다른 분위기로 뛰어나다. 특히 7세기 초에 쓴 이성산성의 '戊辰年' 목간보다 더 능숙한 북위풍 목간도 있어 6세기 말경 신라의 해서가 고풍을 벗어나 성숙되어져 갔다는 사실을 확인할 수 있었다. 이처럼 왕경 관리의 글씨는 지방 관리의 글씨와는 확연히 구별되어 왕경에서는 더 심도 있는 서사 교육이 실시된 것으로 추정된다.

제3장에서는 통일신라 촌락문서 글씨와의 연관성을 고찰했다. 8세기경 각각 다른 서풍으로 작성된, 일본 도다이지 쇼소인 소장 두 촌락문서의 글씨를 살핀 결과 그 출중함이 7세기경 작성된 월성 해자 문서 목간에 근원하였음을 알 수 있었다. 월성 해자 목간 149호는 752년 이전에 쓴 〈신라제2촌락문서〉와, 월성 해자 목간 150호는 695년에 쓴 〈신라제1촌락문서〉(695)와 서풍이 흡사하여 왕경 관리의 글씨가 100여 년 동안 신라에서 통일신라로 전승되었음을 알 수 있었다.

제4장에서는 일본 아스카 목간 글씨와의 비교를 시도했다. 7세기 후반부터 8세기 초반까지의 아스카 목간은 문서의 기재 방식, 문장의 양식 등에서 한반도의 영향을 받았다. 이것은 백제의 수도인 부여 쌍북리 유적에서 출토된, 왜인의 이름이 적힌 7세기의 '那尔波連公' 목간과 『논어』의 구절이 적힌 7, 8세기의 신라 계양산성의 방주형 논어 목간을 통해서도 확인된다.

글씨에서는 일본 나니와궁 출토 660년대의 '戊申年' 하찰 목간과 618년의 백제 '좌관대식기' 목간에 기록된 '戊寅年'에서 특이한 '戊' 자의 형태가 같아 백제 글씨의 영향을 확인할 수 있었다. 그러나 8세기 초의 후지와라경 목간에서는 웅강한 북위풍이 나타나 6세기 말부터 7세기 초에 걸쳐 신라의 금석문과 목간에 사용된 북위풍의 영향임을 알 수 있었다.

출토 목간의 수량으로 볼 때 고대 일본은 신라보다 훨씬 활발한 문서 행정을 실행했음을 알 수 있는데, 그 결과 용도에 따라, 지역에 따라, 그리고 서자에 따라 다양한 서풍을 구사했다. 고박함에서 유창함으로 변화하는 하찰 목간, 질박한 습서 목간, 천연스러운 가 목간, 정연하고 절제된 문서 목간은 각기 다른 모습으로 서자의 개성을 표현했다. 글씨에 京鄕의 차이가 있는 신라와는 달리 일본 글씨에는 그런 차이가 거의 없다. 7세기 말과 8세기 초에는 지방의 목간이 월성 해자에 비견될 만큼 뛰어나기도 했다. 전반적으로 7세기 후반의 일본 왕경 목간 글씨는 6세기 후반의 월성 해자 목간 글씨의 변화무쌍함과 능수능란함에는 이르지 못했다. 이런 점에서 신라의 왕경 관리가 쓴 월성 해자 문서 목간 글씨의 출중함은 동아시아 서예사에서 월성 해자 목간의 위상을 한층 높여 준다.

투고일: 2018. 4. 30.   심사개시일: 2018. 5. 1.   심사완료일: 2018. 5. 24.

1. 단행본

계명대학교 한국학연구원 편, 2017, 『영남서예의 재조명』, 계명대학교 출판부.

국립가야문화재연구소·국립김해박물관, 2012, 『나무, 사람 그리고 문화』.

국립가야문화재연구소·국립부여박물관, 2009, 『고대의 목간 그리고 산성』.

국립경주문화재연구소, 2006, 『月城垓子 發掘調査報告書Ⅱ -고찰-』.

국립경주문화재연구소, 2010, 『국립경주문화재연구소 20년의 발자취』.

국립경주문화재연구소, 2011, 『月城垓子 發掘調査報告書 Ⅲ(4號 垓子)』.

국립부여박물관·국립가야문화재연구소, 2009, 『나무 속 암호, 목간』, 예맥.

국립중앙박물관, 2011, 『문자, 그 이후』, 통천문화사.

국립중앙박물관, 2011, 『특별전 문자, 그 이후 기념 심포지움』 자료집.

국립중앙박물관, 2016, 『세계유산 백제』.

국립창원문화재연구소, 2006, 『한국의 고대목간』 개정판.

김남형 외, 2017, 『한국서예사』, 미진사.

이치 히로키 지음, 이병호 옮김, 2014, 『아스카의 목간』, 주류성.

정현숙, 2016, 『신라의 서예』, 다운샘.

한국고대사학회, 2007, 『한국 고대사 연구의 새 동향』, 서경문화사.

2. 논문

강애경, 2006, 「월성 해자 출토 목간 및 목제품의 수종」, 『月城垓子 發掘調査報告書Ⅱ -고찰-』, 국립문화
　　재연구소.

김창석, 2008, 「大阪 桑津 유적 출토 百濟系 木簡의 내용과 용도」, 『木簡과 文字』 창간호, 한국목간학회.

Lurie, David Barnett, 2016, 「世界의 文字史와 『萬葉集』」, 『木簡과 文字』 16, 한국목간학회.

三上喜孝, 2008, 「일본 고대 목간의 계보 -한국 출토 목간과의 비교검토를 통하여-」, 『木簡과 文字』 창간
　　호, 한국목간학회.

三上喜孝, 2010, 「일본 출토 고대 목간 -근년의 출토 목간」, 『木簡과 文字』 5, 한국목간학회.

송완범, 2007, 「신라의 경제제도와 소위 '촌락문서'」, 『한국 고대사 연구의 새 동향』, 한국고대사학회.

榮原永遠男, 2010, 「일본에서의 목간연구와 과제 -『木簡研究』 30년」, 『木簡과 文字』 5, 한국목간학회.

윤선태, 2000, 「신라 통일기 왕실의 촌락지배」, 서울대학교 대학원 박사학위논문.

윤선태, 2005, 「월성 해자 출토 신라 문서 목간」, 『역사와 현실』 56, 한국역사연구회.

이경섭, 2013, 「新羅 木簡文化의 전개와 특성」, 『民族文化論叢』 54, 영남대학교 민족문화연구소.

이경섭, 2013, 「新羅木簡의 출토현황과 분류체계 확립을 위한 試論」, 『新羅文化』 42, 동국대학교 신라문화

연구소.

이경섭, 2014, 「신라·백제목간의 비교 연구」, 『新羅文化』 44, 동국대학교 신라문화연구소.

이경섭, 2016, 「6-7세기 한국 목간을 통해서 본 일본 목간문화의 기원」, 『新羅史學報』 37, 신라사학회.

이동주, 2009, 「월성 해자 출토 목간의 제작기법」, 『木簡과 文字』 4, 한국목간학회.

이용현, 2011, 「사발을 싼 新羅文書(佐波理加盤附屬文書)의 검토」, 『특별전 문자, 그 이후 기념 심포지움』
　　자료집, 국립중앙박물관.

정재영, 2008, 「月城垓字 149號 木簡에 나타나는 吏讀에 대하여」, 『木簡과 文字』 창간호, 한국목간학회.

정현숙, 2013, 「통일신라 서예의 다양성과 서풍의 특징」, 『書藝學研究』 22, 한국서예학회.

정현숙, 2015, 「신라 서예의 다양성과 일관성 고찰」, 『書藝學研究』 27, 한국서예학회.

정현숙, 2016, 「용도로 본 통일신라 목간의 서풍」, 『한국학논집』 61, 계명대학교 한국학연구원.

정현숙, 2017, 「통일신라 목간의 서풍」, 계명대학교 한국학연구원 편, 『영남서예의 재조명』, 계명대학교
　　출판부.

정현숙, 2017, 「신라의 서예」, 『한국서예사』, 미진사.

홍기승, 2013, 「경주 월성 해자·안압지 출토 목간의 연구 동향」, 『木簡과 文字』 10, 한국목간학회.

奈良國立博物館, 2002, 『第54回 正倉院殿』.

奈良文化財研究所, 2010, 『天平びとの声をきく-地下の正倉院·平城宮木簡のすべて』.

奈良文化財研究所, 2013, 『改訂新版 日本古代木簡字典』.

木簡學會 編, 2010, 『木簡から古代がみえる』, 東京: 岩波書店.

奈良文化財研究所飛鳥資料館, 2010, 『木簡黎明-飛鳥に集ういにしえの文字たち』.

〈Abstract〉

Calligraphic Materials of Ancient East Asia and Wolseong Moat Wooden Tablets

Jung, Hyun−sook

This paper is to explore the calligraphic characteristic of the Wolseong Moat wooden tablets of Silla, to find out the calligraphic relationship with two village documents of the United Silla, and to search for the calligraphic influence to the wooden tablets of Aska, Japan.

First, calligraphy of the document wooden tablets among all the Wolseong Moat wooden tablets shows round turning brush and square turning brush, fluidness and strongness, and change and restraint. Especially, by the end of the 6th century the Northern Wei style showing the changeable process from the ancient Silla style to the Chinese style clearly appears on the tag wooden tablets. The Northern Wei style of Wolseong Moat wooden tablets is more fluent than that of Iseongsanseong Fortress wooden tablets of the early 7th century. It tells us that the writing of capital officials is superior to that of local officials.

Next, the regular and running scripts on the two village documents of the United Silla from the late 7th to the early 8th century are more advanced than those of Wolseong Moat wooden tablets of Silla. It reveals the calligraphic change of Silla for more than one hundred years and means that calligraphy culture was transmitted from the Silla to the United Silla.

Lastly, we can confirm that the calligraphy of wooden tablets of Aska, Japan, in the 7th century was influenced by that of Baekje and Silla. Especially, the Northern Wei style on Hujiwarakyo wooden tablets in the early 8th century seems to be the influence of Silla. Ancient Japan produced numerous wooden tablets compared to ancient Korea. It means that the administrational documents using wooden tablets were actively used. Nonetheless, the writing of wooden tablets of Aska in the late 7th century does not reach that of Wolseong Moat wooden tablets of Silla in change and skill. Wolseong Moat wooden tablets showing the excellent writing by capital officials are outstanding calligraphic materials holding a dominant position in the history of East Asian calligraphy.

▶ Key words: wooden tablets of Silla, wooden tablets of Baekje, Wolseong Moat wooden tablets, village documents of the United Silla, wooden tablets of Aska

논/문

흥전리사지 출토 고승비편의 내용과 흥전리사지의 역사적 성격

흥전리사지 출토 고승비편의 내용과
흥전리사지의 역사적 성격

최연식*

〈국문초록〉

이 글에서는 삼척시 도계읍 흥전리사지에서 수습된 비편들을 판독·해석하고, 이를 기초로 비석 주인공의 행적과 불교계에서의 위상, 그리고 비석 건립 시기와 건립 주체 등의 문제를 살펴보았다. 현재까지 확인된 14점의 비편들은 비석 주인공의 행적을 기록한 본문[陽記] 9점과 비석 건립 과정을 기록한 陰記 5점으로 구분되며, 양자는 서체와 크기, 기록 방식 등에 일정한 차이를 보이고 있다. 본문 비편의 내용을 통해 비석의 주인공은 蘇判의 관등을 가진 眞骨 金氏의 아들로 태어나 10여 세에 출가하여 성실한 수행으로 많은 祥瑞를 드러냈고, 이후 구족계를 받은 이후에는 계율을 지키는 등 수행에 힘써 많은 명망을 얻은 선종승려였으며, 咸通년간(860-873)에 입적한 것을 알 수 있다. 또한 850년대에 국왕에게 당나라로부터 大藏經을 구해올 것을 건의하였고, 國統의 직책을 맡았던 것으로 추정된다. 한편 음기의 내용을 통해서는 이 비석의 건립을 주도한 인물이 당시 이 지역을 실질적으로 통치하면서 '賜紫金魚袋'임을 내세우던 지방 유력자이고, 비석 본문 혹은 음기의 작성과 書寫, 刻字 등에 이 절의 승려들이 참여하였음을 알 수 있다. 그리고 이 비석이 건립된 시기는 전국적으로 독자적 세력을 갖는 유력자들이 대두하던 10세기 전반기로 추정된다. 이로 볼 때 흥전리사지는 9세기 중엽에서 10세기 전반기까지 비석 주인공과 그 문도들

---

* 동국대학교 사학과

에 의해 운영되던 신라 말~고려 초기의 강원도 동부 지역의 유력한 선종 사찰이었다고 생각된다.

▶ 핵심어: 흥전리사지, 大藏經, 國統, 紫金魚袋, 나말여초 선종 사찰

I. 머리말

　　삼척시 도계읍 흥전리의 신라~고려시기 절터에서는 금동제 幡의 일부로 추정되는 금동장식판과 청동
淨甁, 청동 (僧)官印 등 당시 사찰의 의례와 승려들의 생활에 관한 주요한 유물들이 다수 발견되었다. 이
러한 유물들로 볼 때 이 흥전리사지는 신라~고려시기에 상당한 규모와 위상을 갖는 사찰 유적으로 추정
되고 있다. 하지만 기존의 문헌 기록에는 이 사찰에 관련된 내용이 거의 확인되고 있지 않아서, 이곳이
구체적으로 언제 누구에 의해서 창건되었으며, 어떠한 성격의 사찰이었는지에 대해서 거의 파악되지 않
고 있다. 이런 가운데 이곳에서 수습된 여러 편의 비편들은 이 사찰에 대한 거의 유일한 문자 기록으로
서, 이 사찰의 성격과 건립 배경을 알 수 있는 자료로서 주목되고 있다. 다만 현재까지 발견된 비편들은
큰 것이 20여 자, 작은 것은 10자 미만의 작은 단편들일 뿐 아니라, 그 수도 10여 점에 불과하고 그중 일
부는 판독에도 어려움이 있어서, 확인할 수 있는 정보의 양과 내용이 매우 제한되어 있다. 비석 주인공의
출신 배경이나 행적에 관한 내용도 일부 보이고 있지만, 다수의 비편은 구체적으로 어떠한 내용을 이야
기하고 있는지 알기 어려운 상황이어서, 이 비석의 주인공이 어느 시기에 어떠한 활동을 하였는지, 불교
계에서 어떠한 위상을 가졌으며 언제 어떠한 의미에서 비석이 건립되었는지 제대로 파악되지 않고 있다.
근래에 2016년까지의 이곳의 발굴조사 내용과 수습된 비편 15점의 내용에 대한 보고가 있었지만,[1] 여기
에서도 통일신라시대 후기의 주요한 사찰일 것으로는 추정하였지만 구체적인 사찰의 성격에 대해서는
확인하기 어려웠다. 앞으로 발굴 및 현장에 대한 조사가 진척되고 더 많은 비편이 수습되면 그 내용을 통
하여 비석 주인공의 행적과 이 사찰의 건립 배경에 대해 보다 많은 정보를 파악할 수 있을 것으로 기대된
다. 일단 이 글에서는 현재까지 수습된 비편에 대한 보다 정확한 판독과 해석을 시도하고, 이를 토대로
비석의 건립 시기와 건립 배경, 그리고 비석 주인공의 활동 시기와 주목할 행적, 이 비석이 건립된 흥전
리사지의 불교사적 위치에 대하여 개괄적인 이해를 시도해보고자 한다. 자료의 부족으로 인한 비약과 추
론이 적지 않지만 이 시론이 향후의 구체적 검토에 조금이나마 기여될 수 있기를 기대한다.

---

1) 박찬문, 2017, 「삼척 흥전리사지 출토 고승비편 소개」, 『목간과 문자』 18, 한국목간학회

II. 비편의 분류와 판독

현재까지 확인된 비편은 모두 14점이다. 홍영호·김도현 씨가 수습한 4점[2]과 강원문화재연구소의 정밀 지표조사에서 수습된 4점,[3] 그리고 불교문화재연구소의 발굴조사 과정에서 수습된 6점[4] 등이다. 이 비편 들은 재질 등으로 볼 때 동일한 비석의 파편으로 보이지만, 서체와 내용으로 볼 때 비석의 앞면에 비석 주인공의 행적을 기록한 본문[陽記]와 뒷면에 비석 건립 과정을 기록한 陰記 두 가지로 분류된다. 본문 [陽記]은 글씨가 단정한 해서체로 좌우의 글자가 나란하게 배치된 반면, 음기는 글씨에 행서와 초서 기운 이 섞여 있고 좌우행의 글자 배열이 정연하지 않다. 글씨의 크기도 본문은 2cm가 조금 넘는 반면 음기는 3cm가 조금 안 되는 크기로 음기가 더 크다. 글씨의 상태도 본문은 선명한 반면 음기는 훼손이 심하여 잘 읽히지 않는 글자들이 있다. 음기의 경우 본문에 비해 얕게 새겨졌거나 아니면 햇볕을 잘 받지 못하여 碑 陽에 비해 더 많이 훼손된 때문으로 생각된다. 본문의 내용은 비문 주인공의 생애와 행적에 대한 내용으 로 파악되는 반면, 음기는 주인공의 행적과 관련된 내용은 보이지 않는다. 아마도 비문의 건립 및 그와 관련된 내용을 기록한 것이 아닌가 추정된다. 현재까지 파악된 바로는 본문에 해당하는 비편이 9점, 음기 에 해당하는 비편이 5점이다. 이하에서는 비편을 본문과 음기로 구분하여 각 비편별로 판독하고, 내용을 살펴보도록 한다.

---

2) 홍영호, 2004, 「삼척시 도계읍 흥전리사지의 사명 추정」, 『한국대학박물관협회 제50회 춘계 학술발표회 자료집』, p.78과 pp.91-94에 이들 비편의 판독문과 탁본이 수록되어 있다.

3) 강원문화재연구소·삼척시, 2003, 『삼척 흥전리사지 지표조사 및 삼층석탑재 실측 보고서』, pp.114-123에 이들 비편의 사진 과 판독문, 실측도, 탁본 등이 수록되어 있다.

4) 불교문화재연구소, 2014, 『삼척 흥전리사지 시·발굴조사 약식보고서』, p.34에 1점, 2015, 『삼척 흥전리사지 2차 시·발굴조사 약식보고서』, pp.19-20에 3점, 2016, 『삼척 도계읍 흥전리사지(삼층석탑주변유적) 발굴조사 약식보고서』, p.32에 1점, 2017, 『삼척 도계읍 흥전리사지(삼층석탑주변) 내 유적 2차 정밀발굴조사 학술자문회의 자료집』, p.25에 1점의 사진과 탁본이 소개 되어 있다.

1. 본문[陽記]

①

탁본 (홍영호, 2004)	판독
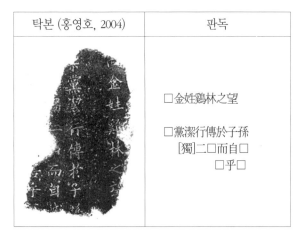	□金姓鷄林之望 □薰潔行傳於子孫 [獨]二□而自□ □乎□

이 비편은 비문 주인공의 출신 배경을 나타낸 것으로 생각된다. 첫 행에는 金姓이 鷄林, 즉 신라의 望族[金姓鷄林之望(族)]이라는 내용이 있고, 공백의 한 줄 뒤에는 깨끗한 행실이 자손에게 전해졌다[潔行傳於子孫]는 내용이 있다. 뒤의 두 행은 판독이 명확하지 않아 어떠한 내용인지 추정하기 힘들다.

②

탁본 (홍영호, 2004)	판독
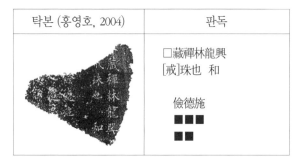	□藏禪林龍興 [戒]珠也 和 儉德施 ■■■ ■■

이 비편의 두 번째 행 첫 글자는 윗부분이 결락되었지만 형태상 戒자로 추정되는데, 아래의 글자와 연결하여 '戒珠'로 볼 수 있다. 戒珠는 승려들이 계를 받아 잘 지키는 것을 몸을 아름답게 장식하는 구슬에 비유한 것으로서, 승려들의 비문에서는 주로 具足戒를 받아 정식 출가한 이후에 계를 잘 지키는 것을 칭송할 때에 사용된다. 따라서 이 비편은 비문 주인공이 구족계를 받은 이후 수행을 잘 하고 계를 잘 지켰음을 서술한 단락에 해당하는 것으로 생각된다. 첫 행의 '禪林龍興'이라는 구절은 앞뒤 부분이 결락되어 어떤 내용인지 알 수 없다. 禪林은 불교 문헌이나 승려들의 비문에서 선종 사찰을 가리키는 일반 명사로 사용되는 경우가 많은데, 그럴 경우 이 구절은 선림이 크게 일어났다고 해석할 수 있다. 그런데 신라 말에 禪林院이라는 사찰이 있었고, 고려시대에 龍興寺가 있었던 것을 고려하면, 禪林과 龍興이 각각 사찰의 이

름을 가능성도 있다. 이 경우에는 이 구절은 비문 주인공이 구족계를 받을 때를 전후하여 수학한 사찰의 이름을 나열한 것일 수도 있다. 한 줄의 공백 뒤에 보이는 내용 중 '儉德施'는 검소한 덕을 갖추고 베풀기를 잘하였다는 의미로 해석된다. 비문 주인공이 갖추고 있던 수행자로서의 태도를 서술한 것으로 보인다.

③

탁본 (홍영호, 2004)	판독
	不摩影留寒塔松

이 비편은 매우 간략한 내용인데, 중간의 '影留寒塔'은 그림자가 외로운 탑에 남아 있다는 뜻으로 비문 주인공의 입적 후에 그의 자취가 그의 부도에 남아 있다는 의미로 이해된다.[5] 시적인 표현이고, 네 자의 구절로 되어 있는 것으로 보아 비문 마지막의 銘文 부분의 일부로 생각된다.

④

탁본 (강원문화재연구소, 2003)	판독
	幷 □■[飴]之宮達[摩] 之中

---

5) 唐代에 편찬된 『法苑珠林』에 부처님의 입멸 이후 부처님의 모습이 석굴에 남아 있었다는 고사에 기초하여 '影留石窟'이라고 표현한 문장('如來應現, 妙色顯於三千. 正覺韜光, 遺形傳於八萬. 是以塔踊靈山, 影留石窟.')이 보인다(大正藏 제53책, 578b).

이 비편은 각 행의 글자가 몇 자 안되어 어떠한 내용인지 추정하기 힘들다. 세 번째 행의 세 번째 글자는 형태상 餘으로 추정되는데,[6] 이 글자는 飯과 같은 뜻의 글자로서 '餘之宮'은 아마도 부처님의 부친인 淨飯王의 궁궐을 가리키는 것으로 생각된다. 淨飯王은 여러 경전들에서 부처의 아버지의 대명사로 사용되고 있다. 그 뒤의 達摩는 선종을 인도에서 중국에 전한 달마대사를 가리키는 것으로 볼 수 있을 것이다. 이러한 내용으로 볼 때 이 부분은 불교의 출현과 선종의 중국 전래에 관한 내용을 서술한 것으로 볼 수 있는데, 이러한 내용은 보통 선종 승려 비문의 첫 부분에 오는 것이 일반적이다.

⑤

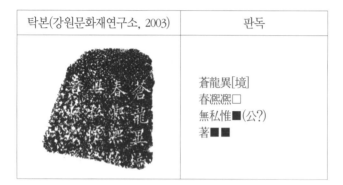

탁본(강원문화재연구소, 2003)	판독
	蒼龍異[境] 春凞凞□ 無私惟■(公?) 著■■

비편의 두 번째 행의 凞凞는 봄날의 밝고 화창함을 나타내는 표현으로[7] 바로 앞의 春과 어울린다. 바로 첫 번째 행의 蒼龍도 봄과 관련되는데, 봄과 푸른색은 동시에 東方을 상징하기도 한다. 세 번째 행의 無私惟公은 사심 없이 공정하다는 것이다. 봄과 같이 밝고 화창하다는 표현[春凞凞]이나 사심 없이 공정하다는 것은 비문 주인공의 성품을 칭송한 것으로 볼 수 있지만, 앞의 蒼龍이라는 표현을 생각하면 개인이 아니라 동방, 즉 우리나라의 특성을 이야기한 것이 아닌가 생각된다. 그렇다면 비문 주인공의 출신지인 우리나라의 훌륭함을 이야기한 부분으로 볼 수 있는데, 이러한 내용은 보통 비문의 가장 앞부분에 서술된다.[8]

---

6) 홍영호(2004)에서는 餘으로 추정하였지만, 食과 세록 획의 거리를 고려할 때 餘보다는 餘의 가능성이 높다고 생각된다.

7) 〈鳳巖寺諡智證大師碑〉에 "凞凞太平之春"이란 구절이 보이고, 〈朴仁碩墓誌銘〉에는 "窮而不易其節凜凜秋霜, 達則思濟斯物凞凞春陽"이란 구절이 있다.

8) 〈鳳巖寺諡智證大師碑〉의 서두에서도 동쪽에 있는 신라의 특성을 봄과 연결하여 칭송하고 있다.

⑥

탁본(강원문화재연구소, 2003)	판독
	[心]印顯　我大師 氣候淸俱人惟推 堂不壍地獄存其 稱揚異口同詞 □□西

이 비편의 내용은 비문 주인공인 '我大師'의 훌륭함을 칭송한 것으로 파악된다. 첫 번째 행에서는 我大師가 부처의 心印을 갖추었음을 이야기하고, 한 행의 공백 다음 행에서는 기질이 맑아[氣候淸俱] 사람들의 존경을 받았음[人惟推]을 이야기하고 있다. 그 다음 행의 내용은 명확하지 않은데, 壍은 외부의 침입을 막거나 통행에 장애가 되는 구덩이로서, 승려들의 비문에서는 국왕 등의 재가 후원자가 불법을 보호하거나 반대로 승려가 국가를 수호함을 나타내는 문장에 사용되고 있다.[9] 이로 볼 때 이 행의 '(天堂) 不壍地獄'은 (天堂을 수호하고) 지옥을 보호하지 않았다는 의미로 해석될 수 있다. 혹은 선과 악의 구분에 집착하는 것을 부정하는 불교적 태도를 고려하면 천당과 지옥을 크게 나누지 않았다는 의미로도 해석될 수 있을 것이다. 어느 경우나 비문 주인공의 수행자로서의 훌륭함을 이야기한 것으로 생각된다. 그 다음 행은 여러 사람들이 이구동성[異口同詞]으로 칭송하였다는 것이다.

9) 〈淨土寺 法鏡大師碑〉 "弟子牆壍法城 金湯祇樹", 〈廣照寺 眞澈大師碑〉 "仁國之金湯 亦法城之墻壍", 〈興寧禪院 澄曉大師碑〉 "大師永福國家 兼爲北壍"

⑦

탁본 (불교문화재연구소, 2015)	판독
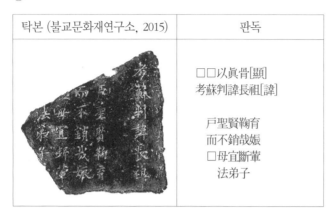	□□以眞骨[顯] 考蘇判諱長祖[諱] 尸聖賢鞠育 而不銷哉娠 □母宜斷葷 法弟子

    이 비편의 내용은 ①과 마찬가지로 비문 주인공의 출신 배경에 대해 서술하고 있다. 첫 번째 행은 오른쪽 절반 정도가 결락되었지만 그래도 眞骨이라는 글자를 읽을 수 있다. 비문 주인공이 진골 출신임을 보여주는 것이다. 다음 행의 考蘇判諱長은 주인공의 부친의 이름이 長이며, 蘇判의 직위에 있었음을 이야기한 것이다. 그 아래에는 祖諱로 판독되는데, 조부의 이름을 나타낸 것이다. 부친과 달리 직위가 없이 바로 이름을 이야기한 것이 주목된다. 그 다음 한 행의 공백을 두고 기록된 내용은 주인공의 탄생과 관련된 내용으로 보인다. 부모들이 훌륭하게 키웠으며[聖賢鞠育], 어머니가 임신 이후에 냄새나는 채소(와 비린 음식)를 끊었다는[哉娠 …母宜斷葷(腥)] 내용이 서술되어 있다.

⑧

탁본 (불교문화재연구소, 2016)	판독
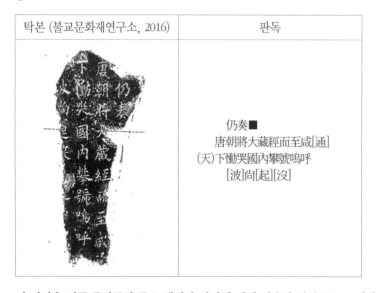	仍奏■ 唐朝將大藏經而至咸[通] (天)下慟哭國內攀勞號嗚呼 [波]尙[起][沒]

    이 비편은 비문 주인공의 주요 행적과 입적에 대해 서술한 부분으로 보인다. 첫 번째 행의 '仍奏'는 국왕에게 무엇인가를 건의한 것을 나타내며, 두 번째 행의 '唐朝將大藏經'은 당나라에 가서 대장경을 가져

온 것을 서술한 것으로 보인다. 두 번째 행 하단부와 세 번째 행은 비문 주인공의 입적에 관한 내용으로 보인다. 두 번째 행의 마지막 글자는 '通'으로 추정되는데, 다음 행의 내용과 연결하여 이해하면 비문 주인공이 咸通년간(860~873)에 이르러 입적하였고, 그에 대해 국내의 모든 사람들이 슬퍼하였다는 내용을 서술한 것으로 생각된다. 다음 행은 결락이 있지만 '波尙起沒'로 판독되는데, 본질인 물은 고요하지만 현상인 파도는 생겨났다 없어졌다를 반복한다는 의미이다. 주인공의 입적이 단순한 현상 세계에서의 죽음에 불과하고 그의 본질은 영원하다는 의미를 표현한 것이 아닌가 생각된다.

⑨

탁본 (불교문화재연구소, 2017)	판독	해석
	□祇□ 餘載■城 惱之髮自 ■ [祥]瑞歷證 ■味腥羶 戒往	

　이 비편은 비문 주인공의 출가 및 수행과 관련된 내용을 서술한 부분으로 생각된다. 세 번째 행의 '惱之髮'은 '(번)뇌의 머리카락(을 잘랐다)'는 표현으로 보이며,[10] 출가하는 모습을 서술한 것으로 생각된다. 그렇다면 바로 앞줄의 '餘載'는 (십)여 년의 의미로서 십여 살의 나이에 불교에 관심을 갖고 출가하게 된 것을 이야기한 것으로 볼 수도 있을 것이다. 한편 두 줄 공백 뒤의 내용은 출가 이후의 수행 모습을 서술한 것으로 생각된다. 뒤에서 세 번째 행의 '祥瑞歷證'은 '상서가 여러 차례 증험하였다'로 해석되며, 주인공이 출가 이후 수행을 잘하여 상서로움이 나타났음을 이야기한 것이 아닌가 한다. 다음 행의 腥羶은 비린내 나는 음식으로, 출가 이후 계율에 따라 청정한 음식만을 먹었음을 이야기한 것으로 보인다. 다음 행의 첫 번째 글자는 일부 결락이 있지만 戒로 판독되며, 출가하여 일정한 시간이 지났음을 고려할 때 具足戒를 받는 것과 관련된 것으로 생각된다. 뒤의 글자인 往과 함께 고려하면 구족계를 받기 위하여 어느 곳으로 갔거나 아니면 구족계를 받은 후에 어느 곳으로 갔다는 내용이 아닌가 한다.

---

10) 〈普賢寺 朗圓大師碑〉에 "落掩泥之髮"이라는 표현이 보인다.

2. 陰記

⑩

탁본 (홍영호, 2004)	판독
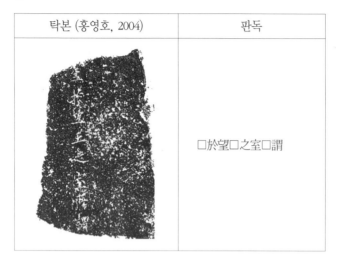	□於望□之室□謂

이 비편은 앞의 본문[陽記]과 달리 글씨에 해서의 기운이 있고 훼손 상태도 더 심하다. 본문과는 구별되는 음기의 일부로 생각되는데, 글자의 마멸이 심하여 정확히 판독되지 않아서 구체적으로 어떤 내용을 이야기하고 있는지 파악되지 않는다.

⑪

탁본 (강원문화재연구소, 2003)	판독
	義之於 興也行

이 비편 역시 글씨의 형태와 좌우행의 글자 배치가 정연하지 않은 것으로 볼 때 음기의 일부로 보인다. 글자는 명확히 판독되지만 어떠한 내용인지 파악되지 않는다.

⑫

탁본 (불교문화재연구소, 2015)	판독
	賜紫金魚 [按]界分職 宣賜·者於 ■■■■

이 비편 역시 행서체가 있는 글씨의 형태와 좌우행의 정연하지 않은 글자 배치로 보아 음기의 일부로 보인다. 첫째 행의 '賜紫金魚'는 紫金魚袋를 하사받은 고위직의 인물을 가리키는 것으로 보인다. 다음 행의 '(按)界分職'은 '경계를 정하여 임무를 나누어 맡긴다'는 의미로 해석되는데, 앞 행의 내용을 함께 고려하면 紫金魚袋를 하사받은 인물에게 어느 지역의 통치를 맡겼다는 내용이 아닌가 생각된다.

⑬

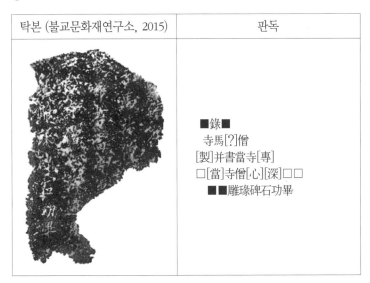

탁본 (불교문화재연구소, 2015)	판독
	■錄■ 寺馬[?]僧 [製]幷書當寺[專] □[當]寺僧[心][深]□□ ■■雕琢碑石功畢

이 비편 역시 서체나 좌우행의 정렬 상태로 보아 음기의 일부로 보인다. 두 번째 행는 寺馬라는 글자가 있고, 세 번째 행과 네 번째 행에는 '當寺'라는 표현이 보인다. 두 번째 행의 '製幷書'와 네 번째 행의 '雕琢 碑石功畢'이라는 내용을 고려하면 비석의 건립과 관련된 내용을 기록한 것으로 생각된다. 두 번째 행의 '製幷書'는 글을 짓고 썼다는 것인데, 비석 본문을 짓고 썼다는 것인지 아니면 음기의 내용을 짓고 썼다는 것인지 명확하지 않다. 하지만 비문 본문의 찬술자와 서자는 본문[陽記]에 기록되는 것이 일반적이므로

이 기록은 음기를 짓고 쓴 것으로 생각된다. 음기를 짓고 쓴 인물은 바로 뒤에 기록된 '當寺專□', 즉 이 절의 승려 專□일 것이다. 세 번째 행의 '當寺僧 心深' 역시 비석의 건립에 관련된 어떠한 역할을 한 인물일 것이다.

⑭

사진 (불교문화재연구소, 2014)	판독
	國統

이 비편은 오른쪽 측면에 조각이 있고, 윗부분에 글자가 새겨지지 않은 것으로 볼 때 비석의 우측상단 부분으로 추정된다. 새겨져 있는 國統이라는 글자는 글씨의 크기나 형태로 볼 때에는 본문[陽記]과 유사하지만, 오른쪽 앞부분이 비어 있다는 점에서 본문[陽記]으로 보기 힘들다. 음기의 첫 번째 행의 시작부분이 아닌가 생각된다.

III. 비석 주인공의 행적과 성격

앞 장에서 살펴본 것처럼 본문[陽記]에 해당하는 비편들의 내용은 비석 주인공의 행적을 전하고 있다. 아주 단편적인 내용이어서 비석 주인공의 행적의 극히 일부밖에 파악할 수 없지만, 일단은 그 내용을 통하여 비석 주인공의 행적과 역사적 위상에 대하여 검토해보고자 한다.

먼저 비편 ①과 ⑦을 통해서 비석의 주인공은 金氏이고 眞骨 출신임을 알 수 있다. 보다 구체적으로는 부친이 蘇判의 관등을 가졌던 상층 귀족 출신이었음도 알 수 있다. 다만 조부의 경우 구체적 관등이나 관직이 기록되지 않았던 것 같고, 부친도 관등만 기록되어 있는 것으로 볼 때 부친이 실제 중앙 정부에서 중요한 직책을 맡은 것으로 보기는 힘들지 않을까 생각된다. 진골 출신이지만 큰 세력을 가지고는 있지 못하던 집안 출신이 아닌 생각된다. 한편 비편 ⑦의 뒷부분에는 모친이 임신한 후 수행자들이 꺼리는 냄새나는 채소와 비린 음식을 먹지 않았다는 내용이 보이는데, 이로 볼 때 부모가 불교에 관심이 있었으며 임신한 태아가 수행자가 될 수 있음을 감지하고 있었다고 볼 수 있다. 다만 이러한 이야기는 고승들의 비문과 전기에 상투적으로 보이는 것이어서 특별한 의미를 부여하기는 쉽지 않다.

다음으로 비편 ②와 ⑨를 통해서 비석 주인공의 출가와 수계, 그리고 수행에 관한 행적을 일부 읽을 수 있다. ⑨의 내용으로 볼 때 아마도 10여 세에 불교에 관심을 가지고 출가한 것으로 보이며, 출가 이후 열심히 수행하여 몇 가지 祥瑞를 드러냈던 것으로 보인다. ②의 내용을 통해서는 구족계를 받은 후 계를 잘 지켰다는 것을 알 수 있다. ⑨의 마지막 행의 '戒往'을 구족계를 받고서 어딘가로 떠난 것으로 보고, ②의 앞부분에 보이는 禪林과 龍興을 사찰 이름으로 본다면 구족계를 받고서 禪林과 龍興이라는 이름을 갖는 사찰에서 수행한 것으로 추측할 수도 있지만 앞뒤에 결락이 많아 확실하지 않다. 禪林은 양양의 禪林院으로 볼 수 있다. 선림원지에서 출토된 종에는 804년에 이 사찰에서 종을 주성하였다는 명문으로 볼 때 비문 주인공이 구족계를 받고 수행하던 시기에는 선림원은 이미 존재하였다고 생각된다.

마지막으로 비편 ⑧에는 비석 주인공의 행적 중 가장 주목되는 내용이 보이고 있다. 즉 국왕에게 어떤 일을 계기로 무엇인가를 건의하였고[仍奏], 당나라에서 대장경을 가지고 온[唐朝將大藏經] 사실이 특기되어 있다. 이는 다른 비편들에 보이는 상투적 내용과는 구별되는 것으로서 현재까지 확인되는 주인공의 행적 중 가장 중요한 것이라고 할 수 있다. 특히 당나라에서 대장경을 가지고 온 일은 대단히 중요한 일이다. 신라 때의 대장경 수용에 대한 기록으로는 『三國遺事』에 보이는 643년(선덕여왕 12)에 慈藏이 당나라에서 경전 4백여 함을 가져왔다는 내용이 거의 유일하고,[11] 그밖에는 『삼국사기』와 『삼국유사』에 827년(흥덕왕 2)과 851년(문성왕 13)에 高麗僧 丘德과 入朝使 元弘이 당나라에서 佛經 약간 권을 구해온 사실이 기록되어 있을 뿐[12] 대장경이나 대규모의 경전을 수용한 모습이 확인되지 않고 있다. 따라서 홍전리사지 비석 주인공이 9세기 중엽경에 대장경을 당나라에서 구해 왔다면 다른 기록에 보이지 않는 신라에서의 대장경 수용에 관한 기사로 중요한 의미를 갖는 것이 된다. 그런데 문제는 이렇게 중요한 사실이 역사 기록에 누락되었을까 하는 것이다.

이와 관련하여 비편 ⑧을 보면 당나라에서 대장경을 가져오는 일을 서술하고 바로 뒤이어서 함통년간에 비석 주인공이 입적한 사실이 서술되어 있는데, 이러한 서술 방식은 과연 비석의 주인공이 당나라에 가서 대장경을 가져왔을까 하는 점에 의문을 품게 된다. 본인이 직접 당나라에서 대장경을 가져왔다면 가져온 대장경의 처리 등에 대한 내용이 비문에 언급되어야 할 것이기 때문이다. 그렇다면 비편 ⑧의 내용은 비석 주인공이 직접 당나라에 가서 대장경을 가져온 것이 아니라 당나라에서 대장경을 가져오는 일에 그가 일정하게 관련된 사실을 기록한 것으로 볼 수 있지 않을까 한다. 이와 관련하여서 대장경을 가져오는 기사 바로 앞 행에 어떤 일을 계기로 무엇인가를 건의하였다[仍奏]는 내용이 서술된 것이 주목된다. 기록의 근접성으로 볼 때 아뢴 내용과 당나라에서 대장경을 가져오는 일 사이에 일정한 관계가 있을 것으로 생각되기 때문이다. 그렇게 본다면 비편 ⑧의 내용은 비석의 주인공이 어떤 일을 계기로 당나라에서 대장경을 구해오도록 국왕에게 건의한 사실을 기록한 것으로 이해될 수 있을 것이다. 그리고 그 시기

---

11) 『三國遺事』〈前後所將舍利〉 "貞觀十七年, 慈藏法師 載三藏四百餘函來, 安于通度寺."

12) 『三國史記』 권10 "(興德王 2年) 三月, 高句麗僧丘德入唐, 賫經至, 王集諸寺僧徒, 出迎之."; 권11 "(文聖王 13年) 夏四月, 隕霜, 入唐使阿飡元弘, 賫佛經并佛牙來, 王出郊迎之."

『三國遺事』〈前後所將舍利〉 "興德王代 大和元年丁未, 入學僧高麗釋丘德, 齎佛經若干函來, 王與諸寺僧徒 出迎于興輪寺前路. 大中五年, 入朝使元弘, 齎佛經若干軸來."

는 함통년간보다 조금 이른 850년대의 일이 될 것이다. 그런데 앞에서 서술한 것처럼 851년(문성왕 13)에는 당나라에 사신으로 갔던 阿湌 元弘이 佛經을 가지고 귀국한 일이 있었다. 시간적 접근성으로 볼 때 비편 ⑧에 서술된 당나라에서 대장경을 가져오는 일은 이 원홍의 불경 장래와 관련이 있을 가능성이 있다. 즉, 비편 ⑧에 언급된 비석 주인공의 건의에 의거하여 당나라에서 원홍이 불경을 가져왔거나, 아니면 원홍이 약간의 불경을 구해온 것을 계기로 비석의 주인공이 보다 본격적으로 대장경을 구해올 것을 국왕에게 건의하였던 것이 아닌가 생각된다. 전자라면 문성왕은 비석 주인공의 건의를 계기로 원홍을 보내 당나라에서 대장경을 구해오게 했고, 원홍이 가져온 불경의 양은 『삼국유사』에 서술된 것처럼 '약간 권'이 아니라 대장경 한 질 정도의 규모였을 가능성이 있다. 후자라면 원홍이 당나라에서 일부 불경을 구해온 것을 보고 보다 본격적으로 대장경 전체의 수용을 건의하였지만 실행되지 못하였을 가능성이 있다. 앞으로 비편 ⑧ 전후의 비편이 발견되면 보다 정확한 사실을 알 수 있겠지만, 851년 원홍의 불경 전래 이후의 대장경 수용에 관한 기록이 없는 것으로 볼 때 전자의 가능성이 높지 않은가 생각된다.

다른 본문 비편들의 내용은 동방에 위치한 우리나라에 대한 칭송, 불교의 역사에 대한 내용 등으로 여기에서는 비석 주인공의 구체적 행적에 관한 정보를 찾기 힘들다. 다만 비편 ④의 내용은 비석 주인공의 종파를 이해하는데 중요한 단서가 되는 내용을 담고 있다. 다른 비편들에는 비석 주인공의 학문과 사상 경향을 확실하게 알려주는 내용은 보이지 않고 있다. 비편 ②의 禪林이나 비편 ⑥에 보이는 心印 등의 용어는 선종과 관련된 용어로 생각되기도 하지만, 禪林은 앞에서 본 것처럼 사찰의 이름일 가능성이 있어서 그 자체로 선종과 관련된 것으로 보기 힘들고,[13] 心印 역시 선종과 직접 관련되지 않는 여러 경전이나 논서들에도 널리 사용되는 용어이므로 이들을 근거로 이 비석의 주인공을 선종 승려로 단정하기는 힘들다. 그런데 비편 ④에서는 처님의 아버지인 정반왕의 궁전을 이야기하고 바로 이어서 선종의 시조인 (菩提)達磨를 언급하고 있는데, 이는 불교의 주류적 흐름을 달마에 연결짓는 것으로 이해될 수 있다. 따라서 이 비석은 선종의 흐름을 중시하는 서술을 하고 있다고 볼 수 있으며, 자연히 선승의 행적을 서술한 비석이라고 볼 수 있다.

본문의 비편은 아닌 것으로 보이지만 비편 ⑭ 역시 주인공의 행적과 위상을 추정하는데 일정한 실마리를 제공하는 것으로 생각된다. 앞에서 언급한 것처럼 이 비편은 글씨의 서체와 크기는 본문[陽記]과 비슷하지만 씌어져 있는 위치로 볼 때 음기의 서두 부분으로 추정된다. 만일 이러한 추정이 옳다면 비편 ⑭는 '國統인 某大師의 건립에 관한 기록'이라는 음기 첫 줄의 가장 윗부분에 해당할 가능성이 있고, 자연히 비석의 주인공은 國統을 역임한 인물이 될 것이다. 실제로 비석 주인공이 국통이었다면 8세기 중엽에 禪僧이 國統을 역임한 사례로서 당시 선종의 위상과 관련하여 특별한 의미를 갖는다고 할 수 있다. 다만 비석에서 비편 ⑭의 정확한 위치를 알 수 없으므로 보다 정확한 사실은 보다 많은 비편들이 수집된 이후에 확인될 수 있을 것이다.

---

13) 禪林院鐘의 명문에는 禪宗과 관련된 내용은 전혀 보이지 않고 있다. 일부 연구자들은 이 명문에 上和上으로 기록된 順應和上을 9세기 초에 海印寺를 창건한 順應과 동일 인물로 보고 禪林院을 화엄종 사찰로 파악하기도 한다.

한편 수습된 비편들에는 비석 주인공과 홍전리사지의 관계에 대한 내용은 보이지 않는다. 하지만 신라 말 선승들의 비가 대부분 말년에 주석하였던 사찰에 건립된 것으로 볼 때 비석의 주인공은 함통년간에 입적할 당시 홍전리사지에 주석하였던 것으로 생각되며, 비편 ⑧에서 함통년간의 입적 기사 앞에 별다른 내용이 없는 것으로 볼 때 함통년간 이전부터 이곳에 주석하였던 것으로 생각된다. 홍전리사지는 이후 그의 문도들의 근거지가 되었을 것이다.

IV. 비석의 건립 시기와 건립 주체

다음으로는 비석의 건립 시기에 대해서 생각해 보고자 한다. 앞 장에서 살펴본 것처럼 발견된 비편의 내용으로 볼 때 홍전리사지에 건립되어 있던 비석은 본문[陽記]과 陰記로 구성된 고승비였고, 비문의 주인공은 함통년간(860-873)에 입적한 신라의 승려로 생각된다. 그런데 비석 주인공의 입적 연대는 함통년간, 즉 9세기 중엽이지만 본 비석의 건립 연대는 그로부터 많은 시간이 지난 10세기 중엽경으로 생각된다. 비문의 서체가 9세기 후반의 비석들에 비해 경직되어 10세기 이후 비석들의 글씨들과 비슷할 뿐 아니라 9세기 후반의 고승비에는 보이지 않는 음기가 기록되어 있기 때문이다. 9세기 후반에서 10세기까지의 신라 말~고려 초의 고승 비석들은 대부분 구양순체로 쓰여 있는데, 9세기 후반 비석들의 글씨가 비교적 자유롭고 활달한 분위기인 것에 비하여 10세기 이후의 비들은 딱딱하고 경직된 모습을 보여주고 있다. 글씨의 획도 9세기 후반의 글씨가 비교적 두툼한 반면 10세기 이후의 글씨는 세장한 모습을 보여주고 있다. 홍전리사지 출토 비편의 글씨를 신라 말~고려 초 고승비의 글씨와 비교해 보면[14] 〈보림사 보조선사비〉(884년), 〈쌍계사 진감선사비〉(887년), 〈봉암사 지증대사비〉(924년), 〈숭복사비〉(896년) 등의 9세기 후반 비석들보다는 〈봉림사 진경대사비〉(933년), 〈보리사 대경대사비〉(939년), 〈보현사 낭원대사비〉(940년) 등 10세기 전반 비석들의 글씨와 비슷한 모습을 보여주고 있다. 한편 9세기 후반에 건립된 고승비에는 음기가 있는 것이 확인되지 않는 반면 10세기에 건립된 고승비에는 음기를 가진 것이 다수 확인되고 있다. 특히 10세기 전반기에 건립된 선승비들에는 비석의 건립 과정 및 건립에 관여한 유력 후원자와 문도, 해당 사찰 승려들의 명단이 기록된 사례가 다수 보이고 있는데, 이처럼 비석 건립 과정이나 건립 관련자들의 명단을 비석 뒷면에 음기로 기록하는 것은 10세기 불교계에 나타난 특성으로 볼 수 있다고 생각된다. 현재까지 확인된 음기를 가진 가장 이른 시기의 고승비는 924년(경명왕 8)에 건립된 〈봉암사 지증대사비〉이다. 이 비의 주인공인 지증대사는 882년(헌강왕 8)에 입적하였지만, 비문은 893년(진성여왕 7)에 최치원에 의해 작성되었고, 실제 비석의 건립은 지증대사의 입적으로부터 40여 년이 지나서 이뤄졌다. 이 비의 음기에는 비석 건립 과정과 비문의 書·刻者, 당시 봉암사의 주요 승려, 그리고 실제 이 비석

---

14) 성균관대학교박물관, 2005, 『고려시대 금석문 탁본전』과 2008, 『신라 금석문 탁본전』에 수록된 비문의 사진을 주로 참조하였다.

의 건립을 직접적으로 후원한 것으로 보이는 지역 유력자들의 명단이 기록되어 있다. 고려 초에 건립된 〈서운사 료오화상비〉(937년) 역시 9세기 말에 료오화상이 입적하 후 신라 국왕으로부터 건립을 허락받았지만 실제로는 고려 건국 이후에 태조의 후원으로 건립되었는데, 이 비의 뒷면에도 開城의 유력자였던 태조 왕건의 부모가 료오화상을 특별히 후원하였던 사실이 자세히 기록되어 있다. 9세기 말 이후 신라 사회가 혼란에 처하면서 왕명으로 건립이 허락된 고승들의 비석이 예정대로 건립되지 못하다가 10세기에 들어와 해당 사찰에 영향력을 행사하게 된 지역 유력자들이 실제 비석 건립을 주도하면서 본문에 기록되지 못하는 그들의 역할이 비석 뒷면의 음기에 기록되게 되었던 것으로 생각된다. 한편 940년에 건립된 〈보리사 대경대사비〉 이후의 고승비에는 비석 건립 과정에 대한 자세한 상황은 기록되지 않고 건립에 참여한 사람과 제자들의 이름만 명단식으로 기록되고 있는데, 이는 비석에 음기를 기록하는 관행이 확립되면서 음기가 형식화된 상황을 반영하는 것으로 생각된다.

홍전리사지에서 있던 고승비의 음기 내용은 정확하게 알 수 없지만 앞의 비편 ⑩~⑬의 내용으로 볼 때 단순히 관련자의 명단을 나열한 것으로는 보이지 않으며 비석 건립 관련 상황을 자세하게 기록하고 아울러 건립에 관여한 사람들에 대해 기록한 것으로 보인다. 그렇다면 〈봉암사 지증대사비〉나 〈서운사 료오화상비〉의 음기와 비슷한 성격으로 볼 수 있으며, 이로 볼 때 홍전리사지에 있던 고승비는 음기 작성의 관행이 시작되던 10세기 초기에 건립된 것이 아닌가 생각된다. 그런데 비석 본문의 글씨를 비교하면 홍전리사지 비편의 글씨는 신라인들에 의해 건립된 〈봉암사 지증대사비〉보다는 고려인들이 건립한 〈서운사 료오화상비〉에 더 가깝다. 홍전리사지가 후삼국 시기에 고려 혹은 그 전신인 태봉의 영역에 가까웠던 것과 관련되는 것이 아닌가 생각된다.

한편 홍전리사지에 있던 고승비의 건립 시기와 관련하여서는 비편 ⑫에 보이는 '賜紫金魚(袋)'라는 구절도 주목된다. 앞에서 살펴본 것처럼 이 '賜紫金魚(袋)'는 중앙정부에 의해 특정 지역의 통치를 위임받았던 해당 지방의 유력자로 생각되는데, 그가 비석 건립을 주도하였을 가능성이 높다. 이와 관련하여서는 〈봉암사 지증대사비〉 음기에 기록된 지역 유력자들의 이름 중 가장 유력한 인물로 '大將軍着紫金魚袋蘇判阿叱彌'라는 인물이 기록되어 있는 것이 특히 주목된다. 이 阿叱彌라는 인물은 大將軍을 자칭한 것으로 보아 당시 봉암사가 있던 문경 지역을 실질적으로 통치하던 유력자 파악되는데, 그가 着紫金魚袋라고 하여 紫金魚袋를 착용하고 있음을 강조하고 있는 것이다. 당시에 지방 유력자들이 紫金魚袋의 착용을 자신의 신분을 나타내는 징표로서 중시하였음을 알 수 있다. 賜紫金魚袋라고 하지 않고 着紫金魚袋한 것은 아마도 중앙정부로부터 직접 紫金魚袋를 하사받지 못하고 스스로 紫金魚袋를 착용한 때문이 아닌가 생각된다. 비편 ⑫에는 '賜紫金魚(袋)' 구절 뒤에 다시 '宣賜'라는 용어가 있는 문장이 이어지고 있는데, 아마도 '賜紫金魚(袋)'의 인물에 대한 설명 내지는 그의 행적과 관련된 내용이 아닌가 생각된다. 이처럼 '賜紫金魚(袋)'에 관한 내용이 비교적 길게 서술되어 있는 것으로 보아 음기의 주요 내용은 그의 업적 및 해당 고승에 대한 우대 조치에 대한 내용이 서술되어 있던 것이 아닌가 생각되며, 그렇다면 음기의 실질적 주인공은 바로 이 '賜紫金魚(袋)'의 인물이라고 말할 수 있을 것이다. '賜紫金魚(袋)'라고 하여 중앙정부로부터 紫金魚袋를 하사받은 것을 드러내고는 있지만, '(按)界分職'이라는 구절로 볼 때 실제로는 해당 지역을 자율적으로 통치하던 인물로 볼 수 있는데, 지방에서 중앙정부의 승인하에 독자적인 세력가가 자율적으로 통치하고, 그의 후원으로 오래 전에 입적하였던 고승의 비석이 건립되는 모습은 신라 중앙정부의 영향력이 약화되고 각지의 지방 세력들이 할거하던 10세기 초의 정치적 상황을 반영하는 것으로 볼 수 있을 것이다.

V. 맺음말

지금까지 삼척시 도계읍 흥전리사지에서 수습된 비편들을 판독·해석하고, 이를 기초로 비석 주인공의 행적과 불교계에서의 위상, 그리고 비석 건립 시기와 건립 주체 등의 문제를 살펴보았다. 앞에 서술한 내용을 요약하면, 수습된 비편들은 비석 주인공의 행적을 기록한 본문[陽記]와 비석 건립 과정을 기록한 陰記로 구분되며, 양자는 서체와 크기, 기록 방식 등에 일정한 차이를 보이고 있다. 본문에 해당하는 비편들의 내용을 통하여 비석 주인공이 蘇判의 관등을 가진 眞骨 金氏의 아들로 태어나 10여 세에 출가하여 성실한 수행으로 많은 祥瑞를 드러냈고, 이후 구족계를 받은 이후에는 계율을 지키는 등 수행에 힘써 많은 명망을 얻은 선종 승려였음을 알 수 있었다. 또한 그는 함통년간에 입적하였으며, 입적하기 전인 850년대에 국왕에게 당나라로부터 大藏經을 구해올 것을 건의하였고, 國統의 직책을 맡았던 것으로 추정된다. 한편 음기의 내용을 통해서는 이 비석의 건립을 주도한 인물은 당시 이 지역을 실질적으로 통치하면서 '賜紫金魚袋'임을 내세우던 지방 유력자이고, 비석 본문 혹은 음기의 작성과 書寫, 刻字 등에 이 절의 승려들이 참여하였음을 알 수 있다. 그리고 이처럼 지역을 독자적으로 통치하던 유력자에 의해 비석이 건립된 사실이 음기에 기록된 것을 볼 때 이 비석이 실제 건립된 것은 비석 주인공의 입적으로부터 상당한 시간이 지난 뒤로서 전국적으로 그러한 지방 유력자들이 대두하던 10세기 전반기로 추정된다. 이로 볼 때 흥전리사지는 9세기 중엽에서 10세기 전반기까지 비석 주인공과 그 문도들에 의해 운영되던 신라말-고려초기의 강원도 동부 지역의 유력한 선종산문이었다고 볼 수 있을 것이다.

이 글에서는 이와 같이 10여 개의 비편에 실린 지극히 단편적인 내용을 통하여 비석과 비석 주인공의 역사적 성격에 대한 검토를 시도하여 보았다. 일부 사실들을 밝히기는 하였지만 자료의 한계로 인하여 구체적 사실보다는 추정과 가설적 주장이 더 많이 제시되게 되었다. 앞으로 추가적인 발굴 조사를 통하여 더 많은 비편이 수습되어 이 글에서 추정한 내용들이 충분히 검증되고 이를 통해 비석 주인공의 행적과 흥전리사지의 역사적 성격이 보다 명확히 밝혀질 수 있게 되기를 기대한다.

투고일: 2018. 4. 30.   심사개시일: 2018. 5. 7.   심사완료일: 2018. 5. 31.

참/고/문/헌

『三國遺事』

『三國史記』

『法苑珠林』(大正藏 제53책 수록)

〈鳳巖寺 智證大師碑〉(한국고대사회연구소, 1992, 『역주 한국고대금석문Ⅲ』 수록)

〈淨土寺 法鏡大師碑〉(한국역사연구회, 1996, 『역주 나말여초금석문(上)』 수록)

〈廣照寺 眞澈大師碑〉(한국역사연구회, 1996, 『역주 나말여초금석문(上)』 수록)

〈興寧禪院 澄曉大師碑〉(한국역사연구회, 1996, 『역주 나말여초금석문(上)』 수록)

〈普賢寺 朗圓大師碑〉(한국역사연구회, 1996, 『역주 나말여초금석문(上)』 수록)

〈朴仁碩墓誌銘〉(김용선, 1993, 『고려묘지명집성』 수록)

강원문화재연구소·삼척시, 2003, 『삼척 흥전리사지 지표조사 및 삼층석탑재 실측 보고서』.

불교문화재연구소, 2014, 『삼척 흥전리사지 시·발굴조사 약식보고서』.

불교문화재연구소, 2015, 『삼척 흥전리사지 2차 시·발굴조사 약식보고서』.

불교문화재연구소, 2016, 『삼척 도계읍 흥전리사지(삼층석탑주변유적) 발굴조사 약식보고서』.

불교문화재연구소, 2017, 『삼척 도계읍 흥전리사지(삼층석탑주변) 내 유적 2차 정밀발굴조사 학술자문회
    의 자료집』.

성균관대학교박물관, 2005, 『고려시대 금석문 탁본전』.

성균관대학교박물관, 2008, 『신라 금석문 탁본전』.

박찬문, 2017, 「삼척 흥전리사지 출토 고승비편 소개」, 『목간과 문자』 18, 한국목간학회.

홍영호, 2004 「삼척시 도계읍 흥전리사지의 사명 추정」, 『한국대학박물관협회 제50회 춘계 학술발표회 자
    료집』.

〈Abstract〉

An Examination on the Historic Meaning of Heungjeon-ri Temple
- seen through the contents of the Stele Fragments in the Temple Site -

Choe, Yeon-shik

Until now fourteen fragments of a stele dedicated to a 10th century Shilla monk have been found at the temple site in Heungjeon-ri, Samcheok-shi. Among them 9 fragments belongs to the face side which briefly describes the biography of the monk, while the other 5 belongs to the back side which tells about the informations on the construction of the stele. They are different in the calligraphic style and size of the characters. The recording style is also different between them.

According to the contents of the face side fragments, the monk of the stele was born in a Kim family of Jingol and his father was Sopan, the 3rd lank in Shilla official system. He entered the temple in his teens and experienced many good auspices. After the full ordination he got great fame for getting many merits with his great practice and took the post of monk superintendent of the country. Though being a Chan monk, he petitioned the king to obtain a set of tripitaka from Tang before his death in Xiantong Era(860-873), maybe in the 850s. The fragments of the backside shows that the stele was erected under the support of a local leader wearing the purple garment with golden fish pendants - which might have been given by the King - who independently ruled the region in the 10th century. Monks of the temple also participated in composing, writing and carving the epitaph. According to these facts, the temple in Heungjeon-ri must have been a influential Chan monastery in the Eastern area of Gangwon-do managed by the monk and his disciples during the 9th and 10th century.

▶ Key words: Heungjeon-ri Temple Site, the Complete Collection of Buddhist Scriptures(Tri-pitaka), Monk Superintendent of the Country(國統), Purple Garment with Golden Fish Pendants(紫金魚袋), Chan Monastery during the Late Shilla to Early Goryeo

신/출/토 문/자/자/료

부산 배산성지 출토 목간 자료 소개

나동욱[*]

〈국문초록〉

배산성지는 부산광역시 연제구 연산동 배산(해발 254m)에 위치한다. 배산의 동,서 두 봉우리의 7부 능선을 두르는 포곡식(包谷式) 산성으로, 고대 부산의 중심지에 위치한 산성이다. 배산성지 주변에는 부산의 삼국시대 주요 유적이 분포하고, 지표조사를 통해 삼국시대 유물이 다수 채집되어, 오래 전부터 배산성지가 삼국시대 산성으로 추정되어 왔다. 2017년 연제구청이 배산성지 일원에 대한 정비·복원 방안을 마련하기 위하여, 시굴조사에서 확인된 기존 우물지와 새롭게 확인된 집수지, 추정 북문지 일원에 대한 정밀 발굴조사를 부산박물관에 의뢰하였다. 조사 결과 성 외벽 하단부에서 신라 석축산성에서 확인되는 기단보축(基壇補築) 시설이 확인되었다. 또한, 배산의 북쪽 7부 능선 경사면에서 동서 방향으로 나란히 배치된 평면 원형, 단면 3단의 계단식 구조를 가진 집수지 2기가 확인되었으며, 부산 지역 최초로 2기 모두 목간편이 출토되었다.

서쪽에 위치한 1호 집수지 바닥에서 출토된 목간(木簡)편은 잔존 길이 6cm, 너비 3cm의 파편인데다가 글자도 1~2자 정도여서 내용 파악이 어려운 상태이다. 그러나 동쪽의 2호 집수지 바닥에서 발견된 목간은 잔존 길이 29cm, 너비 6cm 정도로, 중앙과 오른쪽 상단 부위에서 묵서(墨書)가 비교적 뚜렷하게 확인되었다. 2차례에 걸친 목간 판독 자문회의 결과 판독된 주요 글자는 촌(村), 날짜(年月日)와 곡식을 계량하는 단위(石, 斗) 등이다. 판독된 글자 중 을해년(乙亥年)은 출토 유물의 편년상으로 볼 때, 555년·615

---

* 부산박물관 문화재조사팀장

년·675년 중에 하나로 촌락에서 관청으로 물품을 정기적으로 상납한 기록물로 추정된다. 현재, 725년 이전 문서로 추정하고 있는 일본 정창원(正倉院)의 좌파리가반(佐波理加盤) 부속 문서의 내용과 유사한 것으로 주변에서 수습된 목간 파편 10여 점도 문자가 확인될 경우 보다 명확한 내용이 밝혀질 것으로 기대된다.

▶ 핵심어: 배산성지, 집수지, 목간, 을해년, 촌락, 정창원좌파리가반(正倉院佐波理加盤) 부속 문서

I. 머리말

배산성지 주변에는 부산의 삼국시대 주요 유적이 분포하고, 지표조사를 통해 삼국시대 유물이 다수 채집되어, 오래 전부터 삼국시대 산성으로 추정되어 왔다. 배산성지는 1977년 부산시에서 실시한 지표조사에서 배산의 두 봉우리를 중심으로 9부 능선을 두르는 210m의 내성과 8부 능선을 감싸는 300m의 외성으로 이루어진 2중성으로 판단하였다. 또한, 체성의 단면에서 토성의 흔적이 확인되어 그동안 2중의 토성으로 알려져 왔다. 2009년에 이르러 부산박물관에서는 배산성지에 대한 중요성을 인식하여 배산성지에 대한 정밀측량조사를 실시하였는데 전체 길이는 약 1,170m, 면적은 41,823㎡로 확인되었다. 그리고 체성의 동쪽과 북쪽에는 문지가, 성 내부에는 건물지 4기와 집수지 1기가 존재하는 것으로 추정하였다. 2016년에는 연산동고분군 사적 지정 추진과 관련하여 연제구청에서 배산성지를 정비·복원하고, 역사적·학술적 가치를 규명하기 위해 부산박물관에 시굴조사를 의뢰하였다. 시굴조사 결과, 배산성지 체성은 내·외벽과 외벽에 기단보축을 갖춘 고대 석축산성으로 확인되었다. 정상부에서는 건물지 1기를 확인하였으며, 기존에 알려진 우물터는 집수지로 확인되었다. 또한, 집수지의 동남쪽에서 새로운 집수지 1기를 찾아내는 성과를 거두었다. 이에 따라 2017년 연제구청은 시굴조사 성과를 바탕으로 배산성지 일원에 대한 정비·복원 방안을 마련하기 위하여, 기존 우물지에서 확인된 집수지와 새롭게 확인된 집수지, 추정 북문지 일원에 대한 정밀 발굴조사를 우리 박물관에 의뢰하게 되었다. 조사 결과 당초 토성으로 추정되었던 곳에서는 성벽이 확인되지 않았으며, 북쪽 사면 일부 트렌치 조사를 통해 신라식 축성 기법이 도입된 석축산성임 확인하게 되었다. 또한, 집수지 2기의 집중적인 조사로 영남 지역 최대 집수지의 규모와 내부 구조, 부산 최초로 목간을 발굴 해내는 성과를 거두었다.

1호 집수지에서 확인된 목간은 아쉽게도 잔편인데다 한두 글자 정도 밖에 남아 있지 않아 판독이 어려운 실정이다. 그러나 2호 집수지에서 출토된 목간편은 2차례에 걸쳐 목간 전문가에 의해 50여 자 정도가 판독된 상태이다. 부산박물관에서는 이 분야 연구자에게 조속히 공개하여 부산 지역 고대사뿐만 아니라 한국 고대사 연구에 일조할 것으로 기대하며 본문에서 조사된 내용과 판독된 내용을 소개하고자 한다.

II. 유적의 환경과 조사내용

1. 유적의 자연·지리적 환경

유적의 위치는 부산광역시 연제구 연산동 산61번지 일원으로 배산의 7부 능선 정도에 위치한다(사진 1). 배산은 해발 254m의 독립구릉성 산지로, 산정 부근은 경사가 급하나 동북쪽 산록은 수영강 방향으로 완만해지며, 소 선상지로 이어진다.[1] 배산의 북쪽에는 온천천이 동쪽 방향으로 흘러 수영강과 합류하며, 수영강은 동남해상으로 빠져나간다. 배산의 남서쪽에는 황령산(428m), 서쪽에는 백양산(641m)이 위치하며, 북쪽으로는 구월산(314m), 금정산(801m), 동쪽에는 장산(634m)으로 둘러싸여 있다. 지질적으로 배산은 금련산맥에 속하는 산으로 안산암질 암석으로 구성되었고, 조사 지역의 대토양군은 송정통의 적황색토이다.

배산은 '잔뫼산' 또는 '잘미산'으로 불리고 있다. 각종 향토지에는 배산의 유래와 관련하여 산 모양이 잔과 같다 하여, '잔뫼산'으로 불리던 것이 배산으로 되었다고 한다. 그러나 우리말 고어에 성을 '잣'이라

사진 1. 배산성지 북쪽 전경

---

1) 釜山廣域市史編纂委員會, 2000, 『釜山地名總覽 -연제구·수영구·사상구편-』, pp.50-51.

하였는데, 배산은 성이 있는 산이라고 하여, '잣뫼'라고 불렀고, 이것이 '잔뫼'로 변하게 되고, 다시 한자식 표현인 '배산'으로 명칭이 굳어진 것으로 보는 것이 타당한 것으로 보인다.

배산은 비교적 해발고도가 낮은 산임에도 불구하고 해운대구·연제구·수영구·동래구·금정구·부산진구 등 부산 시내 일원이 조망된다. 또한, 배산의 북쪽 끝자락에는 최근 사적 539호로 지정된 연산동고분군이 위치하고 있으며, 남쪽으로는 동래고읍성지가 위치한다. 북쪽으로는 온천천을 사이에 두고 동래 복천동고분군(사적 273호)과 낙민동패총(사적 192호)이 시야에 들어온다. 배산성지는 이러한 부산 고대의 중심에 위치한 포곡식 산성으로, 전략적으로 중요한 위치에 입지하고 있어 부산광역시 기념물 제4호(1972년 6월 26일 지정)로 지정되었다.

2. 역사·고고학적 환경(도면 1 참조)

배산이 위치한 연제구 연산동 지역에 대한 역사적 유래[2]는 조선시대까지 이 일대의 지명인 동래에서 살펴볼 수 있다. 동래에 대한 최초의 역사적 기록은 『삼국사기』「거도열전(居道列傳)」에서 찾을 수 있다. 신라 탈해왕(57~80) 때 거도(居道)가 간(干)이 되어 우시산국(于尸山國, 울산)과 거칠산국(居柒山國, 부산)을 멸했다는 내용이 전해진다. 특히 거칠산국은 『삼국사기』에도 그 명칭이 등장하는데 '거칠산'은 우리말의 '거친 뫼'이고, 한자어로 '황령산'(荒嶺山) 즉 연산동고분군의 남쪽에 위치한 산이다. 따라서 거칠산국은 황령산 인근의 소국으로 볼 수 있다. 한편, 『삼국지』「위서」한전(韓傳)의 기록에서 '변한 12국' 중 '독로국'(瀆盧國)이 보이는데 그 위치에 대해서 거제도설[3]과 동래설[4]이 있다.

그중 동래설과 관련하여, 부산지역 삼한시대 유적에 대하여 살펴보면 다음과 같다. 부산에서는 조도패총·두구동 임석유적·거제동 주거지·장전동 지석묘·복천동 내성유적·온천동유적까지 총 6개소에 이르는 원형점토대토기 유적이 알려져 있다. 그러나 대부분 파편이므로 원형점토대토기문화가 부산 지역까지 파급되었다는 것 정도만 확인될 뿐, 지역 집단의 규모나 사회 구조를 살필 수 있을 정도는 아니다. 삼각형점토대토기가 출현하는 단계에서는 온천동 환호유적, 동래 내성유적 등 취락과 관련된 유구들이 확인된다. 이후 노포동유적·온천동유적·방곡리유적 등지에서 목관묘와 철기·와질토기를 갖춘 삼한 전기 문화가 뚜렷하게 확인된다.

복천동고분군에서는 기원 후 2세기경에 해당하는 목관묘가 조사된 바 있어, 복천동고분군 조영의 시점으로 볼 수 있으며, 이후 고분군은 6세기 말~7세기 초까지 조영되는데, 5세기 후반대에 조영된 연산동고분군과 일정 시기 병존한다. 5세기 후반에 조영된 고분은 매장주체시설이 모두 수혈식석곽이나, 규모가 큰 분구는 확인되지 않았지만, 석곽의 규모는 연산동고분군의 석곽 규모에 버금갈 만큼 크다. 따라서

---

2) 釜山市史編纂委員會, 1989, 『釜山市史』 제1권.
　　東萊區誌編纂委員會, 1995, 『東萊區誌』.
　　釜山廣域市 蓮堤區, 2005, 『蓮堤區誌』.
3) 東亞大學校博物館, 1991, 『巨濟古縣城址』.
4) 丁仲煥, 1970, 「독로국고」, 『백산학보』 제8호.

도면 1. 조사대상지 및 주변 유적
(① 복천동고분군, ② 조선 전기 동래읍성, ③ 조선 후기 동래읍성, ④ 동래패총, ⑤ 연산동고분군, ⑥ 동래고읍성, ⑦경상좌수영성지)

동래지역을 중심으로 한 강력한 통치 집단이 등장하였음을 알려준다. 5세기 후반 온천천의 남쪽, 연산동 구릉 일대에는 연산동 고총고분이 조영된다. 고분군의 조영 시기는 복천동고분군의 조영이 끝나는 5세기 후반에서 6세기대로 추정된다. 인접해 있는 배산성지에서는 고분군에서 출토된 것과 유사한 토기도 확인되고 있어, 연산동고분군과 배산성의 관련성도 주목받고 있다. 이로 미루어 보아 통치 집단의 세력이 한층 강화되었음을 알 수 있으며, 이 일대가 당시 부산의 중심지였음을 짐작할 수 있다. 이러한 정치체와 관련하여, 동래설에서는 독로국의 위치가 동래와 온천천 일대였을 가능성이 큰 것으로 보고 있다. 그러나 『삼국사기』 지리지에 신라 경덕왕 16년(757) 12월에 거칠산군을 동래군으로 고치고, 인근의 대증현을 동평현으로 고쳐 동래군의 영현(領縣)으로 하였다고 전하고 있어, 동래군 이전에는 독로국이란 명칭은 보이지 않고, '거칠산국이'란 국명이 확인된다.

당시 동래군의 치소성(治所城)으로 배산성지의 동남쪽(현재 망미동)에 위치한 동래고읍성을 들기도 한다. 『신증동국여지승람』 동래현 고적조에 "고읍성은 해운포에 있다. 동남은 석축이며 서북은 흙으로 쌓았다. 둘레가 4,430척이나 지금은 무너졌다"는 기록이 있다. 동래군은 지금의 양산인 양주 밑의 12군 중 하나로 동래군 밑에는 동평현과 기장현을 두었다. 당시 동래군의 크기는 『경상도지리지』에 의하면 동으로 기장현 경계까지 25리 60보(약 10km), 서로는 양산 임내 동평현까지 10리 20보(약 4km), 남으로는 해안까지 19리 250보(약 8km), 북으로는 양산군까지 22리 203보(약 9km)라고 전한다. 따라서 동래군은 지금의 부산 동쪽 영역, 즉 금정구·동래구·해운대구·수영구·남구·부산진구 일대에 해당된다.

세종 28년(1446)에는 동래현에 성을 쌓았다는 기사가 있어, 당시 행정의 기능이 고읍성지역에서 지금의 조선전기 동래읍성이 있던 자리로 이전되었던 것으로 보인다. 이후 명종 2년(1547) 도호부로 승격되었으나 임진왜란으로 동래가 일본군에 점령되자 현으로 강등되었다가 선조 32(1599)년에 다시 도호부로 승격되었다.

이와 같이 배산성지 주변에는 삼한시대부터 조선시대까지 조성된 유적이 산재되어 있다.

3. 조사내용

2016년 부산박물관이 연제구청의 의뢰를 받아 실시한 시굴조사에서 산정상부의 건물지와 기존 우물지에서 집수지 1기 및 그 동편에서 새롭게 집수지 1기를 확인하였다. 또한, 남쪽과 북쪽 사면 일부 트렌치 조사를 통해 신라식 축성 기법으로 알려진 기단보축이 부가된 석축산성임 확인하게 되었다. 2017년도에는 연제구청이 시굴조사에서 확인된 2기의 집수지와 추정 북문지 일원에 대한 정밀 발굴조사를 우리 박물관에 의뢰하게 되었다. 조사 결과 북문지는 확인되지 않았지만 기단보축의 성벽과 1·2호 집수지가 영남 지역 최대 집수지임을 확인하였다. 그리고 집수지 내에서 부산 최초로 목간을 발굴해내는 성과를 거두었으며, 목기, 죽제 발 등과 다량의 기와, 고배·대각·기대편 등도 출토되었다(사진 2).

사진 2. 배산성지 조사 범위 및 유구 위치

1) 집수지

① 1호 집수지

집수지는 배산 7부 능선의 북쪽 경사면에 위치해 있으며, 동쪽으로는 2호 집수지가 인접해 있다. 물이 상시적으로 흐르는 계곡은 아니지만, 정상부에서 아래로 경사가 급하다가 완만해지는 지형으로, 우수(雨水)를 비롯한 수원이 모이기 적합한 곳에 축조되어 있다.

조사 결과 집수지의 평면 형태는 원형이며 호안석축의 단면 형태는 3단의 계단식 구조로, 경사가 높은 서북쪽 외연으로는 배수로가 일부 확인되었다(사진 3). 경사가 낮은 남동쪽으로는 담황색의 점질토를 이용하여 서북쪽과 수평을 맞추고 있다. 집수지 바닥에는 두께 2~5㎝ 크기의 박석을 방사상으로 깔아 마감하였다.

전체 규모는 잔존 직경 17.3m, 최대 깊이 3.2m 정도이다. 3단부 내벽의 직경은 9.5m, 높이는 0.7m, 2단부 내벽 직경은 8m, 높이는 1.1m, 1단부 내벽 직경은 6.8m, 높이는 1.1m이다. 단과 단 사이 너비는

사진 3. 1호 집수지 조사 전경

내부 퇴적
교란층

사진 4. 1호 집수지 내부 토층

대체로 0.5m 정도이다.

호안석축의 축조수법은 '品'자형 쌓기 하였다. 1·2단부의 벽체는 9단 정도이며, 전체적으로 균일한 높이로 확인된다. 3단부의 벽체는 1~8단 정도이다. 1~3단의 벽체는 가로 50㎝, 세로 80㎝, 두께 15㎝ 정도의 판석을 주로 사용하였다.

토층 단면으로 보아 집수지 바닥에서부터 위로 3단의 계단상 호안석축이 축조되고 난 후, 시간이 흘러 회색 역혼입 점질층이 퇴적된 것으로 보이며, 다시 그 상부에 석벽을 증축·보강한 것으로 판단된다. 이러한 석재의 축조 상태나 퇴적층의 차이로 미루어 최소 1차례 이상의 수축이 이루어진 것으로 보인다.

집수지 내부의 퇴적양상을 보면 상부 교란층을 제외하면 2개의 층으로 대별된다(사진 4).

1층은 사질역층으로 지름 약 10~50㎝의 자갈과 석재가 퇴적되어 있다. 집수지의 상부 벽석이 무너져 퇴적된 것으로 보이며, 일부 자연 퇴적된 것도 있다. 2층은 회청색의 사질점토층으로 집수지 바닥에 최초 퇴적되어 있는 층이다. 부분적으로 지름 10㎝ 내외의 자갈도 일부 확인된다.

출토된 유물은 통일신라시대에 해당하는 토기편과 기와편이 대부분을 차지하고 있다. 이 외에도 목기를 비롯하여, 묵서가 새겨진 잔존 길이 6㎝의 목간, 길이 1.9m, 너비 0.9m의 추정 대나무제 발이 수습 및 확인되었다.

퇴적층에서 확인되는 기와는 대부분 통일신라시대의 것으로 편년되는데, 토기의 경우 소위 삼국시대 신라 후기 양식 토기로 불리는 유물도 확인된다. 또한, 집수지 표토층 및 집수지 되메우기한 층에서는 연산동고분군 축조 시기와 동일한 5세기 후반~6세기 초의 삼국시대 토기편이

사진 5. 1호 집수지 내부(1~13), 배후퇴적층(14~18) 출토 유물

수습되기도 하였다. 때문에 집수지 퇴적층에서 출토된 신라 후기 양식 토기가 집수지가 축조된 후 폐기된 것인지, 아니면 구 지표에 잔존하던 토기가 유입된 것인지에 대해서는 판단하기 어려운 상태이다. 하지만 전술한 바와 같이, 주변에서 삼국시대 토기편이 출토되고 고려·조선시대 자기들도 일부 확인되므로, 집수지는 장기간에 걸쳐 사용되었을 가능성이 있다(사진 5).

② 2호 집수지

2호 집수지는 배산의 7부 능선 경사면에 위치해 있으며, 1호 집수지의 서쪽에 인접하고 있다. 집수지의 동쪽에는 경사가 급한 곡부가 형성되어 있다.

집수지의 평면 형태는 원형이고, 호안석축의 단면 형태는 3단의 계단식 구조이다. 지대가 높은 남쪽 호안석축은 3단이, 지대가 낮은 북쪽 호안석축은 1~2단이 잔존한다. 남쪽 구간에는 2단으로 축조된 외연부가 일부 잔존한다(사진 6).

전체 규모는 직경 16.4m, 최대 깊이 4.6m로 영남 지역 원형집수지 중에서 최대 규모임을 확인하였다. 3단부 내벽 추정 직경은 13m이며, 높이는 0.32m이다. 2단부 내벽 직경은 11.32m, 높이는 2.05m이다. 1단부 내벽 직경은 10.42m, 높이는 1.9m이다. 1단과 2단의 단 사이 너비는 40~60㎝ 정도이며, 2단과 3단의 사이의 너비는 70~90㎝ 정도이다.

토층은 전체적으로 11개의 층으로 구분할 수 있다(사진 7).

1층은 암갈색사질토층으로 집수지가 폐기된 이후 경사면에서 유입된 토사물로 이루어진 층이다. 두께는 140㎝ 정도이다.

2층은 역층으로 집수지가 폐기된 시점에 유입된 다량의 석재와 자갈로 이루어진 층이다.

내부에 사질토가 일부 혼입되기도 하였으나 공극이 많이 남아 있어, 일시적으로 폐기가 이루어진 것으로 판단된다. 두께는 120㎝ 정도이다.

3층은 회갈색 점토층이며, 두께는 10~20㎝ 정도이다.

4층은 황갈색 사질토층으로 두께는 10~20㎝ 정도이다.

5층은 다시 회갈색 점토층으로 이루어지며, 두께는 20~40㎝ 정도이다. 회갈색 점토층은 집수지가 사용될 당시의 수성퇴적층으로 판단된다. 내부에서 통일신라시대의 기와와 토기가 다량 출토되었다. 바닥 내 동쪽인 3pit에서는 5층을 파괴한 석축유구 1기가 내부에서 확인되었다. 석축유구의 평면 형태는 사각형이다. 석재는 3단 정도 잔존하며, 호안석축의 벽체에 덧붙여 축조하였다. 석축유구는 집수지 바닥의 지대조성층까지 파내어 유구의 충전토로 사용하였다. 초축 이후 어느 시기에 갈수기에 물이 한 곳으로 고이게 하여 취수가 용이하게 한 구조로 추정되는데 석축유구의 내부와 상부에서 통일신라시대 기와가 출토되었다.

6층은 갈색 사질토층으로 호안석축의 벽체 둘레 1~1.5m 너비 정도에서 확인된다. 두께는 30㎝ 정도이다. 내부에는 석재가 다량 함몰되어 있으며, 북쪽으로는 유물 집적층이 확인되었다.

7층은 회백색 점질토층으로 수성퇴적층으로 판단된다. 두께는 10㎝ 정도이다. 내부에서는 통일신라시

사진 6. 2호 집수지 조사 전경

사진 7. 2호 집수지 상부 퇴적토층

대 기와 및 도질토기가 출토
되었다.

8층은 암갈색 점질토층으
로 두께는 6cm 정도이다. 수성
퇴적층이며, 집수지의 최하층
바닥으로 판단된다.

9층은 청회색 점질토층이
며, 두께는 9cm 정도이다. 호
안석축의 지대조성층으로 판
단된다.

바닥면은 호안석축 최하단
석 바닥면과 일치하는데 낙엽
을 여러 겹 깔고 그 위에 돗자
리를 얹은 부엽층이 5mm 정도
의 두께로 확인되었다.

10층은 밝은 청회색 점질토
층으로 두께는 25cm 정도이
다. 9층과 동일한 지대 조성층
으로 판단되며, 토층 내에서
벽석이 더 이상 확인되지 않
는 것으로 보아 호안석축을
쌓기 이전에 조성된 층이다.
바닥면에서도 9층에서 확인된

사진 8. 2호 집수지 내부 출토 유물(1~16)

것과 같이 낙엽을 깔고 돗자리를 얹은 부엽층이 5mm 정도의 두께로 확인된다. 돗자리는 직조수법이 확인
될 정도로 매우 양호한 상태로 출토되었다.

호안석축의 축조 수법은 '品'자형 쌓기 하였으며, 2단부의 내벽보다 1단부의 내벽 축조 상태가 더욱 치
밀하다. 1단부 벽체는 14단 정도이며, 전체적으로 균일한 높이로 확인된다. 벽체는 가로 40cm, 세로 70cm
두께 12cm 정도의 판석을 사용하였다. 1단부 벽체는 2단부의 벽체에 사용된 판석보다 더욱 얇은 판석이
사용되었다.

2단부 석재의 크기는 균일하지는 않으나 전체적으로 가로 40cm, 세로 70cm, 두께 16cm 정도의 판석을
사용하였다. 지대가 높은 남쪽 2단부 벽체는 10단 정도이며, 높이는 약 205cm이다. 지대가 낮은 북쪽 2단
부의 잔존 높이는 약 40cm 정도이다.

유물은 내부 퇴적토에서 주로 출토되었는데, 토기류는 인화문토기편과 완·호·어망추 등 생활용 유물

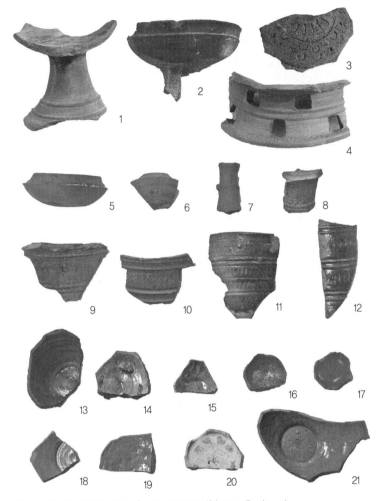

이 주로 출토되었다. 기와는 통일신라시대에 해당하는 암·수키와로 대량 출토되었는데 완형 기와도가 상당수 확인되었다. 한편, 석축 뒤쪽 충전토 내부에서는 5~6세기로 편년되는 고배·대각·기대편 등 도질토기도 일부 출토되었다(사진 8·9).

11층은 밝은 청회색 점질토층으로 10층과 거의 비슷한 성질의 토층이다. 두께는 45㎝ 정도이다. 11층의 바닥에서는 박석으로 추정되는 구간이 부분적으로 확인되었으나 비교적 좁은 범위에서 제한적으로 확인되었다.

사진 9. 2호 집수지 충전토(1, 3, 4), 2호 집수지 주변(2), 표토 출토(5~21)

2) 성벽부

2016년 시굴조사 시 성벽 남쪽구간(사진 10-1)과 북쪽 구간(사진 10-2)에서는 외벽 면석의 바깥으로 60° 경사로 정연하게 쌓아 올리고, 잡석과 사질토로 채운 기단보축시설이 확인되었다. 체성의 내·외벽 너비는 3.9m이며, 외벽의 잔존 높이는 0.6m이다. 기단보축의 잔존 높이는 1.6m, 너비는 2.0m이다. 성벽의 구조는 내벽과 외벽, 기단보축으로 이루어진 전형적인 신라식 석축산성(石築山城)의 축조 수법을 보이고 있다. 그러나 북문지 및 집수지에서 성 바깥으로 연결되는 출수구는 확인되지 않았다. 북문지로 추정되는 1호 집수지 북쪽 성벽에서 체성의 외벽을 확인하였다(사진 10-3). 외벽의 잔존 높이는 3.2m 정도로 시굴조사에서 확인된 성벽보다 잔존 상태는 비교적 양호한 편이다. 축성에 사용된 석재는 가로 20~50㎝, 높이 10~45㎝ 정도의 방형·장방형 석재를 사용하였으며, 현재 약 13단 정도가 남아 있다. 외

1. 남쪽 구간 성벽(2016)	2. 북쪽 구간 성벽(2016)	3. 집수지 북쪽 성벽(2017)

사진 10. 배산성지 외벽과 기단보축

벽 하단부에서는 외벽면에 사선상으로 덧댄 기단보축이 확인되었다. 한편, 체성의 성벽은 수직이 아니고 약간 안쪽으로 경사져 있는 점, 외벽 좌우면석의 줄눈이 맞지 않는 점, 사용된 석재의 규격이 균일하지 않은 점, 간혹 벽면에서 이질적으로 돌출한 석재가 확인되는 점 등으로 미루어 초축 이후 몇 번의 증·개축이 이루어졌을 가능성이 있는 것으로 보인다.

III. 목간 소개

1호 집수지 바닥에서 출토된 목간(木簡)편은 전면에 묵서가 있으며, 후면은 다듬질한 흔적만 보이는데 부산 최초로 출토된 목간으로 주목되었다. 그러나 잔존 길이 6㎝, 너비 3㎝의 파편인데다가 글자도 1~2자 정도로 서체의 획수가 부정확하여 전체적인 판독이 어려운 상태이다.

2호 집수지 바닥에서 출토된 목간은 잔존 길이 29㎝, 너비 6㎝ 정도로, 1호 집수지에서 출토된 목간보다 크기나 잔존 상태가 월등히 양호하다. 목간 중앙과 오른쪽 상단 부위에는 묵서(墨書)가 비교적 뚜렷하게 확인되는데 50여 개의 글자가 확인된다(사진 11). 국립가야문화재연구소의 협조를 얻어 적외선 촬영 사진을 가지고 2차례에 걸쳐 판독자문회의를 거친 결과 식별된 묵서는 다음과 같다(사진 12).

「앞면 우로부터 1열 : 地阪□(谷?)村　失受■今□卄四乙亥年二月一日借(倍?)三[　] □(受?)

앞면 우로부터 2열 : 朔田一日三斗∨四月一日受一石三斗∨三月一日[　] ×

앞면 우로부터 3열 : □□月?□一?□日?□受?四月一日上法同日(?)村□□斗[　]×」

뒷면 : 묵흔이 옅어져 전체적인 판독이 불가

※ ■ 삭제부호, ∨ 의도적 공격(空格), □ 합자(合字)

1호 집수지 출토 목간 (앞면)	2호 집수지 출토 목간 (앞면)	2호 집수지 출토 목간 (뒷면)
2호 집수지 출토 목간 (앞면 확대)	2호 집수지 출토 목간 (앞면 적외선 사진)	2호 집수지 출토 목간 (뒷면 적외선 사진)

사진 11. 1·2호 집수지 출토 목간 사진

地阪
　(谷)
　村
　　失受
　　□
　　今
　　□
　　廿四斗乙亥年二月一日
　　　　　　　　　(宿·借)
　　　　　　　　　三
　　　　　　　　　□
　　　　　　　　　□
　　　　　　　　　(受)

朔
廿一日三斗
　四月一日受一(石)三斗　三月一日

□
(月)
(一)
(日)
(受)
四月一日上法同□
　　　　　　(日)
　　　　　　村
　　　　　　(主)
　　　　　　　□
　　　　　　　□
　　　　　　　斗

사진 12. 2호집수지 출토 목간 앞면 적외선 사진과 판독문

　배산성지 2호 집수지 출토 목간에서 판독된 주요 글자는 촌(村), 날짜(年月日)와 곡식 단위(石, 斗), 잘못 받다(失受) 등이다. 함안 성산산성 집수지 출토 목간자료와 비교해 볼 때, '을해년(乙亥年)'에 '地阪□(谷?)村'에서 관청으로 곡물을 매월 1일 정기적으로 상납한 내용을 기록한 것으로 추정된다.

　을해년과 관련하여 집수지의 호안석축 충전토에서 5~6세기로 편년되는 고배·대각·기대편 등 도질토기도 출토되었으나 공사 과정에서 이전 문화층의 흙이 집수지 공사에 유입될 가능성이 있기 때문에 목간의 제작년대와 적극적으로 연결시키기에는 무리가 있다고 판단된다. 그러나 집수지내 퇴적층 조사에서 6

세기 중반 이후 7세기 초의 것으로 편년되는 인화문토기편과 완·호·기와등이 바닥층에서 확인되어 폐기 시점을 감안한다 해도 을해년은 진흥왕(眞興王) 16년(555), 진평왕(眞平王) 37년(615), 문무왕(文武王) 15년(675) 가운데 555년과 615년에 해당할 가능성이 높은 것으로 판단된다. 그리고 '地阪□(谷?)村'은 경덕왕 16년(757)에 거칠산군을 동래군으로 개명한 사실로 미루어볼 때 신라 거칠산군 내 촌락 중에 하나로 추정된다. 판독 내용에서 촌 단위의 곡식과 관련된 수수 문서라는 점과 매월 1일을 점검 시점으로 하는 점, 잘못 받다(失受)라는 용어를 사용하는 점, 수(受)나 상(上)자가 함께 보이는 점에서 725년 이전 문서로 추정하고 있는 일본 정창원(正倉院)의 좌파리가반(佐波理加盤) 부속 문서[5]의 내용과 유사한 것으로 보인다. 그러나 배산성지의 목간이 1개 촌에 한정된 기록으로, 곡식의 품목이 명시되어 있지 않은 점에서는 좌파리가반(佐波理加盤) 부속 문서의 내용과 차이가 있다.[6]

한편, 목간의 형태에 관하여 목간 하단에 구멍이 존재하며, 목간 우측편이 잘렸을 가능성, 그리고 우측 아래 파편에도 묵흔이 있는 것으로 추정되었다. 따라서 주변에서 수습된 목간 파편 10여 점의 보존 처리가 끝나 향후 정밀한 묵서 판독이 진행된다면 좀 더 많은 글자가 판독될 가능성이 높다.

IV. 맺음말

배산성지는 해발고도가 낮은 산임에도 불구하고 동래를 비롯한 주요 지역이 대부분 조망되며, 배산의 북쪽 끝자락에는 연산동고분군이, 북쪽으로는 온천천을 사이에 두고 삼국시대 대표고분군인 복천동고분군과 삼한시대 유적인 낙민동패총이 주변에 위치하고 있다. 특히, 고총고분인 연산동고분군이 복천동고분군의 조영이 끝나는 5세기 후반에서 6세기대 조영되는 것으로 알려져 있다. 배산성지에서는 고분군에서 출토된 것과 유사한 토기도 확인되고 있어 연산동고분군과의 관련성이 주목되고 있으며, 이로 미루어 보아 배산성 일대가 삼국시대 부산의 중심지였음을 짐작할 수 있다.

이러한 시점에서 배산성 2호 집수지에서 출토된 목간은 내용은 차치하더라도 간지가 확인된 부산 최초의 목간자료로서 중요한 자료로 평가할 수 있다. 차후 관련 연구자들에 의해서 자세한 연구가 진행되겠지만, 현재로서는 '을해년(乙亥年)'에 '地阪□(谷?)村'에서 관청으로 곡물을 매월 1일 정기적으로 상납한 내용을 기록한 것으로 추정된다. 을해년은 집수지 내 출토유물이 대체로 6세기 중반에서 7세기 초로 편년되어 진흥왕(眞興王) 16년(555)과 진평왕(眞平王) 37년(615)이 유력시되고 있다. 또한, 경덕왕 16년(757)에 거칠산군을 동래군으로 개명한 사실로 미루어볼 때 '地阪□(谷?)村'은 배산성을 행정치소로 하는 신라 거칠산군 내 촌락 중에 하나로 추정해 볼 수도 있을 것이다.

2018년도에는 1호 집수지 내 대나무발 보존 처리와 관련한 수습조사가 예정되어 있고, 석성 이전 토성

---

5) 平川 南, 2010, 「正倉院佐波理加盤付屬文書の再檢討」, 日本歷史學會編輯 『日本歷史』 2010年 11月号.

6) 국립경주박물관 이용현 학예사의 교시에 의함.

의 존재 유무를 확인을 위한 학술조사가 예정되어 있다. 기 수습된 목간편의 보다 정밀한 해독과 더불어 새로운 목간자료가 출토되기를 기대해 본다.

투고일: 2018. 3. 30.   심사개시일: 2018. 4. 2.   심사완료일: 2018. 5. 8.

참/고/문/헌

釜山廣域市史編纂委員會, 2000, 『釜山地名總覽 −연제구·수영구·사상구편−』.

釜山市史編纂委員會, 1989, 『釜山市史』 제1권.

東萊區誌編纂委員會, 1995, 『東萊區誌』.

釜山廣域市 蓮堤區, 2005, 『蓮堤區誌』.

東亞大學校博物館, 1991, 『巨濟古縣城址』.

丁仲煥, 1970, 「독로국고」, 『백산학보』 제8호.

平川 南, 2010, 「正倉院佐波理加盤付屬文書の再檢討」, 日本歷史學會編輯 『日本歷史』 2010年 11月号.

부산박물관, 2009, 『배산성지 정밀 측량 조사 보고』.

부산박물관, 2016, 『부산성곽 −보루를 쌓아 근심을 없애다−』.

부산박물관·부산광역시 연제구, 2017, 『盃山城址 −2016년 시굴조사 보고서−』

〈Abstract〉

Introduction of Busan Baesanseong site wooden tablet

Na, Dong-wook

Baesanseong Site is located in Baesan, Yeonandong, Yeonjegu, Busan Metro City, which was a central site of ancient Busan. It is a pogok-styie (包谷式) mountain fortress surrounding seven-part ridges of east and west mountaintops. Near the Baesanseong Site are main sites of Three Kingdon Era of Busan, where many artifacts of that time were found through surface investigation. Therefore it has been speculated from long time ago to be a mountain fortress of Three Kingdom Era. In 2017, Yeonjegu Office commissioned some deliberate excavation surveys of existing well site, newly-found water catchment site and the site expected to be the North Gate Site to Busan Metropolitan City Museum.

As a result of surveys, additionally installed faculty to reinforce the stereobate, which is also found in stone fortress of Silla, was found at the bottom of the outer wall. Additionally, 2 water catchment sites were located in east-west direction on the northern seven-part ridge slope, which have round surface and are in three-cross sectioned terraced structure. For the first time in Busan, wooden tablets were found in both sites.

One found on the bottom of the catchment site no.1 located in west is a fragment of 6cm length and 3cm width on which only one or two characters are written, therefore is very difficult to figure out the context. On the other hand, the other one found on the bottom of the catchment site no.2 located in east is about 29cm length and 6cm width, which makes it possible to confirm clear characters written in Chinese ink at the center and upper right. As a result of two times of wooden tablets decipher committee, main characters deciphered are village(村), date(年月日), and units measuring grains(石, 斗), etc. Of the deciphered characters, the year of Eul-hae (乙亥年) corresponds to one of A.D. 555, 615 and 675, based on excavated artifacts' chronology. Therefore, the wooden publication is estimated to be the documentary telling the village periodically made a payment to the office. Also, it is similar to Saharinogaban Document (佐波理加盤付屬文書) of the Japanese Shousouin (正倉院), which is estimated to have been written before A.D.725. Moreover, if characters on 10 wooden tablets fragments found nearby are decoded, clearer contents are expected to be identified.

▶ Key words: Baesanseong site (盃山城址), water catchment site (集水址), wooden tablet (木簡), the year of Eul-hae (乙亥年), village (村落), Saharinogaban Doucument (佐波理加盤付屬文書)

서울 도봉서원 하층 영국사지 출토 금석문 자료 소개

박찬문[*]

〈국문초록〉

　도봉산(道峯山) 도봉 계곡에서는 율곡 이이가 쓴 '도봉서원기'에서처럼 고려~조선시대 도봉산 영국사와 조선시대 도봉서원이 한 자리에서 확인되었다.

　도봉서원은 조선의 사림정치 이념을 대표하는 정암 조광조와 우암 송시열을 병향했던 사액서원이다. 1573년(선조 6) 영국사 터에 건립되어 임진왜란을 비롯한 여러 전란과 자연재해로 불타거나 쓸려간 건물들이 지속적으로 재건되었으며, 많은 문인들이 서원과 계곡을 찾아와 시와 글을 남겼다.

　도봉서원 복원을 위한 발굴 조사 결과, 도봉서원은 철저하게 훼철되었고 건립할 때 영국사의 주요 건물 기단 등 건축 시설과 부재를 활용하여 명확한 배치를 확인할 수 없었다. 오히려 실체가 불분명했던 영국사와 관련된 통일신라시대 건물지 기단 확인, 고려~조선시대 건물지 기단과 '견주도봉산영국사 혜거국사비', 석경, 석각 천자문, '도봉사', '계림공', '효령대군 대시주' 등 다양한 유구와 금석문이 조사되었다.

　영국사는 통일신라시대에 창건되었다. 신정(神靖)선사가 머물렀으며 고려시대 초기에는 그의 제자 혜거(慧炬)국사가 주석하며 법안종 선사상을 펼쳤으며 적연(寂然)국사가 수학하였다. 광종이 부동사원으로 지목한 도봉원과도 깊은 관련이 있는 고려 전기의 주요한 사찰이다. 통일신라시대 구례 화엄사 화엄석경과 경주 창림사 법화석경, 남산 칠불암 금강석경의 전통을 계승한 고려시대 묘법연화경 석경을 조성하였

---

[*] 불교문화재연구소

으며 천자문을 석각하여 교육하였음을 처음으로 확인하였다. 고려시대 계림공과 조선시대 효령대군이 중창 시주하는 등 왕실의 후원을 받아 번성하였다. 세종 때에는 진관사에서 거행하는 왕실의 수륙재(水陸齋)를 영국사로 옮기는 것이 논의되었으며 세조의 축수재(祝壽齋)를 봉행하는 등, 위상이 매우 높았다.

영국사에 주석했던 혜거국사는 고려 전기의 고승이다. 오월 구법승(求法僧)으로 당대 선사상에 정통하여 법안종 선사상을 고려에 전파하였다. 도봉산 신정선사와 법안종 초조 법안 문익의 제자이며 적연국사 영준의 스승이다. 국왕이 유학 중인 스님에게 사신을 보내어 예로서 맞이하였으며, 위봉루(威鳳樓)에서의 설법이 전한다.

▶ **핵심어:** 도봉산 영국사, 견주도봉산영국사 혜거국사비, 혜거(慧炬)국사, 법안종, 도봉원, 도봉사, 석경, 석각 천자문, 계림공, 효령대군, 도봉서원, 조광조, 송시열

I. 머리말

도봉서원은 조선시대 전·후기의 대표적인 성리학자인 정암 조광조와 우암 송시열을 배향한 사액서원으로 영국사터에 건립한 조선시대 서울·경기지역의 초기 서원이다. 백사 이항복 등 저명한 시인 묵객들이 시문을 남기고 '도봉동문', '복호동천' 등의 글이 새겨진 각석군이 서원 터 앞 계곡에 대부분 원형대로 남아 있어 서원과 주변 경승지는 2009년 서울특별시기념물 제28호 '도봉서원과 각석군'으로 지정[1]되었다.

도봉산 영국사터에서는 발굴조사를 통해 통일신라시대부터 유구의 흔적이 확인[2]된다. 고려시대에는 신정선사와 혜거국사[3], 적연국사[4] 등이 주석하거나 수학하였고, 광종이 '3대 부동사원'으로 지정[5]한 도봉원, 거란의 침입 때 현종이 피난했던 도봉사[6]와도 관련이 깊다. 고려시대에는 계림공[7]이 조선시대 초기에는 효령대군이 중창 시주[8]하였으며 왕실의 수륙재(水陸齋)를 영국사로 옮기는 것이 논의[9]되고 세조의

---

1) 서울특별시고시 제2009-417호.
2) 도봉서원 보존 정비를 위한 하층 발굴조사, 2017.06.29~ 문화재청 허가 제2017-0790호.
3) 〈견주 도봉산 영국사 혜거국사비(見州 道峯山 寧國寺 慧炬國師碑)〉
4) 〈영암사 적연국사 자광탑비명(靈巖寺 寂然國師 慈光塔碑銘)〉
5) 〈고달사 원종대사 혜진탑비(高達寺 元宗大師 慧眞塔碑)〉
6) 『고려사(高麗史)』, 卷九十四, 列傳, 卷第七, 諸臣, 智蔡文.
   『고려사 절요(高麗史節要)』, 卷3, 顯宗元文大王, 顯宗 元年 12月
7) 한성백제박물관, 2018, 『천 년 만에 빛을 본 영국사(寧國寺)와 도봉서원』, 고려건국 1100주년 기념 특별전 도록.
8) 도봉구·서울문화유산연구원, 2014, 『도봉서원』.
9) 『세종실록』, 124권, 세종 31년 4월 21일 庚午 1번째 기사 / 진관사의 수륙사를 영국사로 옮기는 일에 대해 의논하라 명하다
   『세종실록』, 124권, 세종 31년 4월 30일 己卯 1번째 기사 / 수륙사를 영국사에 옮겨 설치할 것을 의논하게 하다
   『세종실록』, 124권, 세종 31년 5월 2일 辛巳 1번째 기사 / 정분·허후·민신 등이 수륙사를 영국사에 옮길 것을 아뢰다

축수재(祝壽齋)를 봉행[10]하는 등 왕실의 후원을 받아 번성하였다.

도봉서원은 이러한 영국사 터에 조광조를 배향하고자 1573년(선조 6년) 건립하여 '도봉'이라고 사액[11]되었다. 임진왜란 때 불탔으나 중건되어 영조 때 송시열을 배향[12]하고 강학을 이어오는 등 영남지역 도산서원에 비견되었으나 1871년 서원철폐령으로 멸실되었다.

2011년부터 3년간 진행된 발굴조사[13]에서는 도봉서원이 영국사의 일부 건물과 기단을 재활용했다는 사실을 확인하였으며 도봉서원의 하층으로 추정되는 영국사와 관련된 중심 건물지에서 고려시대 금동제 금강저와 금강령 등 불교용구를 비롯한 79점[14]의 금속공예품이 출토되었다.

2017년 하층에 대한 발굴 조사를 통해 유적의 경계와 중심 영역의 범위를 확인하고 '견주도봉산영국사 혜거국사비'를 발견하는 등 영국사의 실체를 명확히 확인하였다. 2018년에는 문루와 강당 등 영국사와 도봉서원의 중요한 배치 상태를 확인할 수 있을 것으로 예상된다.

도봉서원과 하층 영국사에 대한 발굴조사는 지금도 진행 중이다. 조사를 마무리하고 보고서를 통해 조사 내용을 정리하고 고찰하여야 하나 조사 중에 중요 비문 자료가 확인되어 지난 2017년 1월 12일 목간학회에서 그 내용을 소개[15]하게 되었다. 이후 한성백제박물관에서 영국사를 중심으로 한 특별전시전[16]을 진행하면서 각 분야별 연구자들의 논고가 다루어졌다. 이 글은 목간학회 발표 당시의 내용을 정리한 것으로 이후 확인된 내용은 부기하고자 한다.

II. 발굴조사 개요

1. 경위 및 목적

도봉서원은 서원철폐령으로 훼철되었으나 이후 1903년 서원 터에 제단을 만들고 1970년대 사우를 복원하는 등 서원을 복원하기 위한 지역 유림의 노력이 이어졌다. 2009년 '도봉서원과 각석군'이 서울특별시 기념물 제28호로 지정되었으며, 서울시와 도봉구는 2010년부터 도봉서원 복원을 위한 정비 계획 수립, 발굴 조사, 학술 대회 등을 통해 도봉서원의 역사성을 확인하고자 하였다.

2011년부터 2017년까지 총 다섯 차례에 걸쳐 지표 및 시·발굴조사가 진행되었다. 2011–2013년 시·발

---

10) 『세조실록』, 9권, 세조 3년 9월 23일 甲申 1번째 기사 / 충훈부는 장의사에서, 충익사는 영국사에서 축수재(祝壽齋)를 지내다

11) 『선조실록』, 170권, 선조 37년 1월 17일 무진 3번째 기사 / 김굉필과 조광조의 서원에 편액 하사를 허락하다

12) 『숙종실록』, 26권, 숙종 20년 5월 27일 갑자 2번째 기사 / 유학 이숙이 조광조·박태보 등의 충절과 합향을 상소하다 '송시열을 조광조의 도봉 서원(道峰書院)에 배식(配食)하도록 허가해 주소서'

13) 도봉구·서울문화유산연구원, 2014, 『도봉서원』.

14) 2014년 보고서에는 77점으로 보고하였으나, 2018년 특별전 도록에는 모두 79점으로 소개되어 있다.

15) 박찬문, 2018, 「서울 도봉서원하층 영국사지 출토 금석문 소개」, 한국목간학회 제27회 정기발표회.

16) 한성백제박물관, 2018, 『천 년 만에 빛을 본 영국사(寧國寺)와 도봉서원』, 고려건국 1100주년 기념 특별전 도록.

굴조사(서울문화유산연구원)를 통해 영국사의 주 건물지를 재활용한 대략의 도봉서원 배치를 확인하였
다 하였으나 아래에 존재하는 영국사의 실체를 명확히 확인하지는 못하였다. 이후 2016년 지표조사(고려
문화재연구원)에서 도봉서원 최대 사역 범위가 추정되었다. 2017년 하층 발굴조사(문화재청 허가 제
2017-0790호, 불교문화재연구소)에서 통일신라~조선시대에 걸쳐 건물지 8동을 비롯한 건물지 부속시설
등이 확인되었으며, '견주도봉산영국사 혜거국사비'편과 함께 다양한 유물이 출토되었다. 이를 통해 영국
사의 정확한 위치와 건립 시기 등을 확인하였고 도봉사 도봉원과의 관계를 규명할 수 있는 근거를 확보
하였다. 조사 경계 남쪽 중앙부에서는 문루 또는 강당으로 추정되는 건물지 기단 일부가 확인되어 이에
대한 추가조사가 진행 중이다.

2. 유적의 입지와 환경[17)]

영국사와 도봉서원터는 서울시 도봉구 도봉산길 90 일대에 위치한다. 도봉산(道峯山, 740m) 만장봉에
서 남동쪽으로 내려오는 도봉 계곡이 구릉성으로 저평해지는 도봉천 상류 북쪽에 자리하고 있다.

도봉산은 서울시 도봉구와 경기도 의정부시 및 양주시에 걸쳐 있는 산이다. 지질 기반은 중생대 말에
관입된 대보화강암으로 이루어져 있으며, 차별침식에 의하여 다양한 형태의 암석 봉우리가 형성되었다.
또한 주능선에 평행하게 능선 서쪽 낮은 곳은 변성암과 접해 있고, 동쪽 낮은 지대에는 능선에 평행한 단
층선이 지나면서 전체적인 지형이 만들어졌다. 남쪽 우이령을 경계로 북한산(삼각산)과 연결되며 북한산
국립공원에 포함된다. 예로부터 자운봉, 만장봉 등 우뚝 솟은 백색 화강암 봉우리와 기암, 암벽이 어우러

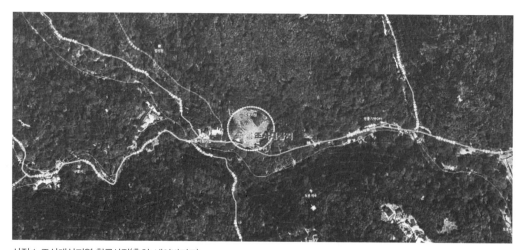

사진 1. 조사대상지역 항공사진(출처: 네이버지도)

---

17) 서울특별시 도봉구, 1999, 『도봉구지』.
　서울역사박물관, 2005, 『서울특별시 문화유적 지표조사 종합보고서 Ⅰ·Ⅱ』.
　서울특별시·서울역사박물관, 2006, 『문화유적 분포지도 - 서울특별시(강북편)』.

진 장관으로 인적이 끊이지 않았다.

도봉계곡은 도봉산 남동쪽 사면을 따라 형성된 계곡으로 도봉천을 이루며 영국동(寧國洞) 영국 계곡으로 불렸었다. 주변에는 지명이 유래한 영국사와 도봉서원이 있었으며 동천(洞天)이라 불릴 정도로 경관이 아름다워 예로부터 시인묵객들이 시와 글을 남겼으며 그 흔적으로 각석군이 남아 있다.

유적이 위치한 한강 하류의 서울 지역은 일찍이 삼국의 각축장이 되었던 곳이다.

고구려는 도봉구와 양주군 일대 새로운 점령지에 매성군을 설치하였다. 이후 백제를 거쳐 신라 경덕왕 16년(757)에는 현 도봉구 지역을 포함한 양주군 일대에 내소군을 설치하였다.

고려 태조는 이 내소군을 견주(見州)라 개칭하고 신라 때의 한양군을 양주라 고쳐 양주에 주지사를 두어 견주를 관할케 하였고, 현종 9년(1081)에는 견주를 양주에 편입하였다.

조선 태조 3년(1394)에는 양주고을 범위 내에서 도읍(한성부)을 정하고 현 도봉구 지역을 포함한 기타 양주 지역은 그대로 양주로 속하게 하였다. 2년 후 한성부의 5부 방리명(坊里名)을 정하여 경계표석을 세웠는데 이때 도봉구 일부 지역은 동부 숭신방(崇信坊)에 속하였다. 따라서 도봉구의 일부 지역은 조선시대부터 한성부의 성외 지역이 되어왔던 것을 알 수 있다.

조사 지역 주변의 유적으로는 북서쪽으로 1㎞ 정도 떨어져 같은 도봉산 동쪽 기슭에 자리한 천축사가 있다. 천축사는 신라 673년(문무왕 13)에 의상대사가 제자를 시켜 암자를 짓고 옥천암(玉泉庵)이라 한 것에서 출발하여 고려 명종 때에 근처 영국사(寧國寺)의 부속암자로 맥을 이어 현재까지 여러 차례 중수·중창되었다고 한다. 천축사 내에는 비로자나삼신불도, 비로자나삼신괘불도, 목조석가삼존불, 마애사리탑 등이 있으며 목조불단도 전하고 있다.

혜거국사와 관련된 도봉산 주변 유적으로는 북서쪽으로 2㎞ 정도 떨어진 망월사와 북쪽으로 3.5㎞ 정도 떨어진 회룡사가 있다.

망월사는 혜거국사가 1066년(문종 20)에 중창했다고 전하며 혜거국사부도가 있다. 망월사혜거국사부도(望月寺慧炬國師浮屠)는 조선 전기에 건립된 것으로 추정되며, 탑신부를 제외한 나머지 부분이 팔각원당형을 이루고 있다. 3단의 지대석 위에 둥근 몸돌의 탑신부를 올려놓았고, 몸돌 아랫부분에 연꽃무늬를 둘렀다. 부도 앞에는 '혜거탑'이라 새겨 놓았다.

회룡사는 681년(신문왕 1) 의상스님이 창건하여 법성사(法性寺)라 하였으며 1070년(문종 24) 혜거국사가 3창하였다고 한다.

남쪽으로 200m 정도 떨어진 도봉사에는 고려시대 전기에 조성된 철불좌상이 있었다. 일제강점기에 일본인이 소장하고 있던 불상으로 광복 이후에 종로구 자명사로 옮겨졌다. 자명사가 철거되면서 도봉구 도봉사로 이전해서 봉안되다가, 현재는 한국미술박물관에 소장되어 있다.

3. 영국사와 도봉서원의 연혁 및 경과

영국사와 관련된 문헌자료는 단편적이며 많지 않다. 확인된 금석문이 영국사와 관련이 깊어 영국사를 중심으로 지금까지의 간략한 연혁 및 경과를 정리하면 다음과 같다.

- 통일신라시대 : 창건, 건물지 기단 확인
- 고 려 시 대 : 영국사 – 신정선사, 혜거국사 주석, 적연국사 수학
- 971(광종 22) : 도봉원 – 부동사원 칙령
- 1010(현종 2) : 도봉사 – 현종 피신
- 조 선 시 대 : 영국사 – 효령대군 중창 대시주

  영국사 – 진관사 수륙재 거행 논의(세종), 세조 축수재 봉행
- 1573(선조 6). : 영국사 터에 도봉서원 창건(양주목사 남언경), 임진왜란 소실
- 1608. : 중건, 송시열 배향
- 1871(고종 8). : 서원철폐령으로 멸실
- 1903, 1970. : 서원 터에 제단 설치, 도봉서원 사우 복원
- 2009. 10. 22. : '도봉서원과 각석군' 서울특별시 기념물 제28호 지정
- 2010. 12. 23. : 도봉서원 복원 및 각석군 종합정비 기본계획(한얼문화재연구원)
- 2011~2013 : 도봉서원 시·발굴조사(서울문화유산연구원)
  - 2011 : 도봉서원 관련 건물지로 추정되는 유구, 조선시대 2개 문화층 확인
  - 2012 : 건물지 11동, 석축, 암거 등 중정 중심 도봉서원의 배치 확인
    5호 건물지 기단 하부 영국사 주 건물지로 재활용, 청동 불교 의례구 79점 출토, 복원 목적 조사로서 하층을 남겨둔 채 조사 마무리
  - 2013 : 조선시대 건물지 확인, 도봉서원과 연관 판단 어려움
- 2013. 05. 16. : 도봉서원 복원 종합정비 기본계획(한울문화재연구원)
- 2014. 08. 28. : 서울시 문화재위원회(건축분과) 심의결과 복원 사업 중단 결정
  - 발굴된 건물지가 도봉서원임을 명확하게 밝힐 근거가 없음
- 2015. 12. 07. : 도봉서원 가치 및 건축고증 학술 세미나 개최(역사건축기술연구소)
- 2016. 11. 01. : 도봉서원(영국사 터)과 각석군 일대 지표 조사(고려문화재연구원)
  - 조사결과 : 도봉서원 최대 추정범위 확인
- 2016. 11. 18. : 도봉서원 일대 유구·유물 발굴지 역사성 정립(역사건축기술연구소)
- 2017. 06. 29~ : 도봉서원 보존 정비를 위한 하층 발굴 조사, 조사 중(불교문화재연구소)

III. 조사내용

1. 조사지역 위치 및 현황

조사지역은 행정구역상 서울특별시 도봉구 도봉산길 90(도봉동 512) 일대이며, '도봉서원과 각석군(서울특별시 기념물 제28호)' 문화재구역에 해당한다. 도봉탐방지원센터에서 도봉계곡 상류 방향으로 약 870m 떨어진 지점이다. 2017년도에는 2012년 조사 지역 하층을 발굴 조사하였고 2012년 조사 제외 지역은 제토된 토사가 상부에 적치된 상태이며 남쪽 부분을 추가 발굴조사 중이다.

2. 조사 내용

기존 발굴 조사는 도봉서원 복원을 위한 기초 자료를 수집할 목적으로 시행되었기에 건물지의 전면적인 해체 조사와 하층의 조사가 명확하게 이루어지지 않은 상태였다. 따라서 이번 조사에서는 기존 조사 지역 주변에 대한 시굴 조사와 기존 발굴 조사면을 노출한 후 하층 유구의 잔존 유무를 확인하여 조사하는 하층 발굴 조사이다.

유적의 층위는 기존 조사 5개 층(표토, 현대성토층, 근현대층, 조선 중기~근대 자연퇴적층, 조선 전기~중기 문화층) 아래에서 고려 전기~ 중기 층, 통일신라 후기 층이 추가로 확인되었다.

시굴 조사는 주변 3개 구역에 대하여 시행하였다. 북서쪽인 1구역 하단에서는 담장지가 확인되었고, 북쪽인 2구역에서 기존 건물지의 배수·배연시설 등이 확인되어 정밀 발굴 조사로 전환하였다.

정밀 발굴 조사에서는 4·5·8·10호 건물지 등에서 기단과 적심석, 하부 시설, 배수 시설, 배연 시설 등이 새롭게 확인되고 기단 및 석축이 연장되는 사실을 확인하였으며 통일신라~조선시대 건물지 8동, 담장지 2기, 대형 석축 하부 시설, 배면 석축 등을 조사하였다.

조사를 통해 중심 영역의 경계를 명확히 하였으며 통일신라시대~조선시대 전기의 영국사층을 확인하고 통일신라시대 선문 기와편, 고려시대 기와와 청자편, 조선시대 효령대군이 시주하였던 명문막새와 같은 형태에 사조룡 암막새와 봉황문 수막새 등 많은 유물이 출토되었다. 또한 〈도봉산영국사혜거국사비〉와 연판문과 동심의 광선을 앞뒤로 새긴 석경 편 등 중요한 금석문 자료를 발굴하는 성과를 거두었다.

중심 영역 경계는 사면과 계곡 등 자연 지형과 석축으로 구분된다. 북쪽은 사면과 배면석축, 서쪽은 계곡과 담장지, 동쪽은 석축이며 남쪽은 석축이 일부 확인되는 탐방로 남쪽 계곡까지이다.

서쪽 담장지는 남북 방향으로 나란하게 2기가 확인되었다. 2호 담장은 재사용된 것으로 보이는 치석재를 일부 이용하여 2단으로 쌓은 후 조성하였고 내부는 잡석 지정하였다. 조선 전기를 기점으로 시기 차를 보이며 서쪽으로 2m 남짓 확장되었다. 동쪽은 기존 조사에서 확인되었던 동쪽 대형 석축이 토압으로 밀려난 부분에서 남쪽으로 약 13m 정도 추가로 조사하였으며 조사 범위 밖으로 연장되는 것을 확인하였다. 석축 하부 트렌치 조사에서 깊이 약 50~80㎝ 아래에서 지대석과 두 단 정도의 면석이 확인되어 석축 규모가 길이 2,300㎝ 이상, 높이 240㎝ 내외, 8단 내외의 대규모임을 파악할 수 있었다. 석축은 거칠게 다듬은 대형의 장방형 화강암을 뉘어 쌓고 사이를 소형으로 한두 단 쌓았다. 석축 하부에서는 석축과 직교

사진 2. 조사구역 원경

하는 동서방향으로 붙은 1칸 규모의 건물지를 확인하였다. 지형차를 이용한 건물 배치로 2013년 발굴지역 동쪽에 대한 시굴조사에서 확인한 조선시대 건물지 등이 영국사 또는 도봉서원과 연관되는 지원시설이 동쪽으로 배치되었을 가능성이 크다.

중심 영역의 주요 기반 시설로는 대형 암거 배수 시설이 설치되었다. 암거 시설은 서쪽 계곡의 유입수를 중심으로 주변 공간의 배수를 받아 동쪽 석축 밖으로 배수하는 기능을 하였다. 중심 영역의 상단 중심 건물지 앞인 서쪽 석축과 4호 건물지, 중정, 6호 건물지와 7호 건물지 하부에 동서 방향의 사행상으로 조성되었다. 장대석과 넓은 판석을 개석으로 사용하였다. 전체적으로 2~3단의 단차를 보이며 단차에 의한 낙수면 훼손을 방지하기 위한 시설도 확인된다.

중심 건물지인 5호 건물지 하층에서는 3개 층의 건물지 기단이 확인되었다. 장대석 기단 아래에서 막돌 기단 2개 층이 조사되었다. 가장 아래 기단은 막돌 기단으로 2단 정도 남아있으며 퇴적층에서 통일신라시대에 쓰인 등이 각진 선문 수키와편만이 확인되었다. 중간 고려시대 하층 기단에서는 어골문과 격자문 기와와 청자 편 등이 확인되었다. 하층 건물지 기 단조사를 통해 영국사가 통일신라시대부터 법등이 이어져 왔음을 확인할 수 있었다.

남쪽 조사 경계부에서는 기존 8호 건물지의 기단석과 서쪽으로 맞붙은 대형 기단부 동쪽면을 확인하였다. 가람과 서원의 배치상으로 보아 영국사의 문루지이거나 도봉서원의 강당으로 추정되어 2018년에 조사할 예정이다.

| 고서화 1. 정선의 도봉서원도(18세기 전반) | 고서화 2. 심사정의 도봉서원도(18세기 후반) |

사진 3. 〈영국사지(寧國寺址)─전(前) 도봉서원지(道峰書院址)─후(後)〉부분, 국립민속박물관 소장(석남 000430)

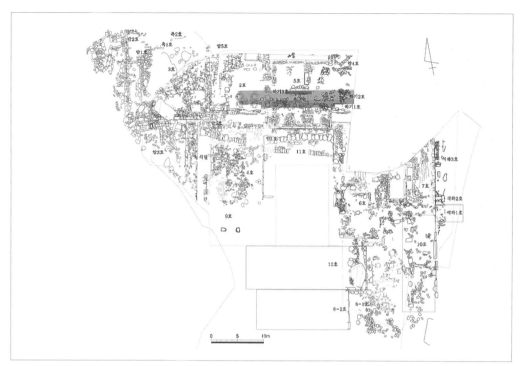

도면 1. 유구 배치도

사진 4. 유적 전경

사진 5. 동쪽 석축과 하부시설

사진 6. 5호 건물지와 하부 기단(통일신라시대~고려시대)

사진 7. 석축 하부 계단 추정 시설

사진 8. 12호 건물지 기단

사진 9. 8-1호 건물지와 하층 8-2호 건물지

사진 10. 배수 암거 시설

사진 11. 10호 건물지 부속시설 출토 광배?)편

사진 12. 6호 건물지 부속시설 확인 광배편

사진 13. 출토 유물 일괄

Ⅳ. 영국사지 출토 금석문 자료 소개

2011년부터 2017년까지 총 4차에 걸친 시·발굴 조사에서 비편과 석경편, 청동유물, 명문와 등 다양한 유물에서 금석문이 확인되었다. 탑비로 추정되는 견주도봉산영국사 혜거국사비편 1점, 영국사와 도봉사의 관계를 규명하고 조성 시기를 알려주는 중요한 자료인 '도봉사'와 '계림공' 명문이 새겨진 청동 현향로와 유개합 등 5점[18], 현존하는 가장 오래된 우리나라 유일의 고려시대 석각 천자문과 통일신라시대 석경의 전통을 계승한 석경 등 6점, 고려~조선시대 중창 시기와 주체를 알려주는 명문와 20점, 범자문 막새 27점 등 총 58점의 금석문 자료를 확인하였다. 이 금석문 자료들은 내용과 서체 등으로 보아 도봉서원에 앞서 있었던 영국사와 관련된 것이다. 당시 영국사의 법맥을 비롯한 사세를 짐작케 한다.

1. 견주도봉산영국사 혜거국사비 편

이번 조사에서는 『대동금석서(大東金石書)』[19]에서 88자의 탁본으로만 전해졌던 〈도봉산영국사혜거국

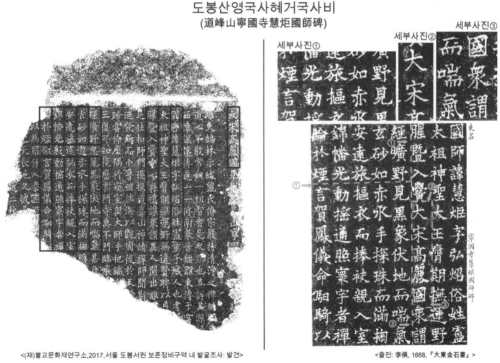

도봉산영국사혜거국사비
(道峰山寧國寺慧炬國師碑)

세부사진① 세부사진② 세부사진③

<(재)불교문화재연구소,2017,서울 도봉서원 보존정비구역 내 발굴조사: 발견> <출전: 李俁, 1668, 『大東金石書』>

탁본 1. 견주도봉산영국사 혜거국사비 탁본과 대동금석서 집자 비교

---

18) 2014년 보고 후 2018년 특별전에서 '계림공'명 청동 대부완과 부호가 새겨진 청동발 등 3점의 금석문이 추가로 보고되었다.
19) 이우, 1668, 『대동금석서(大東金石書)』.

사비〉의 비편이 출토되었다. 탁본 실물인 비석 조사를 통해 그동안 알려진 탁본은 비석의 글자 일부를 모은 것임을 알 수 있었다.

사진 14. 견주도봉산영국사 혜거국사비

사진 15. 견주도봉산영국사 혜거국사비 비명 부분

탁본 2. 건주도봉산영국사 혜거국사비

• 견주도봉산영국사 혜거국사비 판독

기존 탁본	발견 비석	行
	大宋高麗國見州道峯山寧國▨▨▨▨▨謚▨▨ 대송고려국견주도봉산영국▨▨▨▨▨시▨▨	①
		②
	▨夫鵠林示滅龜氏傳宗嚴持清淨之禪継明重 ▨부곡임시멸구씨전종엄지청정지선계명중	③
	道心不散常向一切智者是之爲也且詳其源▨ 도심부산상향일절지자시지위야차상기원▨	④
	西懷讓讓傳道一一傳南泉普願願東傳于當 서회양양전도일일전남천보원원동전우당	⑤
	國師諱慧炬字弘炤俗姓盧童子城人也考▨ 국사휘혜거자홍조속성노동자성인야고▨	⑥
國師諱慧炬字弘炤俗姓盧」 국사휘혜거자홍소속성노」	太祖神聖大王膺期撫運野無遺賢聘以弓 태조신성대왕응기무운야무유현빙이궁	⑦
太祖神聖大王膺期撫運野」 태조신성대왕응기무운야」	腥曁入鬐宇心存禮讓衆謂異人開出誰▨ 성기입횡우심존례양중위리인한출수▨	⑧
腥曁入鬐大宋高麗國衆謂」 성기입횡대송고려국중위」	足往扣師門遂投道峯山神靖禪師聞斯 족왕구사문수투도봉산신정선사문사	⑨
經曠野見黑象伏地而喘氣」 경광야견흑상복지이천기」	迺登泰而小魯因涉海以觀周後於天▨ 내등태이소노인섭해이관주후어천▨	⑩
玄砂如赤水手探珠而滿掬」 현사여적수수탐주이만국」	蹄甞侍座隅將窺室奧大師手把鐵▨ 제상시좌우장규실오대사수파철▨	⑪
安遠旅攄衣而捧袂親入室」 안원려구의이봉메친입실」	三復可知後歷雲門寺莫不門臨巖 삼복가지후력운문사막부문림암	⑫
錦幡光動搖通照寰宇者禪」 금번광동요통조환우자선」	経曠野忽見黑象伏地而喘氣甚急 경광야홀견흑상복지이천기심급	⑬
綸扵煙言賀鳳儀命馹騎以」 륜어연언하봉의명일기이」	玄砂如遊赤水手探珠而滿掬膽 현사여유적수수탐주이만국담	⑭
	安遠旅遽攄衣而捧袂親入室 안원려거구의이봉메친입실	⑮
	錦幡光彩動搖通照寰宇者禪 금번광채동요통조환우자선	⑯
	綸扵煙淑言賀鳳儀命馹騎以 륜어연서언하봉의명일기이	⑰
	▨以爲羅什入秦國澄▨▨ ▨이위나습입진국징▨▨	⑱
	▨▨▨天長地久披彙 ▨▨▨천장지구피휘	⑲
	▨▨▨▨▨▨越二秋▨ ▨▨▨▨▨▨월이추▨	⑳
[출전:『韓國金石全文』中世上篇(1984)]	①②③④⑤⑥⑦⑧⑨⑩⑪⑫⑬⑭⑮⑯⑰⑱⑲	列
	松廣寺聖寶博物館 館長 古鏡스님	

• 견주도봉산영국사 혜거국사비 해석

松廣寺 廣遠庵 南隱玄鋒 譯

곡림에서 적멸을 보이시고 구씨는 종을 전하여 청정한 선을 엄지하여 계속 밝히고 거듭~~

도심은 흩어지지 않고 항상 일체지자를 향하는 것이 이의 됨이로다. 또 그 근원을 살펴보면~~

강서의 회양에게 전하였고 회양은 도일에게 전하였으며 도일은 남전보원에게 전하였고 보원은 해동으로 전하여~~

국사의 휘는 혜거이시고 자는 홍조[20]이시며 속성은 노씨이시고 동자성[21]의 사람이다. 아버지는~~

태조 신성대왕은 가슴에 천하를 어루만지시며 재야(在野)에 어진 선비들을 남김없이 등용하시었다. 활로 화살을 부르듯이~~?

비린 것을 먹지 않았고 공부하는 서당에 가서는 마음에 예의를 지키고 겸양하니 대중이 말하기를 '간기(間氣)에 나온 이인(異人)'이라'고 하였다. 누가 말하기를~~

발을 내딛어 스승을 찾아다니다가 드디어 <u>도봉산의 신정선사</u>를 찾아가 이를 사뢰니~~

이에 태산에 올라가야 노나라가 작은 줄 알 것이니 그래서 바다를 건너 주유하며 살피다가 뒤에~~

걸음을 멈추고 일찍이 법좌의 모퉁이를 지키며 조실의 오묘함을 엿보려고 하는데, 대사가 손에 쇠~~를 쥐고~~

재삼 알 수 있을 것이다. 뒤에 <u>운문사를 방문</u>하였는데 문밖은 바위산이? 아닌 곳이 없었고~~

광야를 지나다가 홀연히 검은 코끼리〈無常의 殺鬼〉를 만나 땅에 엎드리게 되니, 천식 기운이 아주 위급하여~~

<u>현사(玄沙)</u>선사를 만나 마치 적수(赤水) 가에서 놀다가 손에 구슬을 찾은 것처럼 담지(膽智)를 가득 움켜질 수 있었으며~~

먼 나그네 길을 쉬게 되니 옷을 걷고 소매를 받쳐 두 손 모아 절하면서 몸소 입실(入室)하는 이들이 ~~

비단 깃발의 광채를 나부끼며 천하를 두루 비추는 이들이 선(禪)~~

---

20) 판독을 한 고경스님의 의견은 다음과 같다.

⑥行 ⑧列의 炤는 『字典』에 밝을 소(昭)와 비출 조(照)와도 同字로 나온다. 松廣寺(修禪寺) 第2世 國師인 眞覺國師慧諶의 탑호가 『眞覺國師圓炤之塔』인데, 『조선금석총람』을 인용한 논문 등 모든 자료에 『圓炤塔』으로 사용하고 있다. 현재 진각국사 부도는 송광사 廣遠庵에 있으며 탑호는 『圓炤塔』으로 확인할 수 있다. 강진 월남사지에 소재하는 『眞覺國師碑』의 前面은 완전 파손되어 일부 편들이 『국립광주박물관』에 보관되어 있고, 다행스럽게 비록 상태는 좋지 않지만 옛 탁본이 『한국학중앙연구원』에 소장되어 있다. 이 탁본의 8行 58列에 이 『炤』자가 확인되는데 문장은 「…普炤國師扵曹溪山…」으로 普照國師의 照를 炤로 표기하고 있다. 그래서 『炤』는 조(照)로 읽는 것이 타당한 것으로 보인다.

21) 지금의 경기 김포 통진에 있었던 성을 말한다(이병도, 1986, 『국역 삼국사기』, 을유문화사).

임금께서 연기 서린 물가에 윤음(綸音)을 내려 가상하다 말하시며 봉황의 위의로 명(命)하여 역말〈馹騎〉을 보내~~

구마라즙이 진(秦)나라에 들어가~~

천지는 장구(長久)하고~~

두 해가 지나~~

※ 양주 영국사 혜거국사비문 　　　　　　　　　　　　　　　　　　　　　　　　　　　이지관

국사의 휘는 혜거(慧炬)이고 자는 홍소(弘炤)이며 속성은 노씨(盧氏)이다. (결락) 태조(太祖) 신성대왕(神聖大王)이 후삼국을 통합하고 백성을 다스릴 때였다. 野 (결락) 어릴 때부터 (결락) 성(腥)이 섞인 음식은 전혀 먹지 아니하였으며, 어려서부터 글방에 가서 공부하다가 대송(大宋) 고려국(高麗國)은 대중들이 말하되, (결락) 큰 뜻을 세우고 입송구법도중(入宋求法途中) 광야(曠野)를 지나가다가 검은 코끼리가 땅에 엎드려 있는 것을 보고 숨이 막힐 정도로 도망한 적도 있었다. (결락) 산을 넘고 현사(玄砂)를 지나면서 적수(赤水)에서 잃어버린 현주(玄珠)를 손으로 더듬어 찾아 양손에 가득 움켜쥐었다. (결락) 그의 도덕은 마치 도안(道安)과 그의 제자인 혜원(慧遠)과 같이 높았다. 여행을 하면 보는 사람마다 옷자락을 걷어 올리며 소매를 여미었다. 친히 입실(入室)하였다. (결락) 비단으로 만든 빛나는 번(幡)이 휘날리며 환우(寰宇)를 통철하게 비추신 분이 바로 국사이시다. (결락) 그리하여 王은 연언(煙言)으로 윤음(綸音)을 내려 스님의 거룩하신 봉의(鳳儀)를 경하(敬賀)하시고, 일기(馹騎)를 명하여 스님을 정중히 모시게 하였다.

『校勘譯註 歷代高僧碑文』高麗篇2(1995)]

비편은 비신 오른쪽 상단의 일부이다. 재질은 화강암이며 규모는 잔존길이 62㎝, 잔존 폭 52㎝, 두께 20㎝이다. 상부에는 이수를 얹었던 흔적이 확인된다. 명문은 비양에서만 확인되며 배면과 측면에서는 확인되지 않았다.

확인되는 명문은 20항 19열이며 모두 281자가 새겨져 있으며 이 중 257자가 판독되었다.[22]

비문에 대해서는 자문[23]을 받았으며 그 내용을 요약하면 같다.

〈영국사 혜거국사비 寧國寺 慧炬國師碑〉는 고려 전기 10세기 말에 세워졌을 것으로 추정되며, 아무리 늦어도 11세기 초에는 세워졌을 것으로 추정된다. 그 이유는 아래와 같다.

첫째, 혜거국사 관련문헌에서 그의 입적(入寂) 시기를 추측할 수 있기 때문이다.

『전등록 傳燈錄』에 의하면 혜거국사는 당말오대(唐末五代)의 선승이었던 청량산(淸涼山) 문익선사(文

---

22) 판독은 松廣寺聖寶博物館 館長 古鏡 스님이, 해석은 松廣寺 廣遠庵 南隱玄鋒 스님이 하셨다.
23) 이완우(한국학중앙연구원) 교수가 2017년 12월 14일 자문하였다. 그 내용을 요약하며 일부를 수정 가필하였다.

益禪師 885~958)의 법맥을 이었다.[24]

적연국사 탑비에 의하면 적연국사는 선법의 종지를 배우기 위해 도봉산 혜거국사를 스승으로 모셨고 광종 19년(968년) 3월에 중국에 건너가 吳越國의 영명사 연수선사(904~976)의 문하에 들어가 수학하였다.[25]

혜거국사의 출생·출가·유학·귀국·입적 연도는 모두 미상이다. 다만 그가 스승인 문익선사(885~958)의 제자였고 적연국사(寂然國師) 영준(英俊 932~1014)의 스승이었던 점에서 10세기 초에 출생했을 것으로 짐작된다. 또 영준이 혜거국사의 지도를 받다가 968년(광종 19) 오월국으로 유학을 떠났으므로 혜거국사의 귀국도 그 이전이 된다. 또 혜거국사가 크게 장수하지 않는 한 10세기 말에 입적했을 것으로 짐작된다. 특히 993년 거란의 제1차 침입으로 고려가 혼란해지기 이전에 입적했다면, 국사로 있었던 그의 탑과 탑비는 입적 후 늦지 않게 세워졌을 것이다.

둘째, 비문 서풍(書風)이 9세기 후반~10세기 초에 유행된 고려 전기의 비문 서풍에 가깝기 때문이다. 〈영국사 혜거국사비〉 비편은 비신(碑身)의 오른쪽 상단에 해당된다. 비문은 1~20행까지이고 자수는 모두 88자 안팎이며 제3~4행이 19자로 가장 많다. 서풍은 통일신라시대 이래 유행된 초당(初唐) 구양순(歐陽詢 577~641)의 해서풍(楷書風)이다. 이 서풍은 고려에 들어와서도 지속적으로 유행되어 이환추(李桓樞)·구족달(具足達)·채충순(蔡忠順)·김거웅(金巨雄)·백현례(白玄禮)·안민후(安民厚)·오언후(吳彦侯) 등 12세기 전반까지 여러 명필을 낳았다.

〈영국사 혜거국사비〉의 서풍은 고려 전기의 비문 중 937년(태종 20) 이환추가 쓴 〈광조사 진철대사비 廣照寺眞澈大師碑〉에서 1025년(현종 16) 김거웅이 쓴 〈거돈사 원공대사비 居頓寺圓空大師碑〉 사이에 해당되는 서풍이라 할 수 있다.

셋째, 〈영국사 혜거국사비〉의 비문에 보이는 특이점이 있다.

---

24) 고려 도봉산 혜거국사는 정혜(淨慧: 文益)에게서 처음 발기(發機)했는데, 본국의 왕〔고려 光宗?〕이 그를 사모하여 사신을 보내와 간청하여 마침내 고국 땅으로 돌아갔다. 본국의 왕이 마음의 법문을 듣고 예의를 갖춰 대우함이 더욱 두터웠다. 어느 날 청을 받아 왕궁의 상당(上堂)에 들어갔는데, 국사가 위봉루를 가리키며 대중에게 말하길 …(중략)… 대사의 말씀은 중국에 알려지지 않았고 생의 마감 또한 알지 못한다.

高麗道峯山慧炬國師, 始發機於淨慧之室, 本國主思慕, 遣使來請, 遂迴故地, 國主受心訣, 禮待彌厚. 一日請入王府上堂, 師指威鳳樓示衆曰… 師之言敎, 未被中華, 亦莫知所終. (T51-414, 中)

25) 〈영암사 적연국사 자광탑비명(靈巖寺 寂然國師 慈光塔碑銘)〉

도봉산(道峰山) 영국사(寧國寺) 혜거국사(慧炬國師)를 찾아가서 …(중략) 건덕(乾德) 6년 봄 3월 일에 무사히 대양(大洋)을 건너 곧바로 저쪽 언덕에 도달하였다. 그길로 육로(陸路)를 따라 오월국(吳越國)에 이르러 영명사(永明寺) 주지(住持)인 연수선사(延壽禪師)를 배알(拜謁)하였다.

往道峯山寧國寺慧炬國師立 … 乾德六年春三月日 利涉大洋旋登彼岸行至吳越國謁永明寺主延壽禪師

광조사 진철대사비 937년	영국사 혜거국사비 10세기 말/11세기 초	거돈사 원공대사비 1025년

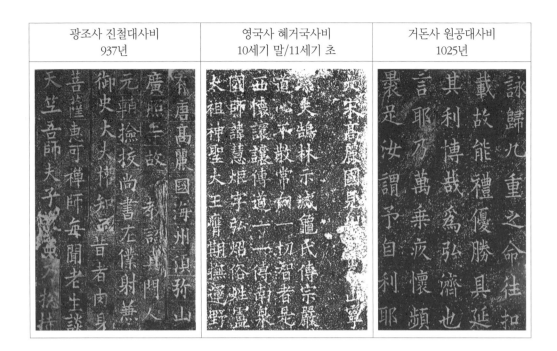

〈영국사 혜거국사비〉제목에서 "대송고려국"(大宋高麗國)이라 한 것은 고려 전기 비문에서 거의 보이지 않는 예이다. 대개 송나라 건국 이전이던 고려 초에는 "유당고려국"(有唐高麗國)이라 하거나 송나라 건국 이후에는 "고려국"(高麗國)이라 한 경우가 대부분이기 때문이다.

고려는 건국 후 오대의 여러 왕조와 교빙하다가 송나라가 960년 세워진 뒤 975년(景宗 7) 중국을 통일하자 그와 친선관계를 유지하였다. 그러나 3차에 걸친(993년, 1010년, 1015~18년) 거란의 침입으로 강화를 맺자 고려와 송나라와의 교빙이 끊어졌다. 특히 994년부터 거란의 연호 통화(統和)를 쓰게 되었고 포로교환이 실행되자 송나라와 국교가 끊어졌다.

이를 정리하면 혜거국사는 10세기 초에 태어나 10세기 후반 경에서 11세기 초에 입적한 것으로 짐작할 수 있다. 그리고 혜거국사비는 구양순의 해서풍 서체로 10세기 후반 경 늦어도 11세기 초에는 세워졌을 것으로 추정된다.

혜거국사비 확인을 통해 그동안 혼동했던 영국사의 위치와 혜거국사의 행적 등 몇 가지 사실을 명확히 하였다.

비의 소재지에 대하여 알려진 탁본에는 비의 이름은 알 수 없고 '영국사 혜거국사비'라고만 하여 영국사의 위치를 추정[26]하였으나 영국사가 도봉산 영국사임을 확실히 하였다.

또한 갈양사 혜거(惠居)국사[27]와도 행적이 혼동되었으나 혜거(慧炬)국사의 행적이 명확히 다름을 알

---

26) 충청북도 영동군 지륵산 영국사로 추정하거나 양주 영국사로 보기도 하였다.

수 있었다. 전등록과 적연국사 탑비에도 전하는 도봉산 영국사 혜거국사는 유학승으로 동자성 출신의 노씨이며 이름은 홍조이다. 유학하지 않고 명주 박씨인 갈양사 혜거(惠居)국사와 명확히 다른 것이다. 다만 혜거(慧炬)국사가 『고려사』에 나오는 혜거(惠居)와 동일 인물일 가능성이 매우 커졌다. 그리고 '도윤(道允)-절중(折中)-신정(神靖)-혜거(慧炬)-영준(英俊)'으로 이어지는 선종 9산의 하나인 사자산문 초기 5대 선사의 계보 등을 밝힐 수 있게 되었다.[28]

고려 초기의 불분명한 선종의 움직임을 약간이나마 살펴볼 수 있게 하고 있다.

종합하면 도봉산영국사 혜거국사는 고려 전기 법안종풍을 고려에 처음으로 전파한 고려 전기 유학승이다. 10세기 초반에 태어나 10세기 후반 내지 11세기 초에 입적하였다. 동자성 출신으로 성은 노씨이며 이름은 홍조이다. 사자산문 도봉산 신정선사에게 배우고 구법을 위해 오월로 유학하여 법안종 초조 법안문익(初祖 法眼文益, 885~958)의 선사상을 받았으며 도봉산에서 적연국사 영준(寂然國師 英俊, 932~1014)의 제자로 맞았다. 국왕이 유학 중인 스님에게 사신을 보내어 예로서 맞이하였으며, 위봉루(威鳳樓)에서의 설법이 전하고 있다.[29]

2. 청동 불구 추정 도봉사 명 청동유물

다량의 고려시대 중요 금속공예품이 정면 3칸, 측면 3칸 이상으로 추정되는 방형의 중심 건물지(5호)에서 출토되었다. 오대명왕 등 11구 존상이 표현된 금동제 금강령(金剛鈴)과 금강저(金剛杵)를 비롯하여 청동제 뚜껑항아리(有蓋壺)와 뚜껑합(有蓋盒), 현향로(懸香爐)와 부형대향로(釜形大香爐), 수각향로(獸脚香爐) 등 다양한 형태의 향로, 세(洗), 향완(香垸), 대부완(臺附垸), 발우(鉢盂), 대접, 숟가락 등 총 79점의 다양한 불교의례용구이다. 이중에는 청동 걸이향로와 향합에서 '도봉사(道峯寺)'라는 글자가 새겨져 영국사와 도봉사의 관계[30]를 유추해볼 수 있는 중요한 단서를 제공하였다. 도봉사는 고려 광종의 재위시기에 황명에 의해 '고달원', '희양원'과 함께 3대 부동사원을 지목된 도봉원으로 추정된다.

또한 2018년 특별전[31]을 준비하며 청동 대부완에서 '계림공(鷄林公)'이라는 글자를 새롭게 확인하여 유물이 숙종이 계림공에 봉해졌던 1077년(문종 31)에서 재위 전인 1095년 사이에 제작된 것임을 알 수 있었다.

---

27) 〈갈양사 혜거국사비(葛陽寺 惠居國師碑)〉

28) 최연식, 2018, 「新발견 비편을 통해 본 혜거국사의 활동과 영국사의 위상」, 『천 년 만에 빛을 본 영국사寧國寺와 도봉서원』, 한성백제박물관 고려건국 1100주년 기념 특별전 도록.

29) 『경덕전등록(景德傳燈錄)』.
　　高麗道峯山慧炬國師, 始發機於淨慧之室, 本國主思慕, 遣使來請, 遂迴故地. 國主受心訣, 禮待彌厚. 一日請入王府上堂, 師指威鳳樓示衆曰… 師之言教, 未被中華, 亦莫知所終. (T51-414.中)

30) 도봉사와 영국사는 동시기에 존재하였음을 '영국사' 비의 조성 연대와 부동사원 지정과 청동유물의 '도봉사' 명문을 통해 알 수 있다. 또한 조선시대에는 영국사로 중창되어 도봉사와 영국사의 밀접한 관계를 시사하고 있다. 이에 대해 동시기 같은 사찰로 보는 견해, 도봉원, 도봉사와 별개의 사찰로 보는 견해, 도봉원, 도봉사의 사역 내 영국사로 보는 견해가 제기되었다.

31) 한성백제박물관, 2018, 『천 년 만에 빛을 본 영국사(寧國寺)와 도봉서원』, 고려건국 1100주년 기념 특별전 도록.

유물 수량이 많고 다양한 불교 금속공예품들이 한꺼번에 묻힌 상태로 발견되어 종교적 의례 행위이거나 전란 등을 피해 묻어둔 것으로 볼 수 있다.

- 유물 : 청동 현향로(150-2)[32]
- 명문 : '道峯寺', '長留物'
- 위치 : 향로 상단부 양쪽에 손잡이를 끼워 넣는 거치대 외면

사진 16. 2012년 발굴조사 출토 청동불구 일괄(서울문화유산연구원 2014)

현향로 세부 '道峯寺'

149

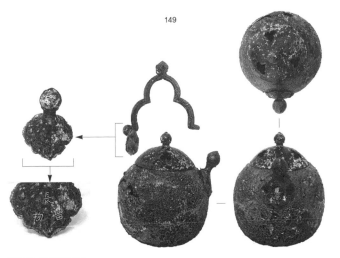

사진 17. 청동 현향로

현향로 세부 '長留物'

32) 도봉구 · 서울문화유산연구원, 2014, 『도봉서원』.

- 유물 : 청동 유개향합(151-1)
- 명문 : '道奉寺金堂左香合一口重二十六內持存皿一行●○○○知堂○○信○○ ○○'
  * 매우 얕게 새겨져 있어 판독이 불분명한 자가 있다.
- 위치 : 뚜껑 드림부 둘레

1-1·2

사진 18. 청동 유개향합18 청동 유개향합의 명문

3. 석경과 석각 천자문 편 등

조사단은 비석이 출토되어 추가 자료를 확인하던 중 2012년 발굴조사에서 출된 5점과 2017년 발굴조사에서 출토된 1점 등 총 6점이 석각천자문과 석경임을 확인[33]하였다. 모두 퇴적암(堆積岩) 계통의 이암 또는 사질이암으로 석질이 같다. 그 가운데 3개는 『묘법연화경 妙法蓮華經』을 새긴 석경(石經)이고, 2017년 출토된 1개는 변상(變相)을 새긴 것으로 보이며, 1개는 어느 경전을 새긴 것인지 아직 확인하지 못했다. 나머지 1개는 『천자문 千字文』 구절을 새긴 것이다. 모두 혜거국사비와 같은 고려 10~11세기에 제작된 것이다.

1) 석경(묘법연화경)

『묘법연화경』을 새긴 3점과 변상을 새긴 것으로 여겨지는 1점은 잘게 깨어졌으나 영국사에 〈법화석경 法華石經〉을 조성했을 가능성을 보여준다. 묘법연화경 서품(序品) 제1 구절, 비유품(譬喩品) 세3 구절, 보현보살권발품(普賢菩薩勸發品) 제28의 구절과 경변상으로 여겨지는 연판문과 동심의 광선을 앞뒤로 새긴 1점은 통일신라 때 조성된 구례 화엄사의 〈화엄석경 (華嚴石經)〉, 경주 창림사지의 〈법화석경〉, 남산 칠불암의 〈금강석경 (金剛石經)〉의 전통을 계승하고 있어 최초로 발견된 고려시대 석경이다.[34]

---

33) 박찬문, 2018, 「서울 도봉서원하층 영국사지 출토 금석문 소개」, 한국목간학회 제27회 정기발표회.
34) 이완우 교수 자문.

이 석경 세 편들 역시 〈화엄석경〉과 같이 천지선과 계선이 있어 필사본 사경의 서사방식을 따르고 있음을 알 수 있다.[35]

- 유물 : 암각비편 2
- 명문 : 菩提意而能作是.../ 力守護能受持普..../ 正憶念修習書...../ ..佛如....
- 내용 : 普賢菩薩勸發品 第二十八

석각비편2 한쪽 면	탁본과 계측

- 유물 : 암각비편 18
- 명문 : .... 演暢淸淨法 我..../ ....盡 安住實智中 我定當作佛/ ....敬 轉無上法輪 教化諸菩薩 /....利弗吾今於天人沙門婆羅門等大..../ ....二萬億佛所爲無上道故常教...../ ....方便引導汝故生..../
- 내용 : 譬喩品 第三
- 특징 : 표면이 마손(磨損)되었다. 1줄에 5자구 게송(偈頌)을 3구씩 배치석각비편18 한쪽 면탁본과 계측

---

35) 조미영, 한성백제박물관, 2018, 「영국사터의 『천자문千字文』과 『법화경法華經』석각편」, 『천 년 만에 빛을 본 영국사寧國寺와 도봉서원』, 고려건국 11100주년 기념 특별전 도록.

석각비편18 한쪽 면	탁본과 계측

- 유물 : 암각비편 206
- 명문 : ......大衆 / ......淨戒　猶....../ ......菩　其數....../ 　......入....../
- 내용 : 序品 第一

석각비편206 한쪽 면	탁본과 계측

2) 석각 천자문

『천자문』을 새긴 1점은 깨어진 조각(길이 11.8㎝, 폭 10.2㎝, 두께 0.2~0.6㎝)이지만 남조 양나라 주흥사(周興嗣)가 지은 「천자문」 4자 제250구 가운데 163번째 구인 '**治本於農**', 165번째 구인 '**俶載南畝**', 167번째 구인 '**稅熟貢新**'의 일부가 선명하게 새겨져 있다. 천자문의 현존하는 우리나라 유일의 석각천자문이자 우리나라에서 가장 오래된 천자문[36]으로 고려시대 때 사찰에서 「천자문」 학습을 위해 석각했음을 보여주는 매우 희귀한 예이다.

- 유물 : 암각비편 121
- 명문 : 治本於農 ...... 俶載南畝 ....稅熟貢新
- 내용 : 남조 양나라 주흥사가 지은 「천자문 千字文」 4자 제250구 가운데 제163구, 165구, 167구
- 특징 : 1줄에 8글자. 석질은 위의 〈석경편〉과 같고 서풍(書風)과 각법(刻法)도 흡사하다. 다만 글줄 사이〔行間〕에 계선(界線)을 긋지 않은 점이 다르다.

석각비편121 한쪽 면	탁본과 계측

---

36) 〈거돈사 원공국사 승묘탑비(居頓寺 圓空國師 勝妙塔碑)〉(1025)의 예와 같이 '治'자의 마지막 획이 결실된 고려시대 성종(981~997)의 피휘를 확인할 수 있어 고려시대 만들어진 것이 확실함을 확인하고 있다.
조미영, 한성백제박물관, 2018, 「영국사터의 『천자문千字文』과 『법화경法華經』석각편」, 『천 년 만에 빛을 본 영국사寧國寺와 도봉서원』, 고려건국 11100주년 기념 특별전 도록.

3) 기타

- 유물 : 석각비편
- 내용 : 한쪽 면에 연판문(蓮瓣紋)을 새기고 다른 면에 동심(同心)의 광선(光線)을 새긴 점
- 특징 : 경판을 앞뒤로 새겼음, 경변상(經變相)추정, 2017년 발굴조사 출토

석각비편 한쪽 면	석각비편 다른 면

- 유물 : 암각비편 320
- 명문 : 藏菩薩扇 ......属 ......胡中 ......年涉歷 ......何假禮, 범문
- 내용 : 불경을 새긴 석경으로 추정, 범문(梵文)을 새긴 점에서 혹 다라니경(陀羅尼經) 계통
- 특징 : 경판을 앞뒤로 새김, 앞뒷면에 종방향 찰절흔(재사용 가능성 있음)

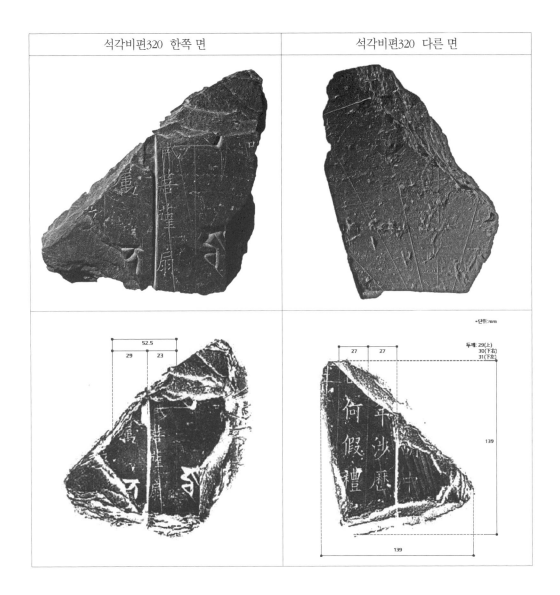

| 석각비편320 한쪽 면 | 석각비편320 다른 면 |

4. 명문와

　기존 조사에서 명문와는 크게 시주자 명 암키와와 범자문 수막새 등 2종류가 확인되었다. 시주자 명 암키와는 효령대군과 이씨금광의 2가지이며 범자문 수막새는 4가지가 확인된다.

　유적에서 보고되고 조사된 유물은 주로 고려시대~조선 전기에 제작되었다. 암수키와는 대체로 고려 후기~조선시대의 일반적인 기와 타날문이 모두 확인되고 있다. 하지만 막새의 시기 구분은 12~13세기에서 15~16세기로 시기를 좁혀볼 수 있다. 특히 문양 면에서 유가심인도문, 범자문 등 개태사지나 회암사지와 유사하여 사료에서 드러난 영국사의 존속 시기, 그리고 성격과 일치한다.

1) 시주자 명

시주자 명 암키와 18점을 포함해 총 20점 암키와가 확인되었다.

이 중 효령대군은 금강산 유점사 중건(1408년(태종 8))을 시작으로 불사 기록이 확인되는데 1422년(세종 4)까지 불사 관련 기록이 거의 없다가 1429년(세종 11) 관악사 3창을 시작으로 활발한 불사 활동을 전개하고 있다. 또한 1449년(세종 31) 기록에서 영국사의 중건이 오래되지 않았다고 하는 것으로 보아 그 시기를 15세기 중반으로 추정할 수 있다. 그 외 상호군 최우, 서철 등이 확인된다.

이씨금광과 다른 인물은 성씨만으로 확인이 어려운 상태이다. 내은덕은 인명에서 확인되지만 앞에서 확인되는 '계수도진 내은덕'의 계수를 머리를 땅에 닿게 조아리는 절하는 방식으로 보아 인명으로 보기 어렵다는 견해도 있다.

그 외 와적층에서 출토된 259, 261은 알 수 없다.

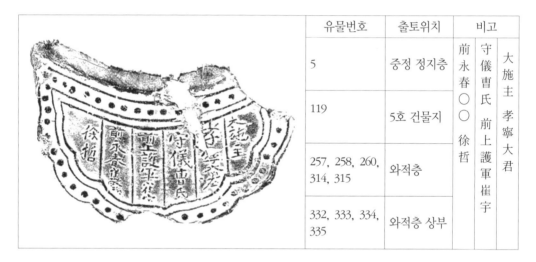

	유물번호	출토위치	비고		
	5	중정 정지층	前永春○○徐哲	守儀曹氏 前上護軍崔宇	大施主 孝寧大君
	119	5호 건물지			
	257, 258, 260, 314, 315	와적층			
	332, 333, 334, 335	와적층 상부			

	유물번호	출토위치	비고		
	4, 7	중정 상부	首都進內隱德	李氏陳氏都氏 楊氏徐氏稽	大施主 李氏金光 朴氏崔氏
	211	6호 건물지			
	256, 316	와적층			
	336, 337	와적층 상부			

2) 범어

　4가지 유형의 범자문 수막새 총 27점이 확인된다. 많은 수량이 와적층에서 확인되어 공반유물을 층위에서 명확히 확인하기 어렵지만 회암사지 출토품과 유사하다. 또한 동시기로 추정되는 명문 암막새 등을 통해 15세기로 추정할 수 있다.

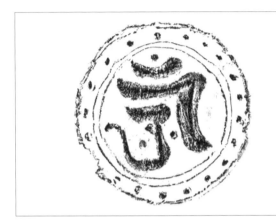

유물번호	출토위치	비고
1, 3	중정 상부	
44, 45	1호 건물지 상부	
77	2호 건물지	
210	6호 건물지	
246, 247, 248, 249, 250, 308, 310	와적층	
364	제토중 수습	

유물번호	출토위치	비고
3338, 340, 341, 342, 343, 344, 345, 346, 347	와적층 상부	
362, 363	제토중 수습	

유물번호	출토위치	비고
240	7호 건물지	

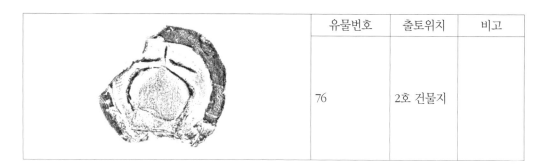	유물번호	출토위치	비고
	76	2호 건물지	

단계 구분	1기(12~13세기)	2기(14세기)	3기(15세기~16세기)
암막새			
수막새		…	
비교 유물	1 2 3	4	5 6
	1·2. 거돈사지 3. 주미사지	4. 개태사지	5·6. 회암사지

도면 2. 도봉서원 출토 막새의 시기 구분(도봉구 · 서울문화유산연구원, 2014, 『도봉서원』)

V. 맺음말 −성과와 의의−

　　도봉서원복원을 위한 발굴 조사에서 율곡 이이가 쓴 '도봉서원기'와 같이 앞서 있었던 영국사와 조선시대 도봉서원이 한 자리에서 확인되었다.

　　조사 결과 도봉서원은 철저하게 훼철되었고 건립할 때 영국사의 주요 건물 기단 등 건축시설과 부재를 활용하여 명확한 배치를 확인할 수 없었다. 오히려 실체가 불분명했던 영국사와 관련된 통일신라시대 건물지 기단 확인, 고려~ 조선시대 건물지 기단과 '견주도봉산영국사 혜거국사비', 석경, 석각 천자문, '도봉사', '계림공', '효령대군 대시주' 등 다양한 유구와 금석문 등이 조사되었다. 함께 확인된 금석문 등을 통해 다음과 같은 사실을 확인할 수 있었다.

영국사는 통일신라시대에 창건되었다. 사자산문의 신정(神靖)선사가 머물렀으며 고려시대 초기에는 그의 제자 혜거(慧炬)국사가 주석하며 법안종 선사상을 펼쳤으며 적연(寂然)국사가 수학하였다. 광종이 부동사원으로 지목한 도봉원과도 깊은 관련이 있는 고려 전기의 주요한 사찰이다. 통일신라시대 구례 화엄사 화엄석경과 경주 창림사 법화석경, 남산 칠불암 금강석경의 전통을 계승한 고려시대 묘법연화경 석경을 조성하였으며 천자문을 석각하여 교육하였음을 처음으로 확인하였다. 고려시대 계림공과 조선시대 효령대군이 중창 시주하는 등 왕실의 후원을 받아 번성하였다. 세종 때에는 진관사에서 거행하는 왕실의 수륙재(水陸齋)를 영국사로 옮기는 것이 논의되었으며 세조의 축수재(祝壽齋)를 봉행하는 등 위상이 매우 높았다.

영국사에 주석했던 혜거국사는 고려 전기의 고승이다. 오월 구법승으로 당대 선사상에 정통하여 법안종 선사상을 고려에 전파하였다. 도봉산 신정선사와 법안종 초조 법안 문익의 제자이며 적연국사 영준의 스승이다. 국왕이 유학 중인 스님에게 사신을 보내어 예로서 맞이하였으며, 위봉루(威鳳樓)에서의 설법이 전한다.

〈추기〉

앞에서 언급한 바와 같이 영국사와 도봉서원에 대한 발굴조사는 2011~2013년(서울문화유산연구원) 도봉서원 복원을 목적으로 이루어졌으며, 조사 후 제기된 도봉서원 하층(영국사)을 확인하기 위해 2017년부터 추가 발굴조사(불교문화재연구소)가 진행 중이다.

2017년 고려시대 영국사터에 대한 조사와 〈도봉산영국사혜거국사비〉가 발견되는 성과에 따라 2018년에도 조사 중이며 서울시, 도봉구와 함께 유적의 성격이 명확해지면서 유적 정비에 대한 계획 수립을 위해 연차조사와 학술대회 등을 계획 중이다.

학계의 지대한 관심으로 지난 2017년 1월 12일 목간학회에서 그 내용이 소개되고 2018년 봄에는 영국사를 중심으로 한 특별전시전이 있었다.

영국사와 도봉서원은 유적 보존·정비·활용에 있어 진행과정과 결론 도출에 많은 과제를 가지고 있다. 불교계와 유교계, 관련 행정 기관과 조사기관 등이 상생의 혜안으로 머리를 맞대어 유적이 역사성과 진정성을 갖춰 다시 수려한 경관과 함께 하기를 기대한다.

투고일: 2018. 4. 29.   심사개시일: 2018. 5. 7.   심사완료일: 2018. 5. 29.

『景德傳燈錄』

『高麗史』

『高麗大藏經』

『大正新修大藏經』

『東國輿地勝覽』

『妙法蓮華經』

『備邊司謄錄』

『世宗實錄』

『世祖實錄』

『宣祖實錄』

『肅宗實錄』

『新增東國輿地勝覽』

李珥, 『栗谷全書』

李俁, 『大東金石帖』

강병수 외, 2009, 『서울지명사전』, 서울특별시사편찬위원회.

경남고고학연구소, 2005, 『창녕 말흘리 유적』, 경남고고학연구소.

고려문화재연구원·도봉구, 2016, 『도봉서원(영국사 터)과 각석군 일대 지표조사 보고서』, 고려문화재연구원.

국립중앙박물관, 2013, 『고려시대 향로』, 국립중앙박물관.

국립중앙박물관, 2015, 『발원, 간절한 바람을 담다: 불교미술의 후원자들』.

국립청주박물관, 1999, 『고려 공예전』, 국립청주박물관.

국립중앙박물관, 2014, 『청주 사뇌사 금속공예 I 』, 국립청주박물관.

국립중앙박물관, 2014, 『청주 사뇌사 금속공예 II 』, 국립청주박물관.

국립중앙박물관, 2015, 『청주 사뇌사 금속공예 III 』, 국립청주박물관.

국립중앙박물관, 2015, 『청주 흥덕사』, 국립청주박물관.

도봉구청·역사건축기술연구소, 2015, 『도봉서원: 기록으로 되살린 역사와 건축』, 도봉구청·역사건축기술연구소.

도봉문화원, 1997, 『자연과 문화가 어우러진 도봉』, 도봉문화원.

도봉문화원, 1998, 『도봉금석문, 도봉문화원』.

도봉문화원, 1999, 『道峯書院 –문헌조사–』, 도봉문화원.

도봉문화원, 2000, 『조선왕조실록에 나타난 도봉서원』, 도봉문화원.

도봉문화원, 2001, 『조선시대 선비들의 도봉산 기행』, 도봉문화원.

불교문화재연구소, 2011, 『인각사 −군위인각사 5차 발굴조사 보고서−』, 불교문화재연구소.

서울문화유산연구원, 2014, 『도봉서원』, 서울문화유산연구원.

서울문화유산연구원, 2011, 『북한산 삼천사지 발굴조사보고서』, 서울역사박물관.

서울역사박물관, 2005, 『서울특별시 문화유적 지표조사 종합보고서 Ⅰ·Ⅱ』.

서울특별시·역사건축기술연구소, 2016, 『도봉 404번지 일대 유구 유물 발굴지 역사성 정립 학술용역』, 서울특별시·역사건축기술연구소.

서울특별시·서울역사박물관, 2006, 『문화유적 분포지도 −서울특별시(강북편)』.

양주회암사지박물관, 2015, 『깨달음의 소리 범자梵字』, 양주회암사지박물관.

용인대학교박물관, 2006, 『佛法으로 피어난 금속공예: 고려시대 佛具』, 용인대학교박물관.

이난영, 2012, 『한국 고대의 금속공예』, 서울대학교출판문화원.

이병도, 1986, 『국역 삼국사기』, 을유문화사.

이중환, 2002, 『택리지擇里志』, 을유문화사.

진현종, 2007, 『한 권으로 읽는 팔만대장경』, 들녘.

최완기, 1995, 『한국의 서원』, 대원사.

최응천 외, 2003, 『금속공예』, 솔.

최응천·이귀영·박경은, 2007, 『금속공예』, 국립중앙박물관.

한성백제박물관, 2018, 『천 년 만에 빛을 본 영국사(寧國寺)와 도봉서원』, 고려건국 1100주년 기념 특별전 도록.

허균, 2017, 『한국의 서원, 다른 세상』.

〈Abstract〉

An Introduction to Epigraph Inscriptions excavated at Temple site

in Yeongkuksa the lower layer of Dobongseowon, Seoul

Park, Chan-moon

In the Mount Dobong – Dobong Valley, Dobong-san Yeongkuksa in the Koryo-Chosun Dynasty and Dobong Seowon of the Joseon Dynasty were confirmed in a single place as in the 'Dobongseowon Records(道峯書院記)' written by Yulgok Lee-Yi. Dobong Seowon is a Seowon of a King was given Pyeonaek where are enshrined in Cho Kwang-cho and Wooam Song Si-yeol,both of whom were represented by Chosun's political ideology of Sarim.

It was built at Yeongkuksa site in 1573 (seonjo 6), the buildings that were burned or washed away by Imjinwaeran and other natural disasters were constantly rebuilt, many literary men visited poetry and valley and left poetry and writing.

Results of excavation research for the restoration of Dobongseowon, The Dobongseowon was thoroughly demolished and the clear layout could not be confirmed because it utilized the facilities and absence of Yeongkuksa's main building basement when erected.

On the other hand, Yeongkuksa which is unclear in reality, confirmed the foundations of the Unified Silla Dynasty, and Goryeo~Chosun Dynasty building site base, 'Gyeonju(見州) Dobongsan Yeongkuksa hyegegugsa inscription', Seokgyeong(Scriptures carved in stone), Rock Carvings Cheonjamun(千字文; the Thousand-Character Classic), 'Dobongsa', 'Gyelimgong(鷄林公)', 'Prince Hyoryeong Many donations', etc. a variety of sites, artifacts, and an epigraph were investigated.

Yeongkuksa was built at the Unified Silla Period. Sin-jeongseonsa(神靖禪師) stayed, During the early Goryeo Period, Hyegegugsa(慧炬國師), his student, lived and preached the Zen Thought of beob-anjong of the main temple, and Jeog-yeongugsa(寂寞國師) is studying etc. It is also closely related to Dobongwon, who is designated as unassailable temple under the name of King Gwang-jong. Hwaeom-Seoggyeong of Hwaom Temple in Gurye and Beobhwa-Seoggyeong of Changryungsa Temple in Gyeongju, Geumgang-Seoggyeong of chilbul-am in Nmsan, etc. Following the tradition of the Unified Silla Period, Myobeop Yeonhwagyeong Seokgyeong was created during the Goryeo Dynasty. And it was confirmed for the first time that taught Cheonjamun by carving it on a stone. In the Koryo Dynasty prince Gyelimgong and early Joseon Dynasty prince Hyoryeong donated the reconstruction and was prospered with royal sponsorship. At the time of King Sejong, the transfer of the royal Suryukjae(水陸齋) from Yeongkuksa to Jingwansa was discussed and Do Chugsujae of Sejo, etc. The position of the temple was very high.

Hyegegegugsa, who stayed in Yeongguksa Temple, is a high priest from the early Goryeo Dynasty. Owol(吳越) Gubeopseung(求法僧), a scholar of the Zen Thought, propagated the Zen Thought of Beob-anjong to Koryo. He is the disciple of Dobong-san Sin-jeongseonsa(神靖禪師) and the founder of Beob-anjong Beopan(法眼) Mun-Ig and a teacher of Jeog-yeongugsa(寂寞國師) Young Jun. The king sent an envoy to a Buddhist monk studying abroad, and Seolbeop(說法) from Weibonglu(威鳳樓) is being delivered.

▶ Key words: Dobong-san Yeongkuksa, Gyeonju(見州) Dobongsan Yeongkuksa hyegegugsa inscription, Hyegegugsa(慧炬國師), beob-anjong, Dobongwon, Dobongsa, Seokgyeong(Scriptures carved in stone), Rock Carvings Cheonjamun(千字文;the Thousand-Character Classic), Gyelimgong(鷄林公), Prince Hyoryeong(孝寧大君), Dobong Seowon, Cho Kwang-cho, Song Si-yeol

일본 출토 고대 목간

-秋田県 払田柵跡 151차 조사 출토 漆紙文書-

三上喜孝 著[*]

오택현 譯[**]

〈국문초록〉

　매년 최근 일본에서 출토된 목간 중에서 주목되는 것을 선택해 소개했지만, 이번에는 목간이 아닌 필자가 조사에 관여한 漆紙文書의 출토 사례를 소개하고자 한다.

　漆紙文書란 古代에 漆의 상태를 양호하게 보존하기 위해 漆을 종이로 덮었는데 이로 인해 그 종이에는 漆이 스며들어 부식되지 않은 상태로 땅 속에 남겨졌던 것이다. 그때에 사용된 종이는 대다수가 문서의 이면서(反故文書)여서 고대문서가 땅 속에서 발견될 수 있었던 것이다.

　漆은 상당히 예민한 물질인 반면, 일단 건조되면 어떤 조건에서도 부식되지 않는 강한 성질을 가지고 있다. 그 때문에 漆이 부착되어 있는 물질은 땅 속에서도 부식되지 않고 잔존할 수 있는 것이다. 付着物이 종이 문서일 경우, 漆이 부착된 종이 문서는 부식되지 않고 땅속에 남게 된다. 이렇게 고대의 문서가 발굴조사에 의해 출토되는 것이다. 본고에서는 그 조사 사례의 하나인 2017년 秋田県 大仙市의 払田柵跡에서 출토된 漆紙文書를 살펴보고자 한다. 秋田県 大仙市에 소재하고 있는 払田柵跡은 9세기 초에 만들어진 고대 城柵으로, 고대의 행정구역으로 말하면 出羽国에 소재하고 있는 城柵이다. 出羽国에는 秋田城과 雄勝城, 2개의 고대 城柵이 존재하고 있다는 것이 문헌 사료에 남겨져 있어, 払田柵跡이 어느 단계에서는 雄勝城이 되었다고 하는 설이 유력하다.

　본 漆紙文書는 원래 漆이 부착된 면을 안쪽으로 하고, 4번 접어서 폐기했다. 해독을 위해 4번 접어졌던

＊　日本 國立歷史民俗博物館

＊＊　동국대학교 사학과

漆紙文書를 펴고, 적외선 관찰에 의해 해독을 실시했다. 그 결과 종이의 양면에 문자가 확인되었다.

한쪽 면(A면)은 秋田城에서 지출한 兵粮의 수량과 狄俘에서 지급한 식량의 수량을 지출할 때마다 기록한 후, 出羽国의 大目(第4等官)이 매번 확인·서명한 장부이다. 出羽国에서 大目의 관직이 두어졌던 天長 7年(830) 이후에 작성되었다고 생각된다.

B면은 漆 부착면이기 때문에 문자가 2행 정도만 확인되지만, 官職·位階·人名이 쓰여졌다고 생각된다.

A面과 B面은 쓰여진 문자의 분위기가 다르고, 표면과 裏面이 내용적으로 연결되지 않는다. 그래서 어떤 면이 폐기된 뒤 반대 면이 재사용되었다고 생각된다.

이 漆紙文書의 발견에 의해 払田柵에서 秋田城으로 兵粮의 지출이 행해지고 있었던 것과 狄俘(복속시킨 蝦狄)에게 식량을 지급했던 것, 그리고 그것들은 国司의 大目이 관계되어 있었다는 것이 알려지게 되었다. 払田柵에는 出羽国司가 깊이 관련되어 秋田城과 밀접한 관계를 가지고 있었던 것이 밝혀졌다. 고대 城柵의 기능을 생각해도 흥미로운 자료라고 생각된다.

▶ 핵심어: 払田柵跡, 漆紙文書, 古代城柵, 狄俘

I. 漆紙文書란 무엇인가

본고에서는 매년 최근 일본에서 출토된 목간 중에서 주목되는 것을 선택해 소개하고 있었지만, 올해는 목간이 아닌 필자가 조사에 참여했던 漆紙文書의 출토 사례를 소개하고자 한다.

고온다습한 일본 열도의 기후에서는 중국의 건조지대에서 자주 보이는 것 같이 땅 속에서 종이 문서가 발견되는 것은 불가능한 일이라고 생각했다. 그러나 1973년 宮城県 多賀城跡에서 고대(8세기~9세기)의 「漆紙文書」가 발견되면서 일본 열도에서도 「漆紙文書」라고 하는 형태로 땅 속에서 종이 문서가 발견될 수 있음을 알게 되었고, 현재 전국에 200점 가까운 漆紙文書가 확인되고 있다.

우선 漆紙文書란 무엇인가에 대해서 기본적 사실을 확인하고자 한다. 漆紙文書는 다음과 같다.

고대에 있어서 漆의 상태를 양호하게 보존하기 위해서 漆에 종이로 덮개를 만들었다. 그 종이에 漆이 배여지게 되어 종이는 부식되지 않은 채 땅 속 남겨지게 된 것이다. 그때 사용된 종이는 문서의 이면지(反故文書)이기 때문에 고대 문서가 땅 속에서 발견될 수 있던 것이다.

漆은 예민한 물질인 반면, 일단 건조되면 어떠한 조건에서도 부식되지 않는 강인한 성질을 가지고 있다. 그 때문에 漆이 부착되어 있는 물질은 땅속에서도 부식되지 않고 남겨져 있게 된다. 부착물이 종이 문서인 경우 漆이 부착된 종이 문서가 부식되지 않고 땅 속에 남겨지는 것은 이 때문이다.

그럼 왜 종이 문서에 漆이 부착되었던 것일까. 그것은 고대 사회에서 漆製品의 제작 공정과 밀접한 관계가 있다.

앞서 서술한 것과 같이 漆은 매우 민감하기 때문에 공기 중의 먼지가 漆에 부착되지 않도록 漆 공방에서 漆의 보관은 중요한 일이다. 그때 漆을 저장하는 원형의 통(용기)에 덮개를 사용할 필요가 생기게 되었고, 그 덮개로 이용된 것이 종이였다.

漆을 넣은 통에 漆이 공기에 닿지 않도록 덮개로 사용하는데 가장 적합한 것이 종이이다. 그 이유는 漆에 종이를 밀착시키면 漆이 공기와 접속되지 않기 때문이다.

그때에 사용된 종이는 대부분 흰 종이가 아니라 당시 役所에서 더 이상 사용하지 않게 된 행정 문서였다. 당시 종이는 귀했으므로 흰 종이를 그대로 칠통의 덮개 종이로 이용하지 않았다. 더 이상 사용할 필요가 없게 된 役所의 문서를 漆 공방에 불하(拂下)해 漆의 덮개 종이로서 사용된 것이다.

이렇게 사용된 漆의 덮개 종이도 버려지게 되면 漆이 부착되어 있는 부분이 부식되지 않은 상태로 땅속에 남겨지게 된다. 이렇게 고대의 役所에서 작성된 문서가 漆 공방에서 원형의 칠통의 덮개 종이로 2차 사용된 결과, 땅 속에 폐기되어도 부식되지 않고 남겨진 것이고, 이를「漆紙文書」라고 부르고 있다.

漆紙文書가 남겨지는 과정을 복원하면 다음과 같다.

---

1. 고대의 役所에서 필요하지 않게 된 공문서가 漆工房에 불하된다.

↓

2. 漆工房에서 漆을 보관하는 漆桶의 덮개 종이로서 필요하지 않게 된 종이 문서가 이용된다.

↓

3. 칠통의 덮개가 필요하지 않게 되면 땅 속에 폐기한다.

↓

4. 덮개 종이(役所의 공문서) 중, 漆 부착에 의해 보존된 부분은 땅 속에서도 부식되지 않고 남겨진다.

↓

5. 발굴조사에 의해 漆紙文書가 출토된다.

漆紙文書의 특색은 중앙의 宮都뿐만 아니라 지방 관아에서도 출토되고 있다는 점이다. 편찬 사료에서는 엿볼 수 없는 고대의 지방사회의 지배 실태가 漆紙文書를 해독함에 의해 가능하게 된다.

본고에서는 漆紙文書의 조사사례로서 2017년에 秋田県 大仙市 · 払田柵跡에서 출토된 漆紙文書의 조사 성과에 대해서 서술하고자 한다.

II. 払田柵跡 출토 漆紙文書의 개요

秋田県 大仙市에 소재한 払田柵跡은 9세기 초에 만들어진 고대 城柵으로, 고대 행정 구획에 의하면 出羽国에 소재한 城柵이다. 出羽国에서는 秋田城과 雄勝城 2개의 고대 城柵이 존재한 것이 문헌 사료에 남겨져 있어 払田柵跡은 어느 단계에서 雄勝城이 되었다는 설이 유력하다.

동북지방의 고대 城柵은 고대 국가에 복속하지 않은 蝦夷에 대항하기 위한 군사 시설인 동시에 동북 지방을 지배한 관공서로서의 기능도 가지고 있었다. 지금까지의 발굴조사에서 払田柵跡에서는 목간과 漆紙文書가 다수 출토되고 있어 고대 국가의 중요한 군사 거점, 행정 거점이었던 것을 알 수 있다.

다음으로 2017년 제151차 조사에서 출토된 漆紙文書의 내용에 대해 서술하고자 한다. 출토된 漆紙文書는 표

그림 1. 고대 城柵 지도

면과 裏面의 양쪽 면에 문자가 확인된다. 문자가 많은 면을 A면, 문자가 적은 漆 부착면을 B면이라고 하겠다.

사진 1. 払田柵跡 출토 漆紙文書 사진(三上喜孝 촬영)

사진 2. 払田柵跡 출토 漆紙文書 적외선 사진(三上喜孝 촬영)

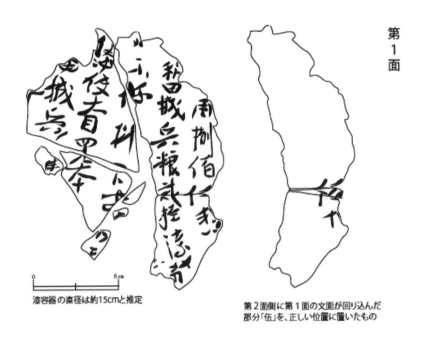

第
1
面

漆容器の直径は約15cmと推定

第2面側に第1面の文面が回り込んだ
部分「伍」を、正しい位置に置いたもの

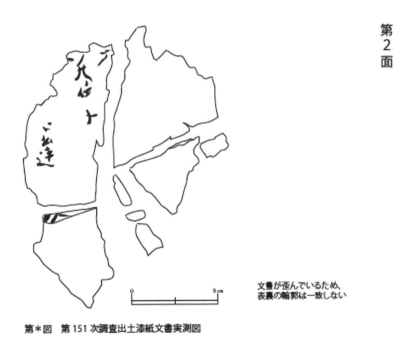

第
2
面

文書が歪んでいるため、
表裏の輪郭は一致しない

第＊図　第151次調査出土漆紙文書実測図

그림 2. 払田柵跡 출토 漆紙文書 실측도(『払田柵跡 −第151次調査 関連遺跡の調査概要−』)

〔判読文〕

A面
    ×□捌佰伍拾×
        〔斛〕
    秋田城兵粮貳拾漆□×
    ×□俘料下□×
    ×□使大目罜本×
        〔粮〕
    ×田城兵□×

B面(漆付着面)
    ×□无位□〔
       〔公〕
    ×□□連

〔형태〕

본 漆紙文書는 원래 漆이 부착되었던 면을 안쪽으로 4번 접어 폐기했기 때문에 4번 접혀진 漆紙文書를 펼친 후 적외선 관찰에 의해 문자를 판독했다.

〔A면의 내용〕

A面에서 주목되는 것은 숫자의 기재이다. 이 문서가 수량을 정확하게 기재한 공적인 장부의 성격을 가지고 있었던 것을 알 수 있다.

다만 문자의 배열을 보면 대체적으로 갖춰져 있지도 않고, 문자의 크기도 균일하지 않다. 이러한 점에서 보면 최종적인 장부라기보다는 어느 단계에서 기록된, 최종적인 장부를 작성할 때 재료가 된 메모와 같은 기록이라고 할 수 있다. 그리고 최종적인 장부가 마무리 될 때, 이 기록은 필요가 없어져 칠통의 덮개로 전환되어 사용된 것이다.

다음으로 주목되는 것은 2행의「秋田城兵粮粮貳拾漆□」라는 기록이다. 秋田城에 兵粮米를 지급했던 기록으로 생각된다. 秋田城은 秋田県 秋田市에 소재한 고대 城柵으로, 奈良時代인 天平 5年(733)에 出羽柵이 庄内지방에서 秋田村 高清水岡으로 이전할 때 창건되고, 그 후 天平宝字 연간에 秋田城으로 개칭되었다. 8세기 전반부터 10세기까지 出羽国 北部의 군사·행정의 중심지로서 역할을 담당했다.

3행은「×□俘料下す…」으로 판독하는 것이 가능하다.「□俘」는 복속시킨 蝦夷를 나타내는「狄俘」로 생각된다. 狄俘料란 狄俘에게 지급되었던 食料이고,「□俘料下す…」의 뒤는 쌀 등의 수량이 쓰여졌을 것으로 추정된다.

4행에는 「大目」이 있다. 「大目」은 国司의 第4等官을 의미하는 관직명이다. 그 아래 「罡本」(罡는 岡의 이체자)은 인명의 일부일 것이다. 즉 「×□使大目罡本×」는 「○○使인 国司 大目(第4等官) 罡本…」이라고 해독되며, 서명 부분이라고 생각된다.

5행은 2행과 동일한 「秋田城兵粮…」이 기록된 것이 확인된다. 결국 秋田城 兵粮의 지출 기록이 되풀이되어 쓰여지고 있는 것이다. 이것에 의해 이 문서는 秋田城 兵粮과 □俘料 등의 쌀을 지급할 때마다(예를 들면 매일 매일) 기록했던 장부일 가능성이 높다. 쌀이 지급된 것으로 그 비용과 수량이 기록된 것이고, 그때마다 大目이 확인하고 서명했던 것이다.

본 문서는 지급한 쌀의 수량과 그 비용을 그때마다 기록하고, 그것에 대해 国司(大目)가 확인하고 서명한 내용이 되풀이되어 쓰여진 장부의 일부라고 추정된다.

〔A면의 내용에 대한 고찰〕

본 문서는 年紀가 보이지 않아 작성된 연대가 정확하지는 않다. 하지만 연대의 단서가 되는 것이 4행에 보이는 「大目」이라고 하는 国司의 관직명이다.

율령의 규정에서 國에는 「大國」, 「上國」, 「中國」, 「小國」의 4개의 등급이 있는데, 出羽国은 「上國」으로 알려지고 있다. 大目은 大國에만 존재하는 관직명으로 上國에는 目만 있을 뿐 大目은 존재하지 않는다.

하지만 『類聚三代格』 天長 7年(830) 윤 12월 26일 太政官 奏에 의하면, 이때 出羽国에 大目·少目을 두었다는 것을 알 수 있다.

太政官謹奏
增加出羽国官員事
大少目各一員〈元員一人, 今加一人〉
史生四員〈元員三人, 今加一人〉
右彼国守従五位上勲六等少野朝臣宗成等解偁, 「此国頃年戸口増益倉庫充実. 稽于逐初寔為殷繁. 又雄勝秋田等城及国府戎卒未息. 関門猶閉. 配此数処国司少員. 方今雖干戈不動辺城静謐. 而犲狼野心不可不慎. 望請, 准人数増加官員」者, (中略)臣等商量所定如右. 伏聴天裁. 謹以申聞. 謹奏. 聞.
天長七年閏十二月二十六日

즉, 이때 처음으로 出羽国에 大目이 두어진 것이다. 이것으로 이 장부가 쓰여진 연대는 天長 7年(830) 이후가 되는 것이다.

〔B면의 내용〕

B面은 漆 부착면 때문에 문자가 거의 확인되지 않지만 1행에는 位階(无位), 2행에는 인명(□□連)이 미세하지만 확인된다.

1행과 2행에 쓰여진 문자의 높이에 주의하면 아마도 관직·위계·인명이 열거되고 있었다고 보는 것이 가능하다. 즉 다음과 같다.

    (官職名)　　(位階)(人名)
        ×□无位□　[
            ×□□連

이것만으로는 어떠한 성격인 것인지 알 수는 없지만, 하나의 가능성으로서 공문서 초안의 최종 서명 부분이라고 생각된다.

문자의 분위기를 보면, A면과 비교하면 B면의 문자가 가늘어 A면의 문자와 대조적라는 것을 알 수 있다. 「□□連」 아래는 현재 문자가 확인되지 않아 서명이 쓰여지지 않은 초안으로 본다면 부자연스럽지는 않다.

결과적으로 A면과 B면은 성격이 다른 문서이고, 내용적으로도 A면과 B면은 상관이 없다. 어느 면이 먼저 작성된 것인지는 확인하기 어렵지만, 만약 B면을 문서 초안으로 상정한다면 장부의 뒤에 문서의 초안을 쓴 것이 된다. 하지만 그렇게 생각하는 것이 어렵기 때문에 먼저 B면이 쓰여지고, 그것이 필요 없어지게 된 후 장부로서 2차 사용되었다고 볼 수 있다.

III. 결론-내용을 정리하며

본 문서에 대해 판명된 것은 다음과 같다.

(1) 본 漆紙文書의 A면은 出羽国에서 大目의 관직이 두어진 天長 7年(830) 이후에 작성된 장부이다.

(2) A면의 내용은 秋田城에서 지급했던 兵粮의 수량과 狄俘에게 지급했던 食料의 수량을 지출할 때마다 지급한 기록이고, 出羽国의 大目(第4等官)이 그때마다 확인·서명한 장부이다.

(3) B면은 漆 부착면이기 때문에 문자를 2행 정도 밖에 확인할 수 없지만, 관직·위계·인명이 기록되었을 것으로 생각된다.

(4) A면과 B면은 쓰여진 문자의 분위기가 다르고, 표면과 裏面이 연관된 내용이 아니여서

어느 면이 폐기된 후 반대 면이 재사용된 것으로 생각된다.

이 漆紙文書의 발견에 의해 払田柵에서 秋田城으로 兵粮의 지출이 행해지고 있었던 것과 狄俘(복속시킨 蝦狄)에게 食料를 지급했던 것, 그리고 그들에게 国司의 大目이 관여하고 있었다는 것을 알 수 있다는 점이다. 払田柵에서는 出羽国司가 깊이 관여하고, 秋田城과도 밀접한 관계를 가지고 있었던 것이 명확해졌다. 고대 城柵의 기능을 생각해도 흥미로운 자료라고 생각된다.

투고일: 2018. 4. 16.　　심사개시일: 2018. 4. 30.　　심사완료일: 2018. 5. 21.

참/고/문/헌

秋田県教育委員会·秋田県教育長払田柵跡調査事務所編, 『秋田県文化財調査報告書』 第512集, 払田柵跡
　　調査事務所年報, 2017.

秋田県教育委員会·秋田県教育長払田柵跡調査事務所編, 『払田柵跡 －第151次調査 関連遺跡の調査概
　　要－』, 2018年 3月.

〈Abstract〉

Ancient wooden document in Japan discovered recently

Mikami yoshitaka

Every year, the author has introduced some of the bamboo strips which were excavated in Japan recently and deemed noteworthy but this year, it is lacquered documents discovered in the investigation the author participated that will be introduced.

Lacquered documents (漆紙文書) were preserved undecayed because the paper was coated with lacquer in ancient times. At first, the lacquer was covered by the paper for protection but the paper has been smeared by the lacquer made undecayed. The paper used then was mostly recycled paper from old documents(反故文書) which is now being unearthed in the excavation process.

Lacquer is extremely sensitive but at the same time became stronger when dried and incorrodible under any conditions. That is how lacquered materials remain uncorroded even when buried underground. If the material was pieces of paper, documents made of the paper remained intact in the ground. This explains the way ancient document are discovered in the excavation survey. This paper will examine the lacquered document found in the ancient wall of Hotta in Daisen, Akita Prefecture in Japan in 2017. The wall in Hotta was built in the early 9th century and located in the ancient Dewa province. According to historic literature, there had been two ancient castles with a palisade, Akita Castle(秋田城) and Ogachi Castle (雄勝城), in Dewa province; it seems plausible to believe that the wall of Hotta turned into Ogachi Castle at some time in history.

This lacquered document had been folded four times with lacquered side facing each other before throwing away. To read the document, it was unfolded and read by infrared observations. As a result, characters were identified on both sides of the paper.

A side(Side A) proved to be a document reviewed and signed by Oome(大目, the 4th rank official) of Dewa Province after recording the expense of provisions for the army in Akita Castle and the amount of provisions distributed by barbarians subjugated(狄俘) every time the transaction was made. It is believed that the document was created after Dewa had the office of Oome in the 7th year of Tenchou(830).

Side B is lacquered and only two lines of characters are identified; they seem to include public offices, positions, and names.

Side A and B have different set of characters and the contents are not connected with each other. It is believed that the back of the paper was recycled after a side had been used and scraped.

The discovery of the lacquered document revealed the following: provision was paid from the wall of Hotta to Akita Castle; barbarians subjugated(狄俘) was provisioned; and they were related with Oome(大目) of Kokushi(国司). It showed Kokushi of Dewa was closely connected to the Wall of Hotta and Akita Castle. The findings are particularly interesting given the function of the ancient fortress and palisade.

▶ Key words: Akita Castle(秋田城), Lacquered documents(漆紙文書), ancient fortress, barbarians subjugated(狄俘)

휘/보

학회소식, 정기발표회, 신년휘호, 자료교환

학회소식, 정기발표회, 신년휘호, 자료교환

1. 학회소식

1) 제28차 운영회의
* 일시 및 장소 : 2018년 1월 12일(금) 충무로 동방명주
* 회칙개정 논의
* 정기발표회 및 하계워크샵 주제 논의

2) 제29차 운영회의
* 일시 및 장소 : 2018년 4월 13일(금) 동국대학교
* 하계워크샵 및 학술대회 논의

3) 2018년 해외현장조사
* 일시 및 장소 : 2018년 2월 1일~7일, 베트남 하노이, 닌빈, 하롱베이, 박닌
* 참석인원 : 김문숙, 김병준, 김양동, 김용선, 배은혜, 백두현, 양은경, 엄기표, 오택현, 이병호, 이은영, 정승혜, 정현숙, 주보돈, 지미미, 최연식, 최홍조 (ㄱㄴㄷ순)

2. 정기발표회

1) 제27회 정기발표회
* 일시 : 2018년 1월 12일(금)
* 장소 : 동국대학교 신공학관 4층 강당
* 주최 : 한국목간학회

- 1부 연구발표　사회 : 최연식(동국대학교)
  정선화(동국대학교), 한국 고등학교 『한국사』 교과서 속의 고대 목간
  안정준(서울시립대학교), 「廣開土王碑文」에 보이는 高句麗의 種族名 地名과 영역 지배
- 2부 신년휘호
  마하 선주선
- 3부 연구발표 – 사회 : 윤선태(동국대학교)
  김병준(서울대학교), 중국 측 간독자료를 통해 본 월성해자 출토 신라목간
  박찬문(불교문화재연구원), 서울 도봉서원하층 영국사지 출토 금석문 소개
  나동욱(부산박물관), 부산 배산성지 출토 목간

2) 제28회 정기발표회
* 일시 : 2018년 4월 13일
* 장소 : 동국대학교 다향관 세미나실
* 주최 : 한국목간학회

- 1부 연구발표 – 사회 : 최연식(동국대학교)
  여인욱(동국대학교), 로제타석 연구의 과거, 현재, 미래
  김정호(의암서법예술연구소), 국보123-1 은제도금금강경 제작기법연구와 재현
- 2부 연구발표 – 사회 : 정승혜(수원여자대학교)
  이재환(홍익대학교), 신라의 환관 관부에 대한 시론
  조미영(원광대학교), 영국사지 석각편들의 고찰
  Ross King(University of British Columbia), 'Literary Sinitic with Korean Characteristic'?

3. 신년휘호

  * 2018년 1월 12일

  * 마하 선주선 교수(원광대)

무술(戊戌)년 신년휘호
(마하 선주선 교수, 2018. 1. 12. 제27회 정기발표장에서)

4. 자료교환

日本木簡學會와의 資料交換

  * 日本木簡學會 『木簡研究』 수령 (2018년 3월)

  * 韓國木簡學會 『木簡과 文字』 19호 일본 발송 (2018년 2월)

부/록

학회 회칙, 간행예규, 연구윤리규정

학회 회칙

제 1 장 총칙

제 1 조 (명칭)   본회는 한국목간학회(韓國木簡學會, The Korean Society for the Study of Wooden Documents)라 한다.

제 2 조 (목적)   본회는 목간을 비롯한 금석문, 고문서 등 문자자료와 기타 문자유물을 중심으로 한 연구 및 학술조사를 통하여 한국의 목간학 발전에 이바지함을 목적으로 한다.

제 3 조 (사업)   본회는 목적에 부합하는 다음의 사업을 한다.
1. 연구발표회
2. 학보 및 기타 간행물 발간
3. 유적·유물의 답사 및 조사 연구
4. 국내외 여러 학회들과의 공동 학술연구 및 교류
5. 기타 위의 각 사항의 사업을 수행하기 위해 필요한 사업

제 4 조 (회원의 구분과 자격)
① 본회의 회원은 본회의 목적에 동의하여 회비를 납부하는 개인 또는 기관으로서 연구회원, 일반 회원 및 학생회원으로 구분하며, 따로 명예회원, 특별회원을 둘 수 있다.
② 연구회원은 평의원 2인 이상의 추천을 받아 평의원회에서 심의, 인준한다.
③ 일반회원은 연구회원과 학생회원이 아닌 사람과 기관 및 단체로 한다.
④ 학생회원은 대학생과 대학원생으로 한다.
⑤ 명예회원은 본회의 발전에 크게 기여한 회원 또는 개인 중에서 운영위원회에서 추천하여 평의원 회에서 인준을 받은 사람으로 한다.
⑥ 특별회원은 본회의 활동과 운영에 크게 기여한 개인 또는 기관 중에서 운영위원회에서 추천하여 평의원회에서 인준을 받은 사람으로 한다.

제 5 조 (회원징계)   회원으로서 본회의 명예를 손상시키거나 회칙을 준수하지 않았을 경우 평의원회의 심의와 총회의 의결에 따라 자격정지, 제명 등의 징계를 할 수 있다.

제 2 장 조직 및 기능

제 6 조 (조직)   본회는 총회·평의원회·운영위원회·편집위원회를 두며, 필요한 경우 별도의 위원회를 구성할 수 있다.

제 7 조 (총회)
  ① 총회는 정기총회와 임시총회로 나누며, 정기총회는 2년에 1회 정기적으로 개최하고 임시총회는 필요한 때에 소집할 수 있다.
  ② 총회는 회장이나 평의원회의 의결로 소집한다.
  ③ 총회는 평의원회에서 심의한 학회의 회칙, 운영예규의 개정 및 사업과 재정 등에 관한 보고를 받고 이를 의결한다.
  ④ 총회는 평의원회에서 추천한 회장, 평의원, 감사를 인준한다. 단 회장의 인준이 거부되었을 때는 평의원회에서 재추천하도록 결정하거나 총회에서 직접 선출한다.

제 8 조 (평의원회)
  ① 평의원은 연구회원 중 평의원회의 추천을 받아 총회에서 인준한 자로 한다.
  ② 평의원회는 회장을 포함한 평의원으로 구성한다.
  ③ 평의원회는 회장 또는 평의원 4분의 1 이상의 요구로써 소집한다.
  ④ 평의원회는 아래의 사항을 추천, 심의, 의결한다.
    1. 회장, 평의원, 감사, 편집위원의 추천
    2. 회칙개정안, 운영예규의 심의
    3. 학회의 재정과 사업수행의 심의
    4. 연구회원, 명예회원, 특별회원의 인준
    5. 회원의 자격정지, 제명 등의 징계를 심의

제 9 조 (운영위원회)
  ① 운영위원회는 회장과 회장이 지명하는 부회장, 총무·연구·편집·섭외이사 등 20명 내외로 구성하고, 실무를 담당할 간사를 둔다.
  ② 운영위원회는 평의원회에서 심의·의결한 사항을 집행하며, 학회의 제반 운영업무를 담당한다.
  ③ 부회장은 회장을 도와 학회의 업무를 총괄 지원하며, 회장 유고시에는 회장의 권한을 대행한다.

④ 총무이사는 학회의 통상 업무를 담당, 집행한다.

⑤ 연구이사는 연구발표회 및 각종 학술대회의 기획을 전담한다.

⑥ 편집이사는 편집위원을 겸하며, 학보 및 기타 간행물의 출간을 전담한다.

⑦ 섭외이사는 학술조사를 위해 자료소장기관과의 섭외업무를 전담한다.

제 10 조 (편집위원회) 편집위원회는 학보 발간 및 기타 간행물의 출간에 관한 제반사항을 담당하며, 그 구성은 따로 본회의 운영예규에 정한다.

제 11 조 (기타 위원회) 기타 위원회의 구성과 활동은 회장이 결정하며, 그 내용을 평의원회에 보고한다.

제 12 조 (임원)

① 회장은 본회를 대표하고 총회와 각급회의를 주재하며, 임기는 2년으로 한다.

② 평의원은 제 8 조의 사항을 담임하며, 임기는 종신으로 한다.

③ 감사는 평의원회에 출석하고, 본회의 업무 및 재정을 감사하여 총회에 보고하며, 그 임기는 2년으로 한다.

④ 임원의 임기는 1월 1일부터 시작한다.

⑤ 임원이 유고로 업무를 수행할 수 없게 된 때에는 평의원회에서 보궐 임원을 선출하고 다음 총회에서 인준을 받으며, 그 임기는 전임자의 잔여임기가 1년 미만인 경우는 잔여임기에 규정임기 2년을 더한 기간으로 하고, 잔여임기가 1년 이상인 경우는 잔여기간으로 한다.

제 13 조 (의결)

① 총회에서의 인준과 의결은 출석 회원의 과반수로 한다.

② 평의원회는 평의원 4분의 1 이상의 출석으로 성립하며, 의결은 출석한 평의원 과반수의 찬성으로 한다.

제 3 장 출판물의 발간

제 14 조 (출판물)

① 본회는 매년 6월 30일과 12월 31일에 학보를 발간하고, 그 명칭은 "목간과 문자"(한문 "木簡과 文字", 영문 "Wooden documents and Inscriptions Studies")로 한다.

② 본회는 학보 이외에 본회의 목적에 부합하는 출판물을 발간할 수 있다.

③ 본회가 발간하는 학보를 포함한 모든 출판물의 저작권은 본 학회에 속한다.

제 15 조 (학보 게재 논문 등의 선정과 심사)

　① 학보에는 회원의 논문 및 본회의 목적에 부합하는 주제의 글을 게재함을 원칙으로 한다.

　② 논문 등 학보 게재물은 편집위원회에서 선정한다.

　③ 논문 등 학보 게재물의 선정 기준과 절차는 따로 본회의 운영예규에 정한다.

제 4 장 재정

제 16 조 (재원)　　본회의 재원은 회비 및 기타 수입으로 한다.

제 17 조 (회계연도)　　본회의 회계연도 기준일은 1월 1일로 한다.

제 5 장 기타

제 18 조 (운영예규)　　본 회칙에 명시하지 않은 운영에 필요한 사항은 따로 운영예규에 정한다.

제 19 조 (기타사항)　　본 회칙에 규정되지 않은 사항은 일반관례에 따른다

부칙

1. 본 회칙은 2007년 1월 9일부터 시행한다.

2. 본 회칙은 2009년 1월 9일부터 시행한다.

3. 본 회칙은 2012년 1월 18일부터 시행한다.

4. 본 회칙은 2015년 10월 31일부터 시행한다.

편집위원회에 관한 규정

제 1 장 총칙

제 1 조 (명칭)   본 규정은 '편집위원회에 관한 규정'이라 한다.

제 2 조 (목적)   본 규정은 한국목간학회 편집위원회의 조직 및 편집 활동 전반에 관한 세부 사항을 규정하는 것을 목적으로 한다.

제 2 장 조직 및 권한

제 3 조 (구성)   편집위원회는 회칙에 따라 구성한다.

제 4 조 (편집위원의 임명)   편집위원은 세부 전공 분야 및 연구 업적을 감안하여 평의원회에서 추천하며, 회장이 임명한다.

제 5 조 (편집위원장의 선출)   편집위원장은 편집위원 전원의 무기명 비밀투표 방식으로 편집위원 중에서 선출한다.

제 6 조 (편집위원장의 권한)   편집위원장은 편집회의의 의장이 되며, 학회지의 편집 및 출판 활동 전반에 대하여 권한을 갖는다.

제 7 조 (편집위원의 자격)   편집위원은 다음과 같은 조건을 갖춘자로 한다.
  1. 박사학위를 소지한 자.
  2. 대학의 전임교수로서 5년 이상의 경력을 갖추었거나, 이와 동등한 연구 경력을 갖춘자.
  3. 역사학·고고학·보존과학·국어학 또는 이와 관련된 분야에서 연구 업적이 뛰어나고 학계의 명망과 인격을 두루 갖춘자.

4. 다른 학회의 임원이나 편집위원으로 과다하게 중복되지 않은 자.

제 8 조 (편집위원의 임기)　편집위원의 임기는 2년으로 하되, 연임할 수 있다.

제 9 조 (편집자문위원)　학회지 및 기타 간행물의 편집 및 출판 활동과 관련하여 필요시 국내외의 편집자문위원을 둘 수 있다.

제 10 조 (편집간사)　학회지를 비롯한 제반 출판 활동 업무를 원활히 하기 위하여 편집간사 약간 명을 둘 수 있다.

제 3 장　임무와 활동

제 11 조 (편집위원회의 임무와 활동)　편집위원회의 임무와 활동 내용은 다음과 같다.
　1. 학회지의 간행과 관련된 제반 업무.
　2. 학술 단행본의 발행과 관련된 제반 업무.
　3. 기타 편집 및 발행과 관련된 제반 활동.

제 12 조 (편집간사의 임무)　편집간사는 편집위원회의 업무와 활동을 보조하며, 편집과 관련된 회계의 실무를 담당한다.

제 13 조 (학회지의 발간일)　학회지는 1년에 2회 발행하며, 그 발행일자는 6월 30일과 12월 31일로 한다.

제 4 장　편집회의

제 14 조 (편집회의의 소집)　편집회의는 편집위원장이 수시로 소집하되, 필요한 경우에는 3인 이상의 편집위원이 발의하여 회장의 동의를 얻어 편집회의를 소집할 수 있다. 또한 심사위원의 추천 및 선정 등에 필요한 경우에는 전자우편을 통한 의견 수렴으로 편집회의를 대신할 수 있다.

제 15 조 (편집회의의 성립)　편집회의는 편집위원장을 포함한 편집위원 과반수의 출석으로 성립된다.

제 16 조 (편집회의의 의결)　편집회의의 제반 안건은 출석 위원 과반수의 찬성으로 의결하되, 찬반 동수인 경우에는 편집위원장이 결정한다.

제 17 조 (편집회의의 의장)   편집위원장은 편집회의의 의장이 된다. 편집위원장이 참석하지 아니한 경우에는 편집위원 중의 연장자가 의장이 된다.

제 18 조 (편집회의의 활동)   편집회의는 학회지의 발행, 논문의 심사 및 편집, 기타 제반 출판과 관련된 사항에 대하여 논의하고 결정한다.

부칙
제1조 이 규정은 운영위원회의 의결을 거쳐 2007년 11월 24일부터 시행한다.
제2조 이 규정은 운영위원회의 의결을 거쳐 2009년 1월 9일부터 시행한다.
제3조 이 규정은 운영위원회의 의결을 거쳐 2012년 1월 18일부터 시행한다.

학회지 논문의 투고와 심사에 관한 규정

제 1 장 총칙

제 1 조 (명칭)   본 규정은 '학회지 논문의 투고와 심사에 관한 규정'이라 한다.

제 2 조 (목적)   본 규정은 한국목간학회의 학회지인 『목간과 문자』에 수록할 논문의 투고와 심사에 관한 절차를 정하고 관련 업무를 명시함에 목적을 둔다.

제 2 장 원고의 투고

제 3 조 (투고 자격)   논문의 투고 자격은 회칙에 따르되, 당해 연도 회비를 납부한 자에 한한다.

제 4 조 (투고의 조건)   본 학회에서 발표한 논문에 한하여 투고하는 것을 원칙으로 한다.

제 5 조 (원고의 분량)   원고의 분량은 학회지에 인쇄된 것을 기준으로 각종의 자료를 포함하여 20면 내외로 하되, 자료의 영인을 붙이는 경우에는 면수 계산에서 제외한다.

제 6 조 (원고의 작성 방식)   원고의 작성 방식과 요령 등에 관하여는 별도의 내규를 정하여 시행한다.

제 7 조 (원고의 언어)   원고는 한국어로 작성함을 원칙으로 하되, 외국어로 작성된 원고의 게재 여부는 편집회의에서 정한다.

제 8 조 (제목과 필자명)   논문 제목과 필자명은 영문으로 附記하여야 한다.

제 9 조 (국문초록과 핵심어)   논문을 투고할 때에는 국문과 외국어로 된 초록과 핵심어를 덧붙여야 한다. 요약문과 핵심어의 작성 요령은 다음과 같다.

1. 국문초록은 논문의 내용과 논지를 잘 간추려 작성하되, 외국어 요약문은 영어, 중국어, 일어 중의 하나로 작성한다.
2. 국문초록의 분량은 200자 원고지 5매 내외로 한다.
3. 핵심어는 논문의 주제 및 내용을 대표할 만한 단어를 뽑아서 요약문 뒤에 행을 바꾸어 제시한다.

제 10 조 (논문의 주제 및 내용 조건) 논문의 주제 및 내용은 다음에 부합하여야 한다.
1. 국내외의 출토 문자 자료에 대한 연구 논문
2. 국내외의 출토 문자 자료에 대한 소개 또는 보고 논문
3. 국내외의 출토 문자 자료에 대한 역주 또는 서평 논문

제 11 조 (논문의 제출처) 심사용 논문은 온라인투고시스템을 이용한다.

제 3 장 원고의 심사

제 1 절 : 심사자

제 12 조 (심사자의 자격) 심사자는 논문의 주제 및 내용과 관련된 분야에서 박사학위를 소지한 자를 원칙으로 하되, 본 학회의 회원 가입 여부에 구애받지 아니한다.

제 13 조 (심사자의 수) 심사자는 논문 한 편당 2인 이상 5인 이내로 한다.

제 14 조 (심사 의뢰) 편집위원장은 편집회의에서 추천·의결한 바에 따라 심사자를 선정하여 심사를 의뢰하도록 한다. 편집회의에서의 심사자 추천은 2배수로 하고, 편집회의의 의결을 거쳐 선정한다.

제 15 조 (심사자에 대한 이의) 편집위원장은 심사자 위촉 사항에 대하여 대외비로 회장에게 보고하며, 회장은 편집위원장에게 이의를 제기할 수 있다. 심사자 위촉에 대한 이의에 대하여는 편집회의를 거쳐 편집위원장이 심사자를 변경할 수 있다. 다만, 편집회의 결과 원래의 위촉자가 재선정되었을 경우 편집위원장은 회장에게 그 사실을 구두로 통지하며, 통지된 사항에 대하여 회장은 이의를 제기할 수 없다.

제 2 절 : 익명성과 비밀 유지

제 16 조 (익명성과 비밀 유지 조건) 심사용 원고는 반드시 익명으로 하며, 심사에 관한 제반 사항은 편집위원장 책임하에 반드시 대외비로 하여야 한다.

제 17 조 (익명성과 비밀 유지 조건의 위배에 대한 조치)   위 제16조의 조건을 위배함으로 인해 심사자에게 중대한 피해를 입혔을 경우에는 편집위원 3인 이상의 발의로써 편집위원장의 동의 없이도 편집회의를 소집할 수 있으며, 다음 각 호에 따라 위배한 자에 따라 사안별로 조치한다. 또한 해당 심사자에게는 편집위원장 명의로 지체없이 사과문을 심사자에게 등기 우송하여야 한다. 편집위원장 명의를 사용하지 못할 경우에는 편집위원 전원이 연명하여 사과문을 등기 우송하여야 한다. 익명성과 비밀 유지 조건에 대한 위배 사실이 학회의 명예를 손상한 경우에는 편집위원 3인의 발의만으로써도 해당 편집위원장 및 편집위원에 대한 징계를 회장에게 요청할 수 있으며, 이 경우 그 처리 결과를 학회지에 공지하여야 한다.

    1. 편집위원장이 위배한 경우에는 편집위원장을 교체한다.
    2. 편집위원이 위배한 경우에는 편집위원직을 박탈한다.
    3. 임원을 겸한 편집위원의 경우에는 회장에게 교체하도록 요청한다.
    4. 편집간사 또는 편집보조가 위배한 경우에는 편집위원장이 당사자를 해임한다.

제 18 조 (편집위원의 논문에 대한 심사)   편집위원이 투고한 논문을 심사할 때에는 해당 편집위원을 궐석시킨 후에 심사자를 선정하여야 하며, 회장에게도 심사자의 신원을 밝히지 않는 것을 원칙으로 한다.

제 3 절 : 심사 절차

제 19 조 (논문심사서의 구성 요건)   논문심사서에는 '심사 소견', 그리고 '수정 및 지적사항'을 적는 난이 포함되어야 한다.

제 20 조 (심사 소견과 영역별 평가)   심사자는 심사 논문에 대하여 영역별 평가를 감안하여 종합판정을 한다. 심사 소견에는 영역별 평가와 종합판정에 대한 근거 및 의견을 총괄적으로 기술함을 원칙으로 한다.

제 21 조 (수정 및 지적사항)   '수정 및 지적사항'란에는 심사용 논문의 면수 및 수정 내용 등을 구체적으로 지시하여야 한다.

제 22 조 (심사 결과의 전달)   편집간사는 편집위원장의 지시를 받아 투고자에게 심사자의 논문심사서와 심사용 논문을 전자우편 또는 일반우편으로 전달하되, 심사자의 신원이 드러나지 않도록 각별히 유의하여야 한다. 논문 심사서 중 심사자의 인적 사항은 편집회의에서도 공개하지 않는다.

제 23 조 (수정된 원고의 접수)   투고자는 논문심사서를 수령한 후 소정 기일 내에 원고를 수정하여 편집위원장에게 송부하여야 한다. 기한을 넘겨 접수된 수정 원고는 학회지의 다음 호에 접수된 투고 논

문과 동일한 심사 절차를 밟되, 논문심사료는 부과하지 않는다.

제 4 절 : 심사의 기준과 게재 여부 결정

제 24 조 (심사 결과의 종류)   심사 결과는 '종합판정'과 '영역별 평가'로 나누어 시행한다.

제 25 조 (종합판정과 등급)   종합판정은 ①揭載 可, ②小幅 修正後 揭載, ③大幅 修正後 再依賴, ④ 揭載 不可 중의 하나로 한다.

제 26 조 (영역별 평가)   영역별 평가 기준은 다음과 같다.
  1. 학계에의 기여도
  2. 연구 내용 및 방법론의 참신성
  3. 논지 전개의 타당성
  4. 논문 구성의 완결성
  5. 문장 표현의 정확성

제 27 조 (게재 여부의 결정 기준)   심사용 논문의 학회지 게재 여부는 심사자의 종합판정에 의거하여 이들을 합산하여 시행한다. 게재 여부의 결정은 최종 수정된 원고를 대상으로 한다.

제 28 조 (게재 여부 결정의 조건)   게재 여부 결정의 조건은 다음과 같다.
  1. 심사자의 2분의 1 이상이 위 제25조의 '①게재 가'로 판정한 경우에는 게재한다.
  2. 심사자의 2분의 1 이상이 위 제25조의 '③게재 불가'로 판정한 경우에는 게재를 불허한다.

제 29 조 (게재 여부에 대한 논의)   위 제28조의 경우가 아닌 논문에 대하여는 편집회의의 토의를 거친 후에 게재 여부를 확정하되, 이 때에는 영역별 평가를 참조한다.

제 30 조 (논문 게재 여부의 통보)   편집위원장은 논문 게재 여부에 대한 최종 확정 결과를 투고자에게 통보하여야 한다.

제 5 절 : 이의 신청

제 31 조 (이의 신청)   투고자는 심사와 논문 게재 여부에 대하여 이의를 신청할 수 있다. 이 때에는 200자 원고지 5매 내외의 이의신청서를 작성하여 심사 결과 통보일 15일 이내에 편집위원장에게 송부하

여야 하며, 편집위원장은 이의 신청 접수일로부터 15일 이내에 이에 대한 처리 절차를 완료하여야 한다.

제 32 조 (이의 신청의 처리) 이의 신청을 한 투고자의 논문에 대해서는 편집회의에서 토의를 거쳐 이의 신청의 수락 여부를 의결한다. 수락한 이의 신청에 대한 조치 방법은 편집회의에서 결정한다.

제 4 장 게재 논문의 사후 심사 및 조치

제 1 절 : 게재 논문의 사후 심사

제 33 조 (사후 심사) 학회지에 게재된 논문에 대하여는 사후 심사를 할 수 있다.

제 34 조 (사후 심사 요건) 사후 심사는 편집위원회의 자체 판단 또는 접수된 사후심사요청서의 검토 결과, 대상 논문이 그 논문이 수록된 본 학회지 발행일자 이전의 간행물 또는 타인의 저작권에 귀속시킬 만한 연구 내용을 현저한 정도로 표절 또는 중복 게재한 것으로 의심되는 경우에 한한다.

제 35 조 (사후심사요청서의 접수) 게재 논문의 표절 또는 중복 게재와 관련하여 사후 심사를 요청하는 사후심사요청서를 편집위원장 또는 편집위원회에 접수할 수 있다. 이 경우 사후심사요청서는 밀봉하고 겉봉에 '사후심사요청'임을 명기하되, 발신자의 신원을 겉봉에 노출시키지 않음을 원칙으로 한다.

제 36 조 (사후심사요청서의 개봉) 사후심사요청서는 편집위원장 또는 편집위원장이 위촉한 편집위원이 개봉한다.

제 37 조 (사후심사요청서의 요건) 사후심사요청서는 표절 또는 중복 게재로 의심되는 내용을 구체적으로 밝혀야 한다.

제 2 절 : 사후 심사의 절차와 방법

제 38 조 (사후 심사를 위한 편집위원회 소집) 게재 논문의 표절 또는 중복 게재에 관한 사실 여부를 심의하고 사후 심사자의 선정을 비롯한 제반 사항을 의결하기 위해 편집위원장은 편집위원회를 소집할 수 있다.

제 39 조 (질의서의 우송) 편집위원회의 심의 결과 표절이나 중복 게재의 개연성이 있다고 판단된 논문에 대해서는 그 진위 여부에 대해 편집위원장 명의로 해당 논문의 필자에게 질의서를 우송한다.

제 40 조 (답변서의 제출)　위 제39조의 질의서에 대해 해당 논문 필자는 질의서 수령 후 30일 이내 편집위원장 또는 편집위원회에 답변서를 제출하여야 한다. 이 기한 내에 답변서가 없을 경우엔 질의서의 내용을 인정한 것으로 판단한다.

제 3 절 : 사후 심사 결과의 조치

제 41 조 (사후 심사 확정을 위한 편집위원회 소집)　편집위원장은 답변서를 접수한 날 또는 마감 기한으로부터 15일 이내에 사후 심사 결과를 확정하기 위한 편집위원회를 소집한다.

제 42 조 (심사 결과의 통보)　편집위원장은 편집위원회에서 확정한 사후 심사 결과를 7일 이내에 사후 심사를 요청한 이 및 관련 당사자에게 통보하여야 한다.

제 43 조 (표절 및 중복 게재에 대한 조치)　편집위원회에서 표절 또는 중복 게재로 확정된 경우에는 회장에게 지체 없이 보고하고, 회장은 운영위원회를 소집하여 다음 각 호와 같은 조치를 집행할 수 있다.
　　1. 차호 학회지에 그 사실 관계 및 조치 사항들을 기록한다.
　　2. 학회지 전자판에서 해당 논문을 삭제하고, 학회논문임을 취소한다.
　　3. 해당 논문 필자에 대하여 제명 조치하고, 향후 5년간 재입회할 수 없도록 한다.
　　4. 관련 사실을 한국연구재단에 보고한다.

제 4 절 : 제보자의 보호

제 44 조 (제보자의 보호)　표절 및 중복 게재에 관한 이의 및 논의를 제기하거나 사후 심사를 요청한 사람에 대해서는 신원을 절대적으로 밝히지 않고 익명성을 보장하여야 한다.

제 45 조 (제보자 보호 규정의 위배에 대한 조치)　위 제44조의 규정을 위배한 이에 대한 조치는 위 제17조에 준하여 시행한다.

부칙
제1조(시행일자) 본 규정은 2007년 11월 24일부터 시행한다.
제2조(시행일자) 본 규정은 2009년 1월 9일부터 시행한다.
제3조(시행일자) 본 규정은 2015년 10월 31일부터 시행한다.
제4조(시행일자) 본 규정은 2018년 1월 12일부터 시행한다.

학회지 논문의 투고와 원고 작성 요령에 관한 내규

제 1 조 (목적)   이 내규는 본 한국목간학회의 회칙 및 관련 규정에 따라 학회지에 게재하는 논문의 투고와 원고 작성 요령에 대하여 명시하는 것을 목적으로 한다.

제 2 조 (논문의 종류)   학회지에 게재되는 논문은 심사 논문과 기획 논문으로 나뉜다. 심사 논문은 본 학회의 학회지 논문의 투고와 심사에 관한 규정에 따른 심사 절차를 거쳐 게재된 논문을 가리키며, 기획 논문은 편집위원회에서 기획하여 특정의 연구자에게 집필을 위촉한 논문을 가리킨다.

제 3 조 (기획 논문의 집필자)   기획 논문의 집필자는 본 학회의 회원 여부에 구애받지 아니한다.

제 4 조 (기획 논문의 심사)   기획 논문에 대하여도 심사 논문과 동일한 절차의 심사를 시행하는 것을 원칙으로 하되, 편집위원회의 의결을 거쳐 심사를 면제할 수 있다.

제 5 조 (투고 기한)   논문의 투고 기한은 매년 4월 말과 10월 말로 한다.

제 6 조 (수록호)   4월 말까지 투고된 논문은 심사 과정을 거쳐 같은 해의 6월 30일에 발행하는 학회지에 수록하며, 10월 말까지 투고된 논문은 같은 해의 12월 31일에 간행하는 학회지에 수록하는 것을 원칙으로 한다.

제 7 조 (수록 예정일자의 변경 통보)   위 제6조의 예정 기일을 넘겨 논문의 심사 및 게재가 이루어질 경우 편집위원장은 투고자에게 그 사실을 통보해 주어야 한다.

제 8 조 (게재료)   논문 게재의 확정시에는 일반 논문 10만원, 연구비 수혜 논문 30만원의 게재료를 납부하여야 한다.

제 9 조 (초과 게재료)   학회지에 게재하는 논문의 분량이 인쇄본을 기준으로 20면을 넘을 경우에는

1면 당 2만원의 초과 게재료를 부과할 수 있다.

제 10 조 (원고료)   학회지에 게재되는 논문에 대하여는 소정의 원고료를 필자에게 지불할 수 있다. 원고료에 관한 사항은 운영위원회에서 결정한다.

제 11 조 (익명성 유지 조건)   심사용 논문에서는 졸고 및 졸저 등 투고자의 신원을 드러내는 표현을 쓸 수 없다.

제 12 조 (컴퓨터 작성)   논문의 원고는 컴퓨터로 작성함을 원칙으로 하며, 문장편집기 프로그램은 「흔글」을 사용할 것을 권장한다.

제 13 조 (제출물)   원고 제출시에는 온라인투고시스템을 이용하며, 연구윤리규정과 저작권 이양동의서에 동의하여야 한다.

제 14 조 (투고자의 성명 삭제)   편집간사는 심사자에게 심사용 논문을 송부할 때 반드시 투고자의 성명과 기타 투고자의 신원을 알 수 있는 표현 등을 삭제하여야 한다.

제 15 조 (출토 문자 자료의 표기 범례 등 기타)   출토 문자 자료의 표기 범례를 비롯하여 위에서 정하지 않은 학회지 논문의 투고와 원고 작성 요령 및 용어 사용 등에 관한 사항들은 일반적인 관행에 따르거나 편집위원회에서 결정한다.

부칙
제1조(시행일자) 이 내규는 2007년 11월 24일부터 시행한다.
제2조(시행일자) 이 내규는 2009년 1월 9일부터 시행한다.
제3조(시행일자) 이 내규는 2012년 1월 18일부터 시행한다.
제4조(시행일자) 이 내규는 2015년 10월 31일부터 시행한다.
제5조(시행일자) 이 내규는 2018년 1월 12일부터 시행한다.

韓國木簡學會 研究倫理 規定

제 1 장 총칙

제 1 조 (명칭) 이 규정은 '한국목간학회 연구윤리 규정'이라 한다.

제 2 조 (목적) 이 규정은 한국목간학회 회칙 및 편집위원회 규정에 따른 연구윤리 등에 관한 세부사항을 규정하는 것을 목적으로 한다.

제 2 장 저자가 지켜야 할 연구윤리

제 3 조 (표절 금지) 저자는 자신이 행하지 않은 연구나 주장의 일부분을 자신의 연구 결과이거나 주장인 것처럼 논문이나 저술에 제시하지 않는다.

제 4 조 (업적 인정)

1. 저자는 자신이 실제로 행하거나 공헌한 연구에 대해서만 저자로서의 책임을 지며, 또한 업적으로 인정받는다.

2. 논문이나 기타 출판 업적의 저자나 역자가 여러 명일 때 그 순서는 상대적 지위에 관계없이 연구에 기여한 정도에 따라 정확하게 반영하여야 한다. 단순히 어떤 직책에 있다고 해서 저자가 되거나 제1저자로서의 업적을 인정받는 것은 정당화될 수 없다. 반면, 연구나 저술(번역)에 기여했음에도 공동저자(역자)나 공동연구자로 기록되지 않는 것 또한 정당화될 수 없다. 연구나 저술(번역)에 대한 작은 기여는 각주, 서문, 사의 등에서 적절하게 고마움을 표시한다.

제 5 조 (중복 게재 금지) 저자는 이전에 출판된 자신의 연구물(게재 예정이거나 심사 중인 연구물 포함)을 새로운 연구물인 것처럼 투고하지 말아야 한다.

제 6 조 (인용 및 참고 표시)

1. 공개된 학술 자료를 인용할 경우에는 정확하게 기술하도록 노력해야 하고, 상식에 속하는 자료

가 아닌 한 반드시 그 출처를 명확히 밝혀야 한다. 논문이나 연구계획서의 평가 시 또는 개인적인 접촉을 통해서 얻은 자료의 경우에는 그 정보를 제공한 연구자의 동의를 받은 후에만 인용할 수 있다.

2. 다른 사람의 글을 인용하거나 아이디어를 차용(참고)할 경우에는 반드시 註[각주(후주)]를 통해 인용 여부 및 참고 여부를 밝혀야 하며, 이러한 표기를 통해 어떤 부분이 선행연구의 결과이고 어떤 부분이 본인의 독창적인 생각·주장·해석인지를 독자가 알 수 있도록 해야 한다.

제 7 조 (논문의 수정)　　저자는 논문의 평가 과정에서 제시된 편집위원과 심사위원의 의견을 가능한 한 수용하여 논문에 반영되도록 노력하여야 하고, 이들의 의견에 동의하지 않을 경우에는 그 근거와 이유를 상세하게 적어서 편집위원(회)에게 알려야 한다.

제 3 장 편집위원이 지켜야 할 연구윤리

제 8 조 (책임 범위)　　편집위원은 투고된 논문의 게재 여부를 결정하는 모든 책임을 진다.

제 9 조 (논문에 대한 태도)　　편집위원은 학술지 게재를 위해 투고된 논문을 저자의 성별, 나이, 소속 기관은 물론이고 어떤 선입견이나 사적인 친분과도 무관하게 오로지 논문의 질적 수준과 투고 규정에 근거하여 공평하게 취급하여야 한다.

제 10 조 (심사 의뢰)　　편집위원은 투고된 논문의 평가를 해당 분야의 전문적 지식과 공정한 판단 능력을 지닌 심사위원에게 의뢰해야 한다. 심사 의뢰 시에는 저자와 지나치게 친분이 있거나 지나치게 적대적인 심사위원을 피함으로써 가능한 한 객관적인 평가가 이루어질 수 있도록 노력한다. 단, 같은 논문에 대한 평가가 심사위원 간에 현저하게 차이가 날 경우에는 해당 분야 제3의 전문가에게 자문을 받을 수 있다.

제 11 조 (비밀 유지)　　편집위원은 투고된 논문의 게재가 결정될 때까지는 심사자 이외의 사람에게 저자에 대한 사항이나 논문의 내용을 공개하면 안 된다.

제 4 장 심사위원이 지켜야 할 연구윤리

제 12조 (성실 심사)　　심사위원은 학술지의 편집위원(회)이 의뢰하는 논문을 심사규정이 정한 기간 내에 성실하게 평가하고 평가 결과를 편집위원(회)에게 통보해 주어야 한다. 만약 자신이 논문의 내용을 평가하기에 적임자가 아니라고 판단될 경우에는 편집위원(회)에게 지체 없이 그 사실을 통보한다.

제 13 조 (공정 심사)　심사위원은 논문을 개인적인 학술적 신념이나 저자와의 사적인 친분 관계를 떠나 객관적 기준에 의해 공정하게 평가하여야 한다. 충분한 근거를 명시하지 않은 채 논문을 탈락시키거나, 심사자 본인의 관점이나 해석과 상충된다는 이유로 논문을 탈락시켜서는 안 되며, 심사 대상 논문을 제대로 읽지 않은 채 평가해서도 안 된다.

제 14 조 (평가근거의 명시)　심사위원은 전문 지식인으로서의 저자의 인격과 독립성을 존중하여야 한다. 평가 의견서에는 논문에 대한 자신의 판단을 밝히되, 보완이 필요하다고 생각되는 부분에 대해서는 그 이유도 함께 상세하게 설명해야 한다.

제 15 조 (비밀 유지)　심사위원은 심사 대상 논문에 대한 비밀을 지켜야 한다. 논문 평가를 위해 특별히 조언을 구하는 경우가 아니라면 논문을 다른 사람에게 보여주거나 논문 내용을 놓고 다른 사람과 논의하는 것도 바람직하지 않다. 또한 논문이 게재된 학술지가 출판되기 전에 저자의 동의 없이 논문의 내용을 인용해서는 안 된다.

제 5 장 윤리규정 시행 지침

제 16 조 (윤리규정 서약)　한국목간학회의 신규 회원은 본 윤리규정을 준수하기로 서약해야 한다. 기존 회원은 윤리규정의 발효 시 윤리규정을 준수하기로 서약한 것으로 간주한다.

제 17 조 (윤리규정 위반 보고)　회원은 다른 회원이 윤리규정을 위반한 것을 인지할 경우 그 회원으로 하여금 윤리규정을 환기시킴으로써 문제를 바로잡도록 노력해야 한다. 그러나 문제가 바로잡히지 않거나 명백한 윤리규정 위반 사례가 드러날 경우에는 학회 윤리위원회에 보고할 수 있다. 윤리위원회는 윤리규정 위반 문제를 학회에 보고한 회원의 신원을 외부에 공개해서는 안 된다.

제 18 조 (윤리위원회 구성)　윤리위원회는 회원 5인 이상으로 구성되며, 위원은 평의원회의 추천을 받아 회장이 임명한다.

제 19 조 (윤리위원회의 권한)　윤리위원회는 윤리규정 위반으로 보고된 사안에 대하여 제보자, 피조사자, 증인, 참고인 및 증거자료 등을 통하여 폭넓게 조사를 실시한 후, 윤리규정 위반이 사실로 판정된 경우에는 회장에게 적절한 제재조치를 건의할 수 있다.
단, 사안이 학회지 게재 논문의 표절 또는 중복 게재와 관련된 경우에는 '학회지 논문의 투고와 심사에 관한 규정'에 따라 편집위원회에 조사를 의뢰하고 사후 조치를 취한다.

제 20 조 (윤리위원회의 조사 및 심의)　윤리규정 위반으로 보고된 회원은 윤리위원회에서 행하는 조사에 협조해야 한다. 이 조사에 협조하지 않는 것은 그 자체로 윤리규정 위반이 된다.

제 21 조 (소명 기회의 보장)　윤리규정 위반으로 보고된 회원에게는 충분한 소명 기회를 주어야 한다.

제 22 조 (조사 대상자에 대한 비밀 보호)　윤리규정 위반에 대해 학회의 최종적인 징계 결정이 내려질 때까지 윤리위원은 해당 회원의 신원을 외부에 공개해서는 안 된다.

제 23 조 (징계의 절차 및 내용)　윤리위원회의 징계 건의가 있을 경우, 회장은 이사회를 소집하여 징계 여부 및 징계 내용을 최종적으로 결정한다. 윤리규정을 위반했다고 판정된 회원에 대해서는 경고, 회원자격정지 내지 박탈 등의 징계를 할 수 있으며, 이 조처를 다른 기관이나 개인에게 알릴 수 있다.

제 6 장 보칙

제 24 조 (규정의 개정)
　1. 편집위원장 또는 편집위원 3인 이상이 규정의 개정을 發議할 수 있다.
　2. 재적 편집위원 3분의 2 이상의 찬성으로 개정하며, 총회의 인준을 얻어야 효력이 발생한다.

제 25 조 (보칙)　이 규정에 정해지지 않은 사항은 학회의 관례에 따른다.

부칙
제1조(시행일자) 이 규정은 2007년 11월 24일부터 시행한다.

Wooden Documents and Inscriptions Studies No. 20.   June. 2018

[Contents]

The Korean Society for the Study of Wooden Documents

편집위원

권인한(성균관대학교 교수), 김병준(서울대학교 교수), 김창석(강원대학교 교수)

서영교(중원대학교 교수), 윤경진(경상대학교 교수), 윤선태(동국대학교 교수)

윤용구(인천도시공사 전문위원), 이병호(국립미륵사지유물전시관 관장)

이수훈(부산대학교 교수), 전덕재(단국대학교 교수), 한정훈(목포대학교 교수)

해외 편집위원

瀨間正之 (日本 上智大學 敎授)

三上喜孝 (日本 國立歷史民俗博物館 准敎授)

卜憲群 (中國 社會科學院 簡帛硏究中心 主任)

陳偉 (中國 武漢大學 敎授)

발 행 인　　이성시

편 집 인　　권인한

간　　　사　　오택현

木蘭과 文字 연구 19

엮은이 | 한국목간학회
펴낸이 | 최병식
펴낸날 | 2018년 8월 10일
펴낸곳 | 주류성출판사
　　　　서울시 서초구 강남대로 435
　　　　전화 | 02-3481-1024 / 전송 | 02-3482-0656
　　　　www.juluesung.co.kr
　　　　e-mail | juluesung@daum.net

책　값 | 20,000원
ISBN　978-89-6246-356-9　94910
세트　　978-89-6246-006-3　94910